Carte et sites touristiques

Les microrégions du guide :
(voir la carte à l'intérieur de la couverture ci-contre)

Alsace Vosges

Le Guide Vert, mode d'emploi :
un guide en 3 parties

Organiser son voyage :

- Avant de partir.
- À faire sur place de A à Z.
- Des activités pour tous.
- Un agenda des événements.

Comprendre la destination :

- La destination aujourd'hui.
- Histoire.
- Art et culture.
- Gastronomie.
- Nature...

Découvrir la destination :

- Notre sélection de sites.
- Des circuits conseillés.
- Des cartes.
- Notre sélection d'adresses pour tous les budgets.

En fin de guide :
l'explication des symboles et la table des cartes et plans

Le Guide Vert : découvrir la destination

Un chapitre = une zone géographique

[1] Une carte de présentation de la région.

[2] Le sommaire de la région traitée.

[3] La description des sites.

Pour chaque chapitre

[4] La description des circuits conseillés.

[5] Nos adresses classées par catégories de prix.

[6] Des pages thématiques pour en savoir plus.

Retrouvez-nous sur : ***Voyage.ViaMichelin.fr***

Sommaire

1/ ORGANISER SON VOYAGE

2/ COMPRENDRE LA RÉGION

3/ DÉCOUVRIR LA RÉGION

1 RÉGION DE STRASBOURG ET VOSGES MOYENNES

2 COLMAR ET VIGNOBLE ALSACIEN

3 RÉGION DE MULHOUSE ET JURA ALSACIEN

4 VOSGES DU SUD

5 RÉGION DE SAVERNE ET VOSGES DU NORD

6 LIGNE MAGINOT

7 ESCAPADE EN FORÊT-NOIRE

1/ ORGANISER SON VOYAGE

M. Barraud/Ojo Images/Photononstop

Applications recommandées

Venir dans la région

Par la route

GRANDS AXES

L'autoroute de l'Est **A 4** Paris-Strasbourg dessert Saverne avant de poursuivre par l'**A 352** jusqu'à Obernai ; l'autoroute **A 31** Luxembourg-Dijon les Vosges et poursuit par l'**A 6** vers Lyon ; l'autoroute **A 35** relie Obernai, Colmar, Mulhouse et Bâle ; l'autoroute **A 36** relie Besançon à Mulhouse et remonte jusqu'à Karlsruhe.

Pour votre escapade en Allemagne, l'A 5/E 35 passe par Bâle (Suisse), Fribourg-en-Breisgau et Baden-Baden.

Informations : 0 892 681 077 - www.autoroutes.fr

Péages :
Paris-Strasbourg : 36,60 €
Lyon-Strasbourg : 28,60 €
Bordeaux-Strasbourg : 51,70 €
Nantes-Strasbourg : 57,70 €

Pensez au **covoiturage** ! : www.123envoiture.com, www.covoiturage.fr

LES CARTES MICHELIN

Carte de France n° 721
Carte Région 516 (Alsace, Lorraine)
Cartes Départements 314 (Haute-Saône, Vosges) et **315** (Bas-Rhin, Haut-Rhin, Territoire de Belfort) ; et **307** (Meurthe-et-Moselle, Meuse, Moselle) pour la ligne Maginot.
Carte Zoom 131 (Forêt-Noire, Alsace)
En ligne : **www.ViaMichelin.fr**

En train

Informations et réservations
36 35 (0,34 €/mn) - www.voyages-sncf.com.

LES TGV

Le **TGV Est-européen** relie Strasbourg (2h20), Colmar et Mulhouse (3h).
Le **TGV Rhin-Rhône** relie Mulhouse à Dijon. Il met Mulhouse à 2h40 de Paris, 2h49 de Lyon, 4h02 de Lille et 4h39 de Marseille. Strasbourg passe à 2h de Dijon, 3h40 de Lyon (et, dans un proche avenir, à 2h18 de Lyon et 3h30 de Marseille !).

TRAINS VAUBAN

3 à 4 fois par jour, liaison Bruxelles-Bâle (voire Zurich), via Luxembourg (3h), Strasbourg, Colmar et Mulhouse (6h).
www.voyages-sncf.com
www.b-europe.com
www.sncb-europe.com

LES TRAINS EXPRESS RÉGIONAUX

Les **TER** sillonnent toute la région au départ des villes principales. Durée indicative des trajets : de Strasbourg à Mulhouse, 1h ; à Colmar, 40mn ; à Sainte-Marie-aux-Mines, 1h12.
www.ter-sncf.com

En avion

LES COMPAGNIES AÉRIENNES

Air France – Liaisons directes journalières entre l'aéroport de Strasbourg et Paris, Bordeaux, Lille, Lyon Nantes, Nice, Marseille, Rennes et Toulouse, mais également vers quelques capitales européennes. La compagnie dessert Bâle-Mulhouse depuis Paris et Lyon.
Renseignements : 0 820 820 820 ou 3654 - www.airfrance.fr.

Swiss – La compagnie relie Nice à l'aéroport de Bâle-Mulhouse.
Renseignements : 0 820 040 506 ou 0892 601 09 56 - www.swiss.com.

Twin Jet – Au départ des aéroports de Bâle-Mulhouse, vols pour Toulouse et Marseille.
Renseignements : 0 892 707 737 - www.twinjet.fr.

DISTANCES

	Colmar	Gérardmer	Mulhouse	Saverne	Strasbourg
Caen	690	667	708	687	725
Colmar	-	54	45	87	74
Dijon	254	237	221	308	335
Gérardmer	54	-	86	114	118
Lille	555	512	581	482	520
Limoges	652	631	620	736	733
Lyon	414	392	381	497	494
Marseille	725	703	692	809	805
Metz	206	163	233	124	163
Mulhouse	45	86	-	128	116
Nancy	148	106	175	112	156
Nantes	823	779	819	825	864
Paris	452	430	470	450	488
Saverne	87	114	128	-	50
Strasbourg	74	118	116	50	-
Toulouse	866	845	834	950	947

Brussels Airlines – Vols entre Bruxelles et Strasbourg. www.brusselsairlines.com

LES AÉROPORTS DE LA RÉGION

Aéroport Strasbourg International – 67960 Entzheim - 03 88 64 67 67 - www.strasbourg.aeroport.fr - navette bus-tram entre l'aéroport et le centre-ville de Strasbourg toutes les 20 ou 40mn - 5,20 € A, 9,70 € AR - liaison en train (4/h) de et vers la gare SNCF en 9mn pour 3,90 €.

Aéroport de Karlsruhe-Baden-Baden – À environ 40 km au nord-est de Strasbourg, principalement desservi par des compagnies aériennes *low cost* proposant des vols vers plusieurs villes d'Europe. (07229) 66 20 00 - www.badenairpark.de.

Aéroport de Bâle-Mulhouse-Fribourg (EuroAirport) – 03 89 90 31 11 - www.euroairport.com. Navettes n° 11 *(www.distribus.com)* entre l'aéroport et la gare de Saint-Louis toutes les 30mn (5mn) - 1 €.

Avant de partir

Météo

Services téléphoniques de Météo France – ✆ 32 50
Accès aux prévisions du département – ✆ 0 899 71 02 suivi du numéro du département (0,34 €/mn).
En ligne : **www.meteo.fr**
Le climat alsacien est continental : hiver long et rude, été souvent très chaud. Les précipitations sont nombreuses : pluies d'orage en été, neiges abondantes en hiver. Le relief accentué modifie ces conditions en créant des microclimats. Ainsi, Colmar est la deuxième ville la plus sèche de France.

Adresses utiles

COMITÉS RÉGIONAUX DE TOURISME

Alsace – 20A r. Berthe-Molly - 68005 Colmar - ✆ 03 89 24 73 50 - www.tourisme-alsace.com.
Lorraine – Abbaye des Prémontrés - BP 97 - 54704 Pont-à-Mousson Cedex - ✆ 03 83 80 01 80 - www.tourisme-lorraine.fr.

COMITÉS DÉPARTEMENTAUX DE TOURISME

Bas-Rhin – Agence de développement touristique du Bas-Rhin - 4 r. Bartisch - 67100 Strasbourg - ✆ 03 88 15 45 88 - www.tourisme67.com.
Haut-Rhin – Agence de développement touristique de Haute-Alsace - 1 r. Schlumberger - 68000 Colmar - ✆ 03 89 20 10 68 - www.haute-alsacetourisme.com.
Vosges – Av. du Gén.-de-Gaulle - BP 80018 - 88001 Épinal Cedex - ✆ 03 29 82 45 03 - www.tourismevosges.fr.
Pour la ligne Maginot :
Meurthe-et-Moselle – 14 r. Majorelle - 54000 Nancy - ✆ 03 83 94 51 90 - www.tourisme-meurtheetmoselle.fr.
Moselle – 2-4 r. du Pont-Moreau - 57003 Metz Cedex 1 - ✆ 03 87 21 53 90 - www.moselle-tourisme.com.

MAISONS DE PAYS

Maison de l'Alsace – 39 av. des Champs-Élysées - 75008 Paris - ✆ 01 53 83 10 10 - www.maison-alsace.com. Documentation sur l'Alsace et les Vosges, proposition de circuits et séjours. Restaurant.
Espace Vosges – Maison du tourisme - aire de Lorraine-Sandaucourt-la-Trelle - A 31 - 88170 Sandaucourt - ✆ 03 29 94 66 60.

OFFICES DE TOURISME

Vous trouverez les adresses des offices de tourisme dans les rubriques « S'informer » en début de chapitre dans la partie « Découvrir la région ».
En ligne : www.tourisme.fr

QUELQUES SITES INTERNET

www.massif-des-vosges.com
www.musees-alsace.org
www.latitude-a.com
www.alsace-culture.com
www.region-alsace.eu

TOURISME DES PERSONNES HANDICAPÉES

Le symbole ♿ signale les sites accessibles aux personnes à **mobilité réduite**.
Accessibilité des sites touristiques
Consultez les sites labellisés **Tourisme et Handicap** sur www.franceguide.com/voyageurs, rubrique « Voyageurs », puis « Tourisme et Handicap ».
Association Tourisme et Handicaps – 43 r. Marx-Dormoy - 75018 Paris - ☎ 01 44 11 10 41 - www.tourisme-handicaps.org.
Association des paralysés de France – www.apf.asso.fr
Accessibilité des transports
Train – Un guide gratuit *Mobilité réduite* est disponible dans les gares et boutiques SNCF.
SNCF Accès Plus – ☎ 0 890 640 650 (0,11 €/mn, 7h-22h) ou ☎ 3665 + « accès plus » (0,34 € puis 0,11 €/mn). Service gratuit facilitant le voyage des personnes handicapées, disponible sur réservation 48h avant le départ dans 350 gares de France. En ligne : www.accessibilite.sncf.fr.
Avion – Air France propose aux personnes handicapées le service d'**assistance Saphir**, avec un numéro spécial : ☎ 0 820 012 424. Voir aussi sur www.airfrance.fr.

Se loger

Retrouvez notre sélection d'hébergements dans « Nos adresses à… » situées en fin de description des principaux sites de la partie « Découvrir la région ». Les prix que nous indiquons correspondent au tarif minimal et maximal d'une chambre double.

NOTRE SÉLECTION

Les établissements sont classés par catégories de prix : Premier prix, Budget moyen, Pour se faire plaisir et Une folie *(voir tableau page suivante)*.
À consulter aussi :
Le Guide Michelin France et le **Guide Camping Michelin France**.

LES BONS PLANS

Services de réservation

Fédération nationale des services de réservation Loisirs-Accueil – www.loisirs-accueil.fr.
Fédération nationale Clévacances France – 54 bd de l'Embouchure - BP 52166 - 31022 Toulouse Cedex - ☎ 05 61 13 55 66 - www.clevacances.com.

Locations de maison

www.abritel.fr ;
www.1000gites.com ;
www.homelidays.com ;
www.a-gites.com ;
www.pour-les-vacances.com ;
www.bertrandvacances.com ;
www.fr.lastminute.com ;
www.terres-de-vacances.com

Hébergement rural

Fédération des stations vertes de vacances et villages de neige – BP 71698 - 21016 Dijon Cedex - ☎ 03 80 54 10 50 - www.stationverte.com. L'Alsace compte 10 destinations de vacances familiales reconnues pour la qualité de leurs structures d'accueil et d'hébergement.

Bienvenue à la ferme – Le guide *Bienvenue à la ferme*, édité par l'Assemblée permanente des chambres d'agriculture (service Agriculture et Tourisme - 9 av. George-V - 75008 Paris - ✆ 01 53 57 11 50), est en vente en librairie ou sur **www.bienvenue-a-la-ferme.com**. Il existe aussi une édition spécifique pour le département des **Vosges**, disponible gratuitement à la chambre d'agriculture des Vosges *(Relais agriculture et tourisme - 17 r. André-Vitu - La Colombière - BP 598 - 88026 Épinal Cedex - ✆ 03 29 29 23 55 - www.vosges.chambagri.fr)* ou sur www.bienvenue-a-la-ferme.com/lorraine.

Fermes-auberges – 1 r. Schlumberger - 68007 Colmar - ✆ 03 89 20 10 68 - www.haute-alsacetourisme.com - *Guide des fermes-auberges de Haute-Alsace* (à télécharger sur le site ou à commander par courrier pour 9 € + frais d'envoi), édité par l'association des fermes-auberges du Haut-Rhin.

Maison des gîtes de France et du tourisme vert – 59 r. St-Lazare - 75439 Paris Cedex 09 - ✆ 01 49 70 75 75 - www.gites-de-france.com.

Gîtes Panda, exclusivement situés dans des environnements naturels de qualité. www.gites-panda.fr

Hébergement pour randonneurs

Guide Gîtes d'étape et refuges – Les randonneurs peuvent consulter le site www.gites-refuges.com et le guide *Gîtes d'étape et refuges, France et frontières*, d'A. et S. Mouraret, imprimable à partir du site.

Les auberges de jeunesse

Ligue française pour les auberges de la jeunesse – 67 r. Vergniaud - bâtiment K - 75013 Paris - ✆ 01 44 16 78 78 - www.auberges-de-jeunesse.com. Vous trouverez une auberge de jeunesse LFAJ à Strasbourg, Xonrupt-Longemer et Werentzhouse (près d'Altkirch).

Fédération unie des auberges de jeunesse (FUAJ) – Centre national - 27 r. Pajol - 75018 Paris - ✆ 01 44 89 87 27 - www.fuaj.org. Auberges de jeunesse de la FUAJ à Phalsbourg, Saverne, Strasbourg, Colmar, Lauterbourg, Ventron, St-Dié-des-Vosges et Mulhouse.

POUR DÉPANNER

Les chaînes hôtelières

À partir de 50 € en chambre double :

Akena – www.hotels-akena.com.

B & B – ✆ 0 892 782 929 - www.hotel-bb.com.

Ibis Budget Hôtel – ✆ 0 892 688 900 - http://ibisbudgethotel.ibis.com.

Formule1/Hôtels F1 – ✆ 0 892 685 685 - www.hotelformule1.com ou www.hotelf1.com.

À partir de 60 € la chambre :

Campanile – ✆ 0 825 028 038 - www.campanile.fr.

NOS CATÉGORIES DE PRIX

	Hébergement		Restauration	
	Province	Grandes villes	Province	Grandes villes
Premier prix	jusqu'à 45 €	jusqu'à 65 €	jusqu'à 14 €	jusqu'à 16 €
Budget moyen	de 45 € à 65 €	de 65 € à 100 €	de 14 € à 25 €	de 16 € à 30 €
Pour se faire plaisir	de 65 € à 100 €	de 100 € à 160 €	de 25 € à 40 €	de 30 € à 50 €
Une folie	plus de 100 €	plus de 160 €	plus de 40 €	plus de 50 €

Ibis – ✆ 0 825 882 222 - www.ibishotel.com.
Kyriad – ✆ 0 825 003 003 - www.kyriad.fr.

Se restaurer

Retrouvez notre sélection de restaurants dans « Nos adresses à… » situées en fin de description des principaux sites de la partie « Découvrir la région ». Ils sont listés par catégorie de prix *(voir tableau page précédente).*
À consulter aussi :
Le Guide Michelin France.
En ligne : les fermes-auberges sur **www.bienvenue-a-la-ferme.com**

SITES REMARQUABLES DU GOÛT

Le label « Site remarquable du goût » a été octroyé à la bière d'Alsace de la brasserie Kronenbourg *(voir p. 16)*, la fête du sucre au pays d'Erstein (dernier week-end d'août), la route de la Carpe frite dans le Sundgau et la route des Vins d'Alsace.
www.sitesremarquablesdugout.com

LIEUX TYPIQUES

En Alsace, on trouve deux types d'établissements traditionnels : les *winstubs* et les brasseries. Liées au commerce du vin sur la rivière l'Ill, les **winstubs** ont été créées par les viticulteurs strasbourgeois pour promouvoir leurs vins. Dans ces restaurants à l'ambiance chaleureuse, on s'attardera devant un pichet de vin d'Alsace en dégustant une choucroute, du cervelas en salade, du coq au riesling, une tourte vigneronne, un *presskopf* (hure de porc en gelée), ou une *flammekueche*…
Dans les **brasseries**, les amateurs savoureront une bière fabriquée sur place et un plat régional.
Tradition des Hautes-Vosges, les **fermes-auberges de Lorraine** se sont constituées en association. Étapes de choix pour les randonneurs, mais souvent accessibles aux automobilistes, elles proposent des produits de la ferme et parfois même l'hébergement (gîte ou chambre d'hôte). Certaines fermes servent un **repas marcaire** qui comprend en général une tourte de la vallée, de la viande de porc fumée garnie de *roïgabrageldi*, pommes de terre aux oignons et lardons, du munster et une tarte aux myrtilles.
Brochure *Fermes-auberges, les saveurs du terroir lorrain,* disponible au Comité régional du tourisme de Lorraine ou sur www.tourisme-lorraine.fr

Sur place de A à Z

Pour obtenir de la documentation, adressez-vous aux **comités départementaux** et **comités régionaux** de tourisme *(voir p. 12)*. Reportez-vous aussi aux rubriques « Visites » et « Activités » de nos carnets d'adresses, dans la partie « Découvrir la région ».

BRASSERIES

Visite technique et guidée de certaines brasseries :
Heineken – 4 r. St-Charles - 67300 Schiltigheim - 03 88 19 57 50 ou 55 - www.heinekenfrance.fr et www.ville-schiltigheim.fr - visite guidée (2h) sur RV - tlj sf w.-end et j. fériés - gratuit.
Kronenbourg – 68 rte d'Oberhausbergen - 67200 Strasbourg - 03 88 27 41 59 - www.brasseries-kronenbourg.com - - visite guidée (1h30) sur RV uniquement - 7 janv.-31 déc. : 10h-18h - fermé dim. (sf août et déc.), j. fériés, 26 déc. - 6 € (-18 ans 4,50 €), Journées du patrimoine gratuit.

CYCLOTOURISME

Parc naturel régional des Ballons des Vosges – Nombreux circuits balisés pour le VTT. La liste est disponible sur demande. Gratuit.
Guides et brochures – Le guide *L'Alsace à vélo*, aux éditions Dernières Nouvelles d'Alsace, propose une cinquantaine de circuits tous niveaux.
Brochures téléchargeables sur : www.tourisme67.com (*Le Bas-Rhin en roue libre*, 22 itinéraires) www.haute-alsacetourisme.com (*La Haute-Alsace à vélo*).
Comités départementaux du tourisme, p. 12.

GOLF

Retrouvez les principaux golfs d'Alsace dans la rubrique « Activités » de nos carnets d'adresses, dans la partie « Découvrir la région ».
Bon à savoir – Le **Golf Pass Alsace** regroupe 6 parcours à travers l'Alsace.
www.golfsinalsace.com

MARCHÉS DE NOËL

Strasbourg est le plus ancien et le plus renommé des marchés de Noël (une tradition venue d'Allemagne), mais c'est Kaysersberg qui a relancé le goût de cette manifestation, il y a une quinzaine d'années. Depuis, il s'en crée sans cesse. Ainsi, à Strasbourg, Kaysersberg, Ribeauvillé, Obernai, Munster, Riquewihr ou Saverne, pour ne citer que les plus célèbres, vous trouverez décorations de Noël, pâtisseries traditionnelles et artisanat alsacien.

NATURE

Parcs et jardins

« Rendez-vous aux jardins » – Un week-end de juin, de nombreux jardins privés ou publics de la région et quelques-uns en Allemagne vous ouvrent leurs portes. www.rendezvousauxjardins.culture.fr

Parcs naturels régionaux

Maison du Parc naturel régional des Ballons des Vosges – 1 cour de l'Abbaye - 68140 Munster - 03 89 77 90 34 - www.parc-ballons-vosges.fr - possibilité de visite guidée sur demande

(2 j. av.) - de fin juin à fin sept. : tlj sf lun. 10h-12h, 13h30-17h30 ; reste de l'année : tlj sf lun., dim. 13h30-17h - fermé 1re quinz. de janv. - gratuit.
Maison du Parc naturel régional des Vosges du Nord – Au château de la Petite-Pierre - 67290 La Petite-Pierre - ✆ 03 88 01 49 59 - www.parc-vosges-nord.fr - fév.-déc. : 10h-12h, 14h-18h - fermé janv., 24, 25 et 31 déc. - 2,50 € (-12 ans gratuit).

Conservatoires régionaux d'espaces naturels

Conservatoire des sites alsaciens – Maison des Espaces naturels - Écomusée - 68190 Ungersheim - ✆ 03 89 83 34 20 - www.conservatoire-sites-alsaciens.eu.

NAVIGATION DE PLAISANCE

Il existe plusieurs grands axes : le canal de la Marne au Rhin, le Rhin et le grand canal d'Alsace de Bâle à Lauterbourg, et le canal du Rhône au Rhin (versant nord).

Location de bateaux habitables

La location de « bateaux habitables » *(house-boats)* aménagés en général pour six à huit personnes permet une approche insolite des sites parcourus sur les canaux. Diverses formules : à la journée, au week-end ou à la semaine. Bases de location de bateaux sans permis à Lutzelbourg, Saverne, Schiltigheim, Strasbourg.
Nicols – 11 r. de l'Orangerie - 67700 Saverne - ✆ 03 88 91 34 80 - location de bateaux habitables, sans permis (2 à 12 pers.) pour naviguer, au dép. de Saverne, sur le canal de la Marne au Rhin - Centrale de réservation : rte du Puy-St-Bonnet - 49300 Cholet - ✆ 02 41 56 46 56 - www.nicols.com.
Directions interrégionales de VNF – 25 r. de la Nuée-Bleue - 67000 Strasbourg - ✆ 03 88 21 74 74 - 8h-12h, 13h-17h - fermé w.-end et j. fériés.
Avant de partir, il est conseillé de se procurer les cartes nautiques et cartes-guides : **Librairie Fluvial** - 2 r. des Consuls - 34973 Lattes Cedex - ✆ 04 67 50 42 69 - www.librairiefluvial.com.
Éditions du Plaisancier – 26 r. Jacob - 75006 Paris - ✆ 01 42 34 96 69 - www.vagnon.fr.

Croisières organisées

Des compagnies fluviales proposent des promenades à l'heure, à la demi-journée ou à la journée.
CroisiEurope-Alsace Croisières –12 r. de la Div.-Leclerc - 67000 Strasbourg - ✆ 03 88 76 44 44 - www.croisieurope.com. Croisières fluviales de 1 à 13 jours sur le Rhin, la Moselle, la Sarre, le Neckar, le Main, le Danube, le Rhône, la Saône, la Seine, l'Elbe, le Pô (Italie), le Douro (Portugal), le Guadalquivir (Espagne), la Tisza et le delta du Danube.

PATRIMOINE MILITAIRE

Terres de passage, mais aussi territoires stratégiques, l'Alsace et la Lorraine furent souvent ravagées par les guerres et les invasions.
La région garde les vestiges d'anciennes forteresses, enceintes, tours, portes construites au Moyen Âge. Citadelles, villes fortifiées, champs de bataille, casemates, abris, ouvrages évoquent le souvenir d'innombrables combats.
On peut encore voir aujourd'hui quelques places fortifiées au 17e s. par Vauban (Neuf-Brisach) et visiter la citadelle de Bitche.
Construite à partir de 1930, afin de protéger la frontière nord-est de toute nouvelle invasion, la ligne Maginot, malgré son ampleur, n'a pas résisté à l'assaut. De nombreux musées

évoquent les différentes guerres : St-Amarin, St-Dié-des-Vosges, Thann, Wissembourg, Wœrth ou le mémorial Alsace-Moselle à Schirmeck…

PÊCHE

Rappel : Quel que soit l'endroit choisi pour pêcher, il convient d'observer la réglementation nationale et locale, de s'affilier pour l'année en cours dans le département de son choix à une association de pêche et de pisciculture agréée, d'acquitter les taxes afférentes au mode de pêche pratiqué ou d'acheter une carte journalière.

Union nationale pour la pêche en France – 17 r. Bergère - 75009 Paris - ✆ 01 48 24 96 00 - www.unpf.fr. Vous y trouverez les coordonnées des fédérations départementales de pêche et de protection du milieu aquatique.

RANDONNÉES ÉQUESTRES

Centres équestres

Délégation au tourisme équestre, région Alsace – 6 rte d'Ingersheim - 68000 Colmar - ✆ 03 89 24 43 18 - www.chevalsace.com - tlj sf w.-end 8h-12h. Brochure gratuite sur demande.

Comité départemental de tourisme équestre du Bas-Rhin – 17 r. de la Westermatt - 67020 Wolfisheim - ✆ 03 88 77 39 64 - www.chevalsace.com.

Comité départemental de tourisme équestre des Vosges – 87 r. du Fort - 88550 Pouxeux - ✆ 06 71 06 52 67 - tlj 9h-21h.
Demandez la brochure annuelle aux comités, *Cheval nature, l'officiel du tourisme équestre.*

Idées de randonnées

Jura alsacien ; vallons du Sundgau ; pays des étangs – Ferme équestre Zum Blaue - 5 r. Wolschwiller - 68480 Kiffis - ✆ 03 89 40 35 25 - www.cheval-kiffis.com. Promenades à cheval tous niveaux.

RANDONNÉES PÉDESTRES

Le Club vosgien – 16 r. Ste-Hélène - 67000 Strasbourg - ✆ 03 88 32 57 96 - www.club-vosgien.eu - tlj sf dim. et j. fériés 9h-12h, 13h-17h, lun. 13h-17h, sam. 9h-12h.

Les sentiers de grande randonnée – Certains des sentiers de grande randonnée, balisés par le Club vosgien (rectangle de couleur), portent le balisage GR aux intersections.

Le **GR 5**, de la frontière du Luxembourg au Ballon d'Alsace, traverse le Parc naturel régional de Lorraine.

Le **GR 53**, de Wissembourg au col du Donon, traverse le Parc naturel des Vosges du Nord.

Le **GR 7** parcourt les Vosges du ballon d'Alsace à Bourbonne-les-Bains et poursuit son itinéraire en Bourgogne.

Le **GR 533** va de Sarrebourg au ballon d'Alsace.

Fédération française de randonnée pédestre – 64 r. du Dessous-des-Berges - 75013 Paris - ✆ 01 44 89 93 90 - www.ffrandonnee.fr.

ROUTES THÉMATIQUES

Tourisme à thème

Pour les routes à thème, adressez-vous aux CRT d'Alsace *(voir p. 12)*.

Route du Rhin, de Lauterbourg à St-Louis.

Circuit des Vosges du Nord, à travers les Vosges moyennes.

Route des Potiers, avec les ateliers de Soufflenheim et de Betschdorf.

Route de l'Amitié, de Paris à Munich, qui fait connaître la Lorraine, les deux versants des Vosges, Strasbourg, la Forêt-Noire…

Route Verte, route franco-allemande reliant Domrémy en Lorraine à Donaueschingen en Forêt-Noire.

Route romane d'Alsace, un choix à opérer parmi 120 sites, des plus prestigieux aux plus secrets.

Gastronomie

Route de la Choucroute ; route gourmande de la Vallée de la Sauer ; route de la Matelote ; route de la Truite ; route de la Carpe frite ; route du Fromage.

Vins

Route des Vins d'Alsace ; route de la Bière d'Alsace.

SKI

Le massif vosgien est le « massif du ski en douceur » dans un environnement de sapins, de paysages sereins s'étageant de 600 m à 1 400 m d'altitude.
Le ski alpin se pratique sur de nombreux sites totalisant

93 remontées mécaniques, certains équipés d'installations d'enneigement et d'éclairage pour la pratique du ski nocturne, notamment les stations de **Gérardmer** et de **La Bresse**. Pour les amateurs de ski de fond, plus de 300 km de pistes sont balisées et régulièrement entretenues.
www.skifrance.fr

SOUVENIRS

Vins
Vous trouverez un grand choix de vins d'Alsace (riesling, gewurztraminer, sylvaner, pinot blanc, pinot noir, pinot gris et muscat) dans toutes les caves de villages vignerons comme dans les boutiques spécialisées des grandes villes. N'oubliez pas les foires aux vins qui ont lieu en général de juillet à septembre.

Bière
L'Alsace est bien sûr le pays de la bière (Kronenbourg, Heineken...)
Voir aussi p. 16.

Douceurs
Bonbons au miel des Vosges, ou le fameux *kugelhopf* (brioche aux raisins secs et aux amandes).

Produits fermiers
L'Alsace est une des régions réputées pour la fabrication du foie gras. Pour le fromage, dont l'incontournable munster, sachez qu'il supporte mal le transport.

Poterie
Un *kugelhopf* confectionné dans un véritable moule en terre vernissée, c'est tout de même meilleur. Vous trouverez plats, moules à gâteau, cruches et autres pots dans les villages potiers de Betschdorf et Soufflenheim.

Linge de maison
Torchons en lin, draps en coton, nappes damassées ou jacquard de Gérardmer.

Jouets en bois
L'Alsace entretient la tradition des jouets en bois. On en trouve en particulier à Ingwiller et Éloyes, dans les Vosges du Nord.

STAGES DE CUISINE

Des séjours avec cours de cuisine sont organisés, principalement en hiver, par certains restaurateurs. La liste des stages et cours vous sera fournie par les offices de tourisme régionaux, départementaux ou locaux.

THERMALISME

Sources minérales et thermales
L'appellation de « **source minérale** » désigne soit des sources d'eaux infiltrées, soit des sources issues des profondeurs, dontles eaux se sont chargées de substances ou de gaz présentant des propriétés thérapeutiques.
Le qualificatif « **thermal** » s'applique aux eaux dont la température est d'au moins 35 °C. Les sources thermales sont situées soit sur des failles du plateau lorrain, soit au voisinage des massifs cristallins.
L'est des vosges plus montagneux possède des souces chaudes.
Sources chaudes – À l'opposé de la plaine vosgienne, la « montagne » possède des sources d'origine volcanique caractérisées moins par leur minéralisation que par leur thermalité et leur teneur en principes radioactifs. Connues également des Romains, grands amateurs de sources chaudes, et même des Celtes et des Gaulois, ces sources ont un long et riche passé. Elles sont au nombre de 2 en Alsace (**Niederbronn-les-Bains** et la petite station de **Morsbronn-les-Bains**).

DU CÔTÉ DE L'ALLEMAGNE

Office national allemand du tourisme – ✆ 01 40 20 01 88 - www.allemagne-tourisme.com. Bureaux fermés au public.
Forêt-Noire – Schwarzwald Tourismus GmbH - Habsburgerstr. 132 - D-79104 Freiburg - ✆ 00 49 (0) 761 89 64 60 - www.foretnoire.info.

Transports

Conduite automobile – La vitesse maximale autorisée dans les agglomérations est de 50 km/h, sauf indication spéciale. Sur route, elle est de 100 km/h. Les autoroutes allemandes étant très chargées, il est recommandé de ne pas dépasser les 130 km/h.
Autoroutes – Gratuites.

Horaires

Commerces – 9h30-20h, sam. 9h-16h ; dans les petites villes et les régions rurales, certains magasins sont fermés le mercredi après-midi.
Banques – Lun.-vend. 8h30-13h, 14h30-16h (17h30 jeu.).
Bureaux de poste – 8h-18h, sam. jusqu'à 12h ; certains bureaux de poste sont fermés entre 12h-14h30.

Jours fériés

Dates fixes : 1er et 6 janv., 1er mai, 3 oct., 1er nov., 25 et 26 déc.
Dates mobiles : vendredi saint, lundi de Pâques, jeudi de l'Ascension, lundi de Pentecôte et jeudi de la Fête-Dieu.

Téléphone

Pour téléphoner en Allemagne, rajouter à la place du premier « 0 » l'indicatif 00 49.
Bon à savoir – Vous trouverez un lexique franco-allemand dans le deuxième rabat de la couverture.

Stations et spécialités

Morsbronn-les-Bains – Rhumatologie, séquelles de traumatismes. Saison : mars-nov.
Niederbronn-les-Bains – Rhumatologie, traumatismes, rééducation fonctionnelle. Saison : de mi-mars à mi-déc.

Thermalisme et tourisme

Confédération nationale des exploitants thermaux – 1 r. Cels - 75014 Paris - ✆ 01 53 91 05 77 - www.medecinethermale.fr.
Chaîne thermale du soleil – 32 av. de l'Opéra - 75002 Paris - ✆ 0 800 05 05 32 - www.chainethermale.fr.

TRAINS TOURISTIQUES

Quelques exemples : la vallée de la Doller de Cernay à Sentheim ; le long du Rhin entre le port rhénan de Neuf-Brisach et Baltzenheim, circuit ferré combiné avec une promenade en bateau. *Se reporter à l'index pour retrouver ces noms.*
Petit train du plan incliné de St-Louis-Arzviller – À bord du petit train touristique *Le Teigelbach,* découvrez l'ancien canal de la Marne au Rhin. Vous longerez les trois écluses les plus rapprochées d'Europe *(voir p. 372).* ✆ 03 87 25 30 69 - www.plan-incline.com - ne circule pas les jours de pluie - parcours : 7 km (1h30) - juil.-août : 10h30, 14h30, 16h, 17h ; mai-juin et sept. : dim. et j. fériés 11h, 14h30, 16h, 17h - 7 € (5-15 ans 6 €).

VINS ET VIGNOBLES

L'Alsace compte 7 cépages à Appellation d'origine contrôlée. Ils sont tous blancs sauf le pinot noir, le pinot gris et le muscat. Les grands crus d'Alsace, au nombre de 51, sont issus de terroirs privilégiés. La route des Vins d'Alsace est balisée de Marlenheim à Thann ; elle relie bourgades et petites villes aux noms prestigieux *(voir p. 178)*.

De nombreux producteurs proposent la visite de leurs caves, suivie, souvent, d'une dégustation. Quelques adresses où cueillir des informations sur le vin :

Maison des vins d'Alsace – 12 av. de la-Foire-aux-Vins - 68000 Colmar - ✆ 03 89 20 16 20 - www.vinsalsace.com - ♿ - 4 janv.-23 déc. : tlj sf w.-end et j. fériés 12h, 14h-17h. Ce centre regroupe 5 importants organismes viticoles de la région : le Conseil interprofessionnel des vins d'Alsace, le service régional de l'Institut national des appellations d'origine, l'Association des viticulteurs d'Alsace, le Centre interprofessionnel de dégustation et le Syndicat des producteurs de crémant d'Alsace. Le visiteur découvrira une carte en relief de 6 m de long, avec les villages et les grands crus, une évocation du travail du vigneron à l'aide de maquettes interactives, et un audiovisuel sur le vignoble.

Château de Kientzheim – 1 Grand'Rue - 68240 Kientzheim (près de Kaysersberg) - ✆ 03 89 78 21 36 ou 03 89 78 23 84 - www.confrerie-st-etienne.com ou www.musee-du-vignoble-alsace.fr. Siège de la confrérie St-Étienne qui délivre un « sigille » de qualité aux meilleurs vins d'Alsace, le château abrite également le musée du Vignoble et des Vins d'Alsace.

Espace Alsace Coopération – 68980 Beblenheim - ✆ 03 89 47 91 33 - sur la route des Vins, il regroupe les seize caves coopératives d'Alsace, propose toute une sélection de vins et offre un aperçu des produits du terroir.

Centre de formation, lycée viticole – 8 aux Remparts - 68250 Rouffach - ✆ 03 89 78 73 07 - www.cfppa-rouffach.fr - janv.-mai : stages de perfectionnement à la dégustation des vins d'Alsace et à la connaissance des terroirs.

VISITE GUIDÉE

Vous trouverez des informations concernant les visites guidées qui ont retenu notre attention dans les rubriques « S'informer » au début des chapitres dans « Découvrir la région ».

VILLES ET PAYS D'ART ET D'HISTOIRE

Sous ce label décerné par le ministère de la Culture et de la Communication sont regroupés quelque 130 villes et pays qui œuvrent activement à la mise en valeur et à l'animation de leur architecture et de leur patrimoine. Renseignements auprès des offices de tourisme des Villes et Pays d'art et d'histoire cités dans ce guide : le pays de Guebwiller, Mulhouse et le pays du val d'Argent.

VUE DU CIEL

Aérovision – 34 chemin de la Speck - 68000 Colmar - ✆ 03 89 77 22 81 - www.aerovision-montgolfiere.com. Vols en montgolfière : survols des sommets vosgiens, baptêmes de l'air au-dessus du vignoble ou de la plaine alsacienne, vols de nuit, vol « découverte » 240 € par pers.

Le Guide Vert MICHELIN
Le guide qui emmène les curieux plus loin !
LE GUIDE VERT
LE GUIDE VERT
31
ALPES DU SUD
BOURGOGNE
BARCELONE ET LA CATALOGNE
SICILE
FLORIDE
MICHELIN
Une meilleure façon d'avancer

En famille

Nous avons sélectionné des sites et activités *(voir le tableau ci-contre)* susceptibles de plaire à vos enfants. Vous les repérerez dans la partie « Découvrir la région » grâce au pictogramme 👪.

S'INFORMER

La brochure **Bibouille** (téléchargeable sur www.bibouille.net) répertorie les activités à caractère ludique d'Alsace et des Vosges.

Le **Pass'Famille** dans les Vosges du Nord propose des réductions dans quatre parcs de loisirs.

Le Parc naturel des Vosges du Nord met en place chaque été les **Amuse'musées** (☎ 03 88 01 49 59 ou 03 88 01 49 78 - www.parc-vosges-nord.fr ou www.amusemusees.com), découverte ludique des musées du Parc.

LES LABELS

Villes et Pays d'art et d'histoire

Le réseau des Villes et Pays d'art et d'histoire *(voir la rubrique « Visites guidées » au début des chapitres dans Découvrir la région)* propose pour les enfants des **visites découverte** et des **ateliers du patrimoine** les mercredis, samedis et pendant les vacances scolaires.

En juillet-août, dans le cadre de l'opération « L'Été des 6-12 ans », ces activités sont également proposées pendant la visite des adultes.

Stations vertes

La Fédération des stations vertes de vacances *(voir p. 13)* décerne chaque année un prix de l'accueil des enfants. www.stationverte.com

OBSERVER LES CIGOGNES

La région compte de nombreux enclos à cigognes : Eguisheim, Ensisheim, Kaysersberg, Molsheim, Rouffach, Soultz, Turckheim, Ungersheim, La Wantzenau…

EN FAMILLE

SITES OU ACTIVITÉS À FAIRE EN FAMILLE			
Chapitres du guide	**Nature**	**Musées**	**Loisirs**
Colmar	Promenade en barque	Musée animé du Jouet et des Petits Trains	
Écomusée d'Alsace		Site	Eden-Palladium
Ensisheim		Le Bioscope	
Gérardmer		Musée Faune Lorraine	Sports nautiques, VTT, escalade, équitation, ski
Guebwiller	Vivarium (Lautenbach-Zell)		
Haguenau			Nautiland Didi'Land à Morsbronn
Le Hohwald	Parc-aquarium Les Naïades à Ottrott	Musée du Pain d'épice à Gertwiller	Parc Alsace Aventure à Breitenbach
Route des Vins	Centre de réintroduction des cigognes et des loutres Jardin des Papillons exotiques vivants, à Hunawihr		
Mulhouse	Parc zoologique et botanique	Cité de l'Automobile Cité du Train EDF Électropolis	Stade nautique
Val d'Orbey		Espace des métiers du bois et du patrimoine à Labaroche La Graine au Lait à Lapoutroie	Parc Aventures du Lac Blanc
Vallée du Rhin		« Il était une fois le Rhin » à Mothern Maison des énergies à Fessenheim Mémoire du Rhin et Mémoire du saumon à la Petite Camargue alsacienne	Parc des Eaux-Vives à Huningue Bases de loisirs à Hoenheim, Offendorf, Plobsheim, Rhinau, Marckolsheim, Vogelgrun et Village-Neuf
Ribeauvillé		La ferme de l'Hirondelle	
Saverne			L'Océanide
Schirmeck		Musée Oberlin à Waldersbach	
Sélestat	La Volerie des aigles et la Montagne des singes à Kintzheim	La Maison du pain	Piscine des Remparts à Sélestat et Cigoland à Kintzheim
Soultz-Haut-Rhin		La Nef des jouets	
Strasbourg	Mini-zoo au parc de l'Orangerie	Le Naviscope Musée du Chocolat à Geispolsheim	Natura Parc à Ostwald
PNR Vosges du Nord		Château des énigmes et le P'tit Fleck au château de Fleckenstein	
Route badoise du Vin		Musée du Carnaval à Kenzingen	
Europa-Park			Parc d'attractions
Fribourg	Steinwasenpark (animaux et loisirs)		

Mémo

Agenda

Retrouvez ces manifestations ainsi que d'autres de moindre importance dans nos carnets d'adresses de la partie « Découvrir la région ». Pour suivre les manifestations et festivités d'Alsace, consultez la brochure éditée par l'association Rondes des fêtes à télécharger sur son site Internet ou à se faire envoyer par la poste (gratuitement). ✆ 03 89 68 80 80 - www.ronde-des-fetes.asso.fr.

JANVIER

Gérardmer – Fantastic'Arts : festival du film fantastique. Dernière sem. du mois - ✆ 03 29 60 98 21 - www.festival-gerardmer.com.

FÉVRIER

Strasbourg – Carnaval, Mardi gras.
Mulhouse – Carnaval international. Dimanche suivant le mercredi des Cendres - www.tourisme-mulhouse.com.
Sélestat – Grande cavalcade carnavalesque « Les Machores » - w.-end suivant Mardi gras - ✆ 03 88 58 85 75 - www.ville-selestat.fr.

MARS

Illkirch – Le Printemps des Bretelles, festival d'accordéon - ✆ 03 89 65 31 06 - www.printempsdesbretelles.com.
Strasbourg – Giboulées de la Marionnette - www.theatre-jeune-public.com.

MI-AVRIL

Gérardmer – Fête des jonquilles (années impaires, prochaine édition en 2013) - ✆ 03 29 63 12 89 - www.societe-des-fetes-gerardmer.org.
Strasbourg – Festival des Artefacts, musiques actuelles - www.festival.artefact.org.

AVRIL-MAI

Altkirch – Kino Knock Out Festival : festival de courts-métrages - ✆ 03 89 08 36 03 - www.kkofestival.com ou www.sundgau-sudalsace.fr.

MAI

Neuf-Brisach – Fête du muguet avec grand cortège historique (le 1er) - ✆ 03 89 72 56 66.
Strasbourg – Nouvelles Strasbourg Danse - www.pole-sud.fr.

ASCENSION

La Bresse – Festival international de sculpture sur bois (toute la sem.) - ✆ 03 29 25 40 21 - www.labresse.fr.
Ste-Marie-aux-Mines – Festival aux chandelles, église St-Pierre-sur-l'Hâte - ✆ 03 89 58 80 50 - www.festivalauxchandelles.fr. Le festival s'ouvre le jeudi de l'Ascension et se poursuit au mois d'août.
Guebwiller – Foire aux vins (le jeu.) - ✆ 03 89 76 10 63 - www.tourisme-guebwiller.fr.
Ungersheim – Fête du cochon (toute la sem.) - ✆ 03 89 48 11 28.

JUIN

Alsace – Festival musical Voix et Route Romane - www.voix-romane.com.
Ste-Marie-aux-Mines – Bourse internationale Mineral & Gem - www.euromineral.fr.

Ribeauvillé – Fête du *kugelhopf* (début juin).
Saverne – Fête des roses - ✆ 03 88 91 80 47 - www.ot-saverne.fr.
Thann – Crémation des Trois Sapins pour la commémoration de la création de la ville (le 30) - ✆ 03 89 37 96 20 - www.ot-thann.fr.
Strasbourg – Festival international de musique - ✆ 03 88 15 44 66 - www.festival-strasbourg.com.

JUILLET

Mulhouse – Festival de l'automobile (grande parade, rallyes...) - ✆ 03 69 77 67 77 - www.festivalauto.mulhouse.fr.
Colmar – Festival international de musique (1re quinzaine) - ✆ 03 89 20 68 97 - www.festival-colmar.com.
Seebach – Streisselhochzeit, fête des traditions (le w.-end après le 14) - ✆ 03 88 94 74 06 - www.uas.fr.
Ribeauvillé – Foire aux vins (w.-end. suivant le 14) - ✆ 03 89 73 23 23 - www.ribeauville-riquewihr.com.

JUILLET-AOÛT

Steinseltz – Fête des géraniums (années impaires, fin juil.-déb. août) - ✆ 03 88 94 01 51.
Senones – Relève de la garde (certains dim. en juil.-août, à 11h15) - www.paysdesabbayes.com.
Bussang – Représentations au Théâtre du Peuple - ✆ 03 29 61 50 48 - www.theatredupeuple.com.
Phalsbourg – Festival de théâtre (fin juil.-déb. août) - ✆ 03 87 24 42 42 - www.phalsbourg.fr.
Rouffach – Musicalta, festival de musique (juil.-août) - ✆ 03 89 47 59 93 - www.musicalta.com.

AOÛT

Munchhouse – Fête de la carpe frite (1re quinzaine) - www.tourisme-rhin.com.
Sélestat – Corso fleuri (2e w.-end) - www.ville-selestat.fr.
Gérardmer – Spectacle pyrosymphonique sur le lac (le 14) - www.gerardmer.net.
Marlenheim – Fête du mariage de l'ami Fritz, en costumes régionaux (les 14 et 15) - www.mariage-ami-fritz.fr.
N.-D. de Thierenbach – Pèlerinage. Procession aux flambeaux la veille (les 14 et 15).
Oderen – Pèlerinage à N.-D.-du-Bon-Secours (le 15).
Erstein – Festival du sucre (dernier w.-end) - ✆ 03 88 98 14 33 - www.grandried.fr.
Geispolsheim – Fête de la choucroute (dernier dim.) - www.ville-geispolsheim.fr.
Eguisheim – Fête des vignerons (dernier w.-end) - ✆ 03 89 41 21 78 - www.ot-eguisheim.fr.
Haguenau – Festival du folklore mondial et Fête du houblon (durant une sem., mi-août) - www.tourisme-haguenau.eu.

FIN AOÛT-DÉBUT SEPTEMBRE

Ste-Marie-aux-Mines – Festival aux chandelles (voir *Ascension*).

SEPTEMBRE

Ribeauvillé – Fête des ménétriers ou *Pfifferdaj* : cortège historique, dégustation à la fontaine du vin (1er w.-end) - ✆ 03 89 73 20 04 - www.ribeauville-riquewihr.com.
Oderen – Pèlerinage à N.-D.-du-Bon-Secours (le 8).
Guebwiller – Festival musical des grands crus d'Alsace (fin sept.) - ✆ 03 89 62 21 81 - www.grandscrusmusicaux.com.
Storckensohn – Grande Fête du moulin (2e dim.) - www.ot-saint-amarin.com.

FIN SEPTEMBRE-DÉBUT OCTOBRE

Strasbourg – Musica : festival international de musique d'aujourd'hui - ✆ 03 88 23 46 46 - www.festivalmusica.org ; Nuits électroniques de l'Ososphère - www.ososphere.org.

OCTOBRE

Saint-Dié-des-Vosges – Festival international de géographie (1er w.-end) - ✆ 03 29 42 22 22 - www.fig.saint-die-des-vosges.fr.

NOVEMBRE

Strasbourg – Jazzdor, créations de jazz internationales - www.jazzdor.com.

DÉCEMBRE

Dans toutes les villes – Fête de la St-Nicolas le 6 déc.
Dans les grandes villes et de nombreux villages – Marchés de Noël.
Kaysersberg – « Préludes de Noël à Kaysersberg » (les vend. et w.-ends de l'avent) - www.kaysersberg.com.
Mont Ste-Odile – Fête de sainte Odile : pèlerinage le plus fréquenté d'Alsace (le 13) - ✆ 03 88 95 80 53 - www.mont-sainte-odile.com.
Turckheim – Ronde du veilleur de nuit (le 31, à minuit) - www.turckheim.com.

Bibliographie

OUVRAGES GÉNÉRAUX, TOURISME

Vosges, J.-P. Germonville, La Renaissance du Livre, 1996.
Châteaux et seigneurs : histoire d'Alsace, Association Recherches médiévales, Coprur, Strasbourg, 1997.

HISTOIRE, ETHNOGRAPHIE

Histoire de l'Alsace, P. Dollinger, Ouest-France, 2001.
Noël d'Alsace, C. Desbordes, Édisud, 2002.
St-Louis, quatre siècles de cristallerie au pays de Bitche, M. Girault, La Renaissance du Livre, 2007.
Hansi à travers ses cartes postales : 1895-1951, R. Candir, Éd. du Rhin, Mulhouse, 1996.

GASTRONOMIE

Cahier d'une cuisinière alsacienne, E. Meyer, De Borée, 2012.
Cuisine alsacienne d'hier et d'aujourd'hui, H. Maetz et M. Ehrhard, Ouest France, 2010.
La Bière en Alsace, J.-D. Potel, Jehl, Coprur, Strasbourg, 1990.
Vins d'Alsace, histoire d'un vignoble, C. Muller, Coprur, Strasbourg, 1999.

LITTÉRATURE

Les Oberlé, René Bazin, Siloe, 2002.
L'Ami Fritz; *L'Invasion*, Erckmann-Chatrian, Éd. J. Do Bentzinger, Colmar.
Vacances du lundi, Théophile Gautier, Éd. Champ Vallon, 1994.
Le Haut-Fer, José Giovanni, Folio Gallimard, 1998 (roman qui inspira le film *Les Grandes Gueules* de R. Enrico).
Sherlock Holmes et le mystère du Haut-Kœnigsbourg, Jacques Fortier, Éd. du Verger, 2009.
Le Rhin, Victor Hugo, La Nuée Bleue, Strasbourg, 1991.
Les Bourgeois de Witzheim, André Maurois, 1920 (décrit la vie des bourgeois de Bischwiller).

Le Serment des quatre rivières, Violaine Vanoyeke, coll. Jeannine Balland, Presses de la Cité, 1995.

POUR LES ENFANTS ET ADOLESCENTS

Alsace, mon guide, Casterman, 1997.
L'Histoire d'Alsace racontée aux enfants, Hansi, Éd. Herscher, 1991.
Graines de Voyageurs : l'Alsace, Éd. Graine2, 2010.
Le château ambulant, Miyazaki Hayao, 2006 (l'Alsace qui inspire le maître du dessin-animé japonais).

BD

Cette histoire qui a fait l'Alsace, collectif, Éd. du Signe, 12 vol., 2009-2012 (un superbe tableau de l'histoire régionale)
L'Affaire Bugatti (Michel Vaillant), Jean Graton, 1991 (l'histoire se déroule dans la Cité de l'Automobile à Mulhouse).
L'empire des Hauts murs, S. Hureau, Éd. Delcourt, 2005 (l'histoire se déroule dans la Cour du Corbeau à Strasbourg).
Dreamers Rebirth 2, Metapat et Julln, Éd. Paquet, 2010 (dans une Alsace futuriste, énigme autour du retable d'Issenheim).

VIDÉO

Le Vignoble d'Alsace, La Route des Vins, coll. Visages d'Alsace, Mitria Production.
Sundgau, Mémoires d'une terre magique, coll. Terres magiques.
L'Alsace gourmande, Itinéraires des saveurs et traditions culinaires, coll. Visages d'Alsace, Mitria Production.

MÉDIAS

Quotidiens

L'Est républicain (www.estrepublicain.fr), L'Alsace (www.lalsace.fr), Les Dernières Nouvelles d'Alsace (www.dna.fr).

Revues

L'Alsace, Découverte et passions (Éd. Freeway).

2/ COMPRENDRE LA RÉGION

Le village d'Hunawihr au milieu des vignes.
B. Gardel/hemis.fr

Bonus

Traditions et art de vivre

Au carrefour des chemins entre mondes latin, germanique et d'Europe centrale, l'Alsace cultive des traditions vivantes et authentiques. Expression de la mémoire collective, les nombreuses fêtes, en particulier les rituels et les marchés de Noël, témoignent de la volonté des Alsaciens de pérenniser leurs coutumes, leur langue, leur folklore et leur gastronomie gourmande.

Folklore et fêtes

SAINT NICOLAS ET HANS TRAPP

Selon la légende, saint Nicolas aurait ressuscité trois enfants qu'un boucher avait découpés et mis au saloir. En réalité, cet évêque du 3e s., originaire d'Asie Mineure, fut canonisé pour sa foi et sa grande générosité. Quoi qu'il en soit, la piété populaire a fait de lui le protecteur des enfants, à qui il vient distribuer jouets et friandises chaque **6 décembre**. Ce même jour, de nombreuses processions honorent le saint en Alsace et plus largement dans une grande partie de l'Europe du Nord. Mais saint Nicolas a, depuis le 16e s., un triste compagnon : Hans Trapp, c'est-à-dire le père Fouettard, qui vient, lui, punir les enfants désobéissants… D'origine alsacienne, ce personnage couvert de peaux de bêtes serait le seigneur Hans von Drodt, qui terrorisait la région de Wissembourg depuis sa forteresse du Berwartstein. À **Wissembourg** *(voir p. 364)*, Hans Trapp fait l'objet d'une tradition toujours vivante : un cortège défile chaque année dans les rues de la ville, le dernier dimanche avant Noël.

ARBRES ET MARCHÉS DE NOËL

En Alsace, la fête des enfants s'est décalée vers Noël sous l'influence de Luther, qui préférait qu'elle soit placée plus justement sous le parrainage de l'Enfant Jésus.
Dès la fin du mois de novembre, les Alsaciens commencent les préparatifs. Traditionnellement, sur la **couronne de l'Avent**, quatre bougies symbolisent les quatre dimanches de ce cycle de quarante jours, ou les 4000 ans d'attente du Messie. Chaque dimanche, on allume une bougie supplémentaire tout en décorant un **sapin des Vosges**, arbre de Noël dont l'Alsace s'enorgueillit d'être le berceau, comme en témoignent les livres de comptes de la ville de Sélestat datés de 1521.
Symbole indissociable de la fête de Noël, les boules de verre seraient originaires de **Meisenthal**, berceau de la verrerie du pays de Bitche. Les habitants avaient l'habitude de suspendre aux branches de leurs sapins des noix et des pommes. Mais la mauvaise récolte de 1858

Marché de Noël à Colmar.
D. Bringard/hemis.fr

invita les verriers de la ville à trouver d'autres décorations : ils eurent alors l'idée de souffler et de peindre des boules de verre.

Centre international d'art verrier à Meisenthal, p. 342.

Autre temps fort de cette période de l'année : le marché de St-Nicolas, devenu le marché « de l'Enfant Jésus », **Christkindlmarkt** ou encore marché de Noël. Cette tradition est issue des pays germaniques. Elle crée de fin novembre au 31 décembre une ambiance euphorique au milieu des spectacles les plus variés, danses, concerts, crèches vivantes et expositions. Certains en dénoncent la dérive commerciale. Mais la profusion des décorations, l'artisanat local, les produits du terroir, les jouets et les gâteaux traditionnels comme les *bredele*, sans oublier le vin chaud, créent une atmosphère festive.

PÈLERINAGES ET FÊTES

Les fêtes, joyeuses et colorées, sont aussi l'occasion de remettre à l'honneur les costumes traditionnels, comme la célèbre coiffe à rubans de la petite Alsacienne. Autrefois, c'étaient surtout les pèlerinages, les processions et les fêtes patronales qui rythmaient la vie des habitants. Le pèlerinage de **sainte Odile**, la

LA « MARQUE » SAINT-NICOLAS

Saint patron de la Lorraine, lié à l'Alsace par son « collègue » Hans Trapp (le père Fouettard), saint Nicolas est disputé par les deux régions… comme bien d'autres sujets, d'ailleurs. Quand la Lorraine décide, en 2010, de déposer le nom « Saint-Nicolas » pour s'assurer ainsi l'exclusivité de son utilisation (fêtes, marchés…), les Alsaciens s'élèvent immédiatement contre la mainmise déclarée de leur voisin. Résultat : les deux régions se sont mises d'accord pour devenir cotitulaires du saint patron des écoliers et se partager les droits d'un religieux du 3ᵉ s., devenu une marque très porteuse !

patronne de l'Alsace, reste encore très fréquenté. D'autres fêtes d'origine médiévale rappellent les miracles légendaires à l'origine de la fondation de certaines villes. À Thann, le 30 juin, on commémore le **prodige des Trois Sapins** *(voir p. 223)*. À Ribeauvillé, le *Pfifferdaj*, ou **Fête des ménétriers**, est prétexte à de belles reconstitutions historiques *(voir p. 192)*. Les fêtes patronales, appelées *Kilbe* dans le Haut-Rhin et *Messti* dans le Bas-Rhin, sont toujours très vivantes. Traditionnellement, on célèbre le **carnaval** avec une abondance de beignets et à **Pâques**, le lièvre vient « pondre » dans les jardins des œufs de toutes les couleurs. À la fête du village, aux mariages, sur le faîte des constructions neuves, mais aussi les jours d'élection, on plante un **arbre de mai** enrubanné. À cela se sont ajoutées par la suite les fêtes gastronomiques et les manifestations de toutes sortes comme, parmi tant d'autres, la Fête de la choucroute à Colmar ou la foire-kermesse de Wissembourg.
Agenda, p. 28.

Gastronomie

EN ALSACE

Du salé...

La qualité des produits tirés du sol, l'utilisation de fonds de cuisine tels que la graisse d'oie ou le saindoux donnent un goût onctueux aux plats lentement mijotés dont les origines sont souvent authentiquement paysannes.

L'incontournable **charcuterie** entre dans la composition de nombreux plats. À côté des saucisses de Strasbourg, jambons et pâtés sont innombrables. Le *presskopf*, un fromage de tête de porc, côtoie le foie gras, grand seigneur de la gastronomie alsacienne, que le cuisinier Clause porta à la perfection au 18e s. *(voir p. 95)*. Les **volailles** élevées en plein air, le **gibier** et les **poissons** ne peuvent que stimuler la variété des plats. On n'a que l'embarras du choix entre le coq au riesling et la poularde aux morilles et à la crème, entre la truite des Vosges au bleu et la célèbre carpe frite du Sundgau. La matelote d'anguille, le saumon ou le brochet se trouvent aussi sur les bonnes tables comme, en automne ou en hiver, le civet de marcassin ou de cerf à la confiture d'airelles.

La **choucroute** reste cependant le plat le plus typiquement alsacien. Autrefois, elle se conservait l'hiver. Son nom dérive de l'alsacien *sürkrutt*, où *sür* veut dire « aigre » et *krutt*, prononcé « *croute* », désigne le chou. Sa fermentation au sel vient d'Allemagne et remonte à la fin du Moyen Âge. On la prépare le plus souvent avec de la charcuterie et des pommes de terre bouillies, et l'on y ajoute parfois des « surprises » raffinées – pièces de perdreaux, écrevisses ou truffes... La choucroute de Strasbourg, préparée au riesling, est la plus réputée.

Le *baeckeofe* est l'autre grand plat alsacien. Le nom de cette potée signifie littéralement « four du boulanger ». C'est un mélange de viandes de bœuf, porc, agneau ou cuisse d'oie marinées ensemble dans un vin blanc sec, sylvaner ou riesling, accompagné d'oignon, d'ail et d'un bouquet garni. Le tout, disposé dans une cocotte en terre cuite entre deux couches de pommes de terre et d'oignons, mijote au four pendant deux heures et demie.

Enfin, la *flammekueche*, tarte flambée à base de pâte à pain, de crème, d'oignons et de lardons, était elle aussi un repas complet qu'on cuisait le matin avec les premières flammes du four à pain.

... au sucré

Pour terminer le repas, le choix est difficile entre tartes aux pommes, aux quetsches ou aux myrtilles qui ont fait la réputation de la pâtisserie alsacienne. Le *kugelhopf*, la traditionnelle brioche aux raisins secs et aux amandes, se déguste au petit-déjeuner ou au goûter, comme les fameux pains d'épice au miel. La tradition est ancienne : un document de 1412 préconise d'offrir à Noël du pain d'épice aux lépreux. La cannelle, le gingembre, l'anis et la noix de muscade relèvent le goût de ces gâteaux aux formes variées. À ces douceurs s'ajoutent quelques variantes au moment de Noël (*mannele*, *bredele*, *berawecka* et *stollen*) et de Pâques, où l'on prépare, dans des moules spéciaux, le fameux *lammala*, ou « agneau de Pâques ».

DANS LA MONTAGNE VOSGIENNE

Le repas marcaire

Les Hautes-Vosges connaissent, dès la belle saison, le déplacement des troupeaux vers les pâturages d'altitude. Le marcaire, qui tire son nom du *melker*, le « trayeur de vache » en dialecte, monte avec ses bêtes sur les hautes chaumes de la St-Urbain à la St-Michel (25 mai-29 septembre). C'est là-haut qu'il va préparer le fromage, dans sa modeste ferme d'altitude, ou marcairie. Ce chalet ne comprenait autrefois que deux pièces, l'une pour le fromage, l'autre, très petite et presque sans mobilier, pour dormir. On lui a souvent adjoint par la suite une étable.
Dès la fin du 19e s., les randonneurs ont pris l'habitude de s'y arrêter pour se restaurer. Depuis, ayant pris le nom de **fermes-auberges**, elles proposent en été le « repas marcaire », que les amoureux de la montagne viennent savourer au milieu des senteurs de foin, de résines et de fleurs. Le menu enchaîne de manière immuable les mêmes spécialités préparées sur place : un potage suivi d'une tourte de la vallée (pâté chaud de viande de veau et de porc), puis un plat principal composé de viande de porc fumée accompagnée de *roïgabrageldi* (pommes de terre émincées et longuement rissolées avec des oignons et du lard).
Un délicieux munster affiné sur place prélude au dessert, tartes aux fruits de saison, ainsi qu'au *siesskas,* qu'il faut absolument essayer : moulé le matin même, c'est un fromage blanc du jour très frais, servi avec du kirsch et du sucre, et que le gewurztraminer accompagne divinement.

Goûteux fromages

La ville de Munster a donné son nom au fromage que la montagne vosgienne fabrique depuis plusieurs siècles. Fabriqué au lait cru, le **munster** est un fromage à pâte molle et à croûte lavée qu'on affine pendant 3 à 4 semaines. On lui ajoute parfois du carvi (cumin des prés). Le succès de ce fromage, qui a obtenu l'appellation d'origine contrôlée en 1978, a contribué à sauver une race de vache rustique, la vosgienne, dont le lait riche et aromatique lui est essentiel. Après un lent déclin, on voit la vosgienne reprendre sa place naturelle sur les hautes chaumes. On la reconnaît à ses flancs noirs mouchetés et à la large bande blanche qui court le long de son échine.
Le **géromé** a la même croûte fauve et l'intérieur crémeux que le munster, mais son lait n'est pas réchauffé et son affinage dure plus longtemps, jusqu'à quatre mois. On lui ajoute de même des graines d'anis, de fenouil ou de cumin.
Depuis quelques années, pour se diversifier, les fermes proposent aussi des fromages « de garde », à pâte cuite, qui se conservent plus longtemps. C'est le cas du

METS ET VINS D'ALSACE
On peut suivre les vins d'Alsace tout au long d'un repas. Le crémant et le muscat servis en apéritif laisseront place à un sylvaner frais et léger pour les hors-d'œuvre, fruits de mer ou charcuterie fine. Le riesling et les pinots accompagneront le plat principal, choucroute, rôti, volaille ou poisson, tandis que le capiteux gewurztraminer s'associera aussi bien aux plats exotiques qu'aux fromages forts et à la pâtisserie, pain d'épice ou *kugelhopf*.

bargkas, littéralement « fromage de montagne », et du saint-grégoire, tous deux proches des tommes et des gruyères.
Fromagerie « La Graine au Lait », à Lapoutroie, p. 303.

Vins, bières, et alcools

LES CÉPAGES D'ALSACE

À l'exception de l'**edelzwicker**, qui désigne l'assemblage de plusieurs cépages *edel* (c'est-à-dire nobles), chaque vin d'Alsace provient en général d'un seul cépage qui lui donne son nom. Sept AOC (appellations d'origine contrôlée) se partagent principalement le vignoble. Le plus prestigieux est le **riesling**, qui est l'un des plus grands raisins blancs du monde. Son bouquet est subtil et d'une exceptionnelle finesse. D'une grande élégance, le **gewurztraminer** est un traminer, dit « épicé » *(gewurz)* à cause de son goût riche, aromatique et puissant. Le **sylvaner**, sec et léger, désaltère très agréablement. Quant au **pinot blanc**, il est sec, lui aussi, mais plus corsé. Plus fruité, le **muscat d'Alsace** a un goût de raisin frais. Le **pinot gris** est, lui, bien charpenté, rond et corsé. Enfin le célèbre **pinot noir**, originaire de Bourgogne, donne des rouges ou rosés dont le fruité évoque la cerise.

Quand l'étiquette porte l'appellation **« alsace grand cru »** avec, outre le cépage, l'année et le nom du terroir d'origine, il s'agit de vins particulièrement remarquables. On en compte une cinquantaine.

La mention **« vendanges tardives »** désigne une récolte très avancée dans la saison, la concentration des sucres donne alors une qualité de raisin tout à fait exceptionnelle.

Enfin, le **crémant d'Alsace** est un mousseux de bonne qualité.
Adresses et informations pratiques, p. 24.

LA BIÈRE

En Alsace, vin et bière ne sont assurément pas incompatibles. Dans certaines brasseries strasbourgeoises, on peut goûter à la bière fabriquée sur place, ce qui est une rareté en France. Les *bierstubs* (débits de bière), pendant des *winstubs*, ont une ambiance chaleureuse et intime, avec leurs fenêtres à petits carreaux, leurs boiseries aux murs et leurs banquettes. Un imposant poêle en faïence trône souvent dans la pièce.
La fabrication de la bière nécessite une eau très pure et des céréales, essentiellement de l'orge dont le grain est humidifié dans la malterie. La germination se produit pendant 8 à 10 jours. Le grain germé est séché et devient le malt que l'on fait macérer, chauffer et fermenter dans l'eau. La fleur de houblon parfume ensuite la bière.
Visites de brasseries, voir « Sur place de A à Z », p. 16.

LES EAUX-DE-VIE

L'Alsace offre un choix très riche et souvent inventif d'eaux-de-vie et de

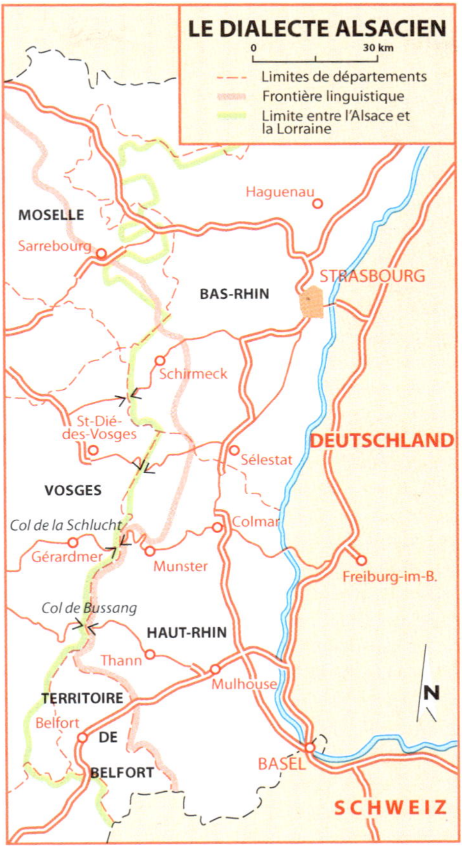

liqueurs, qui sont souvent servies en fin de repas. Le kirsch, dont le nom évoque la cerise en alsacien, est le plus connu. Il parfume d'innombrables recettes bien au-delà de sa région d'origine. La mirabelle et la quetsche donnent, avec des alcools plus secs mais toujours très fruités, d'excellents digestifs. Mais c'est la framboise, qu'on boit dans de très grands verres afin de mieux sentir la subtilité de son arôme, qui est la reine des eaux-de-vie blanches.

Musée des Eaux-de-vie, à Lapoutroie, p. 301.

Univers linguistiques

DIALECTES SOUS INFLUENCE

L'Alsace appartient à l'aire linguistique germanique, qui est divisée en plusieurs grandes familles de dialectes. C'est ainsi que l'**alémanique**, qui coïncide avec les territoires des anciens Alamans du début du Moyen Âge, couvre le nord de la Suisse, le sud-ouest de l'Allemagne et la plus grande partie de l'Alsace. En revanche, la façon de parler de la région de Wissembourg correspond au **francique**, issu des

Francs qui s'étaient installés dans la région du Rhin.

Mais rien n'est simple car, d'une part, la division politique de ces régions, qui a perduré jusqu'à leur rattachement à la France, a favorisé les particularismes et les façons locales de s'exprimer ; d'autre part, la frontière linguistique qui s'est fixée un peu avant l'an 1000 n'a jamais correspondu aux frontières provinciales.

Une **partie des hautes vallées vosgiennes** a toujours parlé un dialecte roman rattaché aux parlers lorrains et que leurs voisins appelaient le **« welche »**. Ce terme désignait tous ceux qui ne faisaient pas partie de l'aire des parlers germaniques. Il en allait de même pour le dialecte franc-comtois du **territoire de Belfort**, qui faisait partie de l'Alsace jusqu'en 1871.

Les événements politiques sont venus ensuite compliquer les choses. Le français et l'allemand sont entrés en concurrence à cause de la succession des annexions et des rattachements. Ces deux langues ont d'ailleurs joué chacune un rôle très différent au cours des trois derniers siècles.

LE « FRALSACIEN »

Un vocabulaire français abondant, prononcé « à l'alsacienne », s'est intégré au dialecte. L'allemand correspondait davantage à l'expression écrite de la population qui le comprenait naturellement. Il a eu cependant très peu d'influence sur le dialecte, et la façon dont il fut imposé après 1871 n'a pu que créer un fort sentiment de rejet.

Pendant tout le 19e s. et une grande partie du 20e s., le dialecte devint un élément majeur de l'identité et de la culture régionales. Cette résistance fut symbolisée par **Hansi**, qui a laissé une image pittoresque de l'Alsace de cette époque, ainsi que par les sœurs de la Divine Providence qui ont fait de leurs écoles des foyers de culture et d'esprit français.

Après 1918, cependant, des mesures très maladroites de francisation brutale ont nourri un mouvement régionaliste.

Finalement, après la Seconde Guerre mondiale et la terrible occupation nazie, le bilinguisme français-alsacien est entré rapidement dans les faits.

Si l'alsacien est la **deuxième langue régionale parlée en France** après le corse, son usage est, depuis la fin de la Seconde Guerre mondiale, en régression constante. Selon une étude de l'INSEE, on dénombrait encore 60 % de locuteurs dans les années 1990, alors qu'une enquête de l'Office pour la langue et la culture d'Alsace n'en recense que 43 % en 2012.

La proportion de dialectophones décroît surtout parmi les jeunes (12 % seulement chez les 18-29 ans).

Le dialecte disparaît au profit au profit du « fralsacien », un français coloré de tournures et de tonalités alsaciennes. Malgré tout, le dialecte fait partie du patrimoine local et il est perçu par la population alsacienne comme un symbole de son identité régionale. On le retrouve dans la poésie, le théâtre, les spectacles de cabaret de la province. On le parle surtout dans les faubourgs et à la campagne. Réservé aux relations familiales, ou de voisinage, le dialecte se renouvelle peu et se déprécie au regard du français, favorisé par l'école et la télévision.

En revanche, l'enseignement de l'allemand, qui reste compris d'une partie de la population, se développe dans les classes franco-allemandes.

Pour en savoir plus sur le dialecte alsacien : www.olcalsace.org (site de l'Office pour la langue et la culture d'Alsace).

Histoire

Objet de convoitises entre les puissances européennes rivales, l'Alsace a connu une histoire rythmée par les guerres et les annexions. Située le long du Rhin, axe fluvial majeur, elle a aussi toujours été un grand carrefour d'échanges d'idées et de marchandises en Europe. Cette place statégique explique le dynamisme de la région et son importance dans la construction européenne.

L'Alsace des débuts

CELTES, ROMAINS ET BARBARES

En refoulant de l'autre côté du Rhin le Germain Arioviste, en **58 av. J.-C.**, Jules César fixe pour cinq siècles la frontière sur le grand fleuve : d'un côté la romanité, de l'autre le monde barbare, le long d'un *limes* fortifié. L'Alsace est alors partagée entre des peuples celtes, les Rauraques au sud et les Triboques au centre, tandis qu'autour du camp de légion d'Argentorate se créait une bourgade qui donnera naissance à Strasbourg.

À partir du **3e s.**, les incursions des Francs et des Alamans se multiplient. Ces derniers colonisent une partie de l'Alsace au **5e s.**, lorsque l'Empire romain disparaît. Battus à Tolbiac par Clovis, ils se soumettent au roi franc et à ses successeurs, les Mérovingiens.

DES DUCS AUX EMPEREURS

Le nom d'Alsace apparaît au **7e s.** avec le duc Étichon, le père de sainte Odile. Après lui, la coupure entre le Nord et le Sud, déjà visible entre les diocèses de Strasbourg et de Bâle fondés à l'époque romaine, se retrouve dans la division en deux comtés, le Nordgau et le Sundgau, lointaine préfiguration des départements actuels.

C'est à Strasbourg en **842** qu'a lieu le célèbre serment prêté par les soldats des petits-fils de Charlemagne, Charles le Chauve et Louis le Germanique. Écrit en langue romane et en langue germanique, c'est l'un des plus anciens témoignages connus du français et de l'allemand.

À la suite des différents partages carolingiens qui ont suivi, l'Alsace s'est finalement retrouvée intégrée dans le royaume de Germanie, puis au Saint Empire romain germanique. Au **12e s.**, les Hohenstaufen, représentés notamment par l'empereur **Frédéric Barberousse**, aiment résider à Haguenau, où ils ont de nombreuses possessions.

ÉMANCIPATION DES VILLES

Le déclin du pouvoir impérial conduit à un éparpillement progressif des pouvoirs. À partir du **14e s.**, seules les possessions des Habsbourg, au sud, émergent du puzzle des petites seigneuries indépendantes, ainsi que celles du puissant prince-évêque de Strasbourg qui réside à Saverne. Les villes, à commencer par Strasbourg, réussissent à obtenir leur autonomie et forment autant de petites républiques prospères. Dix d'entre elles (Wissembourg, Haguenau, Rosheim, Obernai, Sélestat, Turckheim, Munster, Kaysersberg, Colmar et Mulhouse) s'allient dans une ligue, la **Décapole**, pour pouvoir se défendre contre les princes. Cette ligue se maintiendra jusqu'en 1679, avant d'être dissoute par Louis XIV. À la fin du Moyen Âge et au début de la Renaissance, les villes connaissent une sorte d'âge d'or. Après les périodes sombres de la peste noire et de la guerre de Cent Ans, elles profitent pleinement du renouveau des échanges dans un monde rhénan ouvert sur l'extérieur. Strasbourg, où séjournent **Gutenberg**, puis **Érasme**, est alors l'un des centres du mouvement artistique et intellectuel incarné par l'humanisme, dont la diffusion est favorisée par l'imprimerie.

DES GUERRES SUCCESSIVES

Mais les graves événements du 16e s. annoncent une période plus difficile. C'est d'abord, en **1525**, la guerre des Paysans, ou révolte des Rustauds, qui s'étend sur une partie de l'Europe centrale, et qui prend un caractère tragique en Alsace où la révolte est noyée dans le sang. C'est ensuite la **Réforme protestante**, luthérienne ou calviniste, qui s'impose surtout dans les villes. Cette division religieuse, alors que l'intolérance règne partout, conduit à des tensions entre princes catholiques et protestants. C'est l'une des causes de la **guerre de Trente Ans** qui, née d'un conflit à Prague entre protestants et catholiques, se propage dans toute l'Europe et ravage l'Alsace, lui faisant perdre la moitié de sa population. Bien que catholique, la France de Richelieu, puis de Mazarin s'allie aux princes protestants pour affaiblir les Habsbourg et s'introduire dans les affaires de l'Alsace.

ENTRE FRANCE ET ALLEMAGNE

En **1648**, le traité de Westphalie reconnaît à la France la possession d'une partie de cette province que Louis XIV annexe ensuite par étapes jusqu'à la prise de Strasbourg en **1681**. Seules Sarrewerden et Mulhouse ne rejoindront la France qu'à la Révolution, qui jouera un rôle décisif dans l'intégration des Alsaciens à la nation française.
Par le traité de Ryswick (1697), le Rhin est reconnu comme frontière. Louis XIV poursuit une politique en faveur des catholiques et instaure le *simultaneum,* c'est-à-dire l'utilisation simultanée d'un édifice cultuel par les catholiques et les protestants (dans toute commune comptant au moins sept familles catholiques, le chœur de l'église est consacré au culte catholique tandis que la nef est réservée aux protestants).
Les idéaux de la Révolution sont favorablement accueillis par les Alsaciens. C'est chez le maire de Strasbourg que Rouget de Lisle compose son *Chant de guerre pour l'armée du Rhin,* la future *Marseillaise*. La Constituante substitue à l'Alsace les départements du Bas et du Haut-Rhin. Cependant, dès 1793, avec la radicalisation du régime, les Alsaciens prennent leurs distances vis-à-vis de la cause révolutionnaire. En **1794**, Saint-Just interdit l'usage du dialecte alsacien, suspecté d'être contre-révolutionnaire, et impose le français comme seule langue officielle. La mesure est très mal comprise par les Alsaciens, blessés dans leur identité.
Mais la **période napoléonienne** renforce le sentiment d'appartenance de l'Alsace à la France et nombre d'Alsaciens s'illustrent dans l'armée.

La signature du Concordat en 1801 entre Napoléon et le Saint-Siège.
D.R.

Survivance de cette période, le **Concordat** est toujours d'actualité en Alsace. Signé par Napoléon avec le Saint-Siège en 1801 (et complété par des articles organiques en 1802 pour les protestants et en 1803 pour les juifs), il confère aux Églises un statut officiel et assure la rémunération des ministres des cultes par l'État. Ce statut est abrogé en 1905 dans toute la France par la loi de séparation de l'Église et de l'État. Mais l'Alsace étant annexée, le problème du maintien de ce régime ne se pose qu'en 1918, lors de son retour à la France. Les Alsaciens se montrent alors farouchement opposés à la disparition de ce qui leur apparaît comme une donnée essentielle du droit local.

D'une guerre à l'autre

Trois terribles guerres entre la France et l'Allemagne placent l'Alsace au centre d'une tourmente exacerbée par le sentiment national. L'annexion de 1871 provoque une hostilité durable entre les deux pays.

1870-1871

Le conflit de 1870 oppose le second Empire de **Napoléon III** et les royaumes allemands unis derrière la Prusse et son chancelier **Bismarck**. La volonté de ce dernier de rassembler sous l'autorité du roi de Prusse l'ensemble de l'Allemagne, alors une fédération assez lâche d'États indépendants, est à l'origine de la tension franco-allemande. L'armée française, mal préparée, est bousculée dès le premier jour du conflit, qui éclate le 19 juillet 1870. Le général Mac-Mahon est battu à Wissembourg, dans le nord de l'Alsace, malgré la charge héroïque, restée célèbre, de ses cuirassiers. Après plusieurs semaines de siège, Strasbourg capitule, tandis que Paris est assiégée. La France finit par demander l'armistice en février 1871, tandis que l'Empire allemand est solennellement proclamé par le roi de Prusse et empereur Guillaume Ier dans la galerie des Glaces du château

de Versailles. Toute l'Alsace est annexée, sauf Belfort qui, défendu par Denfert-Rochereau, a tenu bon pendant toute la guerre.
Le **traité de Francfort (1871)** confirme les conditions de paix signées à Versailles. Outre la perte de son territoire (la frontière recule du Rhin aux Vosges), la France doit verser une indemnité de 5 milliards de francs-or. Le traité prévoit pour les habitants le choix de leur nationalité, avec l'obligation pour ceux qui choisissent la France de le faire avant le 30 septembre 1872. Ce sont alors 160 000 Alsaciens et Lorrains qui quittent les provinces perdues pour s'installer sur le territoire français. Ils conservent cependant leurs biens restés en Alsace-Moselle.
La défaite de Napoléon III, fait prisonnier à Sedan dès le début de la guerre, a pour conséquence l'instauration de la IIIe République, dont l'œuvre démocratique va être considérable. Mais l'amputation du territoire national reste une blessure inguérissable, constamment rappelée au cours des décennies suivantes par les journaux et l'école. La ligne bleue des Vosges devient un but de pèlerinage patriotique. Sur un plan plus strictement militaire, la France, dégarnie de ses forteresses alsaciennes construites par Vauban, fortifie sa nouvelle frontière et lance un sombre présage pour les guerres à venir.

1914-1918

La guerre éclate comme un coup de tonnerre au beau milieu de l'été 1914. Presque toute l'Europe s'y engouffre. Deux systèmes d'alliance s'affrontent. D'un côté, la France, la Grande-Bretagne et la Russie encerclent les puissances centrales, l'Allemagne et l'Autriche-Hongrie. Peu à peu, d'autres pays viennent renforcer chaque camp, tandis que les colonies sont mises à contribution. Les États-Unis interviennent à partir de 1917 aux côtés de la France, sur le sol de laquelle se joue le sort de cette Première Guerre mondiale. En effet, le plan de guerre allemand, le plan Schlieffen, avait pour but de vaincre d'abord la France pour se retourner ensuite vers la Russie, plus lente à mobiliser ses troupes. Pour cela, le plan choisit la surprise en envahissant la Belgique, qui était neutre, et le Luxembourg, pour traverser, en un immense mouvement tournant, les plaines du Nord en direction de Paris. Pendant ce temps, l'armée française, qui pense que les combats se dérouleront à l'est, s'est avancée en Alsace en libérant Mulhouse. Ce succès est sans lendemain, car les Français doivent précipitamment transférer leurs forces vers Paris. Le centre de la guerre se déplace alors vers la Champagne et la Picardie.
La bataille de la Marne ayant mis en échec le plan allemand, les deux armées s'enterrent dans des tranchées le long d'une ligne de front qui se déploie des côtes de la mer du Nord à la frontière suisse. La ligne de front se fige le long des crêtes et des positions clés à travers la barre montagneuse des Vosges et les collines d'Alsace. Cette guerre dite « de position » dure quatre ans et engendre de terribles souffrances, en particulier pour les milliers d'Alsaciens qui, enrôlés des deux côtés de la frontière, doivent parfois se battre les uns contre les autres. Les grandes offensives tentées de part et d'autre, très meurtrières, sont chaque fois vouées à l'échec.
Quatre batailles terribles ravagent ainsi l'Alsace : la Tête des Faux, le Hartmannswillerkopf (Vieil-Armand), La Fontenelle et le Linge.
Dès le jour de l'armistice, le **11 novembre 1918**, l'Alsace redevient française dans l'enthousiasme général de la

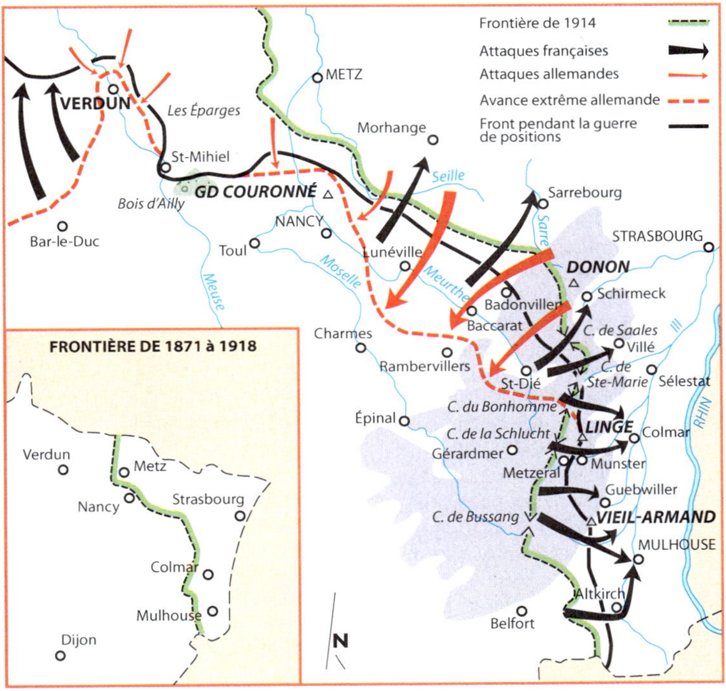

victoire, mais également dans le soulagement de la fin du conflit le plus meurtrier que la France ait connu. Pour empêcher toute possibilité d'invasion, le gouvernement français décide de construire, à partir de 1930, une ligne souterraine de défense, qui prend le nom du ministre de la Guerre : Maginot. Très moderne pour l'époque, elle longe le Rhin, puis la frontière jusqu'à la Belgique, un dispositif étant prévu en cas d'attaque contre ce pays.

Pour en savoir plus : voir le guide illustré Michelin des Champs de bataille 1914-1918 *Alsace Moselle*.

1939-1944

Le 1er septembre 1939, la guerre éclate à nouveau. Elle est, cette fois-ci, délibérément provoquée par le régime politique nazi, qui règne d'une poigne de fer sur l'Allemagne. Du côté français, c'est la « drôle de guerre ». On attend l'attaque ennemie sur la meilleure ligne de défense du monde après avoir évacué les populations frontalières. En mai **1940**, l'Allemagne attaque la Belgique, la Hollande et le Luxembourg, de façon foudroyante et imprévue du côté des Ardennes, et selon la tactique de la « guerre éclair » fondée sur les chars et l'aviation. L'invasion du nord de la France rend inutile la ligne Maginot prise à revers. La victoire allemande, totale en apparence, laisse alors la France comme effondrée. L'Allemagne réannexe de fait l'Alsace, qu'elle entreprend de « germaniser » définitivement.
Le 2 mars 1941, à Koufra, obscure oasis du Sahara central, mais première victoire de la France libre, le futur général Leclerc fait le

serment, avec ceux qui feront plus tard partie de la 2e division blindée, de « ne déposer les armes que lorsque nos couleurs, nos belles couleurs, flotteront à nouveau sur la cathédrale de Strasbourg ». C'est le point de départ d'un parcours devenu légendaire.
En Alsace, la **Résistance** se met en place très tôt. L'aide aux prisonniers évadés s'organise. Des réseaux de passeurs en Suisse, de renseignements militaires et économiques se forment. Événement spectaculaire : l'évasion du général d'armée Henri Giraud de la forteresse de Kœnigstein en Saxe en avril 1942. Giraud transitera par Strasbourg, Sélestat et Mulhouse, non sans péripéties, avant d'être caché à Liebsdorf par le curé Stamm, d'où il passera en Suisse, avant de regagner la France par Annemasse. Un coup de maître qui coûtera cependant cher en représailles.
En août **1942**, le *Gauleiter* Wagner, gouverneur régional de l'Alsace annexée au Grand Reich depuis juin 1940, déclare le service militaire obligatoire pour les Alsaciens. Le recrutement forcé des « malgré-nous » dans la Wehrmacht ou dans la SS, comme l'existence du camp de concentration du Struthof dans les Vosges ou du camp de sûreté de Schirmeck où sont détenus les récalcitrants, suscite dans la population un sentiment de rejet. Pour la population, toujours prise en tenailles et suspectée (la traversée du Rhin est interdite aux Alsaciens), la vie est difficile.
À la fin de la guerre, sur 130 000 Alsaciens et Mosellans incorporés de force (la Moselle ayant connu le même destin tragique), on compte 40 000 tués ou portés disparus, 30 000 blessés et 10 000 évadés. Parmi ceux qui sont revenus, beaucoup ont dû supporter suspicions et accusations.

LA LIBÉRATION

En **1944**, les combats reprennent sur le sol français avec les débarquements alliés américains et anglais en Normandie le 6 juin, puis en Provence le 15 août. Mais la libération de l'Alsace, comme l'entrée sur le sol allemand, vont se révéler très difficiles.
Le rôle joué par la 1re armée française, commandée par le général de Lattre de Tassigny, va être décisif. Du 14 au 28 novembre, les Allemands sont encerclés en Haute-Alsace et **Mulhouse** est libérée. Au nord, dès le 22 novembre, Leclerc contrôle le col de Saverne avec la 2e DB. Il décide de foncer sur **Strasbourg** qu'il atteint dès le lendemain matin. La libération si rapide de la capitale alsacienne, encore très menacée, a une portée symbolique extraordinaire. Mais la meurtrière contre-offensive allemande de von Rundstett dans les Ardennes, à partir du 16 décembre, montre que l'Allemagne nazie garde encore des ressources. En Alsace, les Allemands tiennent la **« poche » de Colmar**, qui empêche les Alliés de faire la jonction entre le Nord et le Sud. Pire encore, ils reprennent du terrain tout au nord, dans la région de Haguenau. Les Américains veulent alors se replier sur les Vosges. Mais pour le gouvernement français, il n'est pas question d'abandonner Strasbourg. De Gaulle doit intervenir en personne auprès du commandant en chef des forces alliées, le général Eisenhower. Très réticent, celui-ci accepte de revenir sur cette décision, à condition que la défense de la ville dépende entièrement de la 1re armée française. Jusqu'au 22 janvier, les Allemands progressent, mais, à une dizaine de kilomètres de la ville, ils renoncent devant la résistance des Français. L'échec de l'offensive des Ardennes a désormais placé l'armée

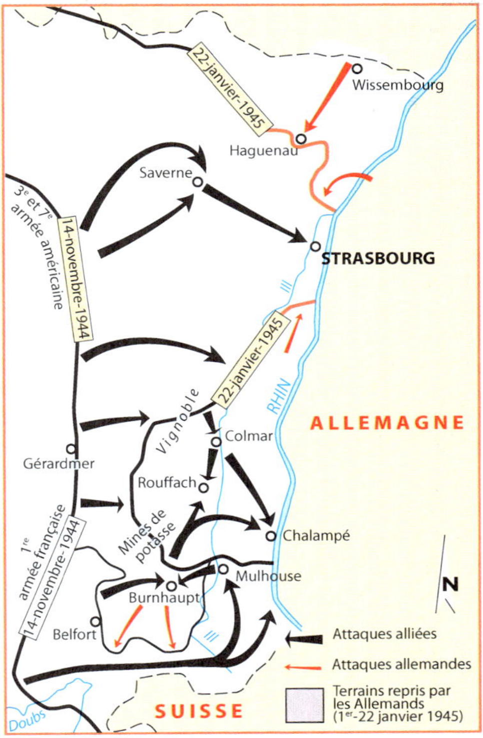

allemande sur la défensive. Il faut pourtant à de Lattre de Tassigny deux attaques acharnées et en tenailles pour réduire la « poche » de Colmar en quinze jours.
Le 2 février **1945**, Colmar est enfin libérée. Le 9 février, les Allemands finissent de repasser le Rhin par le seul pont encore sous leur contrôle, à Chalampé. Mais il faut attendre le 19 mars pour qu'avec Wissembourg, en ruine, tout le territoire français soit délivré.

Un passé industrieux

L'INDUSTRIE MULHOUSIENNE

Le passé industriel de la ville aux cent cheminées remonte au 18e s. Une première indiennerie (manufacture d'impression sur étoffe) est créée en 1746 par quatre Mulhousiens, marquant le départ de l'industrie textile dans la ville. Leur réussite fait des émules : on recense 15 manufactures en 1798, une trentaine au début du 19e s.
La chimie et la mécanique sont les moteurs du développement de la région. La population passe de 7 000 à 100 000 âmes en un siècle, faisant de Mulhouse une métropole industrielle. En 1826, un groupe d'industriels mulhousiens fonde une association de droit local, reconnue d'utilité publique en 1832 par ordonnance royale : la **Société industrielle de Mulhouse**.
Dès l'origine, la SIM a pour but de propager l'industrie, mais aussi de constituer un lieu de recherche,

d'activité et de diffusion d'ordre scientifique, économique, social, artistique et technique. Son patronat, protestant, influencé par l'humanisme, crée des organismes d'encadrement social (notamment une Société mulhousienne des cités ouvrières) et de formation de la classe ouvrière. Durant tout le 19e s., la SIM est le laboratoire d'idées où s'échafaude le « modèle mulhousien », une convergence entre l'industrie, la recherche et l'enseignement.

Ville allemande de 1871 à 1918, Mulhouse perd près de 20 % de sa population, qui opte pour la France. Pendant toute cette période, la SIM (interdite de 1914 à 1918) reste le haut lieu de la culture française (ses bulletins seront toujours publiés en français). La métallurgie, la construction mécanique, la laine et la chimie relaient alors l'industrie du coton en déclin.

En 1903, la découverte de gisements de potasse ouvre de nouveaux horizons et son extraction connaît une forte expansion avec le retour de Mulhouse à la France en 1918. Dans les années 1960, alors que l'activité liée à la potasse décline, l'installation d'une immense usine Peugeot permet à Mulhouse de poursuivre son aventure industrielle, relayée aujourd'hui par la conversion de son patrimoine industriel en musées.

MÉTIERS TRADITIONNELS DES VOSGES

Grâce à leurs ressources naturelles, les vallées vosgiennes ont, depuis le Moyen Âge, connu une intense activité artisanale. Forges, fonderies, verreries et cristalleries trouvaient dans le bois un combustible abondant que transformaient les charbonniers au cœur de la forêt. C'était aussi une matière première essentielle pour les charpentiers comme pour les ébénistes. Les torrents fournissaient de leur côté une énergie inépuisable qui, captée par les moulins à eau, servait à actionner soufflets, marteaux et scies ainsi que des pompes. Enfin, le sous-sol livrait des minerais qui, avant de s'épuiser, ont fait la prospérité de **Ste-Marie-aux-Mines**. On y venait, à la Renaissance, de toute l'Europe centrale pour y extraire l'argent, le plomb ou le cuivre. Au 18e s., l'industrie textile, attirée par la puissance et par la pureté des cours d'eau, s'est mise à remonter dans les vallées à partir du versant alsacien. Soutenues par les capitaux mulhousiens, les cotonnades ont ainsi fait la célébrité de la toile des Vosges, tandis que le tissage du lin s'implantait à **Gérardmer**.

Aujourd'hui encore, la forêt fournit, avec ses sapins et ses épicéas, un important marché de bois de sciage et de papeterie. Le hêtre, autrefois de faible valeur, est maintenant très utilisé en bois de placage. Si la descente des troncs coupés a perdu de son pittoresque depuis qu'elle ne s'effectue plus par **schlittage**, procédé qui consistait à faire glisser un traîneau, la schlitte, sur des rondins disposés comme les barreaux d'une échelle le long d'une forte pente, on utilise encore les chevaux sur les terrains inaccessibles aux machines. Scieries et papeteries se sont modernisées, comme l'industrie textile qui, après de graves crises, a réussi à se maintenir par la qualité de sa production (linge de maison et habillement).

Un destin européen

Après 1945, les dirigeants de l'Europe de l'Ouest prennent conscience de la nécessité de construire une Europe unie, débarrassée des haines du passé. Un demi-siècle plus tard, ce projet commence à se réaliser et à changer le destin de l'Alsace.

Le Parlement européen à Strasbourg.
I. Pompe/hemis.fr/ADAGP, Paris 2013

L'ALSACE, BERCEAU DE L'EUROPE

« La contribution qu'une Europe organisée et vivante peut apporter à la civilisation est indispensable au maintien des relations pacifiques », déclare **Robert Schuman** (1886-1963) en mai 1950. Et ce n'est pas tout à fait un hasard si deux des « pères fondateurs » de l'Europe, Robert Schuman donc, ministre français des Affaires étrangères, et Konrad Adenauer, premier chancelier de l'Allemagne d'après-guerre, étaient l'un mosellan et l'autre rhénan. Robert Schuman eut la nationalité allemande jusqu'en 1918. Riche d'une double culture, il défend, pendant l'Entre-deux-guerres, le particularisme alsacien-mosellan ; pacifiste, il cherche à surmonter les vieux nationalismes, responsables des conflits entre la France et l'Allemagne. Ministre des Affaires étrangères de 1948 à 1952, il se fait l'artisan de la réconciliation franco-allemande.

Fondé par dix pays en 1949, le **Conseil de l'Europe** est la plus ancienne des grandes institutions européennes d'après-guerre. Ce n'était au départ qu'un organisme consultatif qui devait inciter ses membres à harmoniser leur législation dans divers domaines. Le choix de son siège s'est porté sans difficulté sur Strasbourg. La capitale de l'Alsace, par sa position de ville-frontière, par son histoire et sa culture, était toute désignée pour jouer un rôle européen dans le cadre de la réconciliation franco-allemande. C'était aussi le cas de l'ensemble de ces régions rhénanes dont l'Europe va peu à peu révéler que ce qui les rapproche est beaucoup plus important que ce qui a pu les séparer.

LES INSTITUTIONS À STRASBOURG

Le Conseil de l'Europe est, dès sa création, composé d'un Secrétariat général, d'un Comité des ministres nommé par les gouvernements et d'une Assemblée parlementaire élue par les parlements de chaque pays membre. Mais c'est surtout par la **Convention européenne des droits de l'homme** qu'il prend une importance considérable. Ce traité

LES GRANDES DATES

- **2e millénaire av. J.-C.** – Les Celtes s'établissent dans la région.
- **58 av. J.-C.** – Jules César établit le Rhin comme frontière de l'Empire romain.
- **378** – Les Alamans chassent les Romains d'Alsace.
- **842** – Serments de Strasbourg, premières traces de français et d'allemand.
- **870**– Traité de Mersen : l'Alsace passe dans l'orbite germanique.
- **1354** – Fondation de la Décapole, alliance de dix villes libres alsaciennes.
- **1525** – Guerre des Paysans.
- **16e s.** – Réforme protestante.
- **1618-1648** – Guerre de Trente Ans. Le traité de Westphalie adjuge à la France une partie de l'Alsace.
- **1681** – Prise de Strasbourg par les troupes du roi de France. Le Rhin devient la frontière avec l'Allemagne.
- **1790** – L'Alsace est divisée en deux départements, Bas-Rhin et Haut-Rhin.
- **1871** – Traité de Francfort : annexion de l'Alsace et de la Moselle par l'Allemagne.
- **11 novembre 1918** – Armistice ; retour des territoires annexés à la France.
- **17 août 1940** – Annexion de l'Alsace et de la Moselle au Reich.
- **1945** – Libération et retour à la France de l'Alsace et de la Moselle.
- **1949** – Fondation du Conseil de l'Europe à Strasbourg.
- **1979** – Élection du 1er Parlement européen au suffrage universel.
- **2004** – Fin de l'exploitation de potasse en Alsace.
- **2007** – La ligne de TGV Est met Paris à 2h17 de Strasbourg.
- **2011** – La ligne de TGV Rhin-Rhône (première ligne de province à province) rapproche Mulhouse de Paris et l'Alsace du sud de la France.

élaboré en 1950 finit par entrer réellement dans le droit des pays signataires quand ceux-ci acceptent d'être poursuivis, y compris par un simple citoyen, pour non-respect de la Convention. Mise en place en 1959, la **Cour européenne des droits de l'homme** est composée de 47 juges (un par État signataire de la Convention) et siège de façon permanente depuis 1998.
Le Conseil de l'Europe acquiert un tel prestige qu'il comprend aujourd'hui 47 pays. Né au lendemain de la barbarie nazie, il répond aux besoins de repères moraux et juridiques des peuples et des pays qui sortent de la dictature, comme ceux de l'Europe de l'Est, dans les années 1990. L'imposant **palais de l'Europe**, comme le plus récent **palais des Droits de l'homme** sont parmi les lieux les plus marquants du nouveau « quartier européen » de Strasbourg.
Plusieurs autres institutions viennent par la suite s'installer dans la capitale alsacienne, comme la **Fondation européenne de la science**, la chaîne de télévision franco-allemande **Arte** ou encore la **Pharmacopée européenne**.
Mais Strasbourg accueille surtout le **Parlement européen** (à ne pas confondre avec le Conseil de l'Europe, qui siège aussi à Strasbourg). Élu au suffrage universel depuis 1979, le Parlement européen représente les peuples des pays membres de l'Union européenne. Celle-ci, par le traité

de Maastricht signé en 1992, prend la suite de la Communauté européenne créée en 1957 par le traité de Rome. Elle a pour but de réaliser l'intégration économique de ses, pour l'heure, 27 États membres. C'est à ce titre que douze de ces pays adoptent l'euro le 1er janvier 2002. À plus longue échéance, l'Union européenne devrait réaliser une intégration politique qui reste encore très problématique, comme l'a montré, en 2005, la question de la ratification de la **Constitution européenne**.

Les deux autres principaux organes de l'Union européenne sont à Bruxelles avec la Commission européenne et à Luxembourg avec la Cour de justice. Le choix de Strasbourg comme siège du **Parlement européen** était surtout symbolique, car il n'avait au départ qu'un rôle consultatif. Il commence à acquérir un vrai pouvoir de contrôle dont on peut mesurer l'impact dans la vie quotidienne des citoyens. C'est en effet la seule institution européenne directement élue par le peuple où l'on peut débattre publiquement de toutes les questions qui concernent l'Europe. Organe d'expression démocratique et de contrôle politique de l'Union européenne, il obtient le droit de voter le budget, puis d'accepter ou de refuser la nomination des membres de la Commission. Sa localisation dans la capitale alsacienne est régulièrement remise en cause, notamment par les Anglo-Saxons favorables à un regroupement des institutions à Bruxelles pour des raisons budgétaires, environnementales… et sans doute géopolitiques.

L'EUROPE À L'ÉCHELLE RÉGIONALE

À l'échelle régionale, la construction européenne commence à révéler l'existence d'un espace rhénan que les affrontements passés avaient fait oublier. Situées au cœur de l'Europe, des régions voisines commencent à renouer des liens économiques et culturels très naturels sans que cela remette en cause leur appartenance nationale. C'est à Bâle, en Suisse, que naît dans les années 1960 l'idée de « Regio », ou région transfrontalière correspondant à son influence économique et aux besoins de son développement. Il en a résulté, par exemple, la construction de l'aéroport de Bâle-Mulhouse, situé entre les deux villes, ainsi que des recherches communes en biotechnologie. Devant le succès de cette expérience, une commission intergouvernementale est créée entre les trois pays en 1975, puis, en 1998, un **Conseil rhénan** composé des élus locaux d'Alsace, du canton de Bâle et des Länder de Bade-Wurtemberg et de Rhénanie-Palatinat. Une telle coopération est devenue nécessaire à l'heure où les travailleurs frontaliers représentent jusqu'à 50 % des effectifs dans certains cantons alsaciens.

L'Alsace aujourd'hui

Au cœur d'une zone frontalière qui favorise les échanges, l'Alsace affiche une santé économique au beau fixe. Bénéficiant de l'activité avec la Suisse et l'Allemagne, la région s'est imposée grâce à ses forces exportatrices. Agriculture, industrie diversifiée, tourisme florissant ont fait de l'Alsace un pôle incontournable de l'axe rhénan. Les inaugurations des TGV Est et Rhin-Rhône ne peuvent qu'aider le développement de ce territoire qui a bien des atouts.

UNE RÉGION PROSPÈRE

Avec une **population** de près de 1,84 million d'habitants répartis sur un territoire de 8 280 km^2, l'Alsace est une des régions les

plus densément peuplées de France (222 habitants au km²). Sa démographie la place au 13e rang en terme de nombre d'habitants. Située au cœur de l'ensemble européen qui regroupe 25 % du PIB de l'Union européenne, elle occupait en 2010 le 12e rang des régions les plus riches de France. En raison de sa situation géographique, elle compte un grand nombre de travailleurs frontaliers (en 2011, un résident sur douze travaillait en Allemagne ou en Suisse). Cette position frontalière entraîne une importante présence de groupes étrangers et place l'Alsace au 5e rang des régions françaises pour les exportations.
L'**agriculture** apporte également une forte valeur ajoutée. Si la surface cultivée est très faible, en raison de l'importance des forêts et de l'urbanisation, le revenu agricole élevé s'explique par le poids de la viticulture et des cultures spécialisées comme le houblon ou le tabac, bien que ces deux dernières régressent.
Du côté du **secteur industriel**, les programmes de diversification ont permis à l'Alsace d'amortir différentes restructurations. Toutefois, l'essentiel des grandes activités s'inscrit dans des logiques de croissance intensive avec réductions d'emploi : automobile (PSA est le premier employeur de la région), mécanique et chimie en font les frais. Il est à noter que l'Alsace ne présente pas un territoire homogène et que certaines régions connaissent plus de difficultés que d'autres. L'Alsace du Nord-Ouest et les vallées vosgiennes se singularisent par le poids important qu'occupent encore dans leur économie les secteurs du bois, du textile, de l'habillement et de la mécanique. Ces industries sensibles ont connu de fortes pertes d'emplois depuis les années 1970. La situation est analogue dans la région de Mulhouse, qui connaît de grandes restructurations industrielles depuis le début des années 1980. En 2004, la fermeture des Mines de potasse d'Alsace a entraîné la disparition de 2 000 emplois, sans compter ceux liés à la sous-traitance ou aux activités marchandes de proximité. L'économie alsacienne est cependant en voie de tertiarisation.

LA VOCATION TOURISTIQUE

Dans le secteur tertiaire, le tourisme occupe une place de choix. C'est une activité créatrice d'emplois. Avec ses richesses patrimoniales, culturelles, historiques et son terroir varié, l'Alsace est en effet une destination touristique de longue date. Sa capacité d'hébergement est importante, puisqu'elle compte près de 117 000 lits, avec une nette progression des chambres d'hôte et des locations de gîtes.
Les **visites de villes** occupent une place prédominante. Parmi les sites les plus visités, Strasbourg, le Haut-Kœnigsbourg, la Cité de l'automobile et le parc zoologique de Mulhouse et l'écomusée d'Alsace. Des « must », donc, qui ne doivent pas faire oublier tout le reste…
À côté du tourisme culturel, l'Alsace développe un tourisme de détente tourné vers les **loisirs de plein air**. Les Vosges ont beaucoup d'atouts pour satisfaire les amateurs de randonnées et de sports d'hiver et d'été de moyenne montagne. Les fermes d'estive ou marcairies proposent aux promeneurs des repas simples de paysans fondés sur l'exceptionnelle qualité de leurs produits. Aujourd'hui, les plaisirs se sont multipliés avec le cheval et le vélo, les activités des bases nautiques au bord des lacs ou, plus récemment, les sports aériens, parapente, deltaplane ou montgolfière. L'abondante neige hivernale a très tôt permis le

Les Vosges (ici le lac Blanc, dans le val d'Orbey) attire les amateurs de randonnées et de sports d'hiver.
D. Bringard/hemis.fr

développement des sports d'hiver, en particulier du ski de fond. Avec un réseau de plus de 1 000 km de pistes, les Vosges s'en sont fait une spécialité. Le ski alpin y a aussi sa place dans des stations à taille humaine.
Autre atout, le **thermalisme**. Dans le nord de l'Alsace, deux stations (Niederbronn-les-Bains et Morsbronn-les-Bains) proposent des activités de relaxation et de détente. Le **tourisme fluvial**, enfin, s'est développé avec 400 km de canaux navigables, qui relient l'Alsace à la Lorraine, à l'Allemagne et à la Suisse. Une autre façon de découvrir une région tout en glissant sur les eaux, dans le seul bruissement des feuillages.

LE TGV

L'Alsace se trouve, avec des temps de parcours réduits, au carrefour de l'Europe. Entre modernisation des infrastructures et développement des capacités d'accueil, toutes les villes sur la ligne du TGV sont en effervescence !
Tant attendu, le **TGV Est européen** a été inauguré en juin 2007. Destiné à relier la France à l'Allemagne, il est considéré par les villes qu'il dessert comme un véritable levier de développement. Les retombées sont aussi bien économiques que touristiques, avec notamment une hausse des courts séjours.
Autre révolution dans les transports alsaciens, et plus généralement français : l'inauguration, en 2011, de la première ligne à grande vitesse de province à province, qui relie Mulhouse à Dijon via Belfort et Besançon. Avec le **TGV Rhin-Rhône**, l'Alsace se retrouve ainsi plus proche de Lyon et du sud de la France. Dans quelques années, Marseille sera à 3h30 de Strasbourg.

Quelques personnalités

DU MONDE POLITIQUE

Né à Paris mais fils d'un faïencier alsacien, le politicien **Victor Schœlcher** (1804-1893) signe le

décret d'abolition de l'esclavage en 1848.
Né à Saint-Dié, dans les Vosges, **Jules Ferry** (1832-1893) est tour à tour député républicain, maire de Paris, ambassadeur, ministre de l'Instruction publique et président du Conseil. On lui doit notamment la gratuité et la laïcité de l'enseignement, ainsi que l'accès des filles aux lycées.

DU MONDE DES SCIENCES

Personnage atypique, **Albert Schweitzer** (1875-1965), qui fut le premier médecin sans frontières, est né à Kaysersberg. Il mène un combat contre le sous-développement et la maladie en Afrique. Arrêté comme ressortissant allemand en 1917 par les autorités françaises, il retourne au Gabon en 1924. Jusqu'à sa mort, il se consacre à son hôpital de Lambaréné, où son « œuvre vivante » se poursuit toujours. Il reçoit le prix Nobel de la paix en 1952.

DU MONDE DU SPORT

Le pilote **Sébastien Loeb** (1974), natif de Haguenau, domine outrageusement le championnat du monde des rallyes WRC, avec ses neuf titres mondiaux… pour le moment *(voir p. 112)*.

DU MONDE RELIGIEUX

Grand théologien de la Réforme, né à Sélestat, **Martin Bucer** (1491-1551) joue un rôle déterminant dans l'organisation de la Nouvelle Église et, avec **Jacques Sturm** (1489-1553), diplomate, il contribue au rayonnement européen de Strasbourg au 16e s. Après la victoire de Charles Quint sur les protestants, le premier s'exile et meurt en Angleterre, et le second tombe en disgrâce.
Homme des Lumières, le **pasteur Oberlin** (1740-1826) entreprend une œuvre extraordinaire dans les domaine de l'agriculture, de la construction des routes et des ponts, mais surtout de la pédagogie et de l'enseignement. Il est, entre autres, l'inventeur de l'école maternelle *(voir p. 132)*.

DU MONDE MILITAIRE

L'épopée napoléonienne est l'occasion pour de grands militaires alsaciens de s'illustrer. Le Strasbourgeois **Jean-Baptiste Kléber** (1753-1800) gagne ses galons lors des guerres de la Révolution et se voit confier par Napoléon des missions importantes en Égypte, où il devient commandant en chef. Il est assassiné au Caire le 14 juin 1800. Ses cendres revenues à Strasbourg sont placées sous sa statue, au cœur de la place qui porte son nom depuis 1840. Quant à **François Joseph Lefebvre** (1755-1820), né à Rouffach, ses faits d'armes lui valent d'être fait duc de Dantzig, puis maréchal. Il est aussi l'époux de « Madame Sans-Gêne ».
Il ne faut pas oublier le célèbre Colmarien **Jean Rapp** (1772-1821), général et comte d'empire, fils du portier de l'Ancienne Douane de Colmar, ni le Strasbourgeois **François Christophe Kellermann** (1735-1820), que Napoléon fait maréchal et duc de Valmy.
Le capitaine **Alfred Dreyfus** (1859-1935), né à Mulhouse, eut le grand tort d'être juif. Injustement accusé de trahison, il est condamné à la déportation perpétuelle en Guyane en 1894. L'affaire Dreyfus marque profondément la IIIe République, partagée entre les antidreyfusards et les défenseurs de Dreyfus, conduits par Émile Zola. Une première révision du procès maintient sa condamnation « avec des circonstances atténuantes » ; il faut attendre 1906 pour que Dreyfus soit gracié et réintégré dans l'armée.

Paysages et nature

« Quel beau jardin ! » se serait exclamé Louis XIV en découvrant pour la première fois l'Alsace, qu'il se proposait d'annexer à son royaume. Comment, aujourd'hui encore, rester de marbre devant ces coteaux couverts de vigne et baignés de soleil, ces champs bariolés et ces villages fleuris ? Comment ne pas « se poser » pour contempler les forêts intensément sombres des résineux, là-haut sur les collines, ou les formes généreusement arrondies des sommets vosgiens ? Vous le verrez, partout les paysages d'Alsace et des Vosges s'offrent dans leur diversité, sans le moindre risque de monotonie.

Paysages

Du nord au sud, le paysage de l'Alsace présente un relief découpé net et précis. La plaine du Rhin est encadrée par les Vosges côté français et la Forêt-Noire côté allemand.

LA PLAINE DU RHIN

Une grande luminosité, un climat semi-continental : la plaine d'Alsace est une petite région à échelle humaine insérée au cœur de l'espace rhénan que se partagent la France, la Suisse et l'Allemagne. Adossée aux collines sous-vosgiennes, elle s'étend sur seulement 30 km de large mais sur 170 km du nord au sud. Un simple coup d'œil sur une carte fait comprendre qu'avec sa forme étroite et allongée, elle fait partie du **fossé rhénan**, cette partie affaissée de la croûte terrestre qui court entre Vosges et Forêt-Noire. Tout au sud s'étendent, un peu à part, les collines doucement ondulées du Sundgau, qui s'adossent aux premières crêtes du Jura.

La plaine, loin d'être monotone, présente des facettes étonnamment variées. La multitude et l'ancienneté de ses villages indiquent assez la présence ancienne des hommes dans l'une des régions les plus densément peuplées de France. Depuis toujours, ceux-ci ont tenu compte de la variété des sols et ont ainsi créé des paysages que la vie moderne n'a modifiés que dans le détail.

On sera étonné de passer, en quelques dizaines de kilomètres, de régions très agricoles à d'immenses forêts que la densité de population ne menace pas. C'est que les sols ne sont pas les mêmes. Partout les sédiments marneux et argileux apportés par des mers intérieures ou des lacs aujourd'hui disparus ont comblé le fossé rhénan au fur et à mesure de son enfoncement. On en trouve jusqu'à 1 500 m d'épaisseur, recelant au nord un peu de pétrole et au sud les mines

de potasse, entre Mulhouse et Guebwiller. Les cours d'eau qui se sont mis en place au cours du dernier million d'années, comme le Rhin et l'Ill, ont déposé de grosses masses de cailloutis et d'alluvions peu fertiles. Plus récemment, lors des dernières glaciations, à l'époque des chasseurs de rennes, le vent a apporté par endroits une couche épaisse et fertile de lœss, fine poussière issue des régions désertiques proches des glaciers. C'est devenu l'« Alsace bénie », qui commence au nord de Sélestat et s'épanouit dans le Kochersberg, l'arrière-pays de Strasbourg. C'est l'« Ackerland », la riche campagne cultivée, avec ses champs de maïs, de colza ou de tournesols. On y fait aussi pousser le chou à choucroute, les asperges et le houblon.
Au contraire, sur les cailloutis, les graviers et les sables ont pu subsister de vastes forêts comme la Hardt, près de Mulhouse, au sol sec, ou celle de Haguenau, tout au nord, au sol plus humide.
Mais la partie la plus étonnante, la plus exotique de la plaine alsacienne, celle qui a malheureusement le plus reculé, est le « Ried » marécageux qui s'étend sur les bords du Rhin, dans la partie de la plaine que ses crues inondaient avant qu'il ne soit canalisé. On peut y découvrir les derniers lambeaux, désormais protégés, de l'extraordinaire forêt rhénane avec sa végétation de lianes, de lierres et de clématites, qui évoque la forêt primaire. L'Ill possède aussi son ried, entre Colmar et Benfeld, menacé par les drainages qui ont permis l'extension des cultures. Prairies humides, marais, roselières et bras de rivières nés des « trous de tonnerre », ces grosses résurgences infiltrées dans les graviers, ont une flore et une faune particulièrement riches.

HAUTS SOMMETS ET LACS DES VOSGES

Les Vosges ne sont qu'un petit fragment de l'immense chaîne hercynienne qui couvrait une grande partie de l'Europe il y a 300 millions d'années et dont les **granits** aux couleurs claires, qui culminent à 1 424 m au Grand Ballon, portent la trace. Détruite par l'érosion, elle est peu à peu recouverte par la mer et ensevelie sous d'épaisses couches de sédiments à l'origine des célèbres **grès rouges ou roses** qui donnent leur couleur si frappante aux monuments alsaciens. Au moment de la formation des Alpes, il y a 30 millions d'années environ, un « rift », le futur fossé rhénan, se forme à la suite d'un lent affaissement de la croûte terrestre, tandis que ses bords se soulèvent symétriquement à près de 3 000 m d'altitude, formant les Vosges et la Forêt-Noire, sœurs jumelles issues du même socle granitique. Voilà pourquoi la montagne surplombe d'un seul coup la plaine d'Alsace alors qu'elle s'abaisse presque insensiblement du côté lorrain. Les collines dites « sous-vosgiennes » sont en fait d'énormes blocs faillés qui descendent en gradins jusqu'au fond du fossé.
En raison de leur différence d'altitude, les Hautes-Vosges cristallines se séparent bien des Basses-Vosges gréseuses. Sur les premières, nettement plus élevées, l'érosion a mis à découvert cette fameuse surface hercynienne arasée que suit la célèbre route des Crêtes en reliant les croupes larges et plates des **« ballons »**. La rareté des cols en fait une grande ligne de partage régionale, tandis que s'y épanouissent les hautes chaumes sans arbres, mais couvertes de fleurs en été quand les troupeaux montent aux pâtures.
L'impression d'être en haute

Sapin
Epicea
Mélèze
M. Janvier/MICHELIN

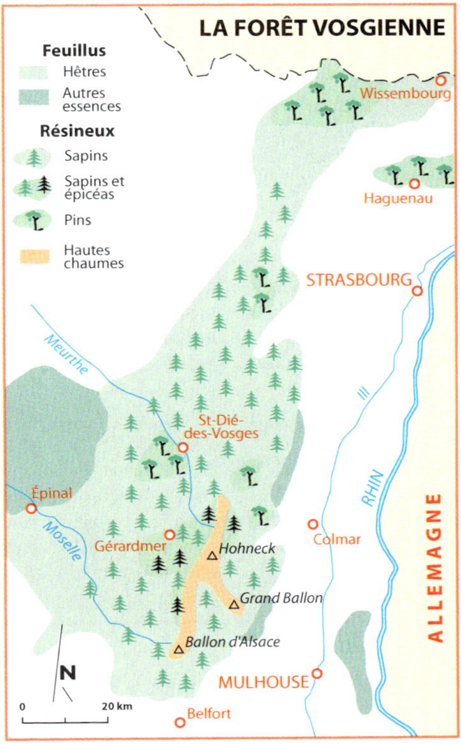
LA FORÊT VOSGIENNE
Feuillus
Hêtres
Autres essences
Résineux
Sapins
Sapins et épicéas
Pins
Hautes chaumes
Wissembourg
Haguenau
STRASBOURG
Meurthe
St-Dié-des-Vosges
Épinal
Moselle
Gérardmer
Hohneck
Colmar
RHIN
ALLEMAGNE
Grand Ballon
Ballon d'Alsace
MULHOUSE
Belfort
N
0
20 km

montagne est renforcée par la puissante empreinte des glaciers de la préhistoire. C'est ainsi qu'à l'époque des chasseurs de rennes, ces glaciers ont raboté les sommets, élargi les vallées et accru la raideur des versants. Tout en haut, de petits lacs aux eaux froides et profondes, comme le lac Blanc ou le lac Noir, occupent d'anciens cirques glaciaires. Vers l'aval, ce sont les moraines, énormes blocs de terre et de caillasses abandonnés par la fonte des glaces, qui ont formé des barrages naturels à l'origine de ces lacs aux eaux très bleues qui, comme celui de Gérardmer, occupent les fonds de vallées.

LA FORÊT VOSGIENNE

Vue des crêtes, la forêt vosgienne forme un magnifique tapis d'un vert très dense. La rudesse des hivers couplée à d'anciens défrichements a découronné les plus hauts sommets, mais l'humidité très forte du climat a couvert d'un manteau quasi continu les pentes escarpées des vallées comme l'ensemble des Petites Vosges, ou Vosges gréseuses, qui s'étendent au nord jusqu'à la frontière allemande. Le hêtre au tronc lisse, gris clair et au feuillage vert tendre y est omniprésent. À partir de 600 m (400 m du côté lorrain), il se mêle au feuillage vert clair du **sapin pectiné** (aux aiguilles en forme de peigne), le roi de cette forêt. Son écorce grise comme ses cônes dressés le distinguent de son cousin, l'**épicéa**, aux branches tombantes, au vert plus sombre et au tronc brun rougeâtre qui s'écaille avec l'âge. C'est notre arbre de Noël qui aime particulièrement les expositions froides. À partir de 1 000 m, pratiquement seuls des hêtres ou des alisiers aux formes torturées résistent au vent et au froid, avant de laisser leur place aux chaumes et aux tourbières. On rencontre ces dernières notamment dans les Vosges du Nord. Les tourbières se caractérisent par une végétation et une faune très rares sous nos latitudes. Il s'y développe notamment des sphaignes, mousses uniques en France, la violette des marais, l'utriculaire et le droséra, une plante carnivore. Attention ! Il est dangereux de s'aventurer sur des tourbières, car l'eau affleure sous les sphaignes, et il faut respecter ce milieu fragile. Le **pin sylvestre**, au tronc très crevassé, préfère les endroits secs et ensoleillés. Mais ces différentes essences sont heureusement

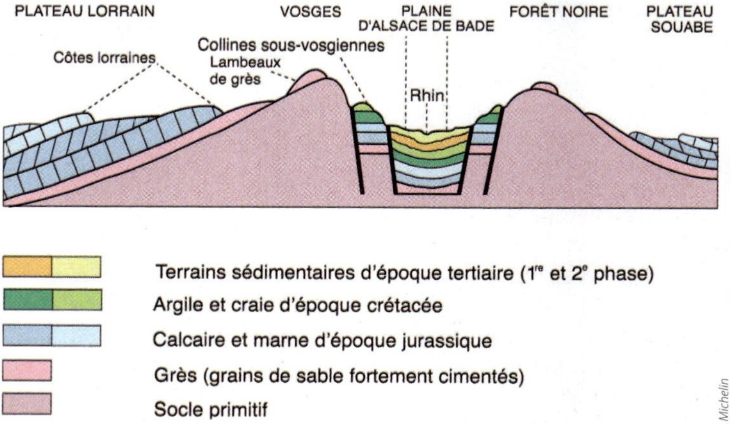

souvent mêlées. D'infinies nuances de vert composent autant de tableaux harmonieux et apaisants, plus contrastés à l'automne quand, au milieu d'une tonalité plutôt sombre, rougeoie le feuillage des hêtres. C'est en randonnée qu'on découvre la richesse de cette forêt silencieuse, aux odeurs de résine, où la faune, pourtant abondante, reste discrète, à l'exception du brame des cerfs en automne.

DES COLLINES DE VIGNES

Au pied de la pente abrupte des Vosges s'étirent les collines dites « sous-vosgiennes » souvent coiffées de ruines médiévales. De Thann à Marlenheim, puis au nord aux abords de Wissembourg, une vraie civilisation de la vigne, implantée dès l'époque romaine, s'étire sur près d'une centaine de kilomètres. Une mer de ceps, tout en courbes ondoyantes, dévale les pentes ensoleillées des collines sous-vosgiennes jusque dans la plaine. Cette forêt de piquets sagement alignés s'habille d'un vert tendre au printemps, avant de prendre une flamboyante livrée or au moment des vendanges. Soleil, tonneaux, grappes de raisin et pressoir, partout les emblèmes arborés par les maisons à colombages, comme les enseignes des auberges, rappellent qu'ici le vin est roi. Une recherche constante de la qualité a pour résultat qu'aujourd'hui les trois quarts des vins blancs que la France élève viennent d'Alsace. Cette région offre ainsi l'occasion unique de s'initier à des vins réputés qui portent traditionnellement le nom de leur cépage (sept pour le vignoble alsacien), c'est-à-dire de l'une des innombrables variétés de la vigne dont ils sont faits. Leur extraordinaire diversité est aussi due à la variété des sols, à l'exposition au soleil et au microclimat alsacien. Ils sont ainsi le résultat d'une alchimie complexe où entrent en compte, outre le cépage et les terroirs, le millésime, c'est-à-dire l'année et, bien sûr, le savoir-faire des vignerons.

Richesses naturelles

L'Alsace doit beaucoup à son généreux sous-sol : si les terres sont fertiles, elles sont aussi riches en eau et en minerais de toute sorte.

DE L'EAU EN ABONDANCE

Les stations thermales, les cours d'eau, les sources de montagne et le Rhin qui traversent l'Alsace montrent clairement les exceptionnelles ressources en eau et en minerais de la région.
Le **bassin Rhin-Meuse** se compose de trois unités hydrographiques parallèles : la plaine du Rhin est séparée des bassins de la Moselle et de la Meuse par le massif vosgien. Couvrant 6 % du territoire national, il est riche en eaux souterraines et 15 % des eaux minérales captées en France en sont issues. Il compte plusieurs nappes qui contiennent quelques centaines de milliards de m^3 d'eau. La nappe phréatique (d'origine alluviale) de la plaine d'Alsace est une des plus importantes d'Europe occidentale avec 35 milliards de m^3 d'eau.

LE BASSIN POTASSIQUE D'ALSACE

Autre richesse du sous-sol, la potasse. Le bassin potassique d'Alsace s'étend sur plus de 200 km^2 au nord de Mulhouse. Le minerai, découvert en 1904 à une profondeur de 625 m, doit beaucoup à la détermination d'une femme, Amélie Zürcher, et d'un sondeur spécialisé dans la prospection des richesses minérales, Joseph Vogt. La production démarre en 1910, mais sera interrompue pendant les deux guerres mondiales.

Elle est parfois difficile en raison de la température dégagée par le minerai : en Alsace, la température s'élève de 1 °C tous les 18 m de profondeur, ce qui entraîne à 700 m de fond des températures dépassant les 50 °C. Reprise et modernisée en 1947, l'extraction, assurée par les Mines de potasse d'Alsace (MDPA), est définitivement arrêtée en 2004.
Le gisement se présente en deux couches séparées par 20 m de distance à des profondeurs variant entre 420 et 1 100 m. Le sel de potasse brut, appelé « sylvinite », contient du chlorure de potasse et du chlorure de sodium (c'est-à-dire du sel gemme ou sel de cuisine). Après extraction, le traitement vise à séparer le sel de potasse des autres composants et de le concentrer afin d'obtenir un engrais potassique. La potasse fait en effet partie des éléments indispensables à la croissance des plantes.

Une faune étonnante

La diversité des paysages comme les fabuleuses réserves naturelles de la région expliquent la richesse des espèces animales rencontrées. Certaines d'entre elles, emblématiques d'Alsace, ont fait l'objet d'un programme de protection ou de réintroduction.

LES CIGOGNES

Considérées depuis des siècles comme gage de prospérité et de bonheur pour les maisons sur lesquelles elles revenaient bâtir leur nid à chaque printemps, les cigognes font partie de l'identité régionale. C'est pourquoi leur déclin, à partir des années 1960, a provoqué un véritable désarroi. On a incriminé la vie moderne qui perturbe leur environnement avec ses lignes électriques et l'assèchement des zones humides. On a accusé la chasse et les dangers de plus en plus nombreux que les cigognes rencontrent sur leur route, lors de leur long périple vers l'Afrique de l'Ouest. Après trois décennies de gros efforts de protection et de réimplantation, grâce aussi à l'élevage de jeunes oiseaux en enclos, les cigognes traversent à nouveau aujourd'hui le ciel alsacien. On a compté 200 couples ces dernières années dont certains, il est vrai, sont encouragés à rester sur place en hiver. Au printemps, le mâle revient au nid en premier et commence aussitôt à le rafistoler avec des branchages et des sarments de vigne consolidés avec de la terre. C'est une construction impressionnante de 1,50 à 2 m de diamètre sur une hauteur de 60 cm à 1 m, son poids pouvant dépasser 500 kg. La femelle pond de trois à six œufs, qui sont couvés pendant trente-cinq jours. Une fois les œufs éclos, les cigogneaux doivent être sans arrêt nourris pour grandir rapidement. Leurs parents leur apportent tout ce qu'ils peuvent trouver, insectes, larves, lézards, grenouilles, souris, taupes ou serpents, en un ballet incessant. Au bout de quatre semaines, ils commencent à se mettre debout et à voleter autour du nid. À deux mois, ils sont prêts à prendre leur envol. Juchés avec leurs parents sur le grand nid au-dessus duquel ressort leur grand corps blanc, ils forment alors, avec leur bec rouge vif et leurs ailes noires, un magnifique spectacle, qui fait partie des couleurs de l'Alsace.
Parc de Cernay, p. 310.

LE LYNX

Autrefois, tous les massifs montagneux français étaient peuplés de lynx, qui, chassés à outrance, s'éteignirent

Les cigognes, très nombreuses en Alsace, font partie de l'identité régionale.
B. Rieger/hemis.fr

progressivement. La disparition du lynx dans les Vosges date du 17e s. Dès 1972, on parle de sa réintroduction en France, et le groupe Lynx Alsace œuvre à ce projet. À partir de 1983, une vingtaine d'individus sont lâchés dans les Vosges avec plus ou moins de succès : certains, venus de captivité, doivent être repris, d'autres sont braconnés.
Le lynx vit exclusivement en forêt, jusqu'à une altitude de 2 500 m. Son aire de chasse varie selon les individus de 150 à 600 km. Le massif forestier vosgien couvrant environ 4 750 km^2, il a le potentiel d'accueillir de 20 à 40 lynx. Discret, l'animal n'est souvent décelable que par ses empreintes.

DANS LES RÉSERVES NATURELLES

Les milieux naturels spécifiques d'Alsace permettent à certaines espèces rares de se développer. Les réserves protégées leur assurent un environnement préservé. Parmi elles, le Ried est le refuge de la seule harde de **daims** sauvages en France. On y croise également des **chevreuils** et des **castors**, réintroduits depuis 1973 ; les **canards** et autres oiseaux d'eau y prospèrent. Plus d'une centaine d'espèces, dont un grand nombre d'oiseaux nicheurs, ont élu domicile au sein de la Petite Camargue alsacienne et du delta de la Sauer. Citons aussi le **grand hamster d'Alsace**, également appelé « marmotte de Strasbourg ». Long de 25 cm, ce rongeur que l'on ne trouve pratiquement que dans le Bas-Rhin est un grand amateur de plantes cultivées. Longtemps chassé pour les dégâts causés aux cultures, il est aujourd'hui protégé.

Environnement

PROTECTION DES MILIEUX

La région Alsace compte deux **parcs naturels** : le Parc naturel régional des Vosges du Nord (12 000 ha) et celui des Ballons des Vosges (300 000 ha), tous deux fondés en 1975. De telles entités permettent à l'économie locale de se développer tout en préservant les paysages et les activités traditionnelles. On y découvre des sites exceptionnels, comme les immenses panoramas des grands ballons d'où la vue porte jusqu'au Mont Blanc.

Le **Conservatoire des sites** alsaciens est une association de protection du patrimoine naturel ayant pour but de faire connaître, protéger et valoriser des milieux naturels sensibles. Il gère 186 sites représentant 5 000 ha.

La **forêt vosgienne** s'est remise de ce que l'on a appelé dans les années 1980 les « pluies acides », responsables d'un phénomène de jaunissement des feuilles. La pollution atmosphérique a été mise en cause puisque, depuis le milieu du 19e s., les dépôts atmosphériques et polluants acides n'ont fait qu'augmenter. Aujourd'hui, la communauté scientifique s'accorde sur les raisons, en réalité beaucoup plus complexes, de l'acidification du massif des Vosges. Il apparaît qu'il est situé dans une zone naturellement sensible à l'acidification : les caractéristiques géologiques (grès et granit blanc), la forte pluviométrie et la présence de conifères sont les principaux facteurs de ce phénomène. De plus, il est admis que le massif des Vosges est soumis à des dépôts atmosphériques acides dont les émissions polluantes proviennent de régions éloignées. Si la forêt n'est plus en danger, on surveille maintenant de près les effets de l'acidification sur les cours d'eau.

LE CLUB VOSGIEN

Fondée en 1872, la fédération du Club vosgien a beaucoup aidé à la connaissance et au respect du milieu forestier. Par le balisage et l'entretien des tout premiers sentiers de randonnée français, à l'origine de nos modernes « GR », créés après la Seconde Guerre mondiale, la fédération a toujours promu activement le développement d'un tourisme pédestre responsable. 16 500 km de sentiers permettent ainsi de découvrir les Vosges en toute sécurité.

ASSAINISSEMENT DES EAUX

La région connaît des programmes de grande ampleur comme celui sur la **qualité des eaux du bassin Rhin-Meuse**. Il est confié à l'Agence de l'eau, dont la mission est d'aider financièrement et techniquement les opérations d'intérêt général au service de l'eau et de l'environnement du bassin. Elle s'inscrit dans la directive cadre sur l'eau traduisant une nouvelle ambition de la politique de l'eau en Europe, qui est de garantir à la fois un haut niveau de protection de l'environnement et une gestion durable des ressources en eau. Des actions et des travaux prioritaires ont été définis dans chaque territoire (cinq, ici) pour la reconquête des eaux du bassin Rhin-Meuse. Il s'agit de la lutte contre les sources de pollution de toutes origines (domestique, industrielle et agricole) et d'une aide à la dépollution des sites et des sols pollués. L'action se révèle fondamentale dans le bassin Rhin-Meuse, compte tenu d'une activité industrielle lourde. L'objectif est la reconquête du bon état écologique de toutes les eaux en 2015.

Art et culture

Condensé d'une histoire de l'art européen, le patrimoine alsacien se distingue par la diversité de ses origines. Cependant, époques, disciplines et territoires ont fini par former un dialogue cohérent. Cathédrale de Strasbourg, retable d'Issenheim à Colmar, cité de l'Automobile, cité du Train ou musée de l'Impression sur étoffes à Mulhouse, château du Haut-Kœnigsbourg, écomusée d'Alsace... l'énumération prestigieuse des grands sites témoigne du foisonnement de la culture alsacienne.

L'architecture religieuse

L'art religieux de l'Alsace témoigne d'influences multiples venues, selon les époques, d'Allemagne, de France ou d'Italie.

L'ART ROMAN

De façon générale, les églises romanes d'Alsace se caractérisent par une grande simplicité de forme et de décors. Elles adoptent le plan en croix latine, la nef allongée représentant le grand bras de la croix, tandis que le transept, qui forme le petit bras, est peu saillant. Un chœur peu profond, sans déambulatoire ni chapelles rayonnantes, se termine par un chevet en abside semi-circulaire ou, plus rarement, par un chevet plat d'une sobriété saisissante, comme à **Murbach**. Une tour-lanterne ronde ou carrée se dresse souvent à la croisée du transept avec, parfois, des clochers sur les côtés ou sur la façade occidentale, comme à **Marmoutier**. Les murs ont très peu d'ouvertures, mais leur solennelle nudité est ornée, comme souvent dans les pays rhénans, de bandes lombardes (arcades aveugles reliant des bandes verticales) originaires d'Italie du Nord.

L'intérieur est lui aussi d'une grande simplicité avec des colonnes à chapiteaux cubiques très élémentaires. La sculpture se concentre sur le portail, mais seul celui de l'église d'**Andlau** est remarquable. L'art roman s'est prolongé tard dans le 12e s. C'est à cette époque seulement qu'on a pris l'habitude de remplacer le plafond en charpente par la voûte sur croisée d'ogives.

L'ART GOTHIQUE

Au 12e s., l'Île-de-France a déjà élaboré les nouvelles solutions architecturales qui ont fait les grandes cathédrales gothiques. Arrivé en Alsace au 13e s., le style gothique connaît un tel succès qu'il s'affirme comme un art régional, doté de sa propre personnalité. Entre 1240 et 1275, on greffe une nef de style gothique classique sur le chœur roman de la nouvelle cathédrale de **Strasbourg**. À la fin du 13e s., Erwin de Steinbach conçoit une nouvelle façade sous la forme d'un mur plein doublé d'une dentelle de pierre. La célèbre flèche ajourée, ajoutée au 15e s., fera, elle aussi, école.

Par ailleurs, les franciscains et les dominicains diffusent le modèle de la grande église-halle adaptée à la prédication. Le gothique flamboyant s'y épanouit à la fin du Moyen Âge.

RENAISSANCE ET CLASSICISME

Le gothique tardif se poursuit jusqu'au début du 17e s. À cette époque, ce sont surtout la peinture et la sculpture qui expriment le mieux la sensibilité religieuse. La guerre de Trente Ans a ruiné l'Alsace et il faut attendre le 18e s. pour qu'elle retrouve une certaine prospérité. Le classicisme venu de France s'impose alors aux élites avec de belles réalisations, comme l'église de **Guebwiller**. Mais les goûts provinciaux se portent plus naturellement vers l'art baroque, comme en témoigne le décor somptueux de l'abbatiale d'**Ebersmunster**, non loin de Sélestat.

L'architecture civile

L'Alsace conserve dans ses villes d'innombrables exemples d'architecture civile, publique et privée, de la Renaissance à l'âge classique.

LA RENAISSANCE

Comme l'ensemble des pays rhénans à cette époque, l'Alsace connaît un véritable épanouissement architectural lié au développement des villes marchandes. Celles-ci avaient, dès la fin du Moyen Âge, acquis leur autonomie dans le cadre du Saint Empire romain germanique. Elles formaient alors de petites républiques prospères dirigées par les familles les plus riches. Cet esprit d'indépendance s'est alors exprimé par la construction de nombreux hôtels de ville fastueusement décorés. Aujourd'hui encore éléments de prestige, ils marquent fortement l'identité d'une ville. C'est le cas par exemple à **Mulhouse**, qui est d'ailleurs restée indépendante jusqu'à la Révolution. Beaucoup de petites villes possèdent encore le leur. Les plus intéressants sont à **Guebwiller**, **Rouffach** ou **Obernai**. Les riches maisons bourgeoises qui les entourent ont très souvent conservé leur style Renaissance, comme à **Colmar**, **Strasbourg** ou **Riquewihr**. Elles se caractérisent par leur toit pointu en partie caché par des pignons très travaillés, en gradins ou en volutes entremêlées de clochetons, par exemple sur la maison des Têtes à Colmar. Le style Renaissance aime multiplier les détails attachants et poétiques qui animent les façades. L'oriel, sorte de logette en saillie à l'étage, permettait de mieux observer le spectacle de la rue. Il permettait aussi un meilleur éclairage des pièces, toujours très sombres dans ces villes aux ruelles étroites. Les sculptures, les enseignes en fer forgé, les pans de bois sculptés ou peints, les tourelles en encorbellement entourées d'une galerie en bois ajoutent leur charme à cet ensemble. Éléments de prestige urbain, de nombreuses fontaines datent de cette époque. Elles sont souvent ornées d'une colonne en grès rouge qui porte un blason, un saint patron ou un héros lié à la ville.

L'ÂGE CLASSIQUE

À cause de la guerre de Trente Ans qui voit l'affrontement sanglant des princes catholiques et protestants, le 17e s. est une période sombre pour l'Alsace, ainsi que pour l'ensemble des pays relevant du Saint Empire. Les rois de France, tirant leur épingle du jeu, commencent à attirer l'Alsace et la Lorraine dans le royaume à la faveur

Façade de la maison Kammerzell à Strasbourg.
B. Rieger/hemis.fr

de leur morcellement politique. De l'occupation des Trois-Évêchés (Metz, Toul et Verdun) en 1552 à celle de Strasbourg en 1681, ils réussissent peu à peu à atteindre le Rhin.
Si l'influence culturelle française n'est pas nouvelle, puisqu'elle a commencé à s'exercer dès le 13e s. avec l'art gothique, elle va désormais être adoptée par les élites en étroit contact avec la cour de Versailles. C'est ainsi que le classicisme avec ses lignes droites et ses perspectives s'impose dans des régions où le goût penchait plus spontanément vers l'art baroque. Il est fastueusement représenté par le **palais des Rohan** de **Strasbourg** et servira de référence à l'architecture officielle au 19e s.

L'INFLUENCE GERMANIQUE

L'annexion allemande prônera, sous Guillaume II, un style « germanique » illustré par le quartier de l'**Orangerie** et de l'**Université** à **Strasbourg**. Édifié à partir de 1880 au nord-est de la ville ancienne d'après le projet d'Auguste Orth, il présente de grandes artères arborées et des bâtiments d'un éclectisme historicisant. Toutes les grandes institutions allemandes s'y installent. Il est aujourd'hui l'un des rares exemples intacts d'architecture prussienne.

L'ÉPOQUE CONTEMPORAINE

Marquant une rupture radicale, l'architecture contemporaine est présente à **Strasbourg** : quartier de l'Europe, gare SNCF ou encore Grande Mosquée signée Paolo Portoghesi qui, inaugurée en été 2011, est la deuxième plus grande d'Europe. Mulhouse qui réhabilite ses sites industriels (La Filature, la Kunsthalle) n'est pas en reste.

L'habitat traditionnel

PETITES VILLES ET VILLAGES

Le charme de l'Alsace, ce sont d'abord ses petites villes et ses villages qu'on découvre au creux

d'un vallon en musardant le long des petites routes. Ils invitent à la flânerie dans un cadre qui évoque les contes d'autrefois, avec leurs maisons à colombages sagement groupées autour de leur église. C'est une région où les fermes isolées sont rares. L'habitat traditionnel y est préservé et entretenu avec grand soin.
En se promenant au gré des rues, on est frappé par l'harmonie qui se dégage de ces maisons qui respectent le style régional. Si l'œil ne s'en lasse pas, c'est qu'en réalité aucune d'entre elles n'est exactement semblable. Rarement mitoyennes, elles ont leur propre orientation, d'où le tracé parfois imprévu et sinueux des rues. Leurs couleurs ressortent gaiement sur le **colombage en bois sombre**. Le crépi blanc ou gris d'autrefois se fait de nos jours bleu, vert, rouge ou ocre. Les toits à forte pente sont couverts de tuiles plates au bout arrondi en « queue de castor », ou *biberschwantz,* sur lesquels s'installe parfois un grand nid de cigognes. Les petits auvents qui protègent les murs des intempéries, les volets peints en vert, les fenêtres et les galeries en bois sculpté, partout fleuries de géraniums, donnent un air de fête aux façades. D'infinis détails individualisent chaque maison : les tuiles colorées dessinent des losanges, que répètent les poutres du colombage. Celles-ci reproduisent souvent d'autres formes comme le X et le losange, tous deux symboles de fécondité et de fertilité, la croix de St-André, représentant la force, ou encore les « arbres de vie », fréquents dans le Sundgau. Les sculptures des poteaux d'angle comme les panneaux peints des murs portent des emblèmes religieux ou de métiers ayant un lien avec l'identité du propriétaire de la maison. L'intérieur traditionnel comprend le grand poêle en faïence de la **stube** (pièce à vivre), qui s'alimente depuis la cuisine. Les assiettes décorées de couleurs vives se détachent sur de beaux meubles en bois massif et luisant.

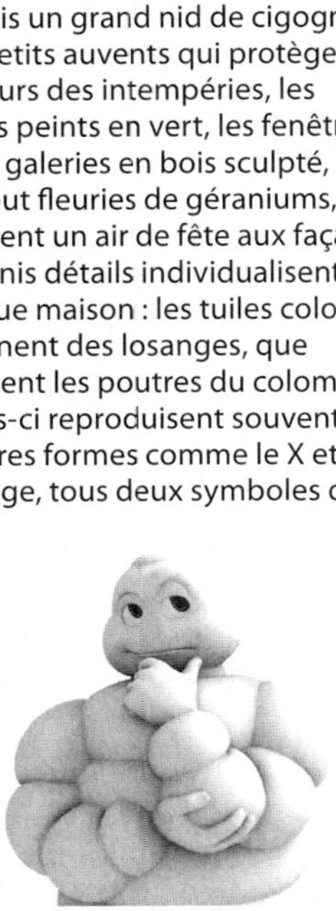

DIVERSITÉ DE L'HABITAT

À l'**Écomusée d'Alsace**, on apprend à distinguer les différents types d'habitat, qui dépendaient des traditions et du mode de vie des habitants, et de leurs activités. Trois grands types de fermes existent : la maison-bloc qui, modeste, rassemble tout sous le même toit (logement, étable et grange), la grosse ferme à cour fermée dans laquelle, au contraire, chaque bâtiment est séparé et disposé autour d'une cour, enfin la maison de vigneron. Chaque petit pays peut se reconnaître grâce à son habitat. Dans le nord de la province, isolée par la forêt de Haguenau, l'**Outre-Forêt** a bien préservé ses traditions. Ses « maisons-blocs » ont des poutres sombres qui tranchent sur le crépi blanc des murs en torchis. Des auvents protègent le mur-pignon au toit élancé. Tout au sud, la ferme du **Sundgau** reste modeste, elle aussi, avec ses colombages et un crépi plus varié, bleu-vert ou gris souligné de traits blancs. Le toit, qui annonce le Jura proche, est déjà plus massif, avec sa croupe en triangle du côté du pignon. Dans les régions à lœss, fertiles, comme le **Kochersberg**, on trouve des fermes beaucoup plus imposantes. C'est autour d'une vaste cour carrée que sont disposées l'habitation à plusieurs étages, l'écurie et l'étable en face, et au fond l'immense grange. Cet espace est fermé du côté de la rue par un porche double dont le grès rose des Vosges souligne l'arcade. Un balcon en bois orne souvent l'habitation au dernier étage. Un peu plus au nord, dans le prospère **pays de Hanau**, la symétrie recherchée du poutrage, la multiplication des losanges et des moulures et les doubles balcons à balustrade sur le mur-pignon sont la marque des Schini, célèbre dynastie de charpentiers. Dans le **piémont vosgien**, les contraintes du vignoble ont imposé la maison de vigneron, dont seul l'étage, où se trouve l'habitation, est à colombages. On y accède par un escalier en bois qui part de la cour étroite qui donne sur la rue. Le rez-de-chaussée abrite le pressoir et la cave. Parfois à demi enterré, il est maçonné ou en pierre. Le décor souvent très élaboré multiplie les symboles et les maximes liés au monde du vin. Dans le **Ried** subsiste la rare maison de pêcheur traditionnelle, archaïque avec son toit autrefois en chaume et ses murs de remplissage en lits de galets disposés entre des poteaux et recouverts d'argile crue entassée entre des piquets verticaux. Enfin, les fermes de l'**Alsace « bossue »**, plus sobres, se signalent par leur toit moins pentu et surtout par le grès rose qui encadre portes et fenêtres, tandis que les moellons de pierre et la maçonnerie remplacent les colombages. Un hangar en bois, le *schop*, s'avance en saillie en avant de l'étable.

Châteaux et places fortes

Le passé mouvementé de la région se lit dans les ouvrages défensifs érigés depuis le Moyen Âge : donjons médiévaux, places fortes de Vauban et, dernière grande innovation en la matière, la ligne Maginot.

CHÂTEAUX FORTS

Si les archéologues ont retrouvé les traces des sites fortifiés, ou *oppida,* dans lesquels se rassemblaient les peuples celtes, si la ville de Strasbourg a pour origine un camp de la légion qui défendait le *limes* romain qui suivait le Rhin face au monde barbare, il faut bien admettre qu'il n'en reste presque rien. En revanche, on peut s'étonner du nombre de châteaux médiévaux qui surplombent la plaine d'Alsace. D'autres, dressés sur leur piton de grès rouge dans les Vosges du Nord, ne se laissent découvrir qu'au fond d'une épaisse forêt. C'est l'émiettement des pouvoirs, dans le Saint Empire romain germanique, qui est à l'origine de l'édification de ces orgueilleuses constructions destinées à signaler la puissance de leur propriétaire sur le voisinage. La concurrence était rude, entre les chevaliers-brigands, les villes, les princes et l'empereur.
On découvrira, dans le silence d'une promenade en montagne, les ruines d'une simple tour qui, fière encore, s'élance vers le ciel, simplement entourée de quelques pans de murs démantelés. Ou bien on préférera le spectacle de la superbe reconstitution du **Haut-Kœnigsbourg**. Bâti au cours du 12e s. par les Hohenstaufen et notamment par l'empereur Frédéric Barberousse, ce monument fut restauré par la volonté de Guillaume II au début du 20e s. Mais beaucoup d'autres méritent une visite, comme le surprenant **Fleckenstein**, dans le Parc naturel régional des Vosges du Nord, qui, en partie troglodytique, porte la couleur éclatante du grès rouge vosgien, la roche avec laquelle il est édifié.

ABC d'architecture

Les dessins représentés dans les planches offrent un aperçu visuel de l'histoire de l'architecture dans la région et de ses particularités. Les définitions des termes d'art permettent de se familiariser avec un vocabulaire spécifique et de profiter au mieux des visites des monuments religieux, militaires ou civils.

Architecture religieuse

ST-DIÉ – Plan de l'église N-D-de-Galilée (12e s.)

Plan basilical : chœur à trois absides et absence de transept.

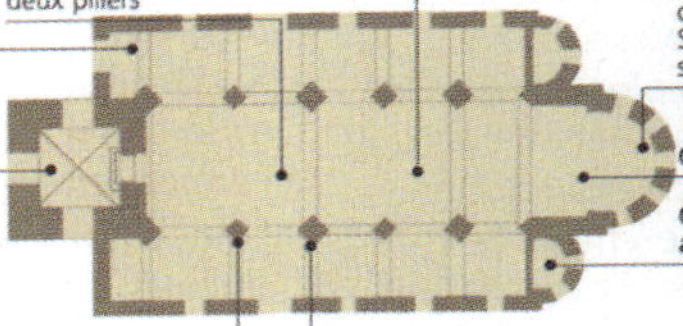

STRASBOURG – Coupe transversale de la cathédrale Notre-Dame (12e-15e s.)

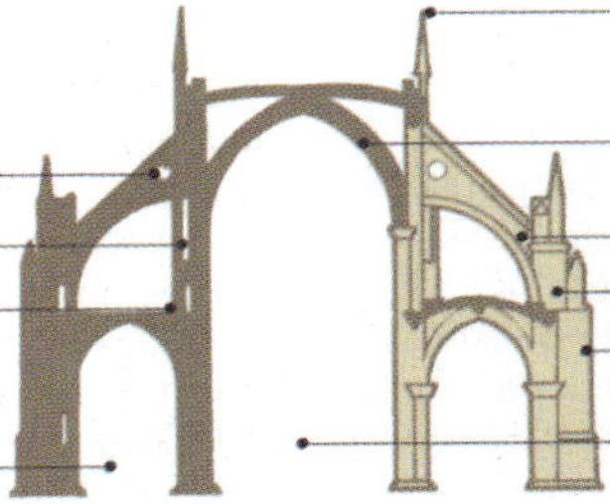

R. Corbel/MICHELIN

STRASBOURG – Façade du portail central de la cathédrale Notre-Dame (12e-15e s.)

Toute la richesse du gothique rayonnant se concentre dans le portail central richement sculpté et couronné de gâbles ajourés.

R. Corbel/MICHELIN

MARMOUTIER – Façade romane de l'église St-Étienne (vers 1140)

THANN – Stalles de la collégiale St-Thiébaut (14e-début du 16e s.)

R. Corbel/MICHELIN

ART ET CULTURE

Architecture civile

SAVERNE – Maison Katz (1605-1668), n° 76, Grand'Rue

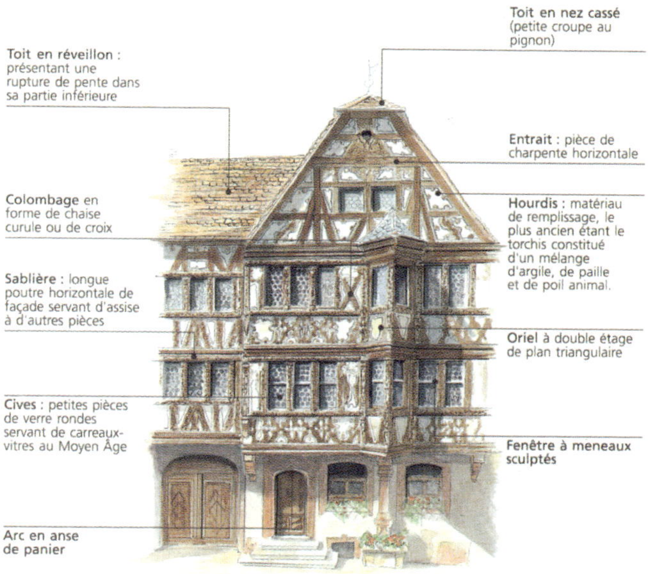

Architecture militaire

NEUF-BRISACH – Place forte (1698-1703)

Le système bastionné polygonal naît au 16ᵉ s. avec les progrès de l'artillerie : le canon d'un ouvrage supprime l'angle mort de l'ouvrage voisin.

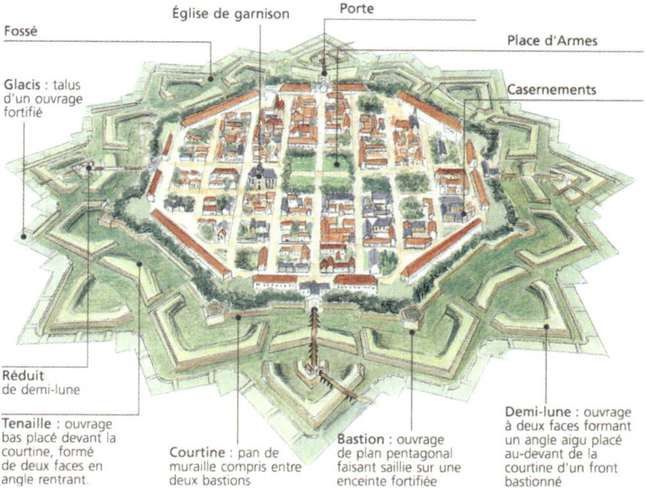

R. Corbel/MICHELIN

HAUT-KOENIGSBOURG – Château féodal reconstitué au début du 20e s.

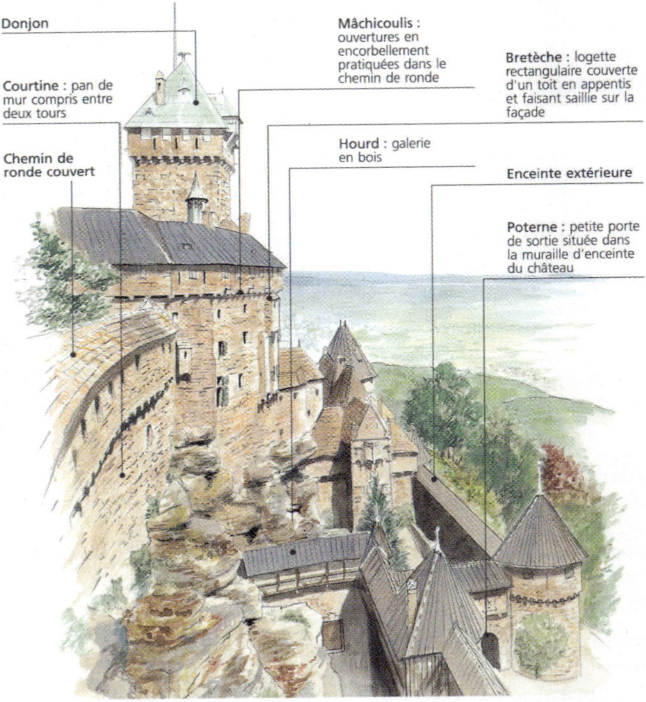

R. Corbel/MICHELIN

CITÉS FORTIFIÉES

Les villes alsaciennes n'ont, en général, conservé que de rares vestiges de leurs remparts du Moyen Âge. Dès le 16e s. naît un nouvel art des fortifications, contraint, par l'usage de l'artillerie, à développer d'immenses ouvrages bastionnés en forme de polygone. Au siècle suivant, Vauban, pour empêcher l'invasion du royaume, les a systématisés aux « frontières », mot d'origine militaire qui apparaît justement à ce moment-là. L'Alsace, qui vient de passer sous la domination de Louis XIV, se retrouve aux avant-postes du royaume du côté de l'est. Alors qu'à l'intérieur du pays on démantèle châteaux et murailles, Strasbourg est corsetée de défenses impressionnantes dont il ne reste aujourd'hui que des vestiges. Certaines ont été presque intégralement préservées, comme celle de **Neuf-Brisach**, chef-d'œuvre de Vauban.

Les arts figuratifs

Située à la croisée de plusieurs influences, la création artistique a connu des moments exceptionnels en Alsace et reste toujours vivace aujourd'hui.

SCULPTURE

Après l'époque gallo-romaine, qui atteste une active production locale de céramique sigillée, le début du Moyen Âge est surtout consacré au travail de l'ivoire et à l'orfèvrerie. Encore rare et maladroite à l'époque romane, la statuaire s'épanouit à l'ère des grandes constructions gothiques. C'est à **Strasbourg**, au **musée de l'Œuvre-Notre-Dame**, qu'on peut voir les originaux des très grands chefs-d'œuvre de la cathédrale. Les statues allégoriques de l'Église et de la Synagogue, le bas-relief de la Mort de la Vierge ou le pilier des Anges expriment remarquablement l'esprit du 13e s., profondément religieux et humain à la fois. Au 14e s., les vierges folles et les vierges sages révèlent un art qui recherche davantage le charme, la grâce et la souplesse. Sur le portail de l'église de **Thann**, le gothique flamboyant est bien représenté par le foisonnement des personnages.
À la fin du Moyen Âge et à la Renaissance, Strasbourg connaît un âge d'or intellectuel et artistique qui, fortement marqué par l'humanisme, rayonne sur l'ensemble des pays rhénans. **Gutenberg** y séjourne et, très tôt, la ville devient un centre de l'imprimerie et par là, de la diffusion des livres et du savoir. Les plus grands artistes ont acquis leur talent dans les ateliers de sculpture sur bois, tel **Nicolas de Haguenau**, auteur des statues du **retable d'Issenheim**. De très nombreux retables de cette époque nous ont laissé des mises en scène peintes et sculptées des grands épisodes de la vie du Christ et des saints.
À partir du 16e s., la sculpture s'épanouit dans l'art des mausolées. Le tombeau du maréchal de Saxe par Pigalle à Strasbourg, compte parmi les grands chefs-d'œuvre du 18e s. Par ailleurs, le décor baroque et rococo des églises fait un large appel aux sculpteurs sur bois comme sur pierre.

PEINTURE

À l'exception des miniatures des grands manuscrits carolingiens et des chefs-d'œuvre que sont les vitraux de la cathédrale de Strasbourg, il faut attendre le 15e s. pour que se multiplient les premières grandes œuvres picturales, comme la *Vierge au buisson de roses* de **Martin Schongauer**. La force d'expression du **retable d'Issenheim** peint par **Matthias Grünewald** défie les siècles par son intensité dramatique

Personnalités de la région

DU MONDE DES ARTS

Le peintre sundgauvien **Jean-Jacques Henner** (1829-1905), Grand Prix de Rome en 1858, est un portraitiste reconnu. Deux de ses toiles célèbrent particulièrement son Alsace natale, *Eugénie Henner*, sa nièce peinte en costume régional en 1870, et *Elle attend,* qui, réalisée en 1871, devint un symbole de la province perdue.

Le créateur de la statue de la Liberté inaugurée à New York en 1886, **Frédéric Auguste Bartholdi**, est né à Colmar en 1834. Il quitte vite l'Alsace pour Paris mais y reviendra souvent jusqu'à sa mort en 1904. Un musée lui est consacré dans sa maison natale.

Gustave Stoskopf (1869-1944), figure imposante du « réveil alsacien », est un intellectuel accompli. Peintre, il réalise des portraits d'Alsaciens d'un grand réalisme ; dramaturge, il laisse un chef-d'œuvre en dialecte : *D'r Herr Maire*.

Jean (Hans) Arp (1887-1966), né à Strasbourg, est un artiste majeur du 20e s. Poète, peintre et sculpteur, il est un des membres fondateurs du dadaïsme et participe avec sa femme, Sophie Taeuber, au surréalisme, avant de s'intéresser à l'art abstrait. Le musée d'Art moderne de Strasbourg possède une trentaine de ses œuvres.

Dessinateur et satiriste récompensé par de nombreux prix, **Tomi Ungerer** est né en 1931. Enfant, il subit à Colmar l'endoctrinement nazi à l'école, qu'il relate dans *À la guerre comme à la guerre* (paru en 1991). Après des études de graphisme à Strasbourg, il s'installe aux États-Unis. Mais, attaché à son Alsace natale, il lui consacre un album détonant, *L'Alsace en torts et de travers*.

DU MONDE DES LETTRES

Né à Mayence, c'est durant un long séjour de dix ans à Strasbourg que **Gutenberg** (1394-1468) met au point l'imprimerie. Suite à cette invention, Strasbourg deviendra, en concurrence avec Nuremberg, la plus grande ville d'imprimeurs du monde à la fin du 15e s.

Émile **Erckmann** (1822-1899) et Alexandre **Chatrian** (1826-1890) signent à quatre mains des romans qui rendront populaire une certaine image de l'Alsace notamment *L'Ami Fritz* et de nombreux contes.

DU MONDE DU SPECTACLE

Le mime **Marcel Marceau** (1923-2007) passe son enfance à Strasbourg. Passionné de théâtre et de cinéma, impressionné par le muet, il crée en 1947 le célèbre Bip. Il est également le fondateur de l'École internationale de mimodrame ouverte à Paris en 1978. Il est reçu à l'Académie des beaux-arts en 1991.

Également né à Strasbourg, l'acteur **Claude Rich** (1929) tourne pour la première fois en 1955, dans *Les Grandes Manœuvres* de René Clair, avant de s'illustrer dans le rôle d'Antoine Delafoy, figure de jeune premier, au génie musical controversé, dans *Les Tontons flingueurs*. Son rôle dans *Le Souper* d'Édouard Molinaro en 1992 lui vaut le césar du meilleur acteur.

La Vierge au buisson de roses de Martin Schongauer à Colmar (1473).
H. Lenain/hemis.fr

empreinte de mysticisme. Ces œuvres sont exposées à Colmar. Schongauer a aussi pratiqué l'art de la gravure, qui a inspiré **Albrecht Dürer**, de même que son élève, le peintre strasbourgeois **Hans Baldung**, dit **Baldung Grien**. Les 17e et 18e s. voient le triomphe de la peinture baroque. Paysagistes et portraitistes, comme **Jean-Jacques Henner** (1829-1905), laissent une œuvre intéressante au 19e s. Le peintre et graveur **Gustave Doré** (1832-1883) fait sa carrière à Paris mais reste toute sa vie marqué par son Alsace natale.

CÉRAMIQUE ET ARTS DÉCORATIFS

La céramique est produite en Alsace entre 1721 et 1781, conjointement à Strasbourg et à Haguenau, d'où la terre provient. À l'origine de cette production : la famille Hannong, qui veillera à la destinée de la manufacture pendant trois générations. Au début, le décor est à lambrequins bleus, mais très vite apparaît le motif caractéristique du vieux Strasbourg : les fleurs. Il y en a deux sortes, les « fleurs des Indes » et les « fleurs naturelles » ou « fleurs de Strasbourg », qui feront le succès de la faïencerie de 1750 à 1780. Les pièces sont marquées du monogramme formé des initiales de Paul puis de Joseph Hannong. Strasbourg a une influence très importante et suscite la création d'autres faïenceries dans l'est de la France.

Les arts décoratifs sont également présents en Alsace par les villes de Betschdorf et de Soufflenheim, où la poterie culinaire est issue de la tradition populaire. La poterie de **Betschdorf** se caractérise par des pièces de grès vernies par projection de gros sel en fin de cuisson. De couleur grise, les grès portent un décor réalisé au bleu de cobalt. Quant au **Soufflenheim**, il s'agit d'une céramique vernissée au décor floral stylisé. Enfin, durant la seconde moitié du 19e s., l'Alsace se distingue également par les céramiques de **Théodore Deck**. Guebwillois de naissance, il apprend son métier en Alsace mais exerce pendant 20 ans à Paris où il dirige la manufacture de Sèvres.

3/ DÉCOUVRIR LA RÉGION

Le château du Haut-Kœnigsbourg.
J. Arnold/hemis.fr

+ d'adresses

Région de Strasbourg et Vosges moyennes 1

Carte Michelin Départements 315 – Bas-Rhin (67)

La cathédrale Notre-Dame et la rue Mercière à Strasbourg.

B. Rieger/hemis.fr

RÉGION DE STRASBOURG ET VOSGES MOYENNES

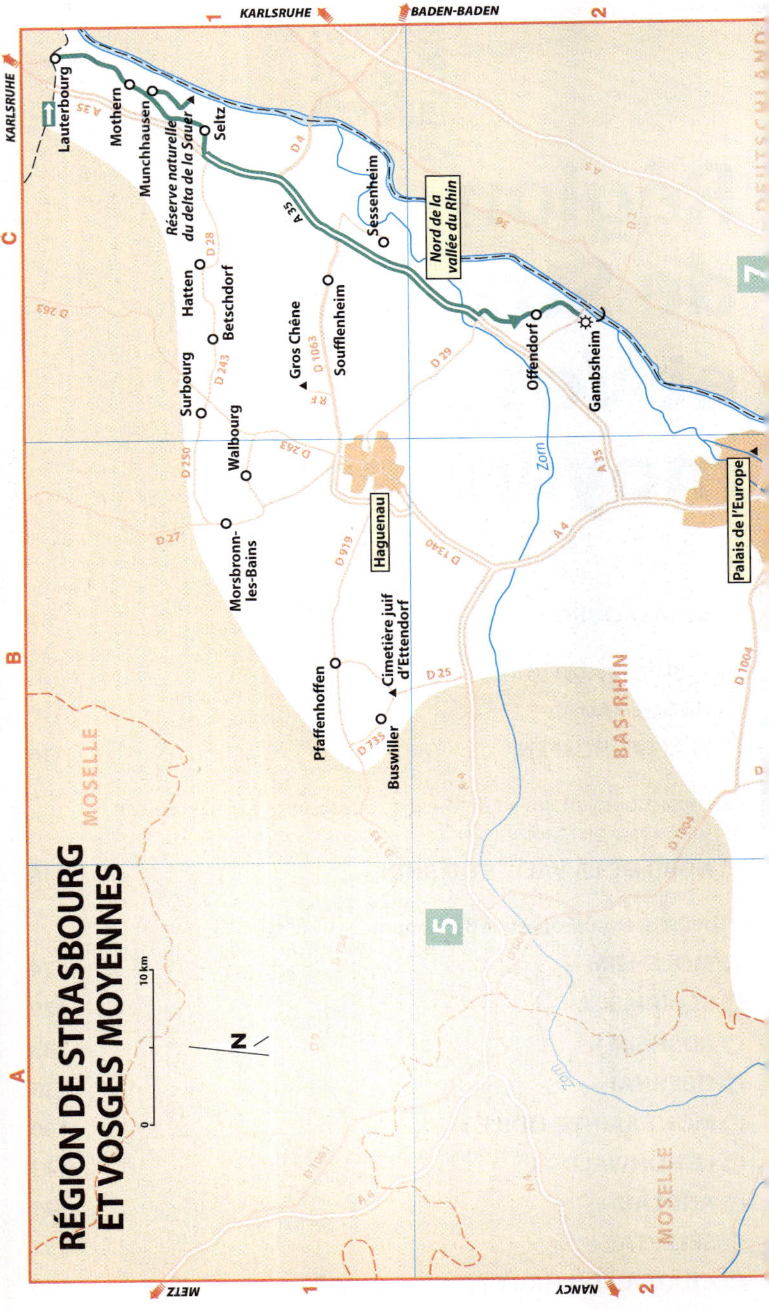

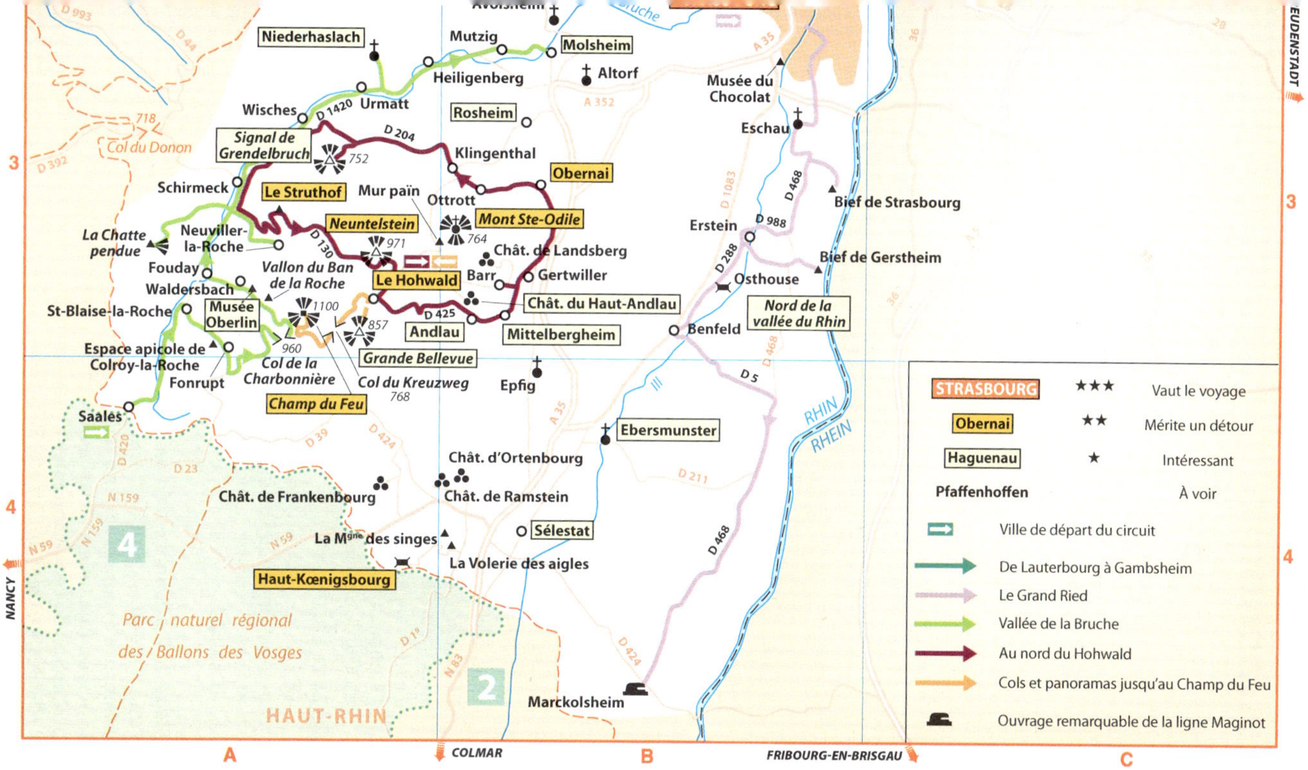

Niederhaslach
Mutzig
Molsheim
Heiligenberg
Altorf
Musée du Chocolat
Eschau
Wisches
D 1420
Urmatt
Rosheim
A 352
Signal de Grendelbruch
752
D 204
Klingenthal
Obernai
Col du Donon
Schirmeck
Le Struthof
Mur païn
Ottrott
Bief de Strasbourg
D 468
D 1083
Erstein
D 988
La Chatte pendue
Neuviller-la-Roche
Neuntelstein
D 130
971
Mont Ste-Odile
764
Bief de Gerstheim
Châtt. de Landsberg
Fouday
Vallon du Ban de la Roche
Le Hohwald
Barr
Gertwiller
D 288
Osthouse
Waldersbach
Musée Oberlin
1100
Chât. du Haut-Andlau
Nord de la vallée du Rhin
St-Blaise-la-Roche
857
D 425
Benfeld
Espace apicole de Colroy-la-Roche
960
Andlau
Mittelbergheim
Fonrupt
Col de la Charbonnière
Grande Bellevue
Col du Kreuzweg
768
Epfig
D 5
Champ du Feu
Saales
D 420
D 39
D 424
A 35
Ebersmunster
RHIN
RHEIN
D 23
Chât. d'Ortenbourg
D 211
N 159
Chât. de Frankenbourg
Chât. de Ramstein
N 59
4
La Mgne des singes
Sélestat
D 468
La Volerie des aigles
Haut-Kœnigsbourg
NANCY
Parc naturel régional des Ballons des Vosges
N 83
2
D 424
Marckolsheim
HAUT-RHIN
COLMAR
FRIBOURG-EN-BRISGAU
EUDENSTADT
A
B
C
3
4
STRASBOURG ★★★ Vaut le voyage
Obernai ★★ Mérite un détour
Haguenau ★ Intéressant
Pfaffenhoffen À voir
Ville de départ du circuit
De Lauterbourg à Gambsheim
Le Grand Ried
Vallée de la Bruche
Au nord du Hohwald
Cols et panoramas jusqu'au Champ du Feu
Ouvrage remarquable de la ligne Maginot

Strasbourg

★★★

272 975 Strasbourgeois (agglomération : 427 245 habitants) – Bas-Rhin (67)

NOS ADRESSES PAGE 103

S'INFORMER

Office du tourisme de Strasbourg – *17 pl. de la Cathédrale - 67082 Strasbourg - ☎ 03 88 52 28 28 - www.otstrasbourg.fr - 9h-19h - 2e bureau - pl. de la Gare.*

Visites guidées – Strasbourg propose des visites-découverte (1h30) animées par des guides-conférenciers agréés par le ministère de la Culture et de la Communication *- 6,80 € (12-18 ans 3,40 €) - rens. à l'office de tourisme - ☎ 03 88 52 28 20 - www.ot-strasbourg.fr (voir également rubrique « Visites » dans le carnet d'adresses, p. 103).*

SE REPÉRER

Carte de microrégion B2/3 (p. 80) – *carte Michelin Départements 315 K5.* Strasbourg possède un aéroport international, situé à 10 km du centre-ville. Le TGV relie Strasbourg à Paris en 2h20.

SE GARER

Parkings en centre-ville et aux abords. Pour vos déplacements en ville, préférez le tramway ou le vélo !

À NE PAS MANQUER

La cathédrale et sa place, la Petite France, le palais Rohan et ses musées. Quant au marché de Noël, sa réputation n'est plus à faire.

ORGANISER SON TEMPS

Trois jours ne seront pas de trop pour visiter les principales richesses de Strasbourg. À titre indicatif, vous pouvez découvrir les ensembles suivants : la cathédrale et le quartier alentour avec une visite au palais Rohan ; la Petite France et le musée d'Art moderne et contemporain ; le quartier de l'Europe et l'Orangerie ; une promenade en bateau sur l'Ill puis une visite au Musée alsacien.

AVEC LES ENFANTS

L'ascension de la flèche de la cathédrale pour la vue ou le spectacle de l'horloge astronomique de la cathédrale (se présenter avant 12h), le Vaisseau et le Navigoscope, le musée du Chocolat à Geispolsheim et Natura Parc à Ostwald.

Siège du Parlement européen et du Conseil de l'Europe, Strasbourg est l'une des deux « capitales » européennes. Une capitale qui a su éviter la démesure et conserver une taille humaine. Ville d'avant-garde depuis le Moyen Âge, elle a réussi aujourd'hui le pari de l'esthétique et de la protection de l'environnement, grâce au choix du tramway et des pistes cyclables. Au cœur de l'Alsace, Strasbourg concentre tout ce que la région compte de spécialités gastronomiques : foie gras, vins, chocolat et eaux-de-vie attirent les « fines gueules » du monde entier.

Du village de pêcheurs à la cité européenne

LA « VILLE DES ROUTES »

En 12 av. J.-C., le village de chasseurs et de pêcheurs qui côtoie le camp militaire romain d'*Argentoratum* devient rapidement une cité prospère en même temps qu'un carrefour entre les peuples : *Strateburgum*, la « ville des routes ». Cette position vaudra à Strasbourg de servir de cible ou de passage à toutes les invasions d'outre-Rhin et d'être maintes fois détruite, brûlée, pillée et reconstruite. Fort heureusement, la ville fut aussi, au cours de son histoire, théâtre de conciliation. En 842, par le serment de Strasbourg, deux des fils de Louis le Débonnaire et leurs soldats se jurent fidélité. Ce serment est resté célèbre parce qu'il représente le premier texte officiel connu, écrit en langue romane et en langue germanique.

CÉLÉBRITÉS À STRASBOURG

Ville libre d'Empire, Strasbourg est le foyer d'un humanisme influent, notamment avec Gutenberg, et d'une profonde réforme religieuse avec Calvin aux 15e et 16e s. En 1725, Louis XV épouse Marie Leszczyńska dans la cathédrale Notre-Dame. En 1770, Marie-Antoinette, arrivant de Vienne pour épouser le futur Louis XVI, est reçue à la cathédrale par Louis de Rohan. La ville est le témoin de grandes réalisations artistiques : concerts de Mozart, séjour de Goethe, alors étudiant à la célèbre université, floraison d'hôtels particuliers sur le modèle parisien, édification du prestigieux palais Rohan.

FRANÇAISE ?

En 1870, Strasbourg est prise par les Allemands, après un long siège émaillé de durs bombardements. Elle devient alors la nouvelle capitale du Reichsland d'Alsace Lorraine et continue de grandir, sous l'influence cette fois du style architectural prussien, souvent massif mais à l'allure néobaroque. Les deux guerres suivantes ballotteront la ville-frontière entre les deux nationalités : à nouveau française en 1918, Strasbourg, comme toutes les autres villes d'Alsace et de Moselle, connaît une nouvelle parenthèse allemande entre 1940 et 1944. La ville sera libérée par le général Leclerc le 23 novembre 1944.

EUROPÉENNE AVANT TOUT

Avant même la fin du dernier conflit mondial, l'idée prit corps qu'une réconciliation définitive des anciens belligérants devait s'enraciner au cœur d'une ville symbole, Strasbourg, au bord d'un grand fleuve jadis hérissé d'ouvrages militaires et à présent lien privilégié de communication, le Rhin. Le 5 mai 1949 fut créé le **Conseil de l'Europe**, qui regroupe aujourd'hui 47 pays membres. Cet organisme consultatif fait des recommandations aux gouvernements, établit des conventions qui engagent les États signataires et harmonisent leur législation dans divers domaines d'intérêt commun. La plus connue est la Convention européenne de sauvegarde des droits de l'homme (1950). Le Conseil de l'Europe est indépendant du **Parlement européen**, importante institution de l'Union européenne. Ce dernier est composé de députés, élus au suffrage universel direct depuis 1979 par les citoyens de chaque État membre. Il exerce un pouvoir consultatif, budgétaire et de contrôle. Les autres organes de l'Union européenne se situent à Luxembourg et à Bruxelles.

Découvrir Plan de ville I

★★★ CATHÉDRALE NOTRE-DAME C2

Le centre historique de Strasbourg et la cathédrale Notre-Dame ont été classés par l'Unesco au Patrimoine mondial de l'humanité en 1988.

Sur l'emplacement d'un temple de Mars, le chantier de la cathédrale débute en 1015 dans le style roman. L'art gothique, nouveau venu en Alsace, influencera ensuite les architectes. En 1365, les tours à peine terminées sont réunies jusqu'au niveau de la plate-forme. Ensuite, la tour nord seule est surélevée, puis prolongée de sa célèbre flèche par Jean Hültz de Cologne en 1439.

Pendant de longues années, catholiques et protestants luttent pied à pied dans la cathédrale. Sur la porte de l'édifice, les propositions de Luther sont affichées. Le culte protestant finit par l'emporter. La cathédrale ne redevient catholique que sous Louis XIV, en 1681, lorsque le roi prend possession de la ville. Les obus prussiens de la guerre de 1870 et les bombardements anglo-américains de 1944 endommageront plusieurs parties de l'édifice, qui seront délicatement restaurées.

EXTÉRIEUR

La cathédrale doit une grande part de son charme à ses pierres en grès rose des Vosges.

★★★ Façade

C'est depuis la rue Mercière que l'on en a une meilleure vue. Erwin de Steinbach en dirigea la construction jusqu'au-dessus de la galerie des Apôtres. Le **portail central**, surmonté d'une magnifique rose de 15 m de diamètre, est le plus richement décoré de la façade. Son tympan comprend quatre registres : les trois premiers, du 13e s., sont remarquables par leur réalisme. Le quatrième est moderne. On peut y lire des scènes de l'Ancien Testament (création du monde ; histoire d'Abraham, Noé, Moïse, Jacob, Josué, Jonas et Samson…) et du Nouveau Testament (baiser de Judas ; Jésus crucifié, au-dessus du cercueil d'Adam, entre la Synagogue et l'Église, qui recueille son sang ; miracles…).

Au **portail de droite**, la parabole des vierges sages et des vierges folles est illustrée par de célèbres statues, dont certaines ont dû laisser place à des copies (originaux au musée de l'Œuvre Notre-Dame).

Au **portail de gauche**, les statues (14e s.) représentent les Vertus : sveltes et majestueuses dans leurs longues tuniques flottantes, elles terrassent les Vices. Durant la Révolution, on donna l'ordre d'abattre toutes les statues : 230 furent détruites. L'administrateur des biens publics parvint à cacher 67 statues de la façade.

★★★ Flèche

328 marches. 03 88 43 60 32 - 1er avr.-30 sept., tlj 9h-19h15 ; 1er oct.-31 mars, tlj 10h-17h15. Nocturnes en été : 1er-31 juil., vend. et sam. jusqu'à 21h15 ; 1er-15 août, vend. et sam. jusqu'à 20h45 ; 16-31 août, vend. et sam. jusqu'à 19h45 - fermé 1er janv., 1er mai et 25 déc. - 4,60 € (-18 ans 2,30 €).

Octogonale à la base, la flèche de Jean Hültz dresse ses six étages de tourelles ajourées, qui contiennent les escaliers, et se termine par une double croix. C'est un chef-d'œuvre de grâce et de légèreté. Durant la Révolution, un habitant eut l'idée de coiffer l'aiguille de pierre d'un immense bonnet phrygien, en tôle peinte d'un rouge ardent, sauvant ainsi le chef-d'œuvre de Hültz.

La plate-forme qui surmonte la façade culmine à 66 m de hauteur. La tour s'élève encore de 40 m, puis se termine par une flèche dont le sommet atteint

142 m au-dessus du sol (9 m de moins que la flèche en fonte de la cathédrale de Rouen). De cette plate-forme, **point de vue spectaculaire★** sur Strasbourg, en particulier sur la vieille ville, avec ses toits caractéristiques percés de plusieurs étages de lucarnes, sur les faubourgs et la plaine rhénane limitée par la Forêt-Noire et les Vosges.

Flanc droit

Le flanc droit offre les beautés du **portail de l'Horloge**, le plus ancien de la cathédrale (13e s.). Il est composé de deux portes romanes accolées. Entre les deux portes, statue de Salomon, appuyée sur un socle qui rappelle son fameux jugement. De part et d'autre de cette statue : à gauche, l'Église, puissante et fière sous sa couronne, tient d'une main la croix et de l'autre le calice. À droite, la Synagogue s'incline, triste et lasse, essayant de retenir les débris de sa lance et les Tables de la Loi qui s'échappent de ses mains. Le bandeau qui couvre ses yeux symbolise l'égarement.

Dans le tympan de la porte de gauche se trouve l'admirable **Mort de la Vierge★★** dont le peintre Delacroix, mourant, se plaisait à contempler le moulage. La figurine que Jésus tient dans sa main gauche représente l'âme de Marie.

On voit, au-dessus des deux portes, le cadran extérieur de l'horloge astronomique.

Flanc gauche

Le **portail St-Laurent★**, de la fin du 15e s., a pour sujet principal le groupe du martyre de saint Laurent (restauré au 19e s.). À gauche de la porte se dressent les statues de la Vierge, des trois Rois mages et d'un berger ; à droite, cinq statues, dont celle de saint Laurent (originaux au musée de l'Œuvre Notre-Dame).

INTÉRIEUR

7h-11h20, 12h35-19h, fermé dim.

Les **vitraux★★★**, des 12e, 13e et 14e s., sont superbes, mais ont quelque peu souffert au cours des âges.

Nef et bas-côté droit

La nef, commencée au 13e s., se découpe en 7 travées. Les vitraux des fenêtres hautes datent des 13e et 14e s., ainsi que ceux des bas-côtés. Dans la nef, on pourra détailler la cinquantaine de statuettes mises en scène sur le corps hexagonal de la **chaire★★ (1)**, type parfait de gothique flamboyant, qui fut dessinée par Hans Hammer pour le prédicateur Geiler de Kaysersberg. L'**orgue★★ (2)** accroché en nid d'hirondelle au triforium, dans la nef, déploie sur la largeur d'une travée son buffet gothique (14e-15e s.) en bois sculpté polychrome. De part et d'autre de sa tribune en pendentif ornée d'un Samson sculpté, deux statues représentent un héraut de la ville et un marchand de bretzels en costume d'époque. Ces personnages articulés s'animaient parfois pendant les sermons pour distraire les fidèles.

La chapelle Ste-Catherine occupe les deux travées du bas-côté droit touchant au transept. On y voit une épitaphe décorée de la Mort de la Vierge **(3)**, datée de 1480.

Croisillon droit

Au centre se trouve le **pilier des Anges**, ou du **Jugement dernier★★ (4)**, du 13e s.

L'**horloge astronomique★ (5)** constitue la grande curiosité populaire de la cathédrale. Conçue par des mathématiciens et réalisée par des horlogers suisses entre 1550 et 1574, elle s'est arrêtée en 1780. Le Strasbourgeois Schwilgué l'a auscultée pendant trente ans et en a reconstitué le mécanisme de 1838 à 1842. Les sept jours de la semaine sont représentés par des chars conduits par des divinités, apparaissant dans une ouverture au-dessous du cadran : Diane le lundi, puis Mars, Mercure, Jupiter, Vénus, Saturne et Apollon. Une série d'automates frappent deux coups tous les quarts d'heure. Les heures sont sonnées par la Mort. Au dernier coup, le second ange de la galerie aux Lions retourne son sablier. À 12h30, un grand défilé se produit dans la niche, au sommet de l'horloge. Les apôtres passent devant le Christ en le saluant, Jésus les bénit, tandis que le coq, perché sur la tour de gauche, bat des ailes et lance trois fois son cocorico en souvenir du reniement de saint Pierre. ♿ *- 7h-19h - gratuit (sf 11h20-12h35, 12h projection d'un film sur l'Horloge astronomique suivi du défilé des Apôtres à 12h30), se présenter avant midi aux caisses.* À gauche de l'horloge, un vitrail du 13ᵉ s. représente un gigantesque saint Christophe. C'est le plus grand personnage de vitrail connu. Il mesure 8 m de haut.

Croisillon gauche

On y voit de magnifiques fonts baptismaux **(6)** de style gothique flamboyant. En face, un groupe en pierre de 1498 représente Jésus au mont des Oliviers **(7)**. Les vitraux des 13ᵉ et 14ᵉ s. représentent des empereurs du Saint Empire romain germanique.

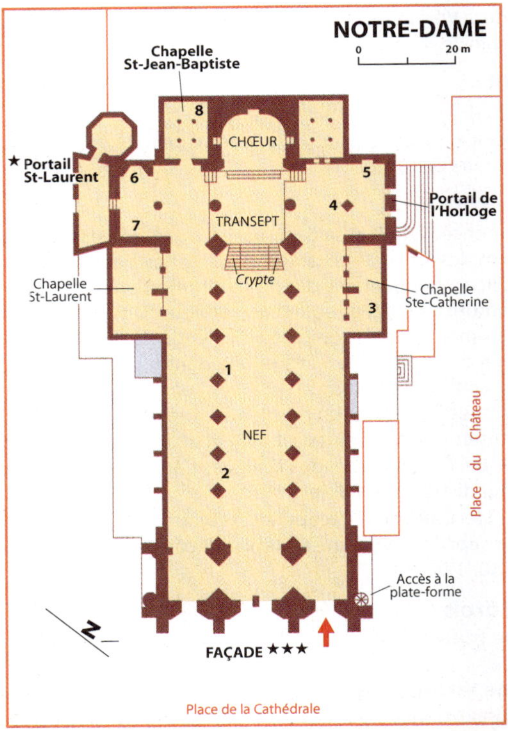

Chapelle St-Jean-Baptiste
Ne se visite pas. La chapelle (13e s.) contient le tombeau de l'évêque Conrad de Lichtenberg **(8)** qui fit commencer la façade. L'œuvre est attribuée à Erwin.

Chœur
Rénové en 2004, le chœur a été doté d'un nouveau mobilier et d'une grande croix dorée qui orne le fond de l'abside. Au-dessus, le vitrail de la Vierge dû à Max Ingrand fut offert à la cathédrale par le Conseil de l'Europe en 1956, en remplacement du vitrail détruit par les bombardements de 1944. Les peintures de Steinle (1877) qui décorent les murs et les voûtes de l'abside sont d'inspiration byzantine. Devant le chœur, des escaliers mènent à la **crypte** *(visite guidée uniquement)*.

★★ Tapisseries
La cathédrale possède 14 magnifiques tapisseries du 17e s. que l'on suspend le long de la nef entre les piliers pendant l'avent et le temps de Noël. Elles représentent des scènes de la vie de la Vierge, exécutées d'après les cartons de Philippe de Champaigne, Ch. Poerson et J. Stella.

Se promener Plans de ville

★★★ LA CITÉ ANCIENNE Plan I

Pour visualiser ce circuit au départ de la place de la Cathédrale, reportez-vous au plan I p. 90-91 (circuit 1). Comptez 1h30 sans les visites des musées.
La cité ancienne s'étend autour de la cathédrale, sur l'île formée par les deux bras de l'Ill. Comptez une journée si vous visitez les musées, et munissez-vous de chaussures confortables.

★ Place de la Cathédrale C2
Elle se trouve devant la cathédrale et sur le côté nord. À l'angle de la rue Mercière, l'**ancienne pharmacie du Cerf** (C2), de 1268, était la plus ancienne pharmacie de France en activité. Fermée en 2000, elle a été transformée pour abriter la boutique de la culture. À gauche de la cathédrale se dresse la maison **Kammerzell★** (C2) (1589), décorée de poutres et de pans de bois sculptés. Seule sa porte date de 1467.

Place du Château C2
Sur cette place s'élève le palais Rohan, qui contient de très riches musées *(accès au fond de la cour à gauche)*.

★ Palais Rohan C2
Le cardinal Armand de Rohan-Soubise, prince-évêque de Strasbourg en 1704, fit construire ce palais au 18e s. sur les plans de Robert de Cotte, premier architecte du roi. Le long de la terrasse bordant l'Ill, l'édifice déploie une **façade**, de pur style classique, ornée, sur le corps central, de colonnes corinthiennes.

★★ Musée des Arts décoratifs
Au rdc et dans la partie droite (aile des écuries et pavillons Hans-Hang). ☎ 03 88 52 50 08 - www.musees-strasbourg.org - ♿ - tlj sf mar. 12h-18h, w.-end 10h-18h - fermé 1er janv., Vend. saint, 1er Mai, 1er et 11 Nov., 25 déc. - 6 € (-18 ans gratuit), gratuit 1er dim. du mois.
Les **grands appartements** des cardinaux de Rohan comptent parmi les plus beaux intérieurs français du 18e s. La salle du Synode, la chambre du Roi, le salon d'assemblée, la bibliothèque des Cardinaux, le salon du Matin et la chambre de l'Empereur sont particulièrement remarquables par leur décor,

leur mobilier d'apparat, leurs tapisseries (tenture de Constantin d'après Rubens, vers 1625) et leurs tableaux du 18e s.
Consacré aux **arts et à l'artisanat de Strasbourg et de l'est de la France** depuis la fin du 17e s. jusqu'au milieu du 19e s., ce secteur comporte notamment la célèbre **collection de céramiques★★**, l'une des plus importantes de France. Celle-ci groupe essentiellement les faïences et porcelaines de la manufacture de Strasbourg et Haguenau, fondée et dirigée par la famille **Hannong** de 1721 à 1781, ainsi que de celle de Niderviller, fondée en 1748 par le baron de Beyerlé, directeur de la Monnaie royale de Strasbourg. On admirera les pièces de céramique de la période « bleue », celles au décor polychrome « de transition », les terrines en forme d'animaux ou de végétaux et surtout les magnifiques décorations florales aux pourpres dominants.
Le musée expose également des jouets mécaniques donnés par Tomi Ungerer ainsi qu'une belle collection d'horlogerie (milieu 14e-18e s.), de ferronnerie et d'orfèvrerie.

★ Musée des Beaux-Arts

Aux 1er et 2e étages du corps de logis principal. ✆ 03 88 88 50 68 - www.musees-strasbourg.org - ♿ - tlj sf mar. 12h-18h, w.-end 10h-18h - fermé 1er janv., Vend. saint, 1er Mai, 1er et 11 Nov., 25 déc. - 6 € (-18 ans gratuit), gratuit 1er dim. du mois.
La collection présente essentiellement des tableaux européens de la fin du Moyen Âge au 18e s. Les **primitifs italiens** et peintres de la **Renaissance** sont représentés par Filippino Lippi, Botticelli, de Cima da Conegliano (magnifique *Saint Sébastien*) et l'un des premiers tableaux du Corrège, *Judith et la Servante.* Pour les 17e et 18e s., on remarquera particulièrement les œuvres de Crespi, Tiepolo (retable) ou Canaletto.
Quelques tableaux illustrent l'**école espagnole**, parmi lesquels des œuvres de Zurbarán, Murillo, Goya, et surtout une célèbre *Vierge de douleur* par Le Greco.
L'**école des anciens Pays-Bas** du 15e au 17e s. occupe aussi une place de choix : très beau *Christ de pitié* par Simon Marmion, les *Fiancés* par Lucas de Leyde, plusieurs tableaux de Rubens, un *Saint Jean* (portrait de l'artiste) de Van Dyck, le *Départ pour la promenade* par Pieter de Hooch.
Parmi les toiles représentant des noms des écoles française et alsacienne du 17e au 19e s., on retiendra celle de *La Belle Strasbourgeoise* par Nicolas de Largillière (1703). Des œuvres de Delacroix, Courbet et Corot sont aussi exposées.
Autre richesse du musée : une importante collection de **natures mortes** du 16e au 18e s., dont le très célèbre *Bouquet de fleurs* de Bruegel de Velours.

★★ Musée archéologique

Au sous-sol. ✆ 03 88 52 50 00 - www.musees-strasbourg.org - ♿ - tlj sf mar. 12h-18h, w.-end 10h-18h - fermé 1er janv., 1er mai, 11 Nov. - 6 € (-18 ans gratuit), gratuit 1er dim. du mois. Audioguide gratuit sur demande.
Les collections d'archéologie régionale couvrent l'histoire de l'Alsace de 600 000 ans av. J.-C. à 800 apr. J.-C. La section de préhistoire comporte des collections néolithiques illustrant la vie des premiers agriculteurs implantés en Alsace dès 5500 av. J.-C. Des civilisations de l'âge du bronze, puis du fer, sont présentées à travers le mobilier découvert lors de fouilles dans la région : céramiques, armes et outils, objets de parure, vaisselles d'apparat importées de Grèce ou d'Italie, char funéraire d'Ohnenheim.
Remarquable section romaine avec ses collections lapidaires et épigraphiques ainsi que son bel ensemble de verreries, associés à de très nombreux objets de la vie quotidienne des Gallo-Romains.
L'époque mérovingienne est illustrée par des armes et des bijoux, ainsi que quelques pièces insignes, tels le casque de Baldenheim ou les phalères

Les ponts couverts sur l'Ill.
imagebroker/hemis.fr

décorées d'Ittenheim. Certains vestiges antiques du sanctuaire du Donon sont également exposés.

Sur la place du Château est également installé le musée de l'Œuvre Notre-Dame.

★★ Musée de l'Œuvre Notre-Dame C2

3 pl. du Château - ✆ 03 88 52 50 00 - www.musees.strasbourg.org - tlj sf lun. 12h-18h, w.-end 10h-18h - fermé 1er janv., Vend. saint, 1er mai, 1er et 11 Nov., 25 déc. - 6 € (-18 ans gratuit), gratuit 1er dim. du mois.

L'Œuvre Notre-Dame fut fondée pour recueillir les dons des fidèles en vue de la construction de la cathédrale. Elle contribue aujourd'hui à son entretien et à sa restauration.

Indissociable de la visite de la cathédrale, le musée consacré à l'art alsacien du Moyen Âge et de la Renaissance présente ses collections dans les deux ailes de la maison de l'Œuvre, datant de 1347 et de 1578-1585, ainsi que dans l'ancienne hôtellerie du Cerf (14e s.) et dans une maison du 17e s., le tout groupé autour de quatre petites cours, dont la cour du Cerf, aménagée en jardinet médiéval. Ce jardinet restitue l'environnement du *Paradisgärtlein*, jardin d'éden représenté dans la peinture et la gravure alsaciennes du Moyen Âge.

Du vestibule (sculptures préromanes), on accède aux salles de sculpture romane et à la salle des vitraux (12e et 13e s.), provenant en partie de la cathédrale romane ; on y voit le cloître des bénédictines d'Eschau (12e s.) et la célèbre **Tête de Christ**★★ de Wissembourg, le plus ancien vitrail figuratif connu (vers 1070). De là, on traverse la cour de l'Œuvre, à l'ornementation mi-flamboyante mi-Renaissance, pour pénétrer dans l'ancienne salle de séance de la Loge des maçons et tailleurs de pierre, dont les boiseries et le plafond datent de 1582. À la suite, la grande salle de l'hôtellerie du Cerf montre l'œuvre des ateliers qui se sont succédé au 13e s. sur le chantier de la cathédrale.

Au 1er étage, importante collection d'orfèvrerie strasbourgeoise du 15e au 17e s. Le 2e étage est consacré à l'évolution de l'art alsacien au 15e s. ; dans des salles à boiseries et plafonds de l'époque, sculptures et **peintures**★★ de l'école alsacienne : Conrad Witz et primitifs alsaciens, Nicolas de Leyde.

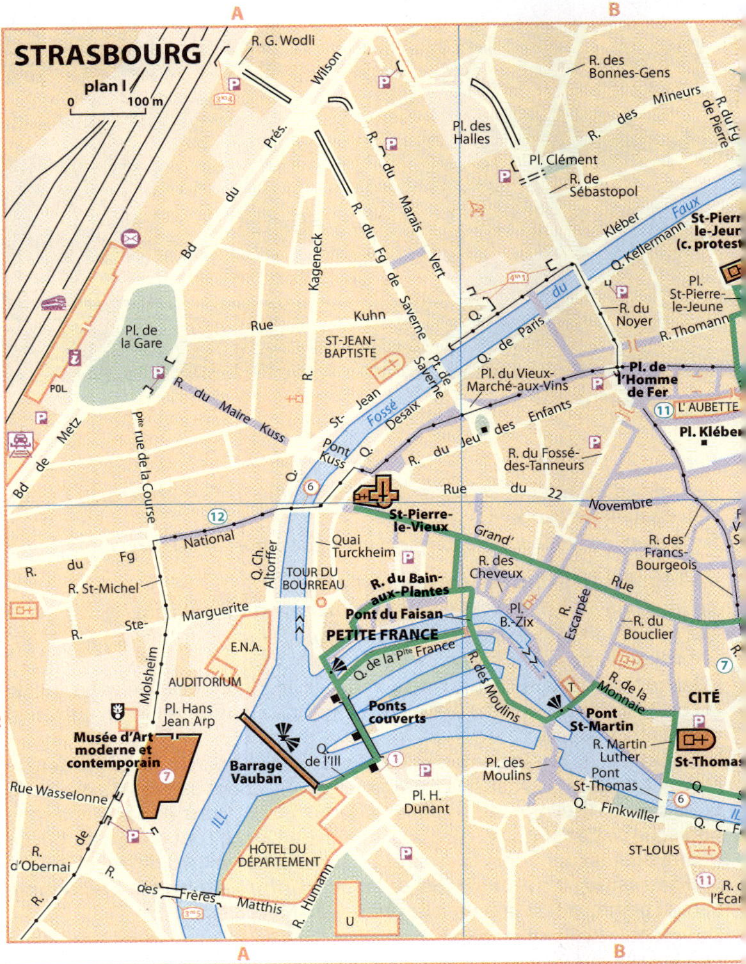

SE LOGER

Cardinal de Rohan (Hôtel) 2
Couvent du Franciscain (Hôtel) 4
Dragon (Hôtel Du) 6
EtC Hôtel 7
Gutenberg (Hôtel) 8
Ill (Hôtel de L') 10
Kléber (Hôtel Le) 11
Pax (Hôtel) 12
Trois Roses (Hôtel Aux) 16

SE RESTAURER

Ami Schutz (L') 1
Ancienne Douane (L') 3
Armes de Strasbourg (Aux) 5
Art Café 7
Choucrouterie (La) 1
Clou (Le) 13
Épicerie (L') 1
Flam's 1
Petit Ours 2

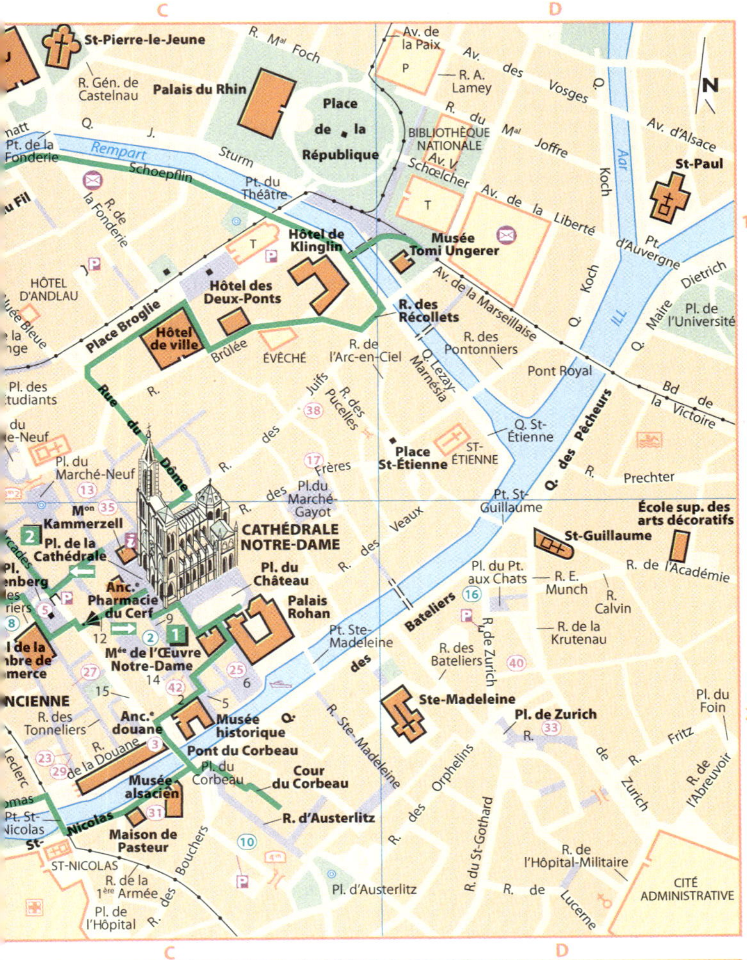

INDEX DES RUES

1

On redescend au 1er étage par le bel escalier à vis de 1580.

Dans l'aile **Renaissance**, salle consacrée à Hans Baldung Grien (1484-1545) : élève de Dürer, ce peintre et dessinateur est le principal représentant de la Renaissance à Strasbourg.

L'aile est présente du mobilier alsacien et rhénan et la sculpture des 16e et 17e s. ; collection de natures mortes du 17e s., de Sébastien Stoskopff (1597-1657) en particulier ; miniatures, intérieurs et costumes strasbourgeois du 17e s., verreries.

En sortant du musée, prendre la rue de Rohan puis, à droite, la petite rue des Cordiers conduisant à la charmante **place du Marché-aux-Cochons-de-Lait★** bordée de maisons anciennes, la plus intéressante étant une maison du 16e s., à galeries de bois.

Tournez à gauche dans la rue du Vieux-Marché-aux-Poissons.

Au n° 2 de la rue du Vieux-Marché-aux-Poissons, on aperçoit la maison natale du sculpteur Jean Arp. Au n° 4, l'**ancienne douane**, édifice reconstruit en 1965, était autrefois l'entrepôt de commerce fluvial de la ville. Elle abrite des expositions temporaires.

Depuis la place du Vieux-Marché-aux-Poissons, vous avez une belle vue sur le pont du Corbeau.

Revenez sur vos pas pour rejoindre la place de la Grande-Boucherie.

★★ Musée historique C2

3 pl. de la Grande-Boucherie - ✆ 03 88 52 50 00 - www.musee-strasbourg.org - tlj sf lun. 12h-18h, w.-end 10h-18h - fermé 1er janv., Vend. saint, 1er mai, 1er et 11 Nov., 25 déc. - 6 € (-18 ans gratuit), gratuit 1er dim. du mois.

Après plus de vingt ans de travaux, d'enrichissement du fonds et de restauration des collections, le Musée historique, installé dans les bâtiments de l'ancienne Grande Boucherie (1586), poursuit sa métamorphose. Une muséographie d'avant-garde guide le visiteur à travers trois époques importantes dans l'histoire de la ville. Faites tout d'abord connaissance avec la **ville libre du Saint Empire romain germanique** (1262-1681) grâce aux objets trouvés lors des fouilles archéologiques (monnaie, étoffes, partie d'enceinte). Les armes et armures permettront de comprendre le rôle des corporations et de l'armée ; quant à Gutenberg et sa fameuse invention, ils n'auront plus de secret pour vous ! Autre élément important de l'histoire de Strasbourg : son rôle dans la Réforme. La visite se poursuit avec la **ville royale et révolutionnaire** (1681-1800), notamment le rattachement de Strasbourg à la France, le 30 septembre 1681. Les garnisons royales font alors vivre l'ancienne ville libre selon la mode parisienne : profitez-en pour essayer un chapeau ou un corset ! Pièce maîtresse du musée, le **plan relief★** de Strasbourg réalisé par Ladevèze en 1727 permet de voir la ville et ses fortifications. On trouvera aussi dans cette partie une évocation de *la Marseillaise* créée à Strasbourg ainsi que le grand bonnet phrygien en tôle qui ornait la permanence du club des Jacobins de Strasbourg. La dernière partie *(en cours d'aménagement)* concerne la **naissance d'une métropole** (19e et 20e s.).

Les enfants comprendront, en essayant un casque ou en dessinant un blason imaginaire, que l'histoire est au cœur du présent.

Descendez la rue du Vieux-Marché-aux-Poissons.

Pont du Corbeau C2

De cet ancien pont des Supplices, on plongeait dans la rivière, jusqu'à ce que mort s'ensuive, les infanticides et les parricides dans des sacs cousus.

Traversez le pont.

LA MARSEILLAISE EST STRASBOURGEOISE

Le 24 avril 1792, Frédéric de Dietrich, premier maire constitutionnel de Strasbourg, offre un dîner d'adieux aux volontaires de l'armée du Rhin. La France a déclaré la guerre à l'Autriche et les troupes doivent être entraînées par un chant digne de leur enthousiasme. « Voyons, Rouget, vous qui êtes poète et musicien, faites-nous donc quelque chose qui mérite d'être chanté », dit Dietrich. Le *Chant de guerre pour l'armée du Rhin*, repris par les soldats républicains marseillais entrant à Paris lors de l'insurrection des Tuileries, devint alors *La Marseillaise*.

★ Cour du Corbeau C2

Entrée par le 1 quai des Bateliers.

Restaurée, cette cour présente un exceptionnel exemple d'architecture à pans de bois du 16e s., véritable dédale de galeries et de coursives. L'ancienne auberge, qui, jusqu'au 19e s., vit défiler le maréchal de Turenne, le duc de Bavière et un roi de Pologne, est aujourd'hui un hôtel de luxe.

Quai St-Nicolas C2

Agrémenté de belles maisons anciennes dont trois ont été transformées en musée. Pasteur habita au n° 18.

★★ Musée alsacien C2

23-25 quai St-Nicolas - ✆ 03 88 52 50 01 - www.musees-strasbourg.org - tlj sf mar. 12h-18h, w.-end 10h-18h - fermé 1er janv., Vend. saint, 1er mai, 1er et 11 Nov., 25 déc. - 6 € (-18 ans gratuit), gratuit 1er dim. du mois.

Ce musée d'art populaire est installé dans trois incroyables maisons des 16e et 17e s. qui valent à elles seules le déplacement. Il raconte le passé et les traditions de l'Alsace. Empruntant le dédale des escaliers et galeries de bois des cours intérieures, le parcours permet de découvrir une multitude de petites salles au cachet alsacien. On y admire des collections de costumes, d'imagerie, de jouets anciens, de masques « cracheurs » de farine provenant des moulins, mais surtout des reconstitutions d'intérieurs anciens, tels que le laboratoire de l'apothicaire alchimiste et des chambres à boiseries, avec leurs lits clos, leurs meubles en bois peint, leurs coffrets de courtoisie et des poêles monumentaux. Musée typique où l'atmosphère est chaleureuse, à l'image de la « stub », pièce commune fort bien reconstituée en fin de parcours.

Traversez le pont St-Nicolas et suivez le quai St-Thomas. Prenez à droite la rue Martin-Luther.

Église St-Thomas B2

✆ 03 88 32 14 46 - mars-nov. : 10h-18h, dim. et j. fériés 12h-18h ; déc.-fév. : 10h-17h, dim. et j. fériés 12h-17h - fermé janv.

Cette église à cinq nefs, reconstruite à la fin du 12e s., est devenue église luthérienne en 1529 puis cathédrale protestante. On peut y voir une copie du clavier de l'orgue Sielbermann sur lequel jouèrent Mozart puis Albert Schweitzer. L'édifice est surtout célèbre pour son **mausolée du maréchal de Saxe★★**, l'une des œuvres maîtresses de Pigalle (18e s.). Sur le mausolée, la France en larmes, tenant le maréchal par la main, s'efforce d'écarter la Mort. La Force, symbolisée par Hercule, s'abandonne à sa douleur, tandis que l'Amour pleure, éteignant son flambeau. À gauche, un lion (la Hollande), un léopard (l'Angleterre) et un aigle (l'Autriche) sont rejetés, vaincus, sur des drapeaux froissés.

À gauche, par la rue de la Monnaie, gagnez le pont St-Martin.

1

Pont St-Martin B2

La **vue★** du pont donne sur le quartier des tanneurs. La rivière se divise à cet endroit en quatre bras (on voit encore des moulins à eau, des barrages et des écluses).

Prenez la rue des Moulins puis suivez le contour de l'île vers les ponts couverts.

★★ La Petite France A2

Ce quartier était autrefois le coin des pêcheurs, des tanneurs et des meuniers. Il doit son nom à l'hôpital qui y fut installé au 16e s. pour les soldats de François Ier, dont beaucoup étaient atteints de la syphilis, ou « mal français », comme aimaient à ironiser les Allemands de l'époque. C'est un des lieux les plus curieux et les mieux conservés du vieux Strasbourg. Le quai longe le canal de navigation et offre un **coup d'œil★** romantique sur les façades des vieilles maisons médiévales qui se reflètent dans l'eau. Une des façons les plus agréables de découvrir la Petite France est de faire une croisière sur l'Ill et d'admirer les jeux de lumière sur les belles maisons qui bordent la rivière.

★ Ponts couverts A2

C'est une enfilade de trois ponts enjambant les bras de l'Ill, gardés chacun par une tour carrée et massive, reste des anciens remparts du 14e s., et autrefois reliés par des ponts de bois couverts.

Entre le premier pont à gauche et la première tour, tour du Bourreau, prenez à droite le quai de l'Ill, seul accès pour monter à la terrasse du barrage Vauban.

Barrage Vauban A2

60 marches. ✆ 03 88 60 90 90.

De la terrasse panoramique *(table d'orientation ; longue-vue)* aménagée sur toute la longueur du pont-casemate, dit « barrage Vauban » (reste de l'enceinte de Vauban), récemment restauré, impressionnant **panorama★★** sur les ponts couverts et leurs quatre tours au premier plan, le quartier de la Petite France et ses canaux en arrière, la cathédrale à droite.

Par le passage, au rez-de-chaussée du barrage Vauban, on peut gagner le musée d'Art moderne et contemporain *(voir p. 100)*.

Traversez à nouveau les ponts couverts et prenez la rue Adolphe-Seyboth pour rejoindre la rue du Bains-aux-Plantes.

★★ Rue du Bain-aux-Plantes A2

Elle est bordée de vieilles maisons de la Renaissance alsacienne (16e-17e s.), à encorbellement, pans de bois, galeries et pignons.

Soyez attentifs aux nos 25, 27 et 31 (1651), et à l'étroitesse du no 33 (à l'angle de la rue du Fossé-des-Tanneurs et de la rue des Cheveux). Continuez jusqu'à la maison des Tanneurs (Gerwerstub), de 1572, au n° 42, au bord du canal.

Rejoignez la Grand'Rue par la rue du Fossé-des-Tanneurs et tournez à gauche pour rejoindre St-Pierre-le-Vieux.

Église St-Pierre-le-Vieux A1

Deux églises sont ici juxtaposées, l'une catholique, l'autre protestante. Dans le transept gauche de l'église catholique (reconstruite en 1866), panneaux en bois sculpté (16e s.), œuvre de Veit Wagner, montrant des scènes de la vie de saint Pierre et de saint Valère. Au fond du chœur, **scènes★** de la Passion (fin 15e-début 16e s.) attribuées au peintre strasbourgeois Henri Lutzelmann. Dans le bras droit du transept, **panneaux peints★** de l'école de Schongauer (15e s.) sur le thème de la Résurrection et des apparitions du Christ.

Le quartier de la Petite France.
J. Fuste/Prima/age fotostock

Reprenez la Grand'Rue bordée de maisons du 16e au 18e s. ; elle se prolonge par la rue Gutenberg, qui conduit à la place du même nom. La rue Mercière ramène à la place de la Cathédrale.

LA CITÉ ANCIENNE PAR LA PLACE BROGLIE Plan I

Pour visualiser ce circuit, au départ de la place de la Cathédrale, reportez-vous au plan I p. 90-91 (circuit 2). Comptez 1h30.
Du parvis de la cathédrale, remontez la rue Mercière et tournez à droite.

Place Gutenberg C2

Gutenberg a séjourné à Strasbourg de 1434 à 1444. La statue du centre de la place par David d'Angers le représente tenant un feuillet qu'il vient d'imprimer avec ces mots de la Genèse : « Et la lumière fut. » Dos à la statue de Gutenberg, la chambre de commerce et d'industrie ; ce bâtiment Renaissance logeait les conseils de la ville libre jusqu'à la Révolution.

Rejoignez la rue des Grandes-Arcades, commerçante, pour atteindre la place Kléber.

Place Kléber B1

Elle est bordée au nord par « l'Aubette », bâtiment du 18e s. ainsi nommé parce que, à l'aube, les corps de la garnison venaient y chercher les ordres.

FOIE GRAS À L'ALSACIENNE

Le maréchal de Contades, gouverneur militaire de l'Alsace installé à Strasbourg depuis 1762, souhaita un jour régaler ses hôtes de marque avec un mets hors du commun. Il en fit la commande à son jeune cuisinier, Jean-Pierre Clause, qui eut l'idée d'entourer des foies entiers d'oies alsaciennes d'une farce de veau et de lard finement hachés, puis d'enfermer le tout dans une croûte de pâte qu'il laissa cuire et dorer à feu doux. Adopté par Louis XVI à Versailles, le foie gras devint ainsi une nourriture royale et un produit de luxe.

Au centre de la place trône la statue de Kléber, glorieux enfant de la cité. Le socle de la statue, illustré de deux bas-reliefs qui représentent ses victoires d'Altenkirchen et d'Héliopolis, énumère ses titres de gloire.
Continuez dans la rue des Grandes-Arcades et tournez à gauche dans la rue de la Haute-Montée. Au n° 4, la *kleine Metzig* (la petite boucherie), curieux bâtiment néogothique.
Revenez dans la rue des Grandes-Arcades et prenez la petite rue de l'Église.

Église St-Pierre-le-Jeune B1

03 88 32 41 61 - www.saintpierrelejeune.org - ♿ - avr.-oct. : lun. 13h-18h, mar.-sam. 10h30-18h, dim. 14h30-18h ; du 2 au 23 déc. : lun.-sam. 10h-19h, dim. 12h-19h - possibilité de visite guidée (1h) sur demande préalable (2 sem. à l'avance) - fermé 1er janv., 11 Nov., 25 déc. - gratuit.
Trois églises furent construites au même endroit. De celle du 7e s., il reste un caveau avec cinq niches funéraires attribué à la fin de l'époque romaine (4e s.), et de l'église de 1031 un très joli petit **cloître★**, auquel la restauration achevée en 2005 a rendu tout son éclat. Servant au culte protestant, l'église actuelle date de la fin du 13e s. À l'intérieur, un beau **jubé** gothique, orné de peintures de 1620 représentant les quatre évangélistes, côtoie un orgue Silbermann de 1780. Au fond de la nef, la fresque représente la tempête apaisée sur le lac de Tibériade.
Prenez la rue de la Nuée-Bleue.
Remarquez au n° 25 l'hôtel d'Andlau, de 1732.
Prenez le quai Schœpfin pour descendre l'Ill. Longez le quai jusqu'à la rue des Récollets. Ou, si vous préférez, traversez l'Ill et longez le fleuve sur les quais aménagés.
Vous avez vue successivement sur le palais de justice et St-Pierre-le-Jeune en grès rose, puis sur la place de la République.
Tournez à droite dans la rue des Récollets puis rue Brûlée.
Ce quartier avoisinant la place Broglie était habité par la haute noblesse et la grande bourgeoisie. On peut y admirer plusieurs hôtels du 18e s.
Au n° 19, remarquez le portail de l'hôtel de Klinglin et au n° 16 l'archevêché, puis au n° 13, l'ancien **hôtel des Deux-Ponts** (C1) (1754).
Prenez à droite la rue de la Comédie.

Place Broglie C1

Cette place rectangulaire plantée d'arbres a été ouverte au 18e s. par le maréchal de Broglie, gouverneur d'Alsace. Au fond, le théâtre municipal est orné de colonnes et de muses sculptées par Ohmacht (1820). À gauche se dresse l'**hôtel de ville★** (C1) du 18e s., élevé par Massol, ancien hôtel des comtes de Hanau-Lichtenberg, puis des landgraves de Hesse-Darmstadt. Le quai est bordé par la **façade** de la résidence du préfet (1736), ancien **hôtel de Klinglin** (« prêteur royal »), dont vous venez de voir le portail dans la rue Brûlée.
Traversez la rivière par la passerelle face à l'hôtel de Klinglin puis prenez à droite dans l'avenue de la Marseillaise.

★ Musée Tomi Ungerer - Centre international de l'illustration D1

2 av. de la Marseillaise - 03 69 06 37 27 - www.musee-strasbourg.org - tlj sf mar. 12h-18h, w.-end 10h-18h - possibilité de visite guidée (1h30) sur demande préalable - 6 € (-25 ans 3 €).
Le dessinateur Tomi Ungerer a fait don d'une partie de son œuvre à sa ville natale : une collection de 11 000 dessins, 160 sculptures et 6 000 jouets (ces derniers sont en majorité conservés au musée des Arts décoratifs) ! Installé dans une belle maison, le musée présente les différentes facettes du personnage :

dessinateur à l'humour noir, auteur d'affiches publicitaires, illustrateur de livres pour enfants ou créateur débridé d'œuvres érotiques, rien ne semble l'effrayer! L'exposition de dessins, estampes et affiches publicitaires est renouvelée environ tous les quatre mois, tandis qu'un large fonds documentaire (jouets, archives, photographies, articles de presse) se trouve à disposition du public. *Revenez sur vos pas, traversez la place Broglie dans sa longueur et rejoignez la cathédrale par la rue du Dôme.*

QUARTIER ALLEMAND

Nous sommes en 1871 ; l'Alsace et la Moselle annexées, les Allemands décident de faire de Strasbourg la capitale du Reichsland. Ils élèvent alors un grand nombre d'édifices publics aux proportions monumentales, où se côtoient les styles néo-gothique, néo-Renaissance et néo-baroque avec quelques immeubles Jungendstil aux proportions plus harmonieuses. Tout un ensemble, au nord-est de la ville ancienne, englobant l'université et l'Orangerie, a été construit dans l'intention d'y déplacer le centre de la ville. Ces quartiers aux larges artères, comme les avenues des Vosges, d'Alsace et de la Forêt- Noire, restent un exemple rare d'architecture prussienne, leurs équivalents allemands ayant souffert des bombardements de la Seconde Guerre mondiale. Les deux grands conflits du 20e s. ballotteront la ville-frontière entre les deux nationalités : à nouveau française en 1918, Strasbourg, comme toutes les autres villes d'Alsace et de Moselle, connaît une nouvelle parenthèse allemande entre 1940 et 1944. La ville sera libérée par le général Leclerc le 23 nov. 1944.

1

Place de la République Plan I C1

Lien entre la vieille ville et la *Neustadt*, l'ancienne place impériale est un vaste carré dont la partie centrale a été aménagée en jardin circulaire, planté d'arbres, au centre duquel s'élève le monument aux morts sculpté par Drivier (1936). À gauche, le **palais du Rhin** (C1), ancien palais impérial (1883 à 1888) ; à droite, le Théâtre national, occupant l'ancien palais du Landtag d'Alsace-Lorraine, et la Bibliothèque nationale.

Maison égyptienne

10 r. du Gén.-Rapp. La façade de cette maison de 1905 mêle Art nouveau et orientalisme.

Parc des Contades Plan II E2

Ce parc, au nord de la place de la République, porte le nom du maréchal gouverneur de l'Alsace qui le fit réaliser. En bordure du parc s'élève la synagogue de la Paix, construite en 1955 pour remplacer l'ancienne détruite en 1940.

Maison de la télévision France 3-Alsace Plan II E-F2

Place de Bordeaux. Construite en 1961, elle porte sur sa façade concave une monumentale composition sur céramique de Lurçat, symbolisant la création du monde.

Église réformée St-Paul Plan I D1

Place du Gén.-Eisenhower. Figure de proue au confluent de l'Ill et de l'Aar, cette église de garnison érigée entre 1892 et 1897 arbore fièrement ses deux tours jumelles de style néogothique (76 m). En entrant, on est aussitôt frappé par la belle galerie de grès en arc de cercle qui décore le fond du chœur.

Université

Prestigieuse vitrine de la culture allemande à l'époque du Reichsland, le **palais universitaire** fut inauguré en 1884. Le rayonnement de l'université de Strasbourg attire alors d'éminents professeurs dans les facultés de philosophie, de sciences ou de médecine. L'université Louis-Pasteur regroupe aujourd'hui plusieurs musées, dont un riche Musée zoologique *(voir p. 102)*, un musée de Minéralogie et un musée de Sismologie et de Magnétisme terrestre.

Pour découvrir l'astronomie, le **planétarium** de Strasbourg, attenant à l'université, propose différentes projections pour enfants ou pour adultes, ainsi qu'une visite guidée de la coupole de l'observatoire. L'exposition interactive de la « Crypte aux étoiles » termine la visite. *03 68 85 24 50 - http://jardin-sciences.unistra.fr/planetarium - réserv. recommandée - juil.-août : 10h-12h15, 14h-18h, dim. 14h-18h : vac. scol. (zone B) : 10h-12h15, 14h-18h, dim. 14h-18h ; reste de l'année : 9h-12h, 14h-17h, merc. 14h-17h, dim. 14h-18h - fermé sam. et j. fériés - 7,50 € (-16 ans 4,20 €), gratuit Journées du patrimoine.*

Jardin botanique Plan II F2

03 68 85 18 65 - http://jardin-botanique.u-strasbg.fr - jardin botanique : mai-août : 14h-19h ; mars-avr. et sept.-oct. : 14h-18h ; nov.-mi-déc. : 14h-16h - fermé de mi-déc. au 28 fév., 1er mai, 1er et 11 Nov. - gratuit.

Ce jardin, qui rassemble plus de 6 000 plantes, est une des richesses dont fut dotée l'université impériale. La serre de Bary, du nom du professeur qui constitua la collection, est d'époque. Elle abrite de remarquables nénuphars géants. à côté, une parcelle présente différentes plantes utiles à l'homme. Parmi les arbres de l'arboretum, cherchez le séquoia géant ou le faux-noyer du Caucase, le plus gros du jardin (5,40 m de circonférence).

Parc de la Citadelle F2

à la lisière du quartier allemand, ce parc entoure les vestiges des fortifications Vauban que Louis XIV ordonna de construire en 1681, aussitôt après la capitulation de Strasbourg et son rattachement à la France.

LA CAPITALE DE l'EUROPE Plan II

★ Palais de l'Europe F1-2

Quittez le centre-ville par le quai des Pêcheurs. Entrée allée Spach. Entrée Palais de l'Europe, av. de l'Europe - 03 88 41 20 29 - www.coe.int - ♿ - sur demande préalable au Conseil de l'Europe - service des visites - 67075 Strasbourg Cedex - fermé w.-end et j. fériés - gratuit.

Siège du Conseil de l'Europe, le palais de l'Europe abrite le Comité des ministres, l'Assemblée parlementaire et le Secrétariat général. Les bâtiments sont l'œuvre de l'architecte français Henri Bernard. À l'intérieur, le palais, qui comprend notamment 1 350 bureaux, possède l'hémicycle le plus vaste d'Europe.

★ Parc de l'Orangerie F2

En face du palais de l'Europe, le parc de l'**Orangerie** est le plus vaste de la ville. Dessiné par Le Nôtre en 1692, il a été aménagé en 1804 en vue du séjour de l'impératrice Joséphine. Le pavillon Joséphine (1805), incendié en 1968 et reconstruit, sert aux expositions temporaires, aux représentations théâtrales et aux concerts.

Dans le parc, un mini-zoo fait cohabiter les fameuses cigognes locales avec quelques animaux plus exotiques (singes, aras, perruches, grand tétras, flamants du Chili). Les enfants apprécieront également le lac, la petite cascade et les aires de jeux.

Palais des Droits de l'homme F1

Au bord de l'Ill, conçu dans un style futuriste par l'architecte Richard Rogers, le nouveau palais des Droits de l'homme abrite la Cour européenne des droits de l'homme, relevant du Conseil de l'Europe. Imposants, les bâtiments, avec au centre la tour de l'hémicycle, épousent la courbe de l'Ill. La Cour européenne des droits de l'homme, désormais unique, y siège de façon permanente. On aperçoit, en face, le **Parlement européen**.

LE PORT AUTONOME ET LE RHIN Plan II

Circuit de 25 km. Comptez environ 1h30.

Situé à l'un des principaux points de jonction des voies de communication qui unissent les diverses parties de l'Europe, le port de Strasbourg se classe parmi les premiers ports rhénans. Il constitue pour la région de l'Est l'équivalent d'un grand port maritime grâce aux qualités de navigabilité exceptionnelles du Rhin (aujourd'hui canalisé entre Bâle et Iffezheim), comparable à un bras de mer international de 800 km de longueur.

Suivez la route du Rhin (D 1004) au sud, au départ du pont d'Austerlitz. Peu avant le pont Vauban, empruntez à droite la rue du Havre, parallèle au bassin René-Graff.

Cette promenade offre les points de vue les plus intéressants sur les installations portuaires et le Rhin. Dans son prolongement, la rue de La Rochelle conduit à la zone sud, partie la plus moderne du port, avec les trois bassins Auguste-Detœuf (centre céréalier), Gaston-Haelling, Adrien-Weirich (conteneurs et colis lourds) et la darse IV. Entre ces deux derniers bassins est implanté le centre Eurofret-Strasbourg *(accès par les rues de Rheinfeld et de Bayonne).*

Rebroussez chemin par la rue de La Rochelle et la rue du Havre. À l'extrémité de cette dernière, bifurquez à droite et traversez le pont Vauban, qui franchit le bassin Vauban. L'avenue du Pont-de-l'Europe conduit au bord du Rhin.

Le fleuve, large à cet endroit de 250 m, est enjambé par le **pont de l'Europe** (F2) (1960), constitué par deux arcs métalliques, qui relie Strasbourg à Kehl en Allemagne. Il remplace le fameux pont métallique dit « de Kehl » (1861) détruit pendant la Seconde Guerre mondiale.

Jardin des Deux Rives F2

À droite du pont de l'Europe, ce jardin transfrontalier doit son unité à l'élégante passerelle à haubans, conçue par l'architecte Marc Mimram, qui permet aux piétons et aux cyclistes de traverser le Rhin. Côté français, les vastes pelouses, parsemées de massifs de fleurs, sont entourées d'un imposant mur d'eau.

Revenez à l'avenue du Pont-de-l'Europe et obliquez sur la droite pour prendre la rue Coulaux, puis la rue du Port-du-Rhin (vue sur le bassin du Commerce).

Du **pont d'Anvers** (F2), on voit sur la gauche, l'entrée du grand Vauban et le bassin Dusuzeau (gare fluviale) ; sur la droite, le bassin des Remparts.

Franchissez le pont et tournez à droite dans la rue du Gén.-Picquart, qui longe le bassin des Remparts, où est amarré le Naviscope.

Naviscope F2

18 r. du Gén.-Picquart - Bassin des Remparts - ☎ 03 88 60 22 23 - uniquement sur rdv - 4 €.

L'ancien pousseur de Strasbourg a été transformé en **musée du Rhin et de la Navigation**. Salle des machines, exposition de maquettes, timonerie, etc.

Prenez ensuite la rue Boussingault pour passer le pont sur le canal de la Marne au Rhin. Suivez à droite le quai Jacoutot longeant le canal.

Du **pont Jean-Millot** (F2), à l'entrée du bassin Albert-Auberger, la vue embrasse le Rhin à gauche et l'entrée nord du port. Dans l'avant-port nord débouchent le canal de la Marne au Rhin, les bassins Louis-Armand, du Commerce et de l'Industrie.

À voir aussi Plans de ville

★★ Musée d'Art moderne et contemporain Plan I A2

1 pl. Jean-Hans-Arp - ✆ 03 88 23 31 31 - www.musees.strasbourg.eu - ♿ - mar.-vend. 10h-18h - possibilité de visite guidée (1h) - fermé lun., 1er janv., 1er mai, 1er et 11 Nov., 25 déc. - 7 € (-18 ans gratuit).

Élevé au bord de l'Ill, ce bâtiment a été réalisé par Adrien Fainsilber. Une nef centrale vitrée dessert les salles d'exposition, panorama de l'art moderne et contemporain.

Au rez-de-chaussée, les œuvres exposées illustrent la diversité des langages picturaux qui, des peintures du maître de l'académisme William Bouguereau *(La Vierge consolatrice)* aux œuvres abstraites de Kandinsky, Poliakoff ou Magnelli, ont marqué l'histoire de l'**art moderne des années 1850 aux années 1950**. Des impressionnistes (Renoir, Sisley, Monet), des toiles de Signac, quelques nabis (Gauguin, Vuillard, Maurice Denis). L'art au tournant du 20e s. est représenté par un groupe d'œuvres symbolistes.

Le bureau dessiné par Arp, le tapis de Sophie Taeuber côtoient des pièces liées au Bauhaus, au mouvement De Stijl et à l'esprit moderne. Plusieurs salles sont consacrées à Arp et à sa femme Sophie Taeuber-Arp (auteurs avec Theo Van Doesburg d'un ensemble de vitraux), qui font revivre les décors intérieurs « constructivistes » (1926-1928) de l'Aubette, bâtiment du 18e s. situé place Kléber. Une salle est entièrement réservée à l'œuvre sculptée de Jean Arp.

Liés au fauvisme ou à l'expressionnisme, des artistes comme Marinot, Dufy, Vlaminck ou Campendonk font exploser la couleur pure et violente. À l'opposé, la *Nature morte* (1911) de Georges Braque est une œuvre type du cubisme. En réaction à la Première Guerre mondiale, le mouvement dada élabore des œuvres dérisoires, voire absurdes (Janco, Schwitters). À leur suite, les surréalistes, avec Victor Brauner, Max Ernst et Arp, cherchent à introduire l'onirisme dans leurs œuvres.

Le mobilier et les grandes compositions en marqueterie de Charles Spindler, les sculptures de Carabin, Ringel d'Illzach et Bugatti et des vitraux réalisés au début du 20e s. à Strasbourg témoignent du renouvellement de l'art et des arts décoratifs en Alsace autour de 1900.

La salle Doré a été spécialement conçue pour présenter l'immense toile peinte par l'illustrateur Gustave Doré en 1869, *Le Christ quittant le prétoire*. Un balcon situé à l'entrée du restaurant permet d'avoir une vue plongeante sur cette salle.

Le 1er étage est consacré à l'**art moderne des années 1950 à nos jours**. Dans la première salle, les œuvres de Picasso, Richier, Pinot-Gallizio, Kudo et Baselitz reflètent les incertitudes du temps. La salle suivante évoque le mouvement Fluxus avec Filliou, Brecht, et l'arte povera avec des œuvres de Kounellis, Penone, Merz, qui cherchent à dévoiler l'énergie des objets les plus simples. Puis ce sont les années 1960-1970 avec les expérimentations de Buren, Parmentier, Toroni, Rutault, Morellet, Lavier. Toni Grand, Miroslav Balka, Christian Boltanski, Philippe Ramette, Maurice Blaussyld, Javier Pérez représentent les années 1980-1990. On découvre également les installations de Collin-Thiébaut *(Un musée clandestin à Strasbourg)* et de Sarkis *(Ma chambre de la Krutenau en satellite)*, artistes ayant vécu ou travaillé à Strasbourg.

★ Le Vaisseau Plan II F2

1bis r. Philippe-Dollinger - ✆ 03 88 44 65 65 - www.levaisseau.com - ♿ - 10h-18h (dernière entrée 1h av. la fermeture) - fermé lun., 3 premières sem. de sept., 1er janv., 1er mai, 25 déc. - 8 € (3-18 ans 7 €) ; billet combiné avec Batorama (10,50 €). 1/2 journée de visite. Parcours dans le noir et studio de télévision ne sont accessibles que les merc., sam. et dim. et pdt les vac. scol. ; il est nécessaire de s'y inscrire à l'avance. Entièrement accessible aux personnes handicapées. Journal de bord téléchargeable sur Internet.

L'exposition du Vaisseau s'adresse aux enfants de 3 à 15 ans. Elle s'articule autour de quatre thèmes : « Le monde et moi », « Découvrir les animaux », « Je fabrique » et « Les secrets de l'image ». Selon leur âge, les enfants ont ainsi la possibilité de jouer au bébé kangourou, de parcourir une pièce dans le noir le plus complet, d'observer une fourmilière, de travailler dans un mini chantier ou même de participer à la réalisation d'un journal télévisé. Dans le jardin, différents parcours (scientifique, sensoriel, nature) enseignent les rudiments de la météo, de l'optique ou du jardinage. La maison de la nature et la reconstitution de milieux naturels permettent de découvrir la faune et la flore régionales. Une salle est spécialement destinée aux pique-niques tirés du sac ; une cafétéria propose également des sandwichs, les plus diététiques possible, avec des ingrédients originaux.

SE LOGER

Maison du Charron (Chambre d'hôte La)..... 1
Princes (Hôtel des)..... 3

SE RESTAURER

Buerehiesel..... 1
Vignette (La)..... 3

Musée zoologique de l'université et de la ville Plan II F2

29 bd Victoire - ☎ 03 68 85 04 85 - www.musees-strasbourg.org - ♿ - tlj sf mar. 12h-18h, w.-end 10h-18h - fermé 1er janv., Vend. saint, 1er mai, 1er et 11 Nov., 25 déc. - 6 € (-18 ans gratuit), gratuit 1er dim. du mois.

Installé sur deux étages, ce musée un brin académique présente une très riche collection d'animaux naturalisés des quatre coins du globe : lion de la savane, pingouins des régions arctiques, petits rongeurs de nos campagnes. Quelques vitrines attirent l'attention sur les espèces protégées et sur celles qui ont déjà disparu d'Alsace (ours, lynx, cigogne noire) ou du monde (grand pingouin). Les animaux sous-marins sont également représentés, monstrueux ou fascinants. Au 2e étage, impressionnante collection d'oiseaux, reconstitution du cabinet de sciences naturelles de Jean Hermann, fondateur du musée. Collection d'insectes.

Église protestante St-Guillaume Plan I D2

Sa construction s'échelonna de 1300 à 1307. De beaux vitraux (1465) dus à Pierre d'Andlau éclairent la nef. Mais c'est le tombeau double (14e s.) à étage des frères de Werd qui fait la curiosité de l'église : sur la dalle inférieure, Philippe en habit de chanoine ; au-dessus, sur deux lions, comme suspendu, Ulrich en habit de chevalier.

Hospices de Strasbourg Plan I C2

1 pl. de l'Hôpital - ☎ 03 88 11 64 27 - visite guidée sur demande à Philippe Junger, responsable de la Cave historique.

L'Hôpital civil de Strasbourg en impose. Long de 145 m, il a été construit en 1721 au milieu d'autres bâtiments plus anciens, comme la pharmacie, épargnée par un incendie. Son toit orné de quatre rangées de lucarnes est agrémenté d'un clocheton. À l'intérieur, de beaux escaliers baroques donnent du caractère à ces hospices. Témoin de la place du vin dans l'histoire hospitalière, les caves revivent aujourd'hui sous l'impulsion de viticulteurs alsaciens de renom.

À proximité Plan de ville II

Musée « Les Secrets du Chocolat » E3

ZI de Geispolsheim, parc de la Porte Sud, rue du Pont-du-Péage. Depuis Strasbourg, A 35 direction Colmar, sortie n° 7 (Illkirch-Graffenstaden), puis D 222 en direction d'Illkirch. Au carrefour à gauche, vers Illkirch, puis de nouveau à gauche au rond-point.

R. du Pont-de-Péage - 67118 Geispolsheim - ☎ 03 88 55 04 90 - www.musee-du-chocolat.com - ♿ - tlj sf lun. 9h-18h, dim. et j. fériés 14h-18h ; janv. : merc.-vend. 14h-17h, w.-end 14h-18h - fermé 1er janv., 2 avr., lun. de Pâques, lun. de Pentecôte, 1er nov., 25 et 26 déc. - 8 € (5-15 ans 6,50 €).

Dans ce musée du chocolatier Marquise de Sévigné vous sont présentées l'histoire et la fabrication de la fameuse confiserie. Après un petit film sur l'ensemble du processus, le parcours vous transporte dans une ambiance précolombienne, pour évoquer le temps où le cacao constituait la boisson des dieux et où les fèves servaient de monnaie, avant de se répandre en Europe par l'intermédiaire des conquistadors. Dans un décor travaillé, panneaux interactifs, bornes expérimentales, bandes sonores et automates présentent ensuite les différentes étapes de la fabrication du chocolat, ainsi que d'anciens instruments de chocolatiers, puis l'histoire de la marque. En fin de visite, un chocolatier vous invite dans son atelier pour une démonstration

NOS ADRESSES À STRASBOURG

TRANSPORTS

Parkings relais-tram – Huit parkings permettent de laisser sa voiture en périphérie et de prendre le tram pour se rendre dans le centre-ville *(tarifs : 2,80 € sauf Rotonde 3,10 €, stationnement pour la journée, 1 ticket AR pour chaque occupant du véhicule, tlj sf dim. 7h-20h).*

En tram et en autobus – *CTS - ✆ 03 88 77 70 70 - www.cts-strasbourg.fr* - 4 lignes de tram desservent les principaux sites et lieux touristiques, culturels ou étudiants de Strasbourg et de ses environs. Lignes A, B et C : 4h30-0h30 ; ligne D : tlj sf dim. (sf vac. scol. d'été) 7h-19h.

VISITES

Visites audioguidées – Les visites audioguidées *(1h30)* de Strasbourg permettent de partir à la découverte de la ville à son rythme et en toute liberté tlj de l'année et à toute heure *- 5,50 € (caution de 100 €/ baladeur) - s'adresser à l'office de tourisme - 17 pl. de la Cathédrale.*

« Il était une fois la Ville » – Visite ludique avec jeux de piste : « Il était une fois la Ville » *- se rens. : ✆ 03 88 31 05 25.*

Mini-train – *✆ 03 88 77 70 03 - www.cts-strasbourg.fr - fermé 1er Mai - 5,30 € (-18 ans 2,80 €).* 21 mars-3 nov. : dép. pl. du Château, à côté de la cathédrale, ttes les 30mn ou ttes les h. selon la sais. Visite commentée en 8 langues *(40mn)* du Vieux Strasbourg, du barrage Vauban.

Strasbourg Pass – Proposés par l'office de tourisme, le « Strasbourg Pass » et le « Strasbourg-Pass Junior » (valables 3 jours) permettent de bénéficier d'entrées gratuites et à moitié prix pour les visites. En vente dans les bureaux d'accueil de l'office de tourisme (pl. de la Cathédrale et pl. de la Gare) - *11,90 € (junior 5,90 €).*

Vélocation – *Pl. de la Gare - ✆ 03 88 23 56 75 - 10 r. des Bouchers - ✆ 03 88 24 05 61 - www.velocation.net* - Location de vélos pour circuler dans Strasbourg, première ville de France pour son réseau cyclable (300 km).

Taxi 13 – Cette association propose, de jour comme de nuit, des circuits commentés par cassettes « audio » en plusieurs langues (4 passagers maxi). *Réservation 24h/24, ✆ 03 88 36 13 13.*

Promenades commentées en vedette sur l'Ill – Départ de l'embarcadère du palais Rohan : promenade dans la Petite France avec passage devant le barrage Vauban, puis sur le fossé du Faux-Rempart jusqu'au palais de l'Europe. *✆ 03 88 84 13 13 - ♿ - visite guidée (1h10) janv.-mars : 10h30-13h, 14h30-16h ; avr. : 9h30-21h, ttes les 1/2h ; mai-sept. : 9h30-22h, ttes les 1/2h ; oct. : 9h30-21h, ttes les 1/2h ; nov. : 10h30-13h, 14h30-16h ; déc. : 9h30-18h, ttes les 1/2h - 8,40 € (enf. 4,20 €).*

Promenades en bateau sur le Rhin, visite du port et Naviscope – Départ de l'embarcadère de la promenade Dauphine. *✆ 03 88 84 13 13 - www.batorama.fr - juil.-août : tlj sf w.-end, 14 Juil. et 15 août 14h30-17h, promenade commentée (2h) et visite accompagnée au musée de la Navigation (30mn) - 9,20 € (-18 ans 4,80 €).*

Promenades en avion – Abords de Strasbourg, survol des châteaux et plaine du Rhin. *Aéro-Club d'Alsace - aérodrome du*

1

Polygone - Strasbourg-Neudorf - ✆ 03 88 34 00 98 - www.aero-club-alsace.org - tlj 9h-12h, 14h-18h sur RV, durée 30mn - fermé 1er janv., 25 déc. - de 68 € (1 pers.) à 88 € (3 pers.) ; vols d'initiation avec instructeur 122 € (45mn) pour une pers.

Visite de la brasserie Kronenbourg – *68 rte d'Oberhausbergen - 67200 Strasbourg - ✆ 03 88 27 41 59 - www.brasseries-kronenbourg.com - ♿ - visite guidée (1h30) sur RV uniquement - 7 janv.-31 déc. : 10h-18h - fermé dim. (sf août et déc.), j. fériés, 26 déc. - 6 € (-18 ans 4,50 €), Journées du patrimoine gratuit.*

HÉBERGEMENT

Plan I p. 90-91 et plan II p. 101. Les sessions plénières du Parlement européen ont lieu chaque mois pendant une semaine. Les hôtels, même les moins chers, sont alors tous pris d'assaut par les parlementaires.

PREMIER PRIX

Chambre d'hôte La Maison du Charron hors plan (plan II E1 en direction) – *15 r. Principale - 67370 Pfettisheim - ✆ 03 88 69 60 35 - www.maisonducharron.com - ♿ - 🚭 - 5 ch. 50/62 € ☕.* Avec ses mains habiles et beaucoup de passion, le propriétaire a personnalisé chaque chambre, dans ces deux maisons de 1858, grâce à diverses essences de bois. Petit jardin, boxes à chevaux et deux gîtes disponibles.

BUDGET MOYEN

Hôtel de L'Ill plan I C2 – *8 r. des Bateliers - ✆ 03 88 36 20 01 - www.hotel-ill.com - fermé la 1re sem. de janv. - 27 ch. 70/89 € - ☕ 7,90 €.* Hôtel rénové où règne une ambiance familiale. Les chambres, de tailles variées, sont d'une propreté exemplaire. Salle des petits-déj. de style alsacien avec pendule à coucou. À deux pas, découvrez l'Ill à bord d'une vedette.

Hôtel Aux Trois Roses plan I D2 – *7 r. de Zurich - ✆ 03 88 36 56 95 - www.hotel3roses-strasbourg.com - 32 ch. 77/89 € - ☕ 9,40 €.* Couettes moelleuses et meubles en pin équipent chaleureusement les chambres calmes de cet élégant immeuble posé au bord de l'Ill. Espace de remise en forme, sauna, Jacuzzi.

Hôtel Le Kléber plan I B1 – *29 pl. Kléber - ✆ 03 88 32 09 53 - www.hotel-kleber.com - 37 ch. 85/100 € - ☕ 8,50 €.* Ce bel hôtel dispose de chambres confortables aux noms « sucrés ». Laissez-vous séduire : Macaron, Puits d'Amour, Amaretti, Mirabelle, Fraise, Cannelle, Caramel et Chocolat vous attendent.

Hôtel Cardinal de Rohan plan I C2 – *17 r. Maroquin - ✆ 03 88 32 85 11 - www.hotel-rohan.com - 37 ch. 75/275 € - ☕ 14 €.* Hôtel situé près de la cathédrale, en plein secteur piétonnier. Chambres bourgeoisement meublées (styles Louis XV, Louis XVI ou rustique). Beaux produits au petit-déjeuner.

Hôtel Couvent du Franciscain plan I B1 – *18 r. du Fg-de-Pierre - ✆ 03 88 32 93 93 - www.hotel-franciscain.com - ♿ - 43 ch. 78/90 € - ☕ 10 €.* Au fond d'une impasse, hôtel assurant un hébergement simple et confortable. Salon lumineux, petits-déjeuners dans un caveau aux faux airs de *winstub* (fresque amusante).

Hôtel Pax plan I A2 – *24 r. Fg-National - ✆ 03 88 32 14 54 - www.paxhotel.com - 90 ch. 75/95 € - ☕ 9 €.* L'hôtel longe une rue où ne circule que le tramway. Chambres en partie rénovées et bien tenues. Espaces communs égayés par des objets anciens évoquant la ferme.

Hôtel Gutenberg plan I C2 – *31 r. des Serruriers - ✆ 03 88 32 17 15 - www.hotel-gutenberg.com - 42 ch. 85/190 € - ☕ 11 €.* Bâtiment de 1745 logeant des chambres hétéroclites et plutôt spacieuses, originalement aménagées sous les combles. Salle des petits-déjeuners éclairée par une verrière.

EtC Hôtel plan I B2 – *7 r. de la Chaîne - ✆ 03 88 32 66 60 - www.etc-hotel.com - 35 ch. 65/97 € - ☕ 8,50 €.* Situé au calme, bien qu'en plein centre, entre la cathédrale et la Petite France, cet hôtel original de style contemporain propose des chambres sobres et spacieuses dont les décors déclinent quatre thèmes aux différents étages : Métal urbain, Terre et Brume, Ciel et Eau, Soleil et Feu.

POUR SE FAIRE PLAISIR

Hôtel du Dragon plan I B2 – *2 r. Écarlate - ✆ 03 88 35 79 80 - www.dragon.fr - 32 ch. 107/159 € - ☕ 12 €.* Demeure du 17e s. tournée sur une courette tranquille. Intérieur résolument contemporain : camaïeu de gris, meubles design, chambres au style épuré et expositions d'art.

Hôtel des Princes plan II F2 – *33 r. Geiler - ✆ 03 88 61 55 19 - www.hotel-princes.com - fermé 1er-20 janv. - 43 ch. 95/160 € - ☕ 13 €.* Accueillant hôtel dans un quartier résidentiel calme. Chambres au mobilier classique ; grandes salles de bains. Petit-déjeuner servi dans un décor de fresques bucoliques.

RESTAURATION

PREMIER PRIX

L'Épicerie plan I B2 – *6 r. du Vieux-Seigle - ✆ 03 88 32 52 41 - www.lepicerie-strasbourg.com - 4/6 €.* Dans un décor réussi d'épicerie à l'ancienne, on grignote une soupe, une salade ou l'une des succulentes tartines garnies de mélanges aussi réussis que pruneaux à la fourme d'Ambert ou dinde aux légumes croquants. Un « bistrot à tartines » décontracté et un rien branché.

La Choucrouterie plan I B2 – *20 r. St-Louis - ✆ 03 88 36 52 87 - www.choucrouterie.com - fermé 3-23 août, sam. midi, dim. midi et lun. - ♿ - formule déj. 8,50 € - 13/25 €.* Ce relais de poste du 18e s. fut la dernière fabrique de chou en saumure de Strasbourg : dans un décor de bric et de broc, on ripaille et on rit à la fois… Repas animés, dîners-spectacles ou repas et théâtre, à vous de choisir. Autour des menus alsaciens ou d'un verre de blanc.

Au Pont du Corbeau plan I C2 – *21 quai St-Nicolas - ✆ 03 88 35 60 68 - fermé août, vac. de fév., dim. midi et sam. sf en déc. - formule déj. 12,90 €.* Sur les quais de l'Ill, jouxtant le Musée alsacien (art populaire), maison réputée dont le cadre s'inspire du style Renaissance régional. Spécialités du terroir que l'on peut déguster en terrasse.

Au Renard Prêchant plan I D2 – *34 r. de Zurich - ✆ 03 88 35 62 87 - fermé sam. midi, dim. midi et j. fériés - formule déj. 10,90 € - 20/30 €.* Dans une zone piétonne, cette chapelle du 16e s. doit son nom aux peintures murales qui la décorent et racontent l'histoire du Renard prêchant… Une légende à découvrir en s'attablant dans la salle rustique. Jolie terrasse en été et formule déjeuner intéressante.

Pommes de Terre et Cie plan I C2 – *4 r. de l'Écurie - ✆ 03 88 22 36 82 - www.pommes-de-terre-cie.com - ♿ - 8,90/18,90 €.* Pour changer de la choucroute, un restaurant convivial proposant essentiellement des assiettes garnies de pommes de terre en robe des champs accompagnées de viandes, poissons ou fromages. Décor à dominante de bleu et jaune. Produits du terroir.

Flam's plan I C1 – *29 r. des Frères - ☎ 03 88 36 36 90 - www.flams.fr - formule déj. 6,60 € - 11,30/17,50 €.* Tout près de la cathédrale, maison à colombages abritant un restaurant spécialisé dans les *flammekueches*. Les trois salles et les deux caveaux, relookés, affichent de belles couleurs vives. N'oubliez pas de jeter un coup d'œil au superbe plafond peint, vestige du 15e s.

Pfifferbriader plan I C2 – *14 pl. du Marché-aux-Cochons-de-lait - ☎ 03 88 24 46 56 - P -10/20 €.* On se sent tout de suite bien dans ce restaurant alsacien typique avec son plafond bas, ses poutres patinées, ses boiseries et ses vitraux ornés de scènes viticoles. Au menu, goûteuses spécialités régionales – escargots, choucroutes, *baeckeofe* – et plats plus classiques, tous élaborés avec des produits frais. Bon choix de vins locaux.

Le Pigeon plan I C2 – *23 r. des Tonneliers - ☎ 03 88 32 31 30 - fermé dim. soir, mar. soir et lun., 3 sem. en juin, janv. - 16/25 €.* Cette *winstub* typique qui doit son nom aux deux pigeons sculptés sur sa façade occupe l'une des plus anciennes demeures de Strasbourg (l'escalier en bois, classé, vaut le coup d'œil). Décor et cuisine sont fidèles à la tradition alsacienne.

La Taverne du Sommelier plan I D2 – *Ruelle de la Bruche - ☎ 03 88 24 14 10 - fermé sam. midi, lun. midi et dim. - 15/25 €.* Une adresse confidentielle comme on aime en trouver. La décoration – murs jaunes et lithographies – est en harmonie avec l'atmosphère intimiste. La cuisine suit le rythme des saisons. La carte des vins préfère le Languedoc et la vallée du Rhône.

Art Café (au musée d'Art moderne et contemporain) plan I A2 – *1 pl. Hans-Jean-Arp - ☎ 03 88 22 18 88 - www.artcafe-restaurant.com - fermé lun. et j. fériés - ♿ - formule déj. 19 € -15,20 bc/20 €.* Difficile de trouver plus belle vue sur Strasbourg que depuis la terrasse de ce restaurant installé au premier étage du musée d'Art moderne et contemporain. Intérieur très design, à l'image des lieux, et cuisine au goût du jour. Brunchs le dimanche.

BUDGET MOYEN

Le Clou plan I C1 – *3 r. Chaudron - ☎ 03 88 32 11 67 - www.le-clou.com - fermé merc. midi, dim. et j. fériés - formule déj. 15 €, carte 26/55 €.* Proximité de la cathédrale, décor traditionnel (esprit maison de poupée à l'étage) et bonne humeur caractérisent cette authentique et fameuse *winstub* à la cuisine généreuse.

Petit Ours plan I C2 – *3 r. de l'Écurie - ☎ 03 88 32 13 21 - www.resto-petitours.fr - ♿ - formule déj. 11,90 € - 25/32 €.* Adresse fort sympathique que ce restaurant décoré aux couleurs de la Toscane. La salle éclairée de grandes baies vitrées et le caveau sont tous deux très plaisants. Chaque plat (essentiellement du poisson) a pour thème une herbe ou une épice.

L'Ancienne Douane plan I C2 – *6 r. de la Douane - ☎ 03 88 15 78 78 - www.anciennedouane.fr - tlj 12h-14h, 19h-22h - 16,90/28,90 €.* Cette grande brasserie est une institution qui sert des plats typiques et généreux à petits prix. Aux beaux jours, une jolie terrasse donnant sur le quai St-Nicolas et le Musée alsacien vous accueillera. Remarquable « choucroute des douaniers ».

Aux Armes de Strasbourg plan I C2 – *9 pl. Gutenberg - ✆ 03 88 32 85 62 - tlj midi et soir - menus 19,90/36,90 €.* Située au cœur de la vieille ville, cette brasserie au cadre authentique et pittoresque sert une cuisine chaude non-stop de 11h30 à 24h. *Presskopf*, salade brasserie (cervelas-gruyère), choucroute, jambonneau grillé, *baeckeofe*.

La Table de Christophe plan I C1 – *28 r. des Juifs - ✆ 03 88 24 63 27 - www.tabledechristophe.com - fermé dim. et lun. - formule déj. en sem. 11,90 €, carte 33/40 €.* Petit restaurant de quartier au cadre simple et rustique propice à la convivialité. Le chef mélange les influences terroir et actuelles tout en respectant les saisons. Foie gras, fricassée d'escargots, suprême de sandre rôti sur choucroute, filet de canette au miel d'acacia.

L'Ami Schutz plan I A2 – *1 Ponts-Couverts - ✆ 03 88 32 76 98 - www.ami-schutz.com - fermé vac. de Noël et 1er Mai - formule déj. 16,40 € - 27,50/42,80 €.* Entre les bras de l'Ill, *winstub* typique à l'ambiance chaleureuse (boiseries, banquettes) ; la plus petite des deux salles offre plus de charme. Terrasse ombragée de tilleuls.

Le Tire-Bouchon plan I C2 – *7 r. Maroquin - ✆ 03 88 22 16 32 - www.letirebouchon.fr - formule déj. 10 € - 23/32 €.* Enseigne-vérité : on vient ici pour faire bonne chère ! Attention, le décor modernisé dénote par rapport aux autres *winstubs*, mais l'assiette reste traditionnelle à souhait.

La Vignette plan II F1 – *29 r. Mélanie - ✆ 03 88 31 38 10 - www.lavignette-strasbourg-robertsau.com - fermé 20 juil.-18 août, 22 déc.-10 janv., sam. midi, dim. et j. fériés - 30/40 €.* Fourneau en faïence et vieilles photos du quartier embellissent la salle à manger de cette charmante maison aux allures de guinguette. Appétissante cuisine du marché.

POUR SE FAIRE PLAISIR

S'Burjerstuewel - Chez Yvonne plan I C2 – *10 r. Sanglier - ✆ 03 88 32 84 15 - www.chez-yvonne.net - 25,55/55 €.* Atmosphère chic dans cette *winstub* devenue une institution (photos et dédicaces de stars à l'appui). On y mange au coude à coude des plats régionaux et dans l'air du temps.

Buerehiesel plan II F2 – *Dans le parc de l'Orangerie - ✆ 03 88 45 56 65 - www.buerehiesel.com - fermé 3 sem. en août, 31 déc.-21 janv., dim. et lun. - 35/90 €.* À la suite de son père Antoine, Éric Westermann signe une intéressante cuisine, chez lui, dans cette belle ferme à colombages, au cœur du parc de l'Orangerie. Spécialités : *schniederspaetle* et cuisses de grenouille poêlées au cerfeuil, pigeon d'Alsace farci d'un tajine de céleri, croustillant café-caramel au beurre salé.

PETITE PAUSE

Christian – *12 r. de l'Outre - ✆ 03 88 32 04 41 - www.christian.fr - 7h-18h30 - fermé dim., j. fériés.* Cette belle boutique propose de délicieux chocolats : truffes au bois de santal, Châtaignes, carrés rehaussés de poivre de Jamaïque, sans oublier les grands crus pur Java, Équateur ou Venezuela. Les pâtisseries sont élaborées avec du lait cru fermier et – selon la saison – avec les fruits du verger familial.

Riss – *35 r. du 22-Novembre - ✆ 03 88 32 29 33 - tlj sf dim.*

1

8h-18h45, lun. (sf en été) 13h30-18h30 - fermé j. fériés. Fondée dans les années 1930, cette maison est devenue une institution pour les Strasbourgeois friands de chocolats. Grand passionné, Jean-François Hollaender marie les saveurs, oppose les consistances, joue avec les couleurs pour un résultat des plus délicats. Ne manquez pas de goûter à sa spécialité, la truffe au scotch-whisky !

ACHATS

Marchés – Les marchés sont ouverts en général de 7h à 13h. Marché traditionnel le merc. et le vend. pl. Broglie, le mar. et le sam. bd de la Marne, le merc. pl. de Zurich. Marché de producteurs le sam., pl. du Marché-aux-Poissons. Marché aux puces et brocante (9h-18h) le merc. et le sam., r. du Vieil-Hôpital et pl. de la Grande-Boucherie.
Marché aux livres (9h-18h) mar., merc. et sam., pl. et r. Gutenberg ainsi que r. des Hallebardes.
Marché de Noël en déc.

Un Noël en Alsace – *10 r. des Dentelles - ✆ 03 88 32 32 32 - www.noelenalsace.fr - tlj sf dim. mat. 10h-12h30, 13h30-19h (à partir de juil. : dim. 14h-18h) - fermé janv.-fév.* Dans cette maison du 16e s. au cœur de la Petite France, c'est Noël tous les jours. Guirlandes, petits personnages en bois, étoiles scintillantes, boules multicolores, tout est là pour parfaire votre décor de Noël.

La Boutique du Gourmet – *26 r. des Orfèvres - ✆ 03 88 32 00 04 - www.bruck-foiegras.com - tlj sf dim. et lun. mat. 9h-12h, 14h30-18h30 - fermé j. fériés.* Le foie gras d'oie est à l'honneur dans cette luxueuse petite boutique : vous le trouverez entier, à la coupe, en croûte, en gelée, cuit au torchon, sous forme de verrine ou de terrine. Ceux qui préfèrent le foie gras de canard trouveront aussi leur bonheur. Également, choix de vins et eaux-de-vie d'Alsace.

La Boutique d'Antoine Westermann – *1 r. des Orfèvres - ✆ 03 88 22 56 45 - tlj sf dim. et lun. mat. 9h30-19h - fermé j. fériés.* L'épicerie recèle, au sous-sol, une belle sélection d'huiles et de vinaigres, des épices, des spécialités au piment d'Espelette, du thé en vrac, etc. Au rdc, vous trouverez le produit phare de la maison, le foie gras préparé par Éric Westermann, les confitures de Christine Ferber et du matériel de cuisine.

Au Paradis du Pain d'Épices – *14 r. des Dentelles - ✆ 03 88 32 33 34 - www.mireille-oster.com - tlj 9h-19h (lun. 10h).* Des parfums d'orange, de miel, de cannelle et de cardamome embaument cette petite boutique aménagée dans une maison à colombages datant de 1643. C'est que le pain d'épice est ici roi : tendre ou croquant, sucré, salé et même glacé, il se décline à l'infini et nous replonge dans notre enfance.
Le pain d'Amour, le Verdi ou le pain de Soleil comptent parmi les incontournables du magasin.

EN SOIRÉE

Pour connaître le programme des théâtres, concerts, conférences, expositions, manifestations sportives, procurez-vous le mensuel *Strasbourg actualités ou l'Hebdoscope*, hebdomadaire sur les arts et les spectacles.

Au Brasseur – *22 r. des Veaux - ✆ 03 88 36 12 13 - 11h30-1h, dim. 0h - concert vend., sam. soir et juil.-août sam. soir - fermé 1er janv.* Cette microbrasserie propose une grande variété de blanches, blondes, ambrées et brunes brassées sur place. Ses mousses réputées attirent les Strasbourgeois qui viennent également ici pour dîner. Concerts de rock, jazz et blues en fin de semaine.

Bar Champagne – *5 r. des Moulins - ✆ 03 88 76 43 43 - www.regent-hotels.com - 17h-1h.* Bar de l'hôtel Régent Petite France, qui fut un moulin pendant huit siècles puis une glacière jusqu'à la fin des années 1980. Ici, tout est fait pour passer une soirée relax : beau cadre contemporain, terrasse au bord de l'Ill, ambiance musicale, de nombreux cocktails et les meilleurs champagnes.

Le Festival – *4 r. Ste-Catherine - ✆ 03 88 36 31 28 - www.barlefestival.com - 21h-4h.* Bar américain chic, tenue correcte recommandée. Pour les consommations, il est de bon ton de s'en remettre aux conseils du barman réputé être un maître en matière de cocktails.

Café de l'Opéra (dans l'Opéra national) – *Pl. Broglie - ✆ 03 88 22 98 51 - tlj sf dim. 10h30-20h.* Logé à l'intérieur de l'Opéra national du Rhin, ce café « cosy » accueille régulièrement des expositions d'artistes (peintres et photographes). Restauration servie à toute heure (carte assortie de suggestions du jour), bar à champagne et très agréable terrasse d'été.

Opéra national du Rhin – *19 pl. Broglie - ✆ 03 88 75 48 00 - www.operanationaldurhin.eu - billetterie : tlj sf dim. 11h-18h, sam. 11h-16h et 1h av. représentation - fermé de mi-juil. à mi-août - 11 à 75 €.* Créé en 1972, l'Opéra du Rhin est un organisme culturel intercommunal gérant les scènes lyriques de Strasbourg, Mulhouse et Colmar. Outre le

grand répertoire lyrique classique, la programmation fait la part belle à la musique de chambre, à la danse, aux récitals et au jeune public. Salle de 1 142 places.

ACTIVITÉS

Natura Parc – *R. de la Nachtweid - 67540 Ostwald - ✆ 03 88 65 40 07 - www.naturaparc.com.* Dans un vaste parc arboré, 10 parcours acrobatiques attendent grands et petits à partir de 3 ans. Plusieurs niveaux de difficulté : « parcours découverte » pour toute la famille, « circuit noir » réservé aux plus sportifs, tyroliennes, etc.

AGENDA

Foire européenne – Elle regroupe tous les secteurs d'activités avec plus de 1 000 exposants - *mi-sept. au parc des expositions Strasbourg Wacken - ✆ 03 88 37 21 21 - www.strasbourg-events.com.*

Strasbourg, capitale de Noël – De fin nov. au 31 déc., très nombreuses animations et spectacles en ville : marché de Noël *(Christkindelsmärik)*, illuminations, grand sapin, expositions, crèche et concerts. Programme disponible à l'office de tourisme.

1

Haguenau

★

34 891 Haguenoviens – Bas-Rhin (67)

NOS ADRESSES PAGE 114

S'INFORMER

Office du tourisme de Haguenau – *Pl. Désiré-Brumbt - 67500 Haguenau - ✆ 03 88 06 59 99 - www.tourisme-haguenau.eu - mai-sept. : 9h-12h, 14h-18h ; oct.-avr. : 9h-12h, 14h-17h - fermé j. fériés.*

Visite guidée de la ville – *Pour connaître les secrets d'Haguenau, suivez la visite guidée (1h30-2h) de mi-juin à mi-sept. : merc. 10h - sur demande à l'office de tourisme - gratuit (en sais.).*

Office du tourisme de Soufflenheim – *20b Grand Rue - 67620 Soufflenheim - ✆ 03 88 86 74 90 - www.ot-soufflenheim.fr - 9h-12h, 13h30-17h30, merc. et vend. 9h-12h, 14h-17h30, sam. 10h-17h - fermé dim. et j. fériés.*

Office du tourisme de Betschdorf – *1 r. des Francs - 67660 Betschdorf - ✆ 03 88 54 44 92 - www.pays-betschdorf-hatten.com - mai-sept. et déc. : 9h-12h30, 13h-17h, sam. 10h-12h30, 13h-16h30 - fermé dim.*

SE REPÉRER

Carte de microrégion B1 (p. 80) – *carte Michelin Départements 315 K4.*
La ville est à 25 km au nord de Strasbourg par l'A 4 et à environ 20 km du Rhin et de l'Allemagne.

À NE PAS MANQUER

Le Musée historique et les deux villages de potiers : Soufflenheim et Betschdorf.

ORGANISER SON TEMPS

Consacrez une demi-journée à vous promener dans la ville, puis visitez l'un des musées avant de parcourir les alentours.

AVEC LES ENFANTS

En été, le Nautiland et, à Morsbronn-les-Bains, Didi'Land.

Blottie au cœur d'un immense massif forestier, Haguenau possède de beaux musées, un théâtre néoclassique en grès rose et une halle aux houblons. Dès l'origine, la ville a bénéficié d'avantages accordés par Frédéric Ier Barberousse qui avait fait construire son château dans les alentours. Les randonneurs apprécieront la forêt : au milieu des fougères, myrtilles, frênes, hêtres, charmes, pins et aulnes, des chemins balisés mènent jusqu'au chêne d'Arbogast, planté, selon la légende, à l'emplacement d'un ermitage du 5e s.

Se promener

Centre-ville

Dans la rue du Château s'élèvent deux bâtiments de style Louis XV (18e s.) : l'**hôtel du Bailli Hoffmann** et l'**hôtel Barth** aux visages sculptés. L'**hôtel de ville**, massif bâtiment édifié en 1908, fut à l'origine un tribunal. L'imposante

Le Musée historique de Haguenau.
Arco/G Lenz/Arco Images/age fotostock

halle aux houblons, inaugurée en 1867, était trois mois par an, à l'automne, exclusivement réservée à la vente du houblon (un marché s'y tient chaque mardi et vendredi matin). Dans la rue de la Moder, les vestiges d'un **moulin**, avec ses engrenages et sa meule, ont été restaurés. En face du Musée historique *(voir ci-dessous)*, remarquez le temple néogothique du 19e s. À voir également, de la même période, le **théâtre municipal**, en grès rouge.

À voir aussi

★ Musée historique

℘ 03 88 90 29 39 - www.ville-haguenau.fr - 10h-12h, 14h-18h, lun. 14h-18h, w.-end 15h-17h30 - fermé mar., 1er janv., dim. de Pâques, 1er mai, 1er nov., 25 déc. - 3,20 € (14-18 ans 1,60 €).

La façade de cet imposant **bâtiment**★ de style néo-Renaissance (1905) s'apprécie avec un peu de distance. Sa conception fit, en 1899, l'objet d'un concours lancé par le maire Nessel pour la construction d'un ensemble destiné à recevoir sa collection privée, ainsi que la bibliothèque et les archives municipales. Kuder et Müller sortirent vainqueurs avec ce projet d'édifice de style Renaissance allemande, proche de l'Art nouveau. Remarquez le campanile (48 m) orné d'une horloge, la céramique de Charles Bastian sous le porche d'entrée et la sculpture représentant l'empereur Frédéric Barberousse, en tenue de croisé, à l'angle. Ce dernier tient dans la main droite la charte des franchises (1164), qui marque l'autonomie de la ville. La décoration est tout aussi riche à l'intérieur (vitrail de Schnug). Au sous-sol du musée, les objets provenant de fouilles dans la forêt de Haguenau et sur le site de Seltz sont nombreux : bijoux, armes, céramiques de l'âge du bronze ou de l'âge du fer. Au rez-de-chaussée, les monnaies et les médailles frappées sur place, ainsi que les ouvrages imprimés à Haguenau aux 15e et 16e s., racontent l'histoire de la ville. Au 1er étage, collection de céramique. Les Hannong, célèbres faïenciers du 18e s., possédaient une fabrique à Strasbourg et une autre à Haguenau.

L'ALSACIEN QUI TRACE SA ROUTE

Né à Haguenau en 1974, **Sébastien Loeb** domine outrageusement le championnat du monde des rallyes WRC depuis le début des années 2000. C'est pourtant sur les praticables de gymnastique qu'il obtient ses premiers titres (4 fois champion régional) ! Mais à sa majorité, il s'empare d'un volant pour ne plus le lâcher. Il enchaîne les succès sur le circuit junior, devenant ainsi espoir de l'année 1997 puis champion du monde junior 2001. Citroën lui confie une voiture et le lance sur le circuit pro. Le premier titre ne se fait pas attendre : sur l'asphalte allemand dès 2002. Il se coiffe de la couronne mondiale en 2004 puis bat le record du nombre de victoires en 2006 au Japon. Record depuis… pulvérisé. En effet, rien ne semble plus pouvoir arrêter Sébastien Loeb et son copilote monégasque Daniel Elena (qui lui est fidèle depuis 1998). Aussi à l'aise sur la terre argentine et australienne, dans la neige suédoise, sur l'asphalte allemand et alsacien ou dans la boue galloise, parvenant même à vaincre les Finlandais chez eux, l'Alsacien collectionne les victoires au point de devenir l'un des sportifs français les plus célèbres et les plus titrés. En 2012 il remporte son neuvième titre mondial. En attendant la suite…

Église St-Georges

Du 12e et 13e s., elle allie les styles roman et gothique. Ses deux cloches sont les plus anciennes datées de France (1268). Sur le contrefort du transept sud, on peut voir, sous forme de rainures, les étalons de mesures de longueur utilisées pour la construction. La nef ample, à l'ambiance encore romane, est séparée des bas-côtés par de puissantes piles reliées entre elles par des arcs en plein cintre. Le chœur, de style gothique, a été réalisé par des sculpteurs de l'Œuvre Notre-Dame de Strasbourg. Il renferme une **custode** (gothique flamboyant), pour contenir les hosties, qui s'élève jusqu'à la voûte. Voyez la chaire, sculptée dans la pierre en 1500, le grand Christ en bois de 1487, ou le **retable★** du Jugement dernier.

Église St-Nicolas

Elle a été fondée par l'empereur Frédéric Barberousse. De la construction primitive de 1189, il ne reste que la tour ; la nef et le chœur gothiques ont été construits vers 1300. Remarquables **boiseries★** du 18e s. pour la chaire, le buffet d'orgues et les stalles du chœur. Elles proviennent de l'ancienne abbaye de Neubourg, et ont été transportées ici après la Révolution. Quatre statues de bois, à l'entrée du chœur, représentent saint Augustin, saint Ambroise, saint Grégoire et saint Jérôme.

Musée alsacien

✆ 03 88 73 30 41 - www.ville-haguenau.fr - 9h-12h, 13h30-17h30, w.-end 14h-17h, mar. 13h30-17h30 - fermé 1er Janv., dim. de Pâques, 1er mai, 1er Nov., 25 déc. - 2,40 € (14-18 ans 1,20 €).

Il est aménagé dans l'ancienne chancellerie de la ville (15e s.). La collection de peintures sous verre et de canivets (dentelles de papier réalisées par des religieuses au 19e s.) est très intéressante. On y voit aussi quelques costumes alsaciens traditionnels, un atelier de potier reconstitué et un intérieur paysan avec sa cuisine et sa *stube* (salle à manger).

À proximité Carte de microrégion

Gros Chêne C1

6 km à l'est de Haguenau. Empruntez la D 1063, puis, après 5 km, tournez à gauche dans la route forestière.

Près d'une modeste chapelle dédiée à saint Arbogast, envoyé au 6e s. par le roi des Francs évangéliser les Alamans, le Gros Chêne, dont il ne reste plus qu'une partie du tronc, est un repère dans cette forêt très prisée par les ermites à l'époque médiévale. Sa présence valut au lieu le nom de « Forêt sainte ». À voir aussi, un sentier botanique, un parcours de santé, quelques promenades balisées en forêt et une aire de jeux pour enfants.

Surbourg C1

10 km au nord par la D 263.

C'est ici que fut fondé par saint Arbogast, au 6e s., le premier couvent d'Alsace. L'abbaye, bénédictine depuis le 8e s., devint un chapitre collégial au 11e s. La superbe église de style romano-byzantin qui subsiste aujourd'hui fut alors construite pour abriter les reliques du saint. À l'intérieur de l'édifice, remarquable par ses proportions, les piliers ronds alternent avec les colonnes carrées.

Walbourg B1

10 km. À la lisière nord-ouest de la forêt, sortez de Haguenau par la D 27.

Le village doit son nom à la fondation par des moines bavarois d'une abbaye bénédictine dédiée à sainte Walburge, en 1074. Il en reste une abbatiale du 15e s. à nef plafonnée. Le chœur est éclairé de cinq verrières du 15e s.

Morsbronn-les-Bains B1

11 km au nord par la D 27.

Dans cette petite station thermale, les eaux chlorurées sodiques jaillissent à 41,5 °C. Là furent massacrés par l'armée prussienne la plupart des cuirassiers survivants de la charge dite de Reichshoffen (6 août 1870).

Soufflenheim C1

14 km à l'est par la D 1063.

Ce petit bourg, connu pour ses **ateliers** de poteries et de céramiques vernissées et colorées typiquement alsaciennes, doit beaucoup, comme son voisin Betschdorf, à la forêt de Haguenau qui l'entoure. On y trouve des terrines ovales pour la potée, des moules à gâteau *(kugelhopf)* et autres plats. En 1837, la localité comptait 55 ateliers employant 600 personnes. Aujourd'hui, la confrérie des artisans potiers garantit l'origine de fabrication selon une tradition séculaire. *Visite d'ateliers : s'adresser à l'office de tourisme au ☏ 03 88 86 74 90.*

Vous pourrez admirer l'un des chefs-d'œuvre des potiers dans l'ancien **cimetière** fortifié de l'Œlberg : la *Cène*, composition d'après le tableau de Léonard de Vinci, protégée par un auvent. Les personnages grandeur nature ont été façonnés dans l'argile par le céramiste Léon Elchinger en collaboration avec Charles Burger (1871-1942).

Betschdorf C1

16,5 km au nord-est par la D 263 puis la D 243.

Dans ce village aux jolies maisons à colombages, un **musée** présente dans une ancienne ferme une collection de grès au sel, caractéristique de la pro-

duction locale. Cruches, pots ou vases en grès gris à décor bleu sont tournés à la main et, après séchage, décorés au pinceau avec du bleu de cobalt. À la fin de la cuisson à 1 250 °C, ils sont vernis au sel. On y voit aussi des tessons de poteries du Moyen Âge et des productions actuelles, utilitaires ou œuvres d'art. Dans l'ancienne grange, reconstitution d'un atelier de poterie.
℘ 03 88 54 48 07 - www.betschdorf.com - avr.-oct. : 10h-12h, 13h-18h, dim. 13h-18h - fermé 1er janv., 1er nov., 11 Nov., 25 déc. - 3,50 € (-18 ans 1 €).

Hatten C1

22 km au nord-est par la D 263 puis la D 28.

Le **musée de l'Abri et de la Casemate d'infanterie Esch** se trouve dans la localité. La **casemate**, quant à elle, est à 1 km après la sortie sur la route de Seltz, sur la gauche *(voir ligne Maginot, p. 387)*.

Sessenheim C1

21 km à l'est de Haguenau.

Sessenheim garde le souvenir des amours de Goethe et Frédérique, fille cadette du pasteur Brion chez qui le jeune poète avait accompagné un ami en visite. On suivra donc Goethe à la trace dans l'**église protestante** où les amoureux écoutaient le prêche et à l'**auberge Au Bœuf** où sont rassemblés des gravures, lettres et portraits se rapportant à Goethe et à Frédérique.
℘ 03 88 86 97 14 - www.auberge-au-boeuf.fr - 9h30-15h, 18h-23h possibilité de visite guidée (30mn) sur demande préalable - fermé lun. et mar., 1er janv. - 1 € (-2 ans gratuit).

Un **mémorial Goethe** se trouve à côté du presbytère.

NOS ADRESSES À HAGUENAU

HÉBERGEMENT

BUDGET MOYEN

Chambre d'hôte Krumeich – *23 r. des Potiers - 67660 Betschdorf - ℘ 03 88 54 40 56 - P - ⊭ - 3 ch. 52/56 €* ☕. Dans cette maison de Betschdorf, vous pourrez vous initier à la poterie de grès au sel avec le propriétaire, digne héritier d'une vieille famille de potiers... Ou tout simplement dormir dans une de ses jolies chambres, meublées à l'ancienne, et profiter du jardin.

RESTAURATION

POUR SE FAIRE PLAISIR

Au Bœuf – *48 Grand-Rue - 67620 Soufflenheim - ℘ 03 88 86 72 79 - www.boeuf-soufflenheim.com - fermé 24-25 déc. et 31 déc.-1er janv. - 9/36 €*. Au cœur de ce village réputé dans la région pour ses potiers, cette maison typique avec balcon et terrasse fleuris a aussi sa petite renommée locale. On y mange du bon bœuf, des plats alsaciens et des tartes flambées le soir.

Auberge Au Cheval Blanc – *46 r. du Gén.-de-Gaulle - 67590 Schweighouse-sur-Moder - ✆ 03 88 72 30 99 - aubergechevalblanc@orange.fr - fermé 15-30 août -* ♿ - 🅿 *- 29/33 €.* Sympathique auberge située dans un village proche de Haguenau. Chaleureux intérieur, à la fois rustique et chic, et terrasse dressée dans le jardin. La cuisine met en valeur les produits du terroir : foie gras, filet d'oie fumé, brochet à la vapeur et sa sauce matelote à l'estragon, civet de marcassin, *spaetzles.*

ACHATS

Marchés – Marché hebdomadaire le matin à la halle aux houblons, mardi et vendredi. Marché biologique le vendredi apr.-midi rue du Rempart.

Le **marché de Noël** est ouvert tous les jours pendant l'avent.

Atelier de poterie Michel-Dupuy – *13 r. du Moulin-Neuf - ✆ 03 88 93 28 18 - www.michel-dupuy.com - visite guidée sur demande préalable : tlj sf sam. apr.-midi et dim. 10h-12h30, 14h-19h - fermé de mi-janv. à mi-fév.* Maisons miniatures d'Alsace en terre cuite.

Brasserie d'Uberach – *30 Grand-Rue - 67350 Uberach - ✆ 03 88 07 07 77 - www.brasserie-uberach.com - lun.-vend. 9h-12h, 13h30-18h, sam. sur RV, 3 € par pers. - fermé 25 déc.-5 janv.* Passionné passionnant, le Bourguignon Éric Trossat a découvert l'Alsace il y a quelques années et a décidé d'y monter sa propre microbrasserie. Il produit aujourd'hui 2 000 hl de bière par an sans filtration ni pasteurisation. Ses créations sont baptisées de noms évocateurs, à l'instar de la Juliette, blonde rose-gingembre, de la Klintz, blonde ou brune au miel « bio », ou du Doigt de Dieu, de couleur ambrée.

ACTIVITÉS

Didi'Land – *1 r. de Gunstett - 67360 Morsbronn-les-Bains - ✆ 03 88 09 46 46 - www.didiland.fr - pour les horaires d'ouverture se rens. - 15 € (enf. 14 €).* Parc d'attractions proposant manèges de clowns, radeaux, tacots, train de mines, bateau pirate, etc. Spectacles vivants (en été).

Nautiland – *8 r. des Dominicains - ✆ 03 88 90 56 56 - www.nautiland.net - lun., mar., jeu., vend. 12h-21h, merc. 9h30-21h, sam. 10h-22h, dim. et j. fériés 9h-19h - fermé 10 j. en mars, 10 j. en sept., 24, 25, 31 déc. et 1er janv. - 8 € entrée illimitée (-13 ans 6,50 €).* Ensemble aquatique équipé de toboggans, cascades et bassins bouillonnants permettant de s'amuser en famille, ou de saunas, solarium, aquagym, etc., avec lesquels entretenir sa forme physique… Vous pourrez aussi tout simplement nager.

Établissement thermal de Morsbronn – *12 rte de Haguenau - 67360 Morsbronn-les-Bains - ✆ 03 88 09 83 93 - info@curethermale.com - mars-nov. : 8h-12h, 13h-17h - fermé déc.-fév., sam. apr.-midi, dim.* Les eaux thermales sont recommandées dans le traitement des rhumatismes et des séquelles de traumatismes. Au choix : cure thermale classique (72 soins) ou forfaits personnalisés (découverte, bien-être, balnéo).

AGENDA

Fête du houblon et Festival du folklore mondial – *Durant une semaine, mi-août - ✆ 03 88 73 30 41 - www.ville-haguenau.fr.*

Humour de Notes – *Fin avr.-déb. mai - ✆ 03 88 73 30 54 - www.humour-des-notes.com.*

Pfaffenhoffen

2 663 Pfaffenhoviens – Bas-Rhin (67)

NOS ADRESSES PAGE CI-CONTRE

S'INFORMER

Point d'information sur la ville au musée de l'Image populaire *(voir ci-dessous).*

SE REPÉRER

Carte de microrégion B1 (p. 80) – *carte Michelin Départements 315 J3.*
À 15 km à l'ouest de Haguenau, 27 km au nord-est de Saverne, 37 km au nord-ouest de Strasbourg, 50 km à l'est de Sarrebourg.

Dans le paysage de douces collines du pays de Hanau, Pfaffenhoffen cache au cœur de ses anciennes fortifications quelques jolies maisons ornées de colombages. On y découvre un beau musée de l'Image populaire, détenteur d'une des plus vieilles traditions picturales d'Alsace.

Visiter

★ Musée de l'Image populaire

24 r. Dr-Albert-Schweitzer - ✆ 03 88 07 80 05 - ♿ - www.pfaffenhoffen.org - mai-sept. : lun. 14h-18h ; oct.-avr. : merc. 14h-17h - possibilité de visite guidée (1h) sur demande préalable - fermé 1er janv., Vend. saint, 1er mai, 1er nov., 25 déc. - 3,50 € (-16 ans gratuit) ; billet combiné avec la visite de l'ancienne synagogue de Pfaffenhoffen (1791).

Avant l'invention de la photographie, les imagiers-peintres itinérants et sédentaires travaillaient à la demande pour enregistrer les moments importants de la vie quotidienne. Installé dans l'ancienne brasserie Moritz (1577), aux murs rouge vif bien reconnaissables, ce musée présente différents types d'images populaires peintes à la main produites par le centre imagier de Pfaffenhoffen entre le 17e s. et le début du 20e s.

Les techniques sont détaillées, exemples à l'appui : calligraphies, estampes, canivets (dentelles de papier aux fines miniatures), anciennes peintures sous verre aux couleurs toujours éclatantes. Les « églomisés » du Second Empire, peintures sous verre à fond noir où se détachent des motifs d'or, décoraient des pièces éclairées par des bougies ou des lampes à pétrole dont la lumière vacillante faisait scintiller les dorures.

À l'étage, les images qui autrefois ornaient les intérieurs modestes d'ouvriers ou de paysans ont été remises dans leur contexte. Différentes selon les confessions, les images pieuses étaient destinées à favoriser la prière ou à protéger la maison. Les images-souvenirs illustraient quant à elles les événements marquants de la vie (naissance, communion, mariage, décès, souvenir de conscription…). La tradition des *Goettelbrief,* ou « souhaits de baptême », typiquement alsacienne, dura près de quatre cents ans.

Hôtel de ville

Sur la façade, un médaillon représente le buste du docteur Schweitzer (1875-1965), citoyen d'honneur de la ville qui prêcha son premier sermon dans l'église protestante de Pfaffenhoffen. Le hall de l'hôtel de ville abrite les œuvres (sculptures, peintures figuratives dans le goût de l'impressionnisme) d'un artiste strasbourgeois, Alfred Pauli (1898-1988).

Maisons anciennes

De nombreuses **maisons à colombages** du 16e au 19e s. subsistent encore aujourd'hui, notamment rue du Dr-Schweitzer et rue du Marché.

Synagogue

Malgré la discrétion de sa façade, cet édifice (1791) témoigne de l'importance de la société juive de l'époque. L'ensemble comprend un remarquable encadrement d'arche sainte, une *kahlstub* (salle communautaire) et une chambre pour l'hôte de passage.

À proximité Carte de microrégion

Cimetière juif d'Ettendorf B1

6 km au sud-ouest par les D 419A et D 25, 1re route à droite. Traversez le village et prenez une petite route parallèle à la voie ferrée, qui conduit en 500 m au cimetière.

Les stèles levées de ce cimetière juif, le plus ancien d'Alsace, s'égrènent à flanc de colline sur un vaste espace, s'intégrant parfaitement au paysage.

Buswiller B1

2 km à l'ouest d'Ettendorf par la D 735.

Le village conserve de plaisantes maisons à colombages. Au n° 17 de la rue Principale, on peut admirer le pignon ouvragé au traditionnel badigeon bleu cobalt d'une ferme datée de 1599, épargnée par la guerre de Trente Ans.

NOS ADRESSES À PFAFFENHOFFEN

Voir aussi nos adresses à Haguenau *(p. 114)* et dans le Parc naturel régional des Vosges du Nord *(p. 350)*.

VISITE

M. Mahler – *1 pl. du Marché - 03 88 07 75 91 - visite d'atelier d'orgues vend. et sam. de préférence sur RV - adultes 3 €, enf. 1,50 €, gratuit -8 ans.*

HÉBERGEMENT ET RESTAURATION

BUDGET MOYEN

Hôtel-restaurant de l'Agneau – *3 r. de Saverne - 03 88 07 72 38 - www.hotel-restaurant-delagneau.com - fermé lun. et mar. - P - 12 ch. 57/73 € - 9 € - rest. 20/73 €.* Élégant restaurant sis dans une bergerie du 18e s. Au choix : cuisine actuelle prenant parfois l'accent du Sud, plats du terroir ou menu minceur. Chambres coquettes.

Nord de la vallée du Rhin

★

Haut-Rhin (68), Bas-Rhin (67)

NOS ADRESSES PAGE 123

S'INFORMER

Office du tourisme de Seltz – *2 av. du Gén.-Schneider - 67470 Seltz - ☏ 03 88 05 59 79 - www.tourisme-seltz.fr - lun. 13h30-17h30, mar., merc. et jeu. 8h-12h, 13h30-17h30, vend. 8h-12h, 13h30-16h30 - fermé w.-end et j. fériés.*

Syndicat d'initiative de Gambsheim – *Pavillon du tourisme - Écluse du Rhin - 67760 Gambsheim - ☏ 03 88 59 79 59 - 8h-12h, 14h-18h, vend. 8h-12h, 14h-17h.*

Office du tourisme d'Erstein – *16 r. du Gén.-de-Gaulle - 67150 Erstein - ☏ 03 88 98 14 33 - www.ville-erstein.fr - juil.-août : 8h30-12h30, 13h30-19h, sam. 9h-12h, 14h-16h, dim. 10h-13h ; reste de l'année : tlj sf dim. 8h30-12h, 14h-18h, sam. 9h-12h - fermé j. fériés.*

Office du tourisme de Marckolsheim – *13 r. du Mar.-Foch - 67390 Marckolsheim - ☏ 03 88 92 56 98 - www.grandried.fr - juil.-août : tlj sf dim. et j. fériés 9h30-12h30, 14h-18h, sam. 10h-12h, 14h-17h ; reste de l'année : tlj sf w.-end 10h-12h, 14h-17h - fermé j. fériés.*

Sites Internet à consulter – *www.grandried.free.fr ; www.aufildurhin.com*

SE REPÉRER

Carte de microrégion C 1/2 (p. 80) – *carte Michelin Départements 315 I/N 2/11.* Colmar et Mulhouse sont de bons points de départ pour découvrir la vallée du Rhin. Accès rapide par les autoroutes A35 Karlsruhe-Strasbourg et E35-E52/A5-E35 Karlsruhe-Bâle. Entre Lauterbourg et Strasbourg, il est facile d'accéder au Rhin par l'une des routes qui le relient à la D 468.

ORGANISER SON TEMPS

Comptez une demi-journée pour chacun des deux circuits décrits pages suivantes.

AVEC LES ENFANTS

« Il était une fois le Rhin » à Mothern.

Le volcan éteint du Kaisersthul qui se dresse sur la rive est du Rhin marque la limite sud de cette région où le fleuve voit son cours s'élargir en se lovant dans des régions basses de sa vallée. Plus au nord, c'est le pays des zones humides peu propices à l'agriculture où s'élèvent des forêts alluviales parfois entourées de brume. Percées çà et là d'étangs vestiges d'anciens méandres, elles offrent un habitat exceptionnel à une faune et une flore variées, qui rendent encore plus attrayantes les promenades à pied ou à vélo.

Histoire d'un fleuve

LE NOM

Pour désigner un fleuve, les Grecs disaient *rheein*, « couler », les Latins écrivaient *renes*, les Gaulois prononçaient *renos*, les Germains préféraient *rhein*. C'est devenu le Rhin. Avec ses 1 298 km, dont 190 le long de la frontière franco-allemande, c'est le 7e plus long fleuve d'Europe. Encore alpestre en Alsace, le fleuve s'assagit en terre allemande après le confluent avec le Main. Gonflés de la fonte des neiges, ses hautes eaux de mai-juin et ses faux bras drainés par le cours latéral du canal contrastent avec les basses eaux de septembre, parfois gelées en hiver par le rude climat alsacien.

DES VILLAGES ENGLOUTIS

Les crues du Rhin étaient autrefois redoutables et aucune ville, sauf Huningue, ne s'est établie immédiatement sur ses bords. En cas de montée des eaux, les riverains prenaient la garde jour et nuit auprès des digues. Malgré cela, les catastrophes étaient fréquentes. À Strasbourg même, l'un des bras du fleuve pénétrait dans les murs de la ville. L'actuelle rue d'Or marque l'emplacement d'une ancienne crue.

COMMERCE FLUVIAL

Aux 8e et 9e s., les bateliers strasbourgeois empruntaient le Rhin jusqu'à la mer du Nord pour vendre du vin aux Anglais, aux Danois et aux Suédois. À la fin du Moyen Âge, ces mêmes bateliers dominaient le Rhin, de Bâle à Mayence. Leur corporation était la plus importante des corps de métiers strasbourgeois. 5 000 rouliers, disposant de 20 000 chevaux, transportaient vers l'intérieur les marchandises débarquées à Strasbourg. Aujourd'hui, les chalands du Rhin mesurent 60 à 125 m de long, 8 à 13 m de large et transportent environ 190 millions de tonnes de fret par an.

L'AMÉNAGEMENT DU RHIN

Sous le Premier Empire, la navigation connut une ère de prospérité considérable. En 1826, les premières lignes régulières de vapeurs sur le Rhin font escale à Strasbourg. Mais les travaux de correction du lit du Rhin par endiguement exécutés dans la plaine d'Alsace au 19e s. découvrent des fonds rocheux qui compliquent voire empêchent la navigation en période de basses eaux. C'est la décadence du trafic. Pour ramener la circulation sur le Rhin alsacien, la France conçoit en 1920 un projet de dérivation d'une part importante du débit du fleuve entre Bâle et Strasbourg. Le creusement du canal d'Alsace, commencé en 1928 et achevé au début des années 1960, permet d'exploiter les importantes réserves d'énergie électrique du fleuve.

FLEUVE DE LÉGENDE

Le Rhin inspira les légendes des sirènes – la plus célèbre étant la Lorelei – qui attiraient les marins par leurs chants mélodieux, puis les entraînaient par le fond. Le nain Alberich, personnage de *L'Or du Rhin* (premier épisode de la *Tétralogie* de Richard Wagner), a réussi à dérober aux ondines qui en avaient la garde l'or du Rhin, pour s'en forger un anneau tout-puissant.

Circuits conseillés Carte ci-contre

DE LAUTERBOURG À GAMBSHEIM

Pour visualiser ce circuit au départ de Lauterbourg, reportez-vous à la carte ci-contre.

Le Nord Alsace s'est associé au Palatinat du Sud et à la région Mittlerer Oberrhein en Allemagne pour former le Parc rhénan Pamina, qui cherche à mettre en valeur la plaine du Rhin. Neuf musées et 2 centres de découverte de la nature y sont affiliés.

Lauterbourg

Située sur le passage des armées, la ville a été détruite à plusieurs reprises au 13e s., au 17e s. et en 1940. Elle a cependant conservé le chœur de son église catholique, daté de 1467, son ancien palais épiscopal de 1592, restauré en 1716, son hôtel de ville (1731) et quelques traces de ses fortifications Vauban du 18e s. (porte de Landau).

Mothern

La **Maison de la Wacht** héberge l'office de tourisme et l'exposition permanente « Il était une fois le Rhin ». Divinité, animal, père nourricier, rival des hommes, le fleuve fascine depuis des siècles. Un espace consacré à l'ethnologie permet d'appréhender l'imaginaire des riverains du Rhin. Les enfants apprécieront les plus célèbres légendes du Rhin illustrées. *03 88 94 86 67 - www.mothern-tourisme.fr - mai-sept. : tlj sf dim. 14h-18h (sam. 17h) - possibilité de visite guidée sur demande (2 sem. av.) - fermé janv., j. fériés - 1 € (-14 ans gratuit).*

Munchhausen

Une petite visite au **Centre d'initiation à la nature** constituera un bon préambule à la découverte de la **Réserve naturelle du delta de la Sauer**.

Outre les panneaux présentant la faune de la réserve, l'aménagement du fleuve et la constitution d'une plaine alluviale, le centre propose un programme de sorties, des stages et conférences pour mieux connaître la nature. *42 r. du Rhin - 03 88 86 51 67 - www.nature-munchhausen.com - ♿ - 4 janv.-15 déc. : 8h30-18h - possibilité de visite guidée (3h) sur demande préalable (2 sem. à l'avance) - fermé w.-end et j. fériés - 3 € (12-15 ans 1 €).*

Seltz

Au sous-sol de la **maison Krumacker**, office de tourisme et médiathèque, un petit musée agréablement aménagé présente l'histoire du pays de Seltz en deux volets. Quelques vestiges témoignent de la présence celte puis gallo-romaine dans la région. La période médiévale est évoquée grâce à Sainte Adélaïde, épouse de l'empereur Othon Ier, qui fonda à la fin du 10e s. à Seltz une abbaye, aujourd'hui détruite. *2 av. du Gén.-Schneider - 03 88 05 59 79 - www.tourisme-seltz.fr - ♿ - 9h-12h, 13h30-17h30, vend. 8h-12h, 13h30-16h30, lun. 13h30-17h30 - possibilité de visite guidée sur demande préalable (3 j. à l'avance) - fermé w.-end (sf 1er dim. du mois), j. fériés, 24 déc.-1er janv. - 1 € (-18 ans gratuit), gratuit Journées du patrimoine.*

En pénétrant dans l'église de Seltz, vous serez saisis par le contraste entre l'ensemble moderne du clocher et de la nef et le **chœur baroque** du 15e s.

Offendorf

Alors qu'elle est attestée depuis le 16e s., c'est surtout aux 19e et 20e s. que la batellerie connut un essor significatif à Offendorf, occupant jusqu'à un tiers

NORD DE LA VALLÉE DU RHIN

de la population du petit village (1960), avant d'être progressivement évincée par le fret routier et ferroviaire. Le **musée de la Batellerie**, installé dans la cale d'une péniche à la retraite, présente les évolutions des techniques de navigation, la nature des chargements, le fonctionnement des écluses, mais évoque aussi les difficultés humaines liées à une mobilité permanente. Visite de la cabine et de la timonerie. *✆ 03 88 96 74 92 - mai-sept. : w.-end et j. fériés 14h-19h - possibilité de visite guidée - 3,50 € (enf. 2 €).*

Gambsheim

Traversez Gambsheim et suivez les indications « Centrale électrique », puis traversez le Rhin. Tournez à gauche juste avant d'entrer en Allemagne.

Avec l'écluse d'Iffezheim, à 30 km en aval, sur le territoire allemand, l'écluse de Gambsheim est la plus grande d'Europe. Elle doit sa particularité à son aménagement en ligne, le premier sur le Rhin (1974) : l'écluse, la centrale, la digue de fermeture et le barrage sont de front. En 2006, une **passe à poissons** a été mise en place à Gambsheim pour permettre leur migration. La passe attire le poisson en aval du barrage pour l'inciter à passer par un chemin qui le contourne. Depuis 2007, la passe est ouverte au public et permet de regarder le passage des poissons migrateurs à travers une vitre. Les mois de reproduction (avril et juillet-août) sont particulièrement propices à leur observation. *✆ 03 88 96 44 08 (office du tourisme) - tlj sf mar. tte la journée - 2 € (enf. 1 €).*

LE GRAND RIED

▶ Pour visualiser ce circuit au départ de Strasbourg, reportez-vous au plan p. 121. Empruntez la D 468 jusqu'à Eschau.

Eschau

Avec son architecture ottonienne, l'**abbatiale St-Trophime**, du 10e s., est caractéristique du premier art roman en Alsace. Face à cette église sans clocher, jardin monastique de plantes médicinales. Eschau abrite la dernière école de facteurs d'orgues de France.

Bief de Strasbourg

Un bassin de compensation forme un plan d'eau de 650 ha. Un centre nautique est aménagé à Plobsheim.

Erstein

Capitale alsacienne du sucre, Erstein doit la vitalité de son économie aux betteraves depuis plus d'un siècle. L'**Étappenstall** est à la fois office du tourisme, espace d'expositions artistiques et maison du patrimoine, destinée à faire découvrir l'histoire du pays d'Erstein de façon vivante, suivant des thématiques différentes chaque année. *✆ 03 90 29 93 55 - ♿ - 14h-18h - fermé mar. et j. fériés, 25-31 déc. - gratuit.* À deux pas, la réserve naturelle de la forêt d'Erstein.

La ville abrite le **Musée Würth**. Ce bâtiment aux murs de béton brut abrite l'une des plus importantes collections d'entreprise d'art moderne et contemporain. Elle a été lancée dans les années 1960 par l'industriel Reinhold Würth, qui n'a cessé, depuis, de l'enrichir. Quelque 12 000 pièces (dessins, peintures, sculptures…) illustrent les grands mouvements artistiques du 20e et du début du 21e s. Deux expositions, monographiques ou thématiques, se tiennent chaque année dans les 800 m² des trois grandes salles du musée. *ZI Ouest, rue Georges-Besse - ✆ 03 88 64 74 84 - mar.-dim. 11h-18h - fermé 1er janv., 1er et 8 mai, jeu. de l'Ascension, 14 Juil., 24 et 25 déc. - 4 €, réduit 2 € - visites guidées gratuites le dim. à 14h30.*

Bief de Gerstheim

Il fut construit dans les années 1960. Les groupes à bulbe équipent pour la première fois une centrale rhénane. Le sentier-nature du Langgrund, parsemé de panneaux explicatifs, permet une promenade sur l'île.

Château d'Osthouse

3 km au sud d'Erstein par la D 288. Ne se visite pas.

Au 14e s., la ville d'Osthouse fut cédée à la famille des Zorn de Bulach, qui y construisit ce château. Remarquez le toit bicolore et les sculptures qui décorent l'entrée.

Benfeld

L'**hôtel de ville** de 1531 a une porte sculptée qui donne accès à la tourelle polygonale ornée d'un écusson aux armes de la ville. Son horloge à jaquemart comprend trois personnages en chêne : le chevalier en armes qui sonne les quarts d'heure représente la Sagesse ; à gauche, la Mort retourne son sablier toutes les heures pour nous rappeler que nous sommes mortels ; au-dessus, le « Stubenhansel » est un traître qui, en 1331, aurait livré la ville aux Bavarois et aux Wurtembourgeois pour une bourse d'or qu'il tient dans la main. Remarquez la petite pendule qui retarde de 25mn par rapport à l'heure du méridien de Greenwich.

Marckolsheim *(voir ligne Maginot, p. 388)*

NOS ADRESSES DANS LA VALLÉE DU RHIN

RESTAURATION

PREMIER PRIX

La Truite – *68970 Illhaeusern - ☏ 03 89 71 83 51 - www.restaurant-alatruite.com - fermé 17 fév.-5 mars -12,50/44 €.* Adresse réputée pour la qualité de sa matelote, spécialité alsacienne typique de la région. La façade joliment fleurie du restaurant et sa terrasse dressée au bord de l'Ill offrent un cadre plaisant pour déguster cette recette incontournable.

BUDGET MOYEN

Auberge du Grand Ried – *4 r. du Wyhl - 67390 Mackenheim - ☏ 03 88 74 92 60 - fermé vac. de fév., 1er janv., 25 déc., lun.-vend. midi - 19,50 €.* Viticulteurs du lundi au jeudi, les propriétaires enfilent leur tablier en fin de semaine pour mitonner des recettes alsaciennes peu connues. Le tout arrosé de vin « bio » issu de l'exploitation.

ACTIVITÉS

Canoës du Ried – *R. de la Fecht - 68970 Illhaeusern - ☏ 03 89 73 84 82 - www.canoes-du-ried.com - 9h-11h, 13h30-15h - fermé de mi-oct. à mi-avr. - 25 € descente journée ou 1/2 journée avec navette retour (-12 ans : enfants gratuits dans le même canoë que les parents).* De par son vaste réseau de rivières, la région du Ried est particulièrement agréable à découvrir en canoë. Vous pourrez emprunter une embarcation et suivre l'un des circuits pouvant durer entre 2h et 3 jours, avec ou sans encadrement. Possibilité de bivouaquer à la base.

AGENDA

Festival du sucre – À Erstein. *Dernier w.-end d'août, ☏ 03 88 98 14 33.*

Molsheim

★

9 382 Molsheimiens – Bas-Rhin (67)

NOS ADRESSES PAGE 127

S'INFORMER

Office du tourisme de Molsheim – *19 pl. de l'Hôtel-de-Ville - 67120 Molsheim - ✆ 03 88 38 11 61 - www.ot-molsheim-mutzig.com - juil.-août : 9h-12h30, 13h30-18h30, sam. 9h-12h, 14h-17h30, dim. et j. fériés 10h30-12h30, 13h30-16h ; reste de l'année : tlj sf dim. 9h-12h, 14h-17h30, sam. 9h-12h, 14h-17h - fermé 1er janv., lun. de Pâques, 1er mai, 1er nov., 25-26 déc.*

SE REPÉRER

Carte de microrégion B3 (p. 80) – *carte Michelin Départements 315 I5.*
À 25 km à l'ouest de Strasbourg, Molsheim est située sur la D 80.

SE GARER

Entrez dans le centre ancien par l'est de la ville. Vous traverserez la Bruche et le canal Coulaux : trois parkings gratuits sont situés près de l'église des Jésuites.

À NE PAS MANQUER

La Metzig et la chartreuse ; le fort de Mutzig.

Chassés des États protestants aux 16e et 17e s., bénédictins, chartreux, capucins et jésuites ont trouvé refuge à Molsheim. Ces communautés ont marqué leur passage : l'église des Jésuites est le plus grand bâtiment culturel d'Alsace, et la chartreuse la seule jamais construite au cœur d'une ville. Molsheim abrite aujourd'hui une collection quelque peu singulière : celle de la Fondation Bugatti, dont les usines sont implantées aux portes de la ville. Autre nom prestigieux lié à la cité, celui du bruderthal, un grand cru classé que Molsheim élève avec fierté.

Se promener

★ Église des Jésuites

Elle appartenait à la fameuse université des jésuites, fondée en 1618 par l'archiduc Léopold d'Autriche, évêque de Strasbourg. La renommée de cette université qui comprenait une faculté de théologie et une autre de philosophie s'étendait fort loin. En 1702, le cardinal de Rohan décida son transfert à Strasbourg, afin de contrebalancer l'influence de l'université protestante.

Bien que du début du 17e s., l'église a été construite dans le style gothique. L'intérieur est remarquable par ses dimensions harmonieuses, ses vastes tribunes et sa voûte en résille. Les deux chapelles du transept sont décorées de stucs, de dorures et de peintures datant des 17e et 18e s. L'une est consacrée à saint Ignace (fonts baptismaux en grès blanc de 1624), l'autre à la Vierge (beau gisant polychrome de Jean de Durbheim, évêque de Strasbourg de 1306 à 1328). Belles boiseries pour la chaire (1631) et les portes (1618), ornées de

Batterie de boucliers du fort de Mutzig.
B. Rieger/hemis.fr

1

sculptures. L'orgue Silbermann date de 1781 ; c'est le seul instrument d'Alsace à posséder un clavier d'écho complet de quatre octaves. À l'entrée nord se dresse la croix des Chartreux en pierre de la fin du Moyen Âge.

Suivez à gauche la rue Notre-Dame.

Tour des Forgerons

Cette ancienne porte fortifiée du 14e s. abrite une des plus anciennes cloches d'Alsace (1412). De part et d'autre de la tour, deux logis, pour le péage et pour la garde, ont été accolés vers 1650.

Rejoignez à droite la place de l'Hôtel-de-Ville en empruntant la rue de Strasbourg.

★ La Metzig

Ce bâtiment Renaissance fut construit en 1583 par la corporation des bouchers, qui y tenait ses réunions à l'étage, les boucheries occupant le rez-de-chaussée. L'édifice est typiquement alsacien, avec ses pignons à volutes, son double escalier, sa loggia surmontée d'un beffroi et l'élégant balcon de pierre qui ceinture le premier étage. Au centre de la place, fontaine à deux vasques superposées, dominée par un lion qui porte les armoiries de la ville.

Prenez la rue Jenner, à gauche de la place. Remarquez, aux nos 18 et 20, deux **anciennes maisons de chanoines** de style Renaissance (1628).

Prenez à droite la rue des Étudiants et passez devant le musée de la Chartreuse (voir p. 126), puis tournez à droite dans la rue de Saverne.

Maison ancienne

Elle possède un bel oriel en bois de 1607 et des fenêtres délicatement ouvragées.

Poursuivez par la rue de Saverne, traversez la rue du Mar.-Foch et prenez en face la rue des Serruriers. Prenez ensuite à gauche la rue de la Boucherie, puis à droite la rue St-Joseph. On rejoint l'église des Jésuites à droite par la rue du Mar.-Kellermann.

À voir aussi

Musée de la Chartreuse

✆ 03 88 49 59 38 - de déb. mai à mi-juin : w.-end et j. fériés 14h-17h ; de mi-juin à mi-sept. : 10h-12h, 14h-18h, w.-end et j. fériés 14h-17h ; de mi-sept. à mi-oct. : w.-end et j. fériés 14h-17h - 3 € (enf. 1,50 €), gratuit Printemps des musées.

Le prieuré de l'ancienne chartreuse (1598-1792) abrite un musée consacré à l'histoire de Molsheim et de sa région, de la préhistoire à nos jours. Avec l'arrivée des jésuites, des capucins et surtout des chartreux, Molsheim devient au 17e s. la capitale religieuse de l'Alsace. Un plan de 1744 montre l'importance de la chartreuse, qui s'étendait sur 3 ha, à l'intérieur de la ville. Une partie du cloître a été restaurée, et deux **cellules** de moines, reconstituées.

Dans un autre bâtiment, la **Fondation Bugatti** présente des souvenirs de la famille et quelques voitures construites ici dans l'Entre-deux-guerres.

À proximité Carte de microrégion

Avolsheim B3

3,5 km au nord de Molsheim. Accès possible par une piste cyclable.

Ce village conserve un très vieux baptistère et surtout, à 500 m au sud-est, une église célèbre qui passe pour être la plus ancienne d'Alsace.

La **chapelle St-Ulrich**, ancien baptistère (vers l'an 1 000) au plan en forme de trèfle, se compose de quatre absidioles autrefois voûtées en cul-de-four. De belles **fresques★** du 13e s. aux tons verts, ocre et rouges, représentent la Trinité, les quatre évangélistes et des scènes de l'Ancien Testament.

Avec son clocher à huit pans, l'**église du Dompeter** fait face à un magnifique tilleul d'âge vénérable, au milieu d'un cimetière, en plein champ. Quoiqu'en partie reconstruite aux 18e et 19e s., cette église dédiée à saint Pierre constitue un émouvant témoignage des débuts de l'art roman. De l'origine, il reste la base du clocher-porche, les linteaux des portes latérales ornés de symboles et les piles massives supportant les pleins cintres des arcades.

Altorf B3

3 km à l'est par la D 392. Contraste à l'**église St-Cyriaque** entre l'extérieur et la nef, de style roman tardif (bandes lombardes, arcs en plein cintre) et le transept et le chœur baroques (1724).

Mutzig B3

3 km à l'ouest. Cette charmante petite ville, autrefois fortifiée, abrite depuis des siècles une garnison. Elle s'orne d'une jolie fontaine et d'une porte du 13e s., surmontée d'une tour.

C'est à Mutzig, en 1812, que l'industriel Wagner créa sa célèbre brasserie. Elle a fermé ses portes en 1990. Mais il y a toujours chaque année une Fête de la bière *(voir le carnet d'adresses, p. 128)*. C'est aussi à Mutzig qu'en 1833 naquit Chassepot, l'inventeur du fusil qui armait l'infanterie française en 1870. Près de la Bruche, l'ancien **château des Rohan** (17e s.), évêques de Strasbourg, fut converti en manufacture d'armes après la Révolution. Il abrite aujourd'hui un centre culturel et le **musée régional des Armes** (armes à feu, histoire du fusil Chassepot et armes blanches). *✆ 03 88 38 31 98 - ♿ - de déb. mai à mi-oct. : merc.-sam. 14h-17h30, dim. 14h-18h - fermé 1er mai - 2,50 €.*

★★ **Fort de Mutzig** – *R. du Camp - ✆ 06 08 84 17 42 - www.fort-mutzig.eu - visite guidée (2h30) de déb. juil. à mi-sept. : 10h, 14h, 15h et 16h ; avr.-juin et de mi-sept. à fin oct. : 14h, visite suppl. le w.-end à 15h et 16h ; mars et nov.-déc : sam.-dim.*

à 14h - 9 € (9-16 ans 4,50 €). Lors de votre visite guidée, prévoyez des vêtements chauds sur un circuit long de 2 km dans les galeries et les usines souterraines puis sur les superstructures du fort. Animée par une association franco-allemande, la visite du fort de Mutzig permet de comprendre, au sein d'un environnement parfaitement préservé, la révolution de la forteresse éclatée. Après la visite de la ceinture des forts de Strasbourg, encore tournée vers une conception ancienne de la défense d'une cité, celle de la **forteresse géante** révèle comment s'est effectué le verrouillage militaire de la région, grâce au changement radical intervenu dans les progrès de l'artillerie lourde. Le groupe fortifié « Empereur Guillaume II » (nom originel du fort de Mutzig construit à partir de 1893) n'aura tiré que 291 coups de canon au cours d'une seule et unique journée, dans les premières semaines de l'offensive française. Dans les premiers jours de la Première Guerre mondiale, les Français dévalent le massif du Donon pour mener, du 12 au 15 août 1914, la bataille de Saint-Blaise qui les place à la limite de tir des tourelles de 105 du fort de Mutzig, à Lutzelhouse. Le 18 août, 2 000 soldats allemands du fort s'engagent dans la **vallée de la Bruche** afin d'attaquer les troupes françaises par le nord tandis qu'au sud, les canons de Mutzig, parfaitement ajustés sur la route de la vallée, font feu et menacent les Français de destruction totale. Ne disposant d'aucune ressource en artillerie lourde capable de menacer le fort distant de 40 km, l'armée française doit se replier. Cette seule démonstration suffira à asseoir la puissance de feu dissuasive du groupe fortifié de Mutzig, interdisant pour quatre ans aux armées françaises l'entrée dans la plaine d'Alsace et obligeant les soldats à combattre dans les hauteurs du massif des Vosges. Le fort, intact, est livré aux Français en 1918. Intégré à la Ligne Maginot, il connaît, en 1940, une péripétie rocambolesque qui s'achève en victoire tragique pour les troupes nazies.

NOS ADRESSES À MOLSHEIM

HÉBERGEMENT

BUDGET MOYEN

Le Bugatti – *R. de la Commanderie - 03 88 49 89 00 - www.hotel-le-bugatti.com - fermé 24 déc.-1er janv. - 49 ch. 59/68 € - 7 €.* L'architecture contemporaine du Bugatti, proche des usines de la marque légendaire, abrite des chambres fonctionnelles, rénovées dans l'esprit d'aujourd'hui.

RESTAURATION

PREMIER PRIX

Auberge Vigneronne Dr Winschnutzer – *12 pl. de la Liberté - 03 88 38 55 47 - feldbaum.kaes@yahoo.fr - fermé Pâques, 15-31 août, 1er nov., 24 déc.-2 janv., dim. et lun. (sf en été) - ouv. vend. soir et sam. soir, réservez -8/20 €.* Vous repérerez facilement cette ferme dans Molsheim grâce à sa fresque murale. Vin du cru, bien sûr, mais aussi jus de fruits naturels et légumes du potager accompagnent les plats alsaciens (dont les tartes flambées) servis sous la charpente de son ancien grenier à foin.

ACHATS

Pâtissier-chocolatier Schaditzki – *3 r. de Strasbourg - 03 88 38 11 42 - mar.-vend. 8h-19h, sam. et dim. 7h30-18h.* Depuis la création de la boutique en 1911, la passion de la pâtisserie se transmet de père en fils dans la famille. Quelques spécialités ont acquis une renommée internationale comme le succès Schaditzki, un mariage subtil de fonds meringués riches en amandes et noisettes avec une crème maison. Autres gourmandises tout aussi succulentes : le Napolitain, les glaces, les chocolats et le pain d'épice.

La Cave du Roi Dagobert – *1 r. de Scharrachbergheim - ✆ 03 88 50 69 00 - www.cave-dagobert.com - tlj janv.-mars : 9h-12h30, 14h-18h ; avr.-déc. : 9h-19h.* Les terres de M. Schaal recoupent exactement l'ancien domaine des rois mérovingiens, dont faisaient partie les Dagobert. Grâce à l'exposition des parcelles, aux fûts en chêne et à des cuves à la pointe de la modernité, les vins, souvent primés, acquièrent des vertus très appréciées. Le riesling grand cru de Wolxheim et le gewurztraminer en sélection Grains Nobles font le bonheur des connaisseurs.

Oppé – *29 r. du Mar.-Foch - 67190 Mutzig - ✆ 03 88 38 13 21 - mar.-dim. 7h30-12h30, 13h30-19h.* M. Oppé, fils de boulanger, a préféré le chocolat à la farine… pour notre plus grand plaisir. Ses chocolats, fins et d'une grande variété, se déclinent en vrac ou en ballotin : à la pistache, au miel, aux noix, à la framboise d'Alsace, etc. Les pâtisseries ont aussi de quoi faire saliver, comme le Frou-Frou, un biscuit sacher chocolaté avec une bavaroise au chocolat, le fondant au kirsch ou encore un excellent pain d'épice et des bretzels briochés.

Antoni Artisan Chocolatier – *1 rte du Vin - 67120 Avolsheim - ✆ 03 88 38 65 41 - www.antoni-chocolatier.com - tlj sf dim. et lun. 8h30-12h, 14h-18h30, sam. 8h30-12h, 14h-17h - fermé j. fériés.* Depuis plus de 50 ans, cette entreprise familiale a acquis une solide réputation grâce à la qualité et à la finesse de son chocolat. Parmi la gamme de confiseries au pur beurre de cacao, ne passez pas à côté de la griotte à l'eau-de-vie et au kirsch, véritable vedette de la maison distribuée dans toute la France.

Lucien Doriath - domaine de la Schleif – *30A rte de Molsheim - 67120 Soultz-les-Bains - ✆ 03 88 47 98 98 - www.lucien-doriath.fr - boutique : 9h-19h, dim. 10h-17h ; rest. : merc. midi, jeu. midi, dim. midi, vend. et sam.* Avec un restaurant en guise de vitrine, on est sûr d'attirer l'attention des gourmets. Surtout quand il est question de foie gras et autres spécialités élaborées à partir du canard.

AGENDA

Marathon du vignoble d'Alsace – Chaque année, un w.-end de juin, courses le dimanche à travers vignoble et villages - *www.marathon-alsace.com.*

Les Vendredis de la Chartreuse – *✆ 03 88 49 39 55 - juin-août.* Soirées musicales des Vendredis de la Chartreuse dans l'ancienne chartreuse (concerts, cabaret, danse, théâtre).

Fête du raisin – Le 2e w.-end d'oct., elle donne lieu à des animations musicales et folkloriques. Portes ouvertes dans les caves viticoles. *✆ 03 88 49 58 37.*

Festivales de Molsheim – *Parc des Jésuites - ✆ 03 88 48 83 28.* Animation musicale (variété, folklore, musette, country…) tous les samedis soir de mi-juin à fin août.

Fête de la bière – *1er w.-end de sept. - ✆ 03 88 38 31 98.*

Noël d'antan – Chaque année un w.-end de déc., animations médiévales : costumes, marché, repas, spectacles. *Rens. auprès de l'office du tourisme de Molsheim.*

Schirmeck

2 425 Schirmeckois – Bas-Rhin (67)

NOS ADRESSES PAGE 133

S'INFORMER

Office du tourisme de la haute vallée de la Bruche – *114 r. Grand-Rue - 67130 Schirmeck - 03 88 47 18 51 - www.hautebruche.com - juin-sept. : 9h-12h, 14h-18h, sam. 10h-12h, 14h-17h ; reste de l'année : tlj sf w.-end et j. fériés 10h-12h, 14h-17h - fermé 1er janv., lun. de Pâques, lun. de Pentecôte, 1er et 11 Nov., 25 déc.*

SE REPÉRER

Carte de microrégion A3 (p. 80) – *carte Michelin Départements 315 H6.*
À 53 km au sud-ouest de Strasbourg, 39 km au nord-est de St-Dié, 47 km au sud de Saverne, 45 km au nord-ouest de Sélestat, Schirmeck est desservie par la D 1420.

À NE PAS MANQUER

Le mémorial d'Alsace-Moselle (comptez 2h de visite).

AVEC LES ENFANTS

Le musée Oberlin à Waldersbach (comptez 1h de visite).

1

Créée autour du 13e s. sous l'impulsion de l'évêque de Strasbourg, Schirmeck tira grand profit de sa situation entre les Vosges du Nord et la région des Ballons. Les vastes forêts assurèrent pendant longtemps sa richesse. Elles attirent aujourd'hui les amateurs de nature, qui trouveront autour de la cité, et jusque dans la haute vallée de la Bruche, des sites sauvages et des sentiers de randonnée réputés.

Visiter

★ Mémorial d'Alsace-Moselle

03 88 47 45 50 - www.memorial-alsace-moselle.com - ♿ - 9h30-18h30 - possibilité de visite guidée (2h) sur demande - fermé janv., 1er mai, 25 déc. - 10 € (- 8 ans gratuit).

Érigé en 2005 sur une colline en face de l'ancien camp de concentration du Struthof, le mémorial rassemble les souvenirs des souffrances endurées par les Alsaciens et les Mosellans de 1870 à la fin de la Seconde Guerre mondiale. Muni d'un audioguide, vous effectuerez un véritable plongeon dans l'Histoire, grâce à une scénographie vivante. Après l'évocation de la **période de 1870 à 1939**, un long parcours fait revivre les malheurs de la **Seconde Guerre mondiale**, depuis l'exode de 430 000 habitants des zones proches de la ligne Maginot jusqu'à la Libération. L'exposition s'attarde sur la « drôle de guerre », l'annexion de fait de l'Alsace et de la Moselle et leur processus de germanisation accélérée, l'incorporation de force des Alsaciens et Lorrains dans l'armée allemande, le souvenir de la Résistance et le réseau des passeurs, les déportations et la dénonciation du système concentrationnaire. La visite se termine par une présentation de la **construction européenne** et par une vidéo célébrant la réconciliation franco-allemande.

Château-musée de Schirmeck

Depuis le mémorial, empruntez la rue principale de Schirmeck, puis tournez à gauche dans la rue du Repos. Longez le cimetière, puis garez la voiture au niveau de la rue de la Côte-du-Château. Comptez ensuite 20mn de marche AR. ✆ 03 88 47 18 51 - www.hautebruche.com - juil.-sept. : dim. et j. fériés 14h30-18h30 - possibilité de visite guidée (30mn) - fermé j. fériés - gratuit.

Ce château, dont il ne restait pratiquement plus rien, a été patiemment restauré en 1970 par Marcel Heiligenstein, maire de Schirmeck. Construit au 13e s. par l'évêque de Strasbourg, il fut probablement brûlé par les Suédois en 1633, pendant la guerre de Trente Ans. La tour restaurée abrite aujourd'hui un petit **musée des Traditions locales** où sont exposés divers objets et outils de la vie courante (1900), ainsi que quelques documents et souvenirs sur les deux guerres à Schirmeck. De la plate-forme dominée par une Vierge de 1858, belle **vue★** sur Schirmeck.

De l'église néoclassique de Schirmeck (1754), il reste une façade encore belle et un clocher octogonal encadré par 4 statues baroques.

À proximité Carte de microrégion

★★ Le Struthof A3

10 km à l'est. ✆ 03 88 47 44 67 - www.struthof.fr - ♿ - possibilité de visite guidée - 1er mars-15 avr. : 9h-17h ; 16 avr.-15 oct. : 9h-18h30 ; 16 oct.-24 déc. : 9h-17h - 5 € (-18 ans 2,50 €) - Journées du patrimoine gratuit. Le camp du Struthof est un lieu de mémoire ; vous pouvez y venir avec vos enfants, en les avertissant au préalable du contexte historique.

Au cours de la dernière guerre, les nazis créèrent à Natzwiller en 1941 un important camp de concentration qui reçut des convois de prisonniers allemands et autrichiens, ainsi que, à partir de 1943, des prisonniers de toute l'Europe classés NN (du décret *Nacht und Nebel* visant à l'extermination des résistants), voués à une mort rapide. Sur les dizaines de milliers de personnes déportées ici, 10 000 à 12 000 y sont mortes.

Le **Centre européen du résistant déporté** a été inauguré à l'occasion du 60e anniversaire de la libération des camps nazis. Construit aux abords du Struthof, il est une bonne introduction à la visite du site et du musée. Le bâtiment, appelé *Kartoffelkeller* (cave à pommes de terre) par les nazis, a été construit par les déportés du camp du Struthof. Une exposition y décrit le contexte historique de la Seconde Guerre mondiale et, au rez-de-chaussée, 14 camps de déportation et de concentration sont présentés sur des bornes interactives et autour d'un objet quotidien des déportés.

Rejoignez ensuite le **camp** *(visite guidée gratuite possible, départ toutes les heures, demandez les horaires à l'accueil)* où subsistent la double enceinte de fils de fer barbelés, la grande porte d'entrée, le four crématoire, les cellules des déportés punis et deux baraques (un dortoir et la cuisine) transformées en musée.

La nécropole, aménagée au-dessus du camp, abrite les restes de 1 120 déportés. Devant elle se dresse le **mémorial**, sorte d'immense colonne évidée, portant gravée à l'intérieur une silhouette géante de déporté. Le socle renferme le corps d'un déporté inconnu français. À 1,5 km du camp en direction de Rothau, la **chambre à gaz** qui a servi à gazer 86 Juifs en vue d'expériences « scientifiques » est ouverte au public.

Des visages témoins de la période 1870-1939, au mémorial d'Alsace-Moselle.
B. Rieger/hemis.fr

Circuit conseillé Carte de microrégion

★ VALLÉE DE LA BRUCHE

Pour visualiser ce circuit de 70 km reportez-vous à la carte de microrégion p. 80. La D 420, qui traverse Schirmeck, longe la la Bruche, de Saales à Molsheim.

Saales A4
Situé à l'origine de la vallée de la Bruche, le bourg commande le col du même nom qui procure un passage facile d'un versant des Vosges à l'autre. C'est d'ailleurs ici que la Bruche prend sa source pour aller plus tard se jeter dans l'Ill, près de Strasbourg.

St-Blaise-la-Roche A3
Ce petit bourg est un important carrefour routier. À ses environs, la Bruche, étroite et calme, bordée de trembles et de bouleaux, coule entre les prés. *Tournez à droite dans la D 424. Suivez la direction des Charasses.*

Espace apicole de Colroy-la-Roche A3
Le rucher-école permet de découvrir la vie des abeilles, la récolte du miel et de la cire. Quant au musée, il présente une belle collection d'outils apicoles et de ruches. *Rte des Charasses - ✆ 06 74 43 36 00 - ♿ - mai-août, visite guidée (2h30) sur demande préalable (2 sem. à l'avance) - 4 € (14-18 ans 2,50 €).*
Revenez sur la D 424, puis prenez la direction de Ranrupt, à droite.
Remarquez au passage les fermes vosgiennes du hameau de **Fonrupt**.
On emprunte ensuite la D 214, à gauche, en direction du Champ du Feu (1 100 m). Au col de la Charbonnière, prenez la D 57 à gauche.

Vallon du Ban de la Roche A3
L'aspect encore sauvage de ce vallon est adouci par la présence de quelques jolies habitations isolées.

★ Musée Oberlin A3

03 88 97 30 27 - www.musee-oberlin.com - ♿ - avr.-sept. : 10h-19h ; reste de l'année : 14h-18h - possibilité de visite guidée (1h30) sur demande préalable - fermé mar., 1er janv., Vend. saint, dim. de Pâques, 1er mai, dim. de Pentecôte, 1er nov., 25, 26 et 31 déc. - 4,50 € (-18 ans 3 €).

Ce musée est installé dans l'ancien presbytère protestant de **Waldersbach**, charmant hameau aux maisons couvertes de grandes toitures de tuiles. On y fait la connaissance de **Jean Frédéric Oberlin** (1740-1826). Pasteur à Waldersbach, cet ardent partisan de l'éducation par le jeu ouvre des écoles maternelles, familièrement appelées « poêles à tricoter », et prolonge la scolarité des enfants jusqu'à 16 ans. Il dote le vallon de routes, fonde des caisses de prêt, développe l'agriculture et l'artisanat. Il crée enfin une petite activité industrielle en faisant venir des métiers à tisser. Oberlin, précurseur de toutes les œuvres sociales, demeure, en Alsace, l'objet d'une vénération justifiée. Sa personnalité singulière et attachante, ses goûts pour la Bible, la botanique, l'astronomie mais aussi pour la physiognomonie (étude du caractère à partir du profil) sont exposés au visiteur de façon ludique et pédagogique. On découvre sous des panneaux coulissants ou des tiroirs en bois ses effets personnels ou ses collections ; on reproduit des schémas de plantes grâce à des empreintes en relief ; on miniaturise son profil à l'aide d'un pantographe. Dehors, le jardin botanique est lui aussi une occasion d'apprentissage.

Fouday A3

Le pasteur Oberlin repose dans le petit cimetière attenant au temple luthérien. Celui-ci, à l'intérieur, présente une simple nef carrée que des galeries de bois ceignent sur trois côtés, mais conserve l'abside à voûte d'arêtes qui constituait le chœur de l'ancienne église romane. Le temple est décoré de fresques médiévales.

Empruntez la D 1420 vers la droite. À Rothau, prenez en direction des Quelles, puis à 1 km suivez une route de terre (direction de La Falle) ; sur la droite, un panonceau indique le départ du sentier balisé ; parking possible dans le virage suivant.

Rocher de la Chatte pendue A3

2h à pied AR. Le sentier grimpe dans un sous-bois déjà montagneux. À 900 m d'altitude, au sommet en plateau de la Chatte pendue, beau **belvédère★**.

Revenez à Rothau pour emprunter la D 130. Après 1 km, tournez à droite vers Neuviller.

Neuviller-la-Roche A3

Dans ce charmant petit village de montagne a pris place un **musée des Arts et Traditions populaires** où meubles, outils et ustensiles retracent la vie quotidienne des ouvriers-paysans du temps jadis. *R. Principale - 03 88 97 07 18 - www.hautebruche.com - mai-sept. : w.-end 14h-18h - possibilité de visite guidée (1h) - fermé 25 déc. - 4 € (10-12 ans 1,50 €).*

Revenez à la D 1420 et dépassez Schirmeck.

On traverse ensuite le petit village de **Wisches**, qui marque la limite entre les pays de langue française et de dialectes alsaciens. À la sortie d'**Urmatt** à droite, gigantesque scierie. Un petit détour s'impose ensuite pour admirer l'**église de Niederhaslach★** *(voir p. 374)*. La vallée se resserre entre des versants boisés, en vue du village de **Heiligenberg**, que l'on aperçoit sur un promontoire de la rive gauche. Avant de parvenir à **Molsheim★** *(voir p. 124)*, on visitera Mutzig *(voir p. 126)*.

NOS ADRESSES À SCHIRMECK

HÉBERGEMENT

POUR SE FAIRE PLAISIR

Hôtel Neuhauser – *Les Quelles - ✆ 03 88 97 06 81 - www.hotel-neuhauser.com - P - 17 ch. 76/130 € - ☕ 12 € - 1/2 P 84 € - rest. 21/46 €.* Calme garanti dans cette auberge campagnarde nichée au cœur de la forêt. Vous aurez le choix entre les chambres et de spacieux chalets. Restaurant avec vue sur la vallée de la Bruche. Plats régionaux et… incontournable eau-de-vie de la distillerie familiale en digestif!

ACHATS

Marché des produits de montagne de la Haute-Bruche – *67420 Saâles - 2e dim. de juin jusqu'au 3e vend. de sept. ; marché de Noël : 2e vend. de déc.*

Sous les halles de l'hôtel de ville de Saales se tient le vendredi apr.-midi, de mi-juin à fin septembre, le marché des produits de montagne de la Haute-Bruche. Agriculteurs et artisans de tout le massif vosgien vous proposent leurs produits traditionnels.

ACTIVITÉS

Pendant l'été (15 juin-15 sept.), l'office de tourisme organise des randonnées à thème « Sentiers Plaisir ». *Calendrier gratuit à l'office de tourisme* *(voir p. 129)*.

AGENDA

Fête de la Totsche – *À Russ - w.-end suivant le 14 Juil. - www.fetedelatotsche.com.*
Les années impaires, on y recrée la vie des paysans du début du 20e s.

1

Rosheim

★

4 708 Rosheimiens – Bas-Rhin (67)

NOS ADRESSES PAGE 134

S'INFORMER

Office du tourisme de Rosheim – *94 r. du Gén.-de-Gaulle - 67560 Rosheim - ✆ 03 88 50 75 38 - www.rosheim.com - juin-sept. : 9h-12h, 14h-18h, sam. 9h-12h, 14h-17h, dim. 9h-12h ; déc. : tlj sf dim. 10h-12h, 14h-17h ; reste de l'année : tlj sf w.-end 10h-12h, 14h-17h - fermé 1er janv., lun. de Pâques, 1er mai, 1er et 11 Nov., 25 déc.*

Visite pédestre du sentier viticole – *94 r. du Gén.-de-Gaulle - ✆ 03 88 50 75 38- www.rosheim.com - L'office de tourisme organise pendant la saison estivale des sorties gratuites dans le vignoble le jeudi à 17h - Visite commentée par un viticulteur du secteur, suivi d'une dégustation gratuite dans sa cave.*

SE REPÉRER

Carte de microrégion B3 (p. 80) – *carte Michelin Départements 315 I6.* À 8 km au sud de Molsheim, 27 km à l'ouest de Strasbourg, 30 km au nord de Sélestat.

Cette petite ville où domine l'activité viticole, incontournable pour les amateurs d'architecture romane, fut membre de la Décapole en 1354. Au milieu des vignes, entre les ruines des remparts, se dissimulent deux remarquables édifices : une église du 12e s. dédiée aux apôtres Pierre et Paul, qui reste l'édifice le plus complet et le plus typique de l'architecture romane en Alsace, et, à quelques maisons de là, une maison en grès rouge de 1152, peut-être la plus ancienne construction civile d'Alsace.

Se promener

★ Église St-Pierre-et-St-Paul

Construite en grès jaune entre 1150 et 1250, l'église adopte la forme d'une croix latine. Elle présente une tour octogonale, au-dessus de la croisée du transept, qui date du 14e s. Des bandes lombardes reliées par des arcatures courant le long des parties hautes de la nef et des bas-côtés décorent la façade et les murs. Sur le pignon de la façade ouest, des lions dévorent des humains. Aux quatre angles de la fenêtre absidiale sont figurés les symboles des évangélistes. À l'intérieur, alternance de piles fortes et de piles faibles surmontées de chapiteaux sculptés, chef-d'œuvre de l'école rhénane du 12e s.

Porte des Lions, porte Basse et porte de l'École

Ce sont des vestiges de l'ancienne enceinte de Rosheim.

Puits à chaîne et Zittgloeckel

Sur la place de la Mairie, puits à six seaux (1605), qui servit aux Rosheimiens jusqu'en 1906, et tour de l'Horloge.

Maisons anciennes

Elles longent la rue du Gén.-de-Gaulle et les petites rues adjacentes.

Maison romane

Située également rue du Gén.-de-Gaulle entre les nos 21 et 23. Appelée aussi la maison des païens, elle aurait appartenu à une dame noble d'Andlau nommée Wilebric et passe pour la plus ancienne construction en pierre d'Alsace (seconde moitié du 12e s.). Elle présente deux étages percés de baies géminées *(se visite durant les Journées du patrimoine)*.

NOS ADRESSES À ROSHEIM

RESTAURATION

BUDGET MOYEN

Auberge du Cerf – *120 r. du Gén.-de-Gaulle - ✆ 03 88 50 40 14 - www.aubergeducerf-rosheim.com - fermé 25 janv.-7 fév., dim. soir et lun. - formule déj. 12 € -16/40 €.* Au centre de la cité vigneronne, cette auberge fleurie héberge deux petites salles à manger assez plaisantes. Cuisine classique et régionale.

ACHATS

Caves à vins – 10 vignerons vous ouvrent leurs caves (dégustation et vente). Rens. à l'office de tourisme.

Siffert Frères – *35 rte de Rosenwiller - ✆ 03 88 50 20 13 - tlj sf w.-end 8h-12h, 14h-16h30 - fermé j. fériés.* Affinage de munster et autres spécialités.

AGENDA

« Corso fleuri » – *2e dim. de sept.*

Obernai

★★

11 009 Obernois – Bas-Rhin (67)

NOS ADRESSES PAGE 138

S'INFORMER

Office du tourisme d'Obernai – *Pl. du Beffroi - 67210 Obernai - ✆ 03 88 95 64 13 - www.obernai.fr - janv.-mars et nov. : 9h-12h30, 14h-17h fermé dim. ; reste de l'année : 9h-12h (12h30 oct.-avr.), 14h-18h (19h juil.-août) - fermé 1er janv., 1er et 11 Nov., 25 déc. Met à disposition un petit dépliant qui permet d'effectuer une balade d'une heure en ville (panneaux explicatifs devant chaque site). Propose également des excursions thématiques présentées sur le site Internet.*

SE REPÉRER

Carte de microrégion B3 (p. 80) – *carte Michelin Départements 315 I6.* Obernai se trouve au nord du vignoble alsacien, à 27 km au sud-ouest de Strasbourg. Enserrée par les hauteurs du mont Ste-Odile qui se trouve à 13 km à l'ouest, la ville est aussi desservie par l'A 35 qui file au sud vers Colmar, à 50 km, Mulhouse et Bâle.

À NE PAS MANQUER

La place du Marché pour son ensemble de maisons traditionnelles et le célèbre puits aux Six Seaux.

ORGANISER SON TEMPS

À Obernai, saisissez l'occasion de découvrir le vignoble alsacien en empruntant le sentier viticole du Schenkenberg ou en goûtant les différents crus dans une des caves de dégustation.

Étape incontournable sur la route des vins, Obernai est aussi le pays de la bière puisque les brasseries Kronenbourg y sont installées. Un charme particulier émane de son centre médiéval et Renaissance. Les vieilles maisons aux toits polychromes s'ornent des armoiries des corporations. Les petites rues fleuries à un vieux puits ou aux remparts. Toute l'Alsace semble s'être concentrée ici !

Se promener Plan de ville

★★ Autour de la Place du Marché A

Centre de la ville, qui accueille le marché hebdomadaire du jeudi matin depuis 1301, elle est bordée de maisons aux teintes dorées tirant parfois vers le carmin, nuances qui donnent aux rues d'Obernai cette lumière si particulière. Une fontaine dédiée à sainte Odile (1904) orne le centre de la place.

Divers édifices remarquables entourent la place.

L'hôtel de ville★ (A H), reconstruit en style néo-Renaissance en 1848, conserve toutefois quelques vestiges du 14e au 17e s. (oriel et beau balcon sculpté de 1604 en façade). Il est flanqué de la **tour de la Chapelle★** (A), un beffroi du 13e s., jadis clocher d'une chapelle dont ne subsiste que le chœur.

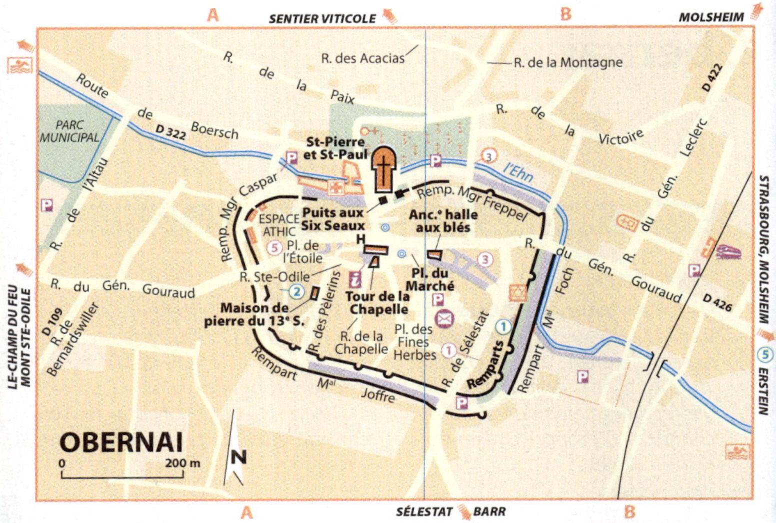

SE LOGER		SE RESTAURER	
A la Cour d'Alsace	2	Bistrot des saveurs (Le)	1
Gouverneur (Hôtel)	1	Cour des Tanneurs (La)	3
Jardins d'Adalric (Hôtel Les)	5	Petites Casseroles (Les)	5

La flèche gothique culmine à presque 60 m. Flanquée de quatre échauguettes ajourées, elle date du 16e s.

De l'autre côté de la place se dresse **l'ancienne halle aux blés★** (B), datant de 1554 et qui abritait autrefois les boucheries municipales, ce que rappellent les deux têtes de bovins ornant la façade.

Par la rue du Chanoine-Gyss au nord, vous prenez la direction de l'église St-Pierre-et-St-Paul.

En route, vous passez le **puits aux Six Seaux** A. Ce puits Renaissance est un des plus beaux et des mieux conservés d'Alsace, même s'il a connu au cours du temps quelques mésaventures qui ont entraîné des rénovations. La date de sa création est apposée sur la girouette : 1579. Chacune de ses trois rouelles porte deux seaux.

Église St-Pierre-et-St-Paul A

Imposante, elle a été construite au 19e s. dans le style néogothique. Dans le bras gauche du transept, autel du St-Sépulcre (1504) et châsse contenant le cœur de Mgr Freppel, évêque d'Angers, mort en 1891. Quatre fenêtres portent des vitraux du 15e s. attribués à Pierre d'Andlau ou à son élève Thibault de Lyxheim.

Vous revenez vers la place du Marché.

★ Maisons anciennes A

Elles sont très nombreuses dans le quartier de la place du Marché *(notamment ruelle des Juifs et rue Ste-Odile)* et jusque vers la **place de l'Étoile**. La rue Dietrich, qui mène à la place des Fines-Herbes pavée de galets, compte de belles maisons à colombages. En suivant la **rue des Pèlerins**, remarquez une maison en pierre de trois étages, du 13e s.

Au bout de la rue, vous parvenez aux remparts.

La place du Marché et l'église St-Pierre-et-St-Paul.

B. Jannsen/age fotostock

Remparts A/B

Au 12e s., la ville, alors possession du Saint Empire romain germanique, décide de se protéger par une double enceinte fortifiée. L'enceinte intérieure mesurait 1400 m et était ouverte par quatre portes et flanquée d'une vingtaine de tours. Remaniée à plusieurs occasions, cette dernière constitue une promenade agréable tout autour de la ville historique. La partie la mieux conservée est le rempart Maréchal-Foch, au sud.

Vous pouvez parcourir le rempart dans son intégralité et revenir ainsi vers St-Pierre-et-Paul et la place du Marché. Mais aussi rejoindre cette dernière via la rue de Sélestat. Vous passerez devant la **synagogue** de style néo-roman (1876). Puis longerez les rues piétonnes bordées de restaurants *(rue du Marché, rue du canal de l'Ehn)* ou la **rue du Général-Gouraud** et ses alléchantes vitrines (traiteurs, chocolatiers…).

Les **environs d'Obernai** sont riches en curiosités. Voir *Le Hohwald, p. 143* (forêts, panoramas, vignes d'Otrott, lames de Klingnethal…), et *Mont Ste-Odile, p. 140.*

NOS ADRESSES À OBERNAI

Ottrott, à 3 km, compte également d'excellentes adresses *(voir Le Hohwald, p. 147).*

HÉBERGEMENT

POUR SE FAIRE PLAISIR

Hôtel Les Jardins d'Adalric – *19 r. Mar.-Kœnig - 03 88 47 64 47 - www.jardins-adalric.com - 46 ch. à partir de 75 € - 11 €.* Un bâtiment légèrement excentré abritant des chambres soignées. Salle des petits-déj. cossue avec baie vitrée, prolongée par une terrasse. Piscine, jardin.

Hôtel Gouverneur – *13 r. de Sélestat - 03 88 95 63 72 - www.hotelgouverneur.com - 31 ch. 60/90 € - 8,50 €.* Cette grosse bâtisse à cheval sur les remparts a été rénovée en 2010. Chacune des chambres réparties autour d'une cour intérieure porte le nom d'une spécialité régionale qui inspire son décor.

UNE FOLIE

À la Cour d'Alsace – *3 r. de Gail - 03 88 95 07 00 - www.cour-alsace.com - 53 ch. 139/239 € - 12/18,50 € - rest. 49/92 €.* Au cœur de la ville historique, un ensemble de maisons de styles divers (architecture, matériaux), répartis autour de petites cours. Un mini-village de bon goût et de confort avec des chambres et des suites aux décors variés, une piscine et un excellent restaurant où s'offrir un dîner d'exception.

RESTAURATION

Le centre historique d'Obernai compte pléthore de restaurants le long de ses rues piétonnes.

BUDGET MOYEN

La Cour des Tanneurs – *Ruelle du Canal-de-l'Ehn - 03 88 95 15 70 - fermé 2-14 juil., 22 déc.-2 janv., mar. et merc. - 25,20/35,40 €.* Une adresse simple et soignée, sobrement décorée.

Accueil à la bonne franquette pour une cuisine du marché au goût du jour fine et bien faite.
Les Petites Casseroles – *128 r. du Gén.-Gouraud - ✆ 03 88 04 70 21 - www.casserole-obernai.com - fermé lun. midi et dim. - 8/29 €.* Décor bric-à-brac, menu terroir avec pour spécialité les pommes de terre à toutes les sauces !

UNE FOLIE

Bistro des Saveurs – *35 r. de Sélestat - ✆ 03 88 49 90 41 - tlj sf lun., mar. et dim. soir, fermé vac. fév. et mi-juil.-déb. août - 32/48/79 € (uniquement à la carte le soir).* Dans une belle salle boisée, vous dégusterez une cuisine de saison, inspirée par le terroir, mais très inventive.

UNE PETITE PAUSE

Les salons de thé et chocolatiers ne manquent pas : Gross *(66 r. Gén.-Gouraud - www.gross.fr)* ou Schaeffer *(92 r. Gén.-Gouraud).*

ACHATS

Aux Caves d'Obernai – *30 av. Gén.-Leclerc - ✆ 03 88 47 60 21 - www.cave-obernai.com - lun.-sam. 10h-12h, 14h-18h.* Tous les crus du Clos Ste-Odile, dont les vignes s'étendent au-dessus de la ville, sont en vente dans ce magasin : riesling, tokay, gewurztraminer, pinot noir, crémant blanc de blanc, liqueurs, eaux-de-vie de framboise, de mirabelle.
Les Eaux de Vie J. et M. Lehmann – *Chemin des Peupliers - ✆ 03 88 50 41 29 - www.distillerielehmann.com - tlj sf dim. 8h-12h, 14h-18h (sam. 16h).* M. Lehmann, qui représente la cinquième génération de cette famille de distillateurs, invite chaleureusement à découvrir ses méthodes artisanales de production. Ses eaux-de-vie et liqueurs (comme la framboise sauvage ou la poire Williams), de nombreuses fois primées, se vendent uniquement à la distillerie.

EN SOIRÉE

L'Athic – *6 pl. de l'Étoile - ✆ 03 88 95 50 57 - 10h-15h (sauf dim. et lun.), 19h-3h (17h-3h le w.-end) - fermé 5-15 mars, 8-28 nov., 24 déc.-4 janv.* Cet élégant bar à cocktails, meublé de fauteuils en velours et d'un piano à la disposition de la clientèle, ménage différents espaces : une salle de billard à l'étage et une autre plus intime avec un comptoir en étain et de vieilles tables en marbre. Grande terrasse.

ACTIVITÉS

En été, l'office de tourisme *(www.obernai.fr)* organise diverses animations, dont des visites guidées thématiques (vignoble, terroir…). Ainsi sur le **sentier viticole du Schenkenberg**, un circuit de 3,6 km *(1h30)* permettant de découvrir le vignoble sur 250 ha.

AGENDA

Détails sur *www.obernai.fr*
Pisteurs d'Étoiles – *Fin avr.-début mai.* Festival du Nouveau Cirque.
La Nocturne du Hans – Course nocturne (12 km) dans la ville et le vignoble *(sam. après le 14 juil.).*
Les Estivales d'Obernai – Musique du monde sur la place du Marché *(sam. en juil.-août).*
BiObernai – *Mi-sept.* Salon de l'agriculture biologique.
Foire à la Choucroute – *Fin sept.* À Krautergersheim, la capitale de la choucroute.
Fête d'automne – *3e w.-end d'oct.*

Mont Sainte-Odile

★★

Bas-Rhin (67)

NOS ADRESSES PAGE 142

S'INFORMER
www.mont-sainte-odile.com ou office du tourisme d'Ottrott *(voir Le Hohwald, p. 143)* dont dépend le mont - *03 88 95 83 84* - ♿.

SE REPÉRER
Carte de microrégion B3 (p. 80) – *carte Michelin Départements 315 I6.* Le mont Ste-Odile se situe au sud-ouest d'Obernai.

SE GARER
Nombreux parkings aménagés aux abords du mont. Pour les plus courageux, le GR 5 passe tout près.

À NE PAS MANQUER
Le panorama sur la plaine d'Alsace et la Forêt-Noire depuis la terrasse du couvent, les vestiges du Mur païen.

Des falaises de grès rose, couvertes de forêts, qui avancent au-dessus de la plaine d'Alsace... : c'est dans ce décor que la sainte patronne de l'Alsace, qui a donné son nom au lieu, naquit et mourut au 7e s. Un million de touristes font chaque année l'ascension du mont, pour faire un pèlerinage, admirer le panorama... ou pour percer le mystère du fameux Mur païen.

Visiter

LE COUVENT

Un unique porche, sous l'ancienne hôtellerie, donne accès à la grande cour plantée de tilleuls et encadrée à gauche par la façade de l'hôtellerie actuelle, au fond par l'aile sud du couvent, et à droite par l'église.

Église conventuelle Notre-Dame-de-l'Assomption

L'intérieur de l'église, reconstruite en 1692, est composé de trois nefs. Belles boiseries au chœur et confessionnaux du 18e s. richement sculptés.

★ Chapelle St-Jean-Baptiste (chapelle de la Croix)

Accès par une porte à gauche dans l'église conventuelle.
Les quatre voûtes d'arêtes sont soutenues par une seule colonne trapue, de style roman (11e s.), au chapiteau décoré de palmettes et de figures. Un sarcophage contenait les ossements d'Étichon, père de la sainte.
À gauche, une porte basse aux sculptures carolingiennes communique avec la petite chapelle Ste-Odile.

Chapelle Ste-Odile (chapelle du Tombeau)

Ici reposent, dans un sarcophage de pierre du 8e s., les reliques de la sainte. Cette chapelle aurait été édifiée au 12e s. sur l'emplacement de celle où mourut sainte Odile. La nef est romane et le chœur gothique. Deux bas-reliefs du

17e s. représentent l'un le baptême de sainte Odile et l'autre Étichon délivré des peines du Purgatoire grâce aux prières de sa fille.
Le couloir où flottent les odeurs du réfectoire vous mène à la terrasse.

Terrasse

Le vaste espace planté de beaux tilleuls est comme une tribune sur le centre de l'Alsace, une mise en scène de la diversité des paysages de la région. Deux tables d'orientation y ont été installées. L'une à l'angle nord-ouest, d'où l'on découvre le Champ du Feu, la vallée de la Bruche et les sombres forêts pleines de promesses. L'autre à l'extrémité nord-est offre un splendide **panorama★★** sur la plaine d'Alsace (villages compacts, bosquets, cultures) et, à l'horizon, la Forêt-Noire au-delà du Rhin. Au pied du drapeau, un cadran solaire géographique (18e s.) indique l'heure de différentes parties du monde.

Chapelle des Larmes

C'est la première des chapelles qui s'élèvent à l'angle nord-est de la terrasse. Elle est bâtie sur l'ancien cimetière mérovingien (plusieurs tombes taillées dans le rocher sont visibles à l'extérieur). La mosaïque (1935) à dominante or représente le tombeau entouré de Léon IX et de sainte Eugénie ; sous la voûte, le Christ et les vertus chrétiennes, et au-dessus de la porte, Odile en prière.

Chapelle des Anges (chapelle St-Michel)

Bordée par un étroit passage dominant le précipice, elle présente une belle mosaïque de nuances de bleus de 1947, juste éclairée par trois petites ouvertures qui semblent percées par les rayons du soleil eux-mêmes. Selon une croyance, la jeune fille qui en faisait neuf fois le tour était assurée de trouver un mari dans l'année.

Randonnées et courtes marches

Le mont Ste-Odile est couvert par une vaste toile de sentiers balisés. Il y en a pour tous les goûts : courtes marches à proximité du couvent ou longs tracés forestiers (GR5 par exemple). Vous pouvez ainsi suivre le Sentier des Merveilles *(2h)* ou rejoindre St-Nabor et Ottrott. La route D 109 croise les chemins d'accès au **château de Landsberg** *(voir plus bas)* ou aux ruines de l'**abbaye de Niedermunster**, fondée en 700 et dont ne restent que les assises d'une basilique romane. En suivant la D 426 (dir. Le Hohwald), vous croiserez le chemin d'accès au **Birkenfels**, un imposant castel du 13e s. Les offices de tourisme vous fourniront cartes et itinéraires.

Pour rejoindre le couvent puis redescendre via un chemin choisi et (ainsi éviter une éprouvante montée), vous pouvez emprunter la ligne de bus n° 257 qui relie Strasbourg au Champ du Feu via Obernai, Ottrott, Klingenthal et le Mont Ste-Odile. Informations : *www.tourisme67.com*

L'HISTOIRE DE SAINTE ODILE

Au 7e s., le cruel duc Étichon, propriétaire du château de Hohenbourg (premier nom du mont Ste-Odile) qui lui sert de résidence d'été, rejette sa fille Odile, née aveugle et débile. Enlevée par sa nourrice, elle recouvre la vue le jour de son baptême et décide de consacrer sa vie à la religion. Après bien des péripéties, son père lui fait don du château dans lequel elle établira son couvent. On lui attribue des miracles et son tombeau devient rapidement un lieu de pèlerinage.

Fontaine Ste-Odile

La route de descente vers St-Nabor *(D 33)* passe devant la fontaine Ste-Odile. Mais vous pouvez également l'atteindre à pied à partir du couvent (en sortant, prendre l'escalier tout de suite à gauche) par une montée-descente de 20mn AR. Protégée par une grille, cette source que sainte Odile fit jaillir du rocher pour calmer la soif d'un homme épuisé de fatigue, et aveugle de surcroît, reste un but de pèlerinage pour ceux qui souffrent des yeux.

★ Le Mur païen

30mn à pied AR. Prenez à gauche, à la sortie du couvent, un escalier de 33 marches; au bas de celui-ci, suivez le sentier à droite (balisage : croix jaune).

Il faudrait quatre ou cinq heures de marche pour faire le tour entier des vestiges de cette enceinte mystérieuse, courant à travers forêts et éboulements. Mais se contenter de le longer jusqu'au rocher du panorama (780 m) laisse déjà une forte impression face à l'ouvrage colossal. On y voit tout d'abord un éboulis envahi par la végétation – avant de comprendre peu à peu qu'une telle anomalie du relief ne peut-être que l'œuvre de l'homme.

Personne n'est d'accord sur la date de construction de cette étrange muraille. Certains affirment qu'elle serait du 10e s. av. J.-C., d'autres qu'il s'agirait d'une fortification germanique du 1er s. av. J.-C. D'autres encore penchent pour l'hypothèse d'un ouvrage mérovingien du 7e s. Pour ce qui est de son objectif, débat encore. Était-ce un enclos pour les animaux, une fortification contre les envahisseurs ? Le mystère demeure…

Revenez au couvent par le même chemin.

Un autre sentier *(partant du parc de stationnement sud)* offre une belle promenade le long du Mur païen.

Château de Landsberg

4 km au sud-est par la D 109, puis 1h à pied environ AR par le chemin en descente indiqué par un panneau.

Agréable promenade en forêt. On passe devant l'ancienne auberge du Landsberg et on suit un sentier jusqu'à un terre-plein en contrebas du château qui apparaît entre les arbres. Ce château du 13e s. n'est plus qu'une ruine.

NOS ADRESSES AU MONT STE-ODILE

Voir aussi *Nos adresses* à Ottrott *(p. 147)* et Obernai *(p. 138)*. Au sein du couvent, vous trouverez une boutique de souvenirs et tabac et une boîte aux lettres.

HÉBERGEMENT

BUDGET MOYEN

Hôtellerie du Mont Ste-Odile – *03 88 95 80 53 - www.mont-sainte-odile.com* - ♿ - P - *105 ch. 62 € - 1/2 P 95/98 € - ☕ 7,95 €.* Hôtellerie de charme au cœur du site, dans un cadre exceptionnel. Décorée dans un style contemporain, l'adresse propose des chambres confortables.

RESTAURATION

Au sein du couvent : salle des Pélerins, menu des marcheurs *(9h-18h - 7 €)* ou self-service restaurant Mont-Ste-Odile *(15/17€)*, plus classique. Salles offrant parfois une belle vue.

AGENDA

www.mont-sainte-odile.com
Fête de Ste-Odile *(2e dim. de déc.)* ; nombreux concerts durant la période estivale.

Le Hohwald

★★

469 Hohwaldois – Bas-Rhin (67)

NOS ADRESSES PAGE 147

S'INFORMER

Office du tourisme du Hohwald – *Square Kuntz - 67140 Le Hohwald - 03 88 08 33 92 - www.pays-de-barr.com - juil.-août : 9h-12h, 14h-17h, dim. et j. fériés 14h-17h ; avr.-juin et sept.-oct. : tlj sf dim. et j. fériés 10h-12h, 14h-17h, sam. 14h-17h ; reste de l'année : tlj sf dim. et j. fériés 14h-17h - fermé 25 déc.*

Office du tourisme Barr Bernstein à Andlau – *voir p. 149.*

Office du tourisme d'Ottrott – *46 r. Principale - 67530 Ottrott - 03 88 95 83 84 - www.ottrott.com - mai-déc. : 13h30-18h, sam. 13h30-17h30 ; janv.-avr. : mar.-jeu. 15h-18h, vend. 13h30-18h, sam. 13h30-17h - fermé lun., dim. et j. fériés.*

SE REPÉRER

Carte de microrégion A3 (p. 80) – *carte Michelin Départements 315 H6.* La région du Hohwald s'étend sur le pays de Barr et du Bernstein. Le village du Hohwald se trouve à 20 km au sud-ouest d'Obernai et à 26 km au nord-ouest de Sélestat. On y accède par la D 425 ou par la D 426.

À NE PAS MANQUER

Le Champ du Feu et, pour le devoir de mémoire, le Struthof. Le musée des Armes Blanches à Klinghental.

AVEC LES ENFANTS

Le parc-aquarium Les Naïades à Ottrott, le musée et le palais du Pain d'épice, et le parc Alsace Aventure.

1

« Hohwald » est à la fois le nom d'un village et de sa région. Lieu de cure et de détente très à la mode au début du 20e s., et aujourd'hui encore centre de villégiature, la localité a vu passer Sarah Bernhardt, le maréchal Joffre, le général de Gaulle ou encore le chancelier Adenauer. Dans la région, qu'on appelait autrefois « l'Alsace bénie », règnent les forêts de sapins et de hêtres, mais aussi les vignes. Parsemé de châteaux et de monastères, le Hohwald offre été comme hiver des buts d'excursion multiples.

Circuits conseillés Carte du Hohwald

★★ AU NORD DU HOHWALD

Pour visualiser ce circuit de 91 km, reportez-vous à la carte p. 144. Comptez environ une journée.

Le Hohwald

La bourgade est un petit carrefour lové au fond d'une vallée, entre la rivière Andlau, la forêt de sapins de Douglas et les pâturages. Vous découvrirez à proximité un beau maître-autel en chêne (18e s.) dans l'église catholique, un arboretum, une cascade *(3 km AS)* cernée par la forêt et contemplerez la bourgade du haut du Belvédère.

Quittez Le Hohwald par la D 425 qui suit la rivière d'Andlau en sous-bois.
Sur une crête, à gauche, les ruines des châteaux de Spesbourg et du Haut-Andlau *(voir plus bas).*

★ Andlau *(voir p. 149)*

Mittelbergheim

La vigne y est cultivée, dit-on, depuis l'époque romaine : la vedette locale est le très bon cru Zotzenberg. Les maisons de ce joli bourg, accrochées aux flancs d'un coteau au pied de la colline du Crax, lui valent le label « plus beaux villages de France ». L'**hôtel de ville**, surplombé d'un campanile datant de 1620, se distingue par sa somptueuse façade à arcades. La place qui l'entoure est bordée de belles demeures Renaissance, dont les ouvertures sont en grès des Vosges. Au n° 7 de la rue Principale, notez la **Maison Wittman**, demeure des seigneurs locaux construite au 14e s. Au n° 27, l'ancienne **maison de la Dîme** (1650) compte une belle galerie couverte et, dans sa cour, un pressoir du 17e s. Quant à l'élégante maison coiffée d'une tourelle et située au n° 2 de la rue de la Montagne, elle date de 1575.
Vous quittez le village en direction de **Barr** *(voir p. 181)* d'où vous pouvez rejoindre les chemins de randonnées menant aux châteaux voisins.

★ Châteaux du Haut-Andlau et de Spesbourg

1h30 à pied AR. De Barr, prenez la D 854, puis 1 500 m après Holzplatz, un chemin goudronné à gauche qui mène à la maison forestière de Hungerplatz. Laissez la voiture et suivez le chemin tracé sur la crête de la montagne jusqu'aux ruines.
Le **château du Haut-Andlau★**, bâti au 14e s. et restauré au 16e s., était encore habité en 1806. Il présente entre deux grosses tours des murs en ruine percés de fenêtres gothiques. De la terrasse, vue sur le vignoble, la plaine d'Alsace et, au loin, la Forêt-Noire. Du **château de Spesbourg★**, construit en 1247 pour surveiller la vallée, on découvre vers le sud une jolie vue sur la vallée d'Andlau

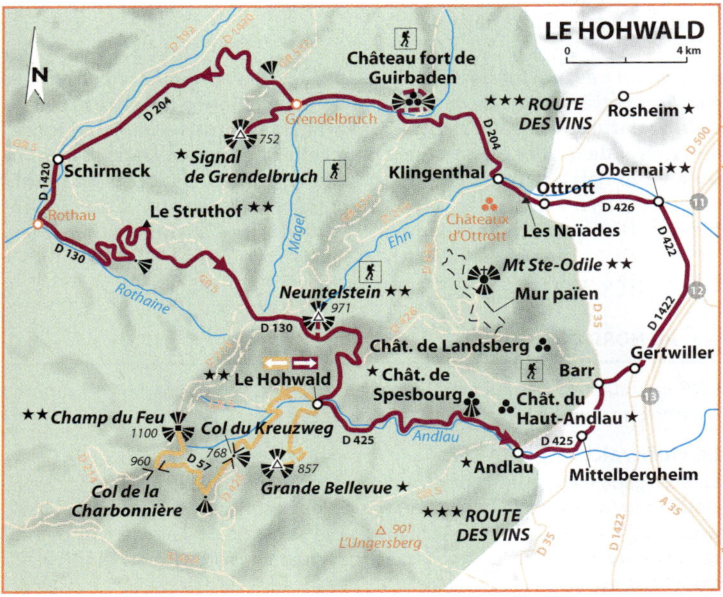

et l'Ungersberg. Un donjon carré domine les hauts murs du corps de logis aux belles fenêtres géminées.

Gertwiller

Au début du siècle, ce petit village viticole comptait neuf fabricants de pain d'épice, dont deux sont encore en activité aujourd'hui : Fortwenger, à la sortie du village *(dir. Strasbourg)*, et Lips, installé dans l'ancienne grange dîmière. Cette dernière, dont la façade peinte semble sortir tout droit du conte d'Hansel et Gretel, abrite dans son grenier un **musée du Pain d'épice et de l'Art populaire alsacien**. Mobilier alsacien, poêles en fonte, collection de moules et d'images de décoration pour pains d'épice y ont été patiemment amassés. *03 88 08 93 52 - www.paindepices-lips.com - 9h-12h, 14h-18h, (fév.-nov : lun. et dim. 14h-18h) - fermé 25 déc. - 2,70 € (-13 ans gratuit).*
Fortwenger a ouvert le **Palais du pain d'épice**. Guidés par un bonhomme en pain d'épice, vous passerez par des pièces aux ambiances visuelles et olfactives surprenantes. Des légendes, des jeux et de nombreuses anecdotes animent la visite qui se poursuit par un passage dans les ateliers de fabrication. *144 rte de Strasbourg - 03 88 08 04 26 - www.lepalaisdupaindepices.com - 9h-11h30 (ouv. à 10h le dim.), 14h-18h - fermé janv.-mi-fév. - 3 € (enfants 2 €).*
En empruntant la bucolique D 35 (pour se rendre directement à Ottrott) ou la rapide D 80 (pour faire un détour à Obernai), on distingue ensuite, sur les premières pentes des Vosges, le château de Landsberg ; plus à droite, le couvent du mont Ste-Odile et plus bas, les ruines des châteaux d'Ottrott.

1

★★ Obernai *(voir p. 135)*

Ottrott

Divisé administrativement jusqu'en 1858 en Ottrott-le-Haut et Ottrott-le-Bas, ce village au pied du mont Ste-Odile, Ottrott est célèbre pour ses beaux hôtels et son vin, le « rouge d'Ottrott », fruité et agréablement corsé. Ottrott est également fière de ses deux châteaux : le Lutzelbourg, du 12e s., avec son bâtiment carré et sa tour ronde, et le Rathsamhausen, du 13e s., plus vaste et plus orné.
Plus loin, sur la route de Klingenthal, aménagé sur le site d'une ancienne filature, le grand aquarium **Les Naïades** rassemble 3 000 poissons provenant de toutes les mers de la planète : requins, piranhas et autres gymnotes (anguilles électriques) évoluent dans des bassins qui reconstituent au mieux leur milieu naturel. Le parc abrite également une ferme pédagogique. *03 88 95 90 32 - www.parclesnaiades.com - ♿ - mars.-sept. : 10h-18h30 ; oct.-fév. : 14h-18h, dim. et j. fériés 10h-18h - 10 € (-11 ans 7,50 €).*

Klingenthal

Son nom signifie « vallée des lames », rappelant la Manufacture royale d'armes blanches qui y fut fondée en 1776. Klingenthal devient alors un village d'artisans avec un ensemble d'ateliers répartis le long de la rivière Ehn. L'histoire est racontée dans le musée installé dans l'école qui accueillait les enfants des ouvriers.
★ **Maison de la Manufacture royale des Armes blanches** – *2 r. de l'École - 67530 Klingenthal - 03 88 95 95 28 - www.klingenthal.fr/musée - mars-mai et oct.-déc. : merc.-dim. et j. fériés 14h-18h, juin-sept. : merc.-sam. 14h-18h, dim. et fêtes 10h-19h - fermé le 1er Mai, 25 et 26 déc. - 4 € (enf. 2,50 €).* L'agréable muséographie détaille le processus de fabrication des lames, de la recherche des matières premières à la forge, de l'affinage au montage en passant par le bleui, la dorure… Mais aussi l'intervention de divers corps de métiers : travail du bois, du cuivre, de l'ivoire. On découvre l'évolution des techniques depuis l'Ancien Régime en admirant la très belle collection de sabres, d'épées, de fourreaux,

mais aussi de couteaux de cuisine et d'outillages : scies, serpes, rabots, faux. Ces dernières, par leur dimension et la forme des lames, s'avéraient être les plus difficiles à réaliser avec pas moins de 20 étapes de fabrication !

Prenez la D 204, tracée en forêt. À l'hôtel-restaurant de Fischhütte, laissez la voiture.

À 150 m, à droite, un sentier *(6 km à pied AR)* mène aux ruines du **château fort de Guirbaden** (11e s.), dont subsistent le donjon et les murs du corps de logis.

★ Signal de Grendelbruch

15mn à pied AR. Le **panorama★** est large sur la plaine d'Alsace et la Forêt-Noire, jusqu'à la vallée de la Bruche et la chaîne des Vosges avec le temple du Donon. La route se poursuit vers la vallée pittoresque de la Bruche.

★★ Schirmeck et le Struthof *(voir p. 129)*

Depuis le Struthof, la route court sur le plateau, pénètre en forêt et descend vers la Rothlach. À 1,5 km, laissez la voiture et prenez à gauche un sentier vers le rocher de Neuntelstein.

★★ Rocher de Neuntelstein

30mn à pied AR. La **vue★★** est très belle sur Ste-Odile, l'Ungersberg, le Haut-Kœnigsbourg et le Champ du Feu.

Poursuivez sur la D 130, qui rejoint la D 426 à un carrefour d'où le mont Ste-Odile est accessible. En prenant à droite, vous revenez au Hohwald.

★★ COLS ET PANORAMAS JUSQU'AU CHAMP DU FEU

Pour visualiser ce circuit de 11 km reportez-vous à la carte p. 144. Comptez environ 30mn (sans la randonnée vers Grande Bellevue).

★ Grande Bellevue

1h30 à pied AR. Du Hohwald, prenez la route qui fait face au café-restaurant d'Alsace et qui traverse la rivière.

À 1 km, à hauteur de l'ancienne pension *Belle-Vue*, prendre un sentier à gauche. Il monte sur 3 km en forêt et atteint les pâturages. **Vue★** à droite sur le Climont, en avant sur le val de Villé et le Haut-Kœnigsbourg.

Quittez Le Hohwald à l'ouest par la D 425.

Col du Kreuzweg

À 768 m d'alt., il ouvre sur les vallées de Breitenbach et du Giessen et sur les monts qui les encadrent.

La D 57 monte vers le col de la Charbonnière, et on aperçoit les châteaux du Haut-Kœnigsbourg et de Frankenbourg sur des promontoires qui dominent la plaine.

Col de la Charbonnière

Au-delà des hauteurs du val de Villé, on distingue la plaine d'Alsace et, à l'horizon, la Forêt-Noire.

Au col, tournez à droite dans la D 214, qui contourne la tour du Champ du Feu.

★★ Champ du Feu

Du haut de ses 1 100 m, le point culminant du Bas-Rhin est un terrain idéal pour les randonnées d'été et les sports d'hiver. Au sommet, la forêt laisse place à une belle lande herbeuse. Du haut de la tour d'observation *(actuellement fermée)*, immense **panorama★★** sur les Vosges, la plaine d'Alsace, la Forêt-Noire et par temps clair, les Alpes bernoises.

De là, la D 214 vous ramène vers Ottrott et Obernai.

NOS ADRESSES DANS LE HOHWALD

Le Hohwald (en lisière de forêt) et Ottrott (au milieu des vignes) sont les deux lieux à privilégier pour s'attarder dans la région. Mais on peut aussi « rayonner » à partir d'Obernai ou Andlau.

HÉBERGEMENT

PREMIER PRIX

Chambre d'hôte La Couronne – *15 rte de Schirmeck - 67190 Grendelbruch - ✆ 03 88 97 40 94 - fermé 1er janv.-15 mars - P - ⊭ - 5 ch. 42 € ☕ - rest. 18 €.* Cette grande bâtisse perchée sur les hauteurs ménage une belle vue sur la vallée. Les chambres, situées dans l'habitation des propriétaires, disposent de sanitaires privatifs. Succulente cuisine régionale proposée à la table d'hôte.

BUDGET MOYEN

Chambre d'hôte Famille Maurer – *11 rte d'Obernai - 67530 Ottrott - ✆ 03 88 95 80 12 - dominiquemaurer@free.fr - ♿ - P - ⊭ - 5 ch. 51/55 € ☕.* Cette ferme bâtie en 1846 aux portes du village a conservé son caractère d'origine. Les chambres d'hôte et la salle à manger sont respectivement aménagées dans la grange et les écuries. Si vous venez en fin d'année, vous aurez peut-être la chance de déguster les fameux *bredele* de noël et autres pâtisseries maison.

Domaine Le Moulin – *67530 Ottrott - rte Klingenthal, nord-ouest : 1 km par D 426 - ✆ 03 88 95 87 33 - www.domaine-le-moulin.com - fermé 21 déc.-20 janv. - P - 21 ch. 72/80 € - ☕ 11 €.* Cet hôtel entouré d'un parc impose sa présence sur la route des Vins. Chambres douillettes et, dans l'annexe, grands appartements (duplex) plus modernes.

Chambre d'hôte Tilly's Inn – *28 r. Principale - 67140 Le Hohwald - ✆ 03 88 08 30 17 - P - 5 ch. 68/80 € - ☕ 8 €.* Laissez-vous tenter par la façade rouge, décorée de dessins naïfs, vous ne serez pas déçu ! Chambres originales et surprise du matin : un cheval de bois dans un cadre amusant, où s'entassent objets anciens et bibelots, assiste au petit-déj. Deux appartements.

POUR SE FAIRE PLAISIR

Hôtel À l'Ami Fritz – *Ottrott-le-Haut - 67530 Ottrott - ✆ 03 88 95 80 81 - www.amifritz.com - P - fermé 3 sem. en janv. - 22 ch. 87/170 € - ☕ 14 € - rest. 28/43/65 €.* Maison régionale aux chambres très confortables et personnalisées. L'enseigne est un clin d'œil au roman d'Erckmann-Chatrian (1854), mais c'est aussi le nom des propriétaires qui assurent un service impeccable et un accueil agréable. Vous aurez plaisir à dîner dans le charmant restaurant tout de bois avec ses nappes à carreaux. Au menu, le meilleur de la cuisine régionale et le Rouge d'Ottrott du maître des lieux.

Hôtel Aux Chants des Oiseaux – *Ottrott-le-Haut - 67530 Ottrott - ✆ 03 88 95 87 39 - www.chantsdesoiseaux.com - fermé 1er-12 juil. et 3 janv.-4 fév. - 17 ch. 80/110 € - ☕ 14 €.* En pleine nature, maison typique de la région qui abrite de plaisantes chambres colorées. Salle des petits-déj. avec boiseries et poutres apparentes, terrasse côté piscine d'été.

La Forestière – *10a chemin du Eck - 67140 Le Hohwald - ✆ 03 88 08 31 08 - www.laforestiere-alsace.com - 5 ch. 85/106 €.* À 1 km du village, à la lisière de la forêt, cette grande maison abrite de belles chambres d'hôte, idéales en

1

couple ou en famille. Décoration très soignée, et excellent petit-déj. Table d'hôte possible sur demande.

RESTAURATION

Voir aussi *À l'Ami Fritz* dans *Hébergement*.

BUDGET MOYEN

Ferme-auberge Lindenhof – *11 rte du Kreuzweg - 67140 Le Hohwald - ✆ 03 88 08 31 98 - se rens. pour les jours d'ouverture - formule déj. 10,50 € -18,50/19,50 €.* Entre campagne et forêt, cette bâtisse plutôt anodine sert une cuisine préparée à partir des produits de la ferme sous une grande véranda : fromage blanc, munster, gruyère et beurre, en plus des volailles et lapins. Cuisine alsacienne sur commande.

À l'Étoile – *7 pl. de l'Étoile - 67530 Klingenthal - ✆ 03 88 95 82 90 - tlj sf lun. et dim. soir - 16/25/39 €.* La maison est installée à cheval sur l'Ehn. Dans la salle chaleureuse (ou en terrasse en été), on vous servira une belle cuisine saisonnière. Mention pour les pâtisseries (et l'excellent pain), spécialités du chef.

Beau Site – *Ottrott-le-Haut - 67530 Ottrott - ✆ 03 88 48 14 30 - www.hotel-beau-site.fr - fermé fév. et lun.-mar. midi, dim. soir - P - 19/34 €.* Ce *winstub* de luxe, ornée d'œuvres de Spindler, propose une carte terroir.

ACHATS

Pain d'épices à Gertwiller – Boutiques **Lips** et **Fortwenger** aux mêmes adresses que leurs musées décrits dans l'itinéraire proposé.

Jean-Charles Vonville et Fils – *4 pl. des Tilleuls - 67530 Ottrott - ✆ 03 88 95 80 25 - www.vins-vonville.com - 9h-12h, 13h30-19h (dim. 18h) - fermé 25 déc. et 1er janv.* Dégustation des fameux rouges d'Ottrott élevés au pied du mont Ste-Odile (7 ha de pinot noir cultivés en agriculture raisonnée). À découvrir absolument : l'excellente cuvée « tradition » vieillie deux ans en fûts de chêne.

ACTIVITÉS

École de parapente Grand Vol – *Ferme Niedermatten - 67220 Breitenbach - ✆ 03 88 57 11 42 - www.grandvol.com - avr.-nov. : w.-end ; le site de parapente est accessible tte l'année.* Des moniteurs diplômés assurent votre formation et vous suivent dans votre progression. Forfait débutant. Le parapente, le vol biplace et le vol découverte se pratiquent dès l'âge de 14 ans.

Stage de neige du Champ du Feu – *Champ du Feu - 67130 Belmont - ✆ 03 88 97 32 74 - www.lechampdufeu.com.* Situé entre 900 et 1 100 m d'altitude, ce vaste plateau propice au ski de fond et aux balades en raquettes est la station des Strasbourgeois. Monoski et ski alpin sont aussi pratiqués grâce à 13 remontées mécaniques. École de ski français (*✆ 03 88 97 35 05*).

Parc Alsace Aventure – *Col du Kreuzweg - 67220 Breitenbach - ✆ 03 88 08 32 08 - www.parc-alsace-aventure.com - avr.-juin et sept.-oct. : merc.-sam. et congés scolaires, 13h-18h, dim. et fêtes 10h-18h ; juil.-août : tlj 10h-19h, fermé nov.-mars - réservation, tarifs selon les activités.* La forêt de Breitenbach propose un circuit de tyroliennes long de 3 000 m, considéré comme l'un des plus complets de la région. Des cabanes construites dans les arbres permettent de reprendre son souffle. En été, parcours nocturne avec éclairage trappeur. VTT, tir à l'arc, paintball…

Andlau

★

1 844 Andlaviens – Bas-Rhin (67)

NOS ADRESSES PAGE 151

S'INFORMER

Office du tourisme d'Andlau – *1 pl. de la Mairie - 67140 Andlau - ☏ 03 88 08 22 57 - www.pays-de-barr.com - fin fév.-déb. sept. : 10h-12h, 14h-17h - fermé dim. et j. fériés. L'office du tourisme sera transféré en automne 2013 au sein du CIP de La Seigneurerie.*

SE REPÉRER

Carte de microrégion B3 (p. 80) – *carte Michelin Départements 315 I6.*
À 4 km au sud de Barr par la route des Vins, ou au pied du Champ du Feu, en suivant la D 425.

À NE PAS MANQUER

Le magnifique portail de l'église.

ORGANISER SON TEMPS

L'époque des vendanges est très animée à Andlau.

Entourée de vignes et de forêts, Andlau est surtout connue pour son abbatiale St-Pierre-et-St-Paul, dont les origines remontent au 9e s. On en repère de loin le clocher. Située sur la route des Vins, la charmante bourgade semble n'être composée que de vastes demeures de producteurs. Le village possède trois grands crus de riesling : le wiebelsberg (typé et très floral), le moenchberg (cultivé depuis l'époque romaine) et le kastelberg (un cru dit « viril », planté par les Romains). Pour protéger leur trésor contre les parasites, les vignerons d'Andlau, comme d'autres en Alsace, ont recours à des alliées originales : des guêpes microscopiques qui dévorent les œufs des vers.

Visiter

Avec ses belles maisons et monuments classés, Andlau est propice à la flânerie. Difficile de s'y perdre, à moins de marquer un arrêt à chacune des maisons de producteur, mais l'office de tourisme propose en été et à certaines dates *(se renseigner à leur bureau ou sur le site Internet)* une visite découverte d'une durée d'une heure.

★ Église St-Pierre-et-St-Paul

☏ 03 88 08 93 38 - ♿ - de mi-avr. à fin déc. : 9h-19h (sf pdt les messes) - fermé 1er janv. et 25 déc. - gratuit.

L'église est parfois appelée « abbatiale Ste-Richarde ». Un incendie a détruit le premier édifice en 1045. Bien qu'il ait été reconstruit au 12e s., seules certaines parties subsistent à présent : le portail, la crypte et une frise historiée qui court en façade et sur le côté gauche.

Sous le porche massif (clocher du 17e s.), le **portail**★★ offre les plus remarquables sculptures romanes d'Alsace par son pourtour couvert de bas-reliefs.

HISTOIRE D'OURSE

L'abbaye d'Andlau est fondée en 880 par l'impératrice Richarde, épouse répudiée de Charles le Gros qui l'avait accusée d'adultère. Soumise à l'épreuve du feu, Richarde, reconnue innocente, fit construire l'abbaye dans un lieu reculé où l'un de ses chevaliers avait rencontré une ourse et ses petits. On raconte aussi qu'un ours vivant était élevé dans la cour de l'abbaye et que la cité se chargeait de subvenir aux besoins des montreurs d'ours qui passaient par là. Bref, Andlau et les ours, c'est une vieille histoire d'amour… Vous en trouverez la trace sur certaines sculptures, comme celle qui orne la fontaine Ste-Richarde.

Des couples représentant vraisemblablement les bienfaiteurs de l'abbaye se superposent dans les arcatures. Sur le linteau, vous verrez des scènes de la Création et du Paradis terrestre.
À l'intérieur, le chœur, élevé au-dessus de la **crypte★** double et voûtée d'arêtes, est décoré de belles stalles du 15e s. Vous y verrez aussi le tombeau de sainte Richarde.

Autour de la place de la Mairie

Le cœur du village compte quelques restaurants et commerces, et accueille un minuscule marché hebdomadaire. S'y dresse une colonne-fontaine surmontée d'un ours – symbole d'Andlau *(voir l'encadré)*. La place est dominée par **La Seigneurerie**, une vaste résidence achevée en 1573 pour la famille d'Andlau. L'édifice en cours de rénovation rouvrira ses portes en automne 2013 et abritera un **Centre d'interprétation du patrimoine** (ainsi que l'office du tourisme). Cet équipement, qui se veut vivant, mettra en valeur le patrimoine (religieux, bâti, vignobles) et le savoir-faire (artisanat, gastronomie) du Pays de Barr et du Bernstein.
Dans la rue du Général-de-Gaulle, la maison Ste-Richarde est un bâtiment remarquable de 1623, remanié par le comte Hallez-Claparède vers 1840.

À proximité Carte de microrégion

Epfig B4

6 km au sud-est par les D 253 et D 335.
Epfig se targue d'être la plus grande commune viticole d'Alsace avec pas moins de 570 hectares cultivés. Située à la sortie est du village, au milieu du cimetière, la **chapelle Ste-Marguerite** *(mars-oct. : 8h-19h, nov.-fév. 8h-17h)* aurait servi de lieu de culte à des nonnes au 12e s. À l'intérieur, n'hésitez pas à mettre en marche le guide vocal qui vous renseignera sur la chapelle et son histoire. Ossuaire dont l'origine reste inconnue. Devant la chapelle, quatre carrés d'inspiration médiévale ont été plantés : on retrouve les fleurs, les aromates, les simples et le potager.

Châteaux du Spesbourg et de Haut-Andlau

(voir Le Hohwald, p. 144)
Le sentier Andlau-Le Hohwald, long de 20 km et agrémenté de panneaux explicatifs, permet de relier les deux localités en passant à proximité du château de Spesbourg.

NOS ADRESSES À ANDLAU

HÉBERGEMENT

BUDGET MOYEN

Hôtel Kastelberg – *10 r. du Gén.-Kœnig - ✆ 03 88 08 97 83 - www.kastelberg.com - P - 29 ch. 65/78 € - 1/2 P 65/71 € - ☕ 10 € - rest. 19/45 €.* À deux pas des vignes, une plaisante façade alsacienne cache des chambres sobres et fonctionnelles (mansardées ou avec balcon). Au restaurant, rustique mais coquet avec ses tables bien dressées, vous attend une cuisine familiale du terroir.

Zinckhotel – *13 r. de la Marne - ✆ 03 88 08 27 30 - www.zinckhotel.com - 18 ch. 60/105 € - ☕ 8/11 €.* Ancien moulin à l'esprit décalé : chambres personnalisées (zen, pop, jazzy, Empire), couloirs semblables à des ponts de bateau… L'annexe contemporaine donne sur le vignoble.

RESTAURATION

BUDGET MOYEN

À la Couronne – *4 r. du Mar.-Foch - ✆ 03 88 08 93 24 - fermé merc. et jeu. - 18,50/30 €.* Dans ce petit restaurant familial, on cultive l'art de faire simple et bon. Le menu alsacien et le menu terroir (avec son filet de sandre en matelote) sont servis sans chichis dans une salle à manger de caractère. Pour les amateurs : tartes flambées à savourer midi et soir.

Au Bœuf Rouge – *6 r. du Dr-Stoltz - ✆ 03 88 08 96 26 - auboeufrouge@wanadoo.fr - fermé 24 juin-10 juil., 21 fév.- 6 mars, merc. soir et jeu. sf du 11 juil. au 30 sept. - formule déj. 10/14 € -16/31 €.* Ce restaurant convivial typiquement alsacien est aménagé dans un ancien relais de poste (17e s.). On y mange des spécialités locales (dont de larges tartes flambées) dans une élégante salle lambrissée.

ACHATS

André Durrmann – *11 r. des Forgerons - ✆ 03 88 08 26 42 - www.agroecologie.unblog.fr - lun.-sam. 9h-19h et sur RV.* Le domaine, spécialisé dans l'agriculture biologique, assure une visite et une dégustation. Exposition-démonstration de cuisson solaire.

Marcel Schlosser – *5-7 r. des Forgerons - Domaine du Vieux Pressoir - ✆ 03 88 08 03 26 - www.marcel-schlosser.fr - lun.-sam. 9h-12h, 13h30-18h - dim. et j. fériés sur RV.* Caveau de dégustation. Visite de caves. Vente au détail. Spécialités du domaine : riesling wiebelsberg, gewurztraminer moenchberg, crémants d'Alsace (blanc et rosé). Propose des gîtes à louer.

AGENDA

Fête du vin – *1er w.-end de juillet - www.pays-de-barr.com.*

Sélestat

★

19 459 Sélestadiens – Bas-Rhin (67)

NOS ADRESSES PAGE 157

S'INFORMER

Office du tourisme de Sélestat – *10 bd du Gén.-Leclerc - Commanderie St-Jean - 67600 Sélestat - ✆ 03 88 58 87 20 - www.selestat-tourisme.com - juil.-août : 9h-12h, 13h30-18h30, sam. 9h-12h, 14h-17h, dim. et j. fériés 10h30-15h ; avr. : 9h-12h, 14h-17h45, merc. 9h30-12h, 14h-17h45 ; janv.-fév. : 10h-12h, 14h-17h45, vend. 9h-12h, 14h-17h, fermé dim. et j. fériés.*

Office du tourisme de Kintzheim – *Rte de Sélestat - 67600 Kintzheim - ✆ 03 88 82 09 90 - www.ot-kintzheim.orschwiller.fr - juin-sept. : 10h-12h30, 14h-18h - fermé merc. en juin et sept.*

SE REPÉRER

Carte de microrégion B4 (p. 80) – *carte Michelin Départements 315 I7.* À mi-chemin entre les deux départements du Rhin. À 28 km au nord de Colmar et à 50 km au sud de Strasbourg par l'A 35.

SE GARER

Parkings au centre-ville : quai de l'Ill, rue du Prés.-Poincaré, rue du Babil et boulevard du Gén.-Leclerc.

À NE PAS MANQUER

La Bibliothèque humaniste, mais aussi le cœur historique de la ville. Et, à quelques kilomètres, la très belle église baroque d'Ebermunster.

ORGANISER SON TEMPS

Lors de votre promenade dans la vieille ville (2h), octroyez-vous une petite pause gourmande à la Maison du pain (1h de visite).

AVEC LES ENFANTS

La Maison du pain, la Volerie des aigles, la Montagne des singes et Cigoland à Kintzheim.

À mi-chemin entre Colmar et Strasbourg, Sélestat occupe une place centrale sur la route des Vins. Située sur la rive gauche de l'Ill, la vieille ville compacte, fleurie et couleur de grès rose, possède deux belles églises, quelques maisons anciennes remarquables et d'agréables ruelles piétonnes très animées lors du marché hebdomadaire des producteurs. La Renaissance a légué un trésor à la ville : la Bibliothèque humaniste, l'une des plus riches du monde, en partie classée au registre de la « Mémoire du Monde » par l'Unesco en 2011.

Se promener Plan de ville

★ LA VIEILLE VILLE

Visite : 2h. Partez de la commanderie St-Jean (office de tourisme) boulevard du Gén.-Leclerc et prenez à droite la rue du Vieux-Marché-aux-Vins. Au bout de la place Gambetta, vous découvrez à gauche la façade de la Bibliothèque.

Salle Beatus Rhenanus dans la Bibliothèque humaniste.
M. Colin/hemis.fr

★ Bibliothèque humaniste B1

✆ 03 88 58 07 20 - www.bh-selestat.fr - juil.-août : 9h-12h, 14h-18h, sam., dim. et j. fériés 14h-17h ; reste de l'année : tlj 9h-12h, 14h-18h, sam. 9h-12h, fermé dim. et j. fériés - 4,10 € (-18 ans 2,60 €), Journées du patrimoine gratuit.

Installée dans l'ancienne halle aux blés (1843), la Bibliothèque humaniste recèle près de 450 manuscrits, 530 incunables (livres imprimés avant 1500) et 2 000 imprimés du 16e s. provenant de deux fonds : la bibliothèque latine fondée en 1452 et le legs de la *libraria rhenana* (avec quelque 500 volumes de l'humaniste Beatus Rhenanus). S'y trouvent aussi le *Lectionnaire mérovingien* (ouvrage le plus ancien conservé en Alsace – 7e s.) et la fameuse *Cosmographiae Introductio*, imprimée en 1507 à St-Dié, contenant l'« acte de baptême de l'Amérique » *(voir St-Dié-des-Vosges)*. Vous pourrez également y découvrir l'évolution des techniques du livre du 7e au 16e s.

Depuis le 26 mai 2011, la collection de Beatus Rhenanus est inscrite au registre de la « Mémoire du monde » de l'**Unesco**. Ce programme vise à assurer la conservation du patrimoine documentaire – ainsi la Déclaration des droits de l'homme ou les tapisseries de Bayeux.

Une partie des documents de la Bibliothèque humaniste peut désormais être consultée en ligne sur : *www.bh-selestat.fr.*

La rue de l'Église vous fait passer devant la résidence Ebersmunster.

Résidence d'Ebersmunster B1

No 8. C'était la résidence urbaine des moines bénédictins, construite en 1541. Le portail Renaissance, surmonté de coquilles, est décoré de motifs italiens. Vous en contemplerez l'autre façade (côté rue au Sel) en vous attardant à la Maison du pain *(voir p. 154)*.

★ Église St-Georges B1

Cette importante église gothique construite du 13e au 15e s. a subi des restaurations considérables, notamment au 19e s. Elle comporte un narthex (sorte de vestibule) original, très allongé, qui occupe toute la largeur de la façade

SE LOGER

Abbaye de la Pommeraie (L')..........7
Dontenville (Hôtel)..........1
Ferme Trau (Chambre d'hôte La)..........3
Illwald (L')..........6
Vaillant (Hôtel)..........5

SE RESTAURER

Auberge de la Paix..........2
Vieille Tour (La)..........4

et s'ouvre au sud sur la place St-Georges par une porte élégante. Trois des portes ont conservé leurs vantaux primitifs avec leurs pentures. La chaire, en pierre sculptée et dorée, date de la Renaissance. La rose de la porte sud du narthex illustre les commandements du Décalogue. Trois vitraux du chœur représentent des épisodes de la vie des saintes Catherine, Agnès et Hélène. Les nouveaux vitraux du chevet et du chœur ont été exécutés par Max Ingrand.

Par la rue de la Grande-Boucherie, vous parvenez à la place de la Porte-de-Strasbourg.

On y aperçoit à droite la **tour des Sorcières** (B1), vestiges des anciennes fortifications démolies par Louis XIV, désormais coiffée d'un nid de cigognes, puis la **porte de Strasbourg** (B1) (1679), construite par Tarade selon les plans de Vauban.

Revenez sur vos pas et faites un bref aller-retour sur votre gauche en direction de la place du Marché-aux-Choux. S'y dresse la **Maison Billex** (B1) au bel oriel Renaissance à deux étages. C'est dans cette demeure que la ville de Strasbourg signa en 1681 sa reddition à Louis XIV. Derrière l'hôtel St-Lô voisin, un petit jardin de dahlia, est ouvert au public.

Reprenez la rue de la Grande-Boucherie vers la gauche.

Maison du pain B1

7 r. du Sel - ✆ 03 88 58 45 90 - http://maisondupain.org - ♿ - déb. janv.-25 nov. : mar., sam. 9h-12h30, 14h-18h, merc.-vend. 9h30-12h30, 14h-18h sam.

9h-12h30, 14h-18h, dim. et j. fériés 9h-12h30, 14h30-18h - possibilité de visite guidée (1h) - fermé lun. et j. fériés - 4,60 € (-16 ans gratuit) ; billet combiné avec le Pass famille à 8 € pdt vacances pour 2 adultes et enf.
La première salle est consacrée à l'histoire de la boulangerie et de la meunerie. Dans une ancienne boulangerie, vous verrez ensuite tous les ustensiles qui étaient nécessaires avant l'ère industrielle. Avant de regagner la boutique, rendez-vous dans l'ancienne salle de la Zunft (1522), maison de la corporation des boulangers qu'occupe aujourd'hui cette Maison du pain, dont vous admirerez le poteau central (pièce sculptée Renaissance) et les vestiges d'une fresque. Les enfants apprécieront les bandes dessinées et les maquettes à illuminer ou à animer. Quelques démonstrations et animations illustrent le propos de façon plus vivante encore.
Gagnez la toute proche église Ste-Foy.

★ Église Ste-Foy B1

Cette belle église romane du 12e s., en grès rouge et granit des Vosges, est un ancien prieuré bénédictin. Les chapiteaux de la nef possèdent un beau décor floral emprunté aux églises lorraines. Le porche est joliment décoré d'arcatures, de corniches et de chapiteaux historiés. Les trois tours qui dominent l'église, particulièrement inhabituelles en Alsace, embellissent la *skyline* de Sélestat.
La **rue des Chevaliers**, piétonnière et bordée de nombreux commerces, vous mène tout droit à la **Tour de l'Horloge** (B2). Elle date du 14e s., sauf les parties hautes qui ont été restaurées en 1614.
Passez sous la tour et tournez à gauche par la large rue du Président-Poincaré.
Parvenu à la rivière Ill, faites un aller-retour vers le nord jusqu'au **quai des Tanneurs**, une rue pittoresque aménagée sur un ruisseau comblé.
Revenez sur vos pas puis longez le quai jusqu'au rempart Vauban.
L'extérieur de la fortification est décoré par une **œuvre contemporaine de Sarkis**. *Point de rencontre : le rêve* (1993) se compose de 310 plaques émaillées (une pour chaque rue de la ville et une pour celles à venir) sur lesquelles figurent des bribes de phrases qui évoquent l'art, la nature, les voyages…
Vous grimpez sur les remparts pour en suivre la promenade arborée.

Promenade des Remparts B2

Depuis ces anciennes fortifications de Vauban, on a une belle vue sur les collines sous-vosgiennes, le Haut-Kœnigsbourg mais aussi sur le nouveau complexe de la piscine des Remparts *(voir Nos adresses)*.
Descendez au niveau du boulevard du Maréchal-Joffre qui vous ramène vers le centre-ville, via la rue du 4e-Zouave puis la rue du 17-Novembre. Vous parvenez à la place de la Victoire animée par quelques terrasses.

Ancien arsenal Ste-Barbe B2

Place de la Victoire. Très jolie façade du 14e s. ornée d'un escalier à double pente conduisant à un petit dais qui précède la porte d'entrée. Le toit porte deux nids de cigogne.

Maison de Stephan Ziegler B1/2

Place de la Victoire. Cette maison Renaissance fut construite au 16e s. par un maître maçon de la ville.
De la place de la Victoire, vous pouvez rejoindre la **place d'Armes** et l'église Ste-Foy via la rue des Clefs. Ou suivre la rue de Verdun qui vous ramène vers la Bibliothèque humaniste en passant devant l'ancienne **église des Récollets** (B1) reconvertie en temple protestant. De l'ancien couvent ne subsiste que le chœur de l'église.

À proximité Carte de microrégion

Ebersmunster B4

8 km au nord-est par la D 1083. Jadis siège d'une abbaye bénédictine célèbre qui aurait été fondée vers 660 par le duc d'Alsace Étichon et sa femme, les parents de sainte Odile. Édifiée par Peter Thumb, architecte autrichien, entre 1719 et 1727, l'actuelle **église abbatiale★** est l'unique spécimen de style baroque en Alsace. Elle se signale de loin par ses trois clochers à bulbe. L'**intérieur★★** étonne par sa luminosité et la gaieté du décor, peint et stuqué, qui composent un cadre raffiné au mobilier élégamment sculpté. Par un sens aigu de la mise en scène chère au baroque, c'est vers le maître-autel (1728) que le regard est attiré. Coiffée d'une couronne en baldaquin, cette composition tout en sculptures et en dorures s'élève jusqu'à la voûte du chœur.

Benfeld *(voir Nord de la vallée du Rhin, p. 123) - 10 km au nord-est d'Ebermunster par la D 1083.*

Cigoland

Voir les activités proposées dans « Nos adresses », p. 158.

La Volerie des aigles B4

8,5 km, à la sortie de Kintzheim. Quittez Sélestat par la D 159. 30mn à pied AR - 03 88 92 84 33 - www.voleriedesaigles.com - avr.-nov. - spectacles commentés (40mn) - 9,50 € (- 12 ans 6 €).

Elle est installée dans l'enceinte du château médiéval de Kintzheim *(voir la route des Vins)* qui abrite près de 80 rapaces diurnes et nocturnes. Aigles, condors, vautours et faucons participent aux spectaculaires **démonstrations de vols★** en complète liberté, organisées durant la visite *(sauf par mauvais temps).*

La Montagne des singes B4

10 km, à Kintzheim. Quittez Sélestat par la D 159. 03 88 92 11 09 - www.montagnedessinges.com - juil.-août : 10h-18h ; mai-juin et sept. : 10h-12h, 13h-18h ; mars-avr. et oct.-nov. : 10h-12h, 13h-17h - 8,50 € (5-14 ans 5 €).

Dans ce parc de 20 ha, planté de pins, vivent en liberté 280 magots (ou macaques de Barbarie), bien adaptés au climat alsacien. Le parc contribue à la sauvegarde de cette espèce menacée : plusieurs centaines de singes ont déjà été réintroduits dans leur habitat nord-africain d'origine.

Châteaux de Ramstein et d'Ortenbourg B4

7 km, puis 1h15 à pied. Quittez Sélestat à l'ouest par la D 1059. À 4,5 km, tournez à droite dans la D 35 vers Scherwiller. À 2 km, prenez à gauche le chemin de terre. Laissez la voiture à Huhnelmuhl, près de l'auberge. Suivez le sentier qui mène aux deux châteaux.

Ruines intéressantes pour le panorama sur le val de Villé et la plaine de Sélestat.

Château de Frankenbourg A4

11 km, puis 1h15 à pied. Quittez Sélestat à l'ouest par la D 1059. À Hurst, prenez la D 167 vers la Vancelle. À 2 km, laissez la voiture et prenez le sentier à droite.

Des ruines, belles vues sur les vallées de la Liepvrette et de Villé.

Musée-mémorial de la Ligne Maginot du Rhin B4 *(voir p. 388)*

15 km au sud-est. Quittez Sélestat par la D 159, puis D 424. 1,5 km après Marckolsheim, la casemate du mémorial apparaît sur le côté droit de la N 424.

NOS ADRESSES À SÉLESTAT

VISITES

Sélestat multiplie les efforts pour assurer une visite dans les meilleures conditions. Les principaux sites de la ville sont équipés de codes QR permettant d'accéder à des informations via votre mobile, pour certaines traduites en langue des signes. Nombre de sites, restaurants et hôtels sont adaptés aux personnes handicapées.

HÉBERGEMENT

PREMIER PRIX

Hôtel Dontenville – *94 r. du Mar.-Foch - 67730 Châtenois - ✆ 03 88 92 02 54 - www.hotel-dontenville.fr - P - 13 ch. 45/50 € - ☕ 8 €.* Charme et simplicité d'une demeure alsacienne du 16e s. à colombages. Sous leurs charpentes apparentes, les chambres du dernier étage ont notre préférence. Cuisine du terroir.

BUDGET MOYEN

Hôtel Vaillant – *Pl. de la République - 67600 Sélestat - ✆ 03 88 92 09 46 - www.hotel-vaillant.com - P - ♿ - 47 ch. 80/100 € - ☕ 9 €.* Ne vous laissez pas influencer par la façade peu avenante de cet hôtel idéalement placé entre gare et centre-ville. Les chambres au décor contemporain s'avèrent chaleureuses.

Chambre d'hôte La Ferme Trau – *53 rte Nationale - 67600 Ebersheim - ✆ 03 88 85 73 31 - bernard.trau@wanadoo.fr - P - 6 ch. 46,60 € ☕.* Cette ferme céréalière voisine de Sélestat a développé un concept original et plutôt réussi. Outre ses 6 chambres contemporaines, elle dispose d'une piscine et propose une restauration chaque week-end. Spécialité réputée de tartes flambées au feu de bois.

POUR SE FAIRE PLAISIR

L'Illwald – *Le Schnellenbuhl - 67600 Mussig - 67600 Sélestat - ✆ 03 90 56 11 40 - www.illwald.fr - P - ♿ - 16 ch. 90/130 € - ☕ 12 € - fermé 1er-15 janv.* Au bord de la D 424 (6 km de Sélestat, dir. Marckolsheim), dans une belle bâtisse typique entourée d'un jardin et équipée d'une piscine, vous trouverez d'agréables chambres décorées dans un style moderne-traditionnel réussi. Restaurant conseillé.

UNE FOLIE

L'Abbaye de la Pommeraie – *8 bd du Maréchal-Foch - ✆ 03 88 92 07 84 - www.pommeraie.fr - P - 14 ch. 208/325 € 1/2 P 80 € - ☕ 18 €.* Cette ancienne abbaye cistercienne, coiffée d'un toit impressionnant, abrite des chambres aussi spacieuses que confortables. Côté cuisine, vous choisirez entre le *winstub* L'Apfelstuebel ou le gastronomique Le Prieuré.

RESTAURATION

Pour une bonne cuisine régionale, voir plus haut les restaurants d'Illwald et de la Pommeraie. Cette dernière adresse conviendra également aux gastronomes.

La Vieille Tour – *8 r. de la Jauge - ✆ 03 88 92 15 02 - www.vieille-tour.com - tlj sf lun. - 12/18 €.* Une valeur sûre au cœur de la ville historique. Cuisine de brasserie, spécialités régionales.

Auberge de la Paix – *R. du Prés.-Poincaré - ✆ 03 88 92 14 50 - www.aubergedelapaix.net - fermé dim. soir, lun. soir et merc. - 10,90/40 €.* La façade typiquement alsacienne et le nom pacifique de cette auberge mettent d'emblée de bonne humeur. Le chef y concocte des petits plats régionaux – assiette du marché, *schiffala* à la crème de raifort et kouglof glacé nappé d'un coulis de fruits rouges – qui séduiront les plus fins palais.

PETITE PAUSE

Vous n'aurez que l'embarras du choix entre les plats ou formules du jour proposés par les pâtissiers-chocolatiers Gross *(pl. de la Victoire)*, Wach et Kamm (voir *Achats*), et les spécialités de La Maison du pain (voir *Se Promener*).

ACHATS

Marchés – Marché du Terroir *(sam. 8h-12h)* et Marché hebdomadaire *(mar. matin)*.

Pâtisserie-chocolaterie Benoît Wach – *7 r. des Chevaliers - ✆ 03 88 92 12 80 - 7h30-19h, sam. 7h30-18h, dim. 7h-13h - fermé 2 sem. fin janv.-1 sem. fin juin et 2 sem. après 15 août.* La façade en trompe l'œil, ornée d'un superbe chevalier polychrome réalisé par un ébéniste régional, vaut le détour. Tout comme l'intérieur, signé du célèbre décorateur Edgar Mahler. Le Gâteau du chevalier (aux parfums de cannelle, girofle, gingembre et poire), Le Triple Choc, aux trois chocolats, et les spécialités à base de rhubarbe, sont à déguster sur place ou à emporter.

Kamm – *15 r. des Clefs - ✆ 03 88 92 11 04 - www.patisserie-kamm.fr - 8h-19h, sam. 8h-18h, dim. 8h-13h - fermé lun., dim. apr.-midi.* En été, la vaste terrasse de cette pâtisserie attire beaucoup de monde. Le reste de l'année, les nombreux fidèles ne se lassent pas des délicieuses mousses, de la trentaine de chocolats aux parfums parfois originaux (poivre, thé, kiwi), des glaces et des sorbets maison.

ACTIVITÉS

Piscine des Remparts – *Av. Adrien-Zeller - ✆ 03 88 58 89 00 - www.piscine-remparts.fr.* Complexe avec piscines, jeux, rivière, sauna et plage de gazon.

Handball – Sélestat est un fief du handball. Pour assister aux matches, informez-vous sur *www.sa-hb.com*

Cigoland – *Rte de Sélestat - 67600 Kintzheim - ✆ 03 88 92 36 36 - www.cigoland.fr - ouv. avr.-nov. et juil.-août : 10h-19h, reste de l'année, se rens. - 11,50/13,50 € (enf. 9,50/11,50 €).* Sympathique petit parc d'attractions dédié à la cigogne. On peut visiter l'ensemble du site à bord d'un monorail aérien circulant à 5 m au-dessus du sol, et découvrir la vie de ces oiseaux.

AGENDA

Fêtes de Noël – Fidèle à la tradition alsacienne de la Nativité, Sélestat, berceau de l'Arbre de Noël, propose de nombreuses animations. Exposition de grands sapins au marché de Noël, visites guidées, concerts et autres animations, Sélestat fait aussi la part belle aux spécialités culinaires et notamment les fameux *winachtsbredele* de la Maison du pain d'Alsace. *www.selestat-tourisme.com*

Corso fleuri – *2e w.-end d'août - www.corso-selestat.fr.* Défilé de chars décorés de 500 000 dahlias et fête populaire.

Sélest'Art – Cette biennale d'art contemporain a lieu chaque année impaire, de mi-sept. à mi-oct., autour d'un thème - *www.selestat-art.fr.*

Carnaval des Machores – Venus des 4 coins de l'Europe, 2 000 carnavaliers paradent dans les rues de la ville *(février-mars)*.

Le Haut-Koenigsbourg.
L. Lourdel/Photononstop

1

Château du Haut-Kœnigsbourg

★★

Bas-Rhin (67)

NOS ADRESSES PAGE 161

S'INFORMER

Château du Haut-Kœnigsbourg – ☏ 03 88 82 50 60 - *www.haut-koenigsbourg.fr - juin-août : 9h15-18h ; déc.-mai : 9h30-16h30 - fermé 1er janv., 1er mai, 31 déc. - 8 € (-18 ans gratuit), gratuit Journées du patrimoine. Visite commentée sur demande à l'entrée (1h). Audio-guide 4 €. Des visites adaptées aux personnes à mobilité réduite sont proposées sur demande.*

SE REPÉRER

Carte de microrégion A4 (p. 80) – *carte Michelin Départements 315 I7.*
À l'ouest de Sélestat. La route d'accès (2 km) se trouve à l'intersection de la D 159 et de la 1B1, à hauteur de l'hôtel du Haut-Kœnigsbourg. À 1 km, prendre à droite la route à sens unique qui contourne le château.

ORGANISER SON TEMPS

Le site étant l'un des plus visité de France, nous vous conseillons de le découvrir (si possible) durant la basse ou moyenne saison, ou en semaine. Sinon, attendez-vous à une très forte affluence.

À NE PAS MANQUER

Le panorama depuis le grand bastion.

AVEC LES ENFANTS

Des visites ludiques en famille sont organisées pendant les vacances scolaires (du lundi au vendredi), ainsi qu'en juillet et en août *(tlj - 1,50 €)*. La manifestation « Récré au château » *(en oct.)* anime le château le temps d'un week-end (jeux, ateliers, spectacles…).

Surprenant vaisseau de pierre de 270 m de long perché à près de 800 m, cette forteresse n'est ni un mirage ni la « Grande Illusion » qu'évoquait Jean Renoir dans le film qu'il y tourna en 1937. L'éperon de grès sur lequel le château est bâti surveille toutes les routes, qu'elles traversent l'Alsace ou mènent à la Lorraine : celles du vin, du blé et du sel. En passant par les salles, les bastions, les cours, les tours, les passerelles et les étroits escaliers en colimaçon, on repense aux châteaux forts que l'on dessinait à l'école. On s'imagine en enfant gâté parcourant un vaste terrain de jeux qui lui serait réservé pour vivre ses fantasmes de chevaliers et de princesses. Puis, du haut du grand bastion, on se transforme en vigie scrutant l'immense horizon, en géographe identifiant les villages groupés autour de leur église, ou en rêveur contemplatif ému par la mosaïque de vignes, de forêts et de cultures.

Visiter

Témoin de l'importance stratégique de la région au Moyen Âge, ce *burg* fut construit par les Hohenstaufen au 12e s. Après un passage aux mains de chevaliers brigands qui en avaient fait leur quartier général, le château est récupéré par les Habsbourg au 15e s. Quelques siècles d'abandon plus tard, il est offert en 1899 par la ville de Sélestat à l'empereur Guillaume II, grand amateur de châteaux.

Après la porte et le massif de la herse, on atteint la basse-cour, où se trouvent les bâtiments d'intendance, nécessaires à l'autonomie du château en cas de siège : hostellerie (restaurant, boutique, librairie), écuries, forge et moulin. On accède par une rampe bordée de meurtrières au portail des Lions **(1)** et au fossé séparant le logis du reste du château. Un puits **(2)** fortifié, profond de 62 m, est construit en bordure de l'éperon rocheux sur lequel s'élève le logis. Au rez-de-chaussée de ce dernier, magnifique reconstitution médiévale, se trouvent le cellier **(3)** côté ouest, les cuisines **(4)** côté nord.

Depuis la cour intérieure, deux escaliers en colimaçon desservent les étages. Côté sud, deux balcons décorés des représentations des Neuf Preux.

Les appartements (chambre de séjour, chambre à coucher) occupent les côtés sud et nord. À l'ouest se trouvent les grandes salles : la salle des fêtes, suivie de la Chambre lorraine, enfin la salle d'armes. Dans la salle des fêtes,

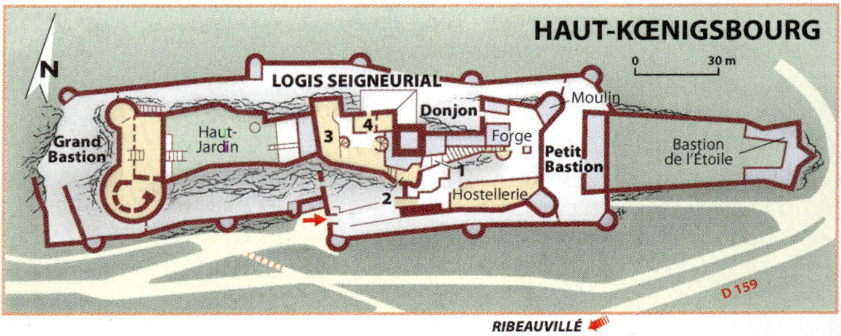

UNE RESTAURATION MINUTIEUSE

Guillaume II a confié la restauration du château à l'architecte berlinois Bodo Ebhardt, spécialiste de la fortification médiévale. L'initiative germanique fut pourfendue par l'écrivain alsacien Hansi *(voir p. 170)*, qui déclarait à propos du Berlinois : « Son œuvre achevée, il tenta même l'impossible : donner une patine à ces murs, à ces pierres, à ces toits neufs. On vit alors des ouvriers martelant à grands coups les chéneaux de cuivres pour leur enlever la régularité du neuf, et arroser de couleur les murs et même les toits. » Bodo Ebhardt n'a rien laissé au hasard dans cette tentative de reconstruction exceptionnelle, selon les exigences de son impérial client. Les travaux se sont terminés en 1908. Dix ans après son inauguration, le château redevenait français !

ou salle du Kaiser, une des fresques de Léo Schnug, expert en perspective, représente le siège du château en 1462. À l'est, le donjon restauré dans ses niveaux supérieurs. Le mobilier et les armes (15e-17e s.) ont été acquis au début du 20e s. pour recréer l'ambiance, que l'on imaginait alors, d'un château fort. Après la traversée du Haut-Jardin, depuis le Grand Bastion, **panorama★★** au nord sur les ruines des châteaux de Frankenbourg, de Ramstein et d'Ortenbourg ; à l'est, de l'autre côté du Rhin, les hauteurs de Kaiserstuhl, en avant de la Forêt-Noire ; au sud, le Hohneck, et, à l'horizon, le Grand Ballon et la route des Vins ; à 200 m environ à l'ouest, ruines de l'Œdenbourg et du Petit-Kœnigsbourg. Au pied des remparts, un **jardin médiéval** a été aménagé.

NOS ADRESSES AU HAUT-KŒNIGSBOURG

Voir aussi nos adresses à Sélestat *(p. 157)*.

HÉBERGEMENT ET RESTAURATION

BUDGET MOYEN

Hôtel Au Fief du Château – *20 Grand-Rue - 67600 Orschwiller - ☎ 03 88 82 56 25 - www.fief-chateau.com - fermé 3-9 mars, 2e quinz. août, 4-11 Nov. et merc. - P - 8 ch. 50 € - ☕ 7 € - formule déj. 9 € - rest. 18/27 €.* Cet hôtel à la façade fleurie propose des chambres confortables et bien tenues. Au restaurant, outre les plats régionaux, on appréciera particulièrement le pavé de bœuf maison servi avec une escalope de foie gras et petits légumes.

Auberge La Meunière – *30 r. Ste-Anne - 68590 Thannenkirch - 5 km au sud-ouest du château par D 159 puis D 42 - ☎ 03 89 73 10 47 - www.aubergelameuniere.com - fermé 23 déc.-24 mars - P - 25 ch. 56/125 € ☕ 8 € - formule déj. 13 € - rest. 17/39 €.* Cette maison en brique et bois est au cœur du village… et pourtant certaines de ses chambres, les plus belles, ouvrent leurs fenêtres côté campagne avec, au loin, les tours du château du Haut-Kœnigsbourg. Vous profiterez aussi de cette magnifique vue depuis la terrasse du restaurant.

AGENDA

Voix & Route romane – *www.haut-koenigsbourg.fr.* Durant l'été, musique médiévale et expressions contemporaines animent quelques nuits du château.

+ d'adresses

Colmar et le vignoble alsacien

2

Carte Michelin Départements 315 – Haut-Rhin (68)

La route des Vins commence à Marlenheim, à 67 km au nord de Colmar, et se termine à Thann, à 44 km au sud de Colmar :

Au nord de Colmar :

À l'ouest de Colmar :

Au sud de Colmar :

Route des Vins d'Alsace, château de Kintzheim et son vignoble.

B. Rieger/hemis.fr

COLMAR ET LE VIGNOBLE ALSACIEN
COLMAR ★★★ Vaut le voyage
Kaysersberg ★★ Mérite un détour
Ribeauvillé ★ Intéressant
Soultzmatt À voir
0
5 km
MARLENHEIM
STRASBOURG
SAINT-DIÉ-DES-VOSGES
BAS-RHIN
SÉLESTAT
VOSGES
ROUTE DES VINS
Canal de Colmar
Parc naturel
Itterswiller
Dambach-la-Ville
Scherwiller
Châtenois
Kintzheim
St-Hippolyte
Haut-Kœnigsbourg
Cimetière militaire
Bergheim
Ribeauvillé
Zellenberg
Beblenheim
Bennwihr
Sigolsheim
Ammerschwihr
Lièpvre
Schaentzel
Thannenkirch
Vallée du Bergenbach
N.-D.-de-Dusenbach
Château de St-Ulrich
Hunawihr
Riquewihr
Mittelwihr
Kientzheim
Kaysersberg
Aubure
Niedermorschwihr
Turckheim
COLMAR
D 1083
D 424
D 35
N 83
D 42
D 416
D 415
N 59

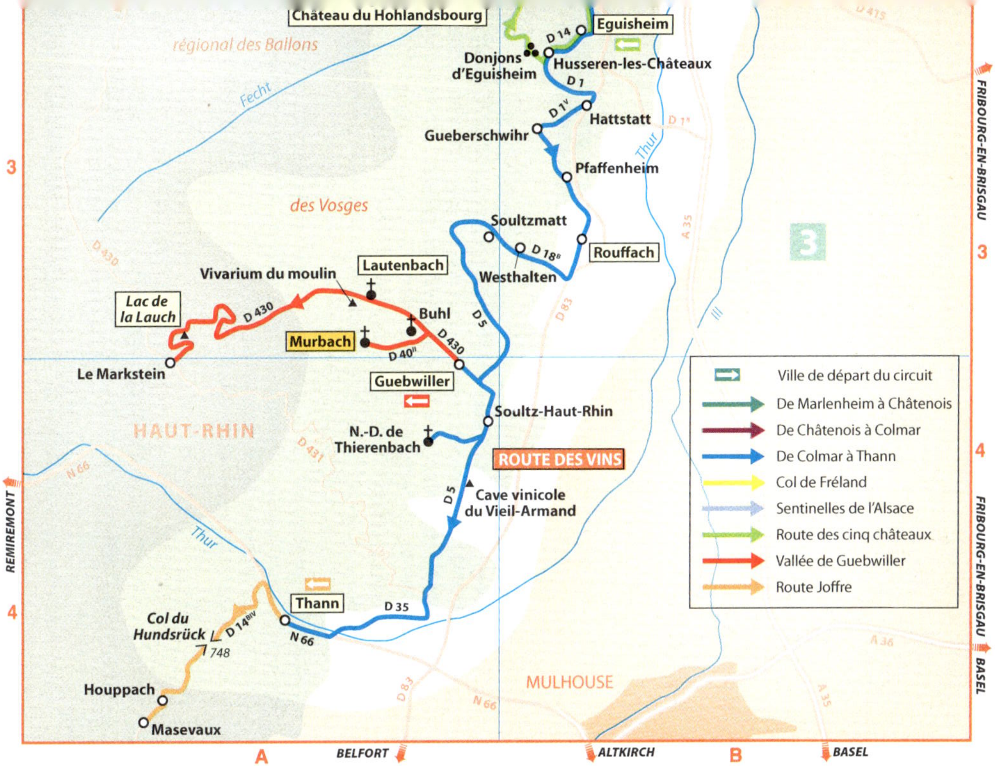
Château du Hohlandsbourg
Eguisheim
D 14
Donjons d'Eguisheim
Husseren-les-Châteaux
D 1
D 1v
Hattstatt
Gueberschwihr
Pfaffenheim
Soultzmatt
D 18B
Rouffach
Westhalten
régional des Ballons
Fecht
des Vosges
Thur
D 430
A 35
D 83
Lautenbach
Vivarium du moulin
Lac de la Lauch
Buhl
Murbach
D 40II
Le Markstein
Guebwiller
D 5
Soultz-Haut-Rhin
N.-D. de Thierenbach
HAUT-RHIN
D 431
ROUTE DES VINS
Cave vinicole du Vieil-Armand
N 66
D 35
Thann
Col du Hundsrück
D 14BIV
748
Houppach
Masevaux
MULHOUSE
A 36
3
4
A
B
FRIBOURG-EN-BRISGAU
BASEL
REMIREMONT
BELFORT
ALTKIRCH
Ville de départ du circuit
De Marlenheim à Châtenois
De Châtenois à Colmar
De Colmar à Thann
Col de Fréland
Sentinelles de l'Alsace
Route des cinq châteaux
Vallée de Guebwiller
Route Joffre

Colmar

★★★

65 713 Colmariens – Haut-Rhin (68)

NOS ADRESSES PAGE 174

S'INFORMER

Office du tourisme de Colmar – *32 cours Sainte Anne - 68000 Colmar - ℘ 03 89 20 68 92 - www.ot-colmar.fr - juil.-août : 9h-18h ; avr.-oct. et du 24 nov. à fin déc. : 9h-18h, dim. et j. fériés 10h-13h ; 1er-fin nov. : 9h-12h, 14h-18h, dim. et j. fériés 10h-13h ; 25 déc. : 14h-17h ; janv.-mars : 9h-12h, 14h-17h.*

Visites guidées – Des visites guidées de la vieille ville et de ses quartiers sont organisées *(juil.-sept.)* ainsi que des visites thématiques tte l'année - *4 € (12-18 ans 2,50 €) - rens. à l'office de tourisme.*

Visite guidée nocturne – Les plus beaux bâtiments de la ville sont inondés de lumière par un procédé dynamique spectaculaire. *La féerie des lumières : sam. soir ; La magie de Noël : déc. 18h (sf 24, 25 et 31 : 23h) - durée 1h15 - 4 € (12-18 ans 2,50 €). Rens. et réserv. à l'office de tourisme au ℘ 03 89 20 68 92.*

SE REPÉRER

Carte de microrégion B2 (p. 164) – *carte Michelin Départements 315 I8.*
En voiture, à mi-chemin entre Strasbourg et Bâle, la ville est reliée aux deux cités par l'A 35. Grâce au TGV Est, Colmar se trouve à moins de 3h de Paris.

SE GARER

En raison d'une forte circulation, la ville s'est dotée de plusieurs parkings, le long des avenues conduisant au centre-ville (en partie piétonnier).

À NE PAS MANQUER

Le retable d'Issenheim au musée d'Unterlinden, la Petite Venise, les belles maisons historiques, le musée Bartholdi…

ORGANISER SON TEMPS

Arrêtez-vous au moins une nuit à Colmar pour profiter des restaurants, mais aussi de la visite guidée nocturne (en saison) ou des différents spectacles.

AVEC LES ENFANTS

Le musée animé du Jouet et des Petits Trains, une promenade en barque.

Belles façades colorées de Colmar.
J.L. Gallo/MICHELIN

Qu'on visite la ville à pied ou en barque sur les canaux de la « Petite Venise », ses fontaines, ses maisons à colombages, ses géraniums aux balcons disent tout de son appartenance à l'Alsace... Ni les guerres ni le temps ne semblent l'avoir altérée. Si le patrimoine culturel est considérable, les plaisirs de la table le sont tout autant. Excellent point de départ pour découvrir la route des Vins, Colmar est aussi le lieu idéal pour mieux connaître l'Alsace gastronomique.

Découvrir Plan de ville I

★★★ MUSÉE D'UNTERLINDEN A1

1 r. d'Unterlinden - ✆ 03 89 20 15 50 - www.musee-unterlinden.com - mai-oct. : 9h-18h ; nov.-avr. : tlj sf mar. 9h-12h, 14h-17h - possibilité de visite guidée (1h30) - fermé 1er janv., 1er mai, 1er nov., 25 déc. - 8 € (12-18 ans 5 €), gratuit Nuit des musées.
La place d'Unterlinden, c'est-à-dire « sous les tilleuls », est traversée par le Logelbach (canal des Moulins). Le bâtiment du musée occupe un ancien couvent de dominicaines fondé au 13e s. Le musée bénéficie d'importants travaux de réaménagement pour améliorer sa muséographie. Une extension est également prévue dans un nouveau bâtiment créé par les architectes Herzog & de Meuron (2014).

Rez-de-chaussée

Le **cloître**★ a été construit au 13e s. dans le style gothique. Au milieu de la galerie ouest, une arcade plus haute et ornée surmonte la cuve de l'ancien lavabo. Puits Renaissance dans un angle. Les salles autour du cloître sont consacrées à l'**art rhénan** : peintures et sculptures, provenant parfois d'édifices religieux de la région, bronzes, vitraux, ivoires, tapisseries, datant de la fin du Moyen Âge ou de la Renaissance. Les primitifs rhénans sont représentés par Holbein l'Ancien, Cranach l'Ancien, Gaspard Isenmann et les gravures sur cuivre de Martin Schongauer dit « le beau Martin ».
Retable d'Issenheim★★★ – Il est conservé dans la chapelle, avec des œuvres de Schongauer et de son entourage (**retable de la Passion**★★ en 24 panneaux). Le retable a été exécuté vers 1512-1516 par **Grünewald** pour l'église du couvent des Antonins d'Issenheim, ordre spécialisé dans le traitement du « mal des ardents » ou « feu de saint Antoine » (empoisonnement à l'ergot de seigle). Il était exposé dans l'église, ouvert de différentes façons selon les fêtes de l'année liturgique. Les statues de la caisse centrale, dues à Nicolas de Haguenau

(vers 1490), n'étaient visibles qu'à la fête de saint Antoine. Morcelé à la Révolution, le retable n'est reconstitué qu'en 1930, le temps de retrouver l'ordre, tissé de significations cachées, de chaque panneau. Les historiens n'ont aucune certitude sur la vie de l'homme. En fait, Grünewald s'appelait Matthias Gothardt Neithardt, né à Würzburg vers 1460 et mort à Halle en 1528 (Grünewald est employé par commodité, on l'appelle aussi Maître Mathis). Mais on reconnaît de loin ses peintures, par leur style expressionniste, leurs couleurs audacieuses, l'art de leurs éclairages tour à tour crépusculaire, ardent, surnaturel, et leur mysticisme angoissé, violent et passionné.

Pour mieux percevoir le côté exceptionnel du retable d'Issenheim, voir d'abord les salles 1, 3 et 4. La vue depuis la tribune du 1er étage aide à saisir l'organisation des multiples tableaux. Fixées au mur, des maquettes reconstituent l'ensemble du retable.

Le réalisme des détails chargés de symbolique (carafe en verre, poignée de coffre, baquet) le dispute à l'invention, à la poésie (ange aux plumes vertes) et même à l'humour des décors et des personnages (soldat renversé, son casque sur le nez). La virtuosité du maître excelle dans le rendu des mains. Dans la Crucifixion, la douleur physique émane du corps raidi et bleui d'ecchymoses du supplicié et les mains semblent souligner la souffrance surhumaine du Christ.

1er étage

Il est consacré à l'histoire de la ville et des objets alsaciens : costumes, meubles, armes, étains, orfèvrerie, ferronnerie, porcelaines, faïences de Strasbourg (18e s.). Intérieurs reconstitués : chambre gothique aux murs et plafond lambrissés ; salon, dit « des demoiselles anglaises » (18e s.), au magnifique plafond peint en trompe l'œil dans le goût baroque. La cave du vigneron (pressoir à

COLMAR : QUELQUES REPÈRES HISTORIQUES

Un pigeonnier – Louis le Pieux, le premier, en 823, mentionne *Columbarium* (« le pigeonnier »), qui deviendra une étape de villégiature dans les déplacements des rois carolingiens, dont Charlemagne. Le domaine des Colombes s'est transformé en *Columbra*, puis en Colmar.

Un maire pas assez noble – Colmar est en lutte ouverte contre l'évêque de Strasbourg qui aimerait bien mettre la main sur la petite ville très convoitée. Mais c'est **Roesselmann**, le fils d'un tanneur, qui y exerce les plus hautes responsabilités, au grand dépit des nobles de la région. En 1261, ceux-ci prêtent main-forte à l'évêque pour se débarrasser de leur ennemi commun. Roesselmann ne se résigne pas et se réfugie chez Rodolphe de Habsbourg, futur empereur, dont l'aide lui permet de réoccuper les lieux. Mais un matin, une troupe aux couleurs de Rodolphe entre dans la ville : ce sont les soldats de l'évêque déguisés. Roesselmann réussit à repousser l'ennemi, mais y laisse la vie.

La Décapole alsacienne – Au 14e s., les Habsbourg, ambitieux, voulaient soumettre l'Alsace. Colmar se dote alors d'une charte communale en 1354 et la ville entre dans la Décapole alsacienne. Les villes membres de cette ligue se promettaient aide et entente mutuelle. Colmar renforce sa position grâce au soutien des villes alliées et garantit la paix à sa population pendant près de deux siècles.

Un tyran – Dès le 15e s., le tyran **Hagenbach**, installé en Alsace par l'empereur germanique Sigismond, tente de s'imposer sans y réussir et y laisse sa tête. Le glaive qui a décapité le tyran Hagenbach est conservé au musée d'Unterlinden.

cabestan du 17e s.) est accessible depuis le cloître. Une partie du cloître est consacrée à l'histoire des bâtiments qui abritent le musée ainsi qu'aux acquisitions des collections.

Caves du couvent

Deux nefs admirablement conservées accueillent des collections allant de la préhistoire à l'époque mérovingienne. Le sous-sol comprend aussi une salle gallo-romaine (fragments de la mosaïque de Bergheim, 3e s.). La peinture du 20e s. n'est pas oubliée avec des œuvres de Renoir, Rouault, Picasso, Vieira da Silva, Nicolas de Staël ou Poliakoff.

Se promener Plans de ville

★★ LA VILLE ANCIENNE

Circuit 1 sur les plans I et II de la ville p. 171 et p. 172, au départ de la place d'Unterlinden (proche de l'office de tourisme).

Suivez la rue des Clefs.

On passe devant l'hôtel de ville du 18e s., aux beaux chaînages de grès rose, qui occupe l'ancien hôtel de Pairis, fondation cistercienne aujourd'hui disparue, qui se trouvait dans le val d'Orbey.

Place Jeanne-d'Arc, tournez à droite dans la Grand'Rue.

Temple protestant St-Matthieu Plan II

03 89 41 44 96 - www.paroisse-protestante-colmar.org - du 30 juil. au 23 oct. : tlj sf lun. 10h-12h, vend. 10h-12h, 14h-16h - possibilité de visite guidée (1h) sur demande préalable (7 j. à l'avance) - fermé dim. de Pâques, dim. de Pentecôte, 25 déc. - gratuit.

Ancienne et vaste église des franciscains (13e-14e s.), caractéristique des ordres mendiants, il a retrouvé sa beauté et son harmonie premières après plusieurs années de restauration : élégant jubé, vitraux des 13e et 15e s. Le plus remarquable est, en haut du collatéral droit, le **vitrail de la Grande Crucifixion★**, attribué à Pierre d'Andlau (15e s.).

Tournez à gauche vers la place du 2-Février pour voir l'**Ancien Hôpital** du 18e s., construit avec les pierres provenant des fortifications démantelées et coiffé d'une haute toiture percée de lucarnes.

De retour dans la Grand'Rue, on croise l'élégante **maison des Arcades★** de style Renaissance flanquée aux angles de deux tourelles octogonales, puis la **fontaine Schwendi**. Sculptée par Bartholdi, la statue représente le général Schwendi (1522-1583) qui, selon une légende tenace, aurait introduit le cépage tokay en Alsace. Produit à partir du pinot gris, il diffère de son homonyme hongrois. La mention « Tokay-Pinot gris » n'est d'ailleurs plus légale depuis 2007, elle est remplacée par « Pinot gris ».

On arrive sur la place de l'Ancienne-Douane.

Dépassez la **maison du Pèlerin** (1571).

Place de l'Ancienne-Douane Plan II

C'est l'une des plus pittoresques de Colmar : nombreuses maisons à pans de bois, dont la **maison au Fer rouge** (à l'angle de la rue des Marchands) (C).

★ Ancienne Douane (ou Koifhus) Plan II

N'hésitez pas à prendre du recul pour admirer cet imposant bâtiment couvert de tuiles vernissées. Au rez-de-chaussée du corps de logis principal (1480), on entreposait les marchandises soumises à l'impôt communal, et l'étage

2

accueillait l'administration de la ville, le tribunal et le conseil des échevins. Sur la gauche, la tourelle d'escalier fin 16e s., à pans coupés et coiffée d'un clocheton, conduit à une jolie galerie de bois. La maison voisine du 16e s. qui abritait un marché aux beurres et graisses, vit naître en 1771 le futur général Rapp, fils du portier.

Continuez par la rue des Marchands.

★★ Maison Pfister Plan II

Petit bijou de l'architecture locale, elle a été construite en 1537 pour un chapelier de Besançon. Façade peinte, à fresques, oriel d'angle vitré au premier étage et habilement intégré à la galerie de bois fin 16e s. du second étage, sculptée et soutenue par de belles consoles ouvragées.

Dans cette rue, voir la **maison Schongauer** ou **de la Viole**, qui appartint à la famille de ce peintre (15e s.), et la **maison au Cygne**, où il aurait vécu ; au n° 9, un marchand sculpté dans le bois (1609).

Musée Bartholdi Plan II

30 r. des Marchands - ✆ 03 89 41 90 60 - www.musee-bartholdi.com - mars-déc. : tlj sf mar. 10h-12h, 14h-18h - 5 € (-13 ans gratuit), gratuit la Nuit des Musées.

La partie basse de la maison natale du sculpteur Auguste Bartholdi (1834-1904) a été transformée en musée d'Histoire locale (archives, sceaux, gravures). Les appartements au 1er étage, meublés comme au temps de l'artiste, évoquent sa vie et ses œuvres, du *Lion* de Belfort au *Vercingétorix* de Clermont-Ferrand. Le 2e étage est tout entier consacré à la célébrissime « Lady Liberty », la statue de la Liberté du port de New York. Une collection d'art juif est aussi présentée dans l'une des salles.

Un passage sous arcades en face du musée Bartholdi permet de rejoindre la place de la Cathédrale.

C'est ici que s'élèvent la **maison Adolphe** (1350) – la plus ancienne maison de Colmar – ainsi que l'**ancien corps de garde★** de la ville (1575) devant lequel les membres des corporations juraient fidélité aux administrateurs de la ville. Il possède une magnifique loggia d'où le magistrat prêtait serment et annonçait les condamnations infamantes.

★ Collégiale St-Martin Plan II

L'élégant édifice gothique fut construit de 1237 au milieu du 14e s. Ici, on l'appelle couramment « cathédrale ». Elle est construite en grès jaune et le portail principal est encadré de deux tours. La tour sud porte un cadran solaire. Le **portail St-Nicolas**, signé « Maistre Humbret », est orné de la légende de saint

UNE VILLE D'ARTISTES

Martin Schongauer (1445-1491), né à Colmar, y a exécuté presque toute son œuvre peinte (retables) et ses nombreuses gravures ont été admirées autant par Dürer que par les artistes vénitiens de la Renaissance. Au 16e s., c'est un certain **Matthias Grünewald** qui laisse à la ville le fameux retable d'Issenheim. Plus tard, **Auguste Bartholdi** (1834-1904), le célèbre sculpteur de la statue de la Liberté, a reçu plusieurs commandes de sa ville natale. Né à Colmar, l'écrivain et aquarelliste Jean-Jacques Waltz, dit **Hansi** (1872-1951), avait aussi un grand talent de caricaturiste. Son crayon, vengeur à l'égard de l'occupant allemand dont il appuie les allures grotesques, se fait tendre, amusé et poète devant le petit peuple alsacien, représenté, plus vrai que nature, coloré, patriote et malicieux.

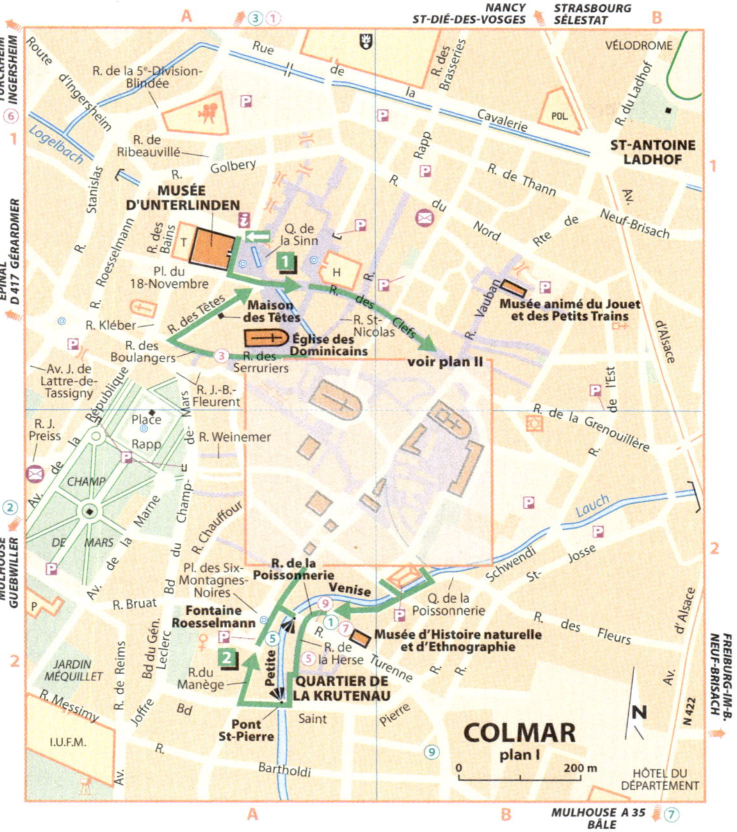

SE LOGER		SE RESTAURER	
Best Western Grand Hôtel Bristol	2	Bacchus (Chez)	1
Colombier (Hôtel Le)	1	Bartholdi	3
Framboises (Chambre d'hôte Les)	3	Caveau St-Pierre (Le)	5
Maréchal (Hostellerie Le)	5	Taverne Alsacienne (La)	6
Moulin (Hôtel Au)	7	Wistub Brenner	7
Turenne (Hôtel)	9	Winstub La Krutenau	9

Nicolas. À l'intérieur, remarquez le buffet d'orgues dû au facteur Silbermann au 18e s. Dans la chapelle absidiale, **Crucifixion★** sculptée du 14e s.

Quittez la place de la Cathédrale par la rue des Serruriers.

Église des Dominicains Plan I, A1

☏ 03 89 41 27 20 - janv.-nov. : 10h-12h15, 15h-17h45 ; déc. : 10h-17h45 - fermé 1er janv., 25 déc. - 1,50 € (-13 ans 0,50 €).

La plus remarquable église que l'ordre mendiant réalisa dans les pays rhénans entre 1283 et 1310, aux longs piliers sans chapiteau avec de splendides **vitraux★** des 14e et 15e s. et, devant le chœur, une œuvre majeure de Schongauer (1473), la **Vierge au buisson de roses★★** *(illustration p. 75)*. La Vierge et l'Enfant se détachent sur un fond d'or couvert de rosiers pourpres,

COLMAR
plan II

0 — 100 m

SE LOGER

St-Martin (Hôtel)........................ (1)

SE RESTAURER

Maison Rouge (La)...................... (2)
Schwendi Bier-U-Wistub.......... (4)
Winstub Flory............................ (6)

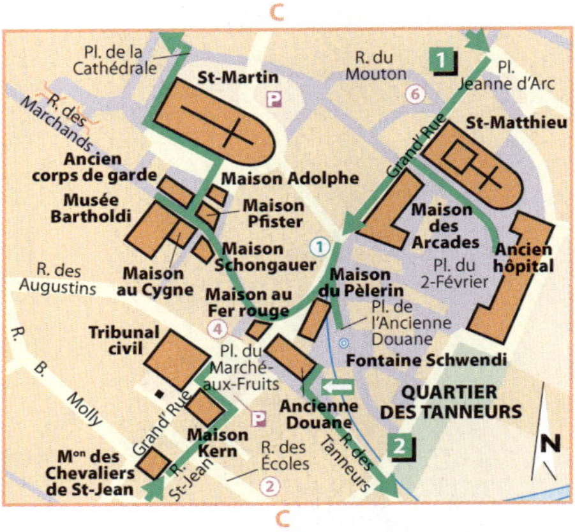

habité de toutes sortes d'oiseaux. Ce tableau admirablement conservé est d'une rare élégance.

Prenez ensuite la rue des Boulangers et tournez à droite dans la rue des Têtes.

Le nom de la rue comme celui de la **maison des Têtes★** (A1), au n° 19, vient des nombreuses sculptures qui figurent en façade de cette demeure qui a pignon sur rue. La maison des Têtes (1609) est sûrement la plus belle maison de la Renaissance colmarienne. Sur le pignon à volutes, on trouve une statue en bronze de Bartholdi figurant un tonnelier.

Poursuivez jusqu'à la place d'Unterlinden.

★ LA PETITE VENISE

Circuit 2 tracé en vert sur les plans de la ville p. 171 et 172. Au départ de la place de l'Ancienne-Douane, rejoignez la rue des Tanneurs, longée par un petit canal.

Quartier des Tanneurs Plan II

Bien que restauré dans les années 1970, il est resté typique de l'activité qui y régna jusqu'au 19e s. Les maisons à pans de bois y sont étroites et hautes : elles comportaient un grenier pour le séchage des peaux.

Franchissez le pont sur la Lauch.

On entre dans le **quartier de la Krutenau★** (plan I, A2), jadis peuplé de maraîchers qui circulaient sur les cours d'eau en barques à fond plat.

Suivez, à droite, le quai de la Poissonnerie.

Le **quai de la Poissonnerie★** (plan I, A2) et ses maisons de pêcheurs à colombages toutes colorées aboutissent à la rue de Turenne, l'ancienne « Krutenau », jadis marché aux légumes.

Prenez à gauche la rue de la Herse, puis à droite la ruelle conduisant à la Lauch.

Promenade aménagée le long de la berge qui mène au **pont St-Pierre** (plan I, A2), d'où partent les promenades en barque *(voir le carnet d'adresses, rubrique « Visites »)*. Remarquable **point de vue★** sur la Petite Venise et le vieux Colmar.

À droite, la rue du Manège aboutit à la place des Six-Montagnes-Noires. La **fontaine Roesselmann** (plan I, A2), œuvre de Bartholdi, célèbre le héros colmarien.

À droite de la place, sur le pont, on retrouve la rivière qui baigne les vieilles maisons.

Le quartier des Tanneurs dans la Petite Venise, à Colmar.
J. Arnold/hemis.fr

Rejoignez en face la rue St-Jean.
À gauche, la **maison des Chevaliers de St-Jean** (plan II) évoque un palazzo vénitien. La façade ornée de trois galeries dont deux à arcades datées de 1608 observe une rigoureuse symétrie.

2

La place du Marché-aux-Fruits est bordée par la maison Renaissance **Kern** (plan II) et par la jolie façade classique en grès rose de l'**ancien conseil souverain d'Alsace (1765)★** (plan II), sur la gauche. L'Ancienne Douane est en face.
Rejoignez la place de l'Ancienne-Douane par la rue des Tanneurs.

À voir aussi Plan I

Musée animé du Jouet et des Petits Trains B1

40 r. Vauban - ✆ 03 89 41 93 10 - www.museejouet.com - ♿ - juil.-août et déc. : 10h-18h ; janv.-juin et oct.-nov. : tlj sf mar. 10h-12h, 14h-18h (tlj en sept.) - 4,50 € (-8 ans gratuit).

Installé dans un ancien cinéma, un coin de paradis pour petits et grands enfants : poupées, chevaux, avions, machines à coudre, sans oublier wagons et locomotives de la collection Trincot (circuit de plus de 1 000 m où circulent une vingtaine de trains). Amusantes vitrines animées sur le thème de la fête foraine et du cirque, théâtre de marionnettes.

BARTHOLDI DANS LA RUE

Rares sont les rues et les places de Colmar qui n'ont pas hérité d'une œuvre du sculpteur : la **statue** du **général Rapp** place Rapp, le **monument de l'amiral Bruat** place du Champ-de-Mars, la **fontaine Roesselmann** place des Six-Montagnes-Noires, la **fontaine Schwendi** place de l'Ancienne-Douane, la **fontaine du Vigneron**, à l'angle des rues des Écoles et du Vigneron et la réplique de la **statue de la Liberté** au rond-point nord sur la route de Strasbourg.

Musée d'Histoire naturelle et d'Ethnographie Plan I, B2
11 r. de Turenne - ✆ 03 89 23 84 15 - www.museumcolmar.org - de déb. fév. au 23 déc. : tlj sf mar. 10h-12h, 14h-17h, dim. et j. fériés 14h-18h - fermé du 23 déc. à fin janv., 1er janv., 1er nov., 25 déc. - 5 € (7-18 ans 2 €).
Mammifères, oiseaux et poissons d'Alsace naturalisés sagement rangés dans une maison du 17e s. La salle de géologie explique la diversité des paysages de la région et une collection d'égyptologie complète une section d'ethnologie et de minéralogie.

NOS ADRESSES À COLMAR

VISITES

Train touristique – *✆ 03 89 24 19 82 - www.colmarentrain.fr - avr.-oct. : visite commentée (35mn), tlj 9h-18h30 - dép. ttes les 30mn rue Kléber (à côté du musée Unterlinden) - 6 € (-12 ans 3,50 €).*

Promenade en barque – Dans la « Petite Venise » : embarquement au bas du pont St-Pierre. *✆ 03 89 41 01 94 - www.sweetnarcisse.com - promenade accompagnée (30mn, dép. ttes les 10-15 min.) - tlj avr.-sept. (w.-end mars et oct.) - 6 € (-10 ans gratuit).*

Association des bateliers de la Lauch – *✆ 03 89 23 59 31 - avr.-sept.* Visite commentée de 30mn dans « le sillage des maraîchers d'autrefois ». Croisière-repas sur le canal de Colmar à la découverte du Ried alsacien (journée ou demi-journée), en traversant des paysages typiques de la vallée rhénane.

Aqua-découverte – *Port de plaisance - ✆ 06 30 70 51 30 - www.aqua-decouverte.com*

HÉBERGEMENT

Plan I p. 171 et plan II p. 172.

PREMIER PRIX

Chambre d'hôte Les Framboises hors plan (plan I A1 en direction) – *128 r. des Trois-Épis - 68230 Katzenthal - 8 km au nord-ouest de Colmar par la D 415 puis la D 10 - ✆ 03 89 27 48 85 - www.gites-amrein.fr - P - 5 ch. 55 € ☕.* Quittez donc Colmar pour venir vous mettre au vert dans ce village entouré de vignes. L'hôte-propriétaire, qui par ailleurs distille le marc de gewurztraminer, propose sous les toits de sa maison quelques chambres lambrissées. Le matin, ne manquez pas le spectacle de marionnettes…

BUDGET MOYEN

Hôtel Turenne plan I B2 – *10 rte de Bâle - ✆ 03 89 21 58 58 - www.turenne.com - 82 ch. 65/97 € - ☕ 8,50 €.* Architecture d'inspiration régionale, chambres fonctionnelles, copieux buffet de petit-déjeuner et prix sages : une adresse pratique, à deux pas de la Petite Venise.

Hôtel Au Moulin hors plan (plan I B2 en direction) – *Rte d'Herrlisheim - 68127 Ste-Croix-en-Plaine sur D 1 - 10 km au sud de Colmar par la E 25 - ✆ 03 89 49 31 20 - www.aumoulin.net - ouv. du 1er avr. au 20 déc. et fermé dim. soir - P - 16 ch. 48/75 € - ☕ 9 €.* Les chambres de ce moulin, confortables et entièrement refaites, ont vue sur les Vosges. Petit musée d'objets alsaciens anciens. Restauration d'appoint (plats locaux).

POUR SE FAIRE PLAISIR

Hôtel Le Colombier plan I A2 – *7 r. Turenne - ✆ 03 89 23 96 00 - www.hotel-le-colombier.fr - fermé 24 déc.-2 janv. - 28 ch. 92/258 € - ☕ 12,50 €.* Le cadre contemporain et le mobilier créé par un designer italien soulignent le charme authentique de cette bâtisse régionale du 15e s. Escalier Renaissance, paisible patio.

Hôtel St-Martin plan II C – *38 Grand'Rue - ✆ 03 89 24 11 51 - www.hotel-saint-martin.com - fermé 23-26 déc. et 1er janv.-25 mars - P - 40 ch. 95/160 € - ☕ 12 €.* Dans le quartier historique, trois maisons des 14e et 17e s. réparties autour d'une cour intérieure avec tourelle et escalier Renaissance. Chambres personnalisées.

UNE FOLIE

Hostellerie Le Maréchal plan I A2 – *4 pl. des Six-Montagnes-Noires - ✆ 03 89 41 60 32 - www.le-marechal.com - 30 ch. 105/255 € - ☕ 15 € - rest. (fermé 3 sem. en janv.) 26/78 €.* Les chambres de ces ravissantes maisons alsaciennes de la Petite Venise affichent un côté bonbonnière (sauf deux, un peu plus vieillottes). Très bon petit-déjeuner régional. Au restaurant, décor à thème musical et spectacle enchanteur de la Lauch.

Best Western Grand Hôtel Bristol hors plan (plan I A2 en direction) – *7 pl. de la Gare - ✆ 03 89 23 59 59 - www.grand-hotel-bristol.fr - 91 ch. 128/175 € - ☕ 16 € - rest. 13,50/75 €.* Cet hôtel, très bien placé, propose des chambres modernes et joliment colorées. Une mention spéciale pour le petit-déjeuner, inoubliable, par la qualité et la diversité des produits servis. Accès gratuit à l'espace bien-être. Côté restaurant, vous aurez le choix entre la prestigieuse Table du chasseur et l'Auberge (cuisine de brasserie).

RESTAURATION

La visite de la ville vous mènera sûrement du côté de la place de l'Ancienne-Douane où officient plusieurs restaurants traditionnels. Au menu, choucroute, coq au riesling ou tartes flambées. Les amateurs des saveurs latines pourront se laisser tenter par les pizzerias et bars à tapas.

PREMIER PRIX

Winstub La Krutenau plan I A2 – *1 r. de la Poissonnerie - ✆ 03 89 41 18 80 - fermé de déb. janv. à mi-fév. - ♿ - P - 7/9 €.* Au menu de cette *winstub* au bord de la Lauch : promenades en barque dans la Petite Venise et tartes flambées sur la terrasse fleurie le long du canal en été… Une façon très ludique de découvrir ce ravissant quartier de Colmar.

Le Caveau St-Pierre plan I A2 – *24 r. de la Herse - ✆ 03 89 41 99 33 - www.lecaveausaintpierre-colmar.com - tlj sf lun., dim. soir et mar. après-midi - 19,90/34,90 €.* Un petit coin de paradis que cette maison du 17e s. à laquelle on accède par une jolie passerelle en bois enjambant la Lauch. Décor rustique fidèle à la tradition alsacienne et terrasse les pieds dans l'eau. Plats du terroir.

Schwendi Bier-U-Wistub plan II C – *23-25 Grand'Rue - ✆ 03 89 23 66 26 - 10/20 €.* D'entrée, on éprouve de la sympathie pour cette charmante *winstub* idéalement située au cœur du vieux Colmar. Le décor, où domine le bois, et la cuisine, copieuse et de qualité, célèbrent l'Alsace. Vaste terrasse pour la belle saison.

BUDGET MOYEN

Winstub Flory plan II C – *1 r. Mangold - ✆ 03 89 41 78 80 - fermé 25 déc. - ♿ - 20 €.* Le *Stammtisch*, vous connaissez ? Cette table réservée à tout dégustateur de vin blanc est dotée en son centre d'une clochette. Le hic, c'est que nombre de clients s'amusent à toucher celle-ci, et que le moindre tintement signifie… une tournée générale. Cuisine régionale sans reproche et fresque murale valant le détour.

La Maison Rouge plan II C – *9 r. des Écoles - ✆ 03 89 23 53 22 - www.maison-rouge.net - fermé dim., lun., du 25 déc. à déb. janv., 1 sem. en juil. - ♿ - formule déj. 9,75 € - 23,60/39,90 €.* La façade peut paraître anodine, mais l'intérieur rustique de ce restaurant vous séduira : poutres, mobilier alsacien, objets décoratifs liés au monde de la vigne… Cuisine régionale et plats maison comme le jambon à l'os braisé à la broche ou la fondue vigneronne.

Wistub Brenner plan I A2 – *1 r. Turenne - ✆ 03 89 41 42 33 - www.wistub-brenner.fr - fermé 23 juin-1er juil., 10-18 nov., 5-20 janv., mar. et merc. (sf 1er avr.-31 déc.) - 20,90/26,90 €.* Ambiance décontractée et animée dans cette authentique *winstub* agrandie d'une sympathique terrasse. Cuisine du pays (tête de veau, pieds de porc…) et ardoise de suggestions.

POUR SE FAIRE PLAISIR

Bartholdi plan I A1 – *2 r. des Boulangers - ✆ 03 89 41 07 74 - www.restaurant.bartholdi.fr - fermé 2e quinz. juil., vacances de fév., dim. soir et lun. - 22/53 €.* Amoureux de vins alsaciens, vous trouverez forcément votre bonheur parmi l'immense choix de crus régionaux que propose cette maison aux allures de *winstub*. Plats traditionnels.

Aux environs de Colmar

BUDGET MOYEN

Chez Bacchus hors plan (plan I A1 en direction) – *2 Grand'Rue - 68230 Katzenthal - ✆ 03 89 27 32 25 - du 1er oct. au 14 Juil. : ouv. jeu.-dim. soir, du 14 juil. au 30 sept. : merc.-dim. soir - fermé 5-25 janv. - P - formule déj. 10 € - 16/27,50 €.* Belle ambiance conviviale dans cette maison de 1789 installée dans un village de vignerons. Sous les poutres massives de cette *winstub*, la cuisine alsacienne servie ici comblera les plus affamés. Les enfants s'amuseront des marionnettes automatisées qui s'animent avec entrain.

POUR SE FAIRE PLAISIR

La Taverne Alsacienne hors plan (plan I A1 en direction) – *99 r. de la République - 68040 Ingersheim - à 5 km à l'ouest de Colmar - ✆ 03 89 27 08 41 - www.tavernealsacienne-familleguggenbuhl.com - fermé 1er-10 janv., de mi-juil. à 1re sem. août, jeu. soir sf déc., dim. soir et lun. - formule déj. 18 € - 20/55 €.* Au bord de la Fecht, vaste salle à manger contemporaine et claire où sont proposées des recettes classiques et régionales. Belle carte de vins alsaciens. Plats du jour servis au bar.

ACHATS

Fortwenger – *32 r. des Marchands - ✆ 03 89 41 06 93 - www.fortwenger.fr - lun.-sam. 9h30-12h30, 13h30-18h30 ; dim. et j. fériés : 10h-12h30, 13h30-18h - fermé 3 sem. en janv.*
C'est à Gertwiller que Charles Fortwenger fonda en 1768 sa fabrique de pain d'épice mais c'est dans le magasin de Colmar que vous trouverez un large choix de savoureux produits : chocolat, miel, sucre glace, anis, cannelle, etc. Également, spécialités régionales et souvenirs.

Caveau Robert-Karcher – *11 r. de l'Ours - ✆ 03 89 41 14 42 - www.vins-karcher.com - tlj sf dim. apr.-midi 8h-12h, 13h30-19h - fermé vend. saint, Pâques, 25-26 déc. et 1er janv.* Le domaine viticole

Karcher occupe une ancienne ferme (1602) située en plein cœur du vieux Colmar. Les crus que l'on y vend proviennent exclusivement du vignoble appelé Harth de Colmar (à 6 km du centre) : vins des 7 cépages d'Alsace, souvent récompensés. Caveau de dégustation et visite possible de la propriété.

Maison des Vins d'Alsace - Civa – *12 av. de la Foire-aux-Vins - BP 11217 - ✆ 03 89 20 16 20 - www.vinsalsace.com - tlj sf w.-end 9h-12h, 14h-17h - fermé 25 déc.-1er janv. et j. fériés.* Cet important centre dédié à la « dive bouteille » regroupe 5 organismes viticoles régionaux. Carte en relief situant villages et grands crus, expositions, films, brochures, affiches, objets publicitaires... Vous saurez tout sur les vins alsaciens !

Coco LM – *14 pl. de la Cathédrale - ✆ 03 89 21 85 10 - www.coco-lm.com - 9h-19h (janv.-mars : 10h-18h).* Chez Coco LM, on déguste avant d'acheter. De toute façon, tout est bon... 40 variétés de *bredele*, le *kugelhopf* traditionnel, le *berawecka* à base de dattes, de figues, de poires, d'abricots, etc., les bretzels et les pains d'épice assurent le succès de cette maison spécialisée dans les pâtisseries régionales.

Domaine viticole de la Ville de Colmar – *2 r. du Stauffen - ✆ 03 89 79 11 87 - www.domaineviticolecolmar.fr - lun.-vend. 9h30-12h30, 14h-18h, sam. 9h-12h30, 14h-17h - fermé j. fériés.* Ce domaine fondé en 1895 (environ 25 ha) cultive les 7 cépages alsaciens et propose des vins de sélection, des cuvées spéciales, des grands crus et des vendanges tardives. Les crémants d'Alsace, les vins des Hospices de Colmar et le grand cru pfersigberg (gewurztraminer) méritent bien des éloges.

EN SOIRÉE

Les spectacles programmés en ville figurent sur la brochure mensuelle disponible à la mairie ou à l'office de tourisme.
La presse locale relaie l'information chaque semaine dans son programme des festivités.

Comédie de l'Est – *6 rte d'Ingersheim - ✆ 03 89 24 31 78 - www.comedie-est.com - billetterie 10h30-12h30, 14h-18h30 - fermé sam. et dim. sf j. de représentations, dernière sem. de juil. et deux 1res sem. d'août - 20 €.* Comédies, spectacles d'humour, chansons, ballets et opéras.

Soirées folkloriques – *Pl. de l'Ancienne-Douane - ✆ 03 89 20 68 93 - www.ot-colmar.fr - mi-mai-sept. : mar. à 20h30.*

Théâtre municipal – *3 r. d'Unterlinden - ✆ 03 89 20 29 01 - www.ville-colmar.fr - billetterie 8h-12h, 14h-18h30 - fermé août.* Propose des pièces classiques, des comédies et des opéras.

AGENDA

Noël à Colmar – *✆ 03 89 20 68 92 - www.noel-colmar.com.* Marché, patinoire de plein air et tremplin de saut à ski sur la place Rapp *(fin nov.-fin déc.).*

Foire aux vins d'Alsace – Foire aux vins d'Alsace *(1re quinz. août).*

Festival international de Colmar – *www.festival-colmar.com.* Parmi les premiers festivals européens de musique classique, il a lieu chaque année début juillet. À cette occasion, la ville est illuminée.

2

Route des Vins

★★★

Bas-Rhin (67) et Haut-Rhin (68)

NOS ADRESSES PAGE 187

S'INFORMER

Maison des vins d'Alsace – *12 av. de la-Foire-aux-Vins - 68000 Colmar - ✆ 03 89 20 16 20 - www.vinsalsace.com - ♿ - 4 janv.-23 déc. : tlj sf w.-end et j. fériés 12h, 14h-17h.*

Office du tourisme de Barr – *1 pl. de l'Hôtel-de-Ville - 67140 Barr - ✆ 03 88 08 66 65 - www.pays-de-barr.com - juil.-août : 9h-18h, dim. et j. fériés 10h-12h, 14h-18h ; reste de l'année : 10h-12h, 14h-17h, fermé dim. et j. fériés - fermé 1er janv., 25 déc.*

Office du tourisme de Dambach-la-Ville – *11 pl. du Marché - 67650 Dambach-la-Ville - ✆ 03 88 92 41 05 - www.dambach-la-ville.fr - juil.-août : 9h-12h, 14h-18h, dim. 10h-12h ; reste de l'année : 10h-12h, 14h-17h, sam. 10h-12h (sf nov-mars), fermé dim. - fermé j. fériés.*

Office du tourisme de Kintzheim – *Rte de Sélestat - 67600 Kintzheim - ✆ 03 88 82 09 90 - juil.-août : 10h-12h, 14h-18h30.*

SE REPÉRER

Carte de microrégion B1-A4 (p. 164) – *carte Michelin Départements 315 I/G 5/10.* La route des Vins va de Marlenheim à Thann, mais peut se faire en sens inverse !

À NE PAS MANQUER

Tous les lieux cités ici ont leur charme, mais la route est longue. Alors pour les plus pressés, citons : Obernai, Riquewihr, Kaysersberg et Colmar. Et enfin, le musée du Vignoble et des Vins à Kientzheim.

ORGANISER SON TEMPS

Sur le parcours de la route des Vins, 39 sentiers viticoles sont balisés et jalonnés de panneaux explicatifs. Mais attention, certains d'entre eux peuvent voir leur accès réglementé lors des vendanges (renseignez-vous auprès des offices de tourisme). Enfin, de nombreuses fêtes célébrant les vendanges émaillent le calendrier.

AVEC LES ENFANTS

Le centre de réintroduction des cigognes et des loutres et les jardins des Papillons exotiques vivants, à Hunawihr.

C'est peut-être la route gastronomique la plus fameuse de France. Vous allez pouvoir l'emprunter sur 125 km, de Marlenheim jusqu'à Thann, et varier les plaisirs, entre l'histoire et le présent, les vignes, les jolis villages, les vieux châteaux, les caves de dégustation, les bonnes tables, les petites chapelles, les fêtes vigneronnes et les abbayes. Depuis que les Romains ont planté quelques ceps de vigne sur sa terre, on peut dire que l'Alsace a su les faire fructifier. Au Moyen Âge, ce sont les communautés religieuses qui ont tout particulièrement œuvré à l'essor de cette noble et rentable activité. Les coteaux, même les plus escarpés, mais bien exposés, sont occupés par 80 % du vignoble.

ROUTE DES VINS
0
10 km
Vignoble
Localité viticole
SAVERNE
HAGUENAU
OFFENBURG
OFFENBURG
FREIBURG-IM-BREISGAU
BELFORT
MULHOUSE
MULHOUSE
BASEL
BASEL
Marlenheim
Wangen
Westhoffen
D 225
★★★ STRASBOURG
D 1004
Avolsheim
Molsheim ★
A 352
A 35
N 353
D 1420
D 500
Donon 1009
GR 5
GR 531
GR 532
★ Rosheim
Bœrsch
D 35
Ottrott
Obernai ★★
GR 537
Mt Ste-Odile
D 130
Andlau
D 1083
Erstein
Nord de la vallée du Rhin
N
Le Hohwald
D 425
Barr
Mittelbergheim
★ Andlau
Benfeld
A 35
Itterswiller
D 1420
GR 531
GR 532
St-Sébastien
Dambach-la-Ville
Chât. de Bernstein
D 35
Scherwiller
Parc naturel
Châtenois
Sélestat ★
D 468
RHEIN
A 5
D 459
★★ Haut Kœnigsbourg
Kintzheim
Ste-Marie-aux-Mines
N 59
St-Hippolyte
Cimetière militaire
★ Ribeauvillé
Bergheim
D 424
Centre des cigognes
Hunawihr
Riegel
★★★ RIQUEWIHR
Zellenberg
Beblenheim
Nécropole nationale
Mittelwihr
★★ Kaysersberg
Bennwihr
régional
Kientzheim
Ammerschwihr
D 415
Sigolsheim
★ Niedermorschwihr
COLMAR ★★★
★ Turckheim
des Ballons
Wintzenheim
Wettolsheim
D 417
D 415
Munster
Eguisheim ★
Volgelsheim
Breisach-am-Rhein
Husseren-les-Châteaux
Hattstatt
Neuf-Brisach
Gueberschwihr
Pfaffenheim
Thur
des Vosges
Westhalten
D 83
Soultzmatt
D 5
Rouffach ★
D 2
Sud de la vallée du Rhin
★★ Murbach
D 430
Bad Krozingen
A 35
★ Guebwiller
Soultz-Haut-Rhin
1424
N.-D. de Thierenbach
GRAND BALLON
Ensisheim
Cave vinicole du vieil-Armand
Écomusée d'Alsace ★★
DEUTSCHLAND
D 5
D 35
★ Thann
Cernay
D 2
D 430
D 20
A 36
RHIN
Müllheim
ST-DIÉ-DES-VOSGES
REMIREMONT

Circuits conseillés

Carte de la route des Vins

DE MARLENHEIM À CHÂTENOIS

Pour visualiser ce circuit de 68 km au départ de Marlenheim, reportez-vous à la carte p. 179. Comptez environ 4h.

Jusqu'à Rosheim, la route n'aborde pas franchement les contreforts des Vosges et les villages ont encore les caractères des villages de plaine.

Marlenheim

Ce centre viticole, point de départ de la route des Vins, se situe au cœur d'un vignoble qui rassemble, sous l'appellation de Couronne d'Or, les villages de Traenheim, Wolxheim, Bergbieten, Dahlenheim où sont produits quelques vins remarquables…

Wangen

Avec ses rues sinueuses, ses vieilles maisons, les arcs de ses portes de cour, Wangen est le type même du village viticole. Jusqu'en 1830, ses habitants devaient chaque année verser à l'abbaye St-Étienne de Strasbourg, propriétaire du village, un impôt de 300 hl de vin.

La Fête de la fontaine vient chaque année rappeler cette coutume *(voir l'agenda, p. 189)*. N'oubliez pas les fortifications médiévales avec les deux tours, dont la « Niedertorturm ».

Westhoffen

Ce village de vignerons, ancienne dépendance d'un domaine royal franc hérité des Romains, a gardé des maisons anciennes des 16e et 17e s. et une fontaine Renaissance. Dans l'église St-Martin, un chœur et des vitraux du 14e s.

Avolsheim *(voir p. 126)*

★ Molsheim *(voir p. 124)*

★ Rosheim *(voir p. 133)*

Désormais, la route serpente dès qu'on s'élève, la vue s'étend sur la plaine d'Alsace, tandis qu'apparaissent, perchées sur des promontoires, les ruines de nombreux châteaux : ceux d'Ottrott, du Landsberg ou un peu plus loin ceux de Spesbourg et d'Andlau.

Bœrsch

Bœrsch possède trois anciennes portes. Franchissant la porte du Bas, on atteint la **place★** sur laquelle s'élève l'hôtel de ville du 16e s. et quelques belles vieilles maisons. Pour sortir de Bœrsch, passer sous la porte du Haut. À quelques centaines de mètres, à l'extérieur, on découvre le charmant hameau de St-Léonard qui abrite L'**atelier de marqueterie d'art Spindler**. Charles Spindler (1865-1958) travailla à la sauvegarde du patrimoine et de la culture alsacienne dans une province devenue allemande après la guerre de 1870. Il fut l'un des créateurs du Musée alsacien de Strasbourg. *L'atelier a aménagé une galerie d'exposition de tableaux marquetés et une présentation audiovisuelle sur son activité. ☏ 03 88 95 80 17 - www.spindler.tm.fr - ♿ - 10h-12h, 14h-18h - possibilité de visite guidée - fermé j. fériés - gratuit.*

Ottrott *(voir p. 145)*

★★ Obernai *(voir p. 135)*

Barr

Ancienne cité industrielle, cette agréable localité est un important centre viticole, produisant des vins de choix : sylvaner, riesling et surtout gewurztraminer. L'hôtel de ville, du 17e s., est décoré d'une loggia et d'un balcon sculpté : pénétrer dans la cour pour voir la façade postérieure. Autour de l'hôtel de ville, a lieu la foire aux vins annuelle *(voir le carnet d'adresses, rubrique « Agenda »)*.
Entourée de vignes, la **Folie Marco**, maison patricienne du 18e s., abrite un musée où sont exposés meubles anciens du 17e au 19e s., faïences, porcelaines, étains et souvenirs locaux. Le petit jardin est harmonieusement dessiné. *✆ 03 88 08 94 72 - www.barr.fr - mai-sept. : tlj sf mar. 10h-12h, 14h-18h ; oct. : w.-end et j. fériés seult - possibilité de visite guidée (1h) - fermé nov., 1er janv., 1er mai, 1er et 11 Nov., 25 déc. - 5 € (-16 ans gratuit), gratuit Journées du patrimoine.*

Mittelbergheim *(voir p. 144)*

★ Andlau *(voir p. 149)*

Itterswiller

Situé à flanc de coteau, ce charmant village viticole aux maisons fleuries est traversé par une ancienne voie romaine. Son église à clocher partiellement gothique conserve des fresques romanes.
Depuis le village, un circuit d'une heure, « Vins et gastronomie », vous conduit à un joli panorama avec table d'orientation.

Dambach-la-Ville

Au creux des coteaux, centre d'un vignoble renommé (grands crus classés du Frankstein), cette belle cité est dominée de plus de 500 m par un massif boisé. À l'intérieur des remparts, dont subsistent trois vieilles portes, on découvre un centre ancien et fleuri, avec, bien sûr, des maisons à pans de bois et à colombages. C'est ici que siège la confrérie des Bienheureux du Frankstein.
400 m après la porte Haute, tournez à gauche.
À la fin de la montée, prendre à droite un chemin qui s'élève jusqu'à la **chapelle St-Sébastien** à la tour romane. Vue étendue sur la plaine d'Alsace et le vignoble. À l'intérieur de la chapelle, ancien lieu de pèlerinage, le maître-autel baroque fin 17e s. est en bois sculpté et figure la Sainte Famille. Un ossuaire roman est adossé au chevet de la chapelle.
En continuant le chemin *(2h à pied AR)*, on arrive aux ruines du **château fort de Bernstein**, construit aux 12e et 13e s. par les comtes d'Eguisheim. sur une arête granitique, dont il reste un corps de logis et un donjon pentagonal. Très belle vue sur la plaine d'Alsace.

Scherwiller

C'est au pied des châteaux forts de l'Ortenbourg et du Ramstein que le duc de Lorraine mit fin à la guerre des Rustauds le 10 mai 1525. Scherwiller conserve un ancien corps de garde à oriel, le Wachtaus, et de belles maisons à colombages du 18e s. D'anciens lavoirs longent des berges de l'Aubach.

LES CÉPAGES

Les noms des sept cépages autorisés sont : riesling, gewurztraminer, sylvaner, pinot blanc, pinot gris, muscat d'Alsace et pinot noir. En Alsace, et nulle part ailleurs, ce sont les cépages qui donnent leur nom au vin, obligatoirement embouteillé dans sa région d'origine. p. 38.

2

Châtenois

On y remarque la tour des Sorcières, porte du 15e s. surmontée d'un étage de bois flanqué de quatre échauguettes. Il reste une double enceinte du château disparu. La mairie remonte au 15e s.

DE CHÂTENOIS À COLMAR Carte de la route des Vins

Pour visualiser ce circuit de 54 km au départ de Kintzheim, reportez-vous à la carte p. 179. Comptez environ 5h.
Jusqu'à Ribeauvillé, la route est dominée par de nombreux châteaux : masse imposante du Haut-Kœnigsbourg, ruines des châteaux de Kintzheim, St-Ulrich, Girsberg et Haut-Ribeaupierre.

Kintzheim

Le château du 13e s., construit sur une avancée du Staufenberg, surplombe le village. Après bien des vicissitudes (destructions en 1298 sous Conrad de Lichtenberg et en 1632 par les Suédois), il abrite aujourd'hui la Volerie des aigles *(voir p. 156)*.
De nombreuses randonnées sont possibles au départ du village.

St-Hippolyte *(voir p. 193)*

Bergheim

À deux pas de la porte Haute, ancienne entrée fortifiée de l'enceinte du 14e s., un tilleul daté de 1300 donne une idée de l'ancienneté de ce bourg viticole. Le mur d'enceinte médiéval subsiste encore au nord, flanqué de tours rondes, celle de la Poudrière ou celle des Sorcières. On peut voir de nombreuses maisons anciennes. Une jolie fontaine se trouve sur la place du Marché. L'**église** de grès rouge conserve des éléments du 14e s. (abside, chœur et base du clocher, peinture murale) dans une construction contemporaine de l'hôtel de ville, bâti au 18e s.

Cimetière militaire allemand

1 200 m après Bergheim. À la sortie nord de la localité, prenez à droite une route en montée se détachant de la D 1B.
Cette nécropole aligne sur les pentes de la colline les sépultures de soldats allemands tombés durant la dernière guerre. De la croix érigée au sommet du cimetière, **panorama**★ sur les crêtes vosgiennes avoisinantes à l'ouest, le château du Haut-Kœnigsbourg au nord, Sélestat et la plaine d'Alsace au nord-est et à l'est.

★ Ribeauvillé *(voir p. 190)*

Au-delà de Ribeauvillé, la route s'élève à mi-pente des coteaux et la vue se dégage sur la plaine d'Alsace. C'est entre Ribeauvillé et Colmar que se trouve le cœur du vignoble alsacien. Villages et bourgs viticoles aux crus réputés se succèdent alors sur les riches coteaux bien exposés au soleil et protégés par les plus hauts sommets vosgiens.

Hunawihr

Ici, c'est le riesling qui profite du soleil. Mais Hunawihr, outre son église et son cimetière, compte deux curiosités vraiment étonnantes : le parc des Cigognes et la serre aux Papillons. Ces rendez-vous animaliers donneront des ailes aux enfants… entre deux visites de monuments.
Centre de réintroduction des cigognes et des loutres – *03 89 73 72 62 - www.cigogne-loutre.com - - juil. : 10h-18h30 ; août : 10h-19h ;*

Niedermorschwihr et ses vignes.
Fantuz Olimpio/Sime/Photononstop

mai et sept. : 10h-12h30, 14h-18h, w.-end et j. fériés 10h-18h ; reste de l'année : se rens. - fermé nov.-mars, 1er janv., 1er et 11 Nov., 25 déc. - 9 € (5-12 ans 5,50 €). Pas d'Alsace sans cigognes, ce pourrait être un slogan. Depuis 1976, les responsables du centre s'attachent à supprimer l'instinct migratoire des cigognes alsaciennes qui étaient en voie de disparition, pour un certain nombre de raisons : chasse, lignes électriques, sécheresse en Afrique, etc. On peut faire perdre à une cigogne cet instinct en l'enfermant pendant trois ans, mais la nature est plus forte et les jeunes n'ont qu'une idée en tête : partir quand l'été s'achève. Seul un petit nombre parviendra à revenir au nid. On peut découvrir la nidification, plusieurs couples évoluant librement, et voir les nouveau-nés du printemps. Plus de 200 cigognes sont élevées au centre.

2

En 1991 a été adjoint au site un **centre de reproduction de la loutre**, disparue des rivières françaises. La loutre fait ainsi son retour dans la région, après le castor et le saumon. Chaque après-midi ont lieu plusieurs **spectacles d'animaux pêcheurs** : le bassin vitré permet d'apprécier les techniques de pêche et de nage des cormorans, manchots, otaries et des fameuses loutres. *✆ 03 89 73 72 62 - 10h-12h, 14h-17h ; mai-juin et sept. : 10h-12h, 14h-18h ; juil.-août : 10h-12h, 14h-18h30 - fermé de mi-nov. à fin mars - 9 € (5-12 ans 5,50 €).*

Jardins des Papillons exotiques vivants – *✆ 03 89 73 33 33 - www.jardinsdespapillons.fr - ♿ - avr.-oct. : 10h-18h - fermé nov.-déc. - 7,50 € (5-14 ans 5 €).* Plus de 150 espèces de papillons, de toutes tailles, aux couleurs chatoyantes, évoluent en liberté dans une vaste serre climatisée parmi une végétation luxuriante (orchidées, fleurs de la Passion). Ces beautés éphémères, qui vivent une quinzaine de jours en moyenne, viennent d'Afrique, d'Asie et d'Amérique. Grâce à l'éclosoir, on peut observer leur cycle de vie complet.

Église – *Gagnez le centre du village et, avant la fontaine située près de la mairie, prenez à gauche la rue de l'Église puis gravissez un raidillon.*

Son lourd clocher carré a l'allure d'un donjon. Elle est entourée d'une enceinte hexagonale datant du 14e s. dont l'unique entrée était défendue par une tour. En faisant le tour de l'édifice, entre les tombes du cimetière catholique, on découvre les six bastions qui flanquaient l'enceinte.

L'église est fortifiée et sert à la fois aux cultes catholique et protestant (à tour de rôle). Le chœur est réservé aux catholiques depuis Louis XIV. Dans la chapelle à gauche du chœur, des fresques des 15e et 16e s. aux tons ocre-rouge, bleus et jaunes racontent la vie et les miracles de saint Nicolas et la canonisation de sainte Hune.

Zellenberg

Petit village sur une colline : belle vue sur Riquewihr et le vignoble. Un circuit *(durée : 40mn - livret-guide à la mairie, à l'office du tourisme de Ribeauvillé ou de Riquewihr)* permet de découvrir la vie publique, administrative et juridique à travers ses édifices.

★★★ Riquewihr *(voir p. 196)*

Beblenheim *(voir p. 193)*

Mittelwihr

Les coteaux de Mittelwihr – appelé le « Midi de l'Alsace » – bénéficient d'une exposition si favorable que les amandiers y fleurissent et même y mûrissent. Le gewurztraminer et le riesling qui en proviennent jouissent d'une renommée sans cesse grandissante.
À la sortie sud du village, le « mur des Fleurs martyres » fut fleuri, durant toute l'Occupation, d'ipomées bleues, de pétunias blancs et de géraniums rouges. Cette floraison symbolisa le gage de la fidélité alsacienne.

Bennwihr

Le village, détruit en 1944, a été reconstruit dans le style local. Tant mieux ! Une fontaine monumentale trône dans le village. Le vitrail de l'église moderne, étiré sur toute la longueur de la façade sud, laisse pénétrer à l'intérieur de l'édifice une lumière colorée très intense.

Sigolsheim

Encore un village durement touché durant les combats de la poche de Colmar (1944-1945). L'église St-Pierre-et-St-Paul date du 12e s. Son portail roman s'orne d'un tympan dont les sculptures rappellent celles de Kaysersberg et d'Andlau.
Empruntez la rue de la 1re-Armée pour gagner, à 2 km au nord-est, après le couvent des Capucins, la Nécropole nationale.

Nécropole nationale de Sigolsheim

Du parc de stationnement, 5mn à pied AR. 124 marches pour y accéder.
Au sommet d'une colline, dans cette enceinte de grès rouge entourée de vignes, sont inhumés 1 684 soldats de la 1re armée française commandée par le général de Lattre de Tassigny, français, africains et américains tombés le 25 janvier 1945 lors des combats de la poche de Colmar. Du terre-plein central, **panorama★** sur les sommets et châteaux avoisinants, ainsi que sur Colmar et la plaine d'Alsace à l'est.

Kientzheim *(voir p. 203)*

★★ Kaysersberg *(voir p. 201)*

Ammerschwihr

Ammerschwihr a été incendié par les bombardements de décembre 1944 et janvier 1945. Le village au pied de coteaux couverts de vignobles a été reconstruit après la guerre. Seules l'**église St-Martin**, dont le chœur est éclairé par des vitraux modernes, la façade Renaissance de l'ancien hôtel de ville, la **porte Haute** et deux tours des fortifications (la tour des Voleurs et la tour

des Bourgeois) témoignent encore de l'intérêt touristique qu'offrait cette petite ville.
À la sortie ouest d'Ammerschwihr, vers Labaroche, la tour quadrangulaire de la porte Haute est surmontée d'un nid de cigogne. Y sont peints un curieux cadran solaire et les armes de la ville.

★ Niedermorschwihr
Joli village au milieu des vignes, dont l'église moderne a gardé son clocher vrillé du 13e s., unique en Alsace. Le long de sa rue principale, maisons anciennes à oriels et balcons de bois.

★ Turckheim *(voir p. 206)*

Wintzenheim réputé (grand cru hengst), des restes de fortifications (1275), quelques maisons anciennes *(rue des Laboureurs)*, une belle fontaine de la Vierge (18e s.) et l'ancien manoir des chevaliers de St-Jean ou Thurnburg devenu hôtel de ville. Sur le coteau, ruines d'une villa gallo-romaine (1er-4e s.).

★★★ Colmar *(voir p. 166)*

DE COLMAR À THANN Carte de la route des Vins

Pour visualiser ce circuit de 59 km au départ de Colmar, reportez-vous à la carte p. 179. Comptez environ 3h.
Sortez de Colmar par la D 417.

Wettolsheim
Ce petit bourg revendique l'honneur d'avoir été la patrie du vignoble alsacien : introduite à l'époque gallo-romaine, la culture de la vigne se serait, de là, étendue à tout le pays. Une Fête du vin s'y déroule tous les ans *(voir le carnet d'adresses, rubrique « Agenda »)*. Curieusement, on y découvre une réplique de la grotte de Lourdes (1912). Le château de Hagueneck (13e s.) se dresse à 2 km à l'ouest.

★ Eguisheim *(voir p. 208)*

Husseren-les-Châteaux
Le village de Husseren, d'où l'on a un beau panorama sur la plaine d'Alsace, est dominé à 591 m par les ruines des tours des trois châteaux d'Eguisheim mentionnés dès 1453. C'est d'ailleurs de Husseren que part la « route des Cinq Châteaux » *(voir Eguisheim)*. Dans l'église, les fonts baptismaux du 12e s. proviennent de l'abbaye de Marbach, de l'ordre de St-Augustin, fondée en 1094.

Hattstatt
Très ancien bourg, autrefois fortifié. L'église, de la première moitié du 11e s., possède un chœur du 15e s. avec un autel en pierre de la même époque. À gauche, dans la nef, beau calvaire Renaissance. Un bel hôtel de ville du 16e s. côtoie des maisons anciennes.

Gueberschwihr
Sur un coteau couvert de vignes, ce village est fier de ses nombreuses belles maisons et de son magnifique et monumental clocher roman à 3 étages percés de fenêtres de l'église St-Pantalé, dernier vestige de son église du début du 12e s. À côté de l'église, sarcophages mérovingiens. À 2 km à l'ouest sur la D 1, le couvent St-Marc, ancien couvent de bénédictins, qui aurait été fondé dès le 7e s. par le roi Dagobert, est un bel exemple de l'architecture du 18e s.

2

Pfaffenheim *(voir p. 213)*

★ **Rouffach** *(voir p. 212)*
Peu après Rouffach se profile, au loin, le Grand Ballon.

Westhalten
À l'entrée de la « Vallée noble », le village entouré de vignes et de vergers possède deux fontaines et plusieurs maisons anciennes. Son vignoble s'étend sur les flancs du Zinnkoepflé, du Strangenberg et du Bollenberg.

Soultzmatt
Soultzmatt se trouve au bord de l'Ohmbach, au pied du grand cru zinnkoepflé, le plus élevé d'Alsace (420 m). Ses vins, sylvaner, riesling, gewurztraminer, sont particulièrement appréciés et ses eaux minérales connues, notamment la source Nessel. Chaque année a lieu à Soultzmatt la Nuit des grands crus du zinnkoepflé. À l'entrée du pays se dresse le **château de Wagenbourg**.

★ **Guebwiller** *(voir p. 215)*

Soultz-Haut-Rhin *(voir p. 220)*
Prenez à droite la D 51.

Basilique N.-D. de Thierenbach
Reconnaissable à son clocher à bulbe, la basilique a été construite en 1723, dans le style baroque autrichien, par l'architecte Peter Thumb. Elle est le but d'un important pèlerinage remontant au 8e s. et dédié à Notre-Dame de l'Espérance. À l'intérieur de la basilique, deux pietà : la Vierge miraculeuse de 1350 et la Vierge douloureuse de 1510, située dans la chapelle de la Réconciliation, ainsi que de nombreux ex-voto témoignant de la ferveur populaire.
Revenez à Soultz-Haut-Rhin et prenez la D 5 vers Cernay.

Cave vinicole du Vieil-Armand
À la sortie de Soultz. Elle regroupe 130 vignerons qui cultivent 150 ha de vignes. Deux grands crus sont élevés : le rangen, le plus méridional d'Alsace avec son terroir à roche volcanique, et l'ollwiller, au pied du Vieil-Armand. La cave propose une dégustation de vins régionaux. Au sous-sol, le musée du Vigneron réunit du matériel utilisé autrefois par le vigneron ou le caviste (botiches à vendange en bois).
Poursuivez sur la D 5, puis tournez à droite dans la D 35.

★ **Thann** *(voir p. 222)*

NOS ADRESSES SUR LA ROUTE DES VINS

Voir aussi nos adresses à Molsheim, Rosheim, dans Le Hohwald, à Obernai, à Andlau, Ribeauvillé, Riquewihr, Kaysersberg, Turckheim, Colmar, Eguisheim, Rouffach, Guebwiller, Soultz-Haut-Rhin et Thann.

VISITES

Sentiers viticoles – Voir p. 178, rubrique « Organiser son temps ».

Conseil – Les vendanges ont généralement lieu entre la fin sept. et la mi-oct., selon le degré de maturité auquel sont arrivés les raisins. À cette époque, l'accès aux sentiers viticoles peut être réglementé.

HÉBERGEMENT

PREMIER PRIX

Chambre d'hôte Mme Seiler – *3 r. du Nord - 68150 Hunawihr - 03 89 73 70 19 - www.le-clos-seiler.net - 2 studios 42/48 € - 5 gîtes.* La propriétaire, qui a créé sa maison d'hôte par passion, réserve toujours un accueil souriant et chaleureux à ses visiteurs. Les chambres, décorées avec goût et bien tenues, bénéficient d'une appréciable indépendance. Participez à la cueillette du raisin, des figues ou des noix, selon la saison. Attention ! Pas de petit-déjeuner.

BUDGET MOYEN

Chambre d'hôte Maison Thomas – *41 Grand-Rue - 68770 Ammerschwihr - 03 89 78 23 90 - www.maisonthomas.fr - P - - 5 ch. 47/53 €.* Cette ancienne maison de vigneron se trouve dans la partie la plus pittoresque du village, près d'une porte fortifiée. Grandes chambres fonctionnelles avec coin cuisine et mezzanine pour certaines. Plusieurs appartements sont également disponibles dans une bâtisse du 16e s. située au pied des vignes. Jardin bien aménagé.

Chambre d'hôte Domaine Bouxhof – *R. du Bouxhof - 68630 Mittelwihr - 03 89 47 93 67 - www.bouxhof.fr - fermé janv. - P - - 4 ch. 57 €.* Séduisante maison du 17e s. nichée au cœur d'un domaine viticole. Ses propriétaires font visiter leur magnifique cave classée et découvrir les crus produits sur place. Gîtes spacieux et bien équipés et chambres d'hôte au cadre actuel à réserver pour 2 nuits minimum. Petit-déjeuner servi dans une chapelle du 15e s.

À l'Arbre Vert – *7 r. des Cigognes - 68770 Ammerschwihr - 03 89 47 12 23 - www.arbre-vert.net - fermé 21 fév.-12 mars, lun. de nov. à avr. et mardi - 17 ch. 51/64 € - 9 € - rest. 22/49 €.* Dans un village au pied de coteaux plantés de vignes, maison alsacienne abritant des chambres fonctionnelles (les chambres de l'annexe sont plus grandes et décorées de manière plus actuelle). Au restaurant, belles boiseries sculptées de scènes vigneronnes et cuisine régionale soignée. Service agréable.

Hôtel du Château d'Andlau – *113 r. de la Vallée-St-Ulrich - 67140 Barr à 2 km - 03 88 08 96 78 - www.hotelchateauandlau.fr - fermé 11-26 nov. et 3-25 janv. - 22 ch. 59/76 € - 9 € - rest. 28/43 €.* Nuits sereines garanties dans ce sympathique hôtel au cadre bucolique et aux chambres simples et rustiques. Salle à manger bourgeoise, mets classiques et superbe carte des vins du monde, présentée comme un manuel d'œnologie, primée pour son originalité.

2

POUR SE FAIRE PLAISIR

Hôtel Vignoble – *1 r. de l'Église - 67650 Dambach-la-Ville - ✆ 03 88 92 43 75 - www.hotel-vignoble-alsace.fr - fermé de janv. à déb. fév. - 7 ch. 70 € - ☕ 7,50 €.* Attenante à l'église du village, cette ancienne grange alsacienne de 1765 propose des chambres coquettes (bien insonorisées) et offre un accueil chaleureux. Cour et jardinet.

Au Riesling – *5 rte du Vin - 68340 Zellenberg - ✆ 03 89 47 85 85 - www.au-riesling.com - fermé 1er janv.-1er fév. - ♿ - P - 34 ch. 68/78 € - ☕ 10 € - rest. 20/37 €.* Au cœur du vignoble, hôtel arborant fièrement le nom de celui qu'on nomme ici le « roi des vins ». La longue bâtisse abrite des chambres sobres, pour moitié rajeunies. Le restaurant, de style rustique, offre une jolie vue sur les vignes. Carte traditionnelle.

RESTAURATION

PREMIER PRIX

La Palette – *9 r. Herzog - 68920 Wettolsheim - ✆ 03 89 80 79 14 - www.lapalette.fr - fermé 12-22 août, 2-11 janv., 27 fév.-7 mars - ♿ - P - 12,90/68 € - 16 ch. 76/112 € - ☕ 11 €.* Une riche palette de styles et de couleurs se déploie dans les salles à manger de cette auberge où l'on déguste une cuisine au goût du jour. Jolies chambres rénovées.

BUDGET MOYEN

À la Truite – *17 r. du 25-Janvier - 68970 Illhaeusern - ✆ 03 89 71 83 51 - fermé mar. soir et merc. - formule déj. 12,40 € - 19,80/44 €.* Cette maisonnette des années 1950, au bord de l'eau, déploie sa terrasse le long de la rivière en été. L'accueil y est très bon. Vous aurez le choix entre la terrasse ou une salle colorée pour savourer une cuisine simple. Formule intéressante à l'heure du déjeuner.

Zum Loejelgucker – *17 r. Principale - 67310 Traenheim - ✆ 03 88 50 38 19 - www.loejelgucker-auberge-traenheim.com - fermé 30 déc.-5 janv., vac. de fév., lun. soir et mar. - formule déj. 11,50 € - 20,50/54 € bc.* Dans un village au pied des Vosges, cette ferme alsacienne du 18e s. séduit par ses plats régionaux et par son cadre (boiseries sombres, fresques, cour fleurie l'été).

POUR SE FAIRE PLAISIR

Aux Saisons Gourmandes – *23 r. Kirneck - 67140 Barr - ✆ 03 88 08 12 77 - fermé dim. hors sais. et mar.-merc. - 16,50 € (déj. seul) - 25/41 €.* Cette jolie maison à colombages dont le décor panache ancien et contemporain propose selon le marché une cuisine dans l'air du temps et des plats régionaux actualisés.

ACHATS

Cave Krossfelder – *39 r. de la Gare - 67650 Dambach-la-Ville - ✆ 03 88 92 40 03 - 8h-12h (10h-12h dim. et j. fériés), 14h-18h - fermé 1er janv., Vend. saint, 1er Nov., 25 et 26 déc.* Dégustation-vente et visite de la cave.

Domaine Schaetzel – *41 r. Mgr-Barth - 67530 Bœrsch - ✆ 03 88 95 83 33 - www.lechatelain.com - 7h-12h, 14h-17h (w.-end 22h).* Le superbe caveau, de style romano-gothique, du domaine vinicole Schaetzel date de 1722 et passe pour être l'un des plus vieux d'Alsace. Désiré Schaetzel, l'actuel propriétaire de l'exploitation, produit des vins de très grande qualité : rouge d'Ottrott élevé en foudre de chêne et rouge d'Ottrott Châtelain. Liqueurs et alcools complètent la gamme.

Distillerie Artisanale Legoll – *Rte de Villé - 67730 Châtenois - ✆ 03 88*

85 66 90 - www.legoll.com - 8h30-12h, 14h-17h30 - fermé sam., dim., j. fériés. René et Nicole Legoll travaillent selon une méthode ancienne : la distillation s'effectue dans des alambics à repasse pour garantir une qualité optimale. Mirabelle, kirsch et poire Williams sont les recettes phare de la maison.

Domaine Sibler – *8 r. du Château - 68770 Ammerschwihr - ✆ 03 89 47 13 15 - tlj (tél. avant visite).* La famille Sibler s'adonne à la viticulture depuis trois générations. Son domaine accueille tous les cépages alsaciens autorisés sauf le sylvaner. L'un des grands succès de la maison est la cuvée Kaefferkopf. Un caveau sert d'espace de dégustation.

Beck -Domaine du Rempart – *5 r. des Remparts - 67650 Dambach-la-Ville - ✆ 03 88 92 42 43 - www.vins-beck.fr - 8h-12h, 14h-19h, dim. 9h-12h.* Gilbert Beck, issu de la troisième génération de viticulteurs travaillant sur le domaine, fut l'un des pionniers du crémant d'Alsace. Aujourd'hui, l'exploitation de 10 ha accueille les 7 cépages d'Alsace en culture intégrée, proche du « bio ». Son riesling grand cru franskstein et son pinot noir élevés en fût de chêne sont incontournables.

Albert Boxler – *78 r. des Trois-Épis - 68230 Niedermorschwihr - ✆ 03 89 27 11 32 - tlj sf dim. 9h-12h, 14h-18h.* M. Boxler, à la tête d'un domaine de 12 ha, vinifie avec son fils Jean sa récolte de riesling et pinot gris. Cette lignée de vignerons est à l'origine de réussites comme les deux grands crus sommerberg et brand, ou les cuvées « vendanges tardives » aux arômes fort appréciés.

Caveau Lorentz Klipfel – *1 r. Rotland - 67140 Barr - ✆ 03 88 58 59 00 - www.klipfel.com - 10h-12h, 14h-18h - fermé en janv.* Propriétaire d'un des domaines les plus importants d'Alsace, la famille Klipfel cultive 40 ha dont 15 réservés aux grands crus et aux vendanges tardives. Cette entreprise produit en exclusivité le clos-zisser, ainsi que les grands crus kirchberg, kastelberg et wiebelsberg. Caveau de dégustation ; visites sur RV.

ACTIVITÉS

Petit Train du Vigneron – *34 r. du Mar.-Foch - 67650 Dambach-la-Ville - ✆ 03 88 92 41 86 - www.ruhlmann-schutz.fr - juil.-août : lun., jeu. et sam. à 17h (départ pl. du Marché) - 6 € (enf. 3 €).* Venez faire le tour de la ville et du vignoble à bord d'un petit train : parcours de 30mn, puis visite du domaine de la famille Ruhlmann avec un petit détour par les caves pour déguster les trois vins les plus représentatifs de l'exploitation.

AGENDA

Fête de la fontaine de Wangen – *Le dim. après le 2 juil. : 11h-12h30.* À la fête de la fontaine de Wangen, le vin coule gratuitement à la fontaine du village.

Foire aux vins de Barr – *✆ 06 60 83 47 33 - autour du 14 Juil.* L'annuelle Foire aux vins de Barr se tient place de l'Hôtel-de-Ville.

Fête des vendanges de Barr – *✆ 03 88 08 66 55 - 1er w.-end d'oct. : vend. 20h, sam. 8h-23h30, dim. 10h30-22h - 5 €.*

Fête du vin – *Dernier w.-end de juil. - 6 €.* À Wettolsheim.

Nuit du grand cru hatschbourg – *En juil., ts les 2 ans.* À Hattstatt.

Art, artisanat et riesling – *Le w.-end après le 15 août.* À Scherwiller.

Ribeauvillé

★

4 973 Ribeauvilléens – Haut-Rhin (68)

NOS ADRESSES PAGE 194

S'INFORMER

Office du tourisme de Ribeauvillé – *1 Grand'Rue - 68150 Ribeauvillé - 03 89 73 23 23 - www.ribeauville-riquewihr.com - 10h-12h, 14h-17h, dim. 10h-13h ; avr.-sept. et déc. : 9h30-12h, 14h-18h, dim. et j. fériés 10h-13h - fermé 1er janv., 1er et 11 Nov.*

Visite guidée de la ville – *Visite guidée de la vieille ville - mai-sept. : tlj sf lun. et sam. 15h, dép. devant l'hôtel de ville - 03 89 73 23 23 - gratuit - oct.-mars : sur réserv. auprès de la Mairie 03 89 73 20 00.*

SE REPÉRER

Carte de microrégion B2 (p. 164) – *carte Michelin Départements 315 H7.*
À 14 km au nord de Colmar et 16 km au sud de Sélestat.

SE GARER

Deux parkings : r. du Rempart-de-la-Streng et rte de Bergheim.

À NE PAS MANQUER

La Grand'Rue et ses maisons, le château de St-Ulrich.

ORGANISER SON TEMPS

Commencez par un tour en ville avant d'attaquer la randonnée vers St-Ulrich *(2h).*

AVEC LES ENFANTS

La ferme de l'Hirondelle *(voir « Nos adresses », p. 195).*

Au cours de votre escapade sur la route des Vins, faites donc un arrêt à Ribeauvillé, petite ville lovée le long de sa rivière, au pied de la chaîne des Vosges. Et à propos de vin, trois grands cépages sont ici à l'honneur : le riesling, le pinot gris et un gewurztraminer particulièrement fin.

Se promener

★★ GRAND'RUE

Partez de l'office de tourisme installé dans l'ancien corps de garde (1829).
La Grand'Rue traverse toute la ville avec ses maisons à colombages et ses géraniums. Aux entrées sud et est de la ville, deux tours sont surmontées de nids de cigogne.

Restaurant Pfifferhüs

14 Grand'Rue. Sur une loggia, au-dessus de la porte, deux statues illustrent l'Annonciation.

Halle au blé

Pl. de la 1re-Armée. Une fois par semaine s'y tenait le marché aux grains.

Ribeauvillé et, à l'arrière-plan, le château de Saint-Ulrich.
Colin Weston/age fotostock

Fontaine Renaissance

En grès rouge et jaune (1536), elle est surmontée d'un lion héraldique.

★ Tour des Bouchers

Cet ancien beffroi séparait autrefois la ville haute de la ville moyenne. La partie inférieure date du 13e s.

Belle maison à colombages du 17e s. au no 78 de la Grand'Rue.

Place de la Sinne

Charmante petite place entourée de maisons à colombages avec, au centre, une fontaine de 1860.

Église St-Grégoire-le-Grand

Le tympan du portail ouest date des 13e et 15e s. Belles ferrures de la porte. Dans le bas-côté droit, Vierge à l'Enfant en bois peint et doré du 15e s. portant la coiffe de la région ; orgue baroque de Rinck.

Retournez dans la Grand'Rue et prenez la rue Klobb, puis la rue des Juifs.

Maisons anciennes

Dans les rues des Juifs, Klobb, Flesch et des Tanneurs (au no 12, le toit possède des ouvertures qui servaient à sécher les peaux), maisons des 16e et 17e s.

Hôtel de ville

Un petit **musée** y est installé : pièces d'orfèvrerie (17e s.) et hanaps en vermeil des seigneurs de Ribeaupierre. *✆ 03 89 73 20 00 - visite guidée (30mn) mai-sept. : 12h, 14h, 15h - fermé lun. et sam. - gratuit.*

Descendez complètement la Grand'Rue jusqu'au parking en bas du village.

Coopérative vinicole (musée de la Vigne et de la Viticulture)

2 rte de Colmar - ✆ 03 89 73 61 80 - tlj mat. et apr. midi -gratuit.

La coopérative a organisé un petit musée pour découvrir les étapes de fabrication des vins issus de sept cépages de la région et leurs spécificités : le sylvaner,

LA VILLE AU MOYEN ÂGE

Au 11e s., le seigneur Reinbaud construit ici son château, qu'il appelle Reinbaupierre. Une puissante famille d'Alsace s'y installe ensuite et prend le nom de Ribeaupierre. La ville qui se développe autour du château s'appellera Ribeauvillé à partir du 13e s.

Les comtes de Ribeaupierre s'étaient vu attribuer au Moyen Âge la juridiction sur la confrérie des ménétriers (musiciens et troubadours) d'Alsace. Les musiciens de la région s'y réunissaient chaque 8 septembre. Depuis, on a gardé la tradition d'une Fête des ménétriers *(voir « Nos adresses », p. 195)*.

le pinot blanc, le pinot noir, le pinot gris, le riesling, le muscat et le gewurztraminer. La visite permet de voir les cuves de conservation. Dégustation possible.

Randonnée Carte de microrégion

Laissez la voiture sur une aire de stationnement située en bordure de la D 416, à 800 m environ de la sortie de Ribeauvillé. Montez à pied par le chemin des stations (20mn), ou par le chemin « Sarassin » (40mn), carrossable mais réservé à l'ONF et aux religieux.

N.-D.-de-Dusenbach B2

Ce lieu de pèlerinage médiéval très populaire a vu par trois fois ses trois chapelles détruites : en 1365 par les Anglais, en 1632 par les Suédois et en 1794 par les républicains. Le vallon n'a rien perdu de sa beauté presque mystique. Sur les ruines, une **chapelle de la Vierge**, un couvent, une église néogothique (1903), ainsi qu'un abri des pèlerins (1913) ont été reconstruits. La chapelle de la Vierge occupe une situation impressionnante, au flanc d'un promontoire à pic sur le ravin au fond duquel coule le petit torrent de Dusenbach. À l'intérieur, au-dessus de l'autel, petite **statue miraculeuse de Notre-Dame**, émouvante pietà du 15e s. en bois polychrome.

Prenez le chemin « Sarassin », puis le sentier qui conduit aux châteaux. À mi-parcours, faites halte au rocher Kahl, éboulis granitique d'où l'on a une belle vue sur la vallée du Strengbach. Le chemin aboutit à un important carrefour de sentiers forestiers : prenez alors le chemin balisé qui descend au château de St-Ulrich.

★ Château de St-Ulrich B2

Le château de St-Ulrich n'était pas seulement une forteresse, comme la plupart de celles des Vosges, mais une habitation luxueuse, digne des comtes de Ribeaupierre, la plus noble famille d'Alsace après l'extinction de celle d'Eguisheim.

Au pied du donjon, à gauche, escalier d'accès au château. L'escalier qui passe sous la porte d'entrée du château donne accès à une petite cour d'où la vue plonge sur les ruines de Girsberg et la plaine d'Alsace. Au fond de cette cour (citerne) s'ouvre la porte de la grande salle romane qui prend jour par neuf belles arcades géminées.

Revenez à la cour de la citerne et prenez l'escalier qui s'y amorce ; laissez à droite l'entrée de la tour du 12e s. et gagnez la chapelle.

À l'ouest de la chapelle s'élève une énorme tour quadrangulaire où l'on monte par un escalier extérieur. Revenez sur vos pas pour visiter les parties les plus anciennes : corps d'habitation roman aux fenêtres ornées de fleurs de lys, cour et donjon. Du sommet du donjon *(escalier de 64 marches)*, **panorama★★** sur la vallée du Strengbach, les **ruines du château de Girsberg**, Ribeauvillé et la plaine d'Alsace. *(On peut aussi y accéder par l'ouest de la ville, par le GR 5. 1h.)*

Circuits conseillés Carte de microrégion

COL DE FRÉLAND

Pour visualiser ce circuit au départ de Ribeauvillé, reportez-vous à la carte de microrégion p. 164. Comptez environ 5h.
Quittez Ribeauvillé par la D 416. À 7 km, prenez à gauche la D 11^{V} vers Aubure.

Aubure A2
Station située sur un plateau ensoleillé, encadrée par de belles forêts de pins et de sapins.
Prenez, à gauche, la D 11^{III}. Au cours de la descente du col de Fréland, à 1,5 km après le col, prenez à gauche une route étroite.
On longe une très belle **forêt de pins★**, l'une des plus belles de France. Les fûts de 60 cm de diamètre, hauts de 30 m, s'élancent droit, au-dessus d'un sous-bois de bruyères.
Sortez de la forêt pour faire demi-tour, 1 km plus loin, à hauteur d'une maison. Revenez à la D 1^{III}.
La vue se dégage à gauche sur la vallée de la Weiss et une partie du val d'Orbey.
Après Fréland, et 1,5 km après avoir laissé à droite la route d'Orbey, tournez à gauche dans la D 415.

★★ **Kaysersberg** A2 *(voir p. 201)*
On atteint la route des Vins que l'on suivra jusqu'à Ribeauvillé. Vous traversez des petites cités qui s'égrènent sur les coteaux, au milieu des vins aux crus réputés : Kientzheim, Sigolsheim, Bennwihr et Mittelwihr *(voir la route des Vins)*.

Beblenheim B2
Le village, orné d'une fontaine gothique de la fin du 15e s., est adossé à un coteau célèbre, le Sonnenglanz (éclat de soleil). Les 35 ha de son vignoble produisent des vins de très haute qualité : pinot gris, muscat et gewurztraminer.
Continuez sur la D 3.

★★★ **Riquewihr** B2 *(voir p. 196)*

Hunawihr *(voir p. 182)*
Retour à Ribeauvillé par la D 1 bis.

★★ SENTINELLES DE L'ALSACE

Pour visualiser ce circuit de 46 km au départ de Ribeauvillé, reportez-vous à la carte de microrégion p. 164. Comptez environ 2h.
Quittez Ribeauvillé à l'ouest par la D 1 bis.
Ce circuit permet de voir les châteaux construits le long de la ligne des Vosges.

Bergheim B2 *(voir p. 182)*

St-Hippolyte B1
Nombreuses fontaines fleuries en été, jolie église gothique des 14e et 15e s.
Prenez à gauche, à l'entrée du village, la direction du Haut-Kœnigsbourg. À 4 km de St-Hippolyte, tournez à droite, puis, 1 km plus loin, à gauche pour prendre la route à sens unique qui contourne le château.

2

★★ Château du Haut-Kœnigsbourg B1 *(voir p. 159)*

Rejoignez la D 1[B1] que l'on prend à droite, puis prenez, encore à droite, la D 481.

★ De Schaentzel à Lièpvre B1-A1

De cette jolie route en descente rapide, bordée de sapins, vues superbes sur la vallée de la Liepvrette et sur ses châteaux ruinés.

Revenez à la D 1[B1] et prenez à droite la D 42.

Thannenkirch B1

Charmant village dans un site reposant, environné de forêts. La descente vers la plaine s'effectue par la **vallée du Bergenbach**, profondément encaissée entre des hauteurs boisées. Après Bergheim, où l'on reprend la route de l'aller, on aperçoit à nouveau les trois châteaux étagés de St-Ulrich, de Girsberg et du Haut-Ribeaupierre.

NOS ADRESSES À RIBEAUVILLÉ

VISITES

Petit train touristique – *☎ 03 89 73 74 24 - www.petit-train.com - circuit « vieille ville » (40mn) avr.-oct. : 10h-18h - dép. à l'entrée de la ville et devant la mairie - 6 € (-6 ans gratuit).*

HÉBERGEMENT

PREMIER PRIX

Camping municipal Pierre-de-Coubertin – *23 r. de Landau - sortie E 106 puis r. de Landau à gauche - ☎ 03 89 73 66 71 - http://camping-alsace.com - de mi-mars à mi-nov. - ♿ - 260 empl.*
Un camping spacieux pour profiter en toute quiétude du magnifique village de Ribeauvillé. Les allées sont larges et même si les emplacements ne sont pas encore délimités, ils sont agréables. Belle vue et tranquillité assurée.

BUDGET MOYEN

Hôtel du Cheval Blanc – *122 Grand'Rue - ☎ 03 89 73 61 38 - www.cheval-blanc-alsace.fr - fermé 13-24 nov. et 12 janv.-12 fév. - 23 ch. 58 € - ☕ 8 € - rest. formule déj. 11 € - 18/40 €.*
La façade de cette bâtisse régionale se couvre de fleurs en saison. Intérieur de style rustique. Petites chambres offrant un confort fonctionnel ; salon avec cheminée. Au restaurant, cadre alsacien un brin original et cuisine ancrée dans la tradition.

POUR SE FAIRE PLAISIR

Hôtel de la Tour – *1 r. de la Mairie - ☎ 03 89 73 72 73 - www.hotel-la-tour.com - fermé 4 janv.-12 mars - 31 ch. 73/100 € - ☕ 9 €.* Ex-propriété viticole aux chambres pratiques et gaies ; les plus récentes affichent un décor vosgien au goût du jour. Certaines, très calmes, regardent une jolie cour intérieure.

RESTAURATION

PREMIER PRIX

Au Relais des Ménétriers – *10 av. du Gén.-de-Gaulle - ✆ 03 89 73 64 52 - fermé 14-29 juil., jeu. soir, dim. soir et lun. - 12/37 €.* Vaisselle alsacienne (véritables plats à *baeckeofe*) et légumes achetés chez les agriculteurs du coin : le chef concocte ici une vraie cuisine du pays. Plaisant décor rustique.

POUR SE FAIRE PLAISIR

Wistub Zum Pfifferhüs – *14 Grand'Rue - ✆ 03 89 73 62 28 - fermé 1er-12 mars, 1er-14 juil., 25 janv.-21 fév., jeudi de nov. à juil. et merc. - 26 €.* Un charmant *winstub* qui conjugue convivialité, en particulier lors du Pfifferdaj (jour des fifres), et authenticité : cadre rétro et appétissantes recettes locales.

ACHATS

Distillerie Marcel Windholtz – *31 av. du Gén.-de-Gaulle - 68150 Ribeauvillé - ✆ 03 89 73 66 64 - distillerie-windholtz.com - tlj sf dim. 9h-12h, 14h-18h - fermé j. fériés.* M. Windholtz fait des eaux-de-vie en pensant avant tout à ceux qui les boivent. Distillées selon des méthodes vraiment artisanales, elles acquièrent typicité et authenticité. Une mention spéciale est à décerner aux réserves particulières de quetsche, mirabelle, poire Williams et kirsch d'Alsace.

Domaine du Moulin de Dusenbach – *25 rte de Ste-Marie-aux-Mines - ✆ 03 89 73 72 18 - www.domaine-dusenbach.com - avr.-déc. : 8h-12h, 14h-18h.* Le savoir-faire artisanal se transmet de père en fils dans la famille Schwach. La génération actuelle produit de très grands vins comme les grands crus schœnenbourg, le schlossberg, le rouge d'Alsace et le kaefferkopf en gewurztraminer. Dégustation-vente et visite des caves sur RV.

Distillerie Jean-Paul Metté – *9 r. des Tanneurs - ✆ 03 89 73 65 88 - www.distillerie-mette.com - avr.- juin et sept.-oct. : lun.-vend. 9h-12h, 13h30-18h30, sam.14h-18h30 ; janv.-mars et juil.-août : 16h-18h -fermé dim., j. fériés.* Les diplômes tapissant les murs témoignent de l'excellence de cette distillerie qui élabore pas moins de 87 sortes d'eaux-de-vie et 22 variétés de liqueurs, toujours de façon artisanale. Son eau-de-vie de gingembre et celles à base de cannelle, de café ou d'ail ne laissent pas de surprendre les fines gueules.

Sarl B.J. L'Hirondelle – *100 rte de Guémar - ✆ 03 89 73 89 79 - 12h-20h, hors sais. 12h-19h - fermé lun.* Derrière la boutique de l'Hirondelle, près de 30 fromages, des charcuteries, des confitures et des laitages sont plaisamment exposés. La star locale est le ribeaupierre, un fromage ancestral réhabilité par cette ferme qui le fabrique désormais sous divers conditionnements : cru, pasteurisé, aux herbes ou fumé.

AGENDA

Le Pfifferdaj ou Fête des ménétriers – Importantes festivités au cours desquelles un grand cortège parcourt les rues de la ville *(1er dim. de sept.).*

Foire aux vins – *Le w.-end suivant le 14 Juil.*

Fête du kugelhopf – *Début juin.*

2

Riquewihr

★★★

1 273 Riquewihriens – Haut-Rhin (68)

NOS ADRESSES PAGE 200

S'INFORMER
Office du tourisme de Riquewihr – *2 r. de la 1re-Armée - 68340 Riquewihr - 03 89 73 23 23 - www.ribeauville-riquewihr.com - janv.-avr. et oct.-nov. : 10h-12h, 14h-17h ; mai-sept. et déc. : 9h30-12h, 14h-18h.*

SE REPÉRER
Carte de microrégion B2 (p. 164) – *carte Michelin Départements 315 H8.* À l'ouest de l'axe Colmar-Sélestat et au sud de Ribeauvillé.

SE GARER
Utilisez les parkings à l'extérieur de la ville : place des Charpentiers, rue de la Piscine, rocade nord et près de la poste, car le centre est piéton.

À NE PAS MANQUER
La rue du Gén.-de-Gaulle pour ses belles demeures du 16e s. et le musée Hansi pour se familiariser avec l'œuvre du célèbre dessinateur alsacien.

ORGANISER SON TEMPS
Prenez le temps de déjeuner dans une auberge dans la forêt à l'écart des foules.

Si, à l'exception des Lorrains en 1635, Riquewihr a toujours su résister aux envahisseurs, la ville se laisse volontiers amadouer par les visiteurs qui sont chaque année plus de 2 millions à franchir ses remparts. Elle est passée miraculeusement à travers toutes les guerres, toutes les destructions. Les ruelles, les murailles et les vieilles maisons ont conservé, pratiquement intactes, leur splendeur du 16e s. et une harmonie architecturale remarquable. La ville est fleurie tout au long de l'année et joliment décorée aux périodes de Pâques et de Noël.

Se promener Plan de ville

Passez sous l'hôtel de ville, prenez la rue du Gén.-de-Gaulle (qui traverse Riquewihr d'est en ouest) puis à gauche, engagez-vous dans la cour du château.

Château des ducs de Wurtemberg B

Reconstruit en 1540 par le comte Georges de Wurtemberg, il a gardé ses fenêtres à meneaux, son pignon couronné de bois de cerf et sa tourelle d'escalier. Il abrite le musée de la Communication en Alsace. Devant la façade du château, petit musée lapidaire de plein air et autel de la Liberté de 1790.

Musée de la Communication en Alsace – Postes, diligences, télécoms B

Château des ducs de Wurtemberg-Montbéliard - 03 89 47 93 80 - www.shpta.com - avr.-nov. : 10h-17h30 - fermé janv-mars, dim. et lun. de Pâques, 25 déc. - 4,50 € (-16 ans 2 €).

Le village de Riquewihr.
B. Jannsen/age fotostock

Une diligence à trois compartiments (modèle 1835) stationnée à l'entrée du musée retrace l'évolution des moyens de communication utilisés en Alsace de l'époque gallo-romaine au 20e s. : messagers à pied, poste aux lettres, aviation postale, télégraphe et téléphone. Sont aussi exposés des véhicules allant du 18e s. (turgotine de 1775, première malle-poste en osier de 1793) au début du 20e s. Uniformes, plaques et bottes de postillon, livres de poste et enseignes complètent l'ensemble.

Suivez la rue du Gén.-de-Gaulle.

Au n° 12, la **maison Irion** date, avec son oriel d'angle, de 1606 ; en face, puits du 16e s. Au n° 14, la **maison Jung-Selig**, de 1561, avec ses pans de bois ouvragés, est l'une des maisons à colombages les plus hautes d'Alsace. Au n° 16 se trouve le musée **Hansi**.

Musée Hansi B

☏ 03 89 47 97 00 - juil.-août et déc. : lun. 14h-18h ; reste de l'année : tlj sf lun. 10h30-18h - fermé janv., 25 déc. - 2,50 € (-16 ans gratuit).

Pour accéder au musée, un passage obligé : la boutique de souvenirs. À l'étage, plus rien n'est à vendre : aquarelles, lithographies, eaux-fortes, faïences décorées, affiches publicitaires, histoire de tout connaître (ou presque) du talentueux dessinateur et caricaturiste colmarien J.-J. Waltz, dit Hansi.

★ Maison Liebrich (Cour des Cigognes) B

Elle date de 1535, avec sa pittoresque cour à galeries de bois à balustres (milieu du 17e s.), un puits de 1603 et un énorme pressoir (1817). En face, **maison Behrel** avec un joli oriel de 1514 surmonté d'une partie ajoutée en 1709.

Prenez la rue Kilian, première à droite.

Tout au fond de la rue, belle porte (1618) de la **maison Brauer**.

Revenez rue du Gén.-de-Gaulle et empruntez à droite la rue des Trois-Églises.

Place des Trois-Églises B

Elle est encadrée par les anciennes églises St-Érard et Notre-Dame, converties en maisons d'habitation, et par un temple protestant du 19e s.

Revenez rue du Gén.-de-Gaulle et prenez à droite la cour des Vignerons.

★ Maison Preiss-Zimmer A

La façade de cette maison bâtie en 1686 est l'une des plus décorées de la cité. L'enseigne de cette ancienne maison de gourmet « À l'Étoile » a été réalisée par Hansi. Plusieurs cours successives forment un ensemble pittoresque. La seconde cour donne sur la maison qui appartenait à la corporation des vignerons. Prenez la rue du Gén.-de-Gaulle et passez devant l'ancienne **cour dîmière des sieurs de Ribeaupierre**.

Au bout de la rue du Gén.-de-Gaulle, sur la place de la Sinn, à droite, jolie **fontaine dite Sinnbrunnen** de 1560 utilisée pour jauger les tonneaux et autres récipients. Elle porte les armes de Riquewihr et celles des comtes de Horbourg, anciens propriétaires de la seigneurie qu'ils ont vendue en 1324 aux comtes de Wurtemberg.

Prenez à droite la rue des Juifs.

Rue et cour des Juifs A

La petite rue des Juifs débouche sur la cour des Juifs, ancien ghetto qui fut victime d'un pogrom au début du 15e s. Au fond, un étroit passage et un escalier de bois conduisent aux remparts et au **musée de la Tour des Voleurs**.

Musée de la Tour des Voleurs A

✆ 03 89 86 00 92 - de mi-avr. à déb. nov. : 10h30-13h, 14h-18h - 3 € (-10 ans gratuit), 5 € billet combiné avec le musée du Dolder.

Dans cette ancienne tour défensive, on visite la prison avec salle de torture, oubliettes et salle de garde. Voyez aussi la **maison de Vigneron**, attenante au musée, avec sa cuisine, sa chambre et son cellier où sont exposés des outils liés au travail de la vigne et du vin. Expositions temporaires…

★ Dolder A

Ancienne porte défensive élevée en 1291. Une cloche à son sommet, refondue au 19e s., signalait aux habitants d'éventuelles menaces sur la cité.

Musée du Dolder A

Accès par l'escalier à gauche de la porte du Dolder. 58 r. du Gén.-de-Gaulle - ✆ 03 89 73 23 23 - www.ribeauville-riquewihr.com - juil.-août : 14h-18h ; de mi-avr. à fin juin et sept.-oct. : w.-end et j. fériés 14h-18h - 3 € (-10 ans gratuit).

Il renferme des souvenirs, gravures, armes, ustensiles se rapportant à l'histoire locale (outils, meubles, serrures…).

Passez sous le Dolder pour accéder à l'Obertor.

Obertor (Porte supérieure) A

Remarquez sa porte à double battant, sa herse et la place de l'ancien pont-levis de 1500. Sur la gauche, rempart de la cour des Bergers avec sa tour de défense.

Faites demi-tour, repassez sous le Dolder et descendez la rue du Gén.-de-Gaulle pour tourner à droite dans la rue du Cerf.

★ Maison Kiener A

N° 2. La maison Kiener, qui remonte à 1574, est surmontée d'un fronton présentant une inscription en cartouche et un motif en bas relief où l'on voit la Mort saisir le fondateur de la maison. La porte en plein cintre est taillée en biais pour faciliter l'entrée des voitures. En face, l'ancienne **auberge du Cerf** date de 1566.

Continuez la rue du Cerf, puis tournez à gauche dans la rue Latérale et faites quelques pas dans la rue du Cheval, à droite.

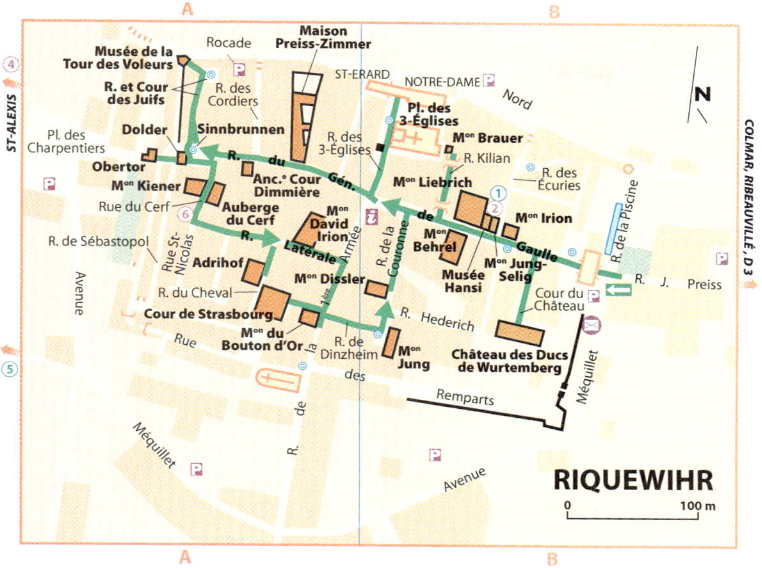

SE LOGER

Oriel (Hôtel À l').. (1)
Schmitt Gérard (Chambre d'hôte)................. (5)

SE RESTAURER

Grappe d'Or (La).. (2)
Saint-Alexis (Auberge)................................ (4)
Sarment d'Or (Le)....................................... (6)

Au n° 5, ancienne propriété de l'abbaye d'Autrey, dite **Adrihof** (A), bel ensemble reconstruit en 1581, avec sa tourelle d'escalier et son puits de 1587.

Rue Latérale A

Elle possède de belles maisons, parmi lesquelles, au n° 6, la **maison du marchand Tobie Berger**, qui a gardé un oriel de 1551 et une belle porte Renaissance dans la cour.

Tournez à droite dans la rue de la 1re-Armée.

Maison du Bouton d'Or A

N° 16. Elle remonte à 1566. À l'angle de la maison, une impasse conduit à l'ensemble dit « **cour de Strasbourg** » (1597), propriété de l'évêché de Strasbourg jusqu'en 1324.

Revenez sur vos pas. Prenez ensuite la rue Dinzheim qui s'amorce devant la maison du Bouton d'Or. On arrive ainsi dans la rue de la Couronne.

Maison Jung B

N° 18. Son pan de bois avec oriel date de 1683 ; en face, un vieux puits, le **Kuhlebrunnen**.

★ Maison Dissler B

N° 6. Construite en pierre, avec son pignon à volutes et sa loggia, c'est un intéressant témoin de la Renaissance rhénane (1610).

Regagnez la rue du Gén.-de-Gaulle, tournez à droite et descendez vers l'hôtel de ville.

NOS ADRESSES À RIQUEWIHR

VISITE

Petit train touristique – *03 89 73 74 24/77 60 - www.petit-train.com - de mi-avr. à fin oct. : 10h-19h - 6 € (6-14 ans 4,50 €).* Visite commentée autour des remparts, dans le vignoble, et retour par la vieille ville *(30mn).*

HÉBERGEMENT

BUDGET MOYEN

Chambre d'hôte Schmitt Gérard – *3 r. des Vignes - 68340 Riquewihr - 03 89 47 89 72 -fermé janv.-mars, fin nov. - P - 2 ch. 50 €.* La maison de M. Schmitt, agrémentée d'un jardin, est située sur les hauteurs du village, à la lisière du vignoble. Vous logerez dans des chambres lambrissées aménagées sous les toits. L'adresse est appréciée pour sa propreté et ses prix doux.

POUR SE FAIRE PLAISIR

Hôtel À l'Oriel – *3 r. des Écuries-Seigneuriales - 68340 Riquewihr - 03 89 49 03 13 - www.hotel-oriel.com - 22 ch. 82/120 € - 12,50 €.* Dans une ruelle tranquille, jolie façade du 16e s. ornée d'un oriel. Chambres rustiques personnalisées (quelques lits bateau), plus cossues à l'annexe. Caveau transformé en bar.

RESTAURATION

PREMIER PRIX

Auberge St-Alexis – *68240 St-Alexis, 4 km à l'ouest de Riquewhir - 03 89 73 90 38 - fermé vend. - 14,50/18,50 €.* Une magnifique forêt de conifères entoure cette auberge au chaleureux intérieur campagnard. Cuisine du terroir simple et authentique, préparée avec les produits des fermes voisines.

BUDGET MOYEN

La Grappe d'Or – *1 r. des Écuries-Seigneuriales - 68340 Riquewihr - 03 89 47 89 52 - www.restaurant-grappedor.com - fermé 25 juin-10 juil., janv., merc. de fév. à mars et jeu. - 19,50/35,50 €.* Cette accueillante maison de 1554 héberge deux salles à manger aux murs patinés. Plats du terroir.

Le Sarment d'Or – *4 r. du Cerf - 68340 Riquewihr - 03 89 86 02 86 - http://riquewihr-sarment-dor.fr - fermé 16-24 nov. et 2-24 mars - formule déj. 14/18 €-26/37 €- 9 ch. 70/80 € - 8,50 €.* Dans une demeure du 17e s. au séduisant décor, cuisine traditionnelle soignée.

ACHATS

Féerie de Noël – *1 r. du Cerf - 68340 Riquewihr - 03 89 47 94 02 - www.feeriedenoel.com -15 fév.-juin 10h-12h30, 13h45-18h, juil.-août 10h-18h45, sept.-déc. 10h-12h30, 13h45-18h30 - fermé de déb. janv. à déb. fév., 25-26 déc.* Tout pour décorer la maison à l'occasion des fêtes de fin d'année.

Domaine Dopff « Au Moulin » – *2 av. Jacques-Preiss - 68340 Riquewihr - 03 89 49 09 69 - www.dopff-au-moulin.fr - janv.-mars : tlj sf w.-end 10h-12h, 14h-18h, avr.-déc. : 9h30-12h30, 13h30-18h, w.-end 9h30-12h30, 14h-18h - fermé w.-end en janv.-fév., 1er janv. et 25-26 déc.* Impossible de parler des vins d'Alsace sans évoquer la célèbre famille Dopff, liée à la vigne depuis le 17e s., et ses 7 crémants incontournables, dont la cuvée Julien brut, l'excellente gamme traditionnelle et les grands crus de schœnenbourg en riesling ou sporen en gewurztraminer.

Kaysersberg

★★

2 715 Kaysersbergeois – Haut-Rhin (68)

NOS ADRESSES PAGE 204

S'INFORMER

Office du tourisme de Kaysersberg – *39 r. du Gén.-de-Gaulle - 68240 Kaysersberg - ✆ 03 89 78 22 78 - www.kaysersberg.com - de mi-juin à mi-sept. : 9h-12h30, 14h-18h, j. fériés 10h-12h30 ; reste de l'année : tlj sf dim. et j. fériés 10h-12h, 14h-17h30 - fermé 1er janv., lun. de Pâques, 25 déc.*

SE REPÉRER

Carte de microrégion A2 (p. 164) – *carte Michelin Départements 315 H8.* Kaysersberg se trouve à 12 km au nord-ouest de Colmar.

SE GARER

La ville est entièrement piétonne ; parkings à l'ouest, au sud et à l'est de Kaysersberg.

À NE PAS MANQUER

Le retable de l'église Ste-Croix, le pont fortifié, les vestiges du château et la vue qu'ils offrent sur la ville et la vallée de la Weiss. Pendant l'avent, le marché de Noël.

ORGANISER SON TEMPS

Une halte à Kaysersberg marie forcément découverte culturelle et découverte gourmande avec, au choix, un repas dans l'un de ses restaurants, une dégustation de vins locaux ou d'une bonne pâtisserie.

« Il est minuit, docteur Schweitzer ! » Rien n'a beaucoup changé dans la petite ville où vous êtes né. Elle a toujours son aspect médiéval, ses vieilles maisons, les ruines de son château, le très beau retable de l'église Ste-Croix, le puits Renaissance avec son inscription amusante, le pont fortifié… Quoi de neuf ? Eh bien, en 1975, le schlossberg a été le premier vin à bénéficier de l'appellation grand cru d'Alsace, le marché de Noël de Kaysersberg est devenu un des plus célèbres d'Alsace et, surtout, un musée portant votre nom vous est consacré tout près de votre maison natale.

Se promener

Partez de l'hôtel de ville (rue du Gén.-de-Gaulle).

★ Hôtel de ville

Construit dans le style de la Renaissance rhénane, il offre une jolie façade, une cour tranquille et une galerie de bois ouvragée et fleurie.

Passez sous le porche, à droite de l'hôtel de ville. Un sentier monte par marches (10-15mn) jusqu'aux ruines du château.

Château

Deux possibilités pour bénéficier d'une jolie **vue★** sur la ville : grimper en haut de la tour ou poursuivre un peu l'ascension par le sentier qui monte. Dans ce cas, la tour ajoute encore du charme au paysage tapissé de vignes.

Faites le tour du château pour redescendre côté ouest. En parvenant rue des Forgerons, tournez à gauche, passez sous l'arche et poursuivez jusqu'à la rue du Gén.-de-Gaulle.

Hostellerie du Pont

Elle se trouve à droite, à l'angle de la rue des Forgerons. À la fois robuste et élégante, c'était l'ancienne maison des bains.

Maison Renaissance

Face au pont fortifié, belle maison du forgeron Michel Herzer (de 1592) à colombages peints. Une gargouille colorée semble surgir de la plus haute lucarne.

★ Pont fortifié

Il possède un parapet crénelé et porte même un oratoire. Dès que vous l'aurez traversé, vous admirerez la **maison Brief★**, appelée aussi « maison du Gourmet », remarquable par ses pans de bois richement sculptés et peints, et sa galerie couverte.

Revenez sur vos pas pour tourner à droite dans la rue du Gén.-de-Gaulle.

Ancienne boucherie

Aussitôt à l'angle, elle date de 1616. Le canal des Moulins coule en dessous.

Place du 1er-RCA

Entrez dans la cour du Musée communal *(voir plus loin)* pour admirer deux maisons patriciennes aux pignons jumelés. De l'autre côté de la rue, bel ensemble de façades à pans de bois des 17e et 18e s. À l'angle de la rue du Collège, passez l'imposant portail de la maison Volz pour trouver le **puits Renaissance** de 1618, sur lequel figure cette inscription : « Si tu te gorges d'eau à table, cela te glacera l'estomac ; je te conseille de boire du bon vin vieux et laisse-moi mon eau ! » Un peu plus loin, place Jean-Ittel, maison Lœwert (boulangerie) avec oriel d'angle.

Tournez à gauche dans l'impasse du Père-Staub.

Maison Bohn

Sur le coin de cette maison de 1601, un étrange personnage vous dévisage.

Revenez vers l'église.

★ Église Ste-Croix

Sur son parvis, une jolie fontaine de 1521, restaurée au 18e s., représente l'empereur Constantin. Certains chapiteaux du portail roman sont décorés de pélicans et sirènes à deux queues, motif d'inspiration lombarde. Groupe en bois sculpté polychrome dans la nef, belle verrière (15e s.) de Pierre d'Andlau représentant le Christ en croix entre les deux larrons. Dans le chœur, un large triptyque constitué d'un panneau central entouré de douze panneaux sculptés : le **retable★★** du maître Jean Bongartz de Colmar (1518) dépeint la Crucifixion et des scènes de la Passion. Au revers, les peintures (17e s.) représentent la Découverte et l'Exaltation de la Sainte Croix. Le bas-côté nord abrite un saint-sépulcre de 1514. Remarquez le groupe des saintes femmes, de Jacques Wirt. Détail que l'on retrouve dans plusieurs églises d'Alsace : la poitrine du Christ est percée d'une entaille destinée à recevoir les hosties pendant la Semaine sainte.

Cimetière
Des fragments archéologiques donnent à ce cimetière le caractère d'un musée lapidaire. Une galerie de bois du 16e s. abrite une croix dite « de la peste » de 1511. Un mémorial et une série de croix blanches rendent hommage aux victimes de la Seconde Guerre mondiale.

Chapelle St-Michel
C'était l'ancienne chapelle du cimetière. Elle date de 1463, et comporte deux étages. La salle inférieure, transformée en ossuaire, est assez saisissante (bénitier avec une tête de mort à la base). Dans la chapelle supérieure, fresque de 1464 et à droite, dans le chœur, curieux crucifix du 14e s.
Revenez rue du Gén.-de-Gaulle pour emprunter, en face, la rue de la Commanderie.

Rues de la Commanderie et de l'Ancien-Hôpital
On y admire des maisons très colorées, comme celle du bourgmestre Jean Vollrath. Un peu plus loin, sur la gauche, ancien manoir d'Étienne de Bavière.

À voir aussi

Musée communal
✆ 03 89 47 38 38 - ville-kaysersberg.fr - juil.-août : tlj sf mar. 10h-12h, 14h-18h - 2 € (-26 ans gratuit).
Dans une maison Renaissance avec tourelle à escalier, objets d'art religieux (rare Vierge ouvrante du 14e s., Christ des Rameaux du 15e s.), d'art populaire et d'archéologie.

Musée Albert-Schweitzer
✆ 03 89 47 36 55 - ♿ - de mi-mars au 11 Nov. : 9h-12h, 14h-18h - fermé du 12 nov. à mi-mars, 1er janv., 25 déc. - 2 € (10-18 ans 1 €), gratuit Printemps des musées.
Situé à côté de la maison où il vit le jour en 1875, le musée présente des documents, photos et objets personnels retraçant sa vie *(voir p. 54)*. On peut également visiter la maison de son enfance à Gunsbach *(voir Munster)*.

À proximité Carte de microrégion

Kientzheim B2
À 3 km à l'est de Kaysersberg.
L'entrée dans Kientzheim nous met au parfum : la **Porte Basse** – dite du « Lalli » – est surmontée d'une tête sculptée qui tire la langue aux passants. Cette tête narguait l'assaillant qui avait franchi l'enceinte, mais l'effrayait-elle vraiment ? Ici, le charme du Moyen Âge habite encore les rues au détour desquelles on rencontre des maisons à colombages, de vieux puits, des cadrans solaires…
Ancien château – Remontant au Moyen Âge mais transformé au 16e s., l'ancien château est aujourd'hui le siège de la confrérie St-Étienne, qui, au cours de dégustations à l'aveugle, octroie des « sigilles » (labels) de qualité aux vins qui lui sont présentés.
Un **musée du Vignoble et des Vins d'Alsace** rassemble sur trois étages une importante vinothèque. Les collections comprennent notamment un monumental pressoir ancien et de nombreux instruments devenus rares, comme ce curieux arracheur de ceps. *1b r. Grand'Rue - ✆ 03 89 78 21 36 - www.musee-du-vignoble-alsace.fr - juin-nov. : 10h-12h, 14h-18h ; mai : w.-end et j. fériés seult - fermé 1er janv., 11 Nov., 25 déc. - 4 € (10-18 ans 2 €), gratuit Nuit des musées.*

Église – Elle a une tour gothique très restaurée. Sur le mur nord, à l'angle d'une ruelle, étrange fresque représentant une inquiétante *Danse macabre*. À l'intérieur, sur l'autel latéral gauche, Vierge du 14e s. et, à côté, **pierres tombales★** de Lazare de Schwendi. Dans la sacristie, ancien ossuaire, fresques du 14e s. et statues de la Vierge des 14e et 17e s.
Chapelle Sts-Félix-et-Régule – À l'intérieur, curieux ex-voto, peintures naïves sur toile et sur bois, de 1667 à 1865.

NOS ADRESSES À KAYSERSBERG

HÉBERGEMENT

BUDGET MOYEN

Chambre d'hôte Les Cèdres – *104 rte de Lapoutroie - ✆ 03 89 47 15 14 - www.les-cedres.org - fermé du 3 janv. à fin mars - P - ⊬ - 5 ch. 50/72 € ☕.* Cette maison entourée d'un parc dispose de chambres confortables baptisées de noms de fleurs. Mobilier agréable et literie d'excellente qualité. Une adresse intéressante par son rapport qualité-prix et sa situation pratique au cœur de ce charmant village touristique.

POUR SE FAIRE PLAISIR

Hôtel Les Remparts – *4 r. Flieh - ✆ 03 89 47 12 12 - www.lesremparts.com - P - 43 ch. 69/89 € - ☕ 9 €.* L'hôtel se trouve dans un quartier résidentiel calme, aux portes de la cité. Chambres pratiques dotées d'amples terrasses joliment fleuries à la belle saison.

Hostellerie Schwendi – *2 pl. Schwendi - 68240 Kientzheim - ✆ 03 89 47 30 50 - www.schwendi.fr - 29 ch. 80/112 € - ☕ 11 € - rest. 23/62 €.* Belle façade à pans de bois dressée sur une placette pavée. Intérieur mi-rustique, mi-bourgeois. Coquettes chambres personnalisées, encore plus confortables à l'annexe. Carte régionale et vins de la propriété à déguster l'été en terrasse, face à une fontaine.

L'Abbaye d'Alspach – *2 r. Foch - 68240 Kientzheim - ✆ 03 89 47 16 00 - www.abbayealspach.com - fermé 7 janv.-15 mars - P - 34 ch. 80/121 € - ☕ 11,50 €.* Parmi les atouts de cet hôtel occupant les dépendances d'un couvent du 11e s. : cinq superbes suites, une jolie cour et un bon petit-déjeuner (*kugelhopf* et confitures maison).

RESTAURATION

BUDGET MOYEN

À La Porte Haute – *118 r. du Gén.-de-Gaulle - ✆ 03 89 78 21 49 - fermé 15 j. en janv., 29 juin-6 juil., 10-20 nov., mar. soir et merc. - formule déj. 9,80 € - 16,60/20,90 €.* Un séjour en Alsace passe obligatoirement par une dégustation de choucroute, alors offrez-vous le grand jeu avec une Royale aux 7 garnitures… à moins que vous ne préfériez vous laisser tenter par un coq au riesling ou une tarte flambée. Agréable salle à manger, service souriant et prix raisonnables.

Winstub du Château – *38 r. du Gén.-de-Gaulle - ✆ 03 89 78 24 33 - fermé 8 j. en juin, 8 j. en mars, merc. soir et jeu. - ♿ - 17,50/33 €.*

Le restaurant de la famille Kohler attire beaucoup de monde, notamment en fin d'année car le marché de Noël de Kaysersberg est devenu un des plus célèbres d'Alsace. On y déguste une honorable cuisine régionale : escargots à l'alsacienne, choucroute royale, filet de truite fumée et sa sauce au raifort…

La Vieille Forge – *1 r. des Écoles - ✆ 03 89 47 17 51 - fermé 31 déc.-18 janv. - formule déj. 8,90 € - 20/38 €.* La jolie façade à colombages du 16e s. invite à s'attabler dans ce restaurant familial. Carte régionale assortie de suggestions de saison.

Au Lion d'Or – *66 r. du Gén.-de- Gaulle - ✆ 03 89 47 11 16 - www.auliondor.fr - fermé 1er-8 juil., 24 janv.-4 mars, mar. soir de mai à oct. et merc. - 15/35 €.* Belle maison de 1521 tenue par la même famille depuis 1764 ! Salles à manger d'époque (dont une ornée d'une monumentale cheminée) pouvant accueillir jusqu'à 180 convives.

ACHATS

Pâtisserie Loecken – *46 r. du Gén.-de-Gaulle - ✆ 03 89 47 34 35 - tlj sf lun. 8h-18h30 (19h en été) - fermé 15 j. en janv. et 25 déc.* Cette superbe bâtisse à pans de bois du 16e s. abrite une pâtisserie. Chocolats maison, carte de thés provenant du monde entier et cafés torréfiés sur place. Également, d'autres bons produits alsaciens : foies gras, eaux-de-vie et confitures artisanales.

Caveau des Vignerons de Kientzeim-Kaysersberg – *20 r. du Gén.-de-Gaulle - ✆ 03 89 47 18 43 - 10h-19h - fermé mar. de janv. à mi-fév. - visite sur RV.* Dégustation et vente de vins et crémant d'Alsace.

Verrerie d'Art de Kaysersberg – *30 r. du Gén.-de-Gaulle - ✆ 03 89 47 14 97 - boutique : 10h-12h30, 14h-18h, dim., lun. et j. fériés : 14h-18h ; atelier : tlj sf dim., lun. et j. fériés 10h-12h30, 14h-18h - fermé janv.* Située dans le centre historique de Kaysersberg, cette verrerie d'art ouvre au public les portes de son atelier de fabrication artisanale. Les maîtres verriers font découvrir les différentes opérations de leur travail : cueillage, soufflage et façonnage à la main. Exposition et vente des objets à la boutique située en face de l'atelier.

Cave vinicole de Kientzheim-Kaysersberg – *10 r. des Vieux-Moulins - 68240 Kientzheim - ✆ 03 89 47 13 19 - www.cave-kaysersberg.com - 9h-12h, 14h-18h, w.-end et j. fériés à partir de 10h - fermé sam.-dim. du 1er janv. aux Rameaux.* Grâce à des méthodes de vinification rigoureuses et des contrôles stricts de la qualité, les vins de cette coopérative possèdent des propriétés remarquables, reconnues par les spécialistes. Les grands crus schlossberg et furstentum et les cuvées du lieu-dit Altenburg figurent parmi les chantres de l'Alsace viticole.

Domaine Paul Blanck – *29 Grand'Rue - ✆ 03 89 78 23 56 - www.blanck.com - 9h-12h, 13h30-18h- sam. 17h - fermé dim. et j. fériés.* On ne compte plus les récompenses dans la famille Blanck, vignerons de père en fils depuis… 1610. Cultivant les 7 cépages alsaciens, Philippe et Frédéric entretiennent la réputation des vins locaux avec leurs grands crus schlossberg et furstentum et leurs crus patergarten et altenburg.

Turckheim

★

3 714 Turckheimiens – Haut-Rhin (68)

NOS ADRESSES PAGE CI-CONTRE

S'INFORMER

Office du tourisme de Turckheim – *6 r. du Conseil - 68230 Turckheim - ☎ 03 89 27 38 44 - www.turckheim.com - 9h-12h, 13h30-18h, sam. 9h-12h, 14h-17h - juil.-août : dim. 9h-12h - fermé j. fériés.*

SE REPÉRER

Carte de microrégion B2 (p. 164) – *carte Michelin Départements 315 H8.*
À la sortie ouest de Colmar, dans la vallée de la Fecht.

SE GARER

Parking en face de la porte de France.

Il faut arriver à Turckheim par Niedermorschwihr. De la jolie route au milieu des vignes, vous verrez apparaître à l'intérieur de ses remparts la petite ville aux toitures anciennes et son clocher aux tuiles polychromes. Avec ses nids de cigogne et son grand cru du Brand, il est assez difficile d'imaginer Turckheim en champ de bataille… C'est pourtant bien ici, aux portes de la ville, que Turenne, en 1675, a écrasé impitoyablement les envahisseurs impériaux.

Se promener

L'ancienne ville impériale a beaucoup souffert pendant la bataille de Colmar, durant l'hiver 1944-1945. Elle a perdu près d'une centaine de maisons, avant de regagner sa liberté. Au fil de la promenade, vous pourrez néanmoins admirer les demeures médiévales épargnées ainsi que les portes fortifiées.

Porte de France

Face au quai de la Fecht, elle s'ouvre dans une tour massive et quadrangulaire du 14e s. qui porte un nid de cigogne.

Place Turenne

Elle est entourée de maisons anciennes. À droite se trouve le corps de garde, précédé d'une fontaine du 18e s. Au fond de la place, l'hôtel de ville construit en 1595 avec pignon Renaissance ; derrière, l'ancienne église dont on aperçoit la tour aux assises romanes.

Grand'Rue

De nombreuses maisons de viticulteurs remontent à la fin du 16e et au début du 17e s. Belle maison à colombages dont l'oriel repose sur un pilier en bois.

Porte de Munster et obélisque en grès à la gloire de Turenne

Une autre des trois portes typiques de la ville.
Revenez par la Grand'Rue.

Hôtel des Deux Clefs
Ancienne hostellerie municipale, il a été rénové par la ville en 1620. Son oriel repose sur un pilier de pierre.

NOS ADRESSES À TURCKHEIM

VISITES

Circuit historique – *✆ 03 89 27 38 44 - www.turckheim.com -* Promenade *(50mn)* à la découverte du patrimoine architectural de cette ancienne ville impériale. Brochure disponible à l'office de tourisme.

Circuit viticole – *✆ 03 89 27 38 44 - www.turckheim.fr - env. 1h à pied - dép. 30 m après la porte du Brand sur votre droite, à hauteur d'un petit oratoire.* Circuit de 2 km à travers les vignes, balisé de panneaux explicatifs. Beau panorama sur la ville.

HÉBERGEMENT

BUDGET MOYEN

Hôtel Le Berceau du Vigneron – *10 pl. de Turenne - 68230 Turckheim - ✆ 03 89 27 23 55 - www.berceau-du-vigneron.com - fermé 2 janv.-10 fév. - 16 ch. 50/85 € - ☕ 9,50 €.* Maison à colombages bâtie en partie sur les remparts de la vieille ville. Chambres fraîches, plus calmes sur l'arrière. L'été, petit-déjeuner dans la cour intérieure.

Hôtel Les Portes de la Vallée – *29 r. Romaine - 68230 Turckheim - ✆ 03 89 27 95 50 - www.hotelturckheim.eu - P - 14 ch. 45/70 € - ☕ 8 € - rest. 18 €.* Dans un quartier calme, 2 bâtiments réunis par une treille. Préférez les chambres claires de l'aile moderne. Plats alsaciens et salle d'inspiration *winstub.*

RESTAURATION

BUDGET MOYEN

Caveau Morakopf – *7 r. des Trois-Épis - 68230 Niedermorschwihr - ✆ 03 89 27 05 10 - www.caveaumorakopf.fr - fermé 7-20 janv., 23 juin-7 juil., dim. et lun. - ♿ - 19,50/39,50 €.* Atmosphère chaleureuse dans ce restaurant, qui occupe la cave d'un bâtiment du 18e s., doté d'une agréable terrasse-jardin. Les spécialités comme le *schwina zingala* (langue de porc au court-bouillon) ou les *fleischschnacka*, figurent bien sûr au menu.

L'Homme Sauvage – *19 Grand'Rue - ✆ 03 89 27 56 15 - www.restauranthommesauvage.com - fermé mar. soir de nov. à avr., dim. soir et merc. - 18/39 €.* Cette auberge accueille les amateurs de bonne chère depuis 1609. Cuisine actuelle à déguster dans un cadre mi-rustique, mi-contemporain, ou dans la cour pavée ombragée.

AGENDA

Ronde du veilleur de nuit – *✆ 03 89 27 38 44 - www.turckheim.fr - mai-oct. : tlj à 22h ; 3 premiers sam. de déc. : à 22h - dép. pl. de Turenne, devant le corps de garde.* Drapé dans une houppelande et coiffé d'un tricorne, le veilleur de nuit arpente les ruelles de la vieille ville, il s'arrête à chaque carrefour et entonne une mélopée. Le 31 décembre, la ronde se fait à minuit, pour les Vœux aux autorités et bourgeois de la ville.

Eguisheim

★

1 549 Eguishiens – Haut-Rhin (68)

NOS ADRESSES PAGE 211

S'INFORMER
Office de tourisme d'Eguisheim – *22a r. Grand'Rue - 68420 Eguisheim - ✆ 03 89 23 40 33 - www.ot-eguisheim.fr - juil.-sept. : 9h30-12h, 14h-18h, sam. 9h30-12h, 13h30-17h30, dim. et j. fériés 10h30-12h30 ; reste de l'année : tlj sf dim. et j. fériés.*

SE REPÉRER
Carte de microrégion B3 (p. 164) – *carte Michelin Départements 315 H8.*
À 7 km au sud de Colmar, 41 km au nord de Mulhouse. Accès par la D 83 ou la E225-A35 Colmar-Mulhouse.

À NE PAS MANQUER
Le circuit des remparts et la route des Cinq Châteaux.

ORGANISER SON TEMPS
Après avoir parcouru les vieilles rues de la ville, prévoyez des chaussures de marche pour partir à la découverte des cinq châteaux environnants (le circuit s'effectue en voiture, mais l'accès aux châteaux n'est possible qu'à pied).

AVEC LES ENFANTS
Le château du Hohlandsbourg et ses animations chevaleresques (en été).

Inoubliable, l'arôme des deux grands crus d'Eguisheim ! Inoubliable, également, la forme, toute ronde, de ce village. Entouré de vignes, ce dernier s'est développé en cercles concentriques à partir du château octogonal du 13e s. Si les trois fameuses tours, qui servaient de cadran solaire aux travailleurs de la plaine, sont définitivement en ruine, les ruelles et les vieilles maisons de la ville semblent n'avoir pas vu passer les quatre derniers siècles. Vous voici plongé en pleine Renaissance.

Se promener

Grand'Rue

Maisons anciennes à grands portails armoriés et datés, ainsi que deux jolies fontaines Renaissance.

★ Circuit des remparts

Suivre le circuit fléché pour emprunter l'ancien chemin de ronde. Les rues étroites et pavées sont bordées de vieilles maisons très riches architecturalement (balcons, oriels, pans de bois, pignons pointus).

Église

À l'intérieur de l'église moderne, à droite en entrant, une chapelle s'ouvre sous le clocher. Au tympan (12e s.) de l'ancien portail, un Christ entre saint Pierre et saint Paul ; le linteau représente la parabole des vierges sages et des

Façades de maisons à colombages dans une rue d'Eguisheim.
P. Dieudonne/Robert Harding Picture Library/age fotostock

vierges folles. De superbes vitraux modernes retracent des scènes de la vie de Léon IX. Bel orgue Callinet du 19e s.

2

Sentier viticole

C'est à Eguisheim, dit-on, que les premières vignes furent plantées en Alsace par les Romains au 4e s. Eguisheim compte 300 ha de vignobles cultivés et deux grands crus, l'eichberg et le pfersigberg.

Le meilleur moyen de découvrir le vignoble d'Eguisheim : le sentier viticole avec visite guidée et dégustation *(1h30 à 2h). 03 89 23 40 33 - www.ot-eguisheim.fr - de mi-juin à mi-sept. : sam. 15h30 ; août : mar. et sam. 15h30 - gratuit.*

Circuit conseillé Carte de microrégion

★ ROUTE DES CINQ CHÂTEAUX

Attention, la route est fermée du 15 novembre au 15 mars.

Pour visualiser ce circuit de 20 km, reportez-vous à la carte de microrégion p. 164. Pour la partie promenade (à pied), comptez un peu plus de 2h AR.

Gagnez Husseren (voir route des Vins, p. 185) par la D 14. À la sortie du bourg, empruntez, à droite, la route forestière « des Cinq Châteaux ». À 1 km, laissez la voiture (parc de stationnement) et montez aux « trois châteaux » d'Eguisheim à pied (15mn).

Donjons d'Eguisheim B3

Weckmund, Wahlenbourg, Dagsbourg, tels sont les noms de ces trois donjons de grès rouge, carrés et massifs qui s'élèvent sur le sommet de la colline. Ils appartenaient à la puissante famille d'Eguisheim. Après son extinction, les trois châteaux devinrent, en 1230, la propriété des évêques de Strasbourg. Ils furent brûlés lors de la guerre dite « des Six Oboles » (1466), conflit ayant

LE PAPE VOYAGEUR
Le plus célèbre enfant de la ville est Bruno d'Eguisheim, né en 1002. Il fut plus connu sous le nom de Léon IX, le « pape voyageur », unique pape alsacien. Il ne doit pas faire oublier les comtes d'Eguisheim qui, au 13e s., ont fait construire le château.

opposé les bourgeois de Mulhouse à la noblesse des environs.
Vous pouvez rejoindre à pied (1h) le château de Hohlandsbourg en suivant le sentier découverte « Les traces de l'écureuil ».
Ayant repris la voiture, poursuivez la route des Cinq Châteaux.
Ne vous privez pas des très beaux points de vue qui jalonnent le parcours.

★ Château du Hohlandsbourg B3

Laissez la voiture sur le parking, en contrebas, pour poursuivre la montée à pied (10mn). 03 89 30 10 20 - www.chateau-hohlandsbourg.com - ♿ - juil.-août : 10h-19h ; avr.-mai : sam. 14h-18h, dim. et j. fériés 11h-18h ; juin, sept. et vac. de la Toussaint : 14h-18h, dim. et j. fériés 11h-18h - possibilité de visite guidé - fermé nov.-mars - 4,20 € (8-17 ans 1,60 €), gratuit Journées du patrimoine.
À 6 km environ des donjons d'Eguisheim se dresse l'imposant château du Hohlandsbourg, jadis chef-lieu d'une seigneurie des Habsbourg, construit à partir de 1279. Alors que ses voisins sont en grès, il est de granit, comme le piton sur lequel il est ancré à quelque 644 m. Acquis et restauré en 1563 par Lazare de Schwendi, conseiller de l'empereur Maximilien II, il fut modernisé et adapté à l'artillerie, comme en témoignent encore la présence du bastion et de nombreuses bouches à feu. Mais c'est sans difficulté que le château fut pris en 1633 pendant la guerre de Trente Ans, puis démantelé par les Français dès 1635. De l'Oberschloss, cœur fortifié du château, il ne reste que des ruines.
Ce qui impressionne au premier abord, c'est la majestueuse enceinte rectangulaire du 13e s. qui encadre le château. Elle est surmontée d'un chemin de ronde duquel se dégage une **vue★★** magnifique à 360° : à l'ouest, on aperçoit le donjon de Pflixbourg et le sommet du Hohneck, au nord, le Haut-Kœnigsbourg, à l'est, Colmar et la plaine d'Alsace. La cour du château, avec ses logis du 17e s. et ses dépendances, ressemble à une place de village.
Les collectivités locales ont décidé de faire du Hohlandsbourg un « pôle historique et culturel » en lui redonnant une certaine jeunesse : outre une importante restauration en 2000, le château a été doté d'un jardin médiéval et d'une auberge. De nombreuses animations chevaleresques s'y déroulent en été.

Donjon de Pflixbourg A3

Accessible par un sentier situé 2 km plus loin, sur la gauche.
Du château construit au 13e s. par les Hohenstaufen pour protéger leurs possessions proches de Colmar, subsiste le donjon, situé à une hauteur de 454 m. La famille des Ribeaupierre reçut en fief au 15e s. cette forteresse qui était l'ancienne résidence des baillis impériaux en Alsace. Une citerne voûtée jouxte le donjon cylindrique dont on dit encore aujourd'hui qu'il est hanté par une dame blanche qui à minuit descend vers la plaine en chantant tristement. Belle vue sur la vallée de la Fecht à l'ouest et la plaine d'Alsace à l'est.
La route rejoint la D 417 en direction de Colmar. À la sortie de Wintzenheim (voir route des Vins), tournez à droite dans la D 83, puis de nouveau à droite dans la D 1 bis pour regagner Eguisheim.

NOS ADRESSES À EGUISHEIM

HÉBERGEMENT

BUDGET MOYEN

Auberge des Trois Châteaux – *26 Grand'Rue - ✆ 03 89 23 11 22 - www.auberge-3-chateaux.com - 12 ch. 57/69 € - ☕ 8 € - rest. 17,90/35 €.* Maison du 17e s. joliment fleurie en saison, située au cœur du bourg. Toutes les chambres sont récentes et fonctionnelles ; les plus lumineuses donnent sur la rue. Restaurant simple et sympathique où l'on propose des petits plats du terroir.

POUR SE FAIRE PLAISIR

Hostellerie des Comtes – *2 r. des Trois-Châteaux - ✆ 03 89 41 16 99 - www.hostellerie-des-comtes.fr - fermé 3 sem. en hiver - 17 ch. 69 € - ☕ 8 € - rest. 11/39 €.* Auberge familiale proposant des chambres bien tenues et sans prétention ; certaines bénéficient d'une petite terrasse. Cuisine traditionnelle servie dans une salle à manger rustique ou en plein air, lorsque le temps s'y prête.

Hostellerie du Château – *2 r. du Château - ✆ 03 89 23 72 00 - www.hostellerieduchateau.com - fermé 4 sem. en hiver - 11 ch. 69/135 € - ☕ 11 €.* Sur la place centrale, maison ancienne entièrement rénovée par le patron, architecte de formation. Les chambres, contemporaines et personnalisées, s'intègrent bien au cadre ancien et leurs salles de bains sont vraiment chouettes…

RESTAURATION

BUDGET MOYEN

La Grangelière – *59 r. du Rempart-Sud - ✆ 03 89 23 00 30 - www.lagrangeliere.com - fermé de mi-janv. à mi-fév., dim. soir de nov. à avr. et jeu. - 18/67 €.* Avant de tenir ces fourneaux-là, Alain Finkbeiner a appris le métier au sein de prestigieuses maisons. Il propose ici deux formules pour satisfaire au mieux ses clients : la brasserie sert des plats régionaux dans un cadre simple, et le restaurant se consacre à une cuisine plus élaborée et personnalisée.

ACHATS

Caveau Léon Beyer – *8 pl. du Château - ✆ 03 89 23 16 16 - www.leonbeyer.fr - tlj sf merc. 10h-12h, 14h-18h - fermé janv.-fév.* Cette maison, l'une des plus vieilles d'Alsace (elle remonterait à 1580) est réputée en particulier pour ses vins blancs secs recherchés par bon nombre d'excellents restaurateurs à travers l'Europe et jusqu'aux États-Unis. Les plus prisés de ces vins sont les réserves maison et surtout les grandes cuvées Comtes d'Eguisheim.

Domaine Charles Baur – *29 Grand'Rue - ✆ 03 89 41 32 49 - www.vinscharlesbaur.fr - tlj 8h-12h, 13h-19h, dim. 9h-12h (dim. apr.-midi sur RV) - fermé 25 déc.* La famille Baur élabore une gamme complète de vins d'Alsace, dont les fameux grands crus eichberg et pfersigberg, des « vendanges tardives » issues du cépage gewurztraminer, le crémant d'Alsace et des eaux-de-vie. L'ensemble de sa production a obtenu de nombreuses médailles dans les concours nationaux. Visite de la cave, dégustation et vente.

AGENDA

Fête des vignerons – *Dernier w.-end d'août - ✆ 03 89 23 40 33 - www.ot-eguisheim.fr.*

Festival des saveurs musicales – *W.-end de mi-sept. - ✆ 03 89 23 40 33 - www.ot-eguisheim.fr.*

Rouffach

★

4 620 Rouffachois – Haut-Rhin (68)

NOS ADRESSES PAGE CI-CONTRE

S'INFORMER

Office du tourisme de Rouffach – *Pl. de la République - 68250 Rouffach - ☏ 03 89 78 53 15 - www.ot-rouffach.com - juil.-août : 9h-12h30, 14h-17h30, sam. 9h-12h30, 14h-16h30, dim. et j. fériés 10h30-12h30 ; reste de l'année : tlj sf dim. et j. fériés 9h30-12h, 14h-17h, lun. 14h-17h, sam. 9h30-12h.*

SE REPÉRER

Carte de microrégion B3 (p. 164) – *carte Michelin Départements 315 H9.*
À 15 km au sud de Colmar, 28 km au nord de Mulhouse.

À NE PAS MANQUER

Le festival de musique classique Musicalta *(voir carnet d'adresses).*

À l'abri de ses coteaux couverts de vignes, Rouffach fut villa royale sous les Mérovingiens (le roi Dagobert serait passé par là). Quelques belles demeures anciennes retiennent aujourd'hui l'attention, ainsi que le musée du Bailliage qui garde le souvenir du duc de Dantzig, originaire du lieu.

Se promener

Église N.-D.-de-l'Assomption

Cette église date, pour son gros œuvre, des 12e et 13e s. La partie la plus ancienne est le transept (11e-12e s.). La tour nord et la tour sud, inachevée en raison de la guerre de 1870, sont du 19e s. Comme il est d'usage dans le style rhénan du 12e s., les grandes arcades intérieures alternent piles fortes et piles faibles. Toutes les colonnes sont surmontées de beaux chapiteaux à crochets. Dans le croisillon droit, fonts baptismaux octogonaux (1492). Dans le chœur *(contre les piles du carré du transept)*, d'élégants escaliers sont ce qui reste d'un jubé du 14e s. À gauche du maître-autel, joli tabernacle du 15e s. Contre un des piliers de la nef, à gauche, une Vierge à l'Enfant surmontée d'un dais, sculptée vers 1500.

Tour des Sorcières

Datant des 13e et 15e s., couronnée de mâchicoulis, elle est surmontée d'un toit à quatre pans terminé par un nid de cigogne. On y enfermait jusqu'au 18e s. les femmes accusées de sorcellerie.

Maisons anciennes

Sur la place de la République, ancienne halle au blé (fin 15e s.-début 16e s.) ; au fond de la place, à gauche de la tour des Sorcières, maison de l'Œuvre Notre-Dame, gothique, et ancien hôtel de ville qui possède une belle façade Renaissance à double pignon. On peut voir d'autres maisons intéressantes aux nos 11, 17 et 23 de la rue Poincaré.

Musée du Bailliage

6a pl. de la République - ✆ 03 89 30 10 20 - www.chateau-hohlandsbourg.com - ♿ - juil.-août : 10h-19h ; reste de l'année : sam. 14h-18h (tlj juin, sept. et vac. de la Toussaint) - fermé nov.-mars - 4,20 € (8-17 ans 1,60 €).

Ce petit musée traite de l'histoire et de la géographie de Rouffach. Une partie est consacrée au **maréchal d'empire Lefebvre**, également duc de Dantzig, qui revenait souvent visiter sa vieille mère à Rouffach, après avoir épousé ladite Madame Sans-Gêne (surnom donné par Sardou et Moreau en 1893 dans leur pièce *Madame Sans-Gêne*). Un monument lui est dédié, place Clemenceau.

Église des Récollets

Elle fut construite de 1280 à 1300. Les bas-côtés ont été remaniés au 15e s. À l'un des contreforts est accolée une chaire à balustrade ajourée.

À proximité Carte de microrégion

Pfaffenheim B3

3 km au nord par la D 83.

C'est un village viticole, cité de la fin du 9e s. qui conserve de vieilles maisons vigneronnes. L'abside de l'**église** (13e s.), décorée de frises à motifs floraux, a une galerie aveugle et de fines colonnettes. Les entailles visibles sur les pierres de l'abside *(partie basse)* laissent supposer que les vignerons aiguisaient là leurs serpettes.

2

NOS ADRESSES À ROUFFACH

HÉBERGEMENT

POUR SE FAIRE PLAISIR

Hôtel À la Ville de Lyon – *R. Poincaré - ✆ 03 89 49 62 49 - www.philippe-bohrer.fr - P - 48 ch. 89/185 € - ☕ 8,50 €.* Façade d'inspiration Renaissance. Les chambres refaites dans un esprit campagnard actuel se révèlent coquettes, les anciennes restent fonctionnelles. Piscine en mosaïque.

Hôtel Relais du Vignoble – *33 r. des Forgerons - 68420 Gueberschwihr - ✆ 03 89 49 22 22 - www.relaisduvignoble.com - fermé en fév. - P - 30 ch. 64/68 € ☕.* Étape « spiritueuse » : la grande bâtisse jouxte la cave familiale et la plupart des chambres, désuètes mais bien tenues, donnent sur les vignes. Salle de séminaires. Plats traditionnels et vins du domaine à déguster sur la terrasse panoramique aux beaux jours.

RESTAURATION

POUR SE FAIRE PLAISIR

Auberge au Vieux Pressoir – *68250 Westhalten - ✆ 03 89 49 60 04 - www.bollenberg.fr - fermé 21-27 déc., dim. soir de mi-nov. à mi-mars et lun. sf j. fériés - P - ♿ - 28/75 € bc.* Belles armoires et collection d'armes anciennes président au décor alsacien de cette maison de vignerons. Cuisine régionale soignée et dégustations de vins de la propriété.

ACHATS

Bruno-Hunold – *29 r. aux Quatre-Vents - ✆ 03 89 49 60 57 - www.bruno-hunold.com - 9h-12h, 13h-18h, dim. 9h-12h - visite 30mn sur RV - fermé j. fériés apr.-midi.* Ce domaine dispose de 12,5 ha de vignes et cultive les sept cépages alsaciens. Caveau de dégustation-vente où vous pourrez découvrir, entre autres, des côtes-de-Rouffach, un grand cru de Vorbourg, des vendanges tardives, des crémants d'Alsace ainsi qu'une gamme variée d'eaux-de-vie.

Domaine de l'École, lycée viticole – *8 r. Aux-Remparts - ✆ 03 89 78 73 48 - www.rouffach.educagri.fr - tlj sf w.-end 9h-12h, 13h30-17h - fermé Noël et 1er janv.* Le lycée viticole de Rouffach cultive 13 ha de vignes dont 5,5 en grand cru Vorbourg, fleuron du domaine. La limitation volontaire du rendement favorise la qualité. Côte-de-Rouffach, crémant brut, « vendanges tardives » et sélection de grains nobles en gewurztraminer méritent aussi la mention très bien.

Earl Bannwarth et Fils – *19 r. du 4e-Spahis - ✆ 03 89 49 62 37 - www.vins-bannwarth.com - 8h-12h, 13h30-19h, sam. 8h-12h, 13h30-18h, dim. 10h-12h.* Derrière le nom de l'enseigne se cache une très longue lignée de « fils » : on trouve trace des viticulteurs Bannwarth à Rouffach dès 1645. Ceux-ci cultivent les 7 cépages d'Alsace et élaborent des vins de haute qualité comme le grand cru vorbourg en riesling et gewurztraminer et le pinot gris Côte-de-Rouffach.

Domaine René Muré (Clos St-Landelin) – *Rte des Vins - ✆ 03 89 78 58 00 - www.mure.com - tlj sf dim. 8h-18h, sam. 10h-13h, 14h-18h - fermé dim. et j. fériés.* Ce domaine vinicole, situé dans un cadre magnifique, passe pour être l'un des plus anciens d'Alsace. (depuis le 8e s.). Aujourd'hui, la famille Muré continue à cultiver les 15 ha dans les 7 cépages de la région et produit, entre autres, un grand cru zinnkoepflé et un vorbourg en riesling de belle qualité.

Meyer Clos Ste-Apolline – *Domaine du Bollenberg - 68250 Westhalten - ✆ 03 89 49 60 04 - www.bollenberg.fr - 8h-20h.* Cette entreprise familiale exploite 23 ha de vignes situées sur les collines du Bollenberg et produit sylvaner, riesling, muscat, pinot gris, gewurztraminer, pinot noir, crémant d'Alsace. Le domaine propose également des eaux-de-vie distillées artisanalement sur place, du foie gras, ainsi que des confitures et confits cuits à l'ancienne dans des bassines en cuivre.

AGENDA

Fête de la sorcière – *✆ 03 89 78 53 15 - www.fete-sorciere.com.* Le premier samedi qui suit le 14 Juillet, les rues de Rouffach s'animent grâce à l'intervention de nombreux groupes médiévaux.

Festival Musicalta – *En juil.-août - ✆ 03 89 47 59 93 - www.musicalta.com.*

Foire européenne du pain, vin et fromage écobiologiques – *Début mai - ✆ 03 89 49 62 99.*

Guebwiller

★

11 609 Guebwillerois – Haut-Rhin (68)

NOS ADRESSES PAGE 218

S'INFORMER

Office du tourisme de Guebwiller – *71 r. de la République - 68500 Guebwiller - 03 89 76 10 63 - www.tourisme-guebwiller.fr - mai-oct. : 9h-18h, dim. 10h-12h, 15h-17h ; reste de l'année : tlj sf dim. et j. fériés 9h-18h, sam. 10h-12h, 14h-17h - 2e bureau 14 pl. de la République - 68360 Soultz - juil.-août 10h-12h, 14h-18h, dim. 10h-12h ; reste de l'année : tlj sf dim. 10h-12h, 14h-17h, sam. 10h-12h.*

Visite guidée de la ville – *Visite guidée de la ville (1h30) juil.-août : mar. et vend. 10h et 11h45, dép. de l'office de tourisme - 4,50 € (enf. 3 €), gratuit Journées du patrimoine.*

SE REPÉRER

Carte de microrégion A4 (p. 164) – *carte Michelin Départements 315 H9.*
Guebwiller se situe à 25 km de Colmar et de Mulhouse entre vignobles et coteaux boisés. Son centre-ville, semi-piétonnier, est préservé des flux automobiles puisqu'il faut traverser la Lauch pour entrer dans la ville basse.

À NE PAS MANQUER

L'église Notre-Dame et, au musée du Florival, la collection de céramiques de Théodore Deck.

AVEC LES ENFANTS

Le vivarium de Lautenbach-Zell.

Principale ressource de la ville depuis le Moyen Âge : le vin. À Guebwiller, ville-étape de la route des Vins, vous découvrirez des méthodes d'exploitation modernes du vignoble et dégusterez quatre grands crus : le kitterlé, le kessler, la saering et le spiegel.

Se promener

★ Église Notre-Dame

Le centre de la place est occupé par la belle église néoclassique élevée de 1760 à 1785 par le dernier prince-abbé de Murbach. La façade de grès rouge est décorée de statues représentant les vertus théologales et cardinales. À l'**intérieur**★★, les deux bras du transept s'achèvent par des absides semi-circulaires qui forment avec celle du chœur un jeu trinitaire d'esprit baroque. À voir également, l'exceptionnelle composition en haut relief du **maître-autel**★★ (1783) sur le thème de l'Assomption, où le sculpteur Fidèle Sporrer, aidé par sa fille Hélène, a laissé libre cours à ses dons de metteur en scène. On lui doit aussi les stalles et le buffet d'orgues.

Place Jeanne-d'Arc

D'autres constructions réalisées pour les princes-abbés de Murbach au 18e s. sont rassemblées autour de l'église : l'ancien doyenné (musée du Florival),

quelques maisons canoniales et l'ancien château de la Neuenbourg, résidence du prince-abbé.
Empruntez la rue de la République.
À droite, la place de la Liberté et sa fontaine de 1536.

★ Hôtel de ville

Il a été bâti en 1514 pour un riche drapier. Remarquables, les fenêtres à meneaux et le bel oriel à cinq pans de style gothique flamboyant. À droite dans une niche d'angle, une Vierge du 16e s. Un **espace roman** à vocation pédagogique est aménagé au rez-de-chaussée.
Une maison Art nouveau, à gauche de l'hôtel de ville, 69 rue de la République, témoigne de la prospérité de la ville à la fin du 19e s.
Poursuivez jusqu'à l'église St-Léger.

★ Église St-Léger

C'est un très bel édifice dans le style roman rhénan tardif. La **façade ouest★★** encadrée de deux hautes tours comporte un porche ouvert sur trois côtés. Les bandes d'arcatures dénotent quant à elles une influence lombarde. Le transept dépourvu d'absidioles est surmonté d'une tour de croisée octogonale ; il date, comme la nef, la façade et les bas-côtés, des 12e et 13e s.
Contournez l'église.
L'**ancien tribunal de bailliage** est situé dans une belle maison de 1583 *(n° 2 de la rue des Blés)*. Ensuite, une très belle **cave dîmière** et enfin l'**ancien hôtel de ville** qui date lui aussi du 16e s.

À voir aussi

★ Musée du Florival

✆ 03 89 74 22 89 - www.ville-guebwiller.fr/musee-florival/ - ♿ - tlj sf mar. 14h-18h, w.-end et j. fériés 10h-12h, 14h-18h - possibilité de visite guidée (1h30) sur demande préalable (7 j. à l'avance) - fermé mar., 1er janv., 1er mai, 25 déc. - 5 € (-10 ans gratuit).
Sur cinq niveaux d'une ancienne maison canoniale du 18e s. sont présentées des collections de minéraux, d'objets illustrant l'histoire viticole, artisanale et industrielle de la ville. Mais surtout, pour le régal des yeux, une très importante collection d'œuvres de Théodore Deck (1823-1891) : vases « bleu Deck », plats à fond d'or, salle de bains et véranda reconstituées avec leurs carreaux de faïence au dessin d'un infini détail. Considéré comme le « Bernard Palissy du 19e s. », **Théodore Deck**, céramiste et administrateur de la Manufacture nationale de Sèvres, est guebwillerois. Il a retrouvé, entre autres, la formule du bleu turquoise utilisé en Perse, couleur à laquelle on a donné son nom.

Ancien couvent des Dominicains

✆ 03 89 62 21 82 - www.les-dominicains.com - tlj sf merc. et sam. : 13h30-17h30 - 4 € (enf. 2 €).
Ce couvent datant de la fin du 13e s. est situé au cœur de Guebwiller. À la Révolution, ses bâtiments furent vendus et devinrent tour à tour dépôt d'usines, hôpital, marché puis centre musical, avant d'être rachetés par le conseil général du Haut-Rhin et aménagés en Centre polymusical des Dominicains de Haute-Alsace. Dédié à la musique depuis le 19es., le couvent a accueilli de nombreux interprètes de renom. C'est aujourd'hui encore un lieu de concerts et de spectacles tant classiques que modernes, très réputé dans la région *(programme adressé sur demande)*.
On accède par le cloître à l'église dont la nef est coiffée d'un exceptionnel plafond

L'église St-Léger à Guebwiller.
I. Vdovin/age fotostock

en bois haut de 24 m et décorée de splendides **peintures murales★** réalisées entre le deuxième quart du 14e s. et la fin du 15e s. Couvrant plus de 3 000 m², elles retracent des épisodes de la Bible et évoquent les grands saints de la région. Le chœur est beaucoup plus sobre et reflète l'idéal de pauvreté des dominicains. On accède également par le cloître à la chapelle néogothique et à la sacristie transformée en chapelle protestante.

2

Église St-Pierre-et-St-Paul

Construite entre 1312 et 1340, cette église gothique, qui appartenait au couvent des dominicains, possède un jubé et de belles fresques des 14e et 16e s. Son acoustique est excellente et on y programme un large répertoire, notamment classique.

Circuit conseillé Carte de microrégion

★★ VALLÉE DE GUEBWILLER

Pour visualiser ce circuit de 30 km, de Guebwiller au Markstein, reportez-vous à la carte de microrégion p. 164. Comptez environ 2h.

Quittez Guebwiller par la D 430 en direction de la route des Crêtes et du Markstein.

Paradis des randonneurs, le **Florival**, appelé aussi vallée de la Lauch ou de Guebwiller, au fond plat, est couvert de prairies et de fleurs, comme son nom l'indique. C'est une **zone de tranquillité**, interdite aux voitures de part et d'autre de la D 430. À Buhl débouche le vallon de Murbach.

★★ Église de Murbach A3 *(voir p. 219)*

Continuez sur la D 430.

★ Lautenbach A3

C'est un petit bourg constitué de deux centres, dont l'un s'est développé à partir d'une abbaye bénédictine fondée selon la tradition par des moines irlandais.

Le porche roman de l'**église St-Michel★** est l'un des plus beaux et des plus anciens d'Alsace. Il est divisé en trois vaisseaux voûtés d'ogives. À l'intérieur, les stalles du 15e s. sont historiées et surmontées d'un dais datant du 18e s.

Au **vivarium du moulin de Lautenbach-Zell** cohabitent fourmis-parasols, mantes-orchidées, mygales matoutous et autres insectes étonnants. *03 89 74 02 48 - www.vivariumdumoulin.org - juil.-août : 10h-18h ; reste de l'année : tlj sf lun. 14h-18h - fermé de déb. déc. à mi-déc. 1er janv., 25 déc. - 6 € (5-16 ans 3,50 €).*

Peu après Linthal, la vallée de la Lauch, qui était jusqu'ici large et industrielle, devient très étroite et sauvage, au cœur du Parc naturel régional des Ballons des Vosges.

Continuez sur la D 430 en direction du Markstein.

★ Lac de la Lauch A3

On le découvre au détour de la route sinueuse qui monte vers Le Markstein. Un barrage retient ses eaux tranquilles où l'on peut pêcher. Navigation et baignade sont interdites.

La route réserve alors quelques échappées dans la forêt sur la vallée et le Grand Ballon.

Le Markstein A3 *(voir Route des Crêtes, p. 307)*

NOS ADRESSES À GUEBWILLER

HÉBERGEMENT ET RESTAURATION

BUDGET MOYEN

Hôtel L'Aigle d'Or – *5 r. Principale - 68500 Rimbach-près-Guebwiller - 11 km à l'ouest de Guebwiller par la D 40 - 03 89 76 89 90 - www.hotelaigledor.com - fermé de mi-fév. à mi-mars -15 ch. 39/56 € - 8,50 € - rest. (fermé lun. de mi-sept. à mi-juil.) 18/38 €.* Auberge familiale toute simple idéale pour retrouver quiétude et authenticité. Petits plats aux accents régionaux servis près de la cheminée. Ravissant jardin.

POUR SE FAIRE PLAISIR

Hôtel L'Ange – *4 r. de la Gare - 03 89 76 22 11 - 36 ch. 69/76,80 € - 9,50 € - rest. (fermé sam. midi) 9,50/36,90 €.* L'enseigne et un élévateur en guise d'ascenseur témoignent que l'hôtel fut autrefois une maternité. Chambres fonctionnelles autour d'un puits de lumière. Recettes italo-alsaciennes au restaurant ; optez plutôt pour la jolie terrasse ombragée.

UNE FOLIE

Chambre d'hôte Le Schaeferhof – *6 r. de Guebwiller - 68530 Murbach - 03 89 74 98 98 - www.schaeferhof.fr - 4 ch. 160 € - table d'hôte 48 €.* La restauration de cette métairie du 18e s. est une réussite : chaque détail de la décoration a été pensé et les chambres, de belle qualité, possèdent un petit coin salon. Cuisine alsacienne mise au goût du jour (sur réserv.). Sauna, fitness.

ACHATS

Pâtisserie-chocolaterie Helfter Claude – *8 pl. de l'Hôtel-de-Ville - 03 89 74 27 44 - www.helfter.fr - tlj sf lun. 7h30-19h.* Pâtissier-chocolatier-salon de thé. Délicieuses tartes aux fruits.

Foire aux vins – Chaque jeudi de l'Ascension, on peut déguster sylvaner, pinot blanc, muscat d'Alsace, riesling, tokay d'Alsace, gewurztraminer, pinot noir et crémant d'Alsace issus des Syndicats viticoles et caves de l'arrondissement de Guebwiller.

Église de Murbach

★★

Haut-Rhin (68)

NOS ADRESSES PAGE 220

SE REPÉRER

Carte de microrégion A3 (p. 164) – *carte Michelin Départements 315 G9.* Sortir de Guebwiller par la route des Crêtes, puis à Buhl, prendre à gauche la D 40. Le château de Hugstein (ruines), qui protégeait jadis le vallon de Murbach, est indiqué. De l'église, suivez le chemin de croix jusqu'à l'église N.-D.-de-Lorette (1693) : vues plongeantes sur l'abbaye dans son cadre de verdure.

À NE PAS MANQUER

Le chevet de l'église de Murbach et le retable de celle de Buhl.

C'est parce qu'il avait trouvé ce creux de vallon propice à la promenade et à la méditation que saint Pirmin y installa en 727 une communauté religieuse. Devenue depuis une des plus puissantes abbayes bénédictines de la région, elle déployait des droits et des biens sur plus de 200 localités alentour. Les abbés, tous fils de bonne famille, possédaient moult biens et firent du sanctuaire un des joyaux de l'art roman en Alsace.

Visiter

L'église St-Léger, construite au 12e s., est réduite à présent au chœur et au transept; la nef a été démolie en 1738. Le **chevet★★** est la partie la plus remarquable de l'édifice. Son mur plat légèrement en saillie porte des sculptures disposées apparemment avec fantaisie dans le large triangle du haut. Puis une galerie de 17 colonnettes dissemblables règne au-dessus de deux étages de fenêtres.

Le tympan du portail sud rappelle certains ouvrages orientaux, avec sa composition en faible relief : deux lions (dont l'un tire la langue) affrontés dans un encadrement de rinceaux et de palmettes.

À l'intérieur se trouve le sarcophage des sept moines tués par les Hongrois en 926. Le croisillon sud abrite, dans un enfeu, le gisant du comte Eberhard (14e s.).

LES GRANDES HEURES DE L'ABBAYE

L'abbaye de Murbach fut fondée en 727 par l'évêque Pirmin et dotée avec largesse par le frère du duc d'Alsace, le comte Eberhard. Pirmin était pérégrin, c'est-à-dire qu'il ne souhaitait pas s'installer longuement quelque part, si bien que le monastère prit d'abord le nom de *Vivarius Peregrinorum,* le « vivier des Pérégrins ». En 850 est constituée la bibliothèque de l'abbaye. Ses manuscrits contribuent grandement à sa renommée. L'abbaye possède des biens dans plus de 200 localités, de Worms dans le Palatinat à Lucerne en Suisse. Aux 16e et 17e s., on en vient même à battre monnaie dans ses ateliers.

À proximité Carte de microrégion

Buhl A3

3 km à l'est par la D 40II. L'**église** néoromane de Buhl abrite le seul triptyque peint d'Alsace qui ne soit pas conservé dans un musée. Ce **retable★★** de grandes dimensions (7 m de large) a sans doute été réalisé par l'atelier de Schongauer vers 1500. La partie centrale représente une admirable Crucifixion. Au revers, le Jugement dernier est encadré d'épisodes de la vie de la Vierge.

NOS ADRESSES À MURBACH

RESTAURATION

BUDGET MOYEN

Auberge de l'Abbaye – *20 r. de Guebwiller - 68530 Murbach - ✆ 03 89 74 13 77 - www.aubergedelabbaye-murbach.com - fermé 3 sem. en fév., 25 déc.-1er janv., mar. et merc. - P - formule déj. 10 € - 16/41 €.* Empruntez le petit escalier décoré de plaques de cheminée pour rejoindre la sobre salle à manger de ce pavillon. Recettes traditionnelles. Tous les soirs, les tartes flambées sont à l'honneur. Terrasse et jardin.

Soultz-Haut-Rhin

7 072 Soultziens – Haut-Rhin (68)

NOS ADRESSES PAGE CI-CONTRE

S'INFORMER

Office du tourisme de Soultz-Haut-Rhin – *14 pl. de la République - 68360 Soultz-Haut-Rhin - ✆ 03 89 76 83 60 - www.tourisme-guebwiller.fr - juil.-août : 10h-12h, 14h-18h dim. et j. fériés 10h-12h ; reste de l'année : 10h-12h, 14h-17h, dim. 10h-12h, fermé j. fériés.*

SE REPÉRER

Carte de microrégion B4 (p. 164) – *carte Michelin Départements 315 H9.* À 30 km au sud de Colmar et à 24 km au nord-ouest de Mulhouse. Une vaste zone commerciale lie la ville à la sous-préfecture voisine de Guebwiller. Mais le centre de la vieille cité est préservé par une double enceinte de remparts partiellement conservée.

À NE PAS MANQUER

Le musée du Bucheneck et le centre historique.

AVEC LES ENFANTS

La Nef des jouets.

Cette modeste bourgade doit son nom à la petite source saline autour de laquelle elle grandit jadis. Elle recèle de nombreuses demeures de la Renaissance, des 17e et 18e s., dont les dates de construction sont inscrites sur les porches. Il y a quelques années, des cigognes ont été réintroduites sur le territoire de la commune. Comme au début du 20e s., elles fréquentent à nouveau les cheminées de la ville.

Se promener

Maisons anciennes

Dans le centre historique, belles maisons anciennes : la maison Litty (1622), *15 r. des Sœurs ;* la maison Vigneronne (1656), *5 r. du Temple ;* la maison Horn (1588), *42 r. de Lattre-de-Tassigny ;* la maison Hubschwerlin (16e s.), *6 r. des Ouvriers,* et le château de Heeckeren-d'Anthès (1605), *r. Jean-Jaurès*. L'office de tourisme montre en façade un oriel sur deux étages qui date de 1575.

Église St-Maurice

Construite entre 1270 et 1489. Le tympan du portail sud représente un saint Maurice équestre du 14e s., dominant une Adoration des Mages. À l'intérieur, relief en bois polychrome du 15e s., immense peinture murale représentant saint Christophe et grand orgue de 1750 signé Silbermann.

Promenade de la citadelle

À l'ouest de la ville, suivez les remparts et remarquez la tour des Sorcières.

À voir aussi

La Nef des jouets

✆ 03 89 74 30 92 - www.soultz68.fr - ♿ - de mi-mars à fin déc. : tlj sf mar. 14h-18h - fermé 1er janv., 1er mai, 24-26 déc. - 4,60 € (-16 ans 1,50 €).

Cette belle collection de jouets de tous les temps, modestes ou sophistiqués, de toutes matières et de tous les pays, a été rassemblée dans l'ancienne commanderie de l'ordre des Hospitaliers de St-Jean-de-Jérusalem, dits chevaliers de Malte, par deux passionnés qui soutiennent que « le jouet est le premier dialogue et l'apprentissage de la vie, le reflet intime d'une civilisation ».

2

Musée du Bucheneck

✆ 03 89 76 02 22 - www.soultz68.fr - 2 mai-31 oct. : tlj sf mar. 14h-18h - 3 € (6-16 ans 1,50 €), gratuit Nuit des musées et Journées du patrimoine.

Il est installé dans un bâtiment médiéval, siège du bailli de 1289 jusqu'à la Révolution. Les collections concernent l'histoire de la ville (maquette de 1838, galerie des portraits de grandes familles locales, ordre de Malte, œuvre de Robert Beltz, mémoire juive, vie quotidienne, artisanat, armes, costumes…).

NOS ADRESSES À SOULTZ-HAUT-RHIN

RESTAURATION

PREMIER PRIX

Metzgerstuwa – *69 r. du Mar.-de-Lattre-de-Tassigny - ✆ 03 89 74 89 77 - fermé 3 sem. en juin-juil., 2 sem. fin déc.-déb. janv. et w.-end - réserv. conseillée - formule déj. 7,90 € - 18,50/26,50 €.* Voilà une maison où l'on mange bien ! Derrière sa façade, rouge côté boucherie, verte côté restaurant, le chef, qui dirige les deux boutiques, fait tout lui-même : plats du terroir, pain, charcuterie, terrine, pieds farcis, foie gras, saumon fumé… L'adresse est très courue et fait souvent salle comble.

Thann

★

7 981 Thannois – Haut-Rhin (68)

NOS ADRESSES PAGE 225

S'INFORMER

Office du tourisme de Thann – *7 r. de la 1re-Armée - 68800 Thann - ☎ 03 89 37 96 20 - www.ot-thann.fr - juil.-août : 9h-12h30, 14h-18h30, j. fériés 10h-12h ; reste de l'année : 9h-12h, 14h-18h, sam. 9h-12h, 14h-17h, fermé dim. et j. fériés.*

Office du tourisme de Masevaux-Doller – *1 pl. Gayardon - 68290 Masevaux - ☎ 03 89 82 41 99 - www.ot-masevaux-doller.fr - juil.-août : 9h-12h30, 14h-18h, sam. 9h-12h, 14h-17h, dim. 10h-12h, dim. ; mai-juin et sept.-oct. : tlj sf dim. 9h-12h, 14h-18h, sam. 9h-12h, 14h-17h ; reste de l'année : tlj sf dim. 9h-12h, 14h-18h, sam. 9h-12h - fermé j. fériés, Vend. saint, 26 déc.*

Visites guidées – En août et sept., découvertes accompagnées dans le pays de Thann : patrimoine historique, industriel, naturel, produits du terroir et artisanat. *Rens., tarifs et inscriptions à l'office de tourisme.*

SE REPÉRER

Carte de microrégion A4 (p. 164) – *carte Michelin Départements 315 G10.*
Thann est située à 22 km à l'ouest de Mulhouse sur la N 66, ville avec laquelle elle est reliée par le tram-train.

À NE PAS MANQUER

La collégiale St-Thiébaut et ses superbes stalles.

ORGANISER SON TEMPS

Après la visite de Thann, parcourez l'un des multiples sentiers de découverte à travers le vignoble ou le GR 5, qui traverse la ville.

Pour vous, Thann sera, au choix, l'ultime étape ou le point de départ de la route des Vins. De même, la route des Crêtes commence ou se termine ici. À ce carrefour vous attendent une des plus belles églises gothiques d'Alsace, la collégiale St-Thiébaut, ainsi que le très renommé vignoble de Rangen qui strie les collines dominant la ville, au-delà de la Thur.

Se promener

★★ Collégiale St-Thiébaut

Oct.-mai : lun.-vend. 8h-12h, 14h-18h, w.-end 8h-18h ; juin-sept. : 8h-19h. Les stalles ne sont accessibles que lors des visites guidées organisées par l'office de tourisme (situé face à la collégiale) - ☎ 03 89 37 96 20 - www.ot-thann.fr.

Un dicton alsacien dit que le clocher de Strasbourg est le plus haut, celui de Fribourg le plus gros, et celui de Thann le plus beau !

Son architecture gothique (14e-début 16e s.), qui témoigne d'une évolution vers le style flamboyant, est remarquable. La façade ouest est percée d'un magnifique **portail★★**. Haut de 15 m, son tympan très élancé surmonte deux portes munies chacune d'un petit tympan. Le portail nord, flamboyant, est rehaussé de belles statues du 15e s. À l'extérieur, face au portail, un panneau décrit

LA LÉGENDE DES TROIS SAPINS
Thann doit son nom à un événement légendaire et poétique, la légende des Trois Sapins, Thann signifiant précisément « sapin ». À sa mort, en 1160, Thiébaut, évêque de Gubbio, en Ombrie, lègue son anneau épiscopal à son plus fidèle serviteur. Celui-ci, avec l'anneau, arrache en même temps le pouce du défunt, dissimule la relique dans son bâton de voyage et parvient en Alsace l'année suivante. Un matin, après une nuit dans un bois de sapins, le pèlerin essaye d'arracher le bâton du sol pour reprendre sa route, en vain. Trois grandes lumières apparaissent alors, au-dessus de trois sapins. Le châtelain d'Engelbourg, qui les a vues de son château, accourt et décide d'élever une chapelle au lieu même du miracle. Aussitôt, le bâton se détache sans difficulté. Longtemps après, la chapelle édifiée s'entourera d'une cité : Thann.

chaque élément qui le compose – 500 personnages « jouant » 150 scènes!
À l'intérieur, la nef et le chœur forment un vaisseau de 22 m de haut, couvert de voûtes en résille, à clefs armoriées. Dans la chapelle pentagonale est fixée sur le contrefort du milieu une statue en bois polychrome de la Vierge aux Raisins du 15e s., don de la corporation des vignerons. À l'extrémité de ce bas-côté, dans la chapelle St-Thiébaut, est placée sur l'autel une statue du saint en bois polychrome datant de la fin du 15e s.
Très profond, le **chœur** est orné des statues (15e s.) des douze apôtres, en pierre polychrome. À l'entrée est suspendu un grand Christ en croix (1894), en bois polychrome, du Colmarien Klem. La lumière pénètre par huit belles **verrières★** du 15e s. En 2010 fut ajouté un vitrail coloré et non-figuratif, réalisé par l'artiste coréen Kim En Joong, à qui l'on doit également les vitraux de la cathédrale d'Évry et de l'abbaye de Fontfroide.
Mais la principale richesse de la collégiale reste les 51 **stalles★★** en chêne du 15e s. Toute la fantaisie du Moyen Âge s'y donne libre cours. Ce ne sont que feuillages, gnomes et personnages comiques d'une verve remarquable et d'une grande finesse.
Pour avoir une **vue d'ensemble** sur le chœur aux lignes élancées, à la haute toiture de tuiles vernissées, et sur le clocher haut de 78 m et couronné par une flèche, véritable dentelle de pierre, poursuivez jusqu'à l'**hôtel de ville** *(place Joffre)* construit par Kléber en 1788.

Tour des sorcières

Place du Bungert. Cette tour du 15e s., que l'on peut l'admirer depuis le pont sur la Thur dit pont du Bungert, est le dernier vestige des anciennes fortifications. Coiffée d'un toit en bulbe, elle abrite le petit **Espace muséologique sur les terroirs et la géologie d'Alsace** *(☎ 03 89 37 96 20 - 1er juin-30 sept. : 10h-12h, 14h30-18h30).* Des cartes détaillées et des « carottes » des 13 types de la région sont présentées. Vous découvrirez leurs particularités et leurs effets sur la culture de la vigne et le type de vin produit.

Musée des Amis de Thann

☎ 03 89 38 53 25 - www.genealogiethann.org - juin-sept. : tlj sf lun. 14h-18h - 2,50 €.
Installé dans la halle aux blés datant de 1519, il évoque sur quatre niveaux le passé de la ville. Les grands thèmes traités sont le vignoble, le château et les fortifications, la collégiale et le culte de saint Thiébaut, le mobilier et les arts populaires, les souvenirs des deux guerres et les débuts de l'industrie textile.

LE RANGEN : UN CRU, DES SENTIERS

Le Rangen, fierté de Thann, est le seul vignoble alsacien a être classé grand cru dans sa totalité. La montagne du Rangen, dont les flancs à pente raide (45°) s'orientent plein sud, bénéficie d'un ensoleillement maximal, de précipitations fréquentes et de la présence de la Thur à ses pieds. Le vignoble de 18,5 ha doit sa réputation à son terroir d'origine volcanique, et aussi au savoir-faire de ses viticulteurs qui, déjà au 18e s., fournissaient la cour de Vienne.

Des sentiers, fléchés à partir de la tour des Sorcières, permettent de sillonner le vignoble. Ainsi le **chemin de Montaigne** *(3 km - réglementé pendant les vendanges)* et **La Tournée du Bangard** *(2,2 km)* – du nom des anciens garde-vignes – le long duquel des panneaux explicatifs racontent l'histoire des lieux. Ils se complètent l'un l'autre.

« L'Œil de la Sorcière »

1h à pied AR. Départ du chemin de l'autre côté du pont au bout de la rue St-Thiébaut (musée). Prendre à droite et suivre marquage rectangle rouge et croix jaune.

Le **château de l'Engelbourg**, construit au 13e s. par les comtes de Ferrette, devint propriété des Habsbourg puis, en 1648, du roi de France, qui, dix ans plus tard, le donna à Mazarin, dont les héritiers le conservèrent jusqu'à la Révolution. En 1673, Louis XIV ordonna le démantèlement de la forteresse. Lors de la destruction du château, le donjon, en s'écroulant, subsista sous la forme d'un tronçon circulaire regardant sur le côté, le centre vers la plaine tel un œil gigantesque. L'imagination populaire a qualifié cette ruine originale d'« Œil de la sorcière ». De la ruine, point de vue sur Thann, la plaine d'Alsace et au loin la Forêt-Noire.

De l'autre côté de la vallée, au sommet de la montagne du « Staufen », a été érigée en 1949 une croix de Lorraine, monument de la Résistance alsacienne.

À proximité

Vieux-Thann

À 2 km par la D 35.

Cette bourgade *(www.vieux-thann.fr)* fut au Moyen Âge le lieu de pèlerinage de la Confrérie des ménétriers, des vignerons et des tisserands de Haute Alsace. L'**église St Dominique**, fondée en 991, est restée l'église mère de Thann jusqu'en 1389. À voir, les beaux vitraux du choeur relatant la vie de la Vierge et du Christ et le superbe arbre de Jessé (1466).

Circuit conseillé Carte de microrégion

Route Joffre A4

Pour visualiser ce circuit de 18 km qui joint Thann à Masevaux, reportez-vous à la carte de microrégion p. 164. Comptez environ 1h.

Suivez la N 66 jusqu'à Bitschwiller et prenez à gauche la D 14BIV.

Cette belle route forestière fut créée dans l'autre sens (Masevaux-Thann) par l'armée pendant la guerre de 1914-1918 afin d'assurer les communications entre les vallées de la Doller et de la Thur. Pendant l'hiver 1944-1945, elle reprit son rôle militaire, ranimée par le trafic des troupes françaises, qui ne pouvaient utiliser que cette voie d'accès pour attaquer Thann par le nord.

La montée s'effectue en forêt. À l'entrée du bois, **vue★★** magnifique sur la vallée de la Thur dominée au nord par le Grand Ballon (1 424 m), où se distingue le monument aux Diables bleus.
Au **Col du Hundsrück** (alt. 748 m.), vues à droite sur le Sundgau *(voir ce nom)*, région la plus méridionale de l'Alsace, la plaine d'Alsace et le Jura.
La route s'élève légèrement, puis descend vers le col du Schirm, dans le bassin très vert de Bourbach-le-Haut. La route s'élève de nouveau pour atteindre le hameau d'**Houppach**, lieu de pèlerinage. La chapelle Notre-Dame d'Houppach est également connue sous le nom de « Klein Einsiedeln ».
La route descend ensuite vers **Masevaux**, une ville industrielle et commerçante créée autour d'une abbaye fondée par Mason, neveu de sainte Odile, en mémoire de son fils qui s'était noyé dans la Doller. Jolies places ornées de fontaines (18e s.) et entourées de demeures des 16e et 17e s.
De Masevaux, possibilité de rejoindre le **Ballon d'Alsace** par la vallée de la Doller *(Voir l'itinéraire en sens inverse proposé p. 269).*

NOS ADRESSES À THANN

HÉBERGEMENT

BUDGET MOYEN

Hôtel Aux Sapins – *3 r. Jeanne-d'Arc - 68800 Thann - ☎ 03 89 37 10 96 - www.auxsapinshotel.fr - fermé 24 déc.-3 janv. - ♿ - P - 17 ch. 58 € - ☕ 8 € - rest. formule déj. 12 € - 17/35 €.* Quelques sapins ombragent cette bâtisse des années 1980, légèrement excentrée. Accueil soigné et chambres aux tons pastel. Cuisine traditionnelle servie dans un cadre contemporain ou dans un coquet bistrot façon *winstub*.

POUR SE FAIRE PLAISIR

Hôtel du Parc – *23 r. Kléber - 68800 Thann - ☎ 03 89 37 37 47 - www.alsacehotel.com - fermé en janv. - P - 21 ch. 79/169 € - ☕ 16 € - rest. 19/49 €.* Bel établissement situé dans un petit parc clos, en bordure du centre-ville. Les chambres y sont impeccables, la restauration soignée. Piscine, hammam et sauna.

RESTAURATION

Les amateurs de poisson d'eau douce suivront la **Route de la Truite** – *www.routedelatruite.com.*

PREMIER PRIX

Caveau d'Engelbourg – *10 r. du Gén.-de-Gaulle - 68800 Thann - ☎ 03 89 37 20 21 - www.engelbourg.fr - fermé lun., sam. midi et 25-31 déc. - 12,50/32 €.* Spécialités alsaciennes et gibier en saison à déguster dans une agréable salle voûtée.

L'Hostellerie Alsacienne – *16 r. du Mar.-Foch - 68290 Masevaux - ☎ 03 89 82 45 25 - http://hostellerie.alsacienne.pagesperso-orange.fr - fermé 19 oct.-10 nov. et 24 déc.-2 janv. - P - formule déj. 8 € - 10/36 € - 8 ch. 55 € - ☕ 8 €.* Le chef privilégie les exploitants locaux et les produits bio pour réaliser des recettes inspirées de la tradition locale. Décor alsacien et chambres en partie rénovées.

AGENDA

Crémation des trois sapins – Chaque année, le 30 juin, la Crémation de trois sapins bénis sur la place de la collégiale perpétue la légende de la fondation de la ville sous les auspices de saint Thiébaut, évêque de Gubbio (Italie).

Journées musicales – *Août - www.ot-thann.fr.* Musiques du monde, classique, folklorique, jazz.

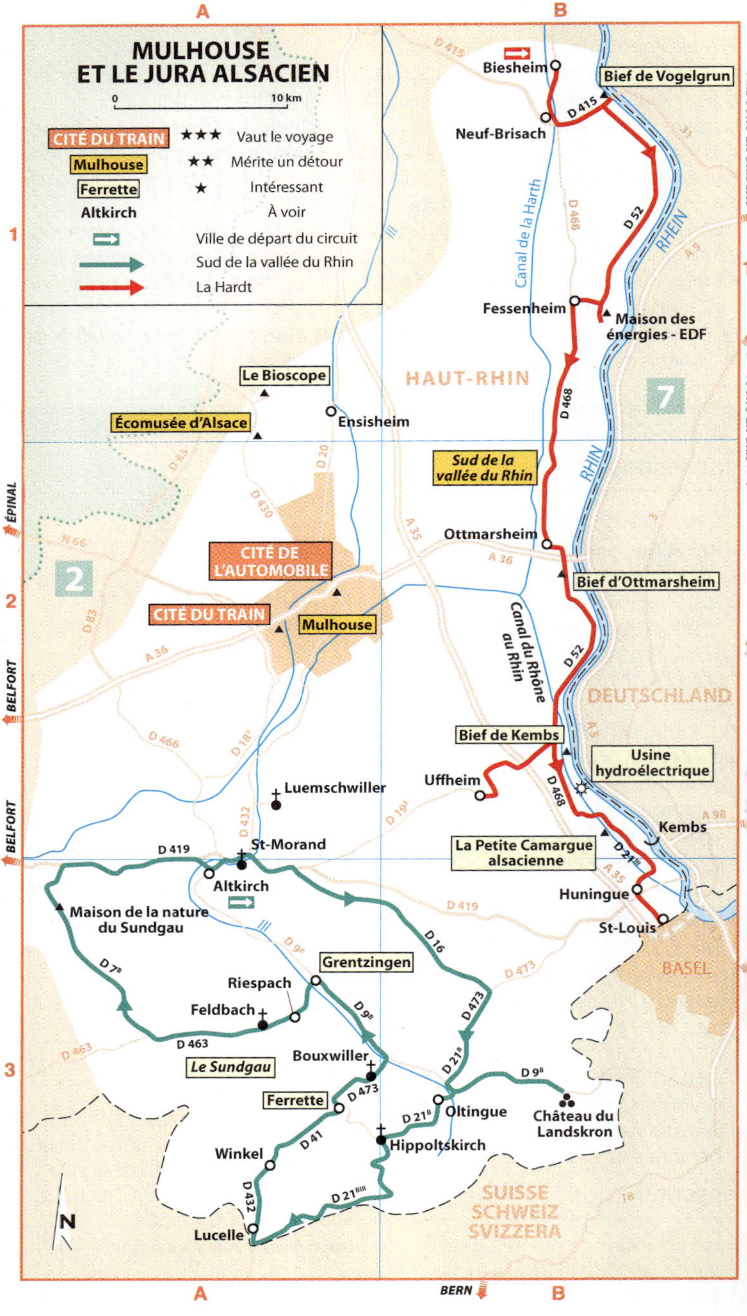
MULHOUSE
ET LE JURA ALSACIEN
0 10 km
CITÉ DU TRAIN ★★★ Vaut le voyage
Mulhouse ★★ Mérite un détour
Ferrette ★ Intéressant
Altkirch À voir
Ville de départ du circuit
Sud de la vallée du Rhin
La Hardt
A
B
1
2
3
Biesheim
Bief de Vogelgrun
Neuf-Brisach
D 415
D 52
D 468
Canal de la Harth
RHEIN
Fessenheim
Maison des énergies - EDF
HAUT-RHIN
7
Le Bioscope
Ensisheim
Écomusée d'Alsace
Sud de la vallée du Rhin
RHIN
ÉPINAL
N 66
Ottmarsheim
A 36
Bief d'Ottmarsheim
CITÉ DE L'AUTOMOBILE
CITÉ DU TRAIN
Mulhouse
2
Canal du Rhône au Rhin
DEUTSCHLAND
BELFORT
D 466
Bief de Kembs
Usine hydroélectrique
Uffheim
Luemschwiller
Kembs
La Petite Camargue alsacienne
BELFORT
D 419
St-Morand
Altkirch
Huningue
Maison de la nature du Sundgau
St-Louis
BASEL
Grentzingen
D 16
Riespach
Feldbach
D 463
Le Sundgau
Bouxwiller
D 473
Ferrette
Oltingue
Château du Landskron
Winkel
D 41
Hippoltskirch
D 432
Lucelle
SUISSE
SCHWEIZ
SVIZZERA
N
BERN

+ d'adresses

Mulhouse et le Jura alsacien

3

Carte Michelin Départements 315 – Haut-Rhin (68)

Mulhouse

★★

110 514 Mulhousiens – Haut-Rhin (68)

NOS ADRESSES PAGE 240

S'INFORMER

Office du tourisme de Mulhouse – *Pl. de la Réunion, rdc de l'Hôtel-de-Ville - 68100 Mulhouse - ✆ 03 89 35 48 48 - www.tourisme-mulhouse.com - juil.-août et période de Noël : 10h-19h ; janv.-mars et oct.-nov. : dim. 10h-13h ; reste de de l'année 10h-12h, 13h-18h - fermé 1er janv., 1er mai, 25 déc.*

Visites guidées de la ville – *✆ 03 89 35 48 48 - du 24 juin au 18 sept. : 10h30 merc. et sam. (visite du centre historique), jeu. (visite des Cités ouvrières), vend. (visite « Au Fil des Étoffes », 15h sam. L'office de tourisme met également à disposition des brochures permettant de suivre à son rythme des « Sentiers » thématiques : Vieux Mulhouse, Mulhouse du 19e s., sentier Dreyfus - 6 €.*

La ville de Mulhouse fait de gros efforts pour faciliter l'accès de ses musées et sites touristiques aux handicapés. Les sites adaptés sont signalés selon le handicap dans toutes les brochures de l'office de tourisme.

SE REPÉRER

Carte de microrégion A2 (p. 226) – *carte Michelin Départements 315 I10.*

Au carrefour de l'A 35 (Strasbourg à 100 km au nord, Bâle à 32 km au sud) et de l'A 36, qui traverse les faubourgs de la ville d'est en ouest, puis se dirige vers Belfort (45 km). Ces grands axes, ainsi que trois lignes de tramway *(www.solea.fr)* et le fameux tram-train (en direction de Thann), soulagent le trafic dans la ville, laissant libre son centre semi-piétonnier. Quant au TGV, il relie Mulhouse à Paris en 3h et à Lyon en 2h50.

À NE PAS MANQUER

Les musées, et tout particulièrement ceux de l'Automobile et du Chemin de fer ; l'ancien hôtel de ville.

ORGANISER SON TEMPS

Malgré l'aide du très pratique tramway mulhousien, une journée ne suffit pas pour tout voir. Si vous disposez de deux jours, commencez par une

Cité du Train.
Günter Lenz/age fotostock

promenade autour de la place de la Réunion, puis consacrez l'après-midi à la visite des musées du centre-ville : le Musée historique, le musée des Beaux-Arts ou le musée de l'Impression sur étoffes. Le lendemain, visitez les musées plus excentrés : la Cité du Train jouxte le musée Électropolis et la Cité de l'Automobile n'est pas loin. Côté sud, restent, au choix, le musée du Papier peint ou le parc zoologique.

AVEC LES ENFANTS

À Mulhouse, les enfants auront envie d'aller au musée : train, électricité et automobile sauront les captiver, sans oublier le Musée historique, avec sa collection de jouets. Ils auront bien mérité une visite au parc zoologique et botanique.

Mulhouse, la ville « au moulin », cité industrielle par excellence, a su mettre son patrimoine en valeur : le plus prestigieux musée automobile de la planète, une Cité du Train, un musée du Papier peint, de l'Impression sur étoffes et EDF Électropolis. L'autre visage de Mulhouse, c'est celui du centre-ville avec ses maisons anciennes et ses façades peintes qui lui ont valu d'obtenir en 2008 le label « Ville d'art et d'histoire ». Vous découvrirez toutes ces richesses à pied, en pédalant le long des 106 km d'aménagements cyclables ou en empruntant le très agréable et désormais célèbre tramway de cette ville en plein renouveau.

Découvrir Plans de ville

LES MUSÉES DE L'INDUSTRIE

★★★ Cité de l'Automobile, collection Schlumpf Plan I B1

Visite guidée ou libre avec audioguide - 192 av. de Colmar - 03 89 33 23 21 - http://citedelautomobile.com - Tram Ligne 1 arrêt « Musée de l'auto » - P - ♿ - avr.-début nov. : 10h-18h ; janv.-déb. fév. : lun.-vend. 13h-17h, w.-end 10h-17h ; reste de l'année : 10h-17h - fermé 25 déc. - 11€ (-18 ans 8,50 €) visite combinée avec la Cité du Train (18,50 €).

Le passé de ce fabuleux musée est peu commun : Fritz Schlumpf, patron d'une usine de textile, est un passionné de voitures européennes de prestige. Capable d'acheter jusqu'à 40 modèles à la fois, il amasse ses trésors à huis clos dans les locaux de la filature : 400 automobiles de rêve sont ainsi installées dans une salle de 17 000 m^2, ornée de lampadaires 1900, répliques de ceux

du pont Alexandre-III à Paris. En 1977, les licenciements consécutifs à la crise lainière conduisent les ouvriers à occuper l'usine. C'est à cette occasion qu'ils découvrent la somptueuse collection, qui est confisquée puis rachetée par les autorités locales. Un film retrace cette saga au début de la visite.
La salle principale contient à perte de vue la majeure partie de la collection, soit 243 voitures. Un film replace dans leur contexte celles qui ont marqué leur époque. On aborde les « ancêtres » (1895-1918) avec les Panhard, De Dion, Benz et Peugeot, puis on passe aux « classiques » (1918-1938), lors de la fusion de deux grands constructeurs, Mercedes et Benz, de l'introduction en série de la traction avant par Citroën, et enfin de l'ouverture des usines Peugeot à Sochaux. Enfin les « modernes » (après 1945) rappellent l'apparition de voitures économiques et grand public. Beaucoup de ces voitures peuvent être admirées comme d'authentiques œuvres d'art pour le raffinement de leur carrosserie, la finition de leurs roues, moyeux et articulations ou encore pour le dessin de leur calandre…
Un peu de distraction ? Au centre de la salle, il vous sera possible de démarrer une Renault 1923 à la manivelle, de faire des tonneaux dans une voiture spéciale ou de vous photographier sur un ancien bolide. Les plus petits n'ont pas été oubliés : dans une salle annexe, ils testeront le circuit de kart, tandis que leurs aînés s'essaieront aux simulateurs de conduite *(payants)*.
Un 2e espace présente un long couloir de voitures de course. On se prend à rêver devant les Maserati, Porsche et autres Bugatti… Des images d'archives font revivre de grands moments de l'histoire de la course automobile.
La visite se termine avec la section des « chefs-d'œuvre de l'automobile » : voitures de prestige comme la coach Delahaye type 135 ou les Rolls Royce Silver Ghost, où le luxe n'a d'égal que la majesté des lignes. Au centre ont été rassemblées les Bugatti que Fritz Schlumpf affectionnait tant. Deux Royale, la limousine et le coupé « Napoléon » ayant appartenu à Ettore Bugatti, sont considérées comme les plus prestigieuses voitures de tous les temps.

★★★ Cité du Train A2

Situé à Mulhouse-ouest, près de la commune de Lutterbach. 2 r. Alfred-de-Glehn - 03 89 42 83 33 - www.citedutrain.com - Tram Ligne 3 arrêt « Musées » - ♿ - avr.-début nov. : 10h-18h ; janv.-déb. fév. : lun.-vend. 10h-14h, w.-end : 10h-17h ; reste de l'année : 10h-17h - fermé 25 déc. et l'apr.-midi en janv. - 10,50 € (-18 ans 8,20 €), billet combiné avec la Cité de L'Automobile (18,50 €).
Cette belle collection constituée par la SNCF il y a 40 ans est répartie en deux espaces d'exposition. À l'intérieur du premier bâtiment, les décors suggèrent un plateau de cinéma, à demi plongé dans la pénombre. Le « siècle d'or du chemin de fer » (1844-1960) y est retracé avec une scénographie travaillée : de courts documentaires et des automates animés évoquent les départs en vacances, l'histoire de la Micheline (invention Michelin), les difficultés de circulation en montagne et dans la neige, les voyages présidentiels, avec la mémorable chute en pyjama du président Deschanel, la vie des cheminots ou encore, pendant la Seconde Guerre mondiale, la déportation et les faits de résistance, illustrés par une impressionnante locomotive renversée. Le parcours permet aussi d'admirer des wagons décorés, du salon 1re classe du wagon Pullman de 1926 à la voiture 4e classe de la compagnie d'Alsace-Lorraine. Dans la séquence sur les trains officiels, remarquez la magnificence de la voiture de la présidence de la République de 1925 décorée par Lalique, ainsi que celle des aides de camp de Napoléon III confiée aux bons soins de Viollet-le-Duc.
Le second bâtiment, plus ancien, est aménagé comme un immense hall de gare et présente, de façon chronologique, « l'aventure ferroviaire ». Muni d'un

Mulhouse à travers les âges

LES BONNES FORTUNES

À l'époque féodale, Mulhouse choisit de n'obéir qu'à un seul maître : l'empereur du Saint Empire romain germanique. Puis la cité se lie aux neuf villes les plus libres d'Alsace pour former la Décapole. Les corporations de métiers y deviennent très fortes, jusqu'à affaiblir le pouvoir impérial au milieu du 15e s. En 1515, cernée par les possessions des Habsbourg de plus en plus menaçants, Mulhouse quitte la Décapole pour s'allier avec les cantons suisses. Elle garde toutefois l'exonération des droits de barrières douanières qui lui garantissent des débouchés commerciaux via le couloir rhénan.

L'ESPRIT CALVINISTE

Dans le même temps, les Mulhousiens sont tenus à des règles de vie très strictes imposées par la religion réformée adoptée par la ville en 1524. Les représentations théâtrales sont terminées et les auberges ferment dès 22 heures : telle est la prescription de Calvin. Rigoureux sous certains aspects, l'esprit calviniste agit aussi comme catalyseur du développement industriel : création de manufactures d'impression sur étoffes, de chimie, de tissage, de construction mécanique. Il inspire également des initiatives pionnières en matière sociale, les cités-jardins ouvrières.

LE RATTACHEMENT À LA FRANCE

En 1792, la toute nouvelle République française instaure le blocus douanier de Mulhouse, la dernière ville alsacienne indépendante. La ville bourgeoise opte alors, le 15 mars 1798, pour le rattachement à la France, appelé localement « la Réunion ». Cette nouvelle alliance, sauf de 1870 à 1918, époque pendant laquelle Mulhouse devint une ville sous contrôle allemand, n'exclut pas des relations spécifiques avec la Suisse. Aujourd'hui encore, Mulhouse et Bâle partagent, par exemple, un aéroport international.

L'ÈRE INDUSTRIELLE

Fondée en 1825, la SIM, Société industrielle de Mulhouse, s'était donné pour objectif « l'avancement et la propagation de l'industrie ». Animatrice dans les domaines intellectuel et artistique avec la création d'écoles techniques et l'ouverture de musées, elle a doté la ville d'un musée du Dessin industriel (ancêtre du musée de l'Impression sur étoffes), puis d'un Muséum d'histoire naturelle, d'un zoo, du musée des Beaux-Arts…

DÉCLIN ET RENOUVEAU

Les guerres mondiales et le vieillissement des sites textiles entraînent un certain déclin de la ville. La potasse prend le relais, puis Peugeot ouvre un site gigantesque dans les années 1960. Usines actives donc… qui permettent à la ville de continuer à jouer son rôle de pôle industriel. Mais aussi de nombreux sites en friche. Plutôt que de renier son passé, Mulhouse assume et utilise ce patrimoine si particulier. Elle transforme une fabrique de coton en scène nationale (La Filature), une fonderie en université, des usines en briques en quartiers urbanisés… Elle expose même son histoire faite de rouille et d'engrenages au point de devenir le pôle des musées techniques en Europe.

audioguide, promenez-vous sur les passerelles pour observer l'intérieur des voitures, descendez dans les fosses pour passer sous les locomotives, scrutez le dispositif des premières machines électriques. Parmi les pièces à ne pas manquer, la Crampton n° 80, locomotive à grande vitesse de 1852, la locomotive St-Pierre au corps de bois de teck affectée à la ligne Paris-Rouen en 1844 ou la dernière des locomotives à vapeur, mais aussi l'autorail Bugatti de 1933 ou la DB 9004, locomotive électrique qui battit le record du monde de vitesse en 1955, avec une pointe à 331 km/h. Depuis le record de 2007, 574,8 km/h, c'est le TGV qui a la vedette : une reconstitution de cabine de conducteur faire revivre l'événement. En face des quais, dans une salle annexe, quelques maquettes et un mini-train électrique.

★★ Musée EDF Électropolis A2

Bus n° 20 à prendre à la Gare centrale direction « Musées ». ☏ 03 89 32 48 50 - www.edf.electropolis.mulhouse.museum - Tram Ligne 3 arrêt « Musées » - ♿ - tlj sf lun. 10h-18h - possibilité de visite guidée (2h) sur demande préalable - fermé 1er janv., Vend. saint, lun. de Pâques, 1er mai, 11 Nov., 25-26 déc. - 8 € (6-18 ans 4 €), gratuit Nuit des musées.

L'exposition s'ouvre sur une grande maquette commentée qui, par un jeu d'illuminations progressives, met en évidence l'importance de l'électricité dans notre monde moderne et présente ses principaux modes de production. Puis, dans une ambiance propre à chaque époque, vous revivez l'histoire de

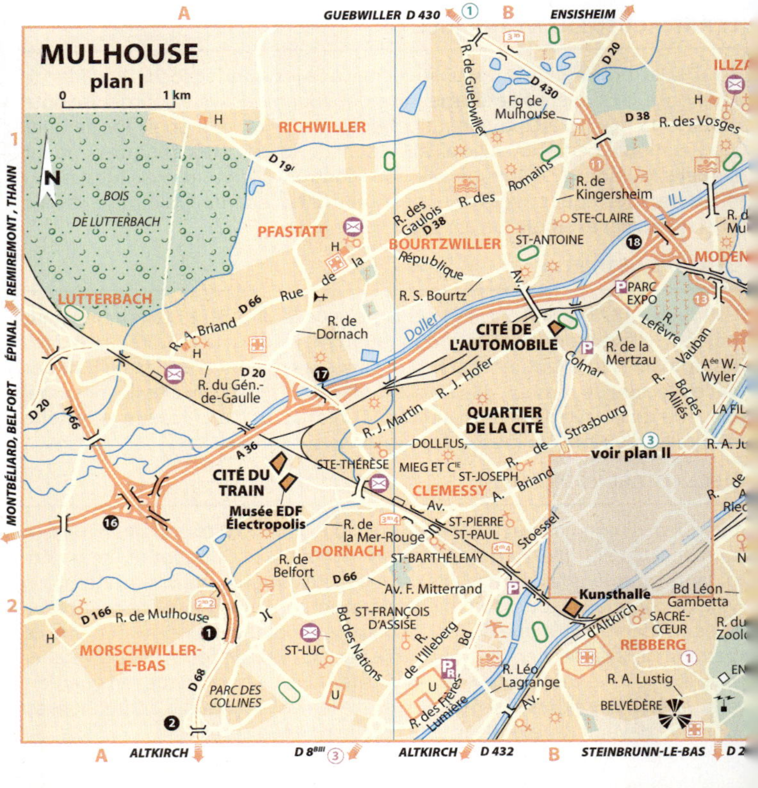

l'électricité de l'Antiquité au 20e s., de façon interactive, avec des propositions de manipulation ou des objets à découvrir derrière des glaces sans tain. Après avoir pris conscience de la fascination des Anciens pour la foudre, vous voici plongé en pleine Renaissance, au milieu d'un cabinet de curiosités. Ce sont ensuite Volta et sa pile, Ampère et le magnétisme, Ohm et la résistance, Gramme et la dynamo qui conduisent l'électricité à devenir une véritable fée bonne à tout faire, étrangeté des premières Expositions universelles. Au début du 20e s., tous les secteurs sont métamorphosés par le phénomène : transports, télécommunication, médecine, éclairage, cinéma. Dans le salon tout électrique des années 1930, l'arrivée des appareils électroménagers révolutionne la vie quotidienne. Pièce maîtresse du musée, le gigantesque groupe électrogène de 170 tonnes qui servit à alimenter la grande usine textile DMC, mis en scène par un spectacle multimédia. Pour terminer, un clin d'œil à la trépidante société de consommation, aux nouvelles technologies (en particulier à l'aérospatiale) et à la musique. Expositions temporaires et animations enrichissent encore la visite ; dans le théâtre de l'électrostatique, animé à heures fixes, les expériences sont particulièrement décoiffantes.

★ Musée de l'Impression sur étoffes Plan II F2

14 r. Jean-Jacques-Henner - ☎ 03 89 46 83 00 - www.musee-impression.com - Tram Lignes 1, 2 et 3 arrêt « Gare centrale » - ♿ - 10h-12h, 14h-18h - possibilité de visite guidée (1h30) sur demande (2 sem. av.) - fermé lun., 1er janv., 1er mai, 25 déc. - 8 € (-12 ans gratuit).

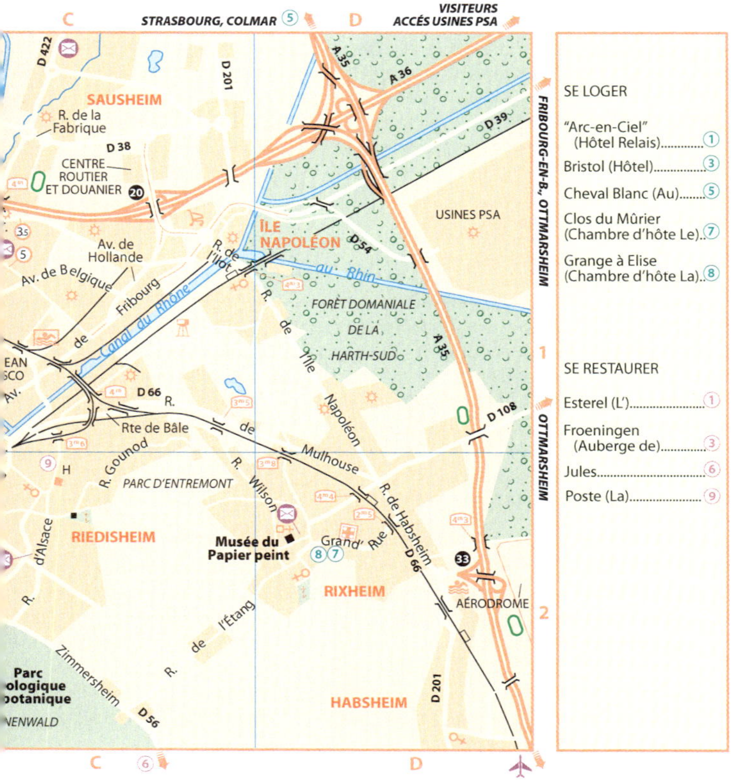

Au cœur de la ville, ce musée se trouve dans un bâtiment de 1880 ayant appartenu à la SIM (Société industrielle de Mulhouse). Dans des espaces bien conçus, on découvre comment Mulhouse s'est ouvert dès 1746 à l'impression textile, après une prohibition de 73 ans imposée par le pouvoir royal, comment celle-ci s'y est développée entraînant à sa suite la croissance de la ville, qui passa en un siècle et demi de 5 000 à 100 000 habitants, et comment l'évolution des techniques a pu servir la créativité des dessinateurs. Du blanchiment des toiles jusqu'à leur amidonnage et lustrage, teinture par les couleurs naturelles telles qu'indigo ou garance, savoir-faire des dessinateurs et des graveurs, rien ne vous échappera. Remarquez les originaux du 18e s. des fameuses indiennes, grands châles orientaux et leurs imitations européennes. Initialement importées des comptoirs d'Inde, ces étoffes étaient peintes ou imprimées dans les tons rouges dus à la racine de la garance que l'on utilisait pour la teinture. La boutique du musée réédite les motifs originaux d'impression et propose un large choix de nappes, châles, foulards et mouchoirs aux couleurs chatoyantes.

★ Musée du Papier peint Plan I D2

À Rixheim, 6 km à l'Est de Mulhouse sur la route de Bâle - ✆ 03 89 64 24 56 - www.museepapierpeint.org - BUS Ligne 18 (à partir de « République ») arrêt « Commanderie » - 10h-12h, 14h-18h (sf mar. janv.-avr.) - possibilité de visite guidée (1h30) sur demande (7 j. av.) - fermé 1er janv., Vend. saint, 1er mai, 25 déc. - 7 € (-16 ans gratuit), billet combiné avec le Musée de l'Impression Sur Étoffes (12 €).

Il occupe l'aile droite d'une ancienne commanderie de chevaliers Teutoniques achevée en 1738 où Jean Zuber installa en 1797 une fabrique de papiers peints qui fit la renommée de sa famille. L'exposition des machines permet de comprendre la fabrication de ces papiers peints. La **collection★★** de ces fameux panoramiques est remarquable. Ils furent très recherchés et exportés dans le monde entier, notamment en Amérique du Nord (la Maison Blanche en possède). Ce sont pour l'essentiel des paysages aux fraîches couleurs qui peuvent mêler des vues recomposées de la Suisse, de l'Algérie ou du Bengale. Sur les grands panoramiques *Les Français en Égypte* ou *La Bataille d'Héliopolis*, la bataille n'est plus qu'une anecdote dans le paysage idéalisé de l'Égypte.

Se promener Plans de ville

LE CENTRE-VILLE

Le centre-ville de Mulhouse, à l'ouest du canal du Rhône au Rhin, comprend les rues piétonnes qui entourent la place de la Réunion (le cœur historique de la ville) et le Nouveau Quartier créé au 19e s. Le mélange des styles, dû à la succession de périodes fastes et de blessures profondes, dérangera certains peut-être. Vous aurez parfois l'impression d'aller « nulle part », mais vous laisserez surprendre par de calmes petites places, des passages, des trompe-l'œil et des sculptures bien placées. Et c'est à pied que vous vivrez le mieux ces changements d'ambiance permanents.

La Tour de l'Europe et rue Sauvage Plan II F1

Tram *Lignes 1, 2 et 3, arrêt « Porte Jeune ».* Dessinée par François Spoerry et haute de 112 m, cette tour de béton armé se dresse depuis 1972 comme un pion de Monopoly. Ce symbole d'une ville à cheval sur trois frontières est vite passé de mode. Mais en s'y faisant croiser les tramways actuels et en y aménageant le complexe commercial de Porte Jeune, les urbanistes ont fait de la seule ligne verticale de cette ville horizontale un nouveau carrefour. Et c'est du restaurant tournant au dernier étage de l'édifice que l'on bénéficie de la plus belle vue sur l'agglomération.

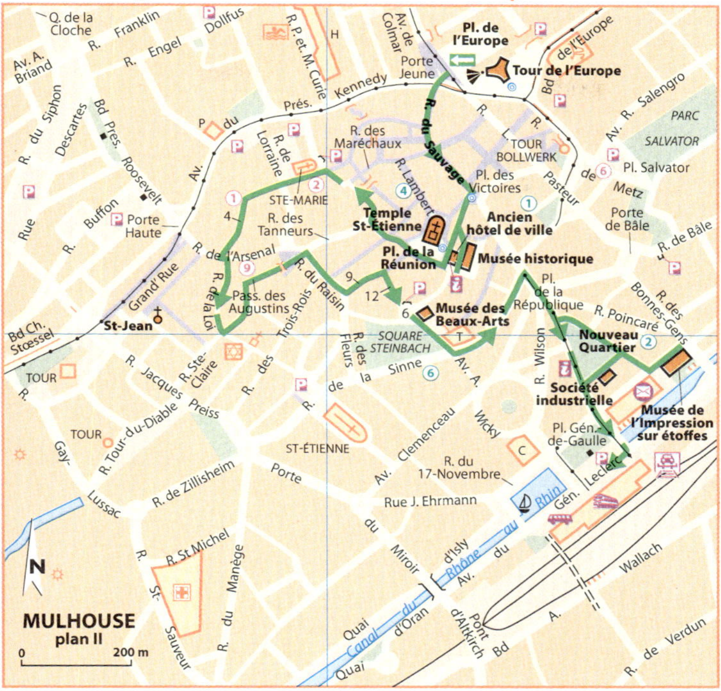

SE LOGER	SE RESTAURER	INDEX DES RUES
Bâle (Hôtel de)........ (1)	Cortile (Il)........ (1)	Franciscains (R. des)........ 4
Bourse (Hôtel de la)........ (2)	Franciscains (Auberge des)........ (2)	Guillaume- Tell (Pl.)........ 6
Kyriad Centre........ (4)	Table de Michèle (La)........ (6)	Henriette (R.)........ 9
Parc (Hôtel du)........ (6)	Wistuwa zum Saüwadala........ (9)	Teutonique (Passage)........ 12

En direction du sud, la **rue Sauvage**, principal axe commerçant du centre-ville, permet d'atteindre la petite place des Victoires. De là, un rapide aller-retour par la rue de la Justice permet d'admirer la **tour Bollwerk**, un ancien bastion remanié au 19e s. Vous rejoignez ensuite la **place de la Réunion** le cœur de la cité, dominé par l'ancien hôtel de ville et le temple St-Etienne.

★★ Ancien hôtel de ville F1

Il a été construit en 1552 dans le style de la Renaissance rhénane par un architecte bâlois. Il est tout à fait unique en France avec ses façades peintes, dans la technique du trompe-l'œil pour certains détails. Montaigne le qualifia de « palais magnifique et tout doré ». Le double perron couvert est une merveille d'équilibre. Les écus aux armes des cantons suisses peints sur la façade rappellent le lien historique de Mulhouse avec la Confédération helvétique. Sur le côté droit de l'édifice est accroché un masque de pierre grimaçant, copie du *klapperstein* pesant plus de 10 kg qu'on suspendait au cou des personnes condamnées pour médisance. Ces dernières devaient faire le tour de la ville, assises à rebours sur un âne.

Au pied de la volée de marches se trouve l'entrée du Musée historique de Mulhouse *(voir p. 236)*. La **salle du conseil**, au 1er étage, servait autrefois de lieu de réunion du gouvernement de la petite République protestante. De nos jours, il arrive que le conseil municipal y siège (mais les services municipaux sont désormais dans les locaux modernes de la nouvelle mairie).

★★ Musée historique F1

Pl. de la Réunion - ✆ 03 89 33 78 17 - www.musees-mulhouse.fr - tlj sf mar. et j. fériés 13h-18h30 - possibilité de visite guidée sur demande préalable (2 sem. à l'avance) - fermé Vend. saint, 26 déc. - gratuit.

Les collections évoquent l'histoire de la ville et de sa région, ainsi que la vie quotidienne à travers le temps, depuis 6 000 ans (salles archéologiques). Leur présentation dans l'ancien hôtel de ville est très respectueuse du bâtiment. Les objets du Moyen Âge, entre autres, mettent en valeur l'étage où le gouvernement de la République se réunissait. La **coupe en vermeil** offerte par la Ville au représentant du Directoire en 1798, lors de la réunion de Mulhouse à la France, est ici conservée.

Dans le **Grenier d'Abondance**, accessible par la passerelle réalisée au 18e s., une belle collection de jouets a été rassemblée. Elle comprend des maisons de poupées et des jeux de société.

La vie quotidienne depuis le 18e s. est évoquée dans la galerie d'art populaire avec des intérieurs traditionnels. On peut aussi imaginer la vie bourgeoise avec la reconstitution de salons mulhousiens.

Sur le côté gauche de la place se trouve le « poêle des tailleurs », immeuble dans lequel se réunissait la corporation la plus nombreuse de la ville.

Temple St-Étienne F1

✆ 06 87 50 76 25 - www.ville-mulhouse.fr - ♿ - mai-sept. : tlj sf mar. 10h-18h30, dim. et j. fériés 13h-18h30 - fermé 1er mai.

Reconstruit en 1866 à l'emplacement d'une église du 12e s., il en a gardé le nom et les magnifiques **vitraux★** du 14e s., connus comme les plus beaux conservés en Alsace.

Traversez la place en diagonale. À l'angle de la rue des Boulangers, la plus ancienne **pharmacie de Mulhouse** (Pharmacie Au Lys) offre ses services depuis

MULHOUSE OU L'ART DES TRANSPORTS URBAINS

Transformer et utiliser les sites industriels, embellir des villes dédiées à la production à l'image ingrate… les Allemands le font depuis longtemps. En France, Mulhouse est à la pointe en ce domaine. Le renouveau de la ville est passé par la création d'un réseau de transport urbain « agréable à vivre ». Le tramway local *(www.solea.fr)*, qui roule désormais sur trois lignes, est beau, rapide, ponctuel et facilite la vie de milliers de Mulhousiens. Le design des rames jaunes, décorées par Peret, est soigné. Daniel Buren fait passer les rames sous des arches d'acier colorées. Tobias Rehberger pose des objets inattendus à proximité des stations. Le tramway est ainsi devenu un support de création artistique. Le tram-train, pour le moment unique en France, fait à lui tout seul entrer le train de la ville et sortir le tram à la campagne. Une ligne relie ainsi la région de Thann au centre de Mulhouse. S'ajoute à cela un système de location de vélo *(Vélocité - www.velocite-mulhouse.fr)* et un réseau de pistes cyclables qui s'allonge d'année en année. L'art contemporain n'est bien sûr pas réservé au seul tramway. Pour combler le manque d'harmonie de ses façades, Mulhouse se sert de trompe-l'œil, de graffiti, de sculptures qui apparaissent puis disparaissent. On a vu des moutons, un bulldog en bronze, un soudeur, un fauteuil club…

Centre historique de Mulhouse.
B. Rieger/hemis.fr

1649. Au nord de la place s'étend le quartier du Marais (rue des Tondeurs, place des Tonneliers…) fondé au 14ᵉ s. et dont le nom rappelle le passé « humide » de la ville. La zone fut en effet longtemps parcourue de ruisseaux qui longeaient l'arrière des maisons.

Quittez la place de la Réunion par la rue des Bouchers. Tournez à droite dans la rue des Bons-Enfants et poursuivez jusqu'à la rue des Franciscains.

À l'angle, l'**église Ste-Marie**, datant du 13ᵉ s. et reconstruite par les franciscains, a une belle façade en grès rose. À l'intérieur sur la droite, remarquez la croix du 15ᵉ s. Vous verrez au nº 44 l'hôtel particulier que la famille Feer a fait construire entre 1765 et 1770. Au nº 21 se trouve un bâtiment du 18ᵉ s. qui abritait la manufacture de toiles peintes et de filatures. Au nº 11 sont installées plusieurs manufactures d'indiennes dont la plus célèbre est la « cour des chaînes », ouverte en 1763 dans un édifice du 16ᵉ s. Fabio Rieti, un artiste contemporain, y a créé un mur peint se rapportant à l'histoire de Mulhouse.

Continuez par la rue de la Loi. À droite, à l'angle de la rue Ste-Claire, ensemble manufacturier du 18ᵉ s. : ce sont les premières maisons d'indienneurs de Mulhouse.

Un détour au bout de la rue Ste-Claire (puis St-Jean) permet d'atteindre la **chapelle St-Jean**, construite en 1269 par les chevaliers de Malte.

Revenez par le passage des Augustins.

La maison sous laquelle vous passez est à l'emplacement de l'ancien monastère des Augustins qui servit d'hôpital entre 1529 et 1624.

Prenez la rue du Raisin à droite, puis à gauche la rue Henriette et ses multiples restaurants prolongés de terrasses.

Au nº 32, la façade peinte avec des motifs de vignes rappelle que cette maison fut le siège de la corporation des vignerons.

Traversez à droite le passage Teutonique, puis prenez à gauche la rue Guillaume-Tell.

Vous parvenez au **Square Steinbach**, un îlot de verdure apprécié des habitants du quartier. Le square est bordé par le théâtre, le luxueux hôtel du Parc et le musée des Beaux-Arts.

Musée des Beaux-Arts F1

Pl. Guillaume-Tell - ✆ 03 89 33 78 11 - www.musees-mulhouse.fr - ♿ - 13h-18h30 - possibilité de visite guidée sur demande préalable (3 sem. à l'avance) fermé mar. et j. fériés, Vend. saint, 26 déc. - gratuit.

Il rassemble surtout des peintures des 17e et 18e s., dont des œuvres de Bruegel le Jeune, Teniers, Ruysdael, Boucher, ainsi que celles de nombreux maîtres alsaciens à tendance folklorique : Brion, Pabst, Wencker, Jundt. Également des toiles de Jean-Jacques Henner (1829-1905), des paysages et natures mortes de Léon Lehmann (1873-1953) ou des compositions rutilantes de Charles Walch (1896-1948).

Au sud du square, vous suivez la rue Sinne (qui doit son nom au ruisseau comblé qui passait ici) en longeant le Théâtre. Vous rejoignez ainsi la rue Sauvage qui débouche sur la place de la République puis le square de la Bourse, cœur du Nouveau Quartier.

Le Nouveau Quartier F2

Les magnifiques arcades inspirées de la rue de Rivoli à Paris courent autour du triangulaire square de la Bourse. Ce n'est pas tout à fait une place, juste trois rues qui ferment ce haut lieu du commerce mulhousien où fut édifié en 1827 le beau bâtiment de la **Société industrielle de Mulhouse**, destiné à abriter la chambre de commerce et la Bourse.

Du square de la Bourse, le musée de l'Impression sur étoffes *(voir p. 233)* est à deux pas. En traversant la place du Général-de-Gaulle, à cheval sur le canal du Rhône au Rhin, vous parvenez à la massive **Gare centrale**. Construite en 1928 (mais la première ligne Mulhouse-Thann opérait dès 1839), et devenue le point de départ et d'arrivée des trois lignes de tramway, elle s'est récemment refait une beauté pour accueillir le TGV Est puis le TGV Rhin-Rhône.

En longeant la promenade du canal vers le sud, via le port de plaisance, vous parviendrez à la Kunsthalle *(voir plus bas)*.

LE QUARTIER DE LA CITÉ Plan I B1

De part et d'autre du canal de dérivation de l'Ill.

C'est autour de l'église St-Joseph, qui s'élève dans la rue de Strasbourg, que le **quartier de la Cité** est le plus typique. La rue des Oiseaux et la rue Jean-Jaurès sont les artères principales qui reçoivent les « passages » desservant les cités-jardins. Ces longues allées rectilignes, bordées de maisons de styles variés sont comme une succession de petits univers que chaque famille s'est créé. Les chats et les enfants apprécient particulièrement le calme des lieux. En perspective, une cheminée d'usine en brique, un clocher ou juste l'horizon. Impulsées par la Société industrielle de Mulhouse, « la cité de Mulhouse », puis la « Nouvelle Cité » offraient à chaque famille un logement à entrée indépendante et un petit jardin à cultiver. Un système de location-vente permettait l'accession à la propriété. Inscrites dans un plan orthogonal, les maisons sont construites dès 1851.

L'agglomération mulhousienne compte ainsi des dizaines de cités auxquelles les habitants sont particulièrement attachés. Elles servent même de modèles à de nouveaux quartiers, comme la Cité Manifeste (au bout de la rue Jean-Jaurès) et ses maisons en tôle, béton et plastique… ou encore le quartier Wagner (près du parc des Expositions) en pleine mutation.

À voir aussi Plan I

La Filature B1

20 allée Nathan-Katz - www.lafilature.org - Tram Ligne 2 arrêt « Nordfeld ». En 1993, l'architecte Paul Vasconi transforme une ancienne fabrique de coton en pôle culturel de l'agglomération. Ses courbes de verre ont dynamisé le quartier du Nouveau Bassin et offert à la ville une scène d'envergure nationale, un lieu de dialogue entre arts vivants et visuels. C'est le premier symbole fort du renouveau de Mulhouse. Les abords sont embellis par un parc à sculpture qui laisse la part belle aux artistes locaux.

Kunsthalle B2

16 r. de la Fonderie - www.kunsthallemulhouse.com - merc.-vend. 12h-18h (20h jeu.), w.-end 14h-18h. Voici un autre bel exemple de rénovation de bâtiment industriel. Cette ancienne fonderie au bord du canal abrite outre l'université, un vaste espace (700 m^2) dédié à l'art contemporain.

★★ Le Parc zoologique et botanique C2

Au sud de Mulhouse, en périphérie du quartier du Rebberg. 51 r. du Jardin-Zoologique - ✆ 03 69 77 65 65 - www.zoo-mulhouse.com - ♿ - mai-août : 9h-19h ; déc.-fév. : 10h-16h ; mars, oct.-nov. : 9h-17h ; avr., sept. : 9h-18h - 13 € du 21 mars au 31 oct., 7 € le reste de l'année (6-16 ans 7 €).

Ce beau parc fut créé par des industriels pour leurs ouvriers au 19e s., dans le **quartier du Rebberg**, l'ancien vignoble de Mulhouse devenu quartier résidentiel à la fin du 18e s. Cet ensemble de rues et avenues arborées abrite un grand nombre de villas de styles variés : néomauresque, Renaissance, régionaliste, cottages anglais… Une vraie galerie d'architecture !

Le **parc** s'est donné aujourd'hui pour mission la sauvegarde d'espèces rares ou en voie de disparition (90 programmes en cours), parfois par l'élevage, quand seule cette solution subsiste. Sur 25 ha, on y observe des lémuriens de Madagascar, des tigres de Sibérie, des zèbres de Grévy ou des cerfs du prince Alfred, ces derniers ne subsistant plus que sur deux îles des Philippines. Le parc tient aussi le registre mondial d'élevage du gibbon concolore, un singe originaire du sud de la Chine et du Viêtnam connu pour son chant particulier et son agilité phénoménale. D'autres espèces plus fréquentes dans les zoos voisinent avec ces rescapés : otaries, perroquets, lions d'Asie, loutres, (hyperactifs) suricates, loups à crinière, chats manul… en tout près de 1 200 animaux de 190 espèces.

Tout en admirant les animaux, vous déambulez dans un jardin extraordinaire. Le parc abrite en effet une remarquable collection botanique : jardin de bulbes dont la floraison est magnifique vers avril, jardin de pivoines odorant en mai, jardin d'iris superbe en juin, jardin des rhododendrons (plus de 400 variétés) et Jardin de tous les sens.

★ Usine Peugeot-Citroën de Mulhouse D1

Visites le vendredi (mais d'autres journées sont envisagées à l'avenir) uniquement sur inscription préalable au ✆ 03 89 09 14 55 ou via le site www.mulhouse.psa.fr - durée 2h30 - 12 €. Accès uniquement en auto : suivez l'A 36 en direction de l'Allemagne, puis sortie 21. Vous devrez présenter une pièce d'identité et une tenue vestimentaire conforme aux recommandations précisées sur le site Internet. Pour des raisons de sécurité et de confidentialité, l'usine est fermée aux visiteurs pour certaines périodes.

Au début des années 1960, alors que l'industrie textile et l'extraction de potasse s'essoufflent, Mulhouse met à disposition de Peugeot un vaste terrain à l'est

3

de la ville. Le constructeur, trop à l'étroit à Sochaux, est alors à la recherche d'un nouveau site d'implantation. Mulhouse, à cheval sur trois frontières, forte d'une tradition industrielle bien ancrée et au centre d'un réseau de transport efficace (route, rail, eau) est rapidement choisie. La première voiture sort des chaînes en 1971, la première Citroën en 2004. L'usine, une véritable ville avec ses rues, stades et cafétérias, occupe aujourd'hui 8 500 employés et 2 000 intérimaires. On y produit 1 450 voitures par jour environ. Sa particularité est de compter sur un même site l'ensemble du processus de production : fonderie, forge et fabrication (emboutissage, ferrage, peinture, montage). La visite, passionnante, permet de suivre une partie de la fabrication, d'admirer le travail des hommes et des robots, et de comprendre l'organisation d'une usine d'une telle envergure.

NOS ADRESSES À MULHOUSE

Plan I p. 232-233 et plan II p. 235.

HÉBERGEMENT

PREMIER PRIX

Hôtel de Bâle plan II F1 – *19 passage Central - ✆ 03 89 46 19 87 - www.hoteldebale.fr - 31 ch. 34,50/57 € - ☕ 7,50 €.* Petit hôtel idéalement situé près des rues piétonnes du centre-ville. Les chambres, d'une tenue sans reproche, bénéficient d'une bonne literie. Salle des petits-déjeuners agrémentée d'un mobilier de style régional.

Hôtel Relais « Arc-en-Ciel » hors plan (plan I B1 en direction) – *2 r. du Périgord - 68270 Wittenheim - ✆ 03 89 52 42 22 - relaisarcenciel@wanadoo.fr - ♿ - 🅿 - 39 ch. 54 € - ☕ 8,50 € - rest. 20 € (uniquement le soir, fermé le w.-end).* Cet hôtel situé aux abords d'une zone commerciale au nord de la ville (il est préférable d'être motorisé) compte 39 chambres équipées d'un mobilier fonctionnel. La vaste terrasse fleurie et la piscine couverte agrémenteront agréablement votre séjour dans la région.

BUDGET MOYEN

Kyriad Centre plan II F1 – *15 r. Lambert - ✆ 03 89 66 44 77 - www.hotel-mulhouse.com - 60 ch. 71/91 € - ☕ 9,50 €.* En plein centre-ville, dans le quartier du Marais, des chambres nettes et fonctionnelles, revues dans un esprit contemporain, particulièrement spacieuses et confortables dans la catégorie « affaires ». Petit-déjeuner en terrasse l'été.

POUR SE FAIRE PLAISIR

Hôtel Bristol plan I B1-2 – *18 av. de Colmar - ✆ 03 89 42 12 31 - www.hotelbristol.com - ♿ - 🅿 - 90 ch. 50/430 € (suite) - ☕ 9,50 €.* À deux pas du centre historique, hôtel abritant de grandes chambres actuelles (de la standard à la suite immense), pour certaines rénovées, personnalisées et pourvues de salles de bains luxueuses (faïences signées Versace). Service impeccable.

Hôtel de La Bourse plan II F2 – *14 r. de la Bourse - ✆ 03 89 56 18 44 - www.bourse-hotel.com - 🅿 - 48 ch. 59/244 € - ☕ 11 €.* Aménagé dans un élégant édifice du Nouveau Quartier, idéalement situé à mi-chemin entre la gare et le centre historique, cet hôtel abrite des chambres aussi agréables que fonctionnelles.

Au Cheval Blanc hors plan (plan I D1 en direction) – *27 r.*

Principale - 68390 Baldersheim - ✆ 03 89 45 45 44 - www.hotel-cheval-blanc.com - 82 ch. 70/121 € - ☕ 12 € - rest. formule déj. 10,50 € - 18/51 €. Au nord de Mulhouse, un hôtel d'allure alsacienne exploité de père en fils depuis plus d'un siècle. Les chambres, garnies de meubles rustiques, offrent un confort homogène et de qualité. Salle à manger rénovée, accessible par le café du village. Nombreux menus, belle carte régionale et gibier en saison.

Chambre d'hôte Le Clos du Mûrier plan I D2 – *42 Grand'Rue - 68170 Rixheim - ✆ 03 89 54 14 81 - www.closdumurier.fr - 5 ch. 72/106 € ☕ 8 €.* Un haut mur protège cette maison à colombages du 16e s. bien rénovée et son jardin fleuri. Chambres assez spacieuses ayant conservé leurs poutres apparentes. Kitchenette, kit de repassage, machine à laver et vélos à disposition.

Chambre d'hôte La Grange à Élise plan I D2 – *66 Grand-Rue - 68170 Rixheim - ✆ 03 89 54 20 71 - www.grange-elise.com - P - 5 ch. 74/124 € ☕.* Au sud-est de l'agglomération, une grange villageoise aménagée en chambres de charme (mobilier, poutres) et entourée d'un jardin fleuri.

UNE FOLIE

Hôtel du Parc plan II F2 – *26 r. de la Sinne - ✆ 03 89 66 12 22 - www.hotelduparc-mulhouse.com - ♿ - P - 76 ch. à partir de 99 € - ☕ 19,50 € - rest. (fermé 14 juil.-15 août) 24/70 €.* Luxueux palace dans les années 1930, cet hôtel a gardé son charme ancien. Toutes les chambres sont raffinées et confortables. Carte traditionnelle au restaurant Le Steinbach de style Art déco.

RESTAURATION

PREMIER PRIX

Jules hors plan (plan I C2 en direction) – *5 r. de Mulhouse - 68440 Zimmersheim - ✆ 03 89 64 37 80 - restojules@wanadoo.fr - fermé dim. et lun. - formule déj. 13,50 €.* Spécialités de viandes et de produits de la mer (poissonnerie attenante), belles pâtisseries maison et nombreux vins au verre : ce bistrot contemporain, très animé, fait souvent salle comble.

Auberge des Franciscains plan II E1 – *46 r. des Franciscains - ✆ 03 89 45 32 77 - www.auberge-des-franciscains.com - fermé mar. et dim. soir - 2e quinz. août - ♿ - formule déj. 10,50 € - 15/30 €.* Boiseries, poutres apparentes, belle batterie de cuisine en cuivre au-dessus du bar, étagères garnies de chopes anciennes : le décor rustique de cette taverne est très chaleureux. Nombreux plats locaux sur la carte : *baeckeofe*, choucroute, cassolette au munster, jarret de porc, etc.

BUDGET MOYEN

Wistuwa zum Saüwadala plan II E1 – *13 r. de l'Arsenal - ✆ 03 89 45 18 19 - www.restaurant-sauwadala.com - fermé lun. midi et dim. - formule déj. 13,50 € - 18,50/23,50 €.* La façade de ce restaurant situé au cœur du vieux Mulhouse est si typique que vous ne pourrez la rater. Collection de cochons en réduction (clin d'œil à l'enseigne), chopes de bière au plafond et nappes vichy composent le cadre de cette sympathique adresse. On y sert une cuisine aux accents alsaciens.

L'Esterel plan I B2 – *83 av. de la 1re-Division-Blindée - ✆ 03 89 44 23 24 - www.esterel.weber.fr - fermé 1 sem. vac. de printemps, 15-31 août, vac.*

3

de Toussaint, de fév., dim. soir, merc. soir et lun. - P - 24/49 €. À proximité du parc zoologique, petit restaurant rajeuni et agrandi d'une véranda. Terrasse ombragée prise d'assaut à la belle saison. Carte traditionnelle aux accents du Sud.

La Table de Michèle plan II F1 – *16 r. de Metz - ✆ 03 89 45 37 82 - www.latabledemichele.fr - fermé 1 sem. en avr., 1er-21 août, 22 déc.-4 janv., sam. midi, dim. et lundi - formule déj. 20 € - 25/55 € bc.* Michèle joue du piano debout… en cuisine bien sûr ! Son répertoire ? Plutôt traditionnel, mais sensible aux quatre saisons. En salle, chaleur du bois brut et éclairage intime.

Auberge de Froeningen hors plan (plan I A2 en direction) – *2 rte Illfurth - 68720 Froeningen - ✆ 03 89 25 48 48 - www.aubergedefroeningen.com - formule déj. 13 € - 16/60 €.* Salles à manger de caractère, cuisine locale et « journée alsacienne » le jeudi.

POUR SE FAIRE PLAISIR

Il Cortile plan II E1 – *11 r. des Franciscains (cour des Chaînes) - ✆ 03 89 66 39 79 - www.ilcortile-mulhouse.fr - fermé lun., dim. et 2e quinz. août - ♿ - déj. 29 € - 59/75 €.* La haute gastronomie italienne s'est installée au cœur du Mulhouse historique. Dans un cadre moderne et raffiné, les meilleurs produits de saison transalpins sont préparés avec amour et créativité.

La Poste - Kieny plan I C2 – *7 r. du Gén.-de-Gaulle - 68400 Riedisheim - 2 km au sud-est par D 56 et D 432 - ✆ 03 89 44 07 71 - www.restaurant-kieny.com - fermé 1er-18 août, dim. soir, mar. midi et lun. - 27/120 €.* Dans ce chaleureux relais de diligences (1850) se transmettent depuis six générations les secrets d'une cuisine classique mâtinée de tradition alsacienne et peu à peu modernisée.

PETITE PAUSE

Au Moulin Poulaillon – *www.poulaillon.fr.* Outre leur trentaine de pains spéciaux souvent très originaux, ces boulangeries-restauration-salons de thé ont un succès fou (et mérité) auprès des Mulhousiens. File d'attente assurée tous les midis. Diverses adresses dans le centre-ville (*r. Sauvage, r. Mercière*) mais aussi l'enseigne historique (*176 r. de Belfort - ✆ 03 89 42 24 04 - tlj sf dim. 6h-20h, sam. 6h-19h - fermé j. fériés*) dont le décor mérite le coup d'œil : vieux plancher, poutres, moulin reconstitué et fournil visible.

Helfter – *27 passage Central - ✆ 03 89 56 00 88 - www.helfter.fr - 7h30-17h.* Dans cette pâtisserie et salon de thé au charme désuet, vous dégusterez des glaces, kouglof, financiers et panettone excellents.

ACHATS

Le plateau piétonnier (rue Sauvage notamment) et ses alentours comptent pléthore de boutiques et galeries commerciales (telle Porte Jeune au pied de la Tour de l'Europe). Au milieu des enseignes de prêt-à-porter bien connues, les traiteurs, pâtissiers et chocolatiers ne manquent pas. Ainsi le chocolatier **Yves Thuriès** (*22 r. Henriette*) meilleur ouvrier de France connu pour ses palets aux ganaches variées et ses tablettes élégantes. Ou encore **Tempé** (*28 r. Sauvage*) pour le meilleur des charcuteries et fromages régionaux.

Marché du Canal Couvert – *Quai de la Cloche - ✆ 03 89 42 33 02 - www.marchédemulhouse.com - mar., jeu. 7h-17h et sam. 6h-17h.* Cette imposante halle abrite l'un des plus grands marchés de l'est de la France. Chaque mardi, jeudi et samedi, elle accueille près de 350 commerçants (commerces de bouche et étals de mercerie-textile-bazar).

EN SOIRÉE / SORTIES

Pour l'agenda des concerts, la liste des lieux branchés, consultez les pages des journaux locaux ou le mensuel gratuit le *Journal des Spectacles* (*www.jds.fr*).

Charlie's Bar – *26 r. de Sinne - ✆ 03 89 66 12 22 - www.hotelduparc-mulhouse.com - lun.-vend. 10h-1h30, sam. soir et dim. à partir de 15h.* Piano-bar installé dans le très chic hôtel du Parc. La musique est digne des meilleurs clubs de jazz : concert de piano tous les soirs (à partir de 19h) et duo en fin de semaine. Beau choix de cocktails.

La Filature – *20 allée Nathan-Katz - ✆ 03 89 36 28 28 - www.lafilature.org.* La scène nationale mulhousienne : danse, musique, théâtre, spectacles…

Noumatrouff – *57 r. de la Mertzau - ✆ 03 89 32 94 10 - www.noumatrouff.com.* Sons actuels (rock, électro…).

ACTIVITÉS

Piscine Pierre-et-Marie-Curie – *7 r. Pierre-et-Marie-Curie - ✆ 03 89 32 69 00 - www.villemulhouse.fr - merc. 7h30-8h30, 14h-19h, vend. 7h30-8h30, 12h-14h, 17h30-20h30, mar. 7h30-8h30, 12h-14h, jeu. 12h-14h, 17h30-19h15, sam. 7h30-8h30, 14h-18h, lun. 17h30-19h - fermé. dim. - 3,60 € (enf. 2,70 €).* Anciens bains municipaux. La piscine offre, en plus des bassins couverts, des installations (de mi-sept. à fin mai) de sauna et de hammam. Également baignoires de relaxation et **bains romains**, dans un décor étonnant de marbre et vitraux datant du siècle dernier.

Stade nautique – *58 bd Charles-Stoessel - ✆ 03 69 77 66 88 - www.piscines.mulhouse.fr - tlj 10h-20h de fin mai à déb. sept.* Ensemble de plein air dans une zone ombragée de 7 ha équipé notamment d'un pentagliss (toboggan de 4 pistes proposant 50 m de glissade).

AGENDA

Les Étoffes de Noël et Marché de Noël – *De mi-nov. à fin déc. - www.noel-mulhouse.fr et www.noel-sud-alsace.com.* Marché, odeurs d'épices et décors de tissus merveilleux.

Carnaval – Fanfares nocturnes, farandoles géantes, chars et défilés sont au rendez-vous chaque année *(mars) - www.carnaval-mulhouse.com.*

Festival international de musique baroque – *En mai - www.mulhouse.fr.*

Festival européen de l'automobile – *En juil. - www.festivalauto.mulhouse.fr.*

Scènes de Rues – *En juil. - www.mulhouse.fr.* Durant une semaine, le théâtre de rue anime le centre-ville.

Fête de l'oignon – *En sept. - www.tourisme-mulhouse.com.* L'oignon doré mis à l'honneur et à toutes les sauces, place de la Réunion.

Text'Ill – *En sept. - www.mulhouse.fr.* La ville se souvient de son passé (et futur) « textile » sur la place de la Réunion.

Écomusée d'Alsace

★★

NOS ADRESSES PAGE 246

Haut-Rhin (68)

S'INFORMER

Écomusée d'Alsace – *03 89 74 44 74 - www.ecomusee-alsace.fr - juil.-août et vac. scol. : 10h-23h ; avr.-mai, sept.-déc. : 10h-18h - fermé janv.-mars - 13 € (4-14 ans 9 €). Le billet d'entrée à l'Écomusée donne droit à une réduction de 5 € à l'entrée du Bioscope voisin.*

SE REPÉRER

Carte de microrégion A1 (p. 226) – *carte Michelin Départements 315 H9.* L'Écomusée se trouve en zone rurale, sur la commune d'Ungersheim. Il est desservi par l'A 35, sortie Ensisheim, distante de 9 km au nord-est, ou bien par l'A 36, sortie Bourtzwiller, direction Guebwiller par la D 83, sortie « Écomusée ». La route serpente jusqu'au vaste parking, à l'entrée de l'Écomusée.

À NE PAS MANQUER

Les maisons colorées du Sundgau.

ORGANISER SON TEMPS

La visite est conçue comme une promenade en plein air sur près de 20 ha. Une journée semble un temps minimal.

AVEC LES ENFANTS

L'Eden-Palladium.

À l'origine de ce musée unique, ouvert en 1984, une initiative de sauvegarde du patrimoine : des maisons des 15e au 19e s., vouées à disparaître, furent patiemment repérées sur le territoire alsacien puis démontées et rassemblées ici. Le musée s'est ouvert ensuite à l'architecture urbaine des 19e et 20e s. et, plus tard, aux habitations ouvrières. Aujourd'hui, plus de 70 maisons anciennes, distribuées sur un terrain de 15 ha, composent un panorama de l'habitat rural alsacien.

Visiter

Des expositions ou des spectacles jalonnent la visite. Variant au fil des saisons, elles sont animées par de nombreux bénévoles passionnés qui font revivre les vieux corps de métiers (forgeron, sabotier, charron, potier, maréchal-ferrant) et redécouvrir les techniques traditionnelles des maçons, charpentiers, artisans d'une Alsace ancestrale. L'année est rythmée par diverses manifestations (Pâques, la fête des cigognes ou des vendanges, etc.). Les dimanches de décembre et pendant les vacances scolaires, on ne manquera pas de rencontrer saint Nicolas et Hans Trapp.
Enfin, chaque année, des thèmes particuliers sont mis en avant (les chefs alsaciens, les parlers régionaux, etc...) et donnent lieu à des manifestations variées.

Maisons rurales de l'écomusée d'Alsace.
Wojtek Buss/age fotostock

Village

Toute l'Alsace rurale s'étend devant vous, en sept pays, du Sundgau à l'Outre-Forêt. Les différences de plan, de techniques de construction, d'aménagement intérieur selon que la maison était en plaine, dans le vignoble ou en montagne, sont mises en évidence. Ces belles constructions à colombages ont pourtant en commun leur salle de séjour appelée *stube*, au milieu de laquelle trône immanquablement le poêle de faïence. La plus grande partie de la vie familiale et sociale s'y déroulait. Elle servait aussi parfois de chambre à coucher pour le maître de maison. Dans la région de Soufflenheim, les potiers y avaient leur atelier. Le travail de ces potiers est visible dans la maison reconstruite, près du plan d'eau. Au côté des habitations, on trouvera une ferme, un moulin ou encore une gare – celle de Bollwiller (milieu 19e s.). Le lieu vit avec son coiffeur et ses commerçants.

Espace naturel

L'espace naturel est aussi très valorisé avec le verger-conservatoire de pommiers, les champs où l'on fait pousser des variétés anciennes selon des techniques traditionnelles, un rucher, une basse-cour... De sympathiques cigognes viendront vous rappeler qu'elles sont ici chez elles et qu'elles font partie du paysage domestique. On a prévu pour elles des supports de nids dont elles font le meilleur usage, constituant ainsi une petite colonie féconde et peu farouche. Il n'est pas rare de voir les échassiers se « promener » sur le parking...

RODOLPHE

Tel est le nom du carreau minier dont les immenses bâtiments se dressent à proximité de l'Écomusée. Il témoigne de l'exploitation de la potasse qui tout au long du 20e s. et jusqu'en 2003, fut une activité majeure de la région comprise entre Cernay et Mulhouse. Souhaitons que sa fermeture aux visiteurs ne soit que temporaire, tant la plongée au cœur de cette aventure industrielle est fascinante.

Festival international de la maison

Saisonnier. Architectes (débutants et confirmés) et artisans compagnons de toute l'Europe y expriment des idées nouvelles sur la maison et l'architecture. Les constructions et les jardins sont renouvelés tous les ans.

NOS ADRESSES À L'ÉCOMUSÉE D'ALSACE

HÉBERGEMENT

POUR SE FAIRE PLAISIR

Hôtel Les Loges de l'Écomusée – *À l'Écomusée - 68190 Ungersheim - ✆ 03 69 58 50 25 ou 03 89 62 43 00 - www.hotellesloges.fr - de mi-janv. au 1er avr. - P - 40 ch. - 69 € - ☕ 8,20 €.* Reconstitution d'un village traditionnel alsacien aux portes de l'Écomusée. Les chambres, modernes, parfois aménagées en duplex, offrent un confort de qualité. Possibilité de louer des studios.

RESTAURATION

Si la visite du parc vous a ouvert l'appétit, faites un tour du côté de la boulangerie qui propose un pain traditionnel au levain cuit dans un four à bois, des sandwichs variés et des tartes flambées. Pour un repas plus consistant, choisissez plutôt la Terrasse de l'Écomusée ou l'Auberge St-Joseph.

BUDGET MOYEN

La Taverne – *À l'Écomusée - 68190 Ungersheim - ✆ 03 69 58 50 25 - www.hotellesloges.fr - ouv. d'avr. à déb. nov. et de fin nov. au 1er janv. - 21/25 €.* Décor de vieille taverne alsacienne avec poutres et charpente apparentes pour une cuisine revigorante à base de cochonnailles, choucroutes et autres plats régionaux typiques. Parfait pour continuer la découverte des traditions entamée à l'Écomusée, ambiance en plus !

Ensisheim

6 933 Ensisheimois – Haut-Rhin (68)

NOS ADRESSES PAGE 248

S'INFORMER

Point d'informations touristiques d'Ensisheim – *6 pl. d'Armes - 68600 Neuf-Brisach - 03 89 72 56 66 - www.tourisme-paysdebrisach.com - de mi-juil. à mi-août 9h30-12h30, 14h-18h, sam. 9h30-12h30, 14h-17h (mars-juin et sept.-oct. 9h30-12h), dim. 14h-16h (mi-juin-mi-juil. 9h30-12h30, fermé reste de l'année).*

SE REPÉRER

Carte de microrégion A1 (p. 226) – *carte Michelin Départements 15 J9.* Sur la D 201, à peu près à mi-chemin entre Colmar et Mulhouse.

À NE PAS MANQUER

La météorite, au musée de la Régence.

AVEC LES ENFANTS

Le Bioscope.

Ensisheim jouit d'un étrange privilège : c'est ici que tomba, le 7 novembre 1492, la première météorite dont l'histoire ait enregistré la chute. Habitée dès le 5e millénaire av. J.-C., Ensisheim est mentionnée pour la première fois en 765. La ville connaît un destin brillant lorsqu'en 1135 elle devient capitale des possessions des Habsbourg en Alsace, dans le pays de Bade et en Suisse du Nord. À son apogée au 17e s., elle abrite plus de 200 familles de la noblesse. Les quelques très belles maisons du gothique à la Renaissance témoignent de ces heures de gloire bientôt endeuillées par la guerre de Trente Ans. Si vous voyagez en famille, n'hésitez pas à vivre les multiples expériences proposées par le Bioscope, un passionnant parc à thème dédié à l'environnement.

3

Visiter

Palais de la Régence

Place de l'Église. Le bâtiment gothico-Renaissance a été construit de 1533 à 1547. Au rez-de-chaussée, les belles voûtes des arcades sont garnies d'écussons aux armes de plusieurs villes d'Alsace. Sur la façade, du côté de l'église, une tourelle octogonale renferme l'escalier. Le **musée de la Régence** est installé au rez-de-chaussée. La fameuse **météorite**, exposée dans la 1re salle, pesait 127 kg après sa chute au 15e s., contre 55 aujourd'hui, à la suite des prélèvements effectués au cours des âges. Exposition du produit des plus récentes découvertes archéologiques : céramiques, outils, sépulture d'enfant remontant au néolithique ancien, objets de l'âge du bronze et de l'époque gallo-romaine. *03 89 26 49 54 - www.ville-ensisheim.fr - 14h-18h (oct.-avr. seult 1 w.-end sur 2) - fermé mar. et j. fériés - 2 € (-18 ans gratuit).*

Hôtel de la Couronne

Quasiment face au palais, rue de la 1re-Armée, ce très beau bâtiment (1609) est décoré de pignons à volutes et d'un oriel sculpté à deux étages. Turenne y logea en 1675 avant la bataille de Turckheim.

À proximité Carte de microrégion

★ Le Bioscope A1

5 km à l'est par la D 4 bis. ✆ 03 89 62 43 00 - www.lebioscope.com - juil.-août : 10h-19h ; avr.-sept : 10h-18h (fermé lun.-mar. en mai et seult w.-end en sept.) - 14,50 € (4-14 ans 10,50 €). Le billet d'entrée au Bioscope donne droit à 5 € de réduction pour l'entrée à l'Écomusée d'Alsace voisin.

Implanté non loin du lieu d'impact de la fameuse météorite, ce parc a pour ambition de sensibiliser le public à la protection de l'environnement. Dans un décor verdoyant et fleuri, les attractions sont organisées en cercle. Le visiteur est sollicité en permanence pour vivre des expériences aussi variées qu'enrichissantes. **Détritus**, un labyrinthe constitué de déchets domestiques, permet une approche ludique de la gestion des ordures. Vous pourrez également mener une enquête au cours de laquelle vous identifierez un animal en voie de disparition grâce à ses traces, ce qui constitue une introduction à la notion complexe de biodiversité. Les énergies renouvelables sont mises à l'honneur au **Biovolt**. Tout au long du parc, des questions sous des « arbres à palabres » vous permettront d'établir votre **Bioprofil★** et de prendre, à la fin du parcours, un engagement pour sauvegarder la planète. **Mission océan**, animation interactive en 3D, sensibilise au milieu marin. Juché sur un scooter « sous-marin » réactif aux courants, vous photographierez des espèces de poissons en danger. Le **Dédaloscope**, labyrinthe-énigme végétal, initie lui au développement durable. Divers spectacles viennent compléter la visite : un film en 3D sur la vie des dinosaures, un spectacle d'artificiers et un Bioquiz interactif.

NOS ADRESSES À ENSISHEIM

Voir aussi nos adresses à Mulhouse *(p. 240)* et à l'Écomusée d'Alsace *(p. 246)*.

HÉBERGEMENT ET RESTAURATION

POUR SE FAIRE PLAISIR

Hôtel-Spa Le Domaine du Moulin – *44 r. de la 1re-Armée - ✆ 03 89 83 42 39 - www.hotel-domainedumoulin-alsace.com - P - 68 ch. 90/125 € - ☕ 12 € - 1/2 P 74/95 € - rest. (✆ 03 89 81 15 10, fermé sam. midi) 19/54 €.* Grande maison ouverte sur un jardin agrémenté d'un étang, entre l'Ill et la place de l'Église. Chambres spacieuses. Piscine, sauna, hammam et Jacuzzi. Aménagé dans un ancien moulin, le restaurant La Villa du Meunier privilégie les plats du terroir. Agréable terrasse.

AGENDA

Bourse aux météorites – Chaque année, le 3e w.-end du mois de juin, des conférences, expositions et ventes sont organisées au musée de la Régence autour de ces corps célestes tombés sur Terre. *Rens. et réservations : ✆ 03 89 33 68 15 - www.meteorite.ensisheim.free.fr.*

La ville de Neuf-Brisach fortifiée par Vauban et classée au Patrimoine mondial de l'Unesco.
A. Chicurel/hemis.fr

Neuf-Brisach

2 185 Néobrisaciens – Haut-Rhin (68)

NOS ADRESSES PAGE 251

S'INFORMER

Office du tourisme des bords du Rhin – *6 pl. d'Armes - 68600 Neuf-Brisach - ✆ 03 89 72 56 66 - www.tourisme-paysdebrisach.com - de mi-juil. à mi-août 9h30-12h30, 14h-18h, sam. 9h30-12h30, 14h-17h (mars-juin et sept.-oct. 9h30-12h), dim. 14h-16h (mi-juin-mi-juil. 9h30-12h30, fermé reste de l'année).*

SE REPÉRER

Carte de microrégion B1 (p. 226) – *carte Michelin Départements 315 J8.*
À 16 km à l'est de Colmar, 39 km au nord de Mulhouse.

À NE PAS MANQUER

Les fortifications Vauban.

AVEC LES ENFANTS

Le train à vapeur qui relie Volgesheim au Rhin, la Maison des énergies à Fessenheim.

Pour qui veut découvrir la ville de Neuf-Brisach, l'idéal serait de la survoler… Vu du ciel, le plan de cette forteresse de plaine, conçue au 17e s. par Vauban, apparaît de façon saisissante, sous la forme d'une parfaite étoile octogonale. « De tous les diamants de la couronne de France, le plus beau est la forteresse du Rhin », disait Louis XIV qui avait ordonné sa construction. Depuis 2008, ce chef-d'œuvre d'architecture militaire est classé au Patrimoine mondial de l'Unesco.

Se promener

★ Promenade des remparts

Un parcours dans les fossés, de la porte de Belfort à la porte de Colmar au nord-ouest, permet de découvrir les principaux éléments des fortifications classiques. Bastions à échauguettes, demi-lunes, glacis et ouvrages à cornes émaillent le mur d'enceinte, large de 4,5 m à la base et haut de 9 m. Vous pouvez rejoindre le cœur de cet octogone de 600 m de diamètre tous les quarts de tour (comptez 45mn pour faire le tour complet). La **porte de Belfort** abrite le **musée Vauban**, spécialisé dans l'art militaire du Grand Siècle et qui propose, en plus des plans et documents, un remarquable plan en relief de la place forte. *☏ 03 89 72 56 66 - www.tourisme-rhin.com - ♿ - possibilité de visite guidée sur demande (5 j. av.) - mai-oct. : tlj sf lun. 10h-12h, 14h-17h - 2,50 € (10-18 ans 1,65 €), Printemps des musées gratuit.*

À l'intérieur de son enceinte, longue de 2,4 km, la cité est partagée en îlots réguliers : 48 carrés, regroupant habitations et bâtiments officiels autour de la place d'Armes, au centre de la ville. Quatre puits marquent les coins de cette place carrée où se trouve l'**église St-Louis**. Construite en même temps que la ville par Vauban, elle a brûlé en 1945 lors des combats de la Libération et a été, depuis, reconstruite d'après les plans d'origine. Dans la chapelle latérale gauche, le baptistère et le calvaire en bois (18e s.) ont échappé à l'incendie. Le retable du 18e s. de style baroque encadre une **Nativité★**.

À proximité Carte de microrégion

Biesheim B1

3 km au nord par la D 468.

Tout près de la frontière, deux musées sont rassemblés dans un bâtiment aux lignes contemporaines, le « Capitole ».

Pour les amateurs d'astronomie, le **musée de l'Instrumentation optique** conserve plus de 550 instruments, véritables objets d'art réalisés en laiton, ébène, ivoire, argent. *☏ 03 89 72 01 59 - ♿ - 14h-17h30, jeu. 9h-12h, 14h-17h30 - fermé lun., mar. et j. fériés - 3 € (-6 ans 1,50 €), gratuit Journées du patrimoine, Printemps des musées et 1er dim. du mois.*

Le **Musée gallo-romain** expose le matériel trouvé sur le site militaire majeur d'Œdenbourg au nord de Neuf-Brisach. De nombreux objets évoquent les rites funéraires (mobilier, sarcophages), la religion (temple dédié au dieu Mithra) et la vie quotidienne (céramiques, intailles, clefs…). *☏ 03 89 72 01 58 - ♿ - 14h-17h30, jeu. 9h-12h, 14h-17h30 - possibilité de visite guidée (1h) sur demande (15 j. av.) - fermé lun., mar. et j. fériés - 2,50 € (-18 ans 1,30 €), gratuit Journées du patrimoine, Printemps des musées, et 1er dim. du mois.*

NAISSANCE DE LA VILLE

Par le traité de Ryswick en 1697, le Rhin devient la frontière entre la France et l'Allemagne. Louis XIV doit céder à l'Empire germanique Vieux-Brisach, édifié sur le rocher de *Brisacum* (aujourd'hui Breisach am Rhein, en Allemagne). Il ordonne à Vauban de construire, en 1699, une place forte destinée à empêcher le passage du fleuve à cet endroit. La forteresse reçoit, tout naturellement, le nom de Neuf-Brisach. Au début, personne ne veut s'y installer. Louis XIV fait exempter d'impôts durant vingt ans toute personne qui accepte de venir habiter l'endroit et lui offre le terrain et les matériaux de construction. Qui aurait pu résister à une offre si attractive ?

Pont sur le Rhin à Vogelgrun

5 km à l'est.

Du pont, superbe **vue★** sur le Rhin, l'usine hydroélectrique *(voir Sud de la vallée du Rhin, p. 254)* et, sur l'autre rive, Vieux-Brisach (Breisach).

Fessenheim B1

12 km au sud par la D 468.

La **maison Schœlcher-musée de la Hardt** évoque l'œuvre de Victor Schœlcher, qui obtint l'abolition de l'esclavage dans les colonies le 27 avril 1848. Sa famille était originaire de Fessenheim. Le travail de son père, Marc Schœlcher, célèbre porcelainier parisien au début du 19e s., est aussi présenté. *☎ 03 89 48 60 99 (président) ou 03 89 48 60 02 (mairie) - www.abolitions.org - juin-sept. : w.-end et j. fériés 14h-18h - possibilité de visite guidée sur demande - gratuit.*

À 2 km à l'est, non loin des usines EDF, il est possible de visiter la **Maison des énergies** *(voir Sud de la vallée du Rhin, p. 253).*

NOS ADRESSES À NEUF-BRISACH

VISITE

Chemin de fer touristique du Rhin – En saison, le week-end, un **train à vapeur** 1900 circule entre la gare de Volgelsheim, le port rhénan de Neuf-Brisach et l'embarcadère de Sans-Souci. Ce circuit peut être combiné avec une promenade en bateau d'époque (1933) sur le Rhin. *Rens. 26 r. des Cordiers - 68280 Andolsheim - ☎ 03 89 71 51 42 (03 89 72 55 97 le w.-end) - http://cftr.evolutive.org ou office de tourisme ☎ 03 89 72 56 66 - de la Pentecôte à fin sept. : dép. gare de Volgelsheim dim. apr.-midi - train seul 7,50 € (4-12 ans 3,50 €) ; billet combiné train-bateau 15 € (4-12 ans 7,50 €).*

HÉBERGEMENT ET RESTAURATION

BUDGET MOYEN

Hôtel « Aux Deux Roses » – *11 r. de Strasbourg - ☎ 03 89 72 56 03 - www.alsace2roses.com - P - 43 ch. 51,60/53,60 € - ☕ 6,70 €.* Votre regard sera sûrement attiré par la façade bleue de ce grand bâtiment du centre-ville. Chambres confortables, pour la plupart fraîchement refaites, restaurant de type *winstub* et petits-déjeuners servis sous forme de buffet. Accueil très correct et rapport qualité-prix plus qu'avantageux.

POUR SE FAIRE PLAISIR

Hôtel Aux Deux Clefs – *50 Grand-Rue - 68600 Biesheim - ☎ 03 89 30 30 60 - www.deux-clefs.com - fermé 26 déc.-3 janv. - P - 28 ch. 85 € - ☕ 10 € - rest. 18/45 €.* Discrète façade de style régional qu'égaye un agréable jardin. Les chambres, agencées avec originalité, sont équipées d'un mobilier actuel. Deux cadres pour vos repas : salle à manger cossue avec plafond en marqueterie et fauteuils de style, ou brasserie.

ACTIVITÉS

Cyclotourisme – Une carte de 15 propositions d'itinéraires cyclables est à disposition à l'office du tourisme.

AGENDA

Marché de Noël 1700 – *6 pl. d'Armes - ☎ 03 89 72 56 66 - www.tourisme-rhin.com - 2e w.-end de déc. : vend. 14h-20h, sam. 14h-19h, dim. 10h-18h - gratuit.*

Sud de la vallée du Rhin

★★

Haut-Rhin (68)

NOS ADRESSES PAGE 256

S'INFORMER

Office du tourisme du pays de St-Louis Huningue – *81 r. Vauban - 68128 Village-Neuf - ✆ 03 89 70 04 49 - www.alsace-cotesud.com - 9h-12h, 13h30-17h30, mar. 10h-30-12h, 13h30-17h30 - fermé j. fériés.*

SE REPÉRER

Carte de microrégion B1/B2/B3 (p. 226) – *carte Michelin Départements 315 J 8-11.* Colmar et Mulhouse sont de bons points de départ pour découvrir le sud de la vallée du Rhin. Accès rapide par l'autoroute A35 Strasbourg-Bâle.

À NE PAS MANQUER

La Petite Camargue alsacienne.

ORGANISER SON TEMPS

Comptez une journée complète pour le circuit proposé.

AVEC LES ENFANTS

Les bases de loisirs et le parc des Eaux-Vives à Huningue, la Maison des énergies à Fessenheim, « Mémoire du Rhin » et « Mémoire de saumon » à la Petite Camargue alsacienne.

Après avoir quitté la Suisse, le Rhin s'enfonce dans une large vallée marquant la frontière franco-allemande. On a sans cesse tenté de maîtriser ses eaux tumultueuses et sauvages en lui coupant les bras ou en le comprimant pour contenir ses crues. Et pourtant, le « Vater Rhein » est toujours là, prêt à vous convier à un fabuleux voyage au fil de l'eau. En souvenir de sa jeunesse impétueuse, il a laissé sur ses rives d'excellentes conditions pour que se développent une faune et une flore variée. La Petite Camargue alsacienne, classée Réserve naturelle, en est un bel exemple.

Circuit conseillé Carte de microrégion

Pour en savoir plus sur l'histoire du Rhin, voir p. 119.

LA HARDT

Pour visualiser ce circuit, reportez-vous à la carte p. 226.

Biesheim *(voir p. 250)* B1

Neuf-Brisach *(voir p. 249)* B1

Église d'Ottmarsheim.
Ivan Vdovin/age fotostock

★ Bief de Vogelgrun B1

Long de 14 km, il comporte des écluses de même longueur (185 m), mais de largeurs différentes, 23 et 12 m. En aval de Vogelgrun, l'aménagement du fleuve comporte quatre autres biefs construits selon une technique dite « en feston ». Le bras du Rhin est fermé d'un barrage et son cours est dirigé dans deux canaux latéraux. L'un porte une usine hydroélectrique, l'autre, une écluse par laquelle se régule la circulation fluviale. Une sculpture en bronze de 12 m de long appelée *Électricité*, œuvre allégorique due à Raymond Couvègnes, orne la façade de la centrale. De l'autre côté, une immense fresque de 1 500 m², *Les Nixes de Vogelgrun*, due à l'artiste mulhousien Daniel Dyminski, ravive la légende de ces sirènes du Rhin en les représentant en « fées électricité ».

3

Fessenheim B1

Le bief de Fessenheim mesure environ 17 km de longueur et comporte des écluses identiques à celles de Vogelgrun. À moins de 1 km de l'écluse de Fessenheim, on verra la première **centrale nucléaire** française du type « réacteur à eau pressurisée » à forte puissance (2 unités de 900 MW).
☎ 03 89 83 51 23 - ♿ - de mi-juin à fin sept. : 14h-18h ; reste de l'année : merc. et dim. 14h-17h - possibilité de visite guidée (1h30) sur demande (1 sem. av.) - fermé 25 déc. - gratuit.

Maison des énergies - EDF B1

Depuis Fessenheim, suivez le fléchage « Usines EDF », D 52. ☎ 03 89 83 51 23 - fin juin-mi-sept. : apr.-midi ; reste de l'année : merc. et dim. apr.-midi - possibilité de visite guidée sur demande préalable - fermé 1er janv., 25-26 déc. - gratuit.
Elle présente les différentes sources d'énergie utiles à la production de l'électricité : eau, vent, soleil… En découvrant les énergies terrestres, vous constaterez que la radioactivité est présente partout, par exemple dans une pomme de terre ou dans de l'engrais. Des maquettes permettent de comprendre le fonctionnement d'une centrale nucléaire. Les questions environnementales ne sont pas oubliées : effet de serre, déchets nucléaires mais aussi

solutions énergétiques durables sont évoqués par des jeux de questions-réponses. La visite se termine avec les énergies du futur.

Ottmarsheim B2

Lorsqu'elle fut consacrée par Léon IX, vers 1049, l'église carolingienne d'Ottmarsheim n'était éclairée que par des cierges. Neuf cents ans plus tard, la très moderne centrale hydroélectrique construite sur le grand canal d'Alsace a complètement bouleversé la physionomie de la ville.

★ **Église** – Ce très curieux édifice octogonal (24 m de diamètre), rare exemple de l'architecture carolingienne, copie réduite de la chapelle palatine de Charlemagne à Aix-la-Chapelle, est une référence en matière d'architecture romane. Cette église d'une abbaye de bénédictines fondée au milieu du 11e s. présente un clocher du 15e s., dans sa partie supérieure. L'**intérieur** est un octogone régulier couvert d'une coupole. À gauche de l'abside carrée, une porte avec une grille en fer forgé donne accès à la chapelle gothique, construite en 1582. Toutes les mesures du bâtiment sont divisibles par trois, chiffre de la Sainte Trinité. En 1991, un incendie a causé d'importants dégâts à l'église. L'orgue a été détruit. Certaines des fresques (15e s.) ont été très endommagées. Elles ont fait l'objet d'une savante restauration : vie de saint Pierre, Christ en majesté présidant au Jugement dernier.

★ **Centrale hydroélectrique** – *Les visites des usines hydroélectriques du Rhin sont soumises aux contraintes liées au plan Vigipirate - se rens. au ✆ 03 89 35 20 00.* L'usine d'Ottmarsheim, le bief et les écluses constituent le 2e tronçon du grand canal d'Alsace contribuant à l'aménagement du Rhin entre Bâle et Lauterbourg. La fermeture des **écluses** est assurée à l'amont par des portes busquées et à l'aval par des portes levantes qui coulissent dans leurs parois. Seul le poste de commande domine les deux sas. La montée ou la descente du plan d'eau permet un éclusage rapide : 11mn dans le petit sas et 18 dans le grand. À l'intérieur de l'**usine**, la salle des machines est très claire et très vaste. Ses quatre groupes, d'une puissance totale maximale de 156 MW, produisent en moyenne 980 millions de kWh par an.

Canal du Rhône au Rhin B2

Le canal entre Niffer et Mulhouse ainsi que l'écluse d'accès ont été élargis et constituent aujourd'hui le premier tronçon du canal Rhin-Rhône à grand gabarit, achevé en 1995. Chacun des biefs suivants échelonnés sur le canal comprend également une usine hydroélectrique et une écluse de navigation à doubles sas indépendants : les opérations d'éclusage sont généralement spectaculaires.

Uffheim – *Casemate de l'Aschenbach (voir la ligne Maginot, p. 388)*

★ Bief de Kembs B2

En aval du barrage, il comprend le canal latéral et une double écluse de navigation. En 1960, l'écluse de Kembs-Niffer est aménagée afin de permettre la jonction du canal de Huningue au grand canal d'Alsace. Les bâtiments annexes de l'écluse – poste de commandement et bâtiment administratif – sont l'unique réalisation en Alsace de l'architecte Le Corbusier.

★ Usine hydroélectrique B2

4 km au sud par la D 468 et la première route à gauche.

Première usine du canal à avoir été réalisée (de 1928 à 1932), elle possède 7 groupes d'une puissance totale maximale de 157 500 kW, dont la production annuelle moyenne est de 938 millions de kWh.

Barrage de Kembs B2

9 km au sud de Kembs, près de Bâle.

Construit dans le lit du fleuve, il est l'unique ouvrage de retenue sur le Rhin pour les quatre premiers biefs. Il dérive l'essentiel des eaux du Rhin dans le canal. Un groupe hydroélectrique utilise le débit conservé dans le lit du Rhin.

★ **La Petite Camargue alsacienne** B2

9 km au sud de Kembs par la D 468. Parking près du stade à St-Louis-la-Chaussée. 20mn de marche. Il est interdit de sortir des sentiers, de cueillir des plantes et de se promener avec un chien, même tenu en laisse. 1 r. de la Pisciculture - ✆ 03 89 89 78 59 - www.petitecamarguealsacienne.com - ♿ - merc., jeu., sam. 13h30-17h30 (tlj juin-sept.), dim. et j. fériés 10h-12h30, 13h30-17h30 - fermé de déc. à mi-janv. - 5 € (-16 ans gratuit).

La Petite Camargue est la première réserve naturelle d'Alsace. L'association de milieux humides et secs, résultat des mouvements du Rhin avant sa régularisation, a favorisé un développement exceptionnel de la faune et de la flore. 150 espèces d'oiseaux, 40 espèces de libellules, rainettes et sangliers y cohabitent, parmi les roselières, étangs, marais et landes sèches. Six sentiers balisés, dont le **sentier des observatoires**, permettent de les observer. La **pisciculture impériale**, construite sous le Second Empire en 1852 pour repeupler les cours d'eau, fut la première pisciculture industrielle d'Europe. Elle produisait jusqu'à 6 millions d'alevins par an. Les bâtiments abritent aujourd'hui un **centre d'initiation à la nature** (animations, visites guidées, stages…), une **station de recherche**, un **élevage de saumons** et deux belles expositions. « **Mémoire du Rhin** » permet de découvrir le fleuve mythique (faune, flore, anciens métiers et aménagements) ; « **Mémoire de saumon** »★, contiguë aux bassins d'élevage, présente l'histoire de la pêche au saumon à travers les âges et la découverte de la fécondation artificielle, à l'origine de la pisciculture. Maquettes à illuminer et schémas agrémentent la visite.

Huningue B3

Huningue est la seule place forte que l'on osa bâtir tout au bord du Rhin. Vieux-Huningue se trouvait au sud de la ville actuelle, mais ses habitants furent déplacés à Village-Neuf au moment de la construction, au 17e s., de la forteresse Vauban, dont il ne reste que peu de traces aujourd'hui. Dans l'ancien bâtiment de l'Intendance, le **musée d'Histoire locale et militaire** présente une maquette de la forteresse, des documents sur l'histoire de la ville, en particulier sur les trois dernières guerres, quelques faïences et costumes régionaux. *6 r. des Boulangers - ✆ 03 89 89 33 94 - 1er et 3e dim. du mois 14h30-17h30 - possibilité de visite guidée sur demande préalable - fermé août - 3,50 €.*

St-Louis B3

Aux portes de la France, la ville fut créée par le roi Louis XIV à la date très précise du 28 novembre 1684. Aujourd'hui tournée vers la culture, la ville a ouvert en 2004 un **musée d'Art contemporain** dans les locaux des anciennes distilleries Fernet-Branca. Le bâtiment, encore surmonté de l'aigle-emblème de la marque, a été élégamment aménagé pour exposer chaque année, dans un décor tout simplement noir et blanc, les œuvres d'un artiste contemporain. Le projet trouve sa place dans un ensemble culturel transfrontalier, avec le Vitra Design Museum de Weil-am-Rhein, la fondation Beyeler à Riehen ou encore le musée Tinguely à Bâle. *✆ 03 89 69 10 77 - www.museefernetbranca.org - ♿ - apr.-midi - possibilité de visite guidée sur demande préalable - fermé mar. - 6 € (-12 ans gratuit).*

NOS ADRESSES DANS LA VALLÉE DU RHIN

VISITE

Croisières sur le Rhin – *81 r. Vauban - ✆ 03 89 70 04 49 - www.alsace-cotesud.com - à la journée ou à la 1/2 journée :* croisières sur le Rhin à partir de Huningue vers Bâle ou Rheinfelden ; location de bateaux sans permis à Kembs-Niffer.

RESTAURATION

BUDGET MOYEN

Les Écluses – *8 r. Rosenau - 68680 Kembs-Loéchlé - ✆ 03 89 48 37 77 - www.lesecluses.fr - fermé 31 août-13 sept., 5-17 janv., merc. soir d'oct. à avr., dim. soir et lun. - P - formule déj. 11 € - 13,65/39 €.* À proximité du canal de Huningue et de la Petite Camargue alsacienne, ce restaurant propose des spécialités de poissons dans une salle à manger au décor contemporain.

ACTIVITÉS

Base de loisirs – Vous en trouverez à Vogelgrun, Village-Neuf et Huningue.

Aviron – À Vogelgrun, une initiation vous permettra de découvrir les charmes de la vallée du Rhin. *Aviron Club Région Colmar, base nautique du Geiskopf, Île du Rhin - 68600 Vogelgrun - ✆ 03 89 41 48 16 - www.avironcolmar.fr - juin-sept. : sam. 14h30, dim. 9h30 ; oct.-mai : sam. 14h.*

Promenades en barque – Passionné de botanique et d'ornithologie ? Ne manquez pas les balades sur le Giessen, à la découverte de la flore et de la faune typiques de ce cours d'eau. *Pl. de la Mairie, « le Capitole » - 68600 Biesheim - ✆ 03 89 72 01 69 - juil.-août : w.-end et j. fériés à partir de 14h30.*

Équitation – Promenade à cheval ou à poney le long des berges. *Écurie de l'Île du Rhin, Île du Rhin - 68600 Vogelgrun - ✆ 03 89 72 38 57 - tte l'année : tlj sf lun. 9h-12h, 14h-21h.*

Parc des Eaux-Vives – *✆ 03 89 89 70 20 - www.ville-huningue.fr - point d'information tourisme de fin mars à déb. nov. : 9h-18h30 (mar., jeu. et vend. 21h) ; de déb. nov. à mi-déc. et fév.-mars : lun.-vend. sur réserv., w.-end 10h-16h, fermé j. fériés ; juil.-sept. : 9h-21h, w.-end et j. fériés 9h-19h - fermé déc.-fév. Possibilité de louer le matériel ou de venir avec le sien.* Il n'est plus nécessaire de monter dans les hauteurs pour pratiquer du rafting : tentez la rivière d'eaux vives de 350 m le long du Rhin ! Aux abords, des aires de jeux pour les enfants.

Altkirch

5 575 Altkirchois – Haut-Rhin (68)

NOS ADRESSES PAGE 259

S'INFORMER

Office du tourisme d'Altkirch – *Pl. Xavier-Jourdain - 68130 Altkirch - 03 89 40 02 90 - wwww.sundgau-sudalsace.fr - 9h-12h, 14h-17h30 et dim. 9h-12h, 14h-16h, j. fériés 10h-13h en juil.-août.*

SE REPÉRER

Carte de microrégion A3 (p. 226) – *carte Michelin Départements 315 H11.* Depuis Mulhouse, emprunter la D 432 sur 20 km vers le sud. Cette route suit notamment la rive droite du canal du Rhône au Rhin. Venant de Bâle, quitter la ville par l'ouest et prendre la D 419.

À NE PAS MANQUER

Le Musée sundgauvien.

ORGANISER SON TEMPS

Une promenade dans la ville d'Altkirch sera la meilleure introduction à une excursion dans le Sundgau voisin.

Altkirch – « vieille église » en allemand – occupe une position privilégiée, sur une colline dominant la vallée de l'Ill. Célèbre pour ses tuiles mécaniques inventées par Gilardoni, la ville est la capitale du Sundgau, la plus méridionale des régions d'Alsace, qui s'étend entre Mulhouse et la frontière suisse.

3

Se promener

Église Notre-Dame

Visite sur demande à l'office de tourisme.

Construite en 1886, dans le style néoroman, elle présente, à l'intérieur, dans le transept gauche, les remarquables statues en pierre polychrome du *Mont des Oliviers* (14e s.), ainsi qu'une copie par Henner du *Christ* de Prud'hon. Dans le transept droit, un tableau d'Oster de Strasbourg rappelle la vie de saint Morand, reçu par le comte de Ferrette, tandis que son sarcophage est exposé dans la nef.

La rue du Château conduit à la place principale d'Altkirch.

ALTKIRCH AU 19E S.

Au 19e s., Altkirch foisonnait d'artisans. Certains cumulaient plusieurs activités, comme potier et paysan. **Sutter**, imprimeur du 19e s., était installé à Rixheim et à Altkirch. De jolies images populaires distribuées en masse, les « souhaits de baptême », ont fait sa renommée à travers toute la Haute-Alsace. Aujourd'hui, ce sont davantage les activités liées à la cimenterie qui font vivre les habitants d'Altkirch.

Place de la République
Face à l'hôtel de ville, sur une fontaine octogonale réalisée en 1857, une statue de la Vierge de la fin du 15e s. est le seul vestige de l'ancienne église démolie en 1845, transformée en manufacture de rubans de soie après la Révolution.

Hôtel de ville
Construit en 1780, l'édifice est souvent attribué à Jean-Baptiste Kléber, architecte avant de devenir général. Au 1er étage, le garde-corps en ferronnerie du balcon est remarquable.

À voir aussi

Musée sundgauvien
1 r. de l'Hôtel-de-Ville - ✆ 03 90 40 01 94 - juil.-août : tlj sf lun. 14h30-17h30 ; reste de l'année : dim. seult - possibilité de visite guidée sur demande préalable - 2 € (-18 ans gratuit), gratuit Journées du patrimoine, Nuit des musées.
Installé dans un immeuble Renaissance adossé à l'hôtel de ville, il rassemble des collections régionales variées (costumes, mobilier), des peintures d'artistes locaux (Henner, Lehmann) et des objets de fouilles archéologiques. Vous pourrez y observer de magnifiques *Kunscht*, poêles de faïence alsaciens autour desquels la famille se réunissait, dans la douce chaleur de la *stube* (salle de séjour).

Centre rhénan d'art contemporain
✆ 03 89 08 82 59 - www.cracalsace.com - janv.-juil. : 10h-18h, w.-end et j. fériés 14h30-19h - possibilité de visite guidée (30mn) sur demande préalable - fermé lun., 1er janv., lun. de Pâques, 1er mai, lun. de Pentecôte, 25 déc. - gratuit.
Aménagé dans les locaux d'un ancien lycée, ce centre expose des œuvres d'artistes contemporains (photos, vidéos, toiles ou œuvres plastiques) sur des thèmes régulièrement renouvelés.

À proximité Carte de microrégion

Luemschwiller A2
7 km au nord-est en direction de Mulhouse, puis une petite route à droite.
L'**église** possède un beau **retable** du 15e s., provenant probablement de St-Alban de Bâle, avec, à l'intérieur, les statues de la Vierge à l'Enfant, de sainte Barbe et sainte Catherine. Les peintures de la vie de Marie sont attribuées à Hans Baldung Grien. *L'église n'est ouverte que pendant les offices.*
Le cimetière israélite rappelle que ce village comprenait une importante communauté juive au 19e s.

NOS ADRESSES À ALTKIRCH

Voir aussi nos adresses dans le Sundgau *(p. 263).*

HÉBERGEMENT

PREMIER PRIX

Camping municipal Les Lupins – *68580 Seppois-le-Bas - 13 km au sud-ouest d'Altkirch par D 432 puis D 17II - ✆ 03 89 25 65 37 - www.village-center.com - de déb. avr. à mi-sept. - réserv. conseillée - 158 empl. 14 € (mai-juin), 16 € (juil.-août), 14 € (de fin août à mi-sept.).* Installé sur le terrain de l'ancienne gare dont il occupe les bâtiments, il bénéficie d'emplacements bien ombragés. Piscine et minigolf.

BUDGET MOYEN

Auberge de la Gloriette – *9 r. Principale - 68130 Wahlbach - 10 km à l'est d'Altkirch par D 419 et D 19B - ✆ 03 89 07 81 49 - www.lagloriette68.com - fermé 26 janv.-10 fév. - 8 ch. 58/85 € - ☕ 9 € - rest. (fermé lun. et mar.) 13/58 €.* Plaisant décor mêlant l'ancien et le moderne dans cette ferme proposant une cuisine classique soignée. Chambres plus confortables (mobilier chiné) dans le bâtiment principal.

RESTAURATION

PREMIER PRIX

Wach – *Près de l'hôtel de ville - 68210 Dannemarie - 10 km à l'ouest d'Altkirch par D 419 - ✆ 03 89 25 00 01 - fermé 9-23 août, 24 déc.-10 janv., lun. et le soir - 12,50/35 €.* Accueil, séduisante carte des vins et cuisine du terroir sont les atouts majeurs de ce restaurant. Le décor des années 1950 semble immuable, mais la maison est fort bien tenue.

BUDGET MOYEN

Restaurant de la Victoire – *10 r. des Alliés - ✆ 03 89 40 90 65 - fermé mar. soir et merc. - 20/35 €.* Ne vous fiez pas à la façade un peu vieillotte de ce restaurant, car l'intérieur mérite vraiment le détour : décor typiquement régional agrémenté d'étonnantes collections de tire-bouchons et de figurines à l'effigie du cochon. Sur la table, menu du jour et *flammekueches* salées ou sucrées. Prix sages.

Auberge Sundgovienne – *Rte de Belfort - 68130 Carspach - 6 km au sud-ouest d'Altkirch par D 419 et D 16 - ✆ 03 89 40 97 18 - www.auberge-sundgovienne.fr. - fermé 23 déc.-31 janv. - 28 ch. 70/115 € - ☕ 9 € - 1/2 P 75/85 € - rest. (fermé 1re sem. de juil., dim. soir, lun. et mar. midi) 13,50/52 €.* En bordure de forêt, dans un cadre reposant, restaurant gastronomique et *winstub* proposant une cuisine de terroir, assortie de gibier en période de chasse.

ACTIVITÉS

Golf de la Largue – *25 r. du Golf - 68580 Mooslargue - ✆ 03 89 07 67 67 - www.golf-lalargue.com - 8h-19h - fermé déc.-mars.*

AGENDA

La Forêt enchantée – Mise en scène des légendes du Sungdau, en décembre.

Kino Knock Out – Festival de courts-métrages de 5 jours en avril ou en mai à Altkirch. *(✆ 03 89 08 36 03 - www.kkofestival.com).*

3

Le Sundgau

★

Haut-Rhin (68)

NOS ADRESSES PAGE 263

S'INFORMER

Point d'information de Dannemarie – *7 r. De Bâle - 68210 Dannemarie - ✆ 03 89 07 24 24 - www.cc-porte-alsace.fr - 8h30-12h, 13h30-17h, mar. 8h30-12h, 15h-17h, vend. 8h30-12h, 13h30-16h - fermé w.-end et j. fériés.*

Office du tourisme de Ferrette – *3a rte de Lucelle - 68480 Ferrette - ✆ 03 89 08 23 88 - 9h-12h, 14h-17h30, dim. et j. fériés 14h-17h (17h30 en période estivale).*

SE REPÉRER

Carte de microrégion A3 (p. 226) – *carte Michelin Départements 315 H/I11.*
Le Sundgau forme une sorte de losange délimité à l'est par l'autoroute Mulhouse-Bâle, au sud et à l'ouest par la frontière suisse et le Territoire de Belfort, et au nord par « la Comtoise », l'autoroute Mulhouse-Belfort.

À NE PAS MANQUER

Ferrette.

ORGANISER SON TEMPS

Peu de visites, mais beaucoup de nature sauvage et préservée. On ne traverse pas le Sundgau au pas de course, mais en faisant des promenades pédestres, cyclistes ou équestres, surtout dans le sud du pays, le « Jura alsacien ».

AVEC LES ENFANTS

La Maison de la nature du Sundgau à Altenach.

Ses collines, ses falaises, ses gorges encaissées, ses forêts de hêtres et de sapins valent au Sundgau d'être surnommé le « Jura alsacien ». Dans ses étangs, véritables réservoirs de vie sauvage, les carpes attirent les grenouilles qui amènent à leur tour fauvettes et martins-pêcheurs... Les maisons y sont particulières, avec leur toit descendant presque jusqu'au sol et leurs colombages caractéristiques.

Circuit conseillé Carte de microrégion

SUD DE LA VALLÉE DU RHIN

Pour visualiser ce circuit de 137 km au départ d'Altkirch (voir p. 257), reportez-vous à la carte de microrégion p. 226.
Sortez d'Altkirch à l'est par la D 419 qui longe d'abord la rive droite de l'Ill.

St-Morand A3

But de pèlerinage. L'**église** renferme le beau sarcophage (12e s.) du saint patron du lieu, Morand, évangélisateur du Sundgau. La dalle inférieure du sarcophage est percée de deux ouvertures destinées à faciliter l'accès des malades au cercueil. La spécialité du saint était la guérison des maux de tête.
Empruntez la D 419 en direction de Bâle. Au niveau de Tagsdorf, prenez la D 16,

Les ruines des deux châteaux de Ferrette dominent le village.
D. Bringard/hemis.fr

à droite, vers Hundsbach, Folgensbourg, en remontant le vallon du Thalbach. À Folgensbourg, prenez la D 473 vers le sud puis à gauche la D 21 bis pour gagner St-Blaise.

Le circuit offre une belle vue sur la plaine de Bâle, la ville et la percée du Rhin.

À St-Blaise, empruntez la D 9 bis jusqu'à Leymen.

Château du Landskron B3

30mn à pied AR. Il ne reste que des ruines de ce château présumé du début du 11e s., renforcé par Vauban, puis assiégé et détruit en 1814. Sa situation sur une butte-frontière permet une vue dominante, au nord, sur les confins boisés du Sundgau et du pays de Bâle, ainsi que sur la petite cité de Leymen en contrebas.

Revenez vers St-Blaise et empruntez la D 9 bis. Traversez Liebenswiller pour atteindre Oltingue. À Oltingue, on atteint la haute vallée de l'Ill, dominée au sud par la crête frontière du Jura alsacien.

Oltingue B3

Ce charmant village possède, en son centre, un **Musée paysan**. Témoin des différents styles de construction de la région, il réunit quantité de meubles, vaisselles, ustensiles de cuisine évoquant le souvenir d'une population rurale. Remarquez la collection de moules à *kugelhof* et une série originale de carreaux de poêle de faïence. Un grand four à pain, un vieil escalier dont chaque marche est faite dans un tronc d'arbre, des murs en torchis expriment le décor rural. *03 89 40 79 24 - http://musee.paysan.free.fr - de mi-juin à fin sept. : mar., jeu., sam., dim. 15h-18h ; de déb. mars à mi-juin et oct.-déc. : dim. 14h-17h - fermé janv. et fév. - 2,50 € (-16 ans 1 €).*

À Raedersdorf, poursuivez par la D 21B, route de Kiffis.

Hippoltskirch A-B3

Dans la **chapelle** au plafond peint par Johann Stauder et cloisonné, la balustrade de la tribune en bois peint côtoie, aux murs, des ex-voto, certains traités

en peinture naïve. À gauche de la nef, statue miraculeuse de Notre-Dame, naguère objet de pèlerinages. *℘03 89 40 44 46 - mars-oct. : dim. apr.-midi - possibilité de visite guidée sur demande (2 j. av.).*
Laissant Kiffis à gauche, on emprunte la « route internationale » *(D 21B^{III})*, qui longe la frontière suisse (et la franchit même, après Moulin-Neuf, sur quelques dizaines de mètres) au fond d'une combe boisée où coule la Lucelle.

Lucelle A3

Adossée à son étang, cette localité, jadis siège d'une opulente abbaye cistercienne, se situe à l'extrême pointe sud de l'Alsace. Au 12e s., les moines de cette abbaye, craignant de mourir de faim en période de carême, ont peuplé les étangs alentour de nombreuses variétés de poissons, truites, brochets et carpes. La spécialité gastronomique régionale est, bien entendu, la carpe frite.
Remontez vers le nord par la D 432.
On traverse le joli village de **Winkel**, où la rivière de l'Ill prend sa source. La zone de captage des eaux, à l'est du village, est décorée de sculptures contemporaines.

★ Ferrette A3

Ancienne capitale du Sundgau, Ferrette eut, dès le 10e s., des comtes indépendants dont l'autorité s'étendait sur une vaste région de la Haute-Alsace. Passée à la maison d'Autriche par mariage au 14e s., elle fut donnée à la France en 1648, lors de la signature des traités de Westphalie. C'est aujourd'hui le prince de Monaco qui porte le titre de comte de Ferrette !
Cette petite ville ancienne, bâtie dans un joli **site★** du Jura alsacien, est surplombée par les ruines de deux châteaux assis sur un impressionnant piton rocheux à 612 m d'altitude. On y accède à pied, par des sentiers bien signalisés. De la plate-forme, belle **vue★** sur les Vosges, la vallée du Rhin et de l'Ill, la Forêt-Noire et les premières hauteurs du Jura. Les collines boisées des environs offrent de nombreuses promenades.
Par la D 473, gagnez Bouxwiller.

Bouxwiller A3

Ce charmant village aux nombreuses fontaines est bâti sur un versant de la vallée. Dans l'**église** St-Jacques, une belle chaire en bois doré du 18e s. provient de l'ancien monastère de Luppach. Riche retable baroque à colonnes, peint et doré.
La D 9 bis, qui suit la haute vallée de l'Ill, mène à Grentzingen.

★ Grentzingen A3

Les typiques maisons à colombages de ce village fleuri présentent la particularité d'être alignées perpendiculairement à la route. Un petit nombre d'entre elles ont conservé la couleur ocre d'origine et aussi leur auvent. Leurs toitures possèdent des pignons à pan coupé.
Dans Grentzingen, tournez à gauche pour rejoindre la D 463.
La route passe à **Riespach**, aux maisons caractéristiques.

Feldbach A3

Son **église** romane (12e s.) se divise en deux parties bien distinctes correspondant à l'église des moniales et à l'église des fidèles. La nef est soutenue par des piliers sous arcades, ronds puis carrés. Belle abside en cul-de-four.
Continuez sur la D 463 vers Seppois-le-Haut, que l'on traverse, puis bifurquez vers la D 7 bis en direction de Dannemarie. On parvient ainsi à Altenach.

Maison de la nature du Sundgau A3
R. Ste-Barbe - ✆ 03 89 08 07 50 - www.maison-nature-sundgau.info - ♿ - 9h30-17h30 - possibilité de visite guidée (45mn) - fermé j. fériés - 2 €.
Destiné à faire connaître la nature du Sundgau, ce centre propose animations ponctuelles, sorties guidées et expositions. Un petit espace, à la portée des plus jeunes, est consacré à la géologie. En dehors des horaires d'ouverture, il vous sera toujours possible de suivre le sentier de découverte, ponctué d'activités ludiques, grâce à « l'animateur de poche », amusant livret mis à votre disposition dans un nichoir.
On rejoint ensuite Dannemarie, puis Altkirch par la D 419.

NOS ADRESSES DANS LE SUNDGAU

Voir aussi nos adresses à Altkirch *(p. 259)*.

HÉBERGEMENT

BUDGET MOYEN

Chambre d'hôte Moulin de Huttingue – *68480 Oltingue - 1,5 km au sud d'Oltingue par D 21bis dir. Lutter, puis au croisement de la D 23 - ✆ 03 89 40 72 91 - fermé janv.-fév. - ⊭ - 3 ch. 58 €.* Au bord de l'Ill, qui, ici, n'est pas plus large qu'un ruisseau, ce moulin à blé a conservé des éléments de décor anciens, comme ses piliers de bois, dans un cadre moderne. À réserver pour deux nuits au minimum. Superbe loft aménagé sous la charpente (350 € la semaine)... Joli jardin et terrasse en été.

RESTAURATION

PREMIER PRIX

À l'Arbre Vert – *17 r. Principale - 68560 Heimersdorf - 9 km au sud d'Altkirch, dir. Ferrette - ✆ 03 89 07 11 40 - fermé lun. et mar. - ⊭ - 8/18 €.* Saviez-vous que la carpe frite est un plat si répandu dans le Sundgau qu'il a sa route, comme les vins, un peu plus loin ? Pour découvrir cette spécialité, arrêtez-vous dans ce restaurant familial : vous y dégusterez des poissons bien frais dans une ambiance conviviale.

Restaurant de la Gare « Munzenberger » – *16 r. Principale - 68118 Hirtzbach - ✆ 03 89 40 93 27 - fermé lun. 15 avr.-28 août, mar. soir, merc. soir et jeu. soir (sauf été) - réserv. conseillée le w.-end et jours fériés - 9,50/35 €.* Derrière ce petit restaurant tout simple se cache un vrai spécialiste de la carpe frite, réputé dans toute la région. Et qui dit « réputation » dit « souvent complet », en particulier le week-end. Alors, pour être sûr d'avoir une table, pensez à réserver.

AGENDA

Salon des violons d'Ingres – *À Dannemarie, en mars.*

3

+ d'adresses

Vosges du Sud 4

Cartes Michelin Départements 314 et 315 – Vosges (88), Bas-Rhin (67), Haut-Rhin (68), Haute-Saône (70) et Territoire de Belfort (90)

Vue du col de Schlucht.

Y. Levy/age fotostock

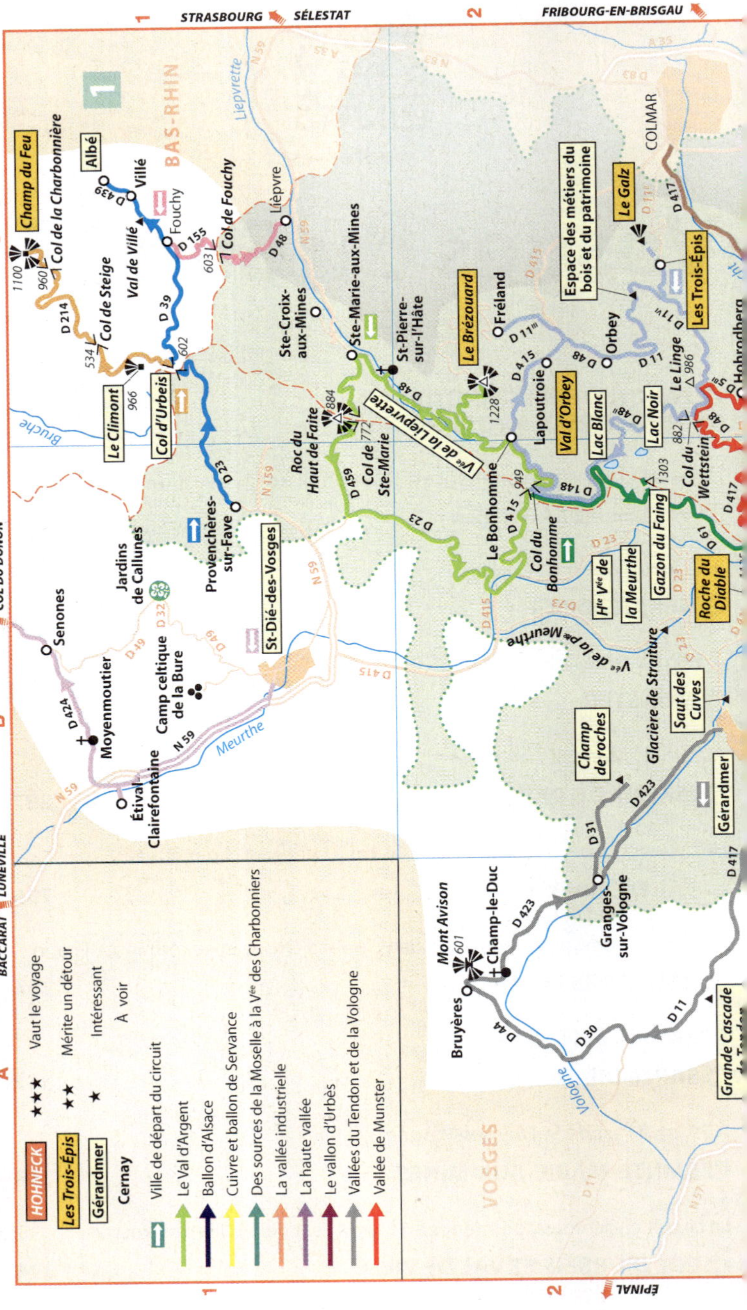
HOHNECK
Les Trois-Épis
Gérardmer
Cernay
★★★ Vaut le voyage
★★ Mérite un détour
★ Intéressant
À voir
Ville de départ du circuit
Le Val d'Argent
Ballon d'Alsace
Cuivre et ballon de Servance
Des sources de la Moselle à la Vée des Charbonniers
La vallée industrielle
La haute vallée
Le vallon d'Urbès
Vallées du Tendon et de la Vologne
Vallée de Munster
STRASBOURG
SÉLESTAT
FRIBOURG-EN-BRISGAU
COL DU DONON
BACCARAT
LUNÉVILLE
ÉPINAL
BAS-RHIN
VOSGES
COLMAR
Champ du Feu
Col de la Charbonnière
Col de Steige
Albé
Villé
Val de Villé
Fouchy
Col de Fouchy
Lièpvre
Le Climont
Col d'Urbeis
Senones
Moyenmoutier
Étival-Clairefontaine
Jardins de Callunes
Camp celtique de la Bure
Provenchères-sur-Fave
St-Dié-des-Vosges
Ste-Croix-aux-Mines
Ste-Marie-aux-Mines
St-Pierre-sur-l'Hâte
Roc du Haut de Faite
Col de Ste-Marie
Vée de la Liepvrette
Le Brézouard
Fréland
Lapoutroie
Orbey
Espace des métiers du bois et du patrimoine
Le Galz
Les Trois-Épis
Val d'Orbey
Lac Blanc
Lac Noir
Le Linge
Col du Wettstein
Le Bonhomme
Col du Bonhomme
Hte Vée de la Meurthe
Gazon du Faing
Roche du Diable
Vée de la Pe Meurthe
Glacière de Straiture
Saut des Cuves
Champ de roches
Gérardmer
Granges-sur-Vologne
Champ-le-Duc
Mont Avison
Bruyères
Grande Cascade de Tendon
Meurthe
Bruche
Liepvrette
Vologne

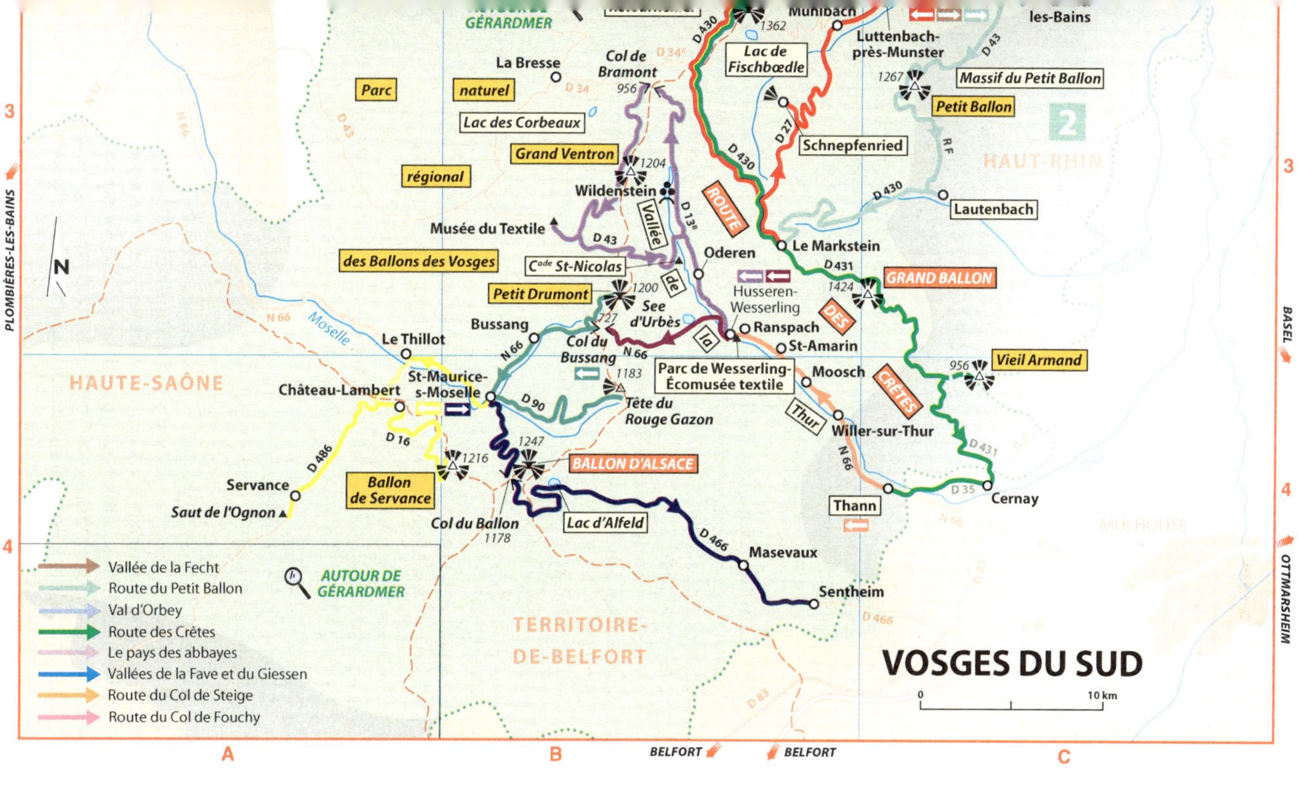

VOSGES DU SUD
0
10 km
Vallée de la Fecht
Route du Petit Ballon
Val d'Orbey
Route des Crêtes
Le pays des abbayes
Vallées de la Fave et du Giessen
Route du Col de Steige
Route du Col de Fouchy
AUTOUR DE GÉRARDMER
HAUTE-SAÔNE
TERRITOIRE-DE-BELFORT
HAUT-RHIN
MULHOUSE
Parc naturel régional des Ballons des Vosges
ROUTE DES CRÊTES
Vallée de la Thur
GRAND BALLON
BALLON D'ALSACE
La Bresse
Col de Bramont
956
Lac des Corbeaux
Grand Ventron
1204
Wildenstein
Musée du Textile
Cade St-Nicolas
Petit Drumont
1200
See d'Urbès
727
Col du Bussang
1183
Tête du Rouge Gazon
Bussang
Le Thillot
St-Maurice-s-Moselle
Château-Lambert
Moselle
Servance
Saut de l'Ognon
Ballon de Servance
1216
1247
Col du Ballon
1178
Lac d'Alfeld
Masevaux
Sentheim
Oderen
Husseren-Wesserling
Ranspach
St-Amarin
Parc de Wesserling-Écomusée textile
Moosch
Willer-sur-Thur
Thann
Cernay
Vieil Armand
956
1424
Le Markstein
Lautenbach
Schnepfenried
Lac de Fischbœdle
1362
Muhlbach
Luttenbach-près-Munster
les-Bains
1267
Massif du Petit Ballon
Petit Ballon
2
D 430
D 431
D 34
D 34A
D 43
D 13B
D 27
D 90
D 16
D 486
D 466
D 35
D 83
N 66
N 57
RF
PLOMBIÈRES-LES-BAINS
BASEL
OTTMARSHEIM
BELFORT
BELFORT
A
B
C
3
4
N

Parc naturel régional des Ballons des Vosges

★★

Haut-Rhin (68), Vosges (88), Haute-Saône (70) et Territoire de Belfort (90)

NOS ADRESSES PAGE 276

S'INFORMER

Maison du Parc – *1 cours de l'Abbaye - 68140 Munster - ☎ 03 89 77 90 34 - www.parc-ballons-vosges.fr - ♿ - juil.-sept. : tlj sf lun. 10h-12h, 13h30-17h30 ; reste de l'année : tlj sf w.-end et j. fériés 13h30-17h30 - fermé janv., 1er et 11 Nov, 26 et 31 déc. - gratuit.*

Incontournable, la Maison du Parc propose plus de 600 m² d'expositions permanentes ou temporaires sur la montagne vosgienne destinées au grand public tout en restant bien sûr un service d'accueil et d'information.

Le Parc compte une quarantaine d'offices de tourisme et de syndicats d'initiative.

Office du tourisme des Ballons des Hautes-Vosges (bureau de Bussang) – *8bis r. d'Alsace - 88540 Bussang - ☎ 03 29 61 50 37 - www.tourisme-bussang.com - 9h-12h, 15h-17h - fermé dim., 1er janv., dim. et lun. de Pâques, 1er et 8 Mai, 25 déc.*

Office du tourisme des Ballons des Hautes-Vosges (bureau de St-Maurice-sur-Moselle) – *28bis r. de Lorraine - 88560 St-Maurice-sur-Moselle - ☎ 03 29 24 53 48 - www.saint-maurice-vosges.com - 9h30-12h, 15h-17h ; vac. scol. : 9h-12h, 14h-18h, dim. 10h-12h - fermé j. fériés.*

SE REPÉRER

Carte de microrégion A3/B3 (p. 266) – *carte Michelin Départements 314 I/M. 3/4.*

Le Parc s'étend sur près de la moitié sud du massif vosgien, de la vallée de Ste-Marie-aux-Mines au nord jusqu'aux portes de Belfort au sud.

À NE PAS MANQUER

Le panorama au sommet du Brézouard ou du ballon de Servance. Pour mieux profiter du Parc, faites un tour à la Maison du Parc, à Munster.

AVEC LES ENFANTS

L'éventail des promenades est tel qu'il y a forcément une randonnée adaptée à l'âge de vos enfants, la confiserie des Hautes-Vosges, à Plainfaing.

La diversité des paysages fait la renommée du Parc naturel régional des Ballons des Vosges : pâturages d'altitude (hautes chaumes sur les ballons), plateau des Mille-Étangs, tourbières, cirques glaciaires, lacs, rivières et collines couvertes de résineux... Ici vivent chamois, lynx, écrevisses, truites, tritons, et poussent lys martagon, gentianes jaunes, myrtilles... Sur la « ligne bleue des Vosges », les possibilités de découvertes et de plaisir sont infinies.

Cirque du Frankenthal, entre le col de la Schlucht et le massif du Hohneck.
M. Dozier/hemis.fr

Circuits conseillés Carte du Parc naturel

Créé en 1989, le Parc naturel régional des Ballons des Vosges s'est donné trois objectifs : protéger et valoriser son patrimoine naturel, favoriser un développement économique compatible avec l'environnement et assurer la promotion du territoire. Le chamois a été réintroduit avec succès en 1956 et des castors sont revenus dans la vallée de la Doller. Quant au grand tétras et au faucon pèlerin, ils sont désormais protégés.

Le territoire du Parc est un milieu rare et fragile. Il est demandé aux promeneurs de ne pas s'écarter des sentiers, de rester discrets et silencieux, de modérer les cueillettes, de respecter les arbres, de laisser les minéraux en place, de refermer les barrières et de ne pas abandonner de déchets dans la nature.

Pour les sorties hivernales en particulier (mais aussi en été si vous voulez être sûr de bénéficier d'un temps dégagé pour profiter des panoramas), pensez à vous renseigner sur le temps (Météo France ✆ 32 50). Prévoyez un matériel adapté et munissez-vous d'une carte et d'une boussole.

4

★★ LE BALLON D'ALSACE

Circuit de 38 km au départ de St-Maurice-sur-Moselle, tracé en bleu foncé sur la carte p. 270. Comptez environ 2h.

Le ballon d'Alsace constitue l'extrémité sud de la chaîne des Vosges. On y rencontre de belles forêts de sapins et d'épicéas, de charmants sous-bois, des fonds de ravins très frais et, sur les hauteurs, de grands pâturages, émaillés de fleurs alpestres. Du point culminant (1 250 m), le panorama est superbe ; par temps favorable, les Alpes sont visibles.

PARC NATUREL RÉGIONAL DES BALLONS DES VOSGES
Centre d'information
Musée ou exposition
Circuit historique
Centre d'initiation à l'environnement
Sentier de découverte
Site d'escalade
Circuit VTT
Ski alpin
Ski de fond
NANCY
VITTEL
VESOUL
Épinal
Archettes
Arches
Cheniménil
Faucompierre
Granges-s-Vologne
Barbey-Seroux
Tête des Cuveaux
783
Eloyes
Gde Cascade de Tendon
Le Tholy
Lac de Gérardmer
Xertigny
St-Amé
Remiremont
Vagney
Moselle
Moselotte
Cornimont
Saulxures-s-Moselotte
La Beuille
757
Cascade de Géhard
Plombières-les-Bains
Le Val d'Ajol
Rupt-s-Moselle
Musée du Texti
Ermitage du Frère Joseph
620
Col du Mont de Fourche
Fougerolles
Bussang
Le Thillot
Breuchin
St-Bresson
Col des Croix
679
Château-Lambert
St-Maurice-s-Mo
Plain du Canon
Le Haut-du-Them
Raddon
Faucogney-et-la-Mer
1216
Ballon de Servance
Servance
1178
Col du Ballon
Saut de l'Ognon
BALLON D'ALSACE
Ognon
Plancher-les-Mines
1148
Planche des Belles Filles
Lepuix
Mélisey
N
0
5 km
Vologne
D 44
D 60
D 11
D 30
N 57
D 42
D 434
D 417
GR 7
D 63
D 23
N 66
D 57
D 136
D 83
D 5
D 6
D 486
D 16
D 73
D 465
GR 59

PARC NATUREL RÉGIONAL DES BALLONS DES VOSGES

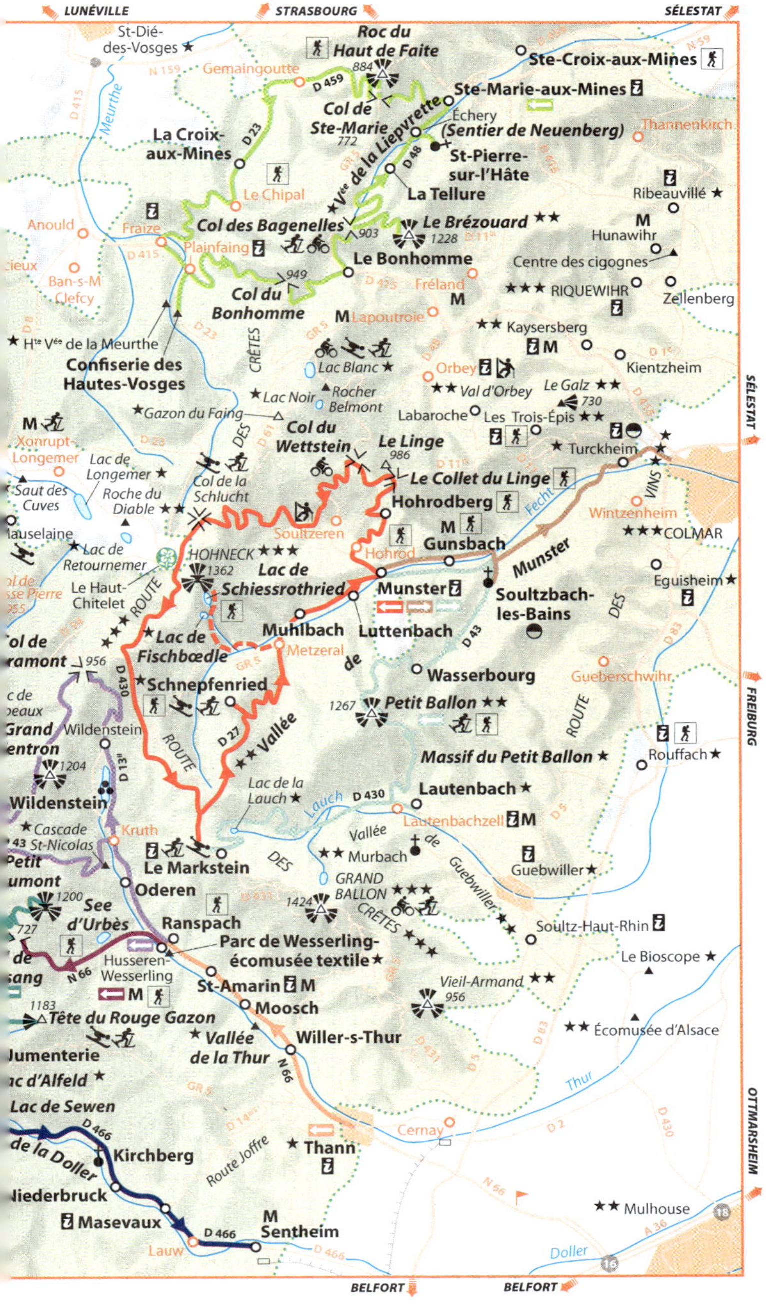

Cette route du col du ballon d'Alsace, la plus ancienne du massif, a été construite sous le règne de Louis XV.

St-Maurice-sur-Moselle

Proche des stations de ski du Rouge-Gazon et du Ballon d'Alsace, et point de départ pour le ballon de Servance et la vallée des Charbonniers, le village est un incontournable petit carrefour. Bien que cette terre soit de tradition équestre depuis le 17e s., ses habitants sont surnommés… les fourmis – ce qui explique la présence de trois de ces insectes sur le blason de la commune.

Au cours de la montée au col du Ballon, la D 465 offre de jolies vues sur la vallée de la Moselle, puis pénètre dans une superbe forêt de sapins et de hêtres.

Plain du Canon

15mn à pied par un sentier qui part de la D 465, en direction de la maison forestière. Descendez devant la maison, puis prenez le sentier qui monte en lacet à gauche.

Le nom de ce lieu-dit est dû à un petit canon dont se servait le garde forestier pour provoquer un écho. Jolie vue sur le vallon boisé de la Presles, dominé par le ballon d'Alsace. On reconnaît aussi le ballon de Servance. Après le lieu-dit **La Jumenterie** qui perpétue le souvenir d'un établissement fondé en 1619 par les ducs de Lorraine pour l'élevage des chevaux, très belle vue à droite sur la vallée de la Moselle et sur le ballon de Servance.

On atteint la région des hauts pâturages.

Col du Ballon

Situé à 1178 m, il sert de « base » à la très courte ascension, vers le ballon. Vous y trouverez une **Maison du tourisme** (*✆ 03 29 25 20 38 - www.ballondalsace.fr*) rénovée qui, outre la mise à disposition de documentation, propose une consigne et un service de guide de moyennes montagnes. Sur le parking, voyez le **Monument à la mémoire des démineurs** élevé en mémoire du dévouement et souvent du sacrifice de ceux qui ont accompli cette tâche éminemment périlleuse. Il figure un homme transpercé par trois flèches de cristal. Un autre monument rappelle l'exploit sportif du coureur cycliste René Pottier.

Belle vue sur le sommet du ballon d'Alsace, et plus à droite, sur la trouée de Belfort, où brillent des étangs, et le Jura du Nord.

★★★ Ballon d'Alsace

30mn à pied AR. Départ de la Maison du tourisme ou de l'auberge (plus direct). Une brochure vendue (3,10 €) à la Maison du tourisme permet de découvrir le ballon d'Alsace via un sentier-découverte (1h30 à 2h).

C'est le point culminant du ballon d'Alsace (1 247 m) à l'extrémité sud de la chaîne des Vosges. Le sentier d'accès s'amorce sur la D 465, devant la ferme-restaurant du Ballon d'Alsace. Il se dirige à travers les pâturages, vers la statue de la Vierge : avant le retour de l'Alsace à la France, cette statue se trouvait exactement sur la frontière. Du balcon d'orientation, le **panorama**★★ s'étend au nord jusqu'au Donon, à l'est sur la plaine d'Alsace et la Forêt-Noire, au sud jusqu'au Mont Blanc.

De retour sur la D 465, la descente vers le lac d'Alfeld est très belle. Elle permet de découvrir en avant le Grand Ballon, point culminant des Vosges (1 424 m), puis la **vallée de la Doller**, le Jura et les Alpes.

Prenez à gauche la D 466 dir. Masevaux.

Après un parcours en forêt, le lac apparaît au fond d'un cirque d'origine glaciaire.

FRONTIÈRE NATURELLE
Après la défaite de 1871, la crête des Vosges était devenue la frontière entre la France et l'Empire allemand. Les contrebandiers de tabac, alcool et allumettes avaient alors pris le contrôle de la montagne.

★ Lac d'Alfeld

Ce beau lac de 10 ha et d'une profondeur de 22 m est réservé à la pêche, il est entouré de hauteurs boisées où perce parfois la roche. Le barrage, un ouvrage de 337 m qui retient ses eaux, s'appuie sur une moraine laissée par les anciens glaciers.
La petite route en lacets descend vers la **vallée de la Doller**, offrant une vue sur le petit village de Sewen noyé dans la forêt. À partir de là, les bourgades se succèdent, se touchent. Elles sont, pour beaucoup, reliées entre elles par une piste cyclable. La vallée et ses versants boisés sont sillonnés par 325 km de sentiers balisés *(www.ot-masevaux-doller.fr)*.

Lac de Sewen

Petit lac peu à peu envahi par la tourbe. On trouve sur ses bords des plantes alpestres et nordiques.
En aval, la D 466 longe la Doller, qui coule entre de hautes pentes de prairies très vertes, coupées de bois de sapins et de hêtres.
La vallée est dominée par l'église romane de **Kirchberg**, perchée sur une moraine, et à l'entrée de **Niederbruck**, à gauche, par une Vierge à l'Enfant due au sculpteur Antoine Bourdelle.

Masevaux *(voir p. 225)*

De la charmante bourgade de Masevaux, possibilité de rejoindre Thann par la Route Joffre (D 14 bis) - *voir Thann.*

Sentheim

En face de l'église, la **Maison de la géologie** présente une belle collection de roches, de fossiles et de minéraux. *03 69 77 12 41 - http://sentheim.geologie.free.fr/ - ♿ - juil.-août : dim. 14h-18h ; reste de l'année : 1er dim. du mois 14h-18h - possibilité de visite guidée juil.-août : dim. 14h-15h merc. 9h-13h - fermé nov.-fév. - visite guidée musée 2 €, visite guidée sentier géologique 5 € (-16 ans gratuit).*
Cette plongée dans la géologie peut être complétée par le **sentier géologique de Wolfloch** *(sur la D 466 en direction du ballon d'Alsace, tournez à droite après l'église. 5 km, 12 sites balisés – environ 2h. Rejoignez le départ du sentier en suivant le fléchage. Partez ensuite à gauche du panneau de présentation et suivez le balisage représentant un fossile).*
Le sentier longe des champs et franchit ensuite la « grande faille vosgienne ». Il permet de survoler ainsi la géologie des Vosges depuis l'ère primaire jusqu'à nos jours. *Contact : Maison de la géologie - Sentier géologique : brochure disponible au Musée (1 €) - Sentier minier : possibilité de visite guidée en juil.-août merc. 14h-17h - 5 € (enf. gratuit).*

★★ CUIVRE ET BALLON DE SERVANCE

Circuit de 23 à 40 km au départ de St-Maurice-sur-Moselle, tracé en jaune sur la carte p. 270. Comptez environ 2h (4h avec les visites).
Situé quelques kilomètres à l'ouest du ballon d'Alsace, le ballon de Servance culmine à 1 216 m et donne naissance à l'Ognon, dont le cours prend un départ

4

LE DIEU BEL
Le terme « ballon », qui désigne les sommets si caractéristiques des Vosges du Sud, serait dérivé du nom du dieu Bel auquel les Celtes vouaient un culte.

tumultueux. Pour différencier les deux Ballons, observez les sommets : le Ballon d'Alsace est surmonté d'une Vierge et celui de Servance, d'un fort militaire.

St-Maurice-sur-Moselle *(voir p. 272)*

Par la N 66, dir. Remiremont, vous parvenez au Thillot.

Le Thillot

Cette localité active à proximité des Hautes-Vosges a su depuis longtemps trouver les ressources nécessaires à sa reconversion. Ses anciennes mines de cuivre lui permettent aujourd'hui d'exploiter le filon touristique...
Au centre du village, suivez la direction Lure et Hautes-Mynes.
Les mines de cuivre des ducs de Lorraine – *☎ 03 29 25 03 33 - http://hautes.mynes.free.fr - avr.-sept. : 10h-19h ; reste de l'année : merc., w.-end et j. fériés 13h-19h - possibilité de visite guidée - fermé 1er janv., 25 déc. - 7 € (6-16 ans 4 €) - prévoir de bonnes chaussures.*
Vous achèterez vos tickets sur le site de l'exposition permanente, la **Maison des Hautes-Mynes**. Vous pouvez vous en contenter. Mais nous vous conseillons vivement de suivre le sentier de découverte (comptez 2h30 à 3h pour le musée et le sentier) accompagné d'un guide ou d'un topo-guide. C'est seulement accompagné que vous pourrez effectuer l'intégralité de la visite avec halte dans la mine. Vous remonterez le temps en descendant aux fins fonds des galeries... du 16e s. jusqu'au 18e s., où puits et pompes d'autrefois dévoilent leurs atours.
Quittez Le Thillot par la D 486 en direction de Lure. La route monte vers le col des Croix.

Col des Croix

Alt. 679 m. Dominé par le fort de Château-Lambert, il marque la frontière entre la Lorraine et la Franche-Comté, ainsi que la limite de partage des eaux entre la mer du Nord et la Méditerranée.
Au col, tournez, suivez à gauche la D 16 puis descendez vers le hameau de Château-Lambert.

Château-Lambert

1 km après le col des Croix, on découvre ce charmant village qui accueille le **musée de la nature des Vosges saônoises**, où l'on visite la maison du paysan mineur, un moulin, une forge, un pressoir du 17e s., une scierie, différents métiers de la forêt, une ancienne salle de classe... *☎ 03 84 20 43 09 - www.cg70.fr - avr.-sept. : 9h30-12h, 14h-18h, sam. et dim. 9h30-12h ; oct.-mars : 14h-17h, sam. et dim. 14h-17h - fermé mar., vac. de Noël, 1er Mai, 1er et 11 Nov. - 4 € (16-18 ans 2 €).*
Juste à côté, vous trouverez une petite auberge où déguster un gratin de munster, une salade et une tarte aux myrtilles et, surtout, le nouvel **Espace Nature et Culture** *(avr.-sept. : lun.-vend. 9h30-12h30, 14h-18h et sam.-dim. 14h-18h - oct.-mars : tlj sf mar. 14h-17h)*, un édifice en bois et au toit végétalisé destiné à l'accueil d'expositions sur les Vosges saôniennes. Sur la place du hameau, un panneau décrit les nombreux sentiers qui permettent de parcourir les vallons bucoliques alentour (voir aussi : *www.melisey.com*).
Revenez sur la D 16.

Si vous désirez parvenir au ballon de Servance (comptez plus d'une heure pour l'aller-retour en voiture et le sentier), suivez cette ancienne route stratégique qui s'élève en corniche, offrant de jolies vues sur la vallée de l'Ognon avant de sinuer en forêt.

★★ Panorama du ballon de Servance

Laissez la voiture au départ de la route militaire (interdite) du fort de Servance et prenez, à droite, le sentier jalonné qui conduit (15mn à pied AR) au sommet du ballon (alt. 1 216 m).

On découvre un magnifique panorama : à l'ouest, sur la vallée de l'Ognon, le plateau glaciaire d'Esmoulières, semé d'étangs, et le plateau de Langres ; au nord-ouest, les monts Faucilles ; plus à droite, la vallée de la Moselle ; au nord-est, du Hohneck au Gresson en passant par le Grand Ballon, très lointain, se silhouette la chaîne des Vosges ; à l'est s'arrondit la croupe, toute proche, du ballon d'Alsace ; au sud-est et au sud, vue sur les contreforts vosgiens.

De retour sur la D486, suivez la direction de Servance/Lure.

Servance

Autrefois, on exploitait les carrières de syénite (belle roche rouge) dans lesquelles on tailla les colonnes de l'Opéra de Paris.

À la sortie du bourg, à droite, un sentier *(15mn AR)* mène au **saut de l'Ognon**, cascade pittoresque s'échappant d'une étroite gorge rocheuse.

DES SOURCES DE LA MOSELLE À LA VALLÉE DES CHARBONNIERS

Circuit de 22 km au départ du col de Bussang, tracé en vert foncé sur la carte p. 270. Comptez environ 1h.

En provenance de Thann par la malheureusement très encombrée N66 (très nombreux camions), vous franchissez bientôt le col de Bussang.

Col de Bussang

Alt. 727 m. Au col se trouve le monument de la source de la Moselle. Le petit ruisseau encombré de mousses deviendra grand et arrosera bientôt Épinal, Metz, Trèves. Mais, ici, il se grossit du superflu des sources minérales de Bussang. Le torrent ne devient rivière qu'aux environs de Rupt-sur-Moselle. Son cours assagi décrit de beaux méandres entre des collines boisées, puis coule tranquillement vers Remiremont et Épinal.

4

★★ Petit Drumont

15mn à pied AR. La route forestière d'accès s'embranche sur la D 89 juste après le col de Bussang et à 100 m à peine de la source de la Moselle. Prudence recommandée. Quittez la voiture près de l'auberge et prenez le sentier qui s'élève à travers les chaumes.

Table d'orientation au sommet (1 200 m). Le **panorama★★** s'étend du Hohneck au ballon d'Alsace.

Reprenez la N66 en direction de St-Maurice-sur-Moselle.

Bussang

Une voie romaine traversait jadis le joli site dans la vallée de la Moselle naissante. Devenu villégiature estivale, c'est aussi un centre de sports d'hiver. Le **Théâtre du Peuple**, fondé en 1895 par Maurice Pottecher, propose chaque année une programmation très diversifiée, interprétée en majorité par des acteurs amateurs : pièces folkloriques écrites par son fondateur, mais aussi œuvres de Shakespeare, Molière, Labiche, Beaumarchais, Goldoni, etc. Classé monument historique, ce grand vaisseau de bois, dont le fond de scène s'ouvre sur la forêt, rend les acteurs très proches du public. ✆ *03 29 61 50 48 - www.theatredupeuple.com - ♿ - visite guidée (1h) juin-août : mar. 11h ; janv.-mai : dim. 10h30 ; reste de l'année sur réserv., se rens. par téléphone - 2 € (-12 ans gratuit).*

St-Maurice-sur-Moselle *(voir p. 272)*

À l'est de St-Maurice-sur-Moselle, prenez la route qui longe le ruisseau des Charbonniers (à gauche en passant devant l'église).

Les habitants de la **vallée des Charbonniers** descendraient d'une colonie suédoise et allemande embauchée au 18e s. par les ducs de Lorraine pour l'exploitation de la forêt et le charbonnage.

Au village des Charbonniers, tournez à gauche vers la **Tête du Rouge Gazon**, où l'on trouvera un hôtel-restaurant autour duquel des activités de loisirs sont proposées tout au long de l'année. Vues en direction du ballon de Servance.

NOS ADRESSES DANS LE PNR DES BALLONS

Voir aussi nos adresses sur la route des Crêtes *(p. 310)* et à Ste-Marie-aux-Mines, pour le circuit Val d'Argent *(p. 322)*.

HÉBERGEMENT ET RESTAURATION

Au cœur des ballons des Vosges, on trouve un grand choix de **gîtes Panda** agréés par les Gîtes de France *(www.gites-panda.fr)*. Dans cette catégorie, nous vous recommandons **La Gasse** à Lapoutroie *(✆ 03 89 47 55 27 - www.lapoutroie.net)* et **Les Hirondelles** à La Chapelle *(✆ 03 89 47 22 71)*.

PREMIER PRIX

Camping Lac de la Moselotte – *88290 Saulxures-sur-Moselotte - ✆ 03 29 24 56 56 - www.lac-moselotte.fr - réserv. conseillée - 72 empl. 20 €.*
Ce camping aménagé au bord du lac, à côté de la base de loisirs, propose trois solutions d'hébergement : un terrain herbeux doté d'un bloc sanitaire impeccable, des chalets tout confort avec accès direct au plan d'eau et un ensemble de petites huttes en bois.

BUDGET MOYEN

Grand Hôtel du Sommet – *Au sommet du ballon d'Alsace - 90200 Lepuix-Gy - ✆ 03 84 29 30 60 - www.hotelrestaurantdusommet.com - fermé lun. sf vac. scol. et de mi-nov. à mi-déc. - P - 25 ch. 50 € - ☕ 6,50 € - rest. 15/30 €.*
Se réveiller sur les hauteurs… au grand air, entouré de prairies et de vaches, avec vue sur la vallée de Belfort, voire, par beau temps, sur les Alpes suisses. Repos assuré dans ces chambres simples mais confortables.

Chambre d'hôte La Villa du Lac – *2 rte du Ballon - 68290 Sewen - ✆ 03 89 82 98 38 - www.villa-du-lac-alsace.com - fermé janv. - 💳̸ - 5 ch. 55/60 € ☕ - table d'hôte 24 €.* Cette villa de style 1930, sise au pied du ballon d'Alsace et face au lac de Sewen, constitue un point de départ idéal pour les randonnées. Au retour, vous dégusterez un bon petit plat alsacien (produits fermiers et bio) avant de vous reposer dans l'une des chambres avec vue sur le plan d'eau ou la forêt. Copieux petits-déjeuners maison.

Hôtel Le Rouge Gazon – *88560 St-Maurice-sur-Moselle - ✆ 03 29*

25 12 80 - www.rouge-gazon.fr - fermé en nov. et 2 sem. en mars - P - 39 ch. 63/80 € - ☕ 9 € - rest. 13/38 €. Ce vaste établissement familial perché à 1 260 m d'altitude, dans un site classé, comprend un hôtel et un restaurant où la cuisine pioche dans les produits locaux, notamment ceux de la ferme voisine. Parcours de randonnées en été, qui se transforme en piste de ski quand revient l'hiver. Nombreuses autres activités sportives et éducatives proposées tout au long de l'année.

ACHATS

Confiserie des Hautes-Vosges (CDHV) – *44 Habeaurupt - 88230 Plainfaing, env. 15 km d'Orbey - ✆ 03 29 50 44 56 - www.cdhv.fr - magasin : tlj sf dim. 9h-12h15, 13h45-18h30 ; visites guidées : tlj sf dim. et j. fériés 10h-12h, 14h-18h.* Du sucre, du miel des Vosges, des arômes naturels, parfois même des huiles essentielles… Tout cela cuit à feu nu dans des chaudrons en cuivre sous vos yeux. Il ne vous reste plus alors qu'à goûter… et acheter ces friandises aux saveurs d'autrefois : bonbons des Vosges (plus de 30 sortes), bergamotes de Nancy, myrtilles, violettes, coquelicots…

ACTIVITÉS

Randonnées – Suivez les sentiers de découverte ou l'un des nombreux circuits historiques balisés. Un petit guide payant (Maison du Parc) donne plus d'informations pour certains d'entre eux. Un calendrier des animations (été ou hiver) est également diffusé par le Parc et disponible dans les O.T.
Il présente différentes sorties organisées par les associations locales (nombreuses balades ou randonnées thématiques : histoire, patrimoine, sport, gastronomie…), les expositions dans les musées ainsi qu'un agenda des manifestations et des rendez-vous culturels.

Ski – Le ballon d'Alsace offre pendant l'hiver une gamme de sports de glisse tout à fait respectable. Fier de ses 12 pistes de ski alpin, il reste avant tout un site de ski de fond : 8 pistes, 50 km. Informations : *www.tourisme-ballon-alsace.fr, www.rando-vosges.com et auprès de l'École de ski français (✆ 03 84 29 06 65).*

Autres activités – Parapente, escalade, VTT, parcours à la cime des arbres… Le ballon d'Alsace et l'aire de Rouge-Gazon sont propices à toutes sortes d'activités de loisirs. Renseignez-vous auprès des offices de tourisme.

Voie verte – En vélo ou en roller, vous pouvez également emprunter une partie de la voie Verte *(www.lavoieverte.com)*, une large piste interdite aux voitures qui court notamment entre Bussang et Le Thillot.

AGENDA

Fête de la Transhumance – Montée des troupeaux *(mi-mai)* et descente *(mi-octobre)*.

Fête des foins – Fin juillet à Rouge-Gazon.

Fête des Bucherons – Fin juillet à Bussang.

4

Vallée de la Thur

★

Haut-Rhin (68)

NOS ADRESSES PAGE 281

S'INFORMER

Office du tourisme de St-Amarin – *81 r. Charles-de-Gaulle - 68550 St-Amarin - ✆ 03 89 82 13 90 - www.ot-saint-amarin.com - juil.-août : 9h-12h, 13h30-18h, sam. 9h-12h30, 15h-18h, dim. 10h-12h ; reste de l'année : 9h-12h, 14h-17h, sam. 10h-12h, fermé dim. - fermé j. fériés.*

SE REPÉRER

Carte de microrégion B3/B4 (p. 266) – *carte Michelin Départements 315 F/H 8/10.* Sous le Grand Ballon, les premières vallées sont parallèles à la route des Crêtes. On accède à la vallée de la Thur par Thann, situé à 22 km à l'ouest de Mulhouse, par la N 86-E 512.

À NE PAS MANQUER

Le parc de Wesserling et son Écomusée textile, le circuit de la haute vallée de la Thur pour sa nature et ses panoramas.

AVEC LES ENFANTS

La ferme du parc de Wesserling, le Parc Arbre Aventure à Kruth.

La vallée de la Thur a beau être industrielle, elle a su préserver une partie de ses richesses naturelles. Ses villages, dominés par quelques-uns des plus hauts sommets des Vosges, sont charmants. La vallée supérieure et le vallon d'Urbès, aux versants boisés et couverts de pâturages, abritent une faune et une flore très riches et variées. Quantité d'oiseaux nicheurs et migrateurs les ont choisis ; les randonneurs y trouveront eux aussi le plaisir et l'oxygène qu'ils recherchent.

Circuits conseillés Carte du Parc naturel

LA VALLÉE INDUSTRIELLE

Circuit de 12 km au départ de Thann (voir p. 222), tracé en orange sur la carte p. 270. Comptez environ 30mn.

Sortez de Thann à l'ouest, par la N 66.

La vallée est fréquentée dès l'époque romaine. Puis, à partir du début du 13e s., après l'ouverture des cols du St-Gothard et du Simplon, elle devient un axe de circulation entre l'Italie et les Pays-Bas.

La vallée de la Thur se resserre, puis s'élargit. Malgré leurs usines, les villages riverains sont charmants, de même que la campagne environnante avec ses prés, ses vergers, ses vallons, ses ruisseaux et ses cascades.

Willer-sur-Thur

Willer revendique l'honneur d'être le lieu de naissance de Catherine Hubscher, la future maréchale Lefebvre, passée à la postérité sous le surnom de « Madame Sans-Gêne » *(voir p. 213).*

Moosch

Ils sont morts pour que vive la France. Dans un grand cimetière militaire adossé au versant est de la vallée reposent près de 1 000 soldats français fauchés en 1914-1918.

St-Amarin

Cette localité a donné son nom à la vallée entre Moosch et Wildenstein. Le **musée Serret et de la Vallée de St-Amarin** rassemble des souvenirs locaux : gravures et vues anciennes de la région, coiffes alsaciennes, armes, ferronneries, emblèmes de confréries. *7 r. Clemenceau - ✆ 03 89 82 13 90 - mai-sept. : 14h-18h - possibilité de visite guidée (2h) - fermé mar., oct.-avr., 1er janv., dim. et lun. de Pâques, 1er nov., 25 déc. - 3,20 € (6-16 ans gratuit).*

Ranspach

Dans le haut du village, au-delà d'une usine, départ d'un sentier botanique (*2,5 km)* signalé par une feuille de houx. Cette promenade facile et agréable est jalonnée par des panneaux sur lesquels figurent les caractéristiques des arbres et arbustes rencontrés.

★ Parc de Wesserling - écomusée textile

À Husseren-Wesserling. ✆ 03 89 38 28 08 - www.parc-wesserling.fr - ♿ - 15 juin-5 oct. : tlj 10h-18h ; 1er avr.-15 juin : mar.-dim. et j. fériés : 10h-12h, 14h-18h ; 6 oct.-31 mars : mar.-dim. 10h-12h, 14h-17h. Fermé 11 Nov. - 6 €, 7,50 € musée et parc pdt les festivités (-10 ans gratuit).

L'ancienne manufacture royale de tissus imprimés a été entièrement réhabilitée en un ensemble muséographique très complet comprenant un Écomusée textile, quatre jardins, une ferme et un sentier patrimonial. Des artisans se sont installés dans la vallée et autour des anciens bâtiments entièrement rénovés. L'Écomusée textile présente l'histoire du site, ses différents propriétaires ainsi que l'histoire du coton et de l'indiennage. Les métiers de l'industrie textile sont illustrés par des démonstrations : filage, tissage, impression à la planche et numérique *(démonstrations ts les dim., tlj pdt les vac. scol. et lors du Festival des jardins métissés).*

Le parc compte quatre jardins : le jardin régulier dit « à la française », les terrasses méditerranéennes, le jardin ou parc à l'anglaise et le jardin potager. Malgré de nombreuses transformations depuis le 17e s., leur tracé actuel respecte en partie celui d'origine.

Ces jardins aux essences rares sont en été le théâtre du Festival des jardins métissés. Des artistes créent des jardins éphémères sur un thème imposé, en rapport avec le site. À Noël, à la tombée de la nuit, l'histoire des jardins est mise en scène dans un spectacle à l'occasion de l'opération « Noël aux jardins ».

La ferme fait le bonheur des petits. Elle accueille des animaux qui étaient au service de l'industrie textile (chevaux, ânes, vaches, moutons et chèvres). La découverte du site se poursuit en empruntant le sentier patrimonial (accès libre) doté de panneaux explicatifs.

DE GRANDS INDUSTRIELS

Ici, l'histoire n'a pas retenu des noms de guerriers, de souverains ou de religieux, mais ceux de Jérémie Risler, des Kœchlin, des Kestner, des Stehelin, tous « capitaines » d'industrie, fondateurs d'usines métallurgiques, textiles ou chimiques.

★ LA HAUTE VALLÉE

Circuit de 46 km au départ d'Husseren-Wesserling, tracé en violet sur la carte p. 270. Comptez environ 2h.

La haute vallée de la Thur est curieusement bosselée de buttes granitiques. Ce sont des îlots que l'action destructrice des anciens glaciers a respectés. Trois de ces buttes dominent **Oderen**. En amont, on peut apercevoir une autre butte, boisée, le Schlossberg, qui porte les ruines du **château de Wildenstein**.

À l'entrée d'Oderen, en venant de Fellering, belle vue sur les escarpements pittoresques des bois de Fellering.

Entre Kruth et Wildenstein, la route passe à droite du Schlossberg dans un défilé que, sans doute, la Thur emprunta autrefois.

Une autre route longe, par l'autre versant, le Schlossberg et le **barrage de Kruth-Wildenstein**, digue en terre et argile étanche, un des maîtres ouvrages de l'aménagement hydraulique de la vallée de la Thur.

À Wildenstein commence une superbe montée vers le col de Bramont caractérisée d'abord par une très belle vue en enfilade sur la vallée de la Thur, puis par un magnifique parcours en forêt.

Cette route n'est utilisable que dans le sens Wildenstein-Kruth et elle est fermée en hiver. Si tel est le cas, rejoignez Kurth par la D 13 bis, puis prenez la D 43^{C} pour atteindre le Grand Ventron.

Col de Bramont

Alt. 956 m. Il est situé sur la crête principale des Vosges.

★★ Grand Ventron

La route d'accès s'embranche au col de Bramont. Prenez à gauche la route forestière (8 km) passant par le col de la Vierge et aboutissant à la chaume du Grand Ventron. Du sommet (1 204 m), le **panorama★★** est très étendu sur les Vosges et la vallée de la Thur.

Poursuivez sur la piste forestière jusqu'au carrefour avec la D 43. Tournez à droite en direction de Ventron.

Musée du Textile

✆ 03 29 24 23 06 - http://musee.ventron.fr - avr.-sept. et vac. scol. : 10h-12h, 14h-18h ; reste de l'année : 14h-18h - fermé lun., nov. à mi-déc., 1er janv. - 4,50 € (-10 ans gratuit).

Ce musée retrace l'histoire d'un des plus importants pans de l'industrie vosgienne, qui a pris son essor grâce à l'esprit d'entreprise de paysans audacieux. Vous connaîtrez tout de la fabrication traditionnelle des toiles de lin à la filature industrielle du coton. Évolution des métiers à tisser du 18e s. à nos jours, démonstrations, etc.

Reprenez la D 43 en direction du col d'Oderen, cette fois, et rejoignez par la sinueuse D 13^{B1} la cascade St-Nicolas.

★ Cascade St-Nicolas

La cascade, composée de multiples et charmantes cascatelles, tombe au fond d'un joli vallon très encaissé dont les versants sont couverts de sapins.

Rejoignez Kruth et tournez à droite sur la D 13^{B} pour retournez à Husseren-Wesserling.

LE VALLON D'URBÈS

Circuit de 11 km au départ d'Husseren-Wesserling, tracé en bordeaux sur la carte p. 270. Comptez environ 30mn.

La route traverse la vallée de la Thur, puis s'engage dans le vallon d'Urbès barré par une moraine.

See d'Urbès

Parking sur le bord du lac, signalé par un grand panneau.
La dépression dans laquelle est installé le lac (ou *see*) d'Urbès doit son existence au glacier qui sculpta la vallée de la Thur à l'ère quaternaire. L'eau est retenue par une moraine frontale, dépôt rocheux accumulé par le glacier. Depuis la disparition de celui-ci, une végétation de tourbière (sphaignes, laîches, etc.) a colonisé ce lieu, le comblant progressivement.
Un sentier balisé *(1h30)*, complété de panneaux présentant la flore, la faune et les activités traditionnelles propres à ce milieu particulier, facilite la découverte du lac d'Urbès.
Une montée douce, avec de jolies vues sur la vallée de la Thur et les crêtes qui la dominent, amène au col de Bussang.

NOS ADRESSES DANS LA VALLÉE DE LA THUR

HÉBERGEMENT ET RESTAURATION

BUDGET MOYEN

Auberge de France – *20 Grand'Rue - 68820 Kruth - 03 89 82 28 02 - www.aubergedefrance.fr - fermé 7-31 janv., 15-30 juin et jeu. - P - 16 ch. 59 € - 8 € - rest. 16,50/39 €.* Dans un village de la haute vallée de la Thur, auberge bien tenue abritant des chambres assez confortables. Billard, boulodrome, accès Internet. Vous passerez par le bar de l'hôtel pour atteindre la salle à manger rustique où l'on sert des plats traditionnels.

Auberge du Mehrbächel – *68550 St-Amarin - 4 km à l'est par rte du Mehrbächel - 03 89 82 60 68 - www.auberge-mehrbachel.com - fermé 25 oct.-6 nov. - P - 23 ch. 60/70 € - 9,50 € - rest. 14/38 €.* Ambiance « refuge » et confort actuel pour cette ancienne ferme tenue par la même famille depuis 1886 et bénéficiant d'une situation privilégiée sur le passage d'un GR.
Le restaurant propose quelques spécialités alsaciennes à partager avec les randonneurs.

Domaine des Fines Fleurs du Terroir – *R. Rhin-et-Danube - 68820 Wildenstein - 03 89 82 20 20 - www.domaine-fines-fleurs.eu - fermé merc. - - P - 9 ch. 48 € - 8 € - 13/48 €.* Cet hôtel qui partage les lieux avec une ferme avicole ménage une superbe vue sur la vallée de la Thur. Les chambres, magnifiquement décorées, disposent de tout le confort actuel. Le restaurant fonctionne selon le principe d'une ferme-auberge : la majorité des produits proviennent de l'exploitation voisine. En été, un jardin d'aromates permet de découvrir les herbes culinaires. Également, location d'un chalet *(7 pers.)* à la semaine.

Hôtel Les Quatre Saisons – *Au Frentz - 68820 Kruth - 3 km à l'ouest de Kruth par D 13B1 - 03 89 82 28 61 - www.hotel4saisons.com - fermé 10 j. janv., 10 j. nov., 24-25 déc. - P - 9 ch. 50/65 € - 9 € - rest. (fermé mar. et merc.) 16/35 €.* Cet hôtel-restaurant qui fut jadis une ferme a conservé le charme rustique de son activité d'origine. Les chambres, agréablement meublées et décorées, offrent une vue magnifique sur les montagnes alentour et la vallée de la Thur.

La bonne cuisine du terroir est servie dans de la vaisselle traditionnelle.

ACTIVITÉS

Parc Arbre Aventure – *68820 Kruth - 03 89 82 25 17 - www.parcarbreaventure.com - avr.-juin et sept.-oct. : merc., sam.-dim. 13h30-18h ; juil.-août 9h30-20h ; j. fériés 13h30-20h - fermé nov.-mars - 22 € 4h dans le parc (-16 ans 17 €).* Retrouvez votre instinct d'aventurier en empruntant l'un de ces parcours, de difficulté croissante, tracés au milieu des arbres, qui vont de la simple découverte au grand frisson du circuit « no limit ». La grande tyrolienne survole le lac (300 m de long). Si le courage vous manque, vous pourrez vous rabattre sur les pédalos ou les kayaks.

AGENDA

Feux de la St-Jean – *03 89 82 13 90 - www.ot-saint-amarin.com.* La vallée de St-Amarin s'illumine chaque année à l'occasion de la veillée de la St-Jean *(samedi suivant le 20 juin)* de nombreux feux de joie et feux d'artifice ; animation musicale.

Gérardmer

★

8 776 Géromois – Vosges (88)

NOS ADRESSES PAGE 288

S'INFORMER

Office du tourisme de Gérardmer – *4 pl. des Déportés - 88400 Gérardmer - 03 29 27 27 27 - www.gerardmer.net - juil.-août : 9h-19h, dim. et j. fériés 10h-13h ; vac. de Noël, fév. et Pâques : 9h-18h30, dim. 10h-13h ; reste de l'année : 9h-12h, 14h-18h - fermé 1er janv., 25 déc.*

Office du tourisme de La Bresse – *2a r. des Proyes - 88250 La Bresse - 03 29 25 41 29 - www.labresse.fr - 9h-12h, 14h-18h30, dim. et j. fériés 9h30-12h30 - fermé 11 Nov.*

SE REPÉRER

Carte de microrégion B2 (p. 266) – *carte Michelin Départements 314 J4.* À 53 km à l'ouest de Colmar, Gérardmer se situe du côté lorrain du massif des Vosges.

À NE PAS MANQUER

Le tour du lac de Gérardmer, une randonnée dans les vallées avoisinantes pour contempler les chutes du saut des Cuves ou celles de Tendon, ou bien encore la coulée morainique de Granges-sur-Vologne.

ORGANISER SON TEMPS

Lieu de séjour, Gérardmer est aussi le point de départ de circuits que vous pourrez parcourir en 2 ou 3h.

Gérardmer et son lac.
S. Nicolas / Iconotec / Photononstop

AVEC LES ENFANTS
Les loisirs ne manquent pas aux abords du lac : sports nautiques, ski, parcs d'aventures. Et pour tout savoir sur les animaux de la région, rendez-vous au musée Faune Lorraine.

En 1875, l'office du tourisme de Gérardmer a été le premier à voir le jour en France, preuve s'il en fallait de la vocation d'hospitalité de cette station de sports d'hiver, reconvertie l'été en station climatique autour de son très beau lac. Même Charlemagne aurait, paraît-il, apprécié son charme et serait venu y séjourner… Dans un tout autre registre, la ville peut également s'enorgueillir d'avoir enlevé à Avoriaz l'organisation, chaque année, du Festival du film fantastique.

Séjourner Carte de microrégion

LES LACS

★ Lac de Gérardmer B2
C'est le plus grand lac des Vosges. Sa longueur est de 2,2 km, et sa largeur de 750 m. Il est assez profond (38 m), on peut y pratiquer la pêche et, bien sûr, s'y baigner ou faire de l'aviron, du canoë-kayak, de la voile… Le **tour du lac★** peut être effectué à pied ou en voiture *(6,5 km)*. Il offre de belles vues variées, selon que l'on se trouve plus ou moins près de la rive. Essayez les vedettes, canots électriques, barques, pédalos…
Plusieurs sociétés proposent des tours du lac commentés en vedette - www.gerardmer.net - de mi-avr. à fin oct. : 9h-19h.

★ Lac de Longemer B2
5 km à l'est par D 417 et D 67.
Autour de ce lac, long de 2 km, large de 550 m, profond de 30 m, on trouve des espaces verts, une plage et des campings.

★ Lac de Retournemer B3

12 km à l'est par D 417 et D 67.

Alimenté par les cascades de la Vologne, ce petit lac privé est remarquable par la pureté et le bleu profond de ses eaux qui reposent au creux d'une conque.

LES STATIONS DE SKI

Gérardmer-La Mauselaine B2

✆ 03 29 60 04 05 - www.ski-gerardmer.com - navette gratuite en hiver au dép. des principales pl. du centre-ville - vac. scol. : tlj - hors vac. : seult w.-end. Nocturne de 17h à 22h mar. et sam. hors vac. ; mar., jeu., sam. pdt les vac. scol.

Quarante km de pistes de ski dont la plus longue des Vosges (4 km) sont balisées sur les hauteurs de Gérardmer. De tous niveaux, certaines sont équipées de canons à neige, d'autres peuvent ouvrir en nocturne jusqu'à 22h.

Le premier espace nordique du massif des Vosges, le domaine des Bas-Rupts, n'est qu'à 2,5 km du centre-ville de Gérardmer. Les 100 km de pistes tracées forment des circuits de tous niveaux sur les communes de Gérardmer, La Bresse et Xonrupt, et s'enfoncent à travers la forêt. Entre 800 et 1 100 m d'altitude, les pistes de fond sont complétées par des itinéraires à emprunter en raquettes.

La Bresse-Hohneck B3

C'est le plus grand domaine skiable vosgien, équipé de 282 canons à neige, avec 37 pistes sur 3 sites principaux, autour du Hohneck en descendant sur La Bresse, près du lac de Retournemer et aux environs du col de la Schlucht. La Bresse est ainsi passée de la taille d'une station familiale à celle d'une véritable station sportive.

Circuits conseillés Carte ci-contre

★ VALLÉE DE LA MEURTHE ET DE LA PETITE MEURTHE

Pour visualiser ce circuit de 55 km au départ de Gérardmer, reportez-vous à la carte ci-contre. Comptez environ 2h.

Quittez Gérardmer par la D 417.

★ Saut des Cuves

Laissez la voiture à proximité de l'hôtel-restaurant du Pont des Fées. Prenez à droite, en amont du pont, le sentier qui mène à la Vologne, que franchissent deux passerelles permettant de faire un petit circuit.

Le torrent tombe en cascade parmi de gros blocs de granit. La plus importante des chutes se nomme le saut des Cuves.

Musée Faune Lorraine

Sur la D 417 à 500 m du carrefour du Saut-des-Cuves. 653 rte de Colmar - 88400 Xonrupt-Longemer - ✆ 03 29 63 39 50 - www.museefaunelorraine.com - juil.-août et vac. de Noël : 10h-12h, 14h-18h30 ; reste de l'année : 14h-18h30 - fermé sam. (hors vac. scol. et ponts), 25 déc. - 5,50 € (4-15 ans 4 €).

Un esprit naturaliste règne ici. Fondée par un taxidermiste, cette exposition présente plusieurs facettes de la nature vosgienne : beaux dioramas, véritables mises en scène dignes d'un « musée Grévin » animalier et quatre aquariums qui plongent le visiteur dans le monde subaquatique des eaux douces des torrents et lacs environnants.

Après 1 km, prenez à gauche la D 23.

Après un parcours en forêt, on atteint près du Valtin la **haute vallée de la Meurthe★**, dont les versants sont couverts de pâturages et de sous-bois. En aval de Rudlin, la vallée s'étrangle et la Meurthe, rapide et claire, vient alimenter plusieurs scieries.

À Plainfaing, prenez à gauche la D 415, puis la D 73 encore à gauche.

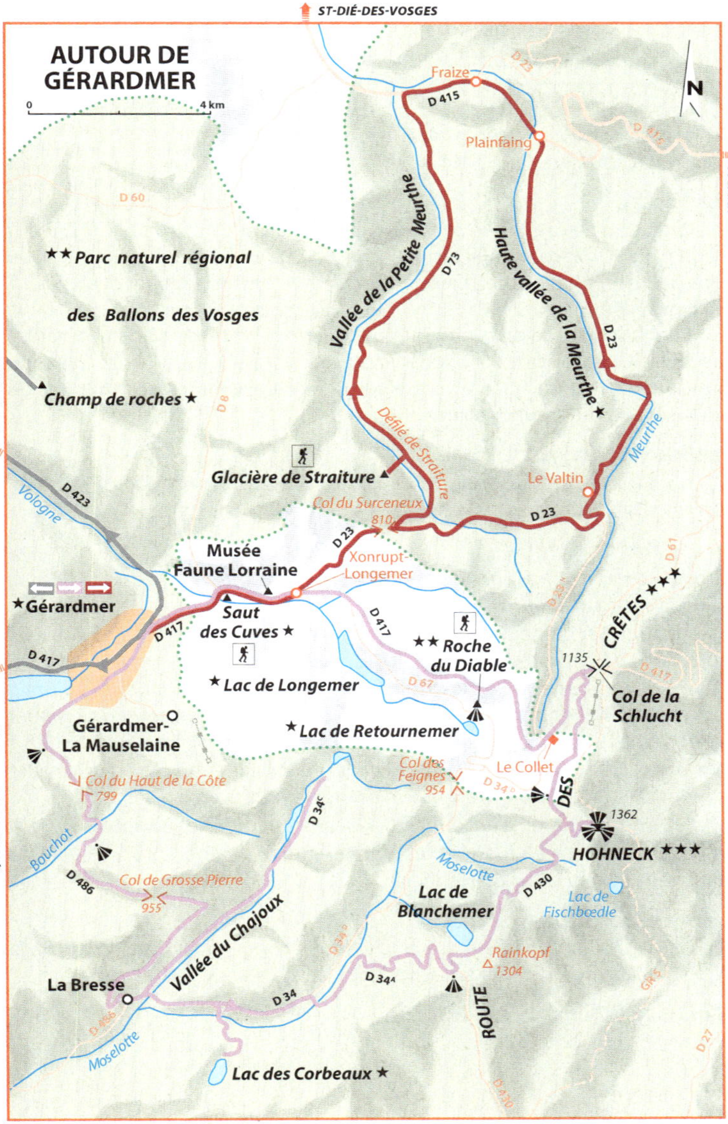

Le retour s'effectue par la **vallée de la Petite Meurthe**, qui, large et cultivée, se resserre. La route pénètre dans le défilé de Straiture aux parois couvertes de sapins.

Glacière de Straiture

À 0,7 km au-delà d'une petite route à droite, un sentier franchit la rivière et permet d'atteindre la glacière. C'est un amas de rocs entre lesquels se conservait la neige transformée en glace.

À l'extrémité du défilé, la route franchit la Petite Meurthe et rejoint le col de Surceneux, d'où l'on regagne Gérardmer.

★★★ LA BRESSE, LE HOHNECK ET LA SCHLUCHT

Pour visualiser ce circuit de 54 km au départ de Gérardmer, reportez-vous à la carte p. 285. Comptez environ 2h30.

Quittez Gérardmer par la D 486.

La Bresse

La fondation de ce gros bourg remonte au 7e s. Très tôt, ses habitants furent régis par un droit coutumier propre, si bien que la ville demeura jusqu'en 1790 une petite république presque autonome vivant des fromages et du tissage. À peu près détruite durant l'automne 1944, La Bresse a été reconstruite à neuf. Son habitat typique de la montagne vosgienne est dispersé dans la vallée. L'**église St-Laurent**, du 18e s., possède un chœur gothique éclairé de **vitraux** modernes en verre éclaté. Quatre verrières racontent les destructions de La Bresse par les troupes allemandes en repli.

Vallée du Chajoux

Au nord-est de La Bresse, elle longe un torrent à truites au pied de versants boisés. Chutes et retenues d'eau.

★ Lac des Corbeaux

À hauteur de l'hôtel du Lac, vous verrez à droite une route bordée de très beaux arbres ; elle conduit au lac.

Sa situation est particulière, au milieu d'un cirque abrupt couvert d'épaisses forêts. Un sentier permet d'en faire le tour (30mn à pied). Pêche autorisée.

Après La Bresse, on remonte le cours de la Moselotte que l'on franchit, laissant à gauche la D 34D vers le col des Feignes. 2 km plus loin, laissez la route de Bramont et empruntez la D 34A, sinueuse, appelée « route des Américains ».

On atteint alors les pâturages et on découvre une belle vue à droite sur la haute vallée de la Thur, Wildenstein et le barrage de Kruth-Wildenstein.

Prenez à gauche la route des Crêtes (D 430) qui contourne le Rainkopf.

À gauche, en contrebas, le **lac de Blanchemer** est entouré de prairies. Puis on atteint les chaumes du Hohneck.

★★★ Le Hohneck *(voir p. 307)*

Peu après, au loin à gauche, apparaît le lac de Longemer dans la vallée de la Vologne. La **vue★** devient superbe sur ce lac et celui de Retournemer.

Col de la Schlucht *(voir p. 305)*

★★ Roche du Diable

15mn à pied AR. Laissez la voiture près du tunnel et prenez un sentier très raide par lequel on arrive aussitôt au belvédère.

De cette Roche du Diable, vous aurez une large **vue★★** sur la vallée de la Vologne, les prairies qui la tapissent, les lacs de Retournemer et Longemer et les versants alentour.

★ Saut des Cuves *(voir p. 284)*

VALLÉES DU TENDON ET DE LA VOLOGNE Carte de microrégion

Pour visualiser ce circuit de 61 km au départ de Gérardmer, reportez-vous à la carte de microrégion p. 266. Comptez environ 2h.

Quittez Gérardmer par la D 417. À l'entrée du Tholy, prenez à droite la D 11. Parcourez 5 km. 200 m avant l'hôtel Grande Cascade, prenez la route qui descend à gauche. Elle conduit à la cascade (800 m).

★ Grande Cascade de Tendon A2

Près du col de Bonne Fontaine, cette double chute dévale joliment en plusieurs paliers successifs, à travers les sapins de la forêt de Fossard.

Devant Faucompierre, tournez à droite et, par la D 30 et la D 44, gagnez Bruyères ; en prenant la route de Belmont à gauche du cimetière, on arrive au pied du mont Avison. Laissez la voiture.

Tour-belvédère du mont Avison A2

45mn AR à pied. Élevée sur le sommet (601 m) d'une des collines entourant **Bruyères**, cette tour de 15 m de haut (affublée d'un pylône peu esthétique) domine le carrefour des vallées où la ville a pris place.

Panorama★ depuis la table d'orientation *(82 marches)* jusqu'aux sommets vosgiens de la Tête des Cuveaux, du Hohneck, du Donon. Remarquez au passage les maisons bourgeoises en grès jaune et rose.

Champ-le-Duc A2

La vieille **église** (12e s.) en grès rouge a survécu au raid des Suédois en 1635. La nef avec son alternance de piles fortes et faibles, la voûte avec ses boudins épais et l'abside en cul-de-four percée de trois petites fenêtres sont typiques de l'art roman primitif rhénan. Un chapiteau sculpté à la croisée du transept représente deux cavaliers affrontés (la tradition populaire y voit une entrevue entre Charlemagne et son fils Charles).

Le village fut incendié par les Allemands en 1944, beaucoup d'hommes furent déportés. C'est à la hâte que le village fut reconstruit à la fin de la guerre.

★ Champ de roches de Granges-sur-Vologne A2

Dans Granges-sur-Vologne, bourg industriel lié au textile, prenez la D 31 à gauche. À Barbey-Seroux, empruntez la route forestière à droite (à la deuxième intersection) et traversez la forêt de Vologne. À 2,4 km, à une bifurcation près de laquelle se trouve une maison, prenez à gauche et laissez la voiture à environ 150 m.

Cette extraordinaire coulée morainique, longue d'environ 500 m, scinde la forêt en ligne droite comme un fleuve de pierre figée. La surface de cet amoncellement est constituée de blocs serrés les uns contre les autres.

Revenez à Barbey-Seroux et à Granges, puis, par la D 423, rejoignez Gérardmer.

4

NOS ADRESSES À GÉRARDMER

HÉBERGEMENT

PREMIER PRIX

Camping municipal Le Haut des Bluches – *5 rte des Planches - 88520 La Bresse - 3,2 km à l'est par D 34, rte du Col-de-la-Schlucht et, à dr., chemin des Planches, bord de la Moselotte - ✆ 03 29 25 64 80 - www.domainehautdesbluches.labresse.fr - ouv. de mi-déc. à déb. nov. - ♿ - réserv. conseillée - 140 empl. 23 €.* Outre la relative proximité des différentes activités proposées dans la région, ce camping bénéficie d'un bel aménagement en paliers de rochers et de verdure. L'hiver, on séjournera plus volontiers dans l'une des confortables chambres du chalet, au contact des pistes de ski.

BUDGET MOYEN

Chambre d'hôte « Au Pied des Chaumes » – *6 rte du Frère-Joseph - 88310 Ventron - ✆ 03 29 24 46 03 - www.couette.com - P - ⊄ - 5 ch. 65 € ☕ - repas 21 €.* Calme et détente vous attendent dans cette grande bâtisse de style vosgien abritant des chambres agréablement décorées et équipées de WC et sdb. Petits-déjeuners assortis de confitures et pâtisseries maison, et possibilité de table d'hôte (cuisine traditionnelle et du terroir). Accueil convivial.

POUR SE FAIRE PLAISIR

Auberge du Haut Jardin – *88640 Rehaupal - ✆ 03 29 66 37 06 - www.hautjardin.com - fermé 5 j. en janv., 5 j. en mars et 5 j. en nov.- ♿ - P - 8 ch. 69/79 € - ☕ 9/12,90 € - rest. 18,80/37,50 €.* Charmante petite auberge imprégnée du calme des alentours. Vous serez ravi, après une belle balade, de passer à table pour y faire le plein de saveurs locales. Côté hébergement, on pourrait s'imaginer séjourner en maison d'hôte tant les lieux ont du caractère… Le nombre de chambres est restreint alors… sachez garder le secret.

Hôtel Viry-L'Aubergade – *Pl. des Déportés - ✆ 03 29 63 02 41 - www.hotelviry.com - P - 17 ch. 60/68 € - ☕ 9,50 €.* Des fresques de style tyrolien agrémentent la façade et les chambres, sobres et bien tenues (6 d'entre elles ont été rénovées), de cet hôtel familial agrémenté de balcons au 1er étage. Plaisant petit salon-cheminée. Le restaurant et sa chaleureuse ambiance évoquent l'Autriche. Recettes traditionnelles et saveurs du terroir.

Les Vallées – *31 r. P.-Claudel - 88520 La Bresse - ✆ 03 29 25 41 39 - www.labellemontagne.com - 56 ch. 56/102 € - ☕ 12 € - rest. 18/46 €.* Chambres fonctionnelles de taille variée, équipements complets pour séminaires et installations de loisirs : cet imposant complexe hôtelier est fréquenté hiver comme été. Ses atouts ? Une haute charpente en bois blond, de grandes baies vitrées et de bons plats régionaux au restaurant.

RESTAURATION

PREMIER PRIX

La Chaume – *23c bd Kelsch - ✆ 03 29 63 27 55 - www.restaurantlachaume.fr - fermé dim. soir et lun. sf vac. scol. et j. fériés - 13/16 €.* Cette petite adresse dispose de nombreux atouts qui en font un lieu très prisé : cadre rustique à souhait, cuisine inventive (millefeuille de canard et lentilles au raifort, filet mignon pané au miel de sapin, etc.), agréable service assuré par la patronne et prix tout doux. Pensez à réserver !

BUDGET MOYEN

Le Bistrot de la Perle – *32 r. Ch.-de-Gaulle - ✆ 03 29 60 86 24 - fermé 1 sem. en juil., 3 sem. en oct., 1 sem. en mars, mar. soir et merc. - ♿ - formule déj. 10,80 € - 16,60/23,50 €.* Cette perle de bistrot a conservé la jolie devanture « rétro » de la boucherie-charcuterie dans laquelle il s'est installé, mais l'intérieur, complètement réaménagé, s'avère actuel et chaleureux. Aux beaux jours s'y ajoute une agréable terrasse. Côté cuisine, la spécialité de la maison est la moule-frites escortée d'un vaste choix de petits plats « bistrotiers » à prix doux.

POUR SE FAIRE PLAISIR

Cap Sud – *144 rte de la Bresse - ✆ 03 29 63 06 83 - fermé lun. sf j. fériés - P - formule déj. 11 € - 28/52 €.* Escale maritime au cœur des Vosges : hublots et décor « paquebot » en acajou côté salle, vue sur les montagnes côté véranda et cuisine du large d'inspiration méditerranéenne.

ACHATS

Marché – *Pl. du Vieux-Gérardmer - jeu. et sam. 8h-12h : marché traditionnel. Sam. juil.-août : 8h-12h marché artisanal.* Ce RV bihebdomadaire des artisans et producteurs régionaux en fait l'un des marchés les plus populaires de la région.

Au Pain de mon Grand-Père – *1 r. François-Mitterrand - ✆ 03 29 63 03 64 - mar.-sam. 5h30-19h30, dim. 6h-18h30.* Cette boulangerie perpétue le même savoir-faire depuis quatre générations. Produits de qualité, pains façonnés à la main. Pour le petit-déjeuner, vous aurez l'embarras du choix car la maison propose une quarantaine de viennoiseries.

Usine Garnier-Thiébaut – *Kichompré, rte des Granges - ✆ 03 29 60 30 59 - lun.-sam. 10h-12h, 14h-19h - fermé j. fériés - visite guidée des ateliers (45mn - gratuit) sur réservation (min. 10 pers.), tte l'année sf août.* Dotée du label Entreprise du patrimoine vivant, cette entreprise (200 salariés) produit du linge de maison en tissu Jacquard. Au cours de la visite, vous découvrirez la fabrication du tissu Jacquard, de la préparation des fils de couleurs à la confection des pièces.

La Saboterie des Lacs – *25 bd de la Jamagne - ✆ 03 29 60 09 06 - tlj sf dim., lun.-vend. 10h-12h - 14h-17h30, juil.-août sam. inclus - fermé j. fériés - visite gratuite.* Dans cette saboterie artisanale, vous assisterez à la fabrication complète d'une paire de sabots. Vous pourrez également en acheter sous de multiples formes, en frêne ou en érable : utilitaires, décoratifs, en porte-clés, etc.

Les Petits Crus Vosgiens – *10 chemin de la Scierie - Le Beillard - ✆ 03 29 63 11 70 - petitscrusvosgiensvillaume@wanadoo.fr - tlj sf lun. 10h30-12h30, 14h-19h - fermé 5-21 juin et 4-20 sept.* Daniel Villaume, maître des lieux (en l'occurrence une ancienne scierie), vous fera découvrir les produits de sa fabrication et déguster ses boissons fermentées à base de groseilles, cassis, rhubarbe, fleurs de pissenlit et de sureau. Ces boissons de fruits ou de fleurs, très réputées dans les Vosges, se boivent en apéritif ou au dessert.

Linvosges – *6 pl. des Déportés - ✆ 03 29 60 11 00 - www.linvosges.com - tlj 10h-12h, 14h-19h, vac. scol. 10h-19h - fermé 1er Mai, 25 déc. et*

1er janv. Cette entreprise fondée en 1922 perpétue la tradition du beau linge vosgien pour le lit, la table, la cuisine ou la salle de bains. Vente des produits à prix d'usine.

Le Jacquard Français – *35 r. Charles-de-Gaulle - ✆ 03 29 60 82 50 - www.le-jacquard-francais.fr - 10h-12h, 14h-19h - fermé 1er janv., 1er Mai et 25 déc.* Linge de table, de toilette et de plage.

M. Perrin – *9 imp. des Chaies-Gleys - ✆ 03 29 63 00 54 - visite de l'élevage : juin et sept. 16h30, juil.-août 17h30, durée 1h30 ; boutique : mai à sept. 10h-12h, 14h-19h30, reste de l'année se rens. - 3 €.* Production et vente de laine mohair, fils à tricoter, pulls, écharpes, couvertures, etc.

Société des producteurs du terroir vosgien – *5 pl. du Vieux-Gérardmer - ✆ 03 29 63 21 93 - hiver : 10h-12h, 14h30-18h30 - vac. scol. : tlj sf dim. apr.-midi - été : 10h-12h, 15h-19h - fermé 11-30 nov. et 1 sem. fin juin.* Cette association installée dans une belle bâtisse de 1789 réunit 20 producteurs du département des Vosges et commercialise plus de 200 produits : confiseries, miel de sapin, terrines lorraines, munster fermier, charcuteries, farine du moulin de Nomexy, confitures, vins, alcools divers, eaux-de-vie à la mirabelle…

Association des Artisans du village de Liezey – *17 rte de Saucéfaing - 88400 Liézey - ✆ 03 29 63 16 50 - vac. scol. : 14h30-18h30 ; avr.-nov. : dim. 14h30-18h30 - fermé nov.-Pâques.* Dans cette ancienne ferme, plus de 50 artisans et producteurs régionaux exposent et vendent leurs produits : jouets en bois, émaux, broderies, dentelles, miel, confitures, confiseries, eaux-de-vie, crus vosgiens, artisanat de pierre, cuir, bois…

EN SOIRÉE

Les Rives du Lac – *1 av. de la Ville-de-Vichy - ✆ 03 29 63 04 29 - http://rivesdulac.fr - 15 juin-30 sept. : 9h-22h, hors sais. : 9h-17h - fermé de mi-nov. à mi-déc.* C'est l'un des cafés les plus agréables de la ville, ce dont vous conviendrez aisément une fois installé à sa terrasse, bercé par le clapotis des vagues, face à l'onde bleutée du lac et aux montagnes environnantes. Soirées musicales en été.

Casino du Lac – *3 av. de la Ville-de-Vichy - ✆ 03 29 60 05 05 - lun.-vend. 13h-2h, sam.-dim. 13h-3h.* Ce centre de loisirs comprend des machines à sous et des jeux traditionnels (boule, roulette, black jack), un cinéma-théâtre et un restaurant saisonnier dont la terrasse donne sur le lac.

AGENDA

Fête des Jonquilles – Une trentaine de chars pour lesquels des millions de fleurs sont nécessaires. Fanfares, majorettes et groupes folkloriques animent le cortège annonciateur du printemps. Le défilé est exceptionnel *(tous les deux ans, mi-avr.).*

Fantastic'Arts – *Festival du film fantastique - fin janv. - ✆ 03 29 60 98 21 - www.gerardmer-fantasticart.com.*

Munster

5 041 Munstériens – Haut-Rhin (68)

NOS ADRESSES PAGE 295

S'INFORMER

Office du tourisme de Munster – *1 r. du Couvent - 68140 Munster - ✆ 03 89 77 31 80 - www.vallee-munster.eu - juil.-août : 9h30-12h30, 13h30-18h30, sam. 9h30-12h30, 13h - 18h, dim. et j. fériés 10h-12h30 ; avr.-juin : 9h30-12h30, 14h-18h, sam. 10h-12h, 14h-16h ; reste de l'année : 10h-12h, 14h-17h, sam. 10h-12h, 14h-18h.*

SE REPÉRER

Carte de microrégion C3 (p. 266) – *carte Michelin Départements 315 G8.* Munster commande l'accès à la vallée de Munster, qui recouvre deux vallées du massif vosgien se rejoignant à Munster et filant ensuite vers la plaine. Seize communes implantées le long de la Petite et de la Grande Fecht, toutes deux verdoyantes (hêtraies), constituent cette entité traditionnelle parcourue notamment par la D 417.

À NE PAS MANQUER

Le Hohrodberg pour sa vue splendide, le Hohneck bien sûr, mais aussi le petit lac de Fischbœdle.

Des moines irlandais, venus au 7e s. pour achever l'évangélisation de l'Alsace, ont fondé une abbaye dans ce lieu sauvage – Munster signifie d'ailleurs « monastère ». Nichée entre les vignobles et la route des Crêtes, la ville permet, en hiver, d'accéder aux champs de neige et sert, en été, de point de départ de circuits pédestres vers les sommets arrondis des Hautes-Vosges, les versants parfois escarpés, les lacs, et surtout les prairies d'alpage : les hautes chaumes. Ces pelouses des sommets sont le repaire des marcaires, paysans détenteurs de la recette du très odorant fromage de Munster.

Se promener

La Grand'Rue est très animée avec ses jolies boutiques. Les dommages laissés par la Grande Guerre ne sont plus que des souvenirs. La très belle église protestante luthérienne a été construite dans les années 1867-1873, dans le style néoroman. Réintroduites dans la région au moyen d'un enclos, les cigognes sont de retour sur les toits de la ville.

En bordure de la place du Marché, l'aile subsistante de l'ancien palais abbatial est devenue le siège du **Parc naturel régional des Ballons des Vosges**. Une exposition permanente y présente les principales richesses et caractéristiques du Parc. *1 cours de l'Abbaye - 68140 Munster - ✆ 03 89 77 90 34 - www.parc-ballons-vosges.fr - ♿ - juil.-sept. : tlj sf lun. 10h-12h, 13h30-17h30 ; reste de l'année : tlj sf w.-end et j. fériés 13h30-17h30 - fermé janv., 1er et 11 Nov, 26 et 31 déc. - gratuit.*

LA TERRIBLE BATAILLE DU LINGE

La bataille du Linge se déroule en 1915, lors de la Première Guerre mondiale. Après une offensive allemande en février 1915 et deux offensives françaises en mars et juin 1915 au Reichackerkopf et à Metzeral, les assauts des bataillons français reprennent sur un terrain de plus en plus fortifié et incertain. En quelques mois, entre le 20 juillet et le 16 octobre 1915, le Linge et ses sommets – le Barrenkopf, le Kleinkopf et le Schratzmaennele – se transforment en « **tombeau des chasseurs alpins** », au rythme des assauts et contre-attaques allemandes. L'ultime attaque allemande est repoussée mi-octobre et le front se fige sur le Linge pour se porter sur le massif du Hartmann. 17 000 vies sont englouties dans les deux camps, décimant les bataillons de chasseurs alpins et les régiments de la Landwehr.

Circuits conseillés Carte du Parc naturel

★★ VALLÉE DE MUNSTER

Circuit de 55 km au départ de Munster, tracé en rouge sur la carte p. 270. Comptez environ 3h.

Quittez Munster au nord-ouest par la D 417, puis tournez à droite dans la D 5 bis en montée sinueuse.

Hohrodberg

Le site de cette station estivale très ensoleillée est remarquable. **Vue★★** étendue sur Munster, sa vallée et, de gauche à droite, du Petit Ballon au Hohneck. Au cours de la montée, arrêtez-vous à l'aire de pique-nique et faites quelques pas sur la route, pour admirer les environs.

Le Collet du Linge

À droite de la route s'étend le cimetière militaire allemand de **Baerenstall** créé en 1930 afin de regrouper les sépultures du secteur du Linge après la Première Guerre mondiale.

★ Le Linge

Après de violents combats, les troupes françaises s'établirent définitivement en août 1915 sur les pentes ouest du Linge et du Schratzmaennele, alors que les Allemands occupaient la crête. En prenant à droite, on atteint le sommet du Linge (986 m).

Musée-mémorial du Linge – *Collet du Linge (entre Orbey et Munster) - ✆ 03 89 77 29 97 - www.linge1915.com - de mi-avr. au 11 Nov. : 9h-12h30, 14h-18h - fermé du 11 Nov. à mi-avr. - 3,50 € (-16 ans gratuit).* Il évoque la terrible vie des soldats dans les tranchées et les assauts meurtriers qui coûtèrent la vie à 17 000 combattants français et allemands de juin à octobre 1915. Une vidéo, ainsi que différents objets et documents d'époque (reliques, portraits, photos, uniformes, armes, journaux de tranchée), des cartes et des maquettes permettent de se représenter la dureté des combats, les difficultés du ravitaillement et des soins et de comprendre les raisons stratégiques qui firent du Linge un lieu de si triste mémoire. La visite, axée sur les spécificités de la guerre sur les sommets vosgiens, se révèle passionnante. L'occasion d'apprendre que les combats de montagne engendrèrent l'activité des premiers tireurs d'élite qui utilisaient des fusils de chasse, en 1915. On y apprend également que les Allemands avaient dû monter en toute hâte une compagnie de skieurs qu'ils ne possédaient pas

Le bois de l'Eichwald vu depuis le Hohrodberg.
L. Loiseau/MICHELIN

en 1914. Le ski n'est pas utilisé pour combattre mais l'occasion de s'adapter à un terrain face à un adversaire aguerri aux déplacements sur les pentes alpines.

Champ de bataille – La découverte du champ de bataille est particulièrement émouvante : à quelques mètres des premières lignes françaises, les tranchées allemandes, maçonnées, sont très bien conservées. Remarquez d'abord le monument commémoratif en forme de **flamme torsadée** dédié aux 10 000 morts français du Linge. Celui-ci a été fondu avec le métal provenant des balles, douilles, anneaux et fusées des obus ramassés sur le champ de bataille. Un **obélisque** à la forme brisée rend hommage aux chasseurs du 5e BCP. La **stèle de l'armistice**, dessinée par Gérard Ambroselli, porte la mention du champ de bataille accolée à celle de la Marne et de Verdun ; en en-tête, des vers d'André Piot, ancien combattant, évoquent l'espérance de la fin des combats.

La D 11 domine bientôt le val d'Orbey.

4

Col du Wettstein

Cimetière des Chasseurs, où reposent plus de 3 000 soldats français à l'ombre d'une immense croix de granit sur laquelle est inscrit le mot « Pax ». Au pied

LA FABRICATION DU MUNSTER

Dans la vallée, les marcaires vivent depuis toujours en réseau solidaire. Au début du printemps, ils mènent leurs troupeaux de vaches, d'abord près des granges d'altitude (fourrage coupé l'année précédente). Puis l'été venu, ils montent à la marcairie, généralement un bien communal, et fabriquent le fromage. La recette du munster est connue depuis le 9e s. mais l'appellation n'apparaît qu'au 16e s. Pour une livre de fromage, on fait chauffer 5 litres de lait dans un grand chaudron en cuivre. Lorsque la température atteint 38 °C, on ajoute la présure. Le caillé obtenu est découpé en cubes que l'on fait égoutter après les avoir disposés dans des formes en bois.

de la croix, un chasseur agonisant, lâchant son fusil. Un vaste camp français d'arrière-front existait ici. Il fut arasé dans les années 1920. Ne subsiste qu'une reconstitution de baraquement en tôle ondulée mis en place par les bénévoles du mémorial.

Descendez dans la Petite Vallée par la D 48 qui rejoint la D 417 près de Soultzeren.

La route grimpe vers le col de la Schlucht, offrant des perspectives de plus en plus belles sur la vallée de la Fecht, puis sur la Petite Vallée. Après un très beau parcours en forêt et de superbes échappées vers la plaine d'Alsace et la Forêt-Noire, on domine de très haut le cirque magnifique où naît la Petite Fecht.

On passe ensuite par le **col de la Schlucht**, le **jardin d'altitude du Haut-Chitelet**, le **Hohneck★★★** et le **Markstein** *(voir p. 307)*. Au passage sous un téléski, vue plongeante sur le lac de la Lauch, la vallée de Guebwiller et la plaine d'Alsace.

Revenez sur vos pas et prenez à droite la D 27. Après une courte montée, on quitte la région des pâturages : belle vue à gauche sur le massif du Hohneck. La descente continue dans les bois où les hêtres prennent le pas sur les sapins.

★ Schnepfenried

Cette station de sports d'hiver possède plusieurs remonte-pentes. Elle offre un beau **panorama★** sur le massif du Hohneck, au flanc duquel on distingue le barrage et le lac de Schiessrothried, et, plus à droite, sur Munster et les hauteurs qui dominent sa vallée.

Du sommet du Schnepfenried (alt. 1 258 m), accessible par un sentier *(1h à pied AR)*, **tour d'horizon★** sur la chaîne du Grand Ballon au Brézouard, la vallée de la Fecht et la Forêt-Noire.

À Metzeral, prenez la D 10 VI. 1 km plus loin, tournez à droite pour franchir la Fecht et laissez votre voiture.

★ Lac de Fischbœdle

Alt. 790 m. Ce petit lac presque circulaire d'un diamètre de moins de 100 m est l'un des plus beaux des Vosges. On le doit au manufacturier de Munster, Jacques Hartmann, qui l'a créé vers 1850. Le cadre est boisé, admirable, surtout à la fonte des neiges lorsque le torrent du Wasserfelsen alimente le lac par une jolie cascade.

Lac de Schiessrothried

1h à pied AR par le sentier en lacet qui part à droite lorsqu'on arrive au lac de Fishbœdle. On peut aussi arriver en voiture par la D 310, puis faire 2 km à pied.

Ce lac de 5 ha, transformé en réservoir, est situé à 920 m d'altitude, au pied du Hohneck.

Revenez à Metzeral et prenez à gauche la D 10.

Muhlbach-sur-Munster

Le **musée de la Schlitte** est installé en face de la gare. Il propose une reconstitution thématique autour des traîneaux chargés du bois coupé en forêt, qu'on descendait sur des pentes douces. Utilisant des rondins comme les barreaux d'une échelle, le schlitteur, placé à l'avant, freinait le chargement.

☎ 03 89 77 61 08 - ♿ - visite guidée (30mn) juil.-août : tlj sf lun. 15h-19h - gratuit.

Luttenbach-près-Munster

Voltaire y séjourna à plusieurs reprises en 1754, en pleine forêt.

Revenez à Munster par la rive gauche de la Fecht, en empruntant la D 10.

VALLÉE DE LA FECHT

Circuit de 20 km à partir de Munster, tracé en marron sur la carte p. 270. Quittez Munster à l'est par la D 10.

Gunsbach

Albert Schweitzer passa son enfance dans ce village où son père était pasteur. Plus tard, installé au Gabon où il poursuivait son œuvre, il fit construire à Gunsbach une maison près de celle de son frère, grâce au prix Goethe qu'il reçut en 1928. Elle est aujourd'hui transformée en **musée**, où l'on retrouve des souvenirs du « French doctor ». *03 89 77 31 42 - www.schweitzer.org - visite guidée sur demande (7 j. av.) - 9h-11h30, 14h-16h30 - fermé dim., lun. et j. fériés, Vend. saint - 4 € (-10 ans gratuit).*
À Wihr-au-Val, traversez la Fecht et la D 417.

Soultzbach-les-Bains

La **chapelle Ste-Catherine**, du 17e s., abrite deux tableaux intéressants de F.-G. Hermann (1738). À l'écart du bourg, l'**église** paroissiale, très restaurée, contient trois **autels★★** étincelants de dorures, de vrais joyaux de sculpture sur bois. Exécutés entre 1720 et 1740, ils sont dus à l'ébéniste J.-B. Werlé. À gauche dans le chœur, beau tabernacle du 15e s. que supporte un saint Christophe. *03 89 71 11 16 - de déb. juil. à mi-sept. : apr.-midi - possibilité de visite guidée - en cas de fermeture s'adresser à Rolande Megnouche-Lautrette - 12 r. de Munster - 03 89 71 17 58.*
Revenez à la D 417 en direction de Colmar.
La vallée de la Fecht tapissée de prairies s'élargit peu à peu et la vigne garnit encore les pentes inférieures exposées au soleil. On aperçoit bientôt les ruines du haut donjon de Pflixbourg.
Tournez à gauche dans la D 10 pour rejoindre Turckheim, puis Colmar.

NOS ADRESSES À MUNSTER

HÉBERGEMENT

PREMIER PRIX

Chambre d'hôte M. et Mme Boehm-Grevet – *139 Hilsenfirst - 68610 Linthal - 03 89 74 05 23 - - 3 ch. 45 € - repas 22 €.* Cette petite maison fleurie perchée sur les hauteurs du village dispose de trois chambres bien tenues. Deux d'entre elles sont aménagées dans une dépendance. Succulentes confitures maison à savourer au petit-déjeuner. Cuisine régionale et familiale à la table d'hôte, proposée les lun., merc. et vend.

BUDGET MOYEN

Chambre d'hôte Chez Chantal et Dany – *4 Oberer-Geisberg - 68140 Soultzeren - 03 89 77 02 09 - www.chezchantaletdany.fr - - P - 4 ch. 52/59 € - repas 20 €.* Cette ferme laitière qui borde la route du col du Wettstein offre une vue magnifique sur la vallée de Munster. Les chambres, baptisées de noms de fleurs, sont sobres et meublées dans le style contemporain. Petits-déjeuners à la française et cuisine du terroir à la table d'hôte. Également un gîte d'étape sur place.

Hôtel Deybach – *4 r. du Badischhof - 1 km par rte de Colmar (D 417) - 03 89 77 32 71 - www.hotel-deybach.com - fermé lun. hors sais. et dim. soir - P - 16 ch. 50/60 € - 8 €.* L'accueil souriant et l'ambiance chaleureuse distinguent cet hôtel familial qui borde la route. Chambres fonctionnelles à la

4

tenue scrupuleuse. Petit bar et jardin (transats).

Hôtel Panorama – *3 rte de Linge - 68140 Hohrodberg - ✆ 03 89 77 36 53 - www.hotel-panorama-alsace.com - fermé 7-24 nov. et 10 janv.-9 fév. - P - 30 ch. 48/75 € - ☕ 12 € - rest. 15/39 €.* Bâtiment ancien et son annexe moderne, face à la vallée de Munster. Chambres confortables – avec ou sans vue sur les Vosges – décorées de fresques à thème régional. Superbe panorama au restaurant où l'on sert des spécialités telles que le *presskopf* de la mer.

UNE FOLIE

Hôtel La Verte Vallée – *10 r. A.-Hartmann - ✆ 03 89 77 15 15 - www.vertevallee.com - fermé 3-26 janv. - P - 108 ch. 105/135 € - ☕ 15 € - rest. 34/50 €.* Grand hôtel moderne avec spa et équipements de loisirs. Confortables chambres de style alsacien ou contemporain pour les plus récentes. Agréable jardin bordé par la Fecht. Le restaurant propose une cuisine classique et une séduisante carte des vins.

RESTAURATION

BUDGET MOYEN

Auberge des Cascades – *6 chemin de Saegmatt - 68140 Stosswihr - ✆ 03 89 77 44 74 - www.restaurant-des-cascades.com - fermé 20 janv.-14 fév., mar. sf juil.-août et lun. - P - formule déj. 10 € - 16/25 €.* Sur la route du col de la Schlucht, ce restaurant niché au bord d'un ruisseau a sa petite célébrité : ses tartes flambées au feu de bois, servies pendant le week-end et les vacances, attirent les foules. Grand jardin avec des animaux.

POUR SE FAIRE PLAISIR

Nouvelle Auberge – *Rte de Colmar - ✆ 03 89 71 07 70 - www.nauberge.com - fermé 1er-15 juil., vac. de la Toussaint, de fév., dim. soir, lun. et mar. - P - 32,50/70 €.* Dans ce relais de poste, les propriétaires jouent un « double jeu » culinaire. Gastronomie à l'étage, avec une partition classique de qualité. Bistrot au rdc.

PETITE PAUSE

Gilg – *11 Grand'Rue - ✆ 03 89 77 37 56 - www.patisserie-gilg.com - 7h30-18h30, sam. 7h-18h, dim. 7h30-12h30 - fermé 1er janv., 26 déc. et lun. de Pâques.* En 1945, le général de Lattre de Tassigny, de passage à Munster, commande à la déjà célèbre pâtisserie Paul Gilg des vacherins glacés. Aujourd'hui, le petit-fils du maître, qui accumule les récompenses, vous invite à goûter ses délicieuses créations : le Lacthé au nom évocateur, le Cyrano glacé, un cake chocolat aux agrumes très moelleux ou les petits fours maison. Agréable salon de thé.

ACHATS

Dischinger – *2 Grand'Rue - ✆ 03 89 77 36 92 - 9h-12h, 14h30-18h30, dim. 9h-12h - fermé nov.-janv.* Spécialités alsaciennes.

ACTIVITÉS

Ski – Le domaine skiable de la vallée de Munster regroupe 4 sites distincts : le Schnepfenried (ski de piste, ski de fond sur les chaumes et dans la forêt, vues spectaculaires), le Gaschney (ski de piste avec télésiège ouvert durant l'été à la promenade), le Tanet (ski de piste, ski de fond autour des lacs Vert et des Truites) et les Trois-Fours (uniquement ski de fond et raquettes, beaux panoramas).

Randonnées – La vallée de Munster propose 350 km de sentiers pédestres balisés et 250 km pour pratiquer le VTT.

Massif du Petit Ballon

★

Haut-Rhin (68)

NOS ADRESSES PAGE 298

SE REPÉRER

Carte de microrégion C3 (p. 266) – *carte Michelin Départements 315 G9.*
Un peu au sud de Munster, le massif appartient logiquement au Parc naturel régional des Ballons des Vosges.

À NE PAS MANQUER

Le panorama du sommet du Petit Ballon.

ORGANISER SON TEMPS

L'ascension du Petit Ballon prend 1h15 aller-retour. Prévoir l'équipement adapté et se renseigner sur les conditions météo.

Comme sa silhouette rebondie l'indique, c'est la forme arrondie du massif qui lui a valu ce nom de « ballon ». Les prairies naturelles au sommet des monts chauves sont le lieu des grands pâturages où paissent les troupeaux, auxquels on doit le savoureux munster ! Vous pourrez tester les différents crus à l'occasion d'étapes dans les fermes-auberges qui reçoivent les randonneurs pendant l'été.

Circuit conseillé Carte du Parc naturel

Le **Petit Ballon** se place en troisième parmi les sommets vosgiens, quant à l'altitude. Donon : 1 009 m ; Champ du Feu : 1 100 m ; ballon de Servance : 1 216 m ; ballon d'Alsace : 1 250 m ; Petit Ballon ou Kahlen Wasen : 1 267 m ; Hohneck : 1 362 m ; Grand Ballon ou ballon de Guebwiller : 1 424 m, point culminant.
Plus de 200 000 personnes habitent sur le territoire des Ballons des Vosges. Parmi eux, les « **marcaires** », nom qui vient de l'alsacien *malker* : « celui qui trait ».

4

ROUTE DU PETIT BALLON

Circuit de 40 km au départ de Munster, tracé en vert pâle sur la carte p. 270. Comptez environ 4h30.
Quittez Munster par la D 417 vers Colmar, que l'on abandonne après 5 km pour tourner à droite dans la D 40.
Après Soultzbach-les-Bains *(voir Munster)*, prendre à droite la D 43 qui remonte la vallée verdoyante du Krebsbach, où alternent les pâturages et les forêts.
À **Wasserbourg**, on emprunte une route forestière pour atteindre les prairies où, à hauteur de l'auberge du Ried, on a une vue superbe sur la crête du Hohneck. Après un court passage sous bois, ce sont de nouveau les pâturages, au milieu desquels s'élève la ferme-auberge du Kahlenwasen. La **vue★** s'étend sur Turckheim, au débouché de la vallée de la Fecht, sur la vallée elle-même et les hauteurs qui la dominent et, au-delà, par temps clair, sur la plaine d'Alsace.

★★ Petit Ballon

Alt. 1 267 m.

De la ferme-auberge Kahlenwasen, 1h15 à pied AR.

Superbe **panorama** à l'est, sur la plaine d'Alsace, les collines du Kaiserstuhl et la Forêt-Noire ; au sud, sur le massif du Grand-Ballon ; à l'ouest et au nord, sur le bassin des deux Fecht.

Descendez par le col et la route forestière du Boenlesgrab.

La route, en forte descente, offre une belle vue à droite sur la vallée de la Lauch. Attention aux deux lacets avant l'arrivée à Lautenbach.

★ Lautenbach *(voir p. 401)*

Prenez à droite la D 430 qui, après quelques kilomètres, devient très sinueuse en montée puis change de versant.

Le Markstein *(voir p. 307)*

On peut prendre pour le retour **à partir du Markstein** un tronçon du circuit rattaché à Munster *(voir p. 294)*.

NOS ADRESSES DANS LE PETIT BALLON

HÉBERGEMENT ET RESTAURATION

PREMIER PRIX

Ferme-auberge Kahlenwasen – *Massif du Petit Ballon - 68380 Luttenbach - sortie sud : 14 km par D 10 et rte du Petit-Ballon - ☏ 03 89 77 32 49 - fermé de nov. à Pâques et merc. - ⊄ - 8/17 € - 12 ch. 26 € ☕.* Cette ferme renommée est installée dans une modeste maison des années 1920 dont la salle, décorée d'outils agricoles, est sympathique. L'été, la terrasse offre une belle vue sur la plaine d'Alsace. Spécialité de fromages. Quelques chambres simples.

Val d'Orbey

★★

Haut-Rhin (68)

NOS ADRESSES PAGE 302

S'INFORMER

Office du Tourisme d'Orbey – *48 r. Ch.-de-Gaulle - 68370 Orbey - ✆ 03 89 78 22 78 - www.kayserberg.com, www.lac-blanc.com - mi-sept.-mi-juin. tlj sf dim. 10h-12h, 14h-17h30, mi-juin-mi-sept. lun.-sam. 9h-12h30, 14h-18h, dim. et fêtes 10h-12h30.*

Pour **Trois-Épis** : information auprès de l'office du tourisme de Turckheim (*r. Wickram - 68230 Turckheim - ✆ 03 89 27 38 44 - www.turkheim-alsace.com - sept.-juin : lun.-vend. 9h-12h, 13h30-18h, sam. 9h-12h, 14h-17 ; juil.-août : lun.-vend. 9h-12h, 13h30-18h, sam. 9h-12h, 14h-17h, dim. 10h-12h*).

SE REPÉRER

Carte de microrégion C2 (p. 266) – *carte Michelin Départements 315 G8.*
Entre Kaysersberg, Munster et le col du Bonhomme. Accès possible par Colmar, St-Dié-des-Vosges ou Gérardmer. Le circuit proposé part à la découverte de la région d'Orbey (administrativement proche de Kayserberg) et de Trois-Épis, paradis des randonneurs et des amateurs d'artisanat.

À NE PAS MANQUER

Pour les marcheurs, les sentiers au départ des Trois-Épis, du lac Noir et du lac Blanc.

ORGANISER SON TEMPS

Si le circuit peut être parcouru en 4h, ne consacrez pas moins d'une journée à la découverte des sentiers et des jolis villages du val d'Orbey.

AVEC LES ENFANTS

L'Espace des métiers du bois et du patrimoine à Labaroche, la Graine au Lait à Lapoutroie.

Bois et pâturages, lacs d'altitude, forêts de sapins au pied de la ligne bleue des Vosges… Ici, la consonance française des noms des villages et des lieux claque comme une profession de foi. En pays welche, où l'on a toujours ignoré le dialecte alsacien, le parler a une origine romane et non germanique.

LE PAYS WELCHE

Le terme « pays welche » signifie le pays des étrangers de l'Ouest, allusion à l'exception linguistique puisqu'ici, on ne parle pas le dialecte germanique. Certains anciens, nés avant-guerre, parlent encore le welche. Cette langue romane, qui date de l'occupation romaine en Gaule, est issue du latin populaire. Elle a hérité du latin une grammaire rigoureuse et une conjugaison particulière.

Circuit conseillé Carte de microrégion

VAL D'ORBEY

Pour visualiser ce circuit de 57 km au départ des Trois-Épis, reportez-vous à la carte de microrégion p. 266. Comptez environ 4h.

★★ Les Trois-Épis C2

Admirablement située, cette station climatique sans vieilles pierres est le centre d'inépuisables excursions à pied ou en voiture. Les chemins de randonnée sont bien décrits sur le grand panneau de la place principale. Vous pourrez ainsi sélectionner la « marche à suivre » selon votre forme du moment. Labaroche, où se trouve un passionnant musée des métiers du bois et du patrimoine *(voir p. 301)*, peut être atteint en une heure. La randonnée du **Galz★★** *(1h à pied AR)* vous assurera une **vue** sur la plaine d'Alsace, la Forêt-Noire, le Sundgau et le Jura. Au sommet, un monument commémore le retour de l'Alsace à la France en 1918.

Pour apprendre à reconnaître la flore qui couvre les versants, suivez plutôt le **sentier de la forêt de St-Wendelin** *(1h30 à pied ; livret-guide à l'office de tourisme. Départ du parking, place des Antonins).*

Au départ des Trois-Épis, la D 11 vers Orbey puis la D 11^{VI} longent la crête qui sépare les vallées d'Orbey et de Munster. Tracée en forêt, la route contourne le Grand Hohneck et atteint bientôt la région du Linge.

Le Linge C2 *(voir Munster, p. 292)*

Prenez à droite au Collet du Linge. La forêt laisse place à des pâturages bosselés. La vue sur les vallées est saisissante, notamment depuis la ferme-auberge de Glasborn.

Au col du Wettstein (cimetière militaire des Chasseurs), prenez à droite la D 48 en direction des lacs.

★ Lac Noir C2

Indiqué à 1,5 km à l'écart de la D 48^{II}. Alt. 954 m. Il occupe le fond d'un cirque glaciaire assez spectaculaire. Une moraine, à laquelle s'appuie un barrage, retient ses eaux vers l'est ; de hautes falaises granitiques forment, sur le reste du pourtour, un cadre grandiose. Au nord du lac, le **rocher Belmont** (1 272 m) était un observatoire durant la Première Guerre mondiale.

La pêche est autorisée, mais la baignade interdite.

★ Lac Blanc C2

La route qui longe le lac Blanc offre des vues de plus en plus belles sur le cirque rocheux qui enserre le plan d'eau.

Niché entre le col du Calvaire et le rocher-observatoire Belmont, au pied de la route des Crêtes, le lac Blanc se situe à 1 054 m d'altitude. D'une superficie de 28,7 ha et profond de 72 m, il est encastré dans un cirque glaciaire et dominé par un étrange rocher en forme de forteresse, le **château Hans**. De hautes falaises granitiques en partie boisées l'entourent.

Les alentours du lac et le col du Calvaire voisin sont dédiés à toutes sortes d'activités de loisirs (voir *Nos adresses*).

Au col du Calvaire, on atteint la route des Crêtes (D 148) que l'on prend à droite. De la route, jolis points de vue sur la vallée de la Béhine, dominée par la Tête des Faux.

Col du Bonhomme B2

Alt. 949 m. Entre le col de Ste-Marie *(au nord)* et le col de la Schlucht *(au sud)*, il fait communiquer l'Alsace et la Lorraine, de Colmar à Nancy.

En descendant, jolie vue sur la vallée de la Béhine dominée, en avant et au loin, par le Brézouard et, à droite et plus près, par la Tête des Faux. La route passe au pied des rochers qui portent les vestiges du château de Gutenburg.

Le Bonhomme B2

On entre ici en pays welche. Les ruisseaux dévalent pour former la Béhine.

Lapoutroie C2

Ce village possède un petit **musée des Eaux-de-Vie**, installé dans un relais de poste du 18e s. On peut y assister à une démonstration de fabrication des eaux-de-vie et liqueurs. Dégustation et possibilité d'achat. *✆ 03 89 47 50 26 - www.musee-eaux-de-vie.com - ♿ - 9h-12h, 14h-18h - fermé 25 déc. - gratuit.*

Continuez sur la D 415 vers Kaysersberg, puis tout de suite à gauche sur la D 11IV.

Fréland C2

C'est le « pays libre » où les mineurs de Ste-Marie-aux-Mines *(voir p. 318)* bénéficiaient de privilèges locaux. À la **Maison du pays welche** *(2 r. de la Rochette)*, les habitants des environs ont rassemblé des objets qui évoquent les traditions du pays dans un ancien presbytère datant du 18e s. Le cadre et la reconstitution de la vie du pays sont particulièrement soignés. Présentation des métiers d'autrefois, four à pain, roue d'eau, four à lin… *✆ 03 89 71 90 52 - www.maisonwelche.fr - visite guidée (1h30) mai-sept. : 15h30-16h - fermé oct.-avr., 1er janv., dim. et lun. de Pâques, 1er et 11 Nov., 25 déc. - 4 €.*

Revenez à la D 41 puis, au rond-point (où se situe La Graine au Lait - voir « Nos adresses » p. 303), prenez à gauche la D 48 vers Orbey.

Orbey C2

Composé de nombreux hameaux, Orbey s'allonge dans la verdoyante vallée de la Weiss entre des hauteurs sillonnées de sentiers d'une fraîcheur agréable. En haut du village, un petit **musée** privé présente quelques objets et outils de la vie quotidienne dans le val d'Orbey au cours des siècles précédents. Il convient de passer par l'office du tourisme local pour arranger une visite selon la disponibilité des propriétaires.

Après Orbey, la D 11 s'élève dans le vallon de Tannach, puis continue, sinueuse et en corniche, offrant de jolies vues sur la vallée de la Weiss dominée par le piton du Grand Faudé. Plus loin, elle change de versant et offre une belle vue en avant et à gauche sur la vallée du Walbach, le Galz et son monument, la plaine d'Alsace.

★ Espace des métiers du bois et du patrimoine C2

À Labaroche - ✆ 03 89 78 94 18 - www.musee-bois-labaroche.com - ♿ - visite guidée (1h30), avr.-sept. : 9h-12h, 14h-18h - fermé lun., 1er janv., 1er et 11 Nov., 25 déc. - 5 € (6-16 ans 3,30 €).

Annoncé par la belle sculpture d'un cheval tractant des billes de bois, l'**Espace des métiers du bois et du patrimoine** est animé par une équipe de Barotchés (habitants de Labaroche) passionnés et passionnants.

On découvre au rez-de-chaussée les techniques de découpe du bois, depuis l'époque des scieurs de long jusqu'à la mécanisation avec une scie à haut-fer, actionnée par une machine à vapeur de 1896 (démonstration).

Au sous-sol se trouvent les ateliers du sabotier et du monteur de boîtes de fromages.

À l'étage, une collection de jouets en bois rappelle de beaux souvenirs aux plus grands, tandis que les plus petits peuvent manipuler des jeux de construction. Sous les combles, des ateliers de différentes époques ont été reconstitués (menuisier, charron, tourneur sur bois, fermier, vanier). Le parc du musée est agrémenté de sculptures en bois faites par les bénévoles avec lesquelles les enfants peuvent jouer.

Laissant **Labaroche** à gauche, on découvre bientôt en avant le **Grand Hohneck** et, plus à droite, le piton conique du **Petit Hohnack**, avant de rejoindre Les Trois-Épis.

NOS ADRESSES DANS LE VAL D'ORBEY

HÉBERGEMENT

BUDGET MOYEN

Chambre d'hôte Ferme du Busset – *33 lieu-dit Busset - 68370 Orbey - ✆ 03 89 71 22 17 - www.fermedubusset.com - fermé 28 déc.-3 janv. - P - ≠ - 5 ch. 52 €* ☕. Air vivifiant, grand calme, agréable environnement campagnard et vue sur Orbey : cette ferme d'élevage a de quoi séduire Elle abrite des chambres d'hôte simples et lambrissées, trois appartements meublés et un gîte d'étape. Vente de fromages et confitures maison.

Hôtel Aux Bruyères – *35 r. Ch.-de-Gaulle - 68370 Orbey - ✆ 03 89 71 20 36 - www.auxbruyeres.com - ouv. 8 avr.-23 oct. et 15-31 déc. - P - 29 ch. 49/100 € - ☕ 8,50 € - formule déj. 11 € - 14/38 €.* Cette maison familiale, qui fait aussi salon de thé, propose des chambres pratiques (trois appartements familiaux). Celles du pavillon sont tournées sur le jardin. Sobre salle à manger, terrasse d'été et cuisine aux accents régionaux.

Hôtel du Faudé – *28 r. du Gén.-Dufieux - ✆ 03 89 47 50 35 - www.faude.com - fermé 2 sem. en mars et nov. - P - 32 ch. 61/101 € - ☕ 13 € - rest. tlj sf mar.-merc. 22/38 €.* Voici une belle étape villageoise, bien située et disposant de chambres douillettes. Le restaurant, qui propose une cuisine régionale et actuelle, ne saurait vous décevoir. En saison, vous serez aux premières loges pour déguster les spécialités de gibier.

Hôtel Wetterer – *68370 Orbey - ✆ 03 89 71 20 28 - www.hotel-wetterer.com - fermé 8 mars-2 avr., 4-26 nov. et 4 janv.-5 fév. - P - 15 ch. 47/55 € - ☕ 8 € - formule déj. 14 € - 16/35 €.* Au cœur d'un superbe paysage de montagnes et de forêts – quiétude garantie ! –, cet hôtel des années 1960 dispose de chambres fonctionnelles et bien tenues. Restaurant au cadre rustico-bourgeois (poutres, cheminée et argenterie) et carte traditionnelle.

Hôtel Au Bon Repos – *235 Pairis - 68370 Orbey - ✆ 03 89 71 21 92 - www.aubonrepos.com - ouv. 8 fév.-19 oct., 19 déc.-3 janv. et fermé merc. - P - 13 ch. 50/55 € - ☕ 8,50 €.* Petite auberge familiale avec jardin sur la route des lacs. Chambres simples et pratiques ; celles de l'annexe, plus paisibles, sont orientées vers une forêt de sapins. Salle à manger de style rustique pour une cuisine régionale.

Les Alisiers – *Lieu-dit Faudé - 68650 Lapoutroie - 3 km au sud-ouest de Lapoutroie par rte secondaire - ✆ 03 89 47 52 82 - www.alisiers.com - fermé 2 janv.-2 fév., lun. et mar. de nov. à fin mars - P - 16 ch. 60/130 € - ☕ 11 € - rest. (ts les soirs sf lun. et mar. / réserv. conseillée) 35/60 €.* À 700 m d'altitude, auberge pleine de charme, autrefois ferme du pays welche. Chambres chaleureuses, façon chalet, et belle vue sur le vallon. Recettes alsaciennes et actuelles au restaurant.

RESTAURATION

PREMIER PRIX

Ferme-auberge du Rain des Chênes – *215 Basses-Huttes - 68370 Orbey - ✆ 03 89 71 30 42 - www.ferme-auberge-alsace.com - fermé lun. soir, mar., merc., dim. soir.* De ce récent chalet de rondins clairs, la vue sur la vallée d'Orbey ferait presque oublier les assiettes de fromages et charcuteries proposées. Les gourmands choisiront la tartiflette de munster…

Ferme-auberge Glasborn – *D 11VI près du Collet du Linge - 68140 Soultzeren - ✆ 03 89 77 37 78 - tlj sf lun., fermé mi-nov.-mi-déc. et 6 janv.-déb. avril - 10/20 €.* Là-bas, tout en bas, la vallée de Munster. Et dans votre assiette, un copieux menu macaire.

BUDGET MOYEN

Ferme-auberge Pré Bracot – *331 Pré-Bracot - 68370 Orbey - ✆ 03 89 71 25 29 - www.fermeaubergeprebracot.com - tlj sf lun. - 16/22 €.* Sur la route du lac Noir, une institution locale où apprécier une cuisine de brasserie traditionnelle tout en bénéficiant d'un panorama exceptionnel.

ACTIVITÉS

Parc d'Aventures du Lac Blanc – *Lac Blanc - ✆ 03 89 71 28 72 - www.lacblancparcdaventures.com - mai-fin juin et sept. : mer. et sam. 13h-16h, dim. et j. fériés 10h-16h ; juil.-déb. sept. tlj 10h-17h - 20 €.* Vous y trouverez des parcours d'acrobranches et une aire de paintball… Vous pourrez également emprunter le Sentier pieds nus *(www.sentier-pieds-nus-lac-blanc.com - 5 €)* qui, comme son nom l'indique, permet sur 1,2 km une découverte tactile de la flore.

VTT – La région est propice à la pratique du VTT. Les offices de tourisme vous fourniront les cartes détaillées des chemins. Vous pourrez également vivre de vertigineuses descentes sans subir les montées… en prenant un télésiège vers le col du Calvaire avant de redescendre. Informations : *La Blancrupt – Station du Lac Blanc - ✆ 03 89 71 27 11 - www.blancrupt.com - mai-oct. tlj sf merc. et jeu. hors sais., 9h-17h.* Location sur place de VTT et **skis de fond** en hiver - *(déc.-fin mars tlj sf merc. et jeu. hors sais. 9h-17h).*

ACHATS

La Graine au Lait – *333A La Croix-d'Orbey - 68650 Lapoutroie - ✆ 03 89 47 50 76 - www.haxaire.com - tlj sf dim. et lun. 9h-12h, 14h-17h - groupes 12 pers. 1 €, plus complet avec dégustation 3 € - gratuit pour les particuliers.* Venez découvrir tous les secrets d'élaboration du munster dans cette fromagerie de démonstration qui allie savoir-faire traditionnel et procédés de fabrication modernes. Les amateurs de ce fromage typique apprécieront la dégustation en fin de visite. Pour assister à l'intégralité de la production, s'y rendre le mardi matin.

Distillerie Milco – *La Gayire - 68650 Lapoutroie - ✆ 03 89 47 50 16 - www.distillerie-miclo.com - 1er avr.-31 oct. magasin tlj, visites lun.-ven. 10h30, 14h30 et 16h30.* On assiste à la production des eaux-de-vie de fruits, herbes des montagnes ou sapin, avant de déguster et éventuellement acheter.

Route des Crêtes

★★★

Haut-Rhin (68), Vosges (88)

NOS ADRESSES PAGE 310

S'INFORMER

Office du tourisme de Cernay et de la région du Vieil-Armand – *1 r. Latouche - 68700 Cernay - 03 89 75 50 35 - www.cernay.net - juil.-août : 9h-12h30, 14h-18h30, sam. 9h-12h, 14h-17h, dim. 10h-12h30 ; reste de l'année : tlj sf dim. et j. fériés 9h-12h, 14h-18h - fermé j. fériés.*

SE REPÉRER

Carte de microrégion B2/3 et C3/4 (p. 266) – *carte Michelin Départements 315 G8/10.* Le circuit commence à 30 km à l'ouest de Colmar et descend vers le sud jusqu'à Thann, en passant par les hauteurs du Hohneck et du Grand Ballon. Accès au col du Bonhomme par la D 415, après Kaysersberg.

À NE PAS MANQUER

Par temps clair, les panoramas du Grand Ballon et du Hohneck.

ORGANISER SON TEMPS

En été, empruntez la route si possible en semaine quand elle est moins fréquentée. Profitez, si vous le pouvez, de la navette des Crêtes, qui dessert 15 stations tout au long du circuit (ou de ce qui la remplacera car des modifications sont prévues concernant ce transport en commun). Attention, en hiver, la route des Crêtes est fermée et transformée en piste de ski de fond entre la Schlucht et le Grand Ballon. Dates de fermeture communiquées par l'office du tourisme de Thann *(voir p. 222).*

AVEC LES ENFANTS

Le train à vapeur qui relie Cernay à Sentheim.

La création de cette route stratégique remonte à la guerre de 1914-1918 : le Haut Commandement français voulait assurer, sur le front des Vosges, les communications nord-sud entre les différentes vallées. Tracée en forêt sur la moitié de son parcours, la route des Crêtes est aujourd'hui le royaume des grands espaces, dont le décor et les attraits changent avec les saisons. Au printemps, les vaches quittent l'étable pour paître dans les chaumes. En été, gentianes jaunes et pensées des Vosges égayent les paysages. L'automne offre de délicieuses myrtilles, et l'hiver, des kilomètres de randonnées à skis…

Circuit conseillé Carte de la route des Crêtes

Pour visualiser ce circuit de 83 km, au départ du col du Bonhomme, reportez-vous à la carte p. 306. Comptez environ une demi-journée.

Col du Bonhomme *(voir p. 300)*

Suivez « route des crêtes » par la D 148.

Au départ du col, belles échappées à gauche sur la vallée de la Béhine dominée par la Tête des Faux et le Brézouard. Du col du Louchbach, jolie vue au sud sur la vallée de la Meurthe. La route traverse de belles forêts d'épineux

La route des Crêtes traverse la réserve naturelle de Tanet-Gazon-du-Faing.
B. Rieger/hemis.fr

bien droits qui créent comme de longs codes-barres d'ombre et de lumière.
Au col du Calvaire, tournez à droite en direction du col de la Schlucht. En route, accès possible au lac Blanc (voir p. 300).

★ Gazon du Faing

45mn à pied AR.

La réserve naturelle de Tnet-Gazon du Faing est située entre 1 160 m et 1 306 m d'altitude. Elle se compose de tourbières et de hêtraies. Les fleurs y forment de beaux tapis dans des paysages qui évoquent la Scandinavie. À partir de l'auberge, montez, en passant par le sommet du Gazon du Faing (1 303 m), jusqu'à un gros rocher. De cet endroit, la **vue** est superbe. Au fond du cirque de Lenzwasen, le petit étang des Truites a été transformé en réservoir par un barrage. Au-delà, on distingue de gauche à droite le Linge, le Schratzmaennele, le Barrenkopf; plus à droite, au-delà de la vallée de la Fecht, on devine Munster; à droite de celui-ci, à l'horizon, la silhouette du Grand Ballon (1 424 m); plus à droite encore, on aperçoit le Petit Hohneck (1 288 m) et le Hohneck (1 362 m).
Possibilité de rejoindre le lac Vert (voir ci-dessous) en 1h30 par un chemin bien balisé.

4

Lac Vert

À 5 km avant la Schlucht, un panneau indique un sentier conduisant au lac Vert, appelé également lac de Soultzeren. Des lichens en suspension donnent leur teinte aux eaux du lac.

Col de la Schlucht

Le col de la Schlucht est situé à 1 135 m d'altitude. Au croisement de la route des Crêtes et de la route de Gérardmer, ce passage, l'un des plus fréquentés des Vosges, fait communiquer la vallée de la Meurthe, qui prend sa source à 1 km de là, avec celle de la Fecht.
Suivez la D 430 dir. Markstein.

VOSGES DU SUD

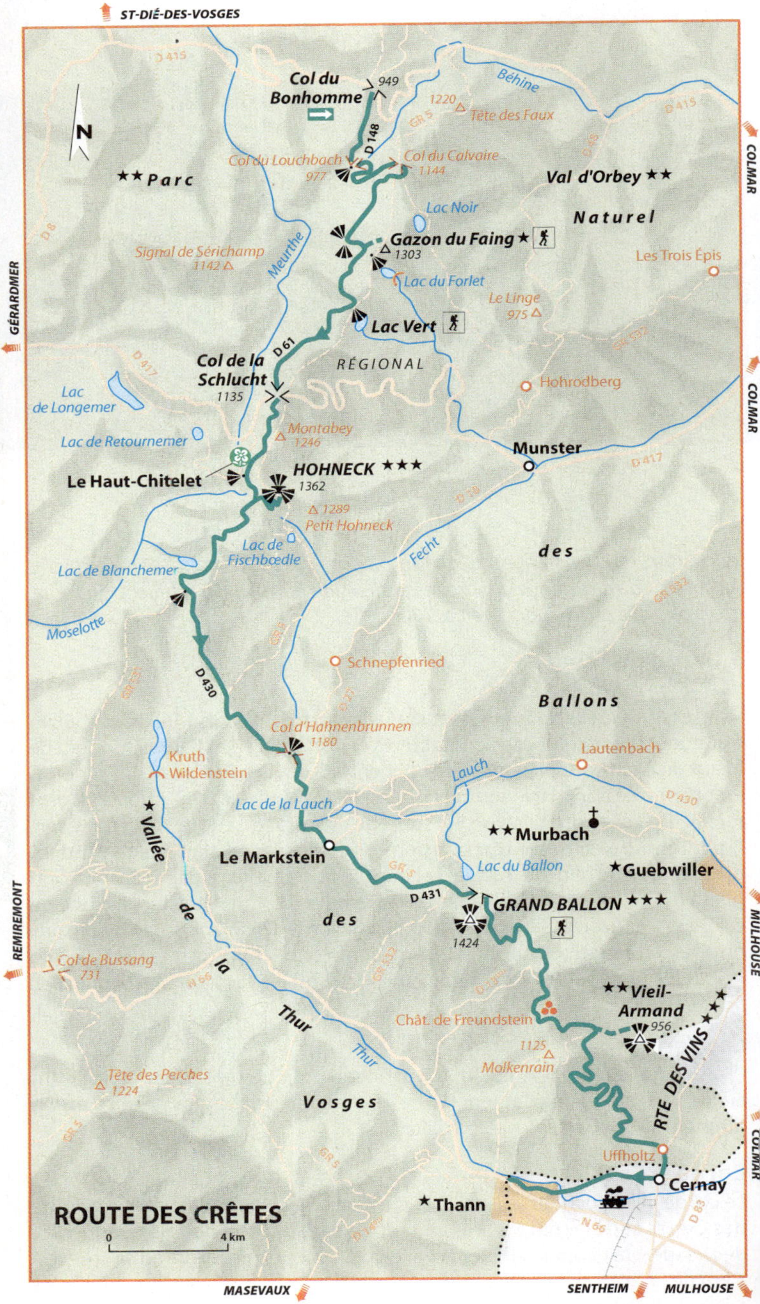

Jardin d'altitude du Haut-Chitelet

À 2 km du col de la Schlucht, vers le Markstein, sur le côté droit de la D 430.
03 29 63 31 46 - www.jardinbotaniquedenancy.eu - juil.-août : 10h-18h ; sept. : 10h-12h, 13h30-17h ; juin : 10h-12h, 14h-18h - 4 € (-12 ans 2 €).

À 1 228 m d'altitude, sur 11 ha, ce jardin conserve une belle hêtraie et une tourbière en réserve intégrale. Des rocailles sur plus de 1 ha présentent 2 700 espèces de plantes originaires des principaux massifs montagneux du monde. À visiter en priorité au printemps et au début de l'été.

Plus loin, jolie **vue★** sur la vallée de la Vologne au fond de laquelle dorment les lacs de Longemer et de Retournemer (belvédère aménagé).

★★★ Le Hohneck

Le chemin d'accès en forte montée s'embranche sur la route des Crêtes à 4 km de la Schlucht (ne prenez pas le chemin privé qui précède – à 3 km – en mauvais état). Attention au vent glacial dans les derniers mètres qui mènent au sommet.

Ce sommet herbeux, l'un des plus célèbres des Vosges et l'un des plus élevés (1 362 m), est le point culminant de la crête qui constituait, avant la guerre de 1914-1918, la frontière franco-allemande. Une stèle aux tirailleurs tunisiens rappelle l'effroyable bataille hivernale (5-14 décembre 1944) qui y a eu lieu.

Panorama★★★ exceptionnel *(table d'orientation)* sur les Vosges, du Donon au Grand Ballon, sur la plaine d'Alsace et la Forêt-Noire. À l'ouest, on remarque le longiligne lac de Longemer. Par temps clair, on aperçoit les sommets des Alpes au sud.

La route parcourt les **chaumes**. Domaine estival des troupeaux, les chaumes alsaciennes sont de vastes prairies aux herbes courtes, situées au-dessus de la limite des forêts. La route traverse les prairies herbeuses et fleuries que le vent coiffe et décoiffe. Sur la droite, le lac de Blanchemer, tout rond, dans un très beau site boisé. Plus loin, vue magnifique sur la grande vallée de la Fecht.

Le Markstein

Dans cette station de sports d'hiver et d'été, des promenades à pied ou à dos de poney permettent de mieux connaître les environs, à travers hêtraies et sapinières. De la route, en corniche, vues sur la vallée de la Thur (voyez le village de Wildenstein étiré dans la vallée) et le ballon d'Alsace, et sur la vallée de la Lauch et le Petit Ballon. Au fond d'un entonnoir boisé se trouve le petit **lac du Ballon**.

Suivez la route 431 dir. Cernay.

★★★ Grand Ballon

Quittez la voiture à hauteur de l'hôtel et empruntez le sentier à gauche (30mn à pied AR). Le voilà, le point culminant des Vosges (1 424 m) ! le Grand Ballon ou ballon de Guebwiller. Le **panorama★★★** est prodigieux sur les Vosges méridionales, la Forêt-Noire et, par temps clair, le Jura et les Alpes. N'oubliez pas vos jumelles ! Un peu en contrebas du sommet s'élève le monument des « Diables bleus », à la mémoire des bataillons de chasseurs.

En descendant du Grand Ballon en direction du Vieil-Armand, on passe près des ruines du château de Freundstein.

★★ Vieil-Armand

Le nom de Vieil-Armand a été donné par les poilus de 1914-1918 au **Hartmannswillerkopf** (HWK dans le jargon militaire), contrefort des Vosges qui s'élance à 956 m d'altitude. C'est sur cet éperon rocheux pyramidal que s'est déroulée la bataille la plus emblématique des Vosges lors de la Première Guerre mondiale. Les terribles combats pour le conquérir lui ont valu le sur-

4

RENCONTRES INSOLITES
Sentiers balisés, verts pâturages, fleurs sauvages, chants d'oiseaux, murmures de ruisseaux, sapins, hêtres et épicéas entremêlés… une nature émouvante et fragile à préserver avant tout. Il n'est pas impossible de rencontrer des troupeaux de chamois et des oiseaux rares, comme le pipit sponcielle ou le tarier des prés.

nom effrayant de « mangeur d'hommes ». Classé Monument historique en 1921, le Vieil-Armand bénéficie, en vue du Centenaire de la Grande Guerre, d'importants aménagements et équipements, dont un nouveau centre d'interprétation intitulé « **Historial franco-allemand** ».
Sur les pentes dévastées pas les obus, les gaz, les lance-flammes, attaques et contre-attaques se succéderont pendant toute la durée de la guerre. Au terme de cette violence inouïe, on ne saura même pas compter les morts d'une telle boucherie, Français et Allemands : 30 000 ? 40 000 ? 60 000 ? Pendant la seule année 1915, le sommet, enjeu stratégique, va changer 4 fois de camp. Et les combats continueront inexorablement jusqu'en 1918.
La visite du Vieil-Armand commence toujours au col du Silberloch.
Garez-vous sur le parking situé à côté du monument national qui précède la nécropole.
Bon à savoir – Des travaux se déroulent jusqu'en 2015 avec la création de l'Historial, la rénovation du Monument national mais les monuments restent accessibles. La visite sera rendue plus aisée par le projet d'un nouveau parcours scénographié de la crête sommitale.
Pour plus de renseignements : **Les Amis du Hartmannswillerkopf, une association du Club Vosgien** – *Abris-Mémoire, 1 r. du Ballon - 68700 Uffholtz - 06 81 91 45 64 - www.ahwk.fr.*
Monument national – Édifié au tout début des années 1930 grâce à une souscription nationale, il a été inauguré le 9 octobre 1932 par le président Albert Lebrun, et le général de Pouydraguin, ancien commandant de division dans les Vosges en 1915. **L'autel de la Patrie** se dresse sur l'esplanade de l'ancien camp français et du poste de secours souterrain. Les quatre côtés sont ornés des blasons des villes les plus généreuses. Remarquez les deux victoires qui flanquent l'architrave d'entrée de la crypte : on reconnaît le style du sculpteur **Antoine Bourdelle**. Le **péristyle** orné de ses quatre colonnes en granito s'achève par une grille en fer forgé s'ouvrant sur le vestibule d'honneur, salle rectangulaire à la face arrondie. Aux murs, six plaques commémoratives en bronze rappellent tous les corps et unités mobilisés au Hartmannswillerkopf pendant la guerre, sans oublier celles appartenant aux divisions des États-Unis. Suivez ensuite la **crypte**, la galerie souterraine qui mène à la **statue de la Vierge à l'enfant**, autre œuvre de Bourdelle. Au centre, un bouclier en bronze de plus de 6 m de diamètre recouvre l'ossuaire où furent recueillis les restes de 12 000 soldats inconnus. À droite de la crypte, le **monument Scheurer** rend hommage au jeune Alsacien né à Thann, porte-drapeau du mythique 15-2, blessé le 26 avril 1915 et mort plusieurs jours plus tard à Bitschwiller-les-Thann.
Cimetière national du Silberloch – Il abrite plus de 1 200 tombes individuelles de soldats français et près de 400 dans 6 fosses communes. La nécropole regroupe les trente cimetières qui parsemaient les collines du Vieil-Armand. D'autres soldats ont été inhumés dans les cimetières de la vallée de Thann. Quant aux Allemands, ils ont été enterrés à Cernay et à Guebwiller. Au total,

Monument du 152e RI sur la crête sommitale du Hartmannswillerkopf.
A. de Valroger/MICHELIN

la montagne aurait englouti 25 000 soldats des deux camps, et fait trois fois plus de blessés.

Un portillon sur le chemin de terre permet de quitter le cimetière par le bas et débuter la randonnée vers le sommet. Le champ de bataille se visite grâce à une multitude de sentiers aménagés et balisés par le Club Vosgien.

Champ de bataille – *Comptez environ 3h pour explorer la crête sommitale.* Vous sillonnez les tranchées de pierre en allant à l'ouest, jusqu'à la Roche Mégard, et à l'est, jusqu'à la crête surplombant la plaine d'Alsace sur laquelle est installé le monument du 152e RI. Dirigez-vous vers le sommet du Vieil-Armand (956 m) surmonté d'une croix de 22 m de haut, borne-limite du front français. Tournez à droite en direction de la croix en fer des engagés volontaires alsaciens-lorrains érigée sur un promontoire rocheux. De là, **panorama★★** sur la plaine d'Alsace, la chaîne des Vosges, la Forêt-Noire et les Alpes par temps clair.

★ **Monument du 152e RI** – Le monument en hommage aux « Diables Rouges » du « 15-2 » surgit de la montagne sur la plaine d'Alsace. Inauguré en 1921 au rocher Panorama, il commémore les combats qui ont littéralement décimé le régiment en mars, avril et décembre 1915. Il est l'œuvre du sculpteur Antoine, également soldat dans cette unité mythique. Celui-ci l'a reconstruit à l'identique en 1954 après son dynamitage par les Allemands, en 1940.

La route traverse ensuite le lieu-dit du Molkenrain où, dans le chalet du ski club, furent tournées il y a plus de 50 ans plusieurs scènes du fameux *Jules et Jim* de François Truffaut. Lors de la descente vers Cernay, à Uffholtz, la forêt laisse place aux vignes.

Au rond-point du cimetière militaire de cette localité, suivez Vieux-Thann jusqu'au parking du musée de Cernay.

Cernay

Cette ville industrielle située au pied de Vieil-Armand conserve encore des restes de son enceinte fortifiée du Moyen Âge, dont la porte de Thann, frappée du blason de la ville. Un petit **musée** d'expositions temporaires y est aménagé *(r. de Thann - ✆ 03 89 75 88 80 - mai-sept. vend.-sam. 14h-17h, dim. 18h - 2 €),* voisinant avec l'office de tourisme. *Face à l'église, prenez la rue Poincaré et suivez les panneaux « Espace Grun ».*

Un **parc de réintroduction des cigognes** ouvert librement a vu le jour en 1978. Les cigognes sont en liberté et nourries tous les jours *(9h30 et 15h, w.-end 10h et 15h - rens. à l'office du tourisme de Cernay ✆ 03 89 75 50 35).* Certaines restent toute l'année tandis que d'autres migrent de mi-août à mi-février. Si vous assistez au repas, n'hésitez pas à poser des questions à leur nourricier qui connaît ses oiseaux et vous montrera les petits. De retour chez vous, vous pourrez continuer à observer les nids grâce à une webcam *(http://194.250.20.130/home/homeJ.html).* À proximité, sur la même rive, le parc de la Thur offre un agréable espace de promenade et de détente.

Rejoignez Thann via Vieux Thann.

★ **Thann** *(voir p. 222)*

NOS ADRESSES SUR LA ROUTE DES CRÊTES

Voir aussi nos adresses dans le Parc naturel régional des Ballons des Vosges *(p. 276)* et à Thann *(p. 225).*

VISITES

Navette des Crêtes – Après la « navette des Crêtes » qui proposait une alternative à la voiture entre le Grand Ballon et le col des Bagenelles, un nouveau projet est à l'étude. Pour visiter les crêtes, sans prendre votre véhicule, renseignez-vous auprès des offices de tourisme du PNR.

Trains à vapeur – *✆ 03 89 82 88 48 - www.train-doller.org - 3h - circule de juin à sept. ; voir le site pour les jours et horaires - 10 € AR (-14 ans 8,50 €).* Depuis St-André *(au sud de Cernay, accès par la N 66 dir. Thann)* file le chemin de fer à vapeur de la vallée de la Doller, qui mène, en 14 km, à Sentheim *(voir p. 273).* Trajets simples ou à thème.

HÉBERGEMENT

BUDGET MOYEN

Wolf Hôtel-Restaurant – *Rte des Crêtes - 68610 Le Markstein - ✆ 03 89 82 64 36 - www.hotelwolf.info - fermé nov. - P - 27 ch. 63/65 € - ☕ 10 € - rest. 12/32 €.* Cet hôtel-restaurant ne s'encombre pas de fantaisies mais s'avère fonctionnel et bien situé. On appréciera donc la simplicité de sa cuisine servie dans la grande salle à manger ou, l'été, sur la terrasse.

POUR SE FAIRE PLAISIR

Hôtel Le Collet – *Au Collet, 2 km du col de la Schlucht sur la rte de Gérardmer - 88400 Xonrupt-Longemer - ✆ 03 29 60 09 57 - www.chalethotel-lecollet.com - 25 ch. 82 € - ☕ 15 € - rest. 16/52 €.* La façade de ce chalet-hôtel entouré d'une forêt de sapins dissimule l'essentiel : un coquet décor montagnard, une délicieuse cuisine du terroir et un état d'esprit, car on cultive ici l'art de recevoir. Mille détails font ainsi la différence : les brioches et confitures maison du petit-déjeuner, les spectacles de magie pour les enfants… Une très bonne adresse sur la route des Crêtes.

UNE FOLIE

Les Jardins de Sophie – *Rte du Valtin - 88400 Xonrupt-Longemer - ✆ 03 29 63 37 11 - www.*

hotel-lesjardinsdesophie.com. - P - 32 ch. 155/255 € - ☕ 16 € - rest. 28/74 €. Situé au cœur de la forêt, à 820 m d'altitude, cet hôtel-restaurant séduit avec son décor moderne inspiré par les traditions montagnardes. Le bois, clair, chaleureux, a la vedette dans les chambres et les parties communes. Hiver comme été, on appréciera le vaste parc, le salon où crépite un feu de cheminée et la cuisine du terroir allégée par le chef. Sauna et piscine intérieure.

RESTAURATION

Votre périple sur la route des Crêtes vous fera sûrement passer devant l'une des fermes-auberges qui proposent, de juin à octobre, outre le menu « marcaire », une sélection de plats régionaux à base de produits de la ferme. Réservation conseillée les dimanches et jours de fête. Pour éviter l'affluence (et les cars de touristes), ne venez pas en été.

PREMIER PRIX

Ferme-auberge du Molkenrain – *Rte des Crêtes - 68700 Wattwiller - 4 km au sud de Vieil-Armand par D 431, puis rte secondaire - ✆ 03 89 81 17 66 - fermé 11 Nov.-Pâques et lun. sf j. fériés - réserv. obligatoire - 14/18 €.* Dans un site fantastique, au-dessus de la route des Crêtes, cette ferme construite en 1926 domine le Vieil-Armand et la plaine d'Alsace. Sur sa terrasse avec vue ou dans une salle chaleureuse, vous dégusterez plats « marcaires » (17 €), à base de pommes de terre et d'oignons, et fromages locaux. Mais aussi de la viande de Salers (les vaches paissent non loin) et divers desserts aux myrtilles. Les randonneurs y trouveront quelques chambres.

BUDGET MOYEN

Ferme-auberge Freundstein – *Avant le Vieil-Armand - 68760 Willer-sur-Thur - ✆ 03 89 82 31 63 - tlj sf mar. - fermé 24 déc.-fin janv. - 16/32 €.* Dans un bel environnement, vous y dégusterez d'excellentes spécialités fermières alsaciennes.

Ferme-auberge du Treh – *Près du Markstein, en descendant vers Kruth - 68610 Le Markstein - ✆ 03 89 39 16 79 - tlj sf lun. - fermé 2 sem. en nov. - 18 €.* On oublie vite les murs gris un peu austères de la vaste ferme en s'attablant dans la salle chaleureuse devant de belles portions de spécialités régionales.

ACTIVITÉS

Sports de glisse – Certaines stations (Lac Blanc, Schlucht, Hohneck, Markstein) proposent ski alpin, ski de fond, balades en raquettes ou luge. Certaines sont équipées pour le ski nocturne.

Domaine skiable du Markstein – *✆ 03 89 82 13 90 - www.ot-saint-amarin.com.* Alt. 1030-1 267 m, 10 pistes de ski alpin, un stade de slalom ; ces pistes, éclairées la nuit, bénéficient d'un enneigement artificiel.

Saint-Dié-des-Vosges

★

21 642 Déodatiens – Vosges (88)

NOS ADRESSES PAGE 316

S'INFORMER

Office du tourisme de St-Dié-des-Vosges – *6 quai du Mar.-Leclerc - 88100 St-Dié-des-Vosges - ✆ 03 29 42 22 22 - www.saint-die.eu - juil.-août : 9h-19h, dim. et j. fériés 10h-18h ; reste de l'année : 9h-12h, 14h-18h - fermé dim. et j. fériés.*

Office du tourisme du Pays des Abbayes – *18 pl. Dom-Calmet - 88210 Senones - ✆ 03 29 57 91 03 - www.paysdesabbayes.com - juil.-août : 9h-12h, 14h-18h, dim. et j. fériés 10h-12h ; reste de l'année : tlj sf dim. 9h-12h, 14h-17h, sam. 10h-12h, 14h-17h - fermé 1er janv., 1er mai, dim. de Pentecôte, 1er nov., 25 déc.*

SE REPÉRER

Carte de microrégion B1 (p. 266) – *carte Michelin Départements 314 J3.*
St-Dié est distant d'une trentaine de kilomètres au nord de Gérardmer, la ville est desservie par la N 59.

SE GARER

Parkings au centre-ville : quai Jeanne-d'Arc, r. d'Alsace et r. du 11-Novembre.

À NE PAS MANQUER

Les chapiteaux et les vitraux de la cathédrale de St-Dié, la papeterie Clairefontaine et les trois abbayes (Étival-Clairefontaine, Moyenmoutier, Senones).

ORGANISER SON TEMPS

La visite du musée Pierre-Noël suivra celle de la cathédrale : vous percevrez ainsi les correspondances entre la verrière moderne de la cathédrale et la collection d'œuvres de Bazaine, Manessier, etc. au musée.

Ravagée en 1944, St-Dié-des-Vosges offre un bel exemple de ville reconstruite. À portée de voix ou presque de son imposante cathédrale ou de sa tour de la Liberté en forme de vaisseau spatial, on trouve un camp celtique vieux de plus de 4 000 ans, au milieu des calmes montagnes de grès rouge couvertes de sapins. La ville et ses environs recèlent également l'unique usine au monde signée Le Corbusier (Bonneterie Claude et Duval - 1951) sur l'avenue Robache et un beau jardin botanique planté de superbes tapis de bruyères. De cette diversité alliée à un sérieux dynamisme est né le très intéressant et original Festival international de géographie.

Se promener

★ Cathédrale St-Dié

Se rens. à l'office de tourisme au ✆ 03 29 42 22 22 - gratuit.

Saint Dieudonné ou Déodat, évêque de Nevers selon la légende, moine irlandais en réalité, a fondé ici au 7e s. un monastère bénédictin. Dieudonné fut abrégé en Dié.

Deux tours carrées solennelles (18e s.) contrastent, sur le flanc sud, avec un beau portail roman. Dynamitées en novembre 1944, les voûtes et les parties orientales de la cathédrale ont été reconstruites à l'identique. La nef romane montre une alternance de piles fortes et faibles couronnées de **chapiteaux★** sculptés, du 12e s. Les doubleaux et voûtes de la nef sont du 13e s. Sur la colonne à droite de la croisée du transept, Vierge à l'Enfant, en pierre, du 14e s. Des vitraux de la fin du 13e s., dans la deuxième chapelle à gauche, racontent des épisodes de la vie de saint Déodat. La cathédrale s'est enrichie en 1987 d'un bel ensemble de **vitraux★** non figuratifs, réalisés par une équipe d'artistes animée par Jean Bazaine.

★ Cloître gothique

Se rens. à l'office de tourisme au ✆ 03 29 42 22 22 - gratuit.

Entre la cathédrale et l'église N.-D.-de-Galilée, et faisant communiquer ces deux édifices, cet ancien cloître de chanoines est demeuré inachevé depuis les 15e et 16e s. Admirez les baies flamboyantes donnant sur la cour et les voûtes en croisées d'ogives. À un contrefort de la galerie s'adosse une chaire extérieure du 15e s.

★ Église N.-D.-de-Galilée

Se rens. à l'office de tourisme au ✆ 03 29 42 22 22 - gratuit.

Très bel exemple de l'architecture romane de la Lorraine Sud : la façade est précédée d'un clocher-porche aux frustes chapiteaux. Dans la nef, les voûtes d'arêtes du 17e s. remplacent les croisées d'ogives du 12e s., dont on voit encore les départs en pointe.

Musée Pierre-Noël - Musée de la Vie dans les Hautes-Vosges

88100 Saint-Dié-des-Vosges - ✆ 03 29 51 60 35 - ♿ - mai-sept. : 10h-12h, 14h-19h ; reste de l'année : 14h-18h, merc. 10h-12h, 14h-18h - fermé lun. et j. fériés - 1,50 € (-8 ans gratuit).

Construit à l'emplacement de l'ancien palais épiscopal dont subsiste la porte d'entrée monumentale, il comprend des sections consacrées à l'archéologie (fouilles du site de la Bure), à l'ornithologie, à la forêt vosgienne, aux métiers du bois et du textile, à l'agriculture et à l'élevage, à la faïence de l'Est et à la verrerie. Une vaste salle est consacrée à Jules Ferry et à sa famille : manuscrits, photographies, mobilier, peintures, armes d'Afrique et d'Asie. Collection militaire franco-allemande : vitrine évoquant René Fonck, as de l'aviation militaire pendant la guerre de 1914-1918, né près de St-Dié. Collection Goll (art moderne).

Bibliothèque

11 r. St-Charles - ✆ 03 29 51 60 40 - www.mediatheque.saint-die.eu - mar., merc. et vend. 10h-12h, 14h-18h30, jeu. 14h-18h30, sam. 10h-12h, 14h-18h - fermé dim., j. fériés et lun. - gratuit.

Elle possède 230 000 ouvrages (!) dont 600 manuscrits et 140 incunables (premiers livres imprimés). Dans la salle du Trésor est présenté un exemplaire de

LA VILLE NATALE DE JULES FERRY

Jules Ferry (1832-1893) est né ici. Cet avocat et journaliste fut élu député des Vosges, puis occupa à plusieurs reprises le poste de ministre de l'Instruction publique. C'est pour cette fonction qu'il est passé à la postérité ; c'est lui, en effet, qui a rendu l'école primaire laïque, gratuite et obligatoire. Il s'est préoccupé ensuite de promouvoir l'expansion coloniale française, ce qui lui valut sa chute politique.

4

la rarissime Cosmographiae Introductio. Cet ouvrage a été imprimé à St-Dié dans l'une des plus vieilles imprimeries du monde par le Gymnase vosgien (assemblée de savants). En 1507, le continent découvert par Christophe Colomb y fut, pour la première fois, dénommé America, en hommage au navigateur Amerigo Vespucci. Dans la bibliothèque, on trouve également un graduel enluminé (début 16e s.) comprenant des miniatures qui évoquent le travail dans les mines au Moyen Âge.

Tour de la Liberté

03 29 42 22 22 - www.ville-saintdie.fr - avr.-oct. : 14h-18h ; reste de l'année : 14h-18h, fermé w.-end et j. fériés - possibilité de visite guidée (45mn) sur réserv. (7 j. à l'avance) - fermé 1er janv., 1er et 11 Nov., 25 déc. - 2,30 € (-12 ans gratuit).

Érigé au jardin des Tuileries, à Paris, en 1989, cet édifice d'acier, de câbles et de verre a été rebâti ici l'année suivante. Il abrite une **collection de 52 bijoux** créés par Heger de Lœwenfeld d'après l'œuvre du peintre Georges Braque, un des inventeurs du cubisme. Un escalier en hélice conduit à un belvédère d'où la **vue** sur la ville et la ligne bleue des Vosges est magnifique.

À proximité Carte de microrégion

Camp celtique de la Bure B1

7,5 km, puis 45mn à pied AR. Quittez St-Dié au nord-ouest par la N 59. À 4 km, prenez à droite vers la Pêcherie puis, encore à droite, la route forestière de la Bure, et enfin, à gauche, la route forestière de la Crénée. Au col de la Crénée, laissez la voiture et gagnez par le sentier de crête l'entrée principale du camp.

Le site archéologique de la Bure a conservé les traces d'une occupation humaine remontant à quelque 2 000 ans av. J.-C. et n'ayant pris fin qu'au 4e s. de notre ère. Établi sur l'extrémité ouest (582 m) de la crête de la Bure, le camp celtique révèle une terrasse d'enceinte émergeant de 40 à 60 cm par endroits, épaisse de 2,25 m (3 pas gaulois). Dans le camp, on distingue trois bassins dont deux consacrés à des divinités gauloises (Taranis et déesses mères), à côté d'un grand atelier sidérurgique. Deux enclumes de 11 kg et de 23,5 kg ont été découvertes ainsi que 450 kg de scories de fer. Le matériel archéologique mis au jour est exposé au musée de St-Dié-des-Vosges. Belles **vues★** *(table d'orientation)* à l'ouest sur la vallée de la Meurthe, au sud sur le bassin de St-Dié-des-Vosges.

UN « FIG » POUR VOUS FAIRE AIMER LA GÉOGRAPHIE

St-Dié accueille chaque mois d'octobre un festival international attirant un public de plus en plus nombreux. Pas question ici de musique, de danse ou de cinéma mais… de **géographie**. En mettant à l'honneur depuis plus de 20 ans cette discipline ouverte sur le monde et aussi éclectique que passionnante (mais si injustement mal-aimée), Christian Perret a permis à sa petite ville de se faire un nom. Le temps d'un week-end, des spécialistes de renommée mondiale, des aventuriers, des scientifiques, des chefs étoilés ou non, des artistes et le public se rencontrent, s'écoutent et débattent autour de thèmes forcement d'actualité : l'eau, les réseaux, l'Afrique, les villes, les religions, etc. Chaque année, un pays est invité à investir la petite cité (Sénégal, Japon, Russie…) via des installations et manifestations variées. St-Dié au centre du monde ? Non, mais en tout cas inscrit en caractères gras sur la carte de ceux qui s'intéressent à la planète.

Festival international de géographie (FIG) - www.fig.saint-die-des-vosges.fr

Tour de la Liberté.
TH-Foto/Lithium/age fotostock

Les jardins de Callunes B1

✆ 03 29 58 94 94 - www.jardins-callunes.com - ♿ - de mi-avr. à fin oct. : 10h-12h, 14h-18h - possibilité de visite guidée (1h) - fermé de fin oct. à fin déc. - 7 € (-12 ans 3 €). Bien indiqué à partir de St-Dié, de la N 59 et de la D 424.

Ce parc paysager et botanique étale, sur 4 ha, 230 variétés de bruyères, des collections de rhododendrons, d'azalées, de plantes vivaces, d'érables. Son nom rend hommage à la vedette du lieu, *Calluna Vulgaris*, la bruyère dont le nom grec signifie balayer, nettoyer. On découvre les 8 zones paysagères non pas en suivant des chemins mais en foulant librement du gazon doux et souple. Les insectes et les oiseaux s'en donnent à cœur joie tandis que vous prenez place sur un banc pour respirer milles et uns parfums et contempler le paysage de montagnes rurales alentours. À voir en particulier au printemps et à l'automne.

Circuit conseillé Carte de microrégion

LE PAYS DES ABBAYES

Pour visualiser ce circuit de 43 km au départ de St-Dié, reportez-vous à la carte de microrégion p. 266. Comptez environ 2h30.
Quittez St-Dié au nord-ouest par la N 59.

Étival-Clairefontaine B1

Cette petite ville de la vallée de la Meurthe est située sur la Valdange, affluent de la Meurthe. Son nom est célèbre, au moins chez les écoliers… grâce aux papeteries qui y sont installées. Sur les bords de la rivière, on peut voir les restes du moulin à papier de Pajaille, qui date de 1512. Des éléments en grès des Vosges de l'ancienne abbaye, détruite par les révolutionnaires, forment l'architecture de plusieurs maisons d'habitation. Dans l'**église★**, la nef centrale et les bas-côtés sont de l'époque de transition du roman au gothique.

✆ 03 29 57 91 03 - www.paysdesabbayes.com - 10h-12h, 14h-17h - possibilité de visite guidée (1h30) sur réserv. (7 j. à l'avance) - gratuit.

Moyenmoutier B1
Le « monastère du milieu » est situé entre les abbayes d'Étival, de Senones et de St-Dié. De très vastes dimensions, l'**église** baroque, rebâtie au 18e s., est un des plus beaux monuments religieux de cette époque dans les Vosges. Malheureusement, les façades de l'église et des immenses bâtiments conventuels sont défigurées et rendues invisibles, en partie, par une usine.

Senones B1
Un amphithéâtre de montagnes boisées sert de cadre à cette petite ville qui fut, à partir de 1751, la capitale de la principauté de Salm, État souverain de 100 km^2 rattaché à la France en 1793. Elle possède encore quelques constructions princières : châteaux et hôtels particuliers du 18e s. L'escalier de pierre (18e s.) de l'**ancienne abbaye**, orné d'une rampe de fer ouvré, menait à l'appartement que Voltaire habita lors de son séjour en 1754. Ce dernier se rendit en effet par deux fois à Senones pour visiter l'abbé Augustin Calmet (1672-1757), considéré comme le premier historien de la Lorraine, qui possédait ici 15 000 volumes. *✆ 03 29 57 91 03 - www.paysdesabbayes.com - ♿ - 10h-12h, 14h-17h - possibilité de visite guidée (1h30) sur demande - 3 € (-16 ans 1,50 €).*
Quittez Senones par la D 424 au nord. Dans la Petite-Raon, à 2 km, prenez à gauche la D 49 qui s'engage dans le val de Senones, puis traversez Moussey.
La route forestière qui succède à la D 49 suit la vallée encaissée et déserte du Rabodeau. Le **col de Prayé**, situé sur la crête des Vosges, marquait l'ancienne frontière allemande. On atteint le **col du Donon** (voir Guide Vert Michelin *Lorraine*).

NOS ADRESSES À SAINT-DIÉ-DES-VOSGES

HÉBERGEMENT

PREMIER PRIX

Camping Vanne de Pierre – *À l'est de la ville par le quai du Stade, près de la Meurthe - ✆ 03 29 56 23 56 - www.vosgescampings.com/vanne/ - ouv. tte l'année - ♿ - réserv. conseillée - 120 empl. 27 €.*
Ce camping aménagé au bord de la Moselle bénéficie d'un bel environnement verdoyant, en plein cœur du massif vosgien, qui ravira les amateurs de randonnées et de nature. Blocs sanitaires entièrement modernisés et emplacements bien entretenus. Location de chalets et animations estivales.

BUDGET MOYEN

Chambre d'hôte Le Bout du Chemin – *6 r. d'Hadremont - 88580 Saulcy-sur-Meurthe - ✆ 03 29 50 90 13 - bourg.jean-claude@wanadoo.fr - P - ⊭ - 5 ch. 50 € ☕.*
Les chambres de cette maison d'hôte, située tout près de St-Dié, possèdent une terrasse privative d'où vous pourrez observer les chevreuils et les écureuils. Le salon, avec cheminée et piano, et la véranda ouverte sur le parc sont

deux atouts supplémentaires. Plusieurs restaurants dans le village.

Le Régal – *189 r. d'Épinal - ✆ 03 29 56 83 33 - www.leregal.fr -* **P** *- 33 ch. 60 € - ☕ 7,50 € - rest. 16/52 € (fermé sam. et lun. midi, dim. soir et 1er-15 août, 20-31 déc.).* À l'écart de la ville, entre forêts et odorantes scieries, voici une très agréable étape, alliant accueil chaleureux et service impeccable. Les chambres (classiques ou très « tendance » dans la nouvelle aile) offrent tout le confort souhaité et le restaurant jouit d'une bonne réputation *(intéressante soirée étape à 68 €)*. Les enfants apprécieront le parc et ses jeux, les cygnes et les… wallabies.

POUR SE FAIRE PLAISIR

Ibis – *5 quai Jeanne-d'Arc - ✆ 03 29 42 24 22 - www.ibishotel.com - 58 ch. 79 € - ☕ 8 €.* Sur les berges de la Meurthe, hôtel aux chambres petites mais optimisées, rénovées dans le style contemporain de la chaîne. Préférez celles côté rivière. Au restaurant, atmosphère de bistrot (bois dominant, esprit bar à bières) et petite carte ad hoc.

RESTAURATION

BUDGET MOYEN

Voyageurs – *22 r. Hellieule - ✆ 03 29 56 21 56 - lesvoyageurs88@wanadoo.fr - fermé dim. soir et lun. - formule déj. 16,50 € - 21/32 €.*

Dans un cadre égayé de jaune, on se régale de plats traditionnels (desserts maison, produits frais scrupuleusement choisis). Courte carte de vins où l'Alsace figure en tête.

Pisciculture Ste-Odile – *27 r. Ste-Odile - 88480 Étival-Clairefontaine - ✆ 03 29 41 40 83 - tlj sf lun. 8h-13h, 15h-19h - fermé de mi-janv. à fin fév.* Élevage de truites arc-en-ciel et truites Fario, ombles chevaliers, brochets, anguilles, écrevisses, etc., ensuite déclinés en une infinité de recettes : terrine de truite royale aux mirabelles, mousse de truite aux herbes, filets de truite et d'anguille fumée… Prêt de matériel pour pêcher soi-même son poisson.

ACHATS

Papeteries de Clairefontaine – *19 r. de l'Abbaye - 88480 Étival-Clairefontaine - ✆ 03 29 42 42 42 - www.clairefontaine.com - se rens. sur horaires d'ouverture - fermé 15 juil.-1er sept.* Retrouvez l'odeur des cahiers d'écolier et découvrez les mille et une étapes de leur fabrication en suivant la visite guidée de cette papeterie réputée.

AGENDA

Festival international de géographie – *1er w.-end d'oct. - ✆ 03 29 42 22 22 - www.fig.saint-die-des-vosges.fr.*

Relève de la garde des princes de Salm – *Certains dim. mat. en juil.-août, à Senones - ✆ 03 29 57 91 03 - www.paysdesabbayes.com.*

Foire aux écrevisses – *Mi-juin, à Étival-Clairefontaine.*

Sainte-Marie-aux-Mines

5 604 Sainte-Mariens – Haut-Rhin (68)

NOS ADRESSES PAGE 322

S'INFORMER

Office du tourisme du val d'Argent – *5 r. Kroeber-Imlin - 68160 Ste-Marie-aux-Mines - ✆ 03 89 58 33 10 - www.initiativesevenements.com - 8h30-17h30, fermé w.-end et j. fériés. Vous y trouverez une très riche documentation thématique : les fermes, le textile, les mines, les églises.*

Visite guidée de la ville – *✆ 03 89 58 80 32 - Toute l'année, visites découvertes (1h30) organisées dans le cadre du label Pays d'art et d'histoire du Val d'Argent, boutique ouverte tte l'année, vente de tissus au mètre, mercerie, matériel patchwork… Programme disponible auprès de l'Office du tourisme du Val d'Argent - www.valdargent.com - 3 € (-18 ans gratuit).*

SE REPÉRER

Carte de microrégion C1 (p. 266) – *carte Michelin Départements 315 H7.*
À 22 km à l'ouest de Sélestat, 32 km au nord-ouest de Colmar, 29 km à l'est de St-Dié-des-Vosges.

À NE PAS MANQUER

L'Espace des musées pour découvrir les industries qui ont fait la prospérité de la ville.

ORGANISER SON TEMPS

Si vous souhaitez visiter une mine (compter une demi-journée), téléphonez quelques jours à l'avance pour connaître les horaires de visite et vous inscrire.

AVEC LES ENFANTS

La visite d'une mine, casqués, les pieds dans l'eau.

La petite ville-carrefour, dominée par le bulbe de l'église Ste-Madeleine (18e s.), s'étend de part et d'autre de la Liepvrette. Façades Renaissance et tissus colorés vous accueillent dans cette petite ville située au milieu des sapins : ni charbon ni corons dans le paysage ! Les mines exploitées du 9e au 18e s. étaient d'argent, de plomb et de cuivre. Les manufactures de fil se sont reconverties en filatures de coton, puis la ville s'est spécialisée dans le tissage des lainages légers, du cachemire. Il y a vingt-cinq ans, Ste-Marie-aux-Mines vivait encore au rythme des métiers à tisser. La ville n'a rien effacé de son passé : fête des tissus, carrefour européen du patchwork et visites de mines sont là pour le rappeler.

Découvrir les mines

Ce sont des moines, dépendant du monastère de Moyenmoutier, qui auraient découvert les premiers filons d'argent au 9e s. et contribué ainsi au développement de la ville. Au Moyen Âge, le val d'Argent était un véritable eldorado européen où étaient exploitées plus de 300 mines, avec 300 km de galeries, entretenant une ruée vers l'argent dont la valeur était alors huit fois supérieure à celle d'aujourd'hui.

Espace des Musées

Pl. du Prensureux - ✆ 03 89 58 56 67 - www.musees-valdargent.fr - juin-sept. : tlj 10h-19h, oct.-mai : lun.-vend. 10h-12h et 14h-18h - fermé janv., 25 déc. - 5,50 € (-18 ans 3 €).
Dans le **Musée minéralogique**, riche collection de minéraux d'origine vosgienne et d'ailleurs. La présentation est basique mais on découvre avec plaisir quelques-unes des 150 espèces minérales répertoriées dans la vallée. Dans le **musée du Textile**, atelier où l'on peut suivre les étapes de la fabrication du tissu avec différents métiers à bras et mécaniques (ourdissoirs, bobinoirs, dévidoirs…). Enfin, le **musée du Patrimoine minier** est consacré à l'histoire des mines et des techniques minières : reconstitution d'une galerie du 16e s.

Visite des Mines

Pour les visites, prévoir des chaussures de marche et des vêtements chauds (bottes, imperméable et casque sont fournis). Pour St-Louis et Gabe-Gottes : visite sur réservation auprès de l'ASEPAM, centre du patrimoine minier, 4 r. Weisgerber, 68160 Ste-Marie-aux-Mines - ✆ 03 89 58 62 11 ou 03 89 58 56 67 - www.asepam.org ou à l'office de tourisme - ✆ 03 89 58 80 50.
St-Barthélemy – *R. St-Louis - ✆ 03 89 58 72 28 - 10h-12h, 14h-18h.* La seule mine située en ville. Après un commentaire sur l'historique des mines, on visite différentes galeries taillées au marteau et à la pointerolle par les mineurs au 16e s.
Mine St-Louis-Eisenthür – *Visite guidée (3h) sur demande préalable à l'ASEPAM - centre du patrimoine minier - 4 r. Weisgerber - 68160 Ste-Marie-aux-Mines - ✆ 03 89 58 62 11 - www.asepam.org ou à l'office de tourisme - ✆ 03 89 58 80 50 - prévoir des chaussures de marche et des vêtements chauds (bottes, imperméable et casque sont fournis) - 10 € (5-12 ans 5 €).* Panorama complet des sites miniers et des techniques utilisées au 16e s. dans une mine ouverte en 1549.
Mine Gabe-Gottes – *Visite guidée (1h30) sur demande à l'ASEPAM - centre du patrimoine minier - 4 r. Weisgerber - 68160 Ste-Marie-aux-Mines - ✆ 03 89 58 62 11 - www.asepam.org ou à l'office de tourisme - ✆ 03 89 58 80 50 - 8 € (5-12 ans 4 €). Prévoir des chaussures de marche et des vêtements chauds (bottes, imperméable et casque sont fournis).* La visite de la mine Gabe-Gottes (« don de Dieu ») met en évidence l'évolution des techniques d'exploitation du 16e s. au 20e s. (argent mais aussi arsenic pour fabriquer du raticide). On distingue bien les galeries du 16e s., tout juste taillées pour le passage d'un homme à la pointerolle, à raison de 5 cm par jour, des galeries élargies à l'explosif au 18e s., puis au marteau-piqueur au 20e s. Au bout du parcours, on parvient au cœur de la mine : la salle du puits, qui suit la trajectoire verticale du filon de cuivre argentifère.

LE BERCEAU DES AMISH

En 1693, Jakob Amman, un anabaptiste expulsé de Suisse pour puritanisme excessif, se réfugie dans la vallée de Ste-Marie-aux-Mines et y fonde le mouvement amish, connu pour son austérité et son opposition à la civilisation moderne. Expulsés de France au début du 18e s., les amish se réfugièrent alors en Pennsylvanie, où la communauté prospère toujours. La présence des amish à Ste-Marie ne fut pas étrangère à la naissance du patchwork. Les femmes fabriquaient des couvertures (quilts) avec des bouts de tissu qu'elles découpaient et assemblaient. Certains quilts sont de véritables œuvres d'art.

Centre d'exploration des mondes souterrains de Tellure

Tellure - à 5 km de Ste-Marie par la D 48 dir. col du Bonhomme - ✆ 03 29 58 94 94 - www.jardins-callunes.com - ♿ - de mi-avr. à fin oct. : 10h-12h, 14h-18h - possibilité de visite guidée (1h) - fermé de fin oct. à fin déc. - 7 € (-12 ans 3 €). Mais aussi des visites sportives avec échelle et tyrolienne.

Ouvert en 2009 dans la vallée de la Liepvrette, le Centre d'exploration des mondes souterrains invite à la découverte d'une mine d'argent alsacienne. Une muséographie résolument moderne raconte, à travers des stations muséographiques, l'histoire des mineurs du 16e s. et les conséquences à la fois humaines, politiques et économiques de l'activité minière. La visite se poursuit par l'exploration d'une mine préservée depuis cinq siècles. On descend à la découverte des exploitations des anciens filons verticaux et parcourt brièvement une galerie du 16e s.

Non loin, le sentier forestier **Forestum** (deux parcours d'1h) parcourt une forêt du val d'Argent, en présentant 43 essences. Départ 1500 m après Tellure, sur la droite.

D'autres curiosités de la **vallée de la Liepvrette** (sentier du patrimoine de Neuenberg, église de St-Pierre-sur-l'Hâte) sont décrites dans le circuit Val d'Argent *(voir ci-dessous)*.

Ste-Croix-aux-Mines

La commune voisine compte quelques curiosités à visiter si l'on s'attarde dans la région. Les amateurs d'artisanat se rendront à la **Scierie Musée** *(2b r. Maurice Burrus - mai-sept. 10h-19h - 5,50 €)* qui présente des machines classées. Dans le **Parc de la Villa Burrus**, aménagé en 1935 par le riche industriel André Burrus, vous lèverez les yeux vers des arbres du monde entier et déambulerez entre des jardins thématiques passionnants (plantes médicinales, potagers, « patchwork »). En été, un marché paysan s'y tient tous les mardis de 16h30 à 21h.

Les marcheurs suivront eux le **Sentier minier et botanique** de Ste-Croix-aux-Mines *(à la sortie de Ste-Marie, 100 m avant le panneau « Les halles », départ du circuit sur la gauche de la route)*, dans le bois de St-Pierremont qui recelait de riches filons argentifères exploités au 16e s. Tout au long du parcours, des panneaux sur les arbres indiquent les essences de la forêt.

Circuit conseillé Carte du Parc naturel

LE VAL D'ARGENT

Circuit de 70 km au départ de Ste-Marie-aux-Mines, tracé en vert clair sur la carte p. 270. Comptez environ 2h.

Quittez Ste-Marie à l'ouest par la D 459.

Argent, cuivre et autres métaux des Vosges ont été exploités depuis le Moyen Âge. À leur apogée aux 16e et 17e s., les mines déclinèrent au milieu du 19e s. Depuis, plusieurs sites sont protégés et réaménagés, pour un public curieux de patrimoine minier.

Col de Ste-Marie

Alt. 772 m. Du col, belle vue d'un côté sur le vallon de la Cude, de l'autre sur le bassin de la Liepvrette, la plaine d'Alsace et le château du Haut-Kœnigsbourg.

Un tableau sur le parking de l'autre côté de la route précise les circuits suivants :
Du col, à partir de la pierre tombale située à droite de la route, vous pouvez emprunter un intéressant chemin menant au **Roc du Haut de Faite** *(30mn à*

pied à partir du col de Ste-Marie). Prenez à droite de la stèle pour atteindre au plus vite le sommet et bénéficier d'un **beau panorama** sur la crête des Vosges et les versants alsacien et lorrain ; ou à gauche pour rejoindre le même but tout en passant par la Roche des Chèvres et la Tombe de Richter.

Revenez sur la D 459 et poursuivez en direction de St-Dié-des-Vosges.

Dans une vallée bucolique se love le village de fermes de **Wisembach**.

Au Giron, tournez à gauche et prenez la D 23.

Vous suivez alors la route qui s'élève doucement dans la vallée de la Morte, ses fermes, ses pâturages et ses points de vue. N'hésitez pas à quitter la route principale pour découvrir la campagne alentour.

Circuit minier de la Croix-aux-Mines

Au lieu-dit Le Chipal. 8,5 km – environ 2h45.

Au niveau de la chapelle du Chipal, un hameau minier qui compta jadis 234 habitants, suivez ce chemin balisé par des panneaux, cercle noir sur fond jaune avec l'emblème du sentier : un marteau et un pic. Sur ce site, des mineurs extrayaient (du 10e au 20e s.) le sulfure de plomb argentifère, communément appelé galène, pour en retirer l'argent.

Poursuivez sur la D 23 et à Fraize, prenez à gauche la D 415 (dir. Colmar).

À Plainfaing, offrez-vous un détour *(6 km AR)* vers la célèbre **Confiserie des Hautes-Vosges** (voir *Nos adresses, p. 277*) en tournant à droite au premier feu en direction de Gérardmer.

Revenez sur la D 415 que vous suivez jusqu'au Col du Bonhomme.

Col du Bonhomme *(voir p. 300)*

Au col, poursuivez par la D 415.

Le Bonhomme *(voir p. 301)*

Prenez à gauche la D 48 pour rejoindre le col des Bagenelles et le Brézouard.

★★ Le Brézouard

45mn à pied AR. Laissez votre véhicule sur l'aire de stationnement près du refuge des Amis de la nature.

La plus grande partie de l'excursion du Brézouard peut être effectuée en voiture depuis le **col des Bagenelles** *(4 km - monter sur la droite direction Haycot puis laisser la voiture au refuge)*, d'où la vue est très belle sur la vallée de la Liepvrette. Au sommet du Brézouard, qui a donné son nom au type de granit qui le compose, le **panorama★★** est très étendu. Au nord, on découvre le Champ du Feu, le Climont et au loin le Donon. Au nord-est, Strasbourg est visible. Au sud, vous verrez le Hohneck et le Grand Ballon. Le Mont Blanc se révèle dans le lointain, par temps clair. Le Brézouard et la région environnante furent de hauts lieux de la guerre de 1914-1918 (tranchées et abris).

Revenez vers Ste-Marie-aux-Mines par la D 48. Après quelques kilomètres dans la forêt, la route sinueuse rejoint la vallée de la Liepvrette où les vergers succèdent aux pâturages d'altitude.

★ Vallée de la Liepvrette

Le Rombach, qui jaillit de la terre au-dessus de La Hingrie, vient y alimenter la Liepvrette, charmant ruisseau courant entre les deux routes avant de traverser Ste-Croix-aux-Mines.

En route vers Ste-Marie, 300 m après l'auberge de la Canardière, vous passez devant le sentier forestier Forestum puis l'intéressant **Centre d'exploration des mondes souterrains de Tellure** *(voir p. 320)*.

4

Sentier patrimoine de Neuenberg

À Échery, 2 km avant Ste-Marie, deux circuits sont possibles : court (2h30) ou long (4h).

Au cours de la promenade, on aperçoit notamment la tour des Mineurs et la maison du Receveur des dîmes caractéristique de la Renaissance avec sa tourelle, ainsi qu'une galerie de recherche de la mine Énigme.

Dans Échery, prenez à droite.

St-Pierre-sur-l'Hâte

Ce hameau joliment situé dans un espace boisé accueillait jadis un prieuré bénédictin. Il possède encore une **église** œcuménique dite « des mineurs » qui sert de cadre en été aux concerts du Festival aux chandelles (voir *Nos adresses, page suivante*).

Revenez à Ste-Marie-aux-Mines par la D 48.

NOS ADRESSES À STE-MARIE-AUX-MINES

HÉBERGEMENT ET RESTAURATION

BUDGET MOYEN

Auberge de Lorraine – *5 r. du 8-Mai - 88520 Ban-de-Laveline - ✆ 03 29 51 78 17 - 7 ch. 59/69 € - ☕ 9/11 € - rest. 14/45 €.* Dans un calme village agricole, cette auberge aux murs jaunes est une étape très appréciable à mi-chemin entre Ste-Marie et Fraize (sur le circuit du Val d'Argent, *voir p. 320*), pour se restaurer ou passer une nuit au calme.

Hôtel de la Poste – *Au village - 68650 Le Bonhomme - ✆ 03 89 47 51 10 - www.hotel-la-poste.com - fermé 3 sem. en nov. et 20-26 déc. - ♿ - 31 ch. 62/85 € - ☕ 9 € - rest. 12/45 €.* Imposante bâtisse régionale bordant un axe animé. Les chambres, sobres et fonctionnelles, sont plus calmes côté jardin. Sympathique petit bar alsacien. Lambris, mobilier rustique et cuivres donnent du cachet au restaurant tourné vers le ruisseau et la colline. Après une longue randonnée, vous apprécierez la piscine couverte et le sauna.

Aux Mines d'Argent – *8 r. du Dr-Weisgerber - ✆ 03 89 58 55 75 - 10/32 € - 9 ch. 55 € - ☕ 6 €.* Près de l'hôtel de ville, cette bâtisse du 16ᵉ s. attire par sa coquette façade fleurie. Une fois attablé dans la salle aménagée façon *winstub*, demandez la petite brochure qui vous contera l'histoire de la maison, avant de découvrir la cuisine du cru.

Les Bagenelles – *15, La Petite-Liepvre - ✆ 03 89 58 70 77 - www.bagenelles.com - 10/28 € - 12 ch. 88 € - ☕ 10 €.*

Entre Ste-Marie et le col des Bagenelles, un hôtel agréable, offrant beaucoup d'espace et un accueil familial. L'étape est appréciée des randonneurs et cyclistes. Au restaurant *(tlj sf mar.-merc. de nov. à mars)*, on appréciera les flambées, viandes grillées et le buffet dominical.

À proximité

BUDGET MOYEN

Auberge du Sobach – *40 Sobache - 68160 Ste-Croix-aux-Mines - ☏ 03 89 58 83 01 - www.auberge-sobache.info - 7 ch. 46 € - rest. tlj sf merc. 20/26 €.* Cuisine locale, produits du marché, plats savoureux (comme une palette fumée au munster…) et chambres simples mais douillettes : que demander de plus ?

ACHATS

Savonnerie du Val d'Argent – *Le Chauffour - ☏ 03 89 58 83 43 - www.argasol.fr - lun.-vend. 8h-12h.* Fabrique artisanale de savons bio aux parfums parfois étonnants.

AGENDA

Carrefour européen du patchwork – *☏ 03 89 58 33 10 - www.patchwork-europe.com.* Chaque année a lieu, en septembre, une exposition artistique consacrée au patchwork. Cours d'initiation et de perfectionnement au patchwork, conférences sur l'histoire amish et les techniques de patchwork, présentation de quilts anciens ou contemporains se déroulent dans 18 sites de la vallée : églises, villa Burrus, théâtre…

Mode et Tissus – *☏ 03 89 58 33 10 - www.modetissus.com.* En mars et en octobre, cette fête présente des collections et met en vente des étoffes tissées en partie à Ste-Marie et des textiles plus variés, surtout destinés à la haute couture. Les artisans, créateurs et commerçants proposent des accessoires de mode. Plusieurs présentations de mode par jour dans le hall d'exposition « Val d'Argent expo ».

Bourse internationale des minéraux, gemmes et fossiles – *☏ 03 89 50 51 51 - www.sainte-marie-mineral.com.* Cette Bourse pas comme les autres, la troisième au monde derrière Tucson et Munich, attire les passionnés du monde entier.

Festival aux chandelles – *☏ 03 89 58 80 50 - www.festivalauxchandelles.fr.* À l'Ascension et en août, concerts dans l'église de St-Pierre-sur-l'Hâte.

Festival C'est dans la vallée – *☏ 03 89 58 80 50 - www.festivalauxchandelles.fr.* Ce festival, dirigé par Rodolphe Burger (Kat Onoma), mêle musique, cinéma et arts plastiques. Pour connaître les dates et les programmes, consultez le site Internet.

Col d'Urbeis et val de Villé

★

Vosges (88) et Bas-Rhin (67)

NOS ADRESSES PAGE 326

S'INFORMER

Office du tourisme du val de Villé – *5 pl. du Marché - 67220 Villé - 03 88 57 11 69 - juil.-août : 9h-19h, dim. et j. fériés 10h-12h30 ; reste de l'année : 10h-12h, 14h-17h, fermé dim. et j. fériés.*

SE REPÉRER

Carte de microrégion C1 (p. 266) – *carte Michelin Départements 315 H7.* Par le col passe la limite départementale. Le col se situe entre St-Dié-des-Vosges et Sélestat.

À NE PAS MANQUER

La Maison du val de Villé à Albé.

Paradis absolu des randonneurs, entre Sélestat et St-Dié-des-Vosges, le col d'Urbeis tient lieu de carrefour entre les vallées de la Fave et du Giessen. Le Club vosgien balise et entretient des centaines de kilomètres de circuits pédestres le long des crêtes et au plus profond des vallées encaissées. C'est l'occasion de se régaler de toutes sortes de baies sauvages, myrtilles et framboises, sans oublier de goûter les cerises et de rendre visite aux bouilleurs de kirsch du val de Villé.

Circuits conseillés Carte de microrégion

★ VALLÉES DE LA FAVE ET DU GIESSEN

Pour visualiser ce circuit de 22 km au départ de Provenchères-sur-Fave, reportez-vous à la carte de microrégion p. 266. Comptez environ 45mn.

Provenchères-sur-Fave B1

Cité au pied de l'Ormont, de part et d'autre de la rivière.

De Provenchères, la route suit la vallée de la Fave, serpente et bientôt pénètre sous bois pour atteindre le **col d'Urbeis** (602 m) qui s'ouvre dans la section affaissée de la chaîne vosgienne. Peu après, à droite, en contrebas, on peut voir une ancienne mine de cuivre gris argentifère.

À l'entrée d'Urbeis, ancien village minier où de grosses fermes se répartissent sur 2 km, se dressent les ruines du château de Bilstein.

On descend la vallée du Giessen, la rivière d'Urbeis. Dans l'agglomération de Fouchy, laissez à droite la route du col de Fouchy (voir p. 326), à moins que vous ne désiriez rejoindre Ste-Marie ou le Haut-Kœnigsbourg.

Villé C1

Durement éprouvé en 1944, Villé n'a pu conserver que quelques jolies maisons des 16e et 18e s. Elles forment un bel ensemble autour de la place du Marché, animée par une petite foire chaque mercredi matin. En été, un marché artisanal *(jeu. 17h-20h)* permet aux touristes de découvrir les spécialités locales.

Maison du Val de Villé, Musée d'Arts et Traditions Populaires, la salle de classe.
Christophe Dumoulin/Maison du Val de Villé

★ Albé C1

Cet adorable village cerné par les vignes porte le nom du ruisseau qui le traverse. Il doit sa célébrité à ses maisons de vignerons dites « à galeries », dans lesquelles l'étable et le cellier sont contigus. L'intéressant petit complexe de la **Maison-musée du val de Villé** est aménagé de chaque côté d'un gros tilleul. Chaque pièce de l'ancienne ferme vosgienne (1709) a été meublée et décorée de façon à présenter la vie des habitants du val de Villé du 18e s. au début du 20e s. La visite se poursuit dans le musée (1878), de l'autre côté de la place ; il abrite des expositions temporaires.

À Albé. ✆ 03 88 57 08 42 - www.maisonduvaldeville.com - juil.-août : mar.-vend. 10h-12h, 14h-18h, w.-end et j. fériés 14h-18h ; av.-oct. : jeu.-dim. et j. fériés 14h-18h ; reste de l'année : groupes sur réserv. - fermé lun., dim. de Pâques et 25 déc. - 3,35 € (-12 ans gratuit).

4

ROUTE DU COL DE STEIGE

Pour visualiser ce circuit de 19 km qui relie le col d'Urbeis à la région du Hohwald, reportez-vous à la carte de microrégion p. 266. Comptez environ 2h.

Au **col d'Urbeis** *(voir ci-contre)*, prendre la route 214.

★ Le Climont C1

1h30 à pied AR. Le sommet du Climont (966 m) offre un beau point de vue. La tour d'observation a été construite en 1897 par le Club vosgien de Strasbourg. En médaillon, au-dessus de l'entrée, le président de l'époque, Jules Euting.

À la sortie nord du Climont, 300 m après l'église, un discret petit panneau en bois (en hauteur) signale le sentier d'accès, qui s'amorce sur un carrefour, à gauche de la D 214.

Ce sentier, abrupt et étroit, souvent encombré par la végétation *(suivre le balisage : croix jaunes)* aboutit à un chemin forestier transversal que l'on prend à gauche.

Au carrefour proche du sommet, prenez le chemin en montée à droite.
On atteint le pied de la tour Euting qui se trouve sur le sommet boisé du Climont. Du haut de la tour *(78 marches)*, **point de vue★** sur les Vosges : à gauche, la vallée de la Bruche ; au nord, le Donon ; à droite, le Champ du Feu avec sa tour.
De retour sur la D 214 poursuivre vers le **col de Steige** qui, à 534 m offre une belle vue au sud-ouest sur le Climont. La route continue ensuite vers le **col de la Charbonnière** puis le **Champ du Feu★★** *(voir Le Hohwald, p. 146)*, Andlau, le Mont Ste-Odile et la région d'Obernai.

★ ROUTE DU COL DE FOUCHY

Pour visualiser ce circuit de 13 km au départ de Fouchy, reportez-vous à la carte de microrégion p. 266. Comptez environ 30mn.
À Fouchy, prenez à droite la D 155.
La route du col de Fouchy fait communiquer les vallées de la rivière d'Urbeis et de la Liepvrette. Elle remonte le vallon de Noirceux et celui de Froide-Fontaine et vous permet de rejoindre Ste-Marie-aux-Mines ou le Haut-Kœnigsbourg. Elle débute au niveau du village *welche* de Fouchy, jadis connu pour ses artisants. L'asphalte serpente entre les fermes doublées d'auberges et chambres d'hôtes. Nombre de chemins de randonnée partent d'ici. De petites prairies trouent la forêt, servant de pâturages aux moutons, chèvres et ânes. Du **col de Fouchy**, belle vue sur le Champ du Feu, reconnaissable à sa tour, et sur les montagnes du Hohwald. La route suit le ravin de Pierreuse-Goutte et descend vers la vallée de la Liepvrette qu'elle atteint à Lièpvre, sur la route du col de Ste-Marie.

NOS ADRESSES AUTOUR DU COL D'URBEIS

Voir aussi nos adresses à Ste-Marie-aux-Mines *(p. 322)* et dans le Hohwald *(p. 147)*.

HÉBERGEMENT

BUDGET MOYEN

Hôtel La Bonne Franquette – *6 pl. du Marché - 67220 Villé - ✆ 03 88 57 14 25 - www.hotel-bonne-franquette.com - fermé 1re sem. de juil. et vac. de fév. et de la Toussaint - 9 ch. 55/60 € ☕ - rest. 20/39 €.* Sur une placette du centre-ville, avenante auberge familiale abritant des chambres bien tenues, meublées dans le style rustique. La clientèle locale apprécie le restaurant pour ses petits plats traditionnels servis « à la bonne franquette »… Une adresse toute simple à prix raisonnables.

RESTAURATION

PREMIER PRIX

Auberge La Canardière – *24 chemin de Bourgogne - 88490 Provenchères-sur-Fave - ✆ 03 29 51 27 81 - aubergelacanardiere@wanadoo.fr - fermé dernière sem. d'août, lun. soir, mar. soir, merc. - formule déj. 13 € - 21/32 €.* Cette ancienne ferme vosgienne typique, judicieusement rénovée, vous fera découvrir les mille et une façons d'accommoder un canard : confits, filets, magrets poêlés, etc.

Pfister – *9 pl. Ch.-de-Gaulle - 67220 Villé - ✆ 03 88 57 17 56 - tlj sf lun. 7h30- 18h30.* Une institution locale sur la place principale où déguster en terrasse ou dans le patio de belles pâtisseries, des tourtes, des bouchées à la reine ou l'une des nombreuses salades. Et peut-être repartirez-vous avec une belle boîte de biscuits ou de pâtes de fruits.

ACTIVITÉS

Le val de Villé (Villé et alentour) est parcouru par 350 km de chemins balisés par le club vosgien. Des randonnées et sorties thématiques sont proposées les 1ers dim. et jeu., mais aussi diverses activités : VTT (7 circuits thématiques), balade à dos de cheval ou avec un âne… Informations auprès de l'office du tourisme de Villé et de la Compagnie des accompagnateurs de montagne *(www.rando-emotion-vosges.com)*. L'OT fournit aussi une carte des sentiers de découverte « chemins du patrimoine » : Albé et son vignoble, Fouchy et le pays *welche*, Urbeis à l'époque minière…

ACHATS

G.E. Massenez – *67220 Dieffenbach-au-Val - ✆ 03 88 85 62 86 - tlj sf w.-end 8h15-12h, 13h30-17h15 - fermé j. fériés.* Les eaux-de-vie Massenez symbolisent l'art de la distillation à la française, et dans la famille, cet art s'enseigne de père en fils depuis 1870. Outre les incontournables eaux-de-vie de framboise et de poire Williams, les vieilles liqueurs et fruits à l'eau-de-vie confortent la réputation de la maison, plusieurs fois primée.

Distillerie artisanale Nusbaumer – *23 Grand'Rue - 67220 Steige - ✆ 03 88 57 16 53 - www.jos-nusbaumer.com - tlj 9h-12h, 14h-18h30, sam. 10h-12h, 14h-18h ; nov.-Pâques : lun.-sam. 10h-12h, 14h-18h - fermé dernière sem. de janv. et le dim. de janv. à Pâques.* Les produits Nusbaumer sont présentés dans un véritable musée de l'art alsacien et lorrain renfermant notamment une collection d'objets de bouilleurs de cru et un superbe comptoir de vente. Eaux-de-vie de kirsch, poire et framboise, médaillées d'or au Concours général agricole.

Ferme Humbert – *67 Urbeis - ✆ 03 88 57 06 00 - www.biofermehumbert.com - tlj 17h-19h et jeu.-vend. 8h-12h.* Ferme bio où acheter laitages, œufs, charcuterie, fruits et légumes.

Confitures du Climont – *La Salcée - 14 rte de Climont - ✆ 03 88 97 72 01 - www.confituresduclimont.com - tlj sf lun.* Un atelier boutique qui sent bon la cuisson du jour : confitures, sirops, gelées…

+ d'adresses

Région de Saverne et Vosges du Nord

5

Cartes Michelin Départements 307, 314 et 315 – Moselle (57), Bas-Rhin (67)

L'art du verre, par Lalique.

J. Frumm/hemis.fr/ADAGP, Paris 2013

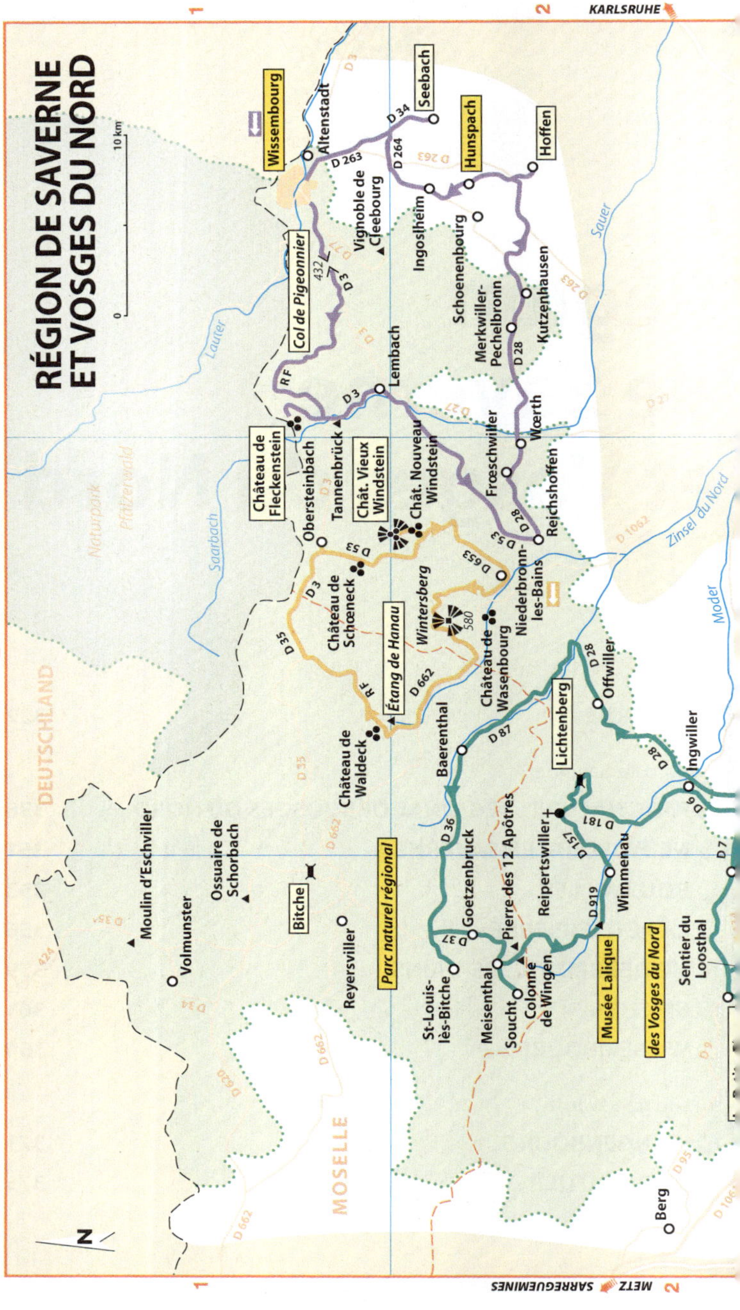
RÉGION DE SAVERNE ET VOSGES DU NORD
KARLSRUHE
METZ SARREGUEMINES
DEUTSCHLAND
MOSELLE
Naturpark Pfälzerwald
Parc naturel régional des Vosges du Nord
Wissembourg
Altenstadt
Seebach
Hunspach
Hoffen
Ingolsheim
Schoenenbourg
Vignoble de Cleebourg
Col de Pigeonnier
Lembach
Kutzenhausen
Merkwiller-Pechelbronn
Wœrth
Frœschwiller
Reichshoffen
Niederbronn-les-Bains
Château de Fleckenstein
Obersteinbach
Tannenbrück
Chât. Vieux Windstein
Chât. Nouveau Windstein
Château de Schœneck
Étang de Hanau
Wintersberg
Château de Wasenbourg
Château de Waldeck
Lichtenberg
Offwiller
Ingwiller
Baerenthal
Reipertswiller
Wimmenau
Goetzenbruck
Pierre des 12 Apôtres
St-Louis-lès-Bitche
Meisenthal
Soucht
Colonne de Wingen
Musée Lalique
Sentier du Loosthal
Bitche
Reyersviller
Ossuaire de Schorbach
Moulin d'Eschviller
Volmunster
Berg
Lauter
Saarbach
Sauer
Zinsel du Nord
Moder
10 km

KARLSRUHE
BADEN-BADEN
SARREBOURG
COLMAR
SÉLESTAT
Wissembourg
Saverne
Bouxwiller
★★ Mérite un détour
★ Intéressant
À voir
Ville de départ du circuit
Traverseé du Pays de Hanau
Les châteaux
Une frontière bien gardée
Forêt de Saverne
Forêt de Haslach
BAS-RHIN
MOSELLE
Canal de la Marne
Zorn
Sentier du Bastberg
Dossenheim-sur-Zinsel
St-Michel
St-Jean-Saverne
Saverne
Jardin botanique
Saut du Prince-Charles
Phalsbourg
Lutzelbourg
Plan incliné de St-Louis-Arzviller
Château du Haut-Barr
Rocher de Nutzkopf
Forêt de Saverne
Marmoutier
Couvent de Reinacker
Vée de la Zorn
Vée du Kleinthal
Dabo
Rocher de Dabo
Cristallerie de Vallerysthal
Oberhsteigen
Vée de la Mossig
Wasselonne
Wangenbourg
Château
Dabo-Wangenbourg
Forêt de Haslach
Niederhaslach
Oberhaslach
Château et cascade du Nideck

Saverne

★

11 907 Savernois – Bas-Rhin (67)

NOS ADRESSES PAGE 336

S'INFORMER

Office du tourisme de Saverne – *37 Grand'Rue - 67700 Saverne - ✆ 03 88 91 80 47 - www.ot-saverne.fr - mai-sept. : 9h30-12h, 14h-18h, dim. et j. fériés 10h-12h, 14h-17h ; janv.-avr. : 10h-12h, 14h-18h, fermé dim. et j. fériés - fermé 1er janv., 1er et 11 Nov., 25 déc.*

Office du tourisme de Phalsbourg – *30 pl. d'Armes - 57370 Phalsbourg - ✆ 03 87 24 42 42 - www.phalsbourg.com - avr.-sept. : 10h-12h, 14h-18h, sam. 10h-12h, 14h-17h ; reste de l'année : 10h-12h, 14h-17h - fermé dim. et j. fériés, 25-31 déc.*

SE REPÉRER

Plan de région A3 (p. 330) – *carte Michelin Départements 315 I4.* À 45 km au nord-ouest de Strasbourg par l'A 351 et la D 1004. Deux trains directs par jour depuis Paris et, grâce au TGV, à moins de 2h de la capitale.

SE GARER

En centre-ville : pl. du Gén.-de-Gaulle, pl. du Château et pl. des Dragons.

À NE PAS MANQUER

Les maisons à colombages, le château des Rohan et la roseraie en saison.

ORGANISER SON TEMPS

Mai et juin constituent la période idéale pour visiter Saverne : c'est l'époque de la floraison des orchidées sauvages au jardin botanique du col de Saverne ; c'est aussi la période de la Fête des roses.

AVEC LES ENFANTS

Le centre nautique L'Océanide (*Nos adresses, p. 337).*

Au pied des Vosges, à l'entrée du passage qui conduit en Lorraine, Saverne a toujours bénéficié de sa position stratégique. Ville-étape dans l'Antiquité – elle était alors nommée Tres Tabernae (« les trois tavernes ») –, elle devint au 14e s. la résidence des princes-évêques de Strasbourg, issus des maisons de Fürstenberg et de Rohan. L'écluse sur le canal de la Marne au Rhin, la friandise « Bouton de rose » et le château des Rohan font de Saverne une cité riche en culture et en gastronomie.

Se promener

★ Château

Des hôtes prestigieux, dont Louis XIV, Louis XV et Goethe, ont séjourné dans cet ancien château fort du 12e s. Entouré d'un beau parc, que limite le canal de la Marne au Rhin, l'édifice s'est métamorphosé en palais Louis XVI, bâti en grès rouge. Incendié en 1779, il fut reconstruit par le fastueux cardinal

L'AFFAIRE DU COLLIER DE LA REINE (1785)

Cette escroquerie qui fit grand bruit, quatre ans avant la chute de la royauté, cristallisa l'hostilité de l'opinion publique envers la reine **Marie-Antoinette** perçue comme légère et dispendieuse.
Le cardinal **Louis de Rohan** (1734-1803), archevêque de Strasbourg, grand-aumônier de France et académicien, avait acquis une position très en vue sous le règne de Louis XV. Mais, en froid avec la reine Marie-Antoinette pour avoir émis des critiques à l'encontre de sa mère, l'impératrice Marie-Thérèse, il était mal en cour depuis l'avènement de Louis XVI. Prêt à tout pour retrouver la faveur des monarques, il fut approché par une prétendue **comtesse de La Motte-Valois**. Celle-ci, se faisant passer pour une amie intime de Marie-Antoinette, fausses correspondances à l'appui, fit miroiter à Rohan la possibilité de se réconcilier avec la jeune reine. À la suite d'une brève entrevue nocturne à Versailles, mise en scène par la comtesse de La Motte-Valois, le cardinal accepta de se porter caution de Marie-Antoinette pour l'achat d'un collier de 800 diamants. Ayant remis le collier à la comtesse et ses complices, qui dépecèrent aussitôt le fabuleux bijou pour en écouler les pierres dans toute l'Europe, le cardinal s'étonna de n'avoir aucune nouvelle de la reine. Pendant ce temps, les bijoutiers s'inquiétant du paiement donnèrent l'alarme à Versailles. Louis XVI fit alors arrêter, en pleine galerie des Glaces, le cardinal de Rohan qui s'apprêtait à célébrer la messe en grande pompe devant la Cour, et confia le jugement de l'affaire au Parlement de Paris. Ce dernier, traditionnellement hostile à l'autorité royale, acquitta l'accusé, laissant ainsi entendre que la reine n'était pas innocente dans cette affaire. Le cardinal de Rohan, déchu de sa charge de grand-aumônier, fut exilé à l'abbaye de la Chaise-Dieu, en Auvergne.

Louis de Rohan qui ne put jamais en profiter puisqu'il fut contraint à l'exil à la suite de l'affaire du collier de la reine *(voir ci-dessus)*. La Révolution interrompit les travaux d'aménagement intérieur. De 1870 à 1944, le château fut transformé en caserne.
De la place du Général-de-Gaulle, vue sur la façade sud du château. Pour voir la **façade★★** nord, la plus belle, passer à droite du château après avoir franchi la grille.
Musée – *☎ 03 88 91 06 28 - de mi-sept. à mi-juin : 14h-18h, w.-end et 15 juin-15 sept. 10h-12h, 14h-18h - fermé mar., 1er janv., 1er mai, 1er nov., 25 déc. - gratuit.*
Dans l'aile droite du château, le sous-sol abrite les collections archéologiques, surtout gallo-romaines. Le 2e étage est consacré à l'art et à l'histoire de Saverne : sculptures religieuses médiévales ; vestiges lapidaires et objets provenant des fouilles des châteaux forts environnants (Haut-Barr, Geroldseck, Wangenbourg) ; souvenirs des Rohan. À voir aussi : la donation Louise Weiss.
Prenez à gauche dans la Grand-Rue et traversez le canal. Remontez la rue du Griffon jusqu'à la Roseraie.

Roseraie

☎ 03 88 71 21 33 - www.roseraie-saverne.fr - 21 mai-4 sept. : 10h-19h ; sept. : 14h-18h - 2,50 € (-16 ans gratuit).
8 500 rosiers de plus de 550 variétés y sont cultivés, en bordure de la Zorn. Le Concours international de roses nouvelles s'y déroule depuis 1923.
Revenez sur vos pas, remontez la Grand-Rue et engagez-vous à droite dans la rue Poincaré.

ROSE À CROQUER !
Pour célébrer la roseraie de la ville, Christian Boistelle, maître chocolatier a eu l'idée en 1995 de créer le **Bouton de rose de Saverne**. Ce bonbon au chocolat en forme de losange, au sublime parfum de rose, se compose d'une gelée de rose surmontée d'un massepain, enrobé d'un chocolat noir, au goût amer et fruité. La gelée est obtenue à partir du pétale de la rose Luberon, choisie pour son parfum et sa résistance. Le **sablé à la rose**, délicieux petit biscuit au beurre parsemé de pétales de roses, a été créé spécialement pour le centenaire de la roseraie.

Ancien cloître des Récollets
Il s'ouvre à gauche de l'église des Récollets (franciscains réformés), édifiée par les frères d'Obersteigen en 1303. De style gothique, le cloître présente de belles arcades ogivales en grès rouge et, dans la 1re galerie à droite de l'entrée, une série de neuf peintures murales ajoutées en 1618 (restaurées). Le retable date de 1736.
Revenez dans la Grand-Rue.

★ Maisons anciennes
Les deux plus jolies maisons du 17e s. encadrent l'hôtel de ville. Remarquez la **maison Katz** à colombages, construite par Nicolas et Hans Faber pour Henri Katz, receveur général de l'évêché. Au n° 96 (à l'angle de la Grand-Rue et de la rue des Églises), la maison Mitterspach, du nom de son premier propriétaire, date de 1569.
Prenez à gauche la rue du Tribunal.

Vieux château
Ancienne résidence des évêques aux 16e et 17e s., il abrite aujourd'hui la sous-préfecture. Une belle porte de style Renaissance orne la tour d'escalier.
Vous arrivez place de l'Église.

Église N.-D.-de-la-Nativité
On y entre par un clocher-porche roman du 12e s. À l'intérieur, dans la nef du 16e s., trône une chaire de 1495, œuvre de Hans Hammer, maître d'œuvre de la cathédrale de Strasbourg. À gauche, dans un enfeu, on remarque un Christ au tombeau du 15e s. En haut du collatéral gauche, dans la chapelle du St-Sacrement, se trouvent une pietà du 16e s. et un grand bas-relief en bois peint et doré du 16e s. également, représentant l'Assomption. Les vitraux de la chapelle, datant des 14e, 15e et 16e s., illustrent l'Adoration des Mages, ainsi que des scènes de la Passion.
Dans le jardin attenant à l'église ont été rassemblés des vestiges de monuments funéraires gallo-romains et francs.
Poursuivez rue Dagobert-Fischer. Vous arrivez de nouveau Grand-Rue. Prenez à droite le quai du Château pour rejoindre le canal de la Marne au Rhin.
Prenez le temps de flâner sur les quais du port de plaisance jusqu'à la capitainerie (de l'autre côté du canal) pour admirer toute la façade du château.

À proximité Carte de microrégion

Jardin botanique du col de Saverne A3
3 km, puis 15mn à pied AR. Quittez Saverne par la D 1004. À 2,5 km, parking à droite de la route. Traversez la D 1004 et suivez le panneau indicateur. ✆ 03 88

91 80 47 - www.jardin-botanique-saverne.org - avr. : w.-end et j. fériés 14h-18h ; mai-août : 10h-18h - fermé 1er janv., 1er et 11 Nov., 25 déc. - 2,50 €.
Situé à 335 m d'altitude, dans une boucle formée par la route nationale, ce jardin de 2,5 ha réunit entre autres un arboretum, un alpinum, une petite tourbière avec des plantes insectivores et de nombreuses espèces de fougères. Aux mois de mai et de juin, floraison de 16 espèces d'orchidées poussant à l'état sauvage.

Saut du Prince-Charles A3

En sortant du parc botanique, continuez tout droit en forêt.
D'après la légende, un cavalier aurait sauté avec son cheval de ce rocher d'une dizaine de mètres de haut pour échapper à ses poursuivants. Le prince Charles qui a donné son nom à ce rocher pourrait être Charles IV, duc de Lorraine, qui a participé à la guerre de Trente Ans dans la région. De cette falaise de grès rouge, on a une jolie vue sur les contreforts des Vosges et la plaine d'Alsace.

★ Château du Haut-Barr A3

5 km au sud de Saverne.
Son panorama exceptionnel valut à la forteresse le surnom d'« Œil de l'Alsace ». Par temps clair, il est en effet possible d'apercevoir la flèche de la cathédrale de Strasbourg. Bâti au 12e s. sur trois gros rochers, ce château de grès rouge domine la vallée de la Zorn et la plaine d'Alsace. Il fut entièrement transformé au 16e s. par Jean de Manderscheidt, évêque de Strasbourg, qui y établit sa résidence. Il y fonda la « confrérie de la Corne », dont le rituel consistait à vider d'un trait une énorme corne d'aurochs remplie de vin d'Alsace !
Du portail d'entrée, une rampe pavée conduit à une porte derrière laquelle se trouvent à droite une chapelle romane restaurée et à gauche le restaurant du Haut-Barr. Au-delà de la chapelle, on accède à une plate-forme *(table d'orientation)*, d'où la **vue★** s'étend sur Saverne, les coteaux du Kochersberg et, au loin, sur la Forêt-Noire. Par un escalier métallique *(64 marches)*, appliqué contre la paroi de grès, on peut atteindre un premier rocher. On revient devant le restaurant et, aussitôt après, on monte un escalier de 81 marches, cette fois pour atteindre un deuxième rocher relié par une passerelle, le « pont du Diable », à un troisième rocher. Là, la **vue★★** est encore plus incroyable.

Télégraphe Claude-Chappe A3

À 200 m du château, au sud.
Il s'agit de la reconstitution d'une tour-relais du fameux télégraphe optique inventé en 1794 par le Sarthois Claude Chappe. Grâce à son procédé de « sémaphore mécanique », les informations ont circulé entre Paris et Strasbourg de 1798 à 1852. Un petit **musée** y est installé. *Rte du Haut-Barr - ✆ 03 88 52 98 99 - www.shpta.com - fin mai à mi-sept. : tlj sf lun., 10h-18h - possibilité de visite guidée (30mn) - fermé j. fériés, mi-sept. à fin déc. - 2 € (-14 ans 1,50 €).*

St-Jean-Saverne A3

5 km au nord de Saverne.
L'**église St-Jean-Baptiste** est le dernier vestige d'une abbaye bénédictine de femmes fondée au début du 12e s. par le comte Pierre de Lutzelbourg et dévastée successivement par les Armagnacs et les Suédois. À l'extérieur, elle est dominée par une tour ne datant que du 18e s., mais sous laquelle une porte romane offre des pentures en fer forgé remarquables. Remarquez à l'entrée du chœur les très beaux chapiteaux cubiques à feuillages stylisés.

★ Chapelle St-Michel A3

2 km, puis 30mn à pied AR au départ de l'église St-Jean. Prenez la route du Mont-St-Michel qui s'élève en sous-bois puis, 1,5 km plus loin, un chemin à gauche à angle aigu.

03 88 91 80 11 - www.cvstjeansav.com - ♿ - ouvert toute l'année.

La chapelle est contemporaine de l'abbaye de St-Jean-Saverne. Elle fut remaniée au 17e s. et restaurée en 1984 par le Club vosgien.

En prenant à droite de la chapelle, on atteint, à 50 m, l'extrémité du rocher, constituant une plate-forme d'où la **vue★** *(table d'orientation)* est très étendue sur les coteaux d'Alsace et, au loin, sur la Forêt-Noire. La surface de cette plate-forme est évidée circulairement et le trou ainsi formé est appelé « **École des Sorcières** ». La légende dit que des sorcières s'y rassemblaient la nuit pour se communiquer leurs maléfices.

Revenez à la chapelle.

Sur son flanc droit, descendez un escalier de 57 marches, puis suivez à gauche le chemin longeant le pied de la falaise. Il permet d'atteindre une grotte dont la paroi du fond communique avec l'extérieur par une étroite ouverture, le Trou des Sorcières.

Phalsbourg A3

11 km à l'ouest de Saverne.

Les **porte de France** et **porte d'Allemagne** sont deux témoins des fortifications que Vauban a apportées à la ville au 17e s.

Installé au 1er étage de l'hôtel de ville, ancien corps de garde de la forteresse (17e s.), le **Musée historique et Erckmann-Chatrian** consacre à l'histoire militaire de la cité une bonne partie de ses collections : uniformes français et étrangers, armes blanches et à feu. Des œuvres d'artistes locaux, des costumes traditionnels et des objets usuels font revivre les arts et traditions populaires de la contrée. D'intéressants documents retracent le cheminement littéraire d'**Émile Erckmann** (1822-1899), né à Phalsbourg, et d'**Alexandre Chatrian** (1826-1890) qui ont écrit à quatre mains nombre de contes, de romans et d'œuvres dramatiques *(L'Ami Fritz, Histoire d'un conscrit de 1813…).*

03 87 24 40 00 - juil.-août : 10h-12h, 14h-17h ; reste de l'année : tlj sf w.-end et j. fériés 9h-12h, 14h-17h - fermé j. fériés - 2 € (-16 ans 1 €), gratuit Journées du patrimoine.

NOS ADRESSES À SAVERNE

HÉBERGEMENT

POUR SE FAIRE PLAISIR

Hôtel Chez Jean – *3 r. de la Gare - 03 88 91 10 19 - www.chez-jean.com - 40 ch. 82/129 € - 9,80 € - rest. formule déj. 14,50 € - 33/40 €.* À deux pas du centre, un établissement aux chambres claires, bien agencées, décorées dans l'esprit alsacien (bois patiné, couettes et linge de qualité). Cuisine régionale servie dans une salle à manger habillée de boiseries.

Hôtel-restaurant Erckmann-Chatrian – *Pl. d'Armes - 57230 Phalsbourg - 03 87 24 31 33 - www.erckmann-chatrian.com - 16 ch. 64 / 82 € - 12 € - rest.*

22,60/45 €. Cette maison ancienne à la façade fleurie ne manque pas de cachet. Les chambres, de bonnes dimensions, sont pourvues de meubles de style. Cuisine traditionnelle.

RESTAURATION

PREMIER PRIX

Caveau de l'Escale – *10 quai du Canal - ✆ 03 88 91 12 23 - www.escale-saverne.fr - fermé 1re quinz. juil., entre Noël et Nouvel An, 1 sem. fin oct., sam. midi, mar. soir, merc. - formule déj. 9,20 € - 16/27,70 €.* Cette maison discrète, proche du canal, abrite un restaurant. Sous sa cave voûtée, attablez-vous autour de plats régionaux, complétés le soir par un large choix de tartes flambées. Accueil cordial.

BUDGET MOYEN

Au Château du Haut Barr – *✆ 03 88 91 17 61 - www.notrealsace.com/chateau-du-haut-barr - fermé 4 sem. en fév., 1 sem. fin nov., lun. et jeu. soir - ♿ - P - formule déj. 10 € - 20/44 €.* Cette construction de 1901, située dans l'enceinte même du château, s'apparente à un petit manoir dans lequel les gourmets sont à la noce. Grande salle de style médiéval agrémentée de fresques et généreux plats traditionnels à prix serrés.

POUR SE FAIRE PLAISIR

Zum Staeffele – *1 r. Poincaré - ✆ 03 88 91 63 94 - www.strasnet.com/staeffele.htm - fermé 27 juil.-17 août, 22 déc.-3 janv., dim. soir, merc. et jeu. - 23/56 €.* Une cuisine au goût du jour, dans une maison en pierre (18e-19e s.) à deux pas du château des Rohan. Décoration classique et bons produits.

Kasbür – *8 r. de Dettwiller - 67700 Monswiller - ✆ 03 88 02 14 20 - www.restaurant-kasbur.fr - fermé 16 août-5 sept., vac. de fév., dim. soir, merc. soir et lun. - P - 34/45 €.* En pleine campagne, cette table de tradition familiale (1932) vous accueille dans une salle à manger ouverte sur le jardin. Au charme de l'adresse s'ajoutent ceux d'une cuisine vraiment inventive.

PETITE PAUSE ET ACHATS

Boulangerie-Pâtisserie Boistelle – *92 Grand-Rue - ✆ 03 88 91 10 55 - www.boistelle.com - fermé lun.* Voir l'encadré « Rose à croquer ! », p. 334.

ACTIVITÉS

L'Océanide – *10 r. du Centre-Nautique - ✆ 03 88 02 52 80 - http://oceanide.cc-saverne.fr - vac. scol. : 10h-20h, vend. 10h-21h, dim. juin 9h-19h - fermé j. fériés - 5 €.* Bien plus qu'une simple piscine, ce centre nautique compte plusieurs bassins, couverts ou non, avec toboggan en extérieur. Jacuzzi, sauna et hammam.

Randonnées – 200 km de sentiers balisés par le Club vosgien ainsi que deux circuits thématiques (« circuit des 3 chapelles » et « circuit archéologique »).

VTT – Plusieurs circuits de longueurs variées (de 12 à 30 km).

AGENDA

Fête des roses – Depuis 1923, chaque année ont lieu le Concours international des roses nouvelles et la très populaire Fête des roses *(3e dim. de juin). ✆ 03 88 71 21 33 - www.roseraie-saverne.fr.*

Festival de théâtre – *À Phalsbourg, fin juil. ✆ 03 87 24 42 42 - www.phalsbourg.com.*

Parc naturel régional des Vosges du Nord

★★

Moselle (57) et Bas-Rhin (67)

NOS ADRESSES PAGE 350

S'INFORMER

Maison du Parc naturel régional des Vosges du Nord – *R. du Château - 67290 La Petite-Pierre - ✆ 03 88 01 49 59 - www.parc-vosges-nord.fr www.ot-paysdelapetitepierre.com - fév.-déc. : tlj 10h-12h, 14h-18h - fermé mar., 24-25 et 31 déc.*

SE REPÉRER

Plan de région A1-2/3 B1/2 C1/2 (p. 330) – *carte Michelin Départements 307 P/Q 4/5 et 315 I/J 2/3.* Le Parc s'inscrit dans un triangle Wissembourg-Saverne-Volmunster délimité au nord par la frontière franco-allemande, au-delà de laquelle se situe le Parc naturel allemand du Palatinat, et au sud par l'A 4 Paris-Metz-Strasbourg. Sorties d'autoroute à Sarreguemines, Sarre-Union, Phalsbourg, Saverne et Hochfelden. Le GR 53 traverse le Parc.

À NE PAS MANQUER

Les maisons troglodytiques de Graufthal, les charmants villages de Hunspach et de Seebach, les ruines majestueuses des châteaux de Lichtenberg et Fleckenstein, le musée Lalique à Wingen-sur-Moder.

AVEC LES ENFANTS

Le château des énigmes et le P'tit Fleck, au Fleckenstein ; les amuse-musées (un week-end sur deux en saison, découverte ludique proposée dans chaque musée du parc. Maison du Parc, ci-dessus), les démonstrations des verriers au Centre international verrier de Meisenthal.

Les Gaulois appelaient les Vosges « la montagne des taureaux sauvages » (Vasagus). Aujourd'hui encore, dans le Parc naturel régional des Vosges du Nord, la faune est si dense qu'il n'est pas rare d'apercevoir cerfs, chevreuils, sangliers et gélinottes des bois. Côté paysage, vallées boisées, prairies, étangs, forêts de hêtres, de sapins, d'épicéas et d'érables seront le théâtre de vos plus belles randonnées. Dans cette nature préservée, l'homme a laissé sa trace, à travers des châteaux perchés, auréolés de mystère, et de beaux villages discrets.

Circuits conseillés Carte du Parc naturel

TRAVERSÉE DU PAYS DE HANAU

Circuit de 125 km au départ de Saverne, tracé en vert sur la carte p. 340. Comptez environ 4h30.

Peu après la sortie de Saverne par Ottersthal, la D 115, dans un virage à droite, traverse le vallon très frais de Muhlbach, puis passe sous l'autoroute.

Fabrication d'une boule de Noël, centre international d'art verrier de Meisenthal.
G. Guittot/Photononstop

St-Jean-Saverne *(voir p. 335)*

Peu après St-Jean-Saverne, on distingue à droite, sur une hauteur boisée dominant Saverne, les **ruines du Haut-Barr★** *(voir p. 335)* ; plus à droite, au sommet du versant opposé de la vallée de la Zorn, les ruines du château du Griffon.
Prenez à gauche en direction de Dossenheim-sur-Zinsel.

Dossenheim-sur-Zinsel

Le **site d'interprétation du refuge fortifié** permet de comprendre pourquoi et comment, au Moyen Âge, les paysans construisirent autour de l'église un épais mur d'enceinte auquel ils adossèrent des habitations. Les pièces trapézoïdales du sous-sol leur servaient de réserve ou de refuge lors des guerres féodales. *03 88 70 00 04 - www.dossenheim-sur-zinsel.fr - de mi-juil. à mi-août : tlj sf mar. 14h-18h ; de déb. avr. à mi-juil. et de mi-août à fin oct. : dim. et j. fériés 14h-18h - possibilité de visite guidée sur demande - 1,50 € (-16 ans gratuit).*

★ Neuwiller-lès-Saverne *(voir p. 351)*

Bouxwiller *(voir p. 353)*

On peut couper par Niedersoultzbach pour atteindre Ingwiller.

Ingwiller

03 88 89 23 45 - www.tourisme-hanau-moder.fr.
Ne manquez pas le sentier botanique et poétique du Seelberg (2h).
En prenant la D 28 à la sortie d'Ingwiller, on traverse Rothbach, Offwiller et Zinswiller.

Offwiller

Arrêtez-vous au **musée d'Arts et Traditions populaires** pour découvrir le charme rural et culturel de la région. *03 88 89 31 31 - visite guidée (1h) sur demande préalable à la mairie juin-sept. : dim. 14h-18h - 2 € (enf. 1 €).*
Prenez la D 141 qui longe la Zinsel du Nord entre la forêt d'Offwiller et celle de Niederbronn. À droite en forêt, près du GR 53, ruines du château d'Arnsbourg.

RÉGION DE SAVERNE ET VOSGES DU NORD

PARC NATUREL RÉGIONAL
DES VOSGES DU NORD
0
5 km
DEUTSCHLAND
Naturpark Pfälzerwald
Saarbach
Wegelnburg
Hohenburg
Loewenstein
Col de Litschhof
Fleckenstein
Lutzelhardt
Obersteinbach
Niedersteinbach
Gimbelhof
GR 53
D 3
432
Col du Pigeonnier
Weiler
Wissembourg
D 263
D 34
Tannenbrück
Climbach
529
Lembach
Four à Chaux
514
Sauer
Wineck
Wineckerthal
478
Vieux Windstein
Nouveau Windstein
Ingolsheim
Seebach
Hunspach
Langensoultzbach
Niederbronn-les Bains
Sentier des Turcos
Merkwiller-Pechelbronn
Kutzenhausen
Hoffen
Woerth
D 28
Reichshoffen
Froeschwiller
Oberbronn
Zinsel du Nord
Forêt de Haguenau
D 1062
D 1063
D 263
Moder
Pfaffenhoffen
D 919
HAGUENAU
Sessenheim
D 29
A 35
D 1340
Marne au Rhin
Zorn
D 2
Ill
RHIN
RHEIN
KARLSRUHE
STRASBOURG
STRASBOURG

Baerenthal
Charmant village, sur la rive gauche de la **Zinsel**. Sur la rive nord, un mirador permet d'observer l'avifaune (au printemps ou en automne pour les oiseaux migrateurs).
On peut faire le tour de l'étang de Baerenthal, réserve naturelle dont la flore est très riche.
La route de Baerenthal à Mouterhouse était jalonnée de nombreuses usines métallurgiques, aujourd'hui presque entièrement disparues, installées au début du 19e s. par la famille de Dietrich. La Zinsel s'élargit souvent en nappes d'eau, fleuries de nénuphars. Belle vue sur des monts séparés par de jolies trouées.
Continuez sur la D 36 jusqu'à Lemberg.
À droite, vue sur les hauteurs de la forêt de Mouterhouse. On côtoie le ruisseau Breitenbach, qui s'élargit fréquemment en étangs bordés de scieries.

St-Louis-lès-Bitche
Rien ne laisse imaginer, quand on arrive à St-Louis-lès-Bitche, que ce petit village isolé dans une vallée boisée est la patrie des célèbres **cristalleries** de St-Louis fondées en 1767. Ces anciennes verreries royales ont acquis une renommée internationale dans la production d'articles de table et d'ornementation.
★ **Musée du Cristal St-Louis** – *R. Coëtlosquet - 57620 St-Louis-les-Bitche - ✆ 03 87 06 40 04 - www.saint-louis.com - ♿ - 10h-18h - possibilité de visite guidée (1h30) - fermé mar., 1er janv., 25 déc. - 6 € (-18 ans 3 €).*
Très discret à l'extérieur, le musée créé par les architectes **Lipsky et Rollet** séduit d'emblée grâce au jeu subtil des transparences et de la lumière. Organisé autour d'un vaste espace central ouvert sur les vestiges d'un four, éclairé par de superbes lustres de cristal, un parcours thématique et chronologique s'élève en pente douce sur quatre niveaux. Il fait revivre grâce à une magnifique collection d'objets et à de petites vidéos didactiques **les grandes heures et les exploits techniques de la cristallerie** : maîtrise de la technique du cristal en 1781, puis de la couleur dans la masse, les opalines de cristal, les boules à millefiori (presse-papiers à décor floral), la gravure, la taille, etc. Après l'âge d'or du 19e s., l'activité et la créativité sont toujours au rendez-vous, comme vous pourrez le constater de la passerelle qui surplombe l'atelier ou au dernier niveau consacré aux œuvres contemporaines. Boutique.
Revenez sur la D 37.

Goetzenbruck
On trouve à Goetzenbruck, spécialiste de l'industrie du verre, une importante fabrique de verres de lunettes.

Meisenthal
Haut lieu de la verrerie, Meisenthal a connu des heures de gloire avec Émile Gallé à la fin du 19e s. L'activité aurait pu disparaître avec la fermeture du site en 1969, mais des passionnés l'ont relancée en créant en 1993 le **Centre international verrier**. Ce lieu de recherche a repris la fabrication des fameuses boules de Noël de Goetzenbruck et propose au public des démonstrations de travail du verre. L'ancienne verrerie accueille aussi un spectaculaire hall d'expositions temporaires et un musée, la **Maison du verre et du cristal**, qui explique la fabrication (fours, film) et présente des produits de la verrerie depuis le 18e s. *✆ 03 87 96 91 51 - avr.-oct. : 14h-18h ; reste de l'année : 14h-17h - possibilité de visite guidée (1h30) sur demande - fermé janv.-fév., 1er janv., 1er et 11 Nov., 25 déc. - 6 € (-16 ans 3 €).*

RÉSERVE MONDIALE DE LA BIOSPHÈRE
Le Parc national des Vosges du Nord a été créé le 30 décembre 1975, à l'initiative des régions Alsace et Lorraine. En 1989, l'Unesco lui a décerné le titre prestigieux de « Réserve mondiale de la biosphère ». Le Parc s'est donné quatre grands objectifs : aménager son territoire et maîtriser l'évolution du paysage; protéger et mettre en valeur les patrimoines naturel et culturel; assurer un développement respectueux de l'environnement; informer et éduquer le public.

Soucht

À 2 km au-delà de Meisenthal, le **musée du Sabot** a été installé dans un ancien atelier qui fonctionnait encore en 1978. On assiste à la fabrication des pièces. *03 87 96 25 58 - ♿ - du 8 avr. à fin oct. : 14h-18h - possibilité de visite guidée (45mn) - fermé mar. 1er janv., 25 déc. - 3 € (enf. 2 €).*

Colonne de Wingen

De cette ancienne borne routière, vue dégagée à gauche sur la vallée de Meisenthal et, au loin, Rohrbach.

Pierre des Douze Apôtres

Appelée également Breitenstein, cette « pierre levée » ne fut sculptée qu'à la fin du 18e s., en exécution d'un vœu : sous la croix, on reconnaît les 12 apôtres, répartis, trois par trois, sur les faces du menhir.

★★ Musée Lalique

Rue du Hochberg - 67290 Wingen-sur-Moder (à la sortie du village par la D 919 dir. Sarre-Union) - 03 88 89 08 14 - www.musee-lalique.com - juil.-sept. 10h-19h ; reste de l'année : mar.-dim. (et lun. si férié) 10h-18h, vac. scol. 10h-19h - fermé 25 déc. et mois de janv. - 6 € (-18 ans 3 €), visioguide 2,50 €.

Installé à quelques kilomètres de la manufacture Lalique, ce musée inauguré en juillet 2011 présente le travail de l'un des plus célèbres ambassadeurs du luxe et de l'élégance *made in France*. L'exposition a pris place dans une ancienne verrerie doublée d'un bel édifice moderne tout en baies vitrées et granite noir signé **J.-M. Wilmotte**. Le complexe, en partie dissimulé par un toit végétalisé, se love dans un doux vallon du parc régional où paissent de sympathiques vaches Highland.

Dès le hall d'entrée, un énorme lustre (1951) « explosif » composé de 339 pièces et pesant 1,7 tonne hypnotise. Passé la boutique et l'espace dédié aux expositions temporaires, commence la visite proprement dite. Quelque 650 œuvres fort bien scénarisées (espace, lumières, interactivité) racontent chronologiquement la carrière de **René Lalique** (1860 Aÿ -1945 Paris) que Paul Morand résume par « *le passage de décorateur de chignons à celui de paquebots de luxe* ». Celle d'un génial précurseur qui se mua en industriel entrepreneur et commerçant hors pair.

En créant des bijoux modernes mariant la faune et la flore à l'image du corps féminin, Lalique participe au succès de l'Art nouveau. Le grand public devine son talent lors de l'Exposition universelle de 1900. Puis sa réputation grandit lorsqu'il dessine les flacons des plus grands parfumeurs. La vitrine centrale de l'espace qui leur est consacré met en avant les nouvelles techniques inventées par Lalique, celles qui l'amènent à passer au verre industriel.

Lalique prend une dimension internationale en signant la porte monumentale et la fontaine de l'Exposition de 1925 où un pavillon entier lui est consacré.

Trop à l'étroit dans ses ateliers successifs en Île-de-France (Paris, Clairefontaine, Combs-la-Ville), il installe sa manufacture à Wingen-sur-Moder, dans une région où la tradition verrière remonte au 15e s. Le « **pays verrier** » offre en effet les matières premières nécessaires, dont la silice, et de vastes forêts permettant l'approvisionnement en combustible. Lalique y trouvera également nombre d'ouvriers qualifiés.

Le poète du verre surfe sur la vague Art déco et diversifie sa production en dessinant aussi bien des verrières d'églises que des carafes, des vases, de luxueux bouchons de radiateurs d'automobiles et les intérieurs de navires ou trains de luxe. Au-delà de l'étonnante fontaine aux poissons créée pour le musée, l'exposition raconte le **passage au cristal**. L'utilisation de nouvelles techniques (injection, soufflé-moulé, coloration) est illustrée par la présentation des différentes étapes de fabrication du célèbre vase Bacchantes. Ces techniques permettent des créations de plus en plus « vivantes » : banc de poissons colorés, animaux et figures humaines. Cet héritage est aujourd'hui entretenu, perfectionné, à travers un large éventail de créations, des médailles des JO d'Albertville aux bijoux des grands de ce monde.

Le parcours s'achève le long d'un jardin minéral et végétal, coloré par quelques-unes des fleurs qui inspirèrent l'artiste. Puis divers ateliers et activités sont proposés pour faire vivre les lieux : photo, œnologie, ikebana…

Tout au long de la visite, on est subjugué par l'imagination débordante de ce génie du verre et du cristal, frappé par la modernité des objets exposés, leur capacité à traverser les décennies et les modes. Seule frustration : ne pas avoir pu assister au travail des ouvriers-artisans qui matérialisent l'imaginaire Lalique.

Wimmenau

À l'instar d'autres villages de la vallée de la Moder, Wimmenau fut peuplé d'immigrants suisses après la guerre de Trente Ans, comme en témoigne la **Maison de l'histoire et des traditions de Haute-Moder**.

Tournez à gauche pour prendre la D 157.

Reiperstwiller

Clocher carré du 12e s. pour l'**église St-Jacques**. Le chœur de style gothique de 1480 est dû au dernier des Lichtenberg, Jacques le Barbu.

★ Château de Lichtenberg

Suivez le prolongement de la rue principale de Lichtenberg (D 257) jusqu'au sentier d'accès au château, où laisser la voiture. ✆ 03 88 89 98 72 - www.chateaudelichtenberg.com - mars-oct. : 10h-17h ; avr.-sept. : 10h-18h, lun. 14h-18h - 4 € (6-16 ans 3 €).

Ce château, attesté dès le début du 13e s., a beaucoup changé au cours de l'histoire. Bâti sur un promontoire rocheux (414 m), il est d'abord la résidence des sires de Lichtenberg, puis, à la fin du 16e s., Philippe IV de Hanau-Lichtenberg passe commande auprès de l'architecte Daniel Specklin pour faire du château une forteresse de défense adaptée aux progrès de l'artillerie, sans pour autant lésiner sur la décoration Renaissance. Le corps de garde et la demi-lune de l'entrée témoignent de ce passé militaire. Pris par les troupes du maréchal de Créqui, sous les ordres de Louis XIV, lors de la guerre de Hollande en 1678, le château est alors intégré au dispositif de défense des nouvelles frontières du royaume de France. Légèrement remanié par Vauban et habité par une garnison, il tient le choc jusqu'au 9 août 1870, où il est violemment bombardé. Les travaux de restauration entrepris en 1993 ont dépassé la simple restitution historique : on reconnaît bien la griffe du 20e s. dans l'auditorium en porte-à-faux qui complète l'arsenal du 17e s.

Rendez-vous à Ingwiller par la D 919, puis empruntez la D 6 en direction de Bouxwiller. Après Obersoultzbach, tournez à droite sur la D 7 vers La Petite-Pierre.

Weiterswiller

Le petit village possède deux églises. La plus ancienne, du 14e s., devint protestante dès le 16e s. Les belles **fresques★** du 15e s., couvertes d'un badigeon, ne furent retrouvées qu'en 1906. Sur la gauche, on distingue à peine la Création, avec une main tendue vers le fruit défendu. À droite, les scènes de la Passion sont reconnaissables. *☏ 03 88 89 47 50 - visite guidée mai-sept. : dim. et j. fériés 14h30-18h ; reste de l'année : sur demande au ☏ 03 88 89 52 34 (M. Léon Fernbach) ou au ☏ 03 88 89 27 45 (M. André Dorschner).*

★ La Petite-Pierre *(voir p. 356)*

Étang d'Imsthal

Le chemin qui y mène s'embranche sur la D 178 à 2,5 km de La Petite-Pierre.
But de promenade reposant, au fond d'un bassin de prairies entourées de forêts.

Graufthal

Dans ce hameau de la vallée de la Zinsel, on visite des **maisons troglodytiques** creusées dans de belles falaises de grès rouge (70 m), habitées jusqu'en 1958. *☏ 03 88 70 19 16 - lun.-mar. 14h-18h, merc.-sam. 10h-12h, dim. et j. fériés 10h-12h30, 14h-18h30 - 2 € (enf. gratuit).*

LES CHÂTEAUX DU PAYS DES TROIS FRONTIÈRES

Circuit de 54 km au départ de Niederbronn-les-Bains (voir p. 359), tracé en orange sur la carte p. 340. Comptez environ 2h.
Aux confins des zones d'influence du Palatinat, de l'Alsace et de la Lorraine, dans le « pays des Trois Frontières », presque chaque piton rocheux porte la ruine d'un vieux château médiéval. Construits au 12e s. et dans la première moitié du 13e s. par les très puissants Hohenstaufen, ducs d'Alsace, ou par les familles nobles qui contestaient leur pouvoir (ducs de Lorraine, comtes des Deux-Ponts, évêques de Spire ou de Strasbourg…), ces châteaux ont été détruits et abandonnés avant le 18e s.
Quittez la ville en direction de Philippsbourg. En face des ruines du château de Wasenbourg, sur la D 1062, prenez à droite, puis à gauche par la route forestière.

Le Wintersberg

C'est le point culminant des Vosges du Nord (580 m). Du haut de la tour-signal *(112 marches)*, très beau **panorama★★** sur les Basses-Vosges et la plaine.
La boucle forestière de 6,5 km revient sur la D 1062. Atteignez l'étang de Hanau par l'embranchement à droite à 3 km.

★ Étang de Hanau

Au cœur d'une région de tourbières, ce lac de 18 ha est aménagé pour les loisirs nautiques (baignade surveillée, barques, pédalos). De l'autre côté de l'étang, **château de Waldeck**.
Deux parcours pédestres fléchés partent à la hauteur de l'étang de Hanau : le **sentier botanique de la tourbière** *(accès à 300 m à gauche du parking du restaurant sur la D 162, départ depuis l'aire de pique-nique située au-delà des terrains de tennis, durée 45mn)* et la **promenade de l'arche naturelle d'Erbsenfelsen** *(accès à partir du parking du restaurant, suivre le balisage n° 3 bleu, en passant derrière les courts de tennis, durée 1h30).*

Suivez la route forestière entre l'étang et le château jusqu'à la D 35 qui mène à Obersteinbach. Au passage, ruines du Lutzelhardt sur la gauche.

Obersteinbach

Joli village aux maisons à colombages sur base de grès rouge. À la **Maison des châteaux forts**, explications sur l'histoire des châteaux, leurs accès, leurs maîtres. *✆ 03 88 09 55 06 - www.musees-alsace.org - ♿ - visite guidée (1h) sur réserv. (7 j. à l'avance) avr.-oct. : sam. 14h-18h, dim. et j. fériés 10h-12h, 14h-18h - fermé 1er janv., 1er et 11 Nov., 25 déc. - gratuit.*

Peu avant l'entrée du village, la D 53, sur la droite, reprend le chemin de ce qui fut l'une des principales routes de la région durant le haut Moyen Âge. Plusieurs des ruines qui la surplombent ont appartenu vraisemblablement à la couronne de forteresses mise en place pour protéger le palais impérial de Haguenau, à la fin du 12e s.

Château de Schœneck

Érigé sur une barre rocheuse, le château fut donné en fief à un Lichtenberg en 1301, par son récent acquéreur, l'évêque de Strasbourg ; la même famille tenait également Wineck, qui lui fait face au fond de la vallée.

À Wineckerthal, prenez à gauche.

Châteaux de Windstein

Parc de stationnement au terminus de la branche gauche de la route, devant l'hôtel-restaurant Aux Châteaux.

Les deux châteaux de Windstein, distants de 500 m l'un de l'autre, auraient été bâtis le premier à la fin du 12e s., le second en 1340. Tous deux ont été détruits en 1676 par les troupes françaises du baron de Montclar.

Les ruines du **Vieux Windstein★** *(45mn à pied AR)*, incorporées à deux hautes piles gréseuses, se réduisent à quelques vestiges. Les parties du château creusées à même la roche sont les mieux conservées : escaliers, chambres, cachots, puits (profond de 41 m). **Panorama★** sur les sommets environnants.

Sur sa propre butte, le **Nouveau Windstein** *(30mn à pied AR)*, de style gothique, a gardé une partie de ses fortifications et de belles fenêtres ogivales.

Retour à Niederbronn par la D 653.

UNE FRONTIÈRE BIEN GARDÉE

Circuit de 42 km au départ de Wissembourg (voir p. 364), tracé en violet sur la carte p. 340. Comptez une demi-journée.

★ Col du Pigeonnier

30mn à pied AR. Accès à droite de la route. Empruntez le sentier de la Schérol (balisage « rond rouge ») à travers la forêt, au-dessus du refuge du Club vosgien.

Un belvédère permet de découvrir une **vue★** superbe sur la plaine d'Alsace et la Forêt-Noire.

Retour par le même chemin ou possibilité de faire le tour de la Schérol par la forêt pour revenir au col (compter 15mn de plus).

Au cours de la descente, au sortir de la forêt, à gauche, jolie vue sur Weiler et la vallée verdoyante de la Lauter. Après avoir passé un carrefour, vue en avant sur Wissembourg et, derrière, sur le vignoble ; dans le lointain, on distingue le Palatinat.

Reprenez la D 3 jusqu'à Climbach, tournez à droite dans le village. On franchit le col de Litschhof.

★ **Château de Fleckenstein**

03 88 94 28 52 - www.fleckenstein.fr - juil.-août : 10h-18h ; du 17 mars au 4 nov. : 10h-17h30 - possibilité de visite guidée (1h) sur réserv. (2 j. à l'avance) - fermé mi-nov. au 25 déc., 1er janv., 11 Nov. - 2,50 €(-18 ans 2,25 €), billet combiné avec la Ligne Maginot Lembach - Citadelle de Bitche.

À sa fondation au 12e s., ce château s'inscrivait dans le dispositif défensif des frontières nord du duché d'Alsace, contrôlant la vallée de la Sauer. Des murs d'enceinte cernent la basse-cour, où l'on pénètre par une porte fortifiée. En approchant du rocher principal, on aperçoit l'impressionnante tour carrée qui lui fut accolée à la fin de l'époque gothique. Des escaliers intérieurs *(attention aux marches)* conduisent à plusieurs chambres taillées dans le roc, dont l'étonnante salle des Chevaliers et son pilier central monolithe, puis à la plate-forme, large de 8 m, où se trouvait le logis seigneurial ; jolie **vue** sur la haute vallée de la Sauer et son confluent avec le Steinbach.

En face de l'accueil, chez le **P'tit Fleck** (espace ludique grès et forêt), les enfants de 4 à 12 ans sont invités à découvrir la nature et le patrimoine vosgiens. On peut se suspendre à l'envers comme les chauves-souris, construire un puits à l'aide d'un treuil ou reconnaître des arbres… Dans le château, le parcours **« Le château des énigmes »** est ponctué d'une vingtaine de jeux à travers la forêt et dans les « pièces secrètes » du château. Qui parviendra à consoler Edwige ? *05 46 91 09 19 - www.chateau-enigmes.com - du 9 avr. au 6 nov. : 10h-19h - 13 € (4-12 ans 10 €).*

Tour des quatre châteaux forts – *Départ du parking au pied du Fleckenstein. 4 km. Comptez environ 2h. Engagez-vous sur le chemin balisé d'un rectangle rouge, puis après quelques mètres à droite dans le sentier des Rochers (triangle rouge) qui conduit à la fontaine de la Jeune Fille.* Selon la légende, cette fontaine fut le théâtre d'un amour malheureux entre un chevalier du Wegelnburg et une demoiselle du Hohenburg.

Tournez à gauche (rectangle bleu). Après avoir franchi la frontière avec l'Allemagne, on atteint le **Wegelnburg**, forteresse impériale qui, devenue repaire de brigands, fut en grande partie détruite vers la fin du 13e s. Vue remarquable sur le Palatinat. Revenez vers la fontaine de la Jeune Fille, continuez tout droit (rectangle rouge) vers le **Hohenburg**, fief des Fleckenstein détruit en 1680, dont la partie basse Renaissance a conservé un puissant bastion d'artillerie et le logis seigneurial. Par le même chemin poursuivi vers le sud, on accède au **Loewenstein**, détruit en 1386 après avoir lui aussi servi de repaire à des chevaliers-brigands. Le même sentier balisé d'un rectangle rouge passe devant un curieux chicot de grès rouge (le Krappenfels) et mène à la ferme de Gimbel *(ferme-auberge, restauration en saison)*. Superbe **point de vue** sur le château du Fleckenstein.

À l'emplacement de l'ancien château de **Gimbelhof**, aire de jeux médiévale. *Retour au parking par le chemin à droite (rectangle rouge-blanc-rouge).*

Tannenbrück

Là, on franchit la Sauer. Le pont fut rendu célèbre par les combats livrés en 1793 par l'armée de la Moselle, que commandait Hoche.

Lembach

Petite ville ornée de bâtisses anciennes : maisons bourgeoises, lavoirs, auberges. Un circuit panoramique *(dép. de la mairie ; durée 1h)* permet de découvrir les alentours et de s'initier au paysage, à la géologie et aux milieux vivants comme les vergers et les haies. À 1 km de Lembach, sur la route de

Wœrth, à gauche, se trouve l'accès à l'ouvrage du **Four à Chaux** *(voir ligne Maginot, p. 387)*.

À Lembach, prenez à droite la petite route longeant la Sauer, direction Reichshoffen.
On traverse des villages que la guerre de 1870 a rendus célèbres : Reichshoffen, Frœschwiller et Wœrth. Au bord de la route, de nombreux monuments commémorent le sacrifice des combattants français et allemands.

Reichshoffen

À cause de la dépêche envoyée par Mac-Mahon pour annoncer la défaite, Reichshoffen a eu le triste et glorieux privilège de donner son nom à l'héroïque charge de cuirassiers venue se briser dans le village de Morsbronn le 6 août 1870.

Le **musée du Fer** retrace l'histoire des mines et forges du Jaegerthal depuis le 14e s. Le château De Dietrich, fin 18e s., est un des souvenirs de son essor industriel précoce. *✆ 03 88 80 34 49 - www.lacastine.com - mai-oct. tlj sf mar., 14h-18h.*

Frœschwiller

Charmant village alsacien où eut lieu l'assaut définitif de la bataille. Si le nom de « bataille de Reichshoffen » est passé dans l'histoire de France, l'armée française s'en souvient comme de la bataille de Frœschwiller, tandis que les Allemands l'associent à Wœrth.

Wœrth

Au château est installé le **musée de la Bataille du 6 août 1870** : uniformes, armes, équipements, documents et tableaux relatifs aux deux armées en présence lors de la bataille de Wœrth-Frœschwiller. Un grand diaporama évoque la bataille à l'aide de 4 000 figurines d'étain. *✆ 03 88 09 40 96 - www.cheminsdememoire.gouv.fr - ♿ - de déb. juil. à mi-sept. : 10h-12h, 14h-18h ; de déb. avr. à fin mai : 14h-17h - fermé mar., janv., 25 déc. - 3,50 € (-16 ans 2,70 €).*

Sentier des Turcos – *Départ quelques mètres après l'usine Star-Auto, sur la gauche, à la sortie de Wœrth vers Lembach.*
Ce circuit pédestre de 2 km *(assez difficile)*, jalonné de panneaux explicatifs, évoque les faits marquants de la bataille du 6 août 1870. En prenant la direction d'Elsasshausen, on peut aussi suivre, en voiture, le circuit du champ de bataille principal. À noter, les divers monuments construits après 1870 par les régiments provenant de différents États allemands.

Merkwiller-Pechelbronn

C'est le centre du bassin pétrolifère du nord de l'Alsace dont l'exploitation s'est arrêtée en 1970. L'activité de Merkwiller-Pechelbronn s'est alors orientée vers le thermalisme. Le **musée français du Pétrole** raconte l'histoire de l'or noir en Alsace depuis 1498 et propose une visite guidée de sites en extérieur *(circuit pédestre ; 2h). ✆ 03 88 80 91 08 - www. musee-du-petrole.com - avr.-oct. : jeu., dim. et j. fériés 14h30-18h - 4 € (-10 ans gratuit).*

Kutzenhausen

La **Maison rurale de l'Outre-Forêt** raconte, à l'aide de mannequins de cire, la vie quotidienne des paysans d'Alsace du Nord au début du 20e s. La ferme est caractéristique du 18e s. Un parcours fléché traverse l'espace apicole, l'espace boulangerie, la forge, différents ateliers (charron, tonnelier, cordonnier, sabotier), le hangar aux machines, la basse-cour et le petit potager. La visite se termine par la reconstitution d'une salle de classe d'antan. Expositions temporaires, conférences et animations font régulièrement revivre cette maison-musée. *1 pl. de l'Église - ✆ 03 88 80 53 00 - www.maison-rurale.fr -*

Maisons à colombages d'Hunspach.
H. Hughes/hemis.fr

avr.-sept. : tlj sf lun. et sam. 10h-12h, 14h-18h, dim. et j. fériés 14h-18h ; reste de l'année : merc., dim. et j. fériés 14h-18h - fermé 1er janv.-15 fév., 25 et 26 déc. - 4,50 € (-16 ans 2,50 €).*

★ Hoffen

Maisons fleuries, certaines à triple auvent, autour de l'église et de la curieuse petite mairie soutenue par trois piliers de bois. Près du vieux puits communal, un tilleul planté sous la Révolution.

★★ Hunspach

Hunspach est classé parmi « les plus beaux villages de France ». Des maisons blanches au poutrage apparent et aux auvents débordant sur la façade dont quelques-unes ont conservé leurs vitres bombées – mode remontant à l'époque baroque – se disposent harmonieusement le long des rues de ce village purement alsacien et de caractère exclusivement rural, comme l'attestent ses cours fermières, ses vergers et ses fontaines à balanciers.

Ingolsheim

Gros hameau agricole, sa rue principale est perpendiculaire à la grande route. Il est environné de vergers et entrecoupé de jardins et de cours de fermes.

★ Seebach

Ce bourg fleuri est resté le village alsacien type avec ses maisons à poutres apparentes et à auvents qu'encadrent souvent des jardins, même si quelques constructions sans style rompent l'harmonie de l'ensemble.

Revenez sur vos pas et regagnez Wissembourg par la D 34 puis la D 263.

NOS ADRESSES DANS LE PNR VOSGES DU NORD

Voir aussi nos adresses à Neuwiller-lès-Saverne *(p. 352)*, Bouxwiller *(p. 355)*, La Petite-Pierre *(p. 358)*, Niederbronn-les-Bains *(p. 360)* et Wissembourg *(p. 369)*.

HÉBERGEMENT

À Graufthal

BUDGET MOYEN

Hôtel Au Vieux Moulin – *7 r. du Vieux-Moulin - 67320 Graufthal - 03 88 70 17 28 - www.auvieuxmoulin.eu - fermé 15 fév.-2 mars et 27 juin-12 juil. - P - 14 ch. 54/70 € - 8,50 €.* Dans ce hameau dont Erckmann et Chatrian ont vanté la sérénité, ce petit hôtel vous réserve un accueil chaleureux. Chambres modestes. Plan d'eau privé (pêche). Cuisine familiale à l'accent alsacien.

À Windstein

BUDGET MOYEN

Auberge des Deux Châteaux – *Windstein - 03 88 09 24 41 - fermé env. 10 j. déb. sept. et les 2 premières sem. de déc. - 8 ch. 43/53 € - 8 € - menu du jour 10/15 €.* Située dans une vallée isolée au fond des bois, l'Auberge des Deux Châteaux est une étape agréable pour les promeneurs. Au menu : spécialités alsaciennes.

À Meisenthal

BUDGET MOYEN

Auberge des Mésanges – *2 r. du Tiseur - 57960 Meisenthal - 03 87 96 92 28 - www.aubergedesmesanges.com - fermé 11-28 fév. et 23 déc.-3 janv. - P - 20 ch. 53/58 € - 8 € - rest. 10,50/30 €.* Après une visite à la Maison du verre et du cristal, cette maison constitue une bonne halte, pour une nuit ou un repas. Chambres bien tenues, cuisine sans prétention. Le week-end, *flammekueches* et pizzas jouent les vedettes.

À Reipertswiller

BUDGET MOYEN

La Couronne – *13 r. Wimmeneau - 67340 Reipertswiller - 03 88 89 96 21 - www.hotel-la-couronne-67.com - fermé déb. fév. et fin juin-déb. juil. et déb. nov. - P - 16 ch. 50/64 € - 13 € - rest. 25/48 €.* Dans un paisible village, hôtel confortable aménagé dans un esprit contemporain. Chambres spacieuses, accueil familial. Côté restaurant, savoureuse cuisine classique dans un décor cossu, ouvert sur la nature.

RESTAURATION

À Graufthal

POUR SE FAIRE PLAISIR

Le Cheval Blanc – *19 r. Principale - 67320 Graufthal - 03 88 70 17 11 - www.auchevalblanc.net - fermé 3-25 janv., 1re quinz. de sept., lun. soir, merc. soir et mar. - 27 €.* Cette engageante auberge décorée dans un esprit rustique concocte des recettes fidèles à la région. Joli poêle en faïence dans l'une des salles de restaurant.

ACTIVITÉS

Spectacles, expositions – Le parc s'anime toute l'année d'expositions et de spectacles variés : musique, pièces de théâtre ou festival littéraire. Marchés de Noël en décembre. Un carnet gratuit sur le Parc informe, de mai à octobre, des événements ponctuant la vie des Vosges du Nord. Maison du Parc, p. 338.

Baignade – Sur le plan d'eau du Fleckenstein.

Neuwiller-lès-Saverne

★

1 145 Neuwillerois – Bas-Rhin (67)

NOS ADRESSES PAGE 352

S'INFORMER

Office du tourisme du pays de Hanau et du val de Moder – *68 r. du Gén.-Goureau - 67340 Ingwiller - ☏ 03 88 89 23 45 - tte l'année lun.-vend. 10h-12h, 14h-18h, sam. 10h-12h (mi-juil.-mi-sept. : sam. 14h-17h et dim. 10h-12h).*

SE REPÉRER

Carte de microrégion A3 (p. 330) – *carte Michelin Départements 315 I4.* Sur la D 14 à 13 km au nord de Saverne.

ORGANISER SON TEMPS

Si vous pouvez prévoir votre visite, demandez à l'avance de voir les tapisseries de la chapelle haute de l'église St-Pierre-et-St-Paul.

Au 8e s., les évêques de Metz, qui savaient vivre, n'avaient pas choisi ce lieu au hasard pour construire une abbaye. Au milieu des collines et des forêts, l'endroit était protégé des vents. Aujourd'hui, si les miracles de saint Adelphe sont quelque peu oubliés, la remarquable église St-Pierre-et-St-Paul, où reposent ses reliques, attire toujours des visiteurs.

Visiter

★ Église St-Pierre-et-St-Paul

Visite : 30mn - ☏ 03 88 70 00 51 - possibilité de visite guidée de la crypte et de la basilique supérieure (avec les tapisseries de St-Adelphe) sur demande (2 j. av.) de déb. mars à mi-déc. : se rens. pour les horaires.

L'évêque Siegebald de Metz aurait fondé au 8e s. une abbaye dans laquelle les reliques de saint Adelphe furent transférées en 826 ou 836. Les pèlerins affluèrent, espérant la guérison sur le tombeau du saint.

La partie la plus ancienne de cette abbatiale renommée est la crypte. Le chœur, le transept et une travée de la nef sont du 12e s. Le flanc gauche, donnant sur une grande place entourée des maisons des chanoines, est percé de deux portes : à droite, une porte du 13e s., de chaque côté de laquelle se dressent les statues de saint Pierre et de saint Paul ; à gauche, une porte du 12e s. dont le tympan représente un Christ bénissant. Au fond de la nef, tribune et orgue de 1773-1777.

Au bas du collatéral droit, tombeau de saint Adelphe (13e s.) sur huit colonnes élevées, disposition permettant autrefois aux fidèles de passer sous le tombeau du saint. En remontant le bas-côté droit jusqu'au croisillon, on verra une **Vierge★** assise du 15e s. Dans le bras gauche du transept, saint-sépulcre polychrome de 1478. Au-dessus du groupe formé par les trois saintes femmes portant des vases de parfums, autour du corps de Jésus, une niche abrite une Vierge du 14e s.

Les **chapelles superposées★** sont toutes les deux du 11e s. et de même plan.

5

Les chapiteaux cubiques, complètement nus dans la chapelle inférieure, sont décorés de beaux motifs dans la chapelle supérieure. La chapelle haute contient quatre panneaux de remarquables **tapisseries★★** de la fin du 15e s. représentant la vie et les miracles de saint Adelphe.

Les divers remaniements du 11e au 19e s. donnent à cette abbatiale une physionomie très particulière et en font une des plus intéressantes églises de Basse-Alsace.

Église St-Adelphe

Église de transition romano-gothique (12e-13e s.). Au moment de la Réforme, en 1562, la collégiale St-Adelphe a été la première en Alsace à pratiquer le *simultaneum*, c'est-à-dire un partage du lieu de culte entre les catholiques et les protestants, en l'occurrence le chœur aux catholiques et la nef aux protestants. Aujourd'hui, seul le culte protestant y est célébré.

NOS ADRESSES À NEUWILLER-LÈS-SAVERNE

Voir aussi nos adresses à Bouxwiller *(p. 355)* et La Petite-Pierre *(p. 358)*.

HÉBERGEMENT ET RESTAURATION

BUDGET MOYEN

Hôtel Au Herrenstein – *20 r. du Gén.-Kœnig - 03 88 70 00 53 - www.herrenstein.fr - fermé merc. soir et jeu. (sf juil.-août), fin déc.-déb. janv. - P - 13 ch. 67/70 € - 6 € - rest. 25/50 €.* Cette belle demeure datant du 18e s. a été reprise par la jeune génération familiale, mais la qualité de l'accueil reste la même. Les chambres, sobrement contemporaines, sont tout simplement superbes. Au restaurant, on dégustera, entre autres, des tartes flambées (servies dans le caveau le w.-end).

ACHATS

Ferme-fromagerie Herrenstein – *7 r. de la Gare - 03 88 70 31 07 - tlj sf dim. et lun. 10h-12h, 14h-18h (sam. 17h) - fermé j. fériés.* Élevage de vaches laitières et production fromagère. Vous y découvrirez, outre le munster, quelques spécialités originales comme les fromages aux orties.

Maison à oriel, à Bouxwiller.
R. Mattes/hemis.fr

Bouxwiller

4 009 Bouxwillerois – Bas-Rhin (67)

NOS ADRESSES PAGE 355

S'INFORMER

Office du tourisme de Bouxwiller – *2 pl. du Château - 67330 Bouxwiller - ✆ 03 88 03 30 15 - www.tourisme-hanau-moder.fr - de déb. juil. à mi-sept. : 10h-12h, 14h-18h, sam. 10h-12h ; reste de l'année : 10h-12h, 14h-18h, sam. 10h-12h, 14h-17h, dim. 10h-12h - fermé j. fériés.*

SE REPÉRER

Carte de microrégion B3 (p. 330) – *carte Michelin Départements 315 I4.*
Bouxwiller se situe à 15 km au nord-est de Saverne par la D 16 et la D 6 et à 25 km à l'ouest d'Haguenau par la D 919 et la D 24.

À NE PAS MANQUER

Le centre historique avec ses maisons à pans de bois et la vue sur la ville depuis le sommet du Bastberg.

ORGANISER SON TEMPS

En mai et juin, allez contempler les orchidées qui bordent le sentier géologique du Bastberg.

Blottie au pied du Bastberg, que la légende désigne comme un repaire de sorcières, Bouxwiller a fait du bretzel sa spécialité. Le château des Lichtenberg n'a pas survécu à la Révolution, mais de nombreuses maisons à pans de bois et torchis, des 16e et 17e s., subsistent, s'imbriquant avec art les unes dans les autres.

5

Se promener

Bon à savoir – La ville de Bouxwiller propose un « circuit de découverte historique » *(livret-guide en vente à la mairie)* pour découvrir les rues typiques du centre, bordées de « cours nobles » ou de maisons de style Renaissance alsacienne. Les pans de bois des maisons de Bouxwiller sont ornés de motifs qui sont autant de recommandations pour leurs habitants. Ici une forme d'œil rappelle à la vigilance ; associé à un bec, il protège du mal ; ailleurs, la croix de St-André veille à la fécondité…

Hôtel de ville

C'est l'ancienne chancellerie du château de Hanau-Lichtenberg dont le portail arrière de 1659, restauré en 1909, s'orne des armoiries comtales.

Allez vers la place du Marché-aux-Grains, à droite en sortant.

Place du Marché-aux-Grains

Les façades à colombages de ses maisons du 17e s. sont parfois en léger encorbellement. Beau bâtiment de l'ancienne balance publique. La déclivité de la jolie place est rattrapée par des petits perrons de pierre devant chaque habitation.

Prenez la rue des Seigneurs, puis la rue de l'Église.

Église protestante

Juil.-août : w.-end mat. et apr.-midi, vend. apr.-midi.

Cette église fut transformée en temple protestant en 1542 quand Philippe IV de Hanau-Lichtenberg introduisit la Réforme à Bouxwiller. Sa **chaire★** est en pierre sculptée et en bois peint, elle possède un orgue Silbermann et une loge seigneuriale au décor délicat de stucs.

UN « PETIT VERSAILLES »

Après la guerre de Trente Ans, **Caroline de Hesse**, la Grande Landgravine, est venue s'installer à Bouxwiller. Elle a fait aménager de beaux jardins qui ont valu à Bouxwiller le surnom de « Petit Versailles ». Surnom aussi flatteur qu'éphémère puisque tout disparut à la Révolution. Bouxwiller était par ailleurs connue pour son **bleu de Prusse**, vendu comme colorant aux usines textiles de Mulhouse. Les usines chimiques de Bouxwiller le produisaient à partir du lignite trouvé à proximité de la bourgade. Enfin, c'est ici qu'est née **la fameuse coiffe alsacienne** au grand nœud noir, portée sur les cheveux nattés et relevés.

À voir aussi

Musée du Pays de Hanau

✆ 03 88 70 99 15 - juil.-sept. : 14h-18h, sam. 14h-17h ; reste de l'année : 14h-17h - fermé janv., lun., Vend. Saint, 1er mai, 8 mai, 25 et 26 déc. - 2 € (-16 ans : gratuit).

Il présente un bel ensemble de **meubles polychromes★**, un intérieur paysan, ainsi qu'une salle de séjour bourgeoise, des costumes et des objets traditionnels.

Musée judéo-alsacien

✆ 03 88 70 97 17 - www.musees-alsace.org - du 6 mars au 4 nov. : 10h-12h, 13h-18h - fermé lun. et sam. - 6 € (8-15 ans 3 €).

Situé dans l'ancienne synagogue (1842), lieu de culte abandonné en 1963 et sauvé de la démolition, il retrace l'histoire et la culture des juifs d'Alsace, de la fin du 14e siècle et jusqu'après la Révolution, selon un parcours aménagé de rampes et de plateaux où la scénographie est très soignée (mannequins, maquettes en céramique…).

Randonnée Carte de microrégion

Sentier géologique du Bastberg B3

Document disponible à la mairie, au Point information touristique.
Première réalisation de ce genre en Alsace, ce sentier suit un parcours de 6 km pour mettre en évidence son histoire géologique. Il conduit au sommet du Bastberg, également appelé « colline des Sorcières », d'où l'on domine la ville *(tables d'orientation)*. En mai et juin, de petites orchidées (dont la cueillette est interdite) poussent sur ce sol calcaire. Les nombreux fossiles que l'on trouve le long du sentier géologique contribuent à la renommée internationale du site de Bouxwiller, qui fut étudié par le grand paléontologue Georges Cuvier (1769-1832).
On peut aussi accéder au sommet du Bastberg en voiture par la D 6. Depuis Bouxwiller, tournez à droite juste avant Imbsheim.

NOS ADRESSES À BOUXWILLER

Voir aussi nos adresses à Neuwiller-lès-Saverne *(p. 352)*.

HÉBERGEMENT ET RESTAURATION

POUR SE FAIRE PLAISIR

Hôtel La Cour du Tonnelier – *84a Grand'Rue - 03 88 70 72 57 - www.courdutonnelier.com - restaurant fermé 3 sem. en août, 2 sem. en période de Noël, sam. et dim. - P -16 ch. 68 € - 7 € - rest. 24/31 €.* Cette maison traditionnelle, proche du centre-ville, abrite un petit hôtel parfaitement entretenu. Dans les chambres : couleurs chaudes et belles moquettes, mobilier en bois cérusé et salles de bains modernes et fonctionnelles. Bar et agréable petit jardin avec piscine.

À Ingwiller

POUR SE FAIRE PLAISIR

Hôtel Aux Comtes de Hanau – *139 r. du Gén.-de-Gaulle - 03 88 89 42 27 - www.aux-comtes-de-hanau.com - P - 11 ch. 66/77 € - 8,50 € - rest. 12/54 €.* Cette maison alsacienne du 19e s. abrite un hôtel très correct en dépit de son mobilier quelque peu vieillot. La moitié des chambres dispose d'une terrasse ouvrant sur la campagne alentour. Cuisine traditionnelle servie dans la salle à manger rustique ou plat du jour proposé à la brasserie.

ACHATS

Marché de Noël – 2e w.-end de décembre.

Brasserie Météor – *6 r. du Gén.-Leboq - 67270 Hochfelden - 14 km au sud-est de Bouxwiller - 03 88 02 22 22 - www.brasserie-meteor.fr - juil.-août : lun.-jeu. 14h sur RV.* Pour découvrir les différentes étapes de fabrication de la bière. En fin de visite, dégustation des diverses boissons élaborées dans cette brasserie réputée.

La Petite-Pierre

★

605 Parva-Pétriciens – Bas-Rhin (67)

NOS ADRESSES PAGE 358

S'INFORMER

Office du tourisme de La Petite-Pierre – *BP 24 - 67 290 La Petite-Pierre - ✆ 03 88 01 49 59 - www.parc-vosges-nord.fr - fév.-déc. : tlj sf lun. et mar., 10h-12h, 14h-18h - fermé janv. et 25 déc.* Vous pourrez vous y procurer des fiches thématiques (système défensif de la vieille ville, approvisionnement en eau).

Maison du Parc régional des Vosges du Nord – *Pl. du Château - 67290 La Petite-Pierre - ✆ 03 88 01 49 59 - www.parc-vosges-nord.fr - fév.-déc. : tlj sf lun. et mar., 10h-12h, 14h-18h - fermé janv. et 25 déc.*

SE REPÉRER

Carte de microrégion A2 (p. 330) – *carte Michelin Départements 315 H3.* À 55 km au nord-ouest de Strasbourg, 22 km au nord de Saverne.

À NE PAS MANQUER

Le musée du Sceau alsacien.

ORGANISER SON TEMPS

Avant d'entamer l'exploration du Parc naturel régional des Vosges du Nord, rendez visite au château qui abrite la Maison du Parc.

Les origines de La Petite-Pierre remontent au Moyen Âge. Situé au carrefour de routes importantes, le bourg est fortifié par Vauban – on peut encore voir les vestiges de remparts –, puis abandonné en 1870. L'agréable station estivale, par sa position dominante au cœur du massif forestier des Vosges, est le point de départ de plus de 100 km de sentiers balisés.

Se promener

On accède à la ville ancienne par un chemin en forte montée, puis en suivant la rue du Château.

Le bourg doit son nom au comte Hugues de Parva Petra, premier propriétaire, en 1180, du château fort. En version alsacienne, on l'appelle « Lützelstein ». Quant aux habitants, ils portent le nom peu commun de Parva-Pétriciens.

Église

La voûte du chœur est décorée de **peintures à la détrempe** du 15e s. représentant, entre autres, le Couronnement de la Vierge, la Tentation d'Adam et Ève, le Jugement dernier. La tour et la nef ont été rebâties au 19e s., mais le chœur gothique remonte au 15e s. L'église sert depuis 1737 aux cultes catholique et protestant *(voir p. 42).*

Maison des Païens

Dans les jardins de la mairie, cette maison Renaissance (1534) a été construite sur les fondations d'une ancienne tour de garde romaine.

À voir aussi

Musée du Sceau alsacien

☎ 03 88 70 48 65 - http://musee.sceaualsacien.pagesperso-orange.fr - ♿ - juin-sept. : 10h-12h, 14h-18h ; mai : sam. 14h-17h, dim. et j. fériés 10h-12h, 14h-17h - possibilité de visite guidée (1h) sur demande préalable (2 sem.) - fermé janv. - 2,50 € (enf. gratuit).

Construite en 1684 et jadis réservée à la garnison (monuments funéraires de gouverneurs ou commandants d'armes), la **chapelle St-Louis** abrite désormais le curieux musée du Sceau alsacien. Ce musée retrace l'histoire de l'Alsace par la présentation de nombreuses reproductions de sceaux de villes ou de seigneuries, de grands personnages ou de vieilles familles, de métiers ou de corporations, d'ordres religieux ou de chapitres.

Château et Maison du Parc

Ce château du 12e s. a subi de nombreuses transformations, notamment sous l'impulsion du comte palatin du Rhin, George Jean de Veldenz, au 16e s. Aujourd'hui, la Maison du Parc a investi les lieux. Grâce à une présentation astucieuse (reconstitutions, jeux, diaporamas…), l'exposition permanente **« L'aventure des Vosges du Nord »** permet, en six salles thématiques et multimédias, de découvrir les richesses historiques, culturelles et techniques de la région, ainsi que l'important patrimoine naturel du Parc naturel régional des Vosges du Nord (végétation, faune). *☎ 03 88 01 49 60 - www.parc-vosges-nord.fr - fév.-déc. : 10h-12h, 14h-18h - fermé janv., 24, 25 et 31 déc. - 2,50 € (-12 ans gratuit).*

Revenez par la rue des Remparts.

Points de vue sur la campagne et les sommets boisés.

Musée des Arts et Traditions populaires

☎ 03 88 70 48 65 - ♿ - www.ot-paysdelapetitepierre.com - visite guidée (1h) sur demande préalable (2 sem.), juin-sept. : 10h-12h, 14h-18h - gratuit.

Dans un ancien entrepôt du 16e s. (le « magasin »), situé sur les remparts, curieuse collection de positifs de moules à gâteaux, dits *springerle* (« gâteaux à l'anis ») et *lebkuche* (« pains d'épice »).

Continuez à suivre la rue des Remparts qui rejoint la rue du Château.

À proximité Carte de microrégion

5

Sentier botanique du Loosthal A2

Accès sur la D 134, au niveau de la maison forestière de Loosthal, entre La Petite-Pierre et Neuwiller. Ce sentier botanique fait découvrir la diversité du milieu forestier des Vosges du Nord (arbres, écologie forestière, géologie, traces d'animaux…).

Berg A2

13,5 km à l'ouest par D 9 et D 95. Dans le village, suivez les flèches « Kirchberg ».

Depuis la **chapelle du Kirchberg**, point de vue intéressant sur Berg et, vers l'est, sur les premiers reliefs boisés des Vosges du Nord. Du parking, on peut emprunter un sentier botanique *(👣 1h)* présentant les arbres les plus communs de la région.

NOS ADRESSES À LA PETITE-PIERRE

Voir aussi nos adresses dans le Parc naturel régional des Vosges du Nord *(p. 350)*.

HÉBERGEMENT

PREMIER PRIX

Chambre d'hôte Chez Jeanne Brehm – *32 r. Principale - 03 88 70 46 80 - - 38/45 €.* Au cœur du village, cette maison contemporaine alsacienne abrite sur l'arrière deux chambres dont une avec kitchenette, et un appartement. Chaque pièce est meublée dans la pure tradition locale. Jardin avec terrasse.
Accueil aimable et prix attractifs (notez néanmoins qu'on n'y sert pas de petit-déjeuner).

POUR SE FAIRE PLAISIR

Hôtel des Vosges – *30 r. Principale - 03 88 70 45 05 - www.hotel-des-vosges.com - fermé 18-29 juil. et 16 fév.-11 mars - 30 ch. 61/86,50 € - 10 € - rest. 24/57 €.* Chambres douillettes, variées (certaines typiquement alsaciennes) et bien tenues, complétées par un agréable espace bien-être. Salle à manger ouverte sur la vallée, spécialités régionales et traditionnelles accompagnées de vins bien choisis (vieux millésimes).

Auberge d'Imsthal – *À l'étang d'Imsthal - 3,5 km au sud-est de La Petite-Pierre par D 178 - 03 88 01 49 00 - www.petite-pierre.com - fermé 2 dernières sem. de nov. - 23 ch. 59/92 € - 10 € - rest. 10,50/45 €.* Avec la forêt, la campagne tout autour et l'étang à ses pieds, cette maison à colombages comblera les amoureux de nature et de tranquillité. Préférez les chambres récentes, plus spacieuses et agréables. Sympathique salle à manger rustique ; sauna, hammam et salle de jeux.

ACTIVITÉS

La Petite-Pierre est le point de départ de très nombreux sentiers balisés de 1,8 km à 12 km et de plusieurs circuits VTT (140 km au total). Superbes points de vue sur la région. Tableau indicateur dans le village et à l'office de tourisme.

AGENDA

Au grès du jazz – *W.-end du 15 août.*

Niederbronn-les-Bains

4 387 Niederbronnois – Bas-Rhin (67)

NOS ADRESSES PAGE 360

S'INFORMER

Office du tourisme de Niederbronn-les-Bains – *6 pl. de l'Hôtel-de-Ville - 67110 Niederbronn-les-Bains - ☏ 03 88 80 89 70 - www.niederbronn.com - mai-sept. : 10h-12h, 14h-18h, dim. et j. fériés 15h-18h ; oct. : 10h-12h, 14h-17h, sam. 10h-12h ; avr. : 10h-12h, 14h-18h, sam. 14h-18h*

SE REPÉRER

Carte de microrégion B2 (p. 330) – *carte Michelin Départements 315 J3.*
À 17 km au nord-ouest de Haguenau. Situé dans le Parc naturel régional des Vosges du Nord, Nierderbronn est le point de départ d'un circuit des Châteaux *(voir p. 345).*

À NE PAS MANQUER

La spécialité locale, le *keschtewurscht* (entraînez-vous pour le prononcer !), est un boudin aux châtaignes très apprécié. À l'automne, vous en trouverez sur la carte de la plupart des restaurants de la région.

Vers 48 av. J.-C., les Romains exploitaient déjà la source thermale qui jaillit au cœur de Niederbronn-les-Bains. Aujourd'hui, la Celtic est mise en bouteilles et dispense ses bienfaits aux quatre coins de la France. Mais rien ne vaut un grand verre d'eau tirée dans l'établissement thermal, suivi d'une incontournable séance de remise en forme.

Visiter

Établissement thermal

Pl. des Thermes - ☏ 03 88 80 30 70 - visite guidée (20mn), du 27 fév. à déb. déc. : 8h-17h, sam. 8h-12h - fermé dim. et j. fériés.

Au 18e s., les barons de Dietrich, premiers de la fameuse dynastie d'industriels métallurgiste dont l'entreprise reste aujourd'hui encore le principal employeur de la ville, s'employèrent à faire connaître la station thermale. Ses eaux proviennent de deux sources : la source romaine, qui jaillit depuis 2 000 ans en plein cœur de la ville devant le casino municipal (rhumatologie, séquelles de traumatisme), et la source Celtic, une des moins minéralisées en France, commercialisée depuis 1989. L'établissement propose des stages de balnéothérapie et de remise en forme.

Maison de l'archéologie des Vosges du Nord

☏ 03 88 80 36 37 - www.niederbronn.com - ♿ - mars-oct. : tlj sf mar. et sam. 14h-18h ; reste de l'année : dim. 14h-17h - possibilité de visite guidée (1h) sur demande préalable - fermé 1er janv., 25 déc. - 2,50 € (-16 ans 1,70 €), gratuit Journées du patrimoine.

Collection archéologique provenant des fouilles effectuées dans la proche région. Une salle est consacrée aux poêles de fonte, spécialité de Niederbronn depuis plus de trois siècles.

Château de Wasenbourg

À l'ouest. 15mn à pied AR.

Partez de la gare SNCF et suivez l'allée des Tilleuls. Après être passé sous la voie de contournement, à hauteur du lieu-dit « Roi-de-Rome », tournez à gauche dans le sentier « promenade et découvertes » qui mène aux ruines d'un château gothique du 15e s. détruit par les Français en 1677. La vue depuis ce promontoire qui semblait imprenable est très belle sur le vallon du Falkensteinbach. Au nord-est, vestiges d'un camp celtique, **le Ziegenberg** : mur de 1 à 2 mètres de haut construit de blocs de pierre à l'état brut qui présente quelque analogie avec le mur païen du mont Ste-Odile.

NOS ADRESSES À NIEDERBRONN-LES-BAINS

Voir aussi nos adresses dans le Parc naturel régional des Vosges du Nord *(p. 350).*

HÉBERGEMENT

BUDGET MOYEN

Hôtel Le Bristol – *4 pl. de l'Hôtel-de-Ville - 03 88 09 61 44 - www.lebristol.com - P - 29 ch. 60/70 € - 8,50 € - rest. formule déj. 10 € - 15/43 €.* Hôtel familial situé au centre de la station thermale. Les chambres refaites se révèlent chaleureuses et coquettes avec leur mobilier artisanal et leurs couleurs gaies. Salle cossue, agrandie d'une véranda utilisée les jours d'affluence. Carte traditionnelle.

POUR SE FAIRE PLAISIR

À Niedersteinbach

Hôtel du Cheval Blanc – *11 r. Principale - 03 88 09 55 31 - www.hotel-cheval-blanc.fr - fermé fév., fin juin-déb. juil. et fin nov.-déb. déc. - P - 28 ch. 68/77 € - 12 € - rest. 27/57 €.* Dans un paisible village, cette maison à colombages allie chambres coquettes et accueil sympathique. Le restaurant (fermé le jeudi) propose une cuisine régionale et généreuse, servie dans des « stubes » typiques, tout en boiseries.

Hôtel Mercure – *14-16 av. Foch - 03 88 80 84 48 - www.mercure.com - P - 59 ch. 68/89 € - 12 €.* Cet établissement abrite de grandes chambres standardisées et des suites. Décoration épurée (tons pastel, esprit Belle Époque). Bar-salon design. Agréable jardin arboré.

Hôtel du Parc – *33 r. de la République - 03 88 09 01 42 - www.parchotel.net - P - 40 ch. 70/85 € - 9 € - rest. formule déj. 12 € - 20/55 €.* Dans une rue passante, hôtel composé de deux bâtiments. Chambres régulièrement rénovées, coquettes et très bien tenues. Cuisine traditionnelle servie dans une salle de style alsacien ou sous la tonnelle en été.

RESTAURATION

BUDGET MOYEN

À Obersteinbach

Anthon – *40 r. Principale - 03 88 09 55 01 - www.restaurant-anthon.fr - fermé mar. et merc. et en janv. - P - 25/65 € - 12 ch. 70/98 € - 10 € - rest. 24/48 €.* Maison à colombages (1860) abritant une élégante salle à manger en rotonde tournée vers le jardin. Cuisine du terroir.

Chambres rafraîchies, dont deux conservent une boiserie d'alcôve intégrant les lits.

À Niedersteinbach

Au Wasigenstein – *32 r. Principale - 67510 Niedersteinbach - ☏ 03 88 09 55 01 - www.wasigenstein-wengelsbach.com - fermé merc. et jeu. de nov. à fév. et lun. et mar. tte l'année - P -menu 12 € (en semaine), 21/30 €.* Dans un vallon de la forêt vosgienne, une auberge de montagne tout simple. Gibier et trophées de chasse, terrasse… un lieu prisé des randonneurs.

EN SOIRÉE

Casino Barrière de Niederbronn-les-Bains – *10 pl. des Thermes - ☏ 03 88 80 84 88 - www.lucienbarriere.com - ouv. 10h30-2h en sem. - vend.-sam. et j. fériés 4h.* Le plus grand casino d'Alsace compte 185 machines à sous et une salle de jeux traditionnels. Trois restaurants dont une brasserie alsacienne, un lounge bar et une salle de cinéma.

La Villa du Parc (au casino de Niederbronn) – *10 pl. des Thermes - ☏ 03 88 80 84 88 - www.lucienbarriere.com - Brasserie alsacienne ouv. tlj.* Restaurant agrandi et entièrement rénové dans un style contemporain d'inspiration coloniale. Tous les 15 jours, dîner spectacle ou dîner dansant.

AGENDA

Nuit artisanale – *En juillet.*

Bitche

★

5 607 Bitchois – Moselle (57)

NOS ADRESSES PAGE 363

5

S'INFORMER

Office du tourisme de Bitche – *31 r. Maréchal-Foch - 57230 Bitche - ☏ 03 87 06 16 16 - www.pays-de-bitche.com - mai-sept. : 9h-12h, 13h30-17h30, w.-end 9h-12h, 14h30-16h30 (fermé le dim. oct.-avr.).*

SE REPÉRER

Carte de microrégion A1 (p. 330) – *carte Michelin Départements 307 P4.* Bitche est située à 21 km de la frontière allemande. Voies de circulation les plus importantes à proximité de la ville, la D 35^{A} en direction de l'Allemagne et à l'ouest la D 662 qui conduit à Sarreguemines.

À NE PAS MANQUER

La citadelle Vauban (la visite guidée dure 2h), pour le jardin de la Paix.

AVEC LES ENFANTS

Le moulin d'Eschviller à Volmunster.

Perchée sur l'énorme socle rocheux autour duquel Bitche s'est construite, la citadelle de Vauban en grès rose à l'admirable architecture plante le décor. Longtemps marquée par son statut de ville de garnison, la cité a cependant réussi à renouveler son image. Entourée de magnifiques forêts, elle mise aujourd'hui avec succès sur le tourisme vert, grâce à son golf au paysage champêtre et à son village de vacances au bord d'un étang.

Visiter

★★ Citadelle

✆ 03 87 96 18 82 - juin-août : 10h-18h, dim. 10h-18h ; reste de l'année 10h-18h - fermé nov.-mars, 1er janv., 25 déc. - 9 € (7-18 ans 7 €), billet combiné avec le jardin de la paix (9 €).

La citadelle est construite par Vauban en 1681. Reconstruite par Cormontaigne, la forteresse réputée imprenable est caractéristique de l'architecture militaire du 18e s. Après avoir gravi la rampe et franchi la porte monumentale, on atteint le tertre central, d'où la **vue★** est remarquable : à l'ouest se détachent les cloches cuirassées du Simserhof et au sud le Parc naturel régional des Vosges. Cette vue circulaire sur la région a fait de Bitche un point militaire stratégique. Seul vestige du château construit sous Vauban, la chapelle semble résister aux épreuves du temps, notamment les bombardements de 1945. Restaurée conformément aux plans du 18e s., elle abrite un plan-relief de la ville de 1794. Prenez une bouffée d'air frais avant de pénétrer au cœur de la citadelle et de son vaste complexe souterrain *(la température est fraîche, prévoyez un pull)*.

Un parcours audiovisuel permet de comprendre le long et difficile siège de Bitche : revivez, des dortoirs aux cuisines, l'histoire quotidienne de ces hommes et leurs doutes face aux horreurs de la guerre.

Au pied de la citadelle, le **jardin pour la Paix** propose une approche végétale du thème « Guerre et Paix » à travers les rapports harmonieux et conflictuels entre les plantes. Cet espace permet par ailleurs d'avoir des perspectives nouvelles sur la forteresse.

LE SIÈGE DE BITCHE

17 juillet 1870. La France répond à une provocation de Bismarck (dépêche d'Ems) en déclarant la guerre à la Prusse. La désillusion est brutale. Les Prussiens, rejoints par les États allemands, infligent de lourdes défaites aux troupes françaises. Le 6 août, la terrible bataille de cavalerie à Reischoffen montre les limites de l'héroïsme face à une armée supérieure en nombre et très organisée. La garnison de Bitche qui vient d'être confiée au **colonel Teyssier** avec un bataillon du 86e d'infanterie de ligne, voit arriver des soldats de nombreuses unités en déroute. Quelque 2 400 hommes, avec seulement 17 canons en état, vont tenir plusieurs mois de siège avec l'aide de la population.

D'intenses bombardements, dont un de plus de 10 jours et 10 nuits, détruisent les bâtiments du fort, à l'exception de la chapelle, avant de toucher la ville. La défaite de Sedan avec la capture de Napoléon III le 2 septembre, la capitulation de Paris et même l'armistice du 28 janvier 1871 ne font pas renoncer le colonel Teyssier. Il attend un ordre écrit du gouvernement français. Ce n'est que le 25 mars que les défenseurs quittent la ville en héros. La signature du traité de Francfort le 10 mai 1871 confirme l'annexion ; Bitche devient allemande.

À proximité Carte de microrégion

Reyersviller A1

5 km au sud-ouest par la D 662.

Après le village, sur la droite de la route, le **chêne des Suédois**, impressionnant par son âge (450 ans) et sa taille, aurait servi de potence aux Suédois pour pendre les paysans du village disparu de Kirscheid pendant la guerre de Trente Ans.

★ Le Simserhof A1 *(voir ligne Maginot, p. 386)*

Ossuaire de Schorbach A1

6 km au nord-ouest par les D 962 et D 162^{B} à gauche.

Près de l'église reconstruite en 1774 et dédiée à saint Remi, un petit bâtiment percé d'arcatures romanes s'ouvre sur un ossuaire né de l'exiguïté du cimetière.

Volmunster A1

11 km au nord-ouest par les D 35^{A} et D 34.

L'**église St-Pierre**, détruite lors de la dernière guerre, a été reconstruite en 1957. Une mosaïque de 70 m^2 représentant saint Pierre en marin-pêcheur figure au « tympan » du portail. Vous n'êtes pas loin du **moulin d'Eschviller** *(à 4 km, suivre les indications)*. Vous pourrez y découvrir le fonctionnement d'un moulin à grain et d'un moulin à scier. Le cadre est bucolique, une auberge permet de faire une pause. *http://www.moulindeschviller.fr/*

NOS ADRESSES À BITCHE

Voir aussi nos adresses dans le Parc naturel régional des Vosges du Nord *(p. 350)*.

HÉBERGEMENT

BUDGET MOYEN

Hôtel Le Strasbourg – *24 r. Col.-Teyssier - 03 87 96 00 44 - www.le-strasbourg.fr - fermé lun., mar. midi et dim. soir - 10 ch. 60/100 € - 10 € - rest. 30/55 €.* Cuisine au goût du jour dans une spacieuse salle à manger épurée. Chambres bien rénovées et personnalisées : Afrique, Asie, Provence, etc.

RESTAURATION

BUDGET MOYEN

Restaurant de la Tour – *3 r. de la Gare - 03 87 96 29 25 - fermé mar. soir et lun. - 16/52 €.* Le style Belle Époque des salles à manger donne un charme certain à ce restaurant installé dans une maison flanquée d'une tourelle. Cuisine traditionnelle enrichie de quelques plats régionaux.

ACTIVITÉS

Golf de Bitche – *R. des Prés - 03 87 96 15 30 - www.golf-bitche.com - hiver : 9h-16h ; été : 8h30-18h - fermé 22 déc.-5 janv.* Situé au cœur du Parc naturelrégional des Vosges du Nord, ce parcours de 27 trous offre de beaux panoramas.

Tépacap – *Étang de Hasselfurth - 03 87 06 40 00 - www.tepacap-bitche.fr.* Village d'aventures.

Wissembourg

★★

8 008 Wissembourgeois – Bas-Rhin (67)

NOS ADRESSES PAGE 369

S'INFORMER

Office du tourisme de Wissembourg – *11 pl. de la République - 67160 Wissembourg - ✆ 03 88 94 10 11 - www.ot-wissembourg.fr - avr.-oct. : 10h-12h, 14h-18h, dim. et j. fériés 14h-18h ; reste de l'année : tlj sf dim., 10h-12h, 14h-17h30, j. fériés 14h-18h.*

Visites guidées – L'office du tourisme de Wissembourg organise tout au long de l'année de multiples promenades en ville et dans ses environs. Des visites guidées d'une journée dans la région, avec guide, aux visites à thème de la ville, en passant par la découverte du pays de Wissembourg (route des Villages pittoresques, route des Châteaux forts, du Parc naturel du Palatinat et du « Pays de Bade » avec la route de la Forêt-Noire) - *✆ 03 88 94 10 11 - www.ot-wissembourg.fr.*

Office du tourisme de Hunspach – *3 rte de Hoffen - 67250 Hunspach - ✆ 03 88 80 59 39 - www.hunspach.com - 9h-11h30, 14h-17h - fermé dim. et j. fériés.*

SE REPÉRER

Carte de microrégion C1 (p. 330) – *carte Michelin Départements 315 L2.*
Wissembourg est une ville frontalière, dominée à l'ouest par le Hochwald et au nord par le Mundatwald.

SE GARER

Parkings : r. Bannacker, pl. de la Foire et r. de la République.

À NE PAS MANQUER

L'église St-Pierre-et-St-Paul et sa fresque de saint Christophe, le quartier de la Petite Venise, le vignoble de Cleebourg.

ORGANISER SON TEMPS

Consacrez une demi-journée au tour de la ville, puis partez explorer la campagne environnante, à pied de préférence. Nombreuses animations à la Pentecôte.

Wissembourg est sortie miraculeusement préservée d'une histoire parsemée de sièges, de désastres et de faits de guerre – une bataille de 1870 porte d'ailleurs son nom. Une promenade sur les remparts, dans les quartiers anciens ou dans celui de la « Petite Venise » vous fera découvrir plus de 70 maisons bâties avant 1700 et l'imposante église St-Pierre-et-St-Paul, la deuxième en taille des églises gothiques d'Alsace, après la cathédrale de Strasbourg.

LA VILLE DU PÈRE FOUETTARD

Le légendaire Hans Trapp, le père Fouettard alsacien, est né ici. À la fin du Moyen Âge, Hans von Drodt terrorisait les Wissembourgeois depuis son nid d'aigle du Berwarstein voisin. Les parents se mirent donc, à leur tour, à menacer les enfants pas très sages des foudres du terrible Hans.

Se promener Plan de ville

★ LA VIEILLE VILLE

Comptez 1h30. Départ : place de la République.

Hôtel de ville B (H)

Construit de 1741 à 1752, en grès rose, avec fronton, petite tour et horloge, selon les plans de Massol, il remplace l'ancien Rathaus disparu dans l'incendie de la ville du 25 janvier 1677.

Prendre la rue du Marché-aux-Poissons qui mène à la Lauter et offre, à son extrémité, une **vue** agréable sur de beaux massifs fleuris, au premier plan, et sur le chevet de l'église St-Pierre-et-St-Paul, à l'arrière.

Maison du Sel A

Reconnaissable à sa toiture divisée en auvents sous lesquels les lucarnes ouvrent en balcons, ce fut d'abord un hôpital (1448) avant de devenir un dépôt de sel et un abattoir.

Suivez le quai Anselman.

À l'Ancienne Couronne A

Cette très ancienne maison de patriciens (1491) servit d'auberge jusqu'en 1603, puis appartint aux Bartholdi à la fin du 18e s. C'est aujourd'hui un bar : Les Vignes de la Couronne.

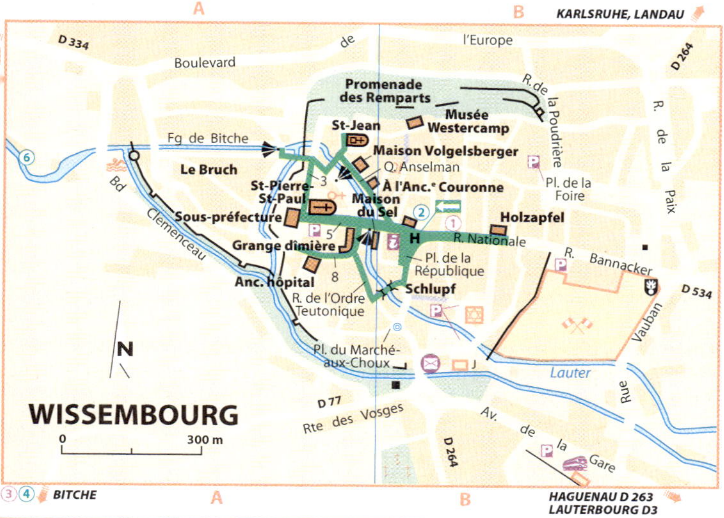

SE LOGER
Cygne (Hostellerie du)........ 2
M. et Mme Klein (Chambre d'hôte). 4
Moulin de la Walk (Au)........ 6

SE RESTAURER
Carrousel Bleu (Le)........ 1
Pfaffenschlick (Auberge du)........ 3

INDEX DES RUES
Chapitre (R. du)........ 3
Sous-Préfecture (Av. de la)........ 5
Stanislas (R.)........ 8

5

Maison Vogelsberger A

Avec son riche portail Renaissance et son blason peint, elle date de 1540. L'un de ses propriétaires, Sébastien Vogelsberger, fut décapité en 1548 sur l'ordre de Charles Quint pour avoir assisté au sacre d'Henri II. Le bienheureux Charles de Foucauld passa dans cette maison les deux premières années de sa vie.

Tournez à droite dans la rue du Presbytère.

Église St-Jean A

Cette église protestante restaurée remonte au 15e s., sauf le clocher, roman (13e s.). **Martin Bucer** (ou Butzer) (1491-1551), réformateur alsacien né à Sélestat, y a prêché la Réforme, en 1522, avant de partir pour l'Angleterre. Dans la cour, sur le côté gauche de l'église, anciennes pierres tombales en grès rouge des Vosges. Du haut des remparts, vue d'ensemble de l'église St-Jean et St-Pierre-et-St-Paul.

Revenez sur vos pas, traversez la Lauter et prenez à droite le quai du 24-Novembre.

Quartier du Bruch A

Du pont sur la Lauter, on a une belle vue sur ce vieux quartier. La première maison à droite, dont le pan coupé est orné d'une petite loggia ou oriel (1550), servit de décor au tournage du film *L'Ami Fritz*, en 1933. En face, sur l'autre rive, maison patricienne des 16e et 17e s.

Revenez sur l'autre rive et prenez à droite la rue du Chapitre.

★ Église St-Pierre-et-St-Paul A

Bâtie en grès, c'est l'ancienne église gothique, élevée au 13e s., d'un monastère bénédictin fondé au 7e s. Un clocher carré, vestige de l'église romane antérieure, reste accolé au flanc droit de l'édifice. La Révolution le transforma en magasin à fourrage. À l'intérieur, entre la chapelle de droite et le chœur, le grand **saint Christophe** tenant l'Enfant Jésus dans ses bras, **fresque**★ du 15e s., est le plus grand personnage peint connu en France (11 m de haut). Le chœur est éclairé par des vitraux du 13e s., restaurés au siècle dernier. Le vitrail le plus ancien est la petite rose placée au pignon du croisillon gauche ; il représente une Vierge à l'Enfant (2e moitié du 12e s.).

Contre le flanc nord de l'église subsistent une galerie entière et deux travées d'un somptueux **cloître gothique** resté inachevé, longtemps considéré comme « le plus beau de toute la vallée du Rhin ». Une porte le desservant mène à une chapelle romane du 11e s.

Dans l'avenue de la Sous-Préfecture, le **jardin Stanislas** offre un agréable petit havre de verdure au milieu de buis centenaires. Ouvert au public, il appartient à un magasin d'antiquités. *R. Stanislas - ✆ 03 88 54 29 54 - gratuit.*

Sous-préfecture A

À l'extrémité de l'avenue de la Sous-Préfecture, l'élégant pavillon de la fin du 18e s. occupe l'ancien hôtel du doyenné de la collégiale.

Prenez à gauche l'avenue de la Sous-Préfecture. Place du Saumon, prenez à droite la rue Stanislas.

Grange dîmière A

La grange dîmière de l'ancienne abbaye jouxte la maison des Chevaliers Teutoniques, de 1606.

Wissembourg, quartier du Bruch au bord de la Lauter et remparts.
R. Mattes/hemis.fr

L'ordre Teutonique, fondé en Terre sainte au 12e s., a disparu à la Révolution. Sur le mur qui fait face à l'abbatiale se trouve sculpté le moine Otfried, qui, au 9e s., soucieux de transmettre le message évangélique aux peuples de langue allemande, en fit pour la première fois une adaptation à partir du texte latin.

Ancien hôpital (Palais Stanislas) A

C'était la résidence du roi Stanislas Leszczyński de 1719 à 1725, dont la fille, Marie, épousa Louis XV en 1725.

Faites demi-tour, tournez à droite dans la rue de l'Ordre-Teutonique puis à gauche dans le passage dit « rue pittoresque ».

Empruntez la petite passerelle au-dessus de la Lauter, dans le quartier appelé le **Schlupf**, « Petite Venise » de Wissembourg.

Rejoignez par la gauche la rue de la République, puis tournez à droite dans la rue Nationale.

Holzapfel B

La maison gothique avec tourelles d'angle fut d'abord, dès 1506, une maison des corporations, puis un relais de poste de 1793 à 1854; Napoléon s'y arrêta en 1806.

UN MARIAGE INESPÉRÉ

Roi détrôné de Pologne, Stanislas Leszczyński vivait un exil bien mélancolique dans une maison de Wissembourg. L'ancien roi ne regrettait son royaume et sa fortune que pour sa fille, Marie, qu'il n'imaginait pas un jour voir convoler, faute de dot et de fortune. Or, en 1725, le duc d'Antin apporte une nouvelle inespérée : Louis XV, roi de France, le Bien-Aimé, a jeté son dévolu sur la modeste héritière. Marie sera reine de France… Stanislas emprunte argent et carrosses, dégage ses bijoux et peut offrir un mariage décent à sa fille qui, à 22 ans, devient reine d'un roi de 15 ans.

Faites demi-tour pour revenir place de la République.

LES REMPARTS AB

La balade le long du talus des anciens remparts, planté d'ormes et de frênes, permet de découvrir les toits patinés du quartier ancien, les tours majestueuses de l'église St-Pierre-et-St-Paul et, dans le lointain, le moutonnement des Vosges. Un premier mur longe en pleine ville un bras de la Lauter. Non loin de la maison Stanislas s'élève le **Schartenturm**, vestige de l'enceinte du monastère construite sous la direction de l'abbé Samuel au 11e s. Une deuxième enceinte part de l'extrémité du faubourg de Bitche, où l'on découvre une belle maison patricienne des 16e et 17e s. et la tour des Husgenossen (de 1420), et se poursuit jusqu'au sud de la ville. Au nord, la promenade des Remparts permet d'admirer les fortifications du 13e s.

À voir aussi Plan de ville

Musée Westercamp B

Fermé pour rénovation. Réouverture prévue en 2013.
Au début du 20e s., un musée s'est installé dans cette maison viticole du 16e s., qui a gardé son authenticité. La visite commence par la cuisine, atmosphère intimiste assurée. Même ambiance dans les autres pièces, qui renferment des meubles anciens (superbes armoires), des costumes paysans et des souvenirs du champ de bataille de 1870. Antiquités préhistoriques et romaines, salle d'armes.
Le musée conserve même une maquette en bois de cerisier du lustre-couronne de l'abbatiale représentant la Jérusalem céleste, détruit par les révolutionnaires. L'original de 1070 en métal argenté, célèbre dans tout l'Occident, faisait 6 m de diamètre ! On parlait alors de Wissembourg-la-Couronne.

À proximité Carte de microrégion

Vignoble de Cleebourg C1

Sur les contreforts des Vosges du Nord, cette section septentrionale de la route des Vins parcourt des vignobles d'ancienne tradition qui se sont fait notamment une spécialité du pinot gris et du pinot blanc auxerrois. On peut traverser les terroirs de Steinseltz et Oberhoffen pour gagner Cleebourg.
Trois sentiers d'interprétation au départ de Cleebourg, à côté de la cave viticole (de 3h à une journée complète) pour découvrir vignoble, vergers et forêts. Renseignements : 03 88 94 10 11 - www.ot-wissembourg.fr.

Altenstadt C1

2 km à l'est. Intéressante église romane des 11e et 12e s. Nef et bas-côtés sont plafonnés. En pénétrant dans l'église, on passe sous un curieux porche de près de 7 m de profondeur. Le clocher du 11e s., décoré de bandes lombardes, a été surélevé d'un 3e étage au 12e s.

Ouvrage d'artillerie de Schœnenbourg C2

12 km au sud, par la D 264, puis la D 65, fléchage.
Voir ligne Maginot, p. 387.

NOS ADRESSES À WISSEMBOURG

VISITES

Mini-train touristique – Circuit commenté *(45mn)* en français, anglais ou allemand. ☎ *03 88 94 10 11 - www.ot-wissembourg.fr - 3 juin-3 oct. : 14h-17h ; 2 avr.-2 juin : vend.-dim. et j. fériés 14h-17h - fermé dim. et lun. de Pentecôte - 5 € (-14 ans 2,50 €).*

HÉBERGEMENT

POUR SE FAIRE PLAISIR

Hostellerie du Cygne – *3 r. Sel - ☎ 03 88 94 00 16 - www.hostellerie-cygne.com - fermé 16 fév.-2 mars, 4-17 juil., 7-20 nov. et merc. - 23 ch. - 75/200 € - ☕ 10 €.* Au cœur du pittoresque Wissembourg, hostellerie aménagée dans plusieurs maisons anciennes. Cuisine traditionnelle servie à la *winstub* ou dans une salle de style alsacien Renaissance. Chambres agréables et confortables.

Au Moulin de la Walk – *2 r. Walk - ☎ 03 88 94 06 44 - www.moulin-walk.com - fermé en janv. (se rens.) - P - 25 ch. 67/72 € - ☕ 9 € - rest. 34/50 €.* Au bord d'une rivière, bâtiments aménagés sur les vestiges d'un moulin dont la roue tourne encore. Décor chaleureux et épuré avec du bois brut pour rappeler le style local. Carte classique et régionale (spécialité de foie gras), vins choisis. Jolie terrasse d'été.

À Cleebourg

Chambre d'hôte M. et Mme Klein – *59 r. Principale - ☎ 03 88 94 50 95 - www.chez.com/cleebourg - P - ⊭ - 4 ch. 79 € par pers., 1/2 P seult.* Cette maison alsacienne des 18e et 19e s. nichée au cœur du village de Cleebourg dont le vin est justement renommé réjouira les amateurs de calme et d'authenticité. Les chambres, toutes situées au rdc, sont garnies de beaux meubles anciens. Cuisine régionale.

RESTAURATION

POUR SE FAIRE PLAISIR

Le Carrousel Bleu – *17 r. Nationale - ☎ 03 88 54 33 10 - www.le-carrousel-bleu.fr - fermé dim. et le soir en sem. - formule déj. 18 € - 28/50 €.* Ce sympathique et intimiste restaurant, situé dans une maison du 18e s., propose des recettes actuelles, originales et dépaysantes, à mille lieues de la « Petite Venise ».

Aux alentours de Wissembourg

BUDGET MOYEN

Auberge du Pfaffenschlick – *Col de Pfaffenschlick - 67510 Climbach - ☎ 03 88 54 28 84 - www.pfaffenschlick.com - fermé 18 janv.-9 fév., lun. et mar. - ♿ - P - formule déj. 12 € - 22/38 €.* En pleine forêt, juste en face d'une cabane qui servit de cantine pendant la construction de la ligne Maginot, ce restaurant longtemps fréquenté par les

seuls randonneurs continue de servir une cuisine ménagère du cru, solide et abondante. Agréable terrasse.

PETITE PAUSE

Pâtisserie Daniel Rebert – *7 pl. du Marché-aux-Choux - ✆ 03 88 94 01 66 - www.rebert.fr - mar.-sam. 7h-18h30 (dim. 8h); avr.-oct. : salon de thé - fermé lun.* La spécialité de ce chocolatier, ce sont les pavés de Wissembourg, petits chocolats fourrés. Derrière la boutique, une ravissante cour fleurie fait office de salon de thé durant tout l'été.

ACHATS

Au P'tit Kougelhopf – *20 r. Nationale - ✆ 03 88 94 00 56 - tlj sf lun.-mar. 7h-18h - fermé 3 sem. sept.* Cette accueillante boulangerie-pâtisserie, fort respectueuse des traditions, fabrique chaque jour 10 variétés de pains spéciaux, tous plus croustillants les uns que les autres. Mais on vient ici avant tout pour les fabuleux kouglofs (ou *kugelhopfs*) : sucrés ou salés, mini ou géants, vendus à l'unité ou au poids, ils sont divinement bons.

Cave vinicole de Cleebourg – *Rte du Vin - 67160 Cleebourg - ✆ 03 88 94 50 33 - www.cave-cleebourg.com - caveau ouvert 8h-12h, 14h-18h, dim. et j. fériés à partir de 10h - fermé 1er janv., Pâques et 25 déc.* Ce domaine viticole reconstitué en 1946 sous une forme coopérative dans le cadre du premier programme de remembrement cultive les 7 cépages alsaciens traditionnels. Ses deux valeurs sûres sont le pinot gris et le pinot blanc. Chaque année, une « cuvée de la confrérie » est sélectionnée parmi les vins de Cleebourg. La cave de Cleebourg propose également une large gamme de vins issus de lieux-dits et 4 crémants d'Alsace.

ACTIVITÉS

Espace Cycles – *Allée des Peupliers - ✆ 03 88 54 33 77 - www.espace-cycles.com - mar.-vend. 9h-12h, 14h30-18h30; sam. 9h-12h, 14h-17h - fermé dim. et lun.* Location de vélos.

AGENDA

Avent – Animations à l'occasion de l'avent (tous les w.-end de l'avent : cortège du Hans Trapp, concerts, veillées de Noël, célébrations religieuses, crèches vivantes, spectacles, contes et légendes, venue de saint Nicolas, café de Noël, marché de Noël, marche et cross). *Rens. à l'office de tourisme - ✆ 03 88 94 10 11 - www.ot-wissembourg.fr.*

Pentecôte – Depuis 1864, Wissembourg célèbre la Pentecôte avec gaieté et bonne humeur : somptueux cortège de costumes traditionnels, folklore, gastronomie, courses hippiques, feu d'artifice.

Festival international de musique – *Déb. sept. - ✆ 03 88 94 10 11 - www.wissembourg-festival.com.*

Carte de circuit à vélo – Plusieurs cartes de circuit à vélo sont à disposition à l'office de tourisme - *✆ 03 88 94 10 11 - www.ot-wissembourg.fr.*

Streisselhochzeit à Seebach – *www.uas.fr.* Le premier w.-end qui suit le 14 Juillet fait revivre des scènes de la vie quotidienne d'antan.

Wangenbourg

1 182 Wangenbourgeois et Engenthalois – Bas-Rhin (67)

NOS ADRESSES PAGE 374

S'INFORMER

Office du tourisme de Wangenbourg – *32a r. du Gén.-de-Gaulle - 67710 Wangenbourg-Engenthal - ✆ 03 88 87 33 50 - www.suisse-alsace.com - 9h-12h, 15h-17h, sam. 9h-12h, fermé dim. et j. fériés sf mai-sept. : 15h-17h (et 9h-12h juil.-août) - fermé 1er janv., dim. et lun. de Pâques.*

Office de tourisme du Pays-de-Nideck – *22 r. du Nideck - 67280 Oberhaslach - ✆ 03 88 48 75 24 - 8h-12h, sam. 11h-12h.*

SE REPÉRER

Carte de microrégion A4 (p. 330) – *carte Michelin Départements 315 H5.*
À 20 km au sud de Saverne par la D 218, 41 km à l'ouest de Strasbourg par la D 1004, puis la D 224.

À NE PAS MANQUER

Le château et la cascade du Nideck, le plan incliné de St-Louis-Arzwiller, les rochers de Dabo et du Nutzkopf pour leur panorama.

ORGANISER SON TEMPS

Comptez une demi-journée pour découvrir Wangenbourg et son château ; prévoyez une journée complète pour les deux circuits proposés.

Avec ses paysages de montagne, ses immenses forêts, ses prairies qu'on croirait d'altitude et ses chalets qui rappellent ceux des Alpes, la région de Wangenbourg mérite bien son surnom de « Suisse d'Alsace ».

Se promener

Château

Pour y accéder (15mn à pied AR), laissez la voiture sur le parking de l'office de tourisme. 200 m après l'église, passez près d'un énorme tilleul et suivez un chemin dans le prolongement de la rue principale.

Du château, des 13e et 14e s., qui appartenait à l'abbaye d'Andlau, il reste un donjon pentagonal et d'importants vestiges de murs. Par le donjon (24 m de haut), on accède à une plate-forme. Très belle vue sur la région. Un sentier, en partie tracé dans les fossés du château, permet de faire le tour de l'énorme rocher de grès qui porte les ruines. Par un pont, on accède à l'ancienne cour.

Circuits conseillés Carte de microrégion

La région de **Dago-Wangenbourg★★** appartient aux Petites Vosges. Ses massifs gréseux, d'apparence farouche et tourmentée, sont séparés par des vallées fraîches et calmes dont les eaux coulent sur des lits de sable fin. L'ancienne et puissante maison de Dabo, ou Dagsbourg, descend du duc d'Alsace Étichon, père de sainte Odile. C'est dans le château de Dagsbourg que certains historiens situent, en 1002, la naissance de Bruno de Dabo, qui deviendra le pape Léon IX, puis saint Léon. D'autres affirment que cette illustre naissance a eu lieu à Eguisheim. Le débat reste ouvert…

FORÊT DE SAVERNE

Pour visualiser ce circuit de 78 km au nord de Wangenbourg, reportez-vous à la carte p. 330. Comptez environ 3h30.

Obersteigen A4

La petite église de grès rose a été construite au 13e s. par les chanoines de St-Augustin qui, trouvant le climat de la montagne un peu rude, déménagèrent vers Saverne au 16e s. Son architecture, d'un style homogène, marque la transition du roman au gothique : arcs en plein cintre, chapiteaux à crochets. Des colonnettes annelées ornent le portail.

Prenez la D 45 vers Dabo.

La route sinueuse pénètre dans une superbe forêt. Belles échappées sur le rocher et le pays de Dabo, le plateau fertile du Kochersberg et la plaine d'Alsace.

★ Rocher de Dabo A4

Signalisation « Rocher St-Léon ». Rte du Rocher - ☎ 03 87 07 47 51 - www.ot-dabo.fr - de fin avr. au déb. oct. : lun. 10h-12h, 12h-18h - 2 € (-16 ans 0,50 €).

Le rocher de grès de Dabo porte deux tables d'orientation. Dans la tour de la chapelle est encastrée la statue du pape Léon IX. À gauche du portail percé sous la tour et permettant d'entrer dans la chapelle, une petite porte s'ouvre sur l'escalier *(92 marches)*. Beau **panorama★** du haut de la tour, d'où il est possible de repérer les principaux sommets des Vosges gréseuses (Schneeberg, Grossmann, Donon, etc.). De là, le village de Dabo a la forme d'un X.

Dabo A4

Le **site★** de Dabo est très agréable et les belles forêts environnantes en font une station estivale fréquentée.

Un peu plus loin, la route descend dans la pittoresque **vallée du Kleinthal**.

Après Schaeferhof, suivez la D 45 à gauche. À 5 km, prenez à gauche la D 96.

Aux approches de Schaeferhof, on aperçoit, en avant, le village de Haselbourg perché au sommet d'une colline.

Cristallerie de Vallerysthal A3

☎ 03 87 25 62 04 - ♿ - mat. et apr.-midi - fermé 1er janv., 25 déc. - gratuit.

C'est le baron de Klinglin (nom prédestiné !) qui transporta en 1838 la très ancienne verrerie de Plaine-de-Walsch au val de Valléry. Entreprise prospère dont les produits étaient très demandés durant la seconde moitié du 19e s., notamment en Allemagne, la verrerie comptait 1 300 salariés en 1914. Du temps de sa splendeur, l'antique maison a conservé sa « salle des trésors » qui recèle près de 40 000 modèles du 18e s. à nos jours.

Revenez sur la D 98C.

★ Rocher du Nutzkopf A3

45mn à pied AR. Prenez la D 98D à partir de Sparsbrod, puis une route forestière à gauche, enfin un sentier signalé à gauche.

Au sommet (515 m) de ce curieux rocher tabulaire, **vue★** sur le rocher du Dabo, le village de La Hoube, la verdoyante vallée du Grossthal. *Revenez sur la D 98C, puis prenez la D 98 à droite, le long de la Zorn.*

★ Plan incliné de St-Louis-Arzviller A3

On peut l'observer depuis la D 98. ☎ 03 87 25 30 69 - www.plan-incline.com - ♿ - visite guidée (30 mn) juil.-août : 10h-17h45 ; mai-juin et sept. : tlj sf lun. 9h45-11h45, 14h-17h30 ; avr. et oct. : 10h-11h45, 13h30-16h45 - 4 € (-15 ans 3 €). Luge d'été de déb. avr. à fin oct. - ☎ 03 87 03 74 87.

Long de 108,65 m dans sa partie inclinée, pour une dénivellation de 44,55 m, cet ouvrage spectaculaire a remplacé en 1969 l'ancien escalier de 17 écluses, étagées sur moins de 4 km, le long de la voie ferrée, dont le franchissement nécessitait une journée entière. Un **chariot-bac**, d'une longueur de 43 m, se déplaçant sur les rails d'une rampe de béton par un système de contrepoids reliés au chariot-bac par des câbles, permet de faire passer d'un bief à l'autre, en 20mn, une péniche automotrice de 350 t. Petit musée dans une péniche.

★ Vallée de la Zorn A3

Cette vallée, aux versants couverts de hêtres et de sapins, a toujours été le passage le plus fréquenté des Vosges du Nord. Le canal de la Marne au Rhin et le chemin de fer de Paris à Strasbourg ont aussi choisi de l'emprunter. La Zorn y coule, abondante et claire, sur un lit de sable et de cailloux.
À **Lutzelbourg**, sur la D 38-D 132, sur un promontoire, ruines féodales du château du même nom.

★ Château du Haut-Barr A3 *(voir p. 335)*

★ Saverne A3 *(voir p. 332)*

★ Marmoutier A3 *(voir p. 375)*

FORÊT DE HASLACH

Pour visualiser ce circuit au sud de Wangenbourg, reportez-vous à la carte p. 330. Comptez environ 2h30.

Forêt de Haslach A4

Après Wolfsthal, la D 218 monte dans la belle forêt de Haslach. Un parcours agréable conduit à la maison forestière. À 500 m commence une descente parfois sinueuse qui se poursuivra jusqu'à Oberhaslach. On aperçoit en avant et à gauche, toute proche, la tour ruinée du château du Nideck.

★★ Château et cascade du Nideck A4

1h15 à pied AR. Laissez la voiture sur le parking situé en contrebas de la maison forestière du Nideck et prenez le sentier signalé par des panneaux.
Une tour du 13e s. et un donjon du 14e s., dans un **site★★** romantique, sont les restes de deux châteaux incendiés en 1636. D'en haut, belle vue sur la forêt, la vallée de la Bruche, le château de Guirbaden et les hauteurs du Champ du Feu.
Passant ensuite à droite du donjon, suivez à gauche le sentier de la cascade. Après un abri en bois, puis un petit pont, prenez à droite jusqu'au belvédère (très dangereux, bien que muni d'un garde-fou).
Du belvédère, la **vue★★** est superbe sur la vallée glaciaire et le gouffre boisé, dans lequel la cascade du Nideck se jette du haut d'une muraille de porphyre. Pour voir la cascade, continuer, au-delà du belvédère, par un sentier aménagé *(30mn AR).*
Revenez à la D 218 et faites 1,2 km.

Belvédère A4

À 20 m de la route, à hauteur d'une borne commémorant sa construction.
Belle **vue★** sur le château du Nideck et la vallée. Ensuite, la vue se dégage à gauche sur les ravins boisés de la Hasel et de ses affluents et, au loin, sur la vallée de la Bruche et les hauteurs qui la dominent au sud.

Oberhaslach A4

C'est un lieu de pèlerinage assez fréquenté, en l'honneur de saint Florent. Au 7e s., on le disait capable d'adoucir les animaux les plus sauvages ; il est resté le protecteur des animaux domestiques. La chapelle, construite en 1750, de style baroque, rappelle l'endroit où le saint vécut en ermite avant de devenir le 7e évêque de Strasbourg.

★ Église de Niederhaslach A4

Visite environ 30mn. Elle se dresse à l'emplacement d'une abbaye fondée par saint Florent. Style gothique avec un portail encadré de statuettes et orné d'un tympan qui illustre l'histoire de saint Florent, guérissant la fille du roi Dagobert. Dans les bas-côtés et l'abside se trouvent de **beaux vitraux★** des 14e et 15e s. Une chapelle, à droite du chœur, abrite sous ses voûtes aux clés sculptées le tombeau de Gerlac et un saint-sépulcre du 14e s.

Suivez la D 75.

Wasselonne B4

C'est une ancienne place forte dominée par un château fort réduit à une vieille tour. Ses maisons s'étagent sur les pentes d'une colline, les contreforts du Kochersberg. Elle garde de ses fortifications une porte de ville, ancien donjon. L'**église protestante** date du 18e s. (orgue de Silbermann).

Vallée de la Mossig A4

Les blocs de grès en saillie donnent aux hauteurs qui encadrent la Mossig une physionomie très particulière. Le grès des environs de Wasselonne servit à la construction de la cathédrale de Strasbourg.

NOS ADRESSES À WANGENBOURG

HÉBERGEMENT ET RESTAURATION

POUR SE FAIRE PLAISIR

Parc Hôtel – *39 r. du Gén-de-Gaulle - ✆ 03 88 87 31 72 - www.parchotelalsace.com - ouv. 25 mars-5 nov. - fermé dim. soir et lun. hors sais. sf fériés - 29 ch. 69/109 € - ☕ 10 € - rest. (fermé à midi en sem.) 20/43 €.* Cette grande maison vosgienne se dresse dans un parc peuplé d'arbres centenaires, propice à la sérénité… Accueil chaleureux, chambres spacieuses et confortables (modernes ou de style). Cuisine traditionnelle.

À Obersteigen

Hostellerie Belle Vue – *16 rte de Dabo - 67710 Obersteigen - ✆ 03 88 87 32 39 - www.hostellerie-belle-vue.com - ouv. 4 avr.-1er janv. - fermé dim. soir et lun. hors sais. sf fériés - 25 ch. 80/95 € - ☕ 10 € - ½P 85 € - rest. formule déj. 18 € - 25/40 €.* Au cœur de la forêt de Saverne, cette auberge offre une vue magnifique sur la vallée. Chambres confortables au mobilier de style, espace bien-être, jardin, belle piscine. Grande salle à manger de style régional et terrasse d'été fleurie ; cuisine traditionnelle.

AGENDA

Foire de Wasselonne – *dernier w.-end d'août ts les 2 ans, années impaires - ✆ 03 88 59 12 00 - www.wasselonne.fr ou www.suisse-alsace.com* - avec son marché gourmand et artisanal *(sam. soir et dim.)*, son corso fleuri *(dim.)* et son marché annuel *(lun. suivant la foire)*, est un événement régional.

Église de Marmoutier, ancienne abbatiale à façade romane.
S. Nicolas/Iconotec/Photononstop

Marmoutier

★

2 657 Maurimonastériens – Bas-Rhin (67)

NOS ADRESSES PAGE 377

S'INFORMER

Office du tourisme de Marmoutier – *1 r. du Gén.-Leclerc - 67440 Marmoutier - ☎ 03 88 71 46 84 - www.marmoutier.net - mai-oct. : 10h-12h30, 14h-18h, sam. 10h-12h30, 14h-17h, dim. et j. fériés 10h-12h30, 14h-17h30 ; janv.-avr. : tlj sf dim. et j. fériés 10h-12h30, 14h-18h, lun. 14h-17h, sam. 9h-12h30 - fermé 1er janv., dim. et lun. de Pâques, 1er mai, 1er et 11 Nov., 25 déc.*

SE REPÉRER

Carte de microrégion A3 (p. 330) – *carte Michelin Départements 315 I4.*
À 6 km au sud de Saverne par la D 1004. Accès par l'A4-E25 Paris-Metz-Strasbourg : sortie à Saverne. Des abords du Sindelsberg (1,5 km au nord-ouest par l'ancienne route de Saverne, puis une petite route goudronnée, à gauche), jolie vue plongeante sur Marmoutier.

AVEC LES ENFANTS

Le Centre européen de l'orgue.

L'église abbatiale de Marmoutier constitue un véritable joyau de l'art roman alsacien. En outre, elle abrite un orgue Silbermann prestigieux, sur lequel Albert Schweitzer aimait jouer. Le Centre européen de l'orgue s'est implanté juste à côté, dans la vaste salle de l'ancienne grange dîmière du monastère.

Visiter

★★ Église

℘ 03 88 71 46 84 - www.paysdemarmoutier.eu - mai-oct. : 9h-12h, 14h-18h ; reste de l'année : 9h-12h, 14h-16h30.

La **façade occidentale★★** est construite en grès rouge des Vosges. Le clocher est carré et les deux tours d'angle octogonales. Le porche comporte une voûte d'ogives centrale, entre deux voûtes en berceau.

Le narthex, surmonté de coupoles, est la seule partie intérieure romane. Dans les bras du transept, monuments funéraires élevés en 1621 et très abîmés pendant la Révolution. De belles boiseries dans le chœur : stalles Louis XV et quatre dais surmontés de feuillages et de branches d'arbres ; au couronnement des stalles, petits anges charmants. Les **orgues** authentiques de Silbermann, construites en 1710, comptent parmi les plus belles d'Alsace.

Des vestiges d'une **église précarolingienne** ont été découverts sous le transept *(accès par la crypte ; entrée dans le bras sud du transept).*

Musée d'Arts et Traditions populaires

℘ 03 88 71 46 84 - www.marmoutier.net - visite guidée (1h) du 8 mai à fin oct. : dim. et j. fériés 10h-12h, 14h-18h - fermé 1er janv., dim. et lun. de Pâques, 1er mai, 1er et 11 Nov. - 4 € (-18 ans 2 €).

Installé dans une maison à colombages de style Renaissance, le musée propose des reconstitutions de la vie rurale alsacienne d'autrefois : pièces aménagées (*stube*, cuisine…), ateliers d'artisans (forgeron, tonnelier, tailleur de pierre…). Importante collection de moules à pâtisserie en terre cuite. Nombreux témoins de la communauté juive alsacienne : objets du culte synagogal et domestique, ainsi que le bain rituel du 18e s.

Centre européen de l'orgue

℘ 03 88 03 21 34 - 14h-17h (w.-end seult déb. oct.-mi-nov.) - possibilité de visite guidée (1h30) - fermé 1er janv., dim. de Pâques, 25 déc. - 4 € (12-18 ans 2 €).

Pédaliers et tuyaux Silbermann, table de jeux, orgue de Barbarie et orgue électropneumatique illustrent l'histoire du vénérable instrument, ainsi que celle de ses plus célèbres facteurs. Le centre présente aussi un pianoforte « organisé » des années 1820 dont il ne reste que trois exemplaires au monde. Plusieurs mannequins d'orgue (dont deux ont été offerts par l'école de facture d'orgues d'Eschau, unique en France), des bornes vidéo et quelques manipulations permettent de comprendre le fonctionnement d'un orgue, des touches aux tuyaux en passant par le sommier et les registres. Dans la cave du bâtiment, l'exposition « **Flûtes du monde** » a été réalisée grâce à la collection de Charles Tripp, chercheur de flûtes sur les cinq continents.

À proximité Carte de microrégion

Couvent de Reinacker A3

2 km à l'est de Marmoutier, au sud de Reutenbourg.

Lieu de pèlerinage marial depuis le Moyen Âge, le sanctuaire de Reinacker est aujourd'hui tenu par des religieuses franciscaines. L'église gothique de grès rose reconstruite au début du 15e s. sur des vestiges plus anciens se reconnaît de loin grâce à son clocher (fin 17e s.) couvert de tuiles vertes vernissées et à la Vierge monumentale qui orne sa façade depuis 1827. En faisant le tour de l'église par le jardin, on aperçoit de curieuses gargouilles, dont un diable prêt à lancer une pierre. À l'intérieur, voyez les sculptures qui décorent les

L'ÂGE D'OR DE L'ABBAYE
Au 14e s., les abbés de Marmoutier imposent sur la région une influence considérable, tant spirituelle que temporelle. Nombre d'artisans et d'agriculteurs gravitent autour de l'abbaye. Une communauté juive s'installe, chargée, par les abbés, du négoce. En 1792, la Révolution disperse tout ce petit monde.

niches du chœur (soleil et lune à tête humaine, rosace sculptée, scène de chasse) et la console supportée par un atlante. L'autel latéral de droite abrite une Vierge miraculeuse de la fin du 15e s. Sur celui de gauche, la pietà de bois est datée de 1443.

NOS ADRESSES À MARMOUTIER

HÉBERGEMENT ET RESTAURATION

PREMIER PRIX

Hôtel Aux Deux Clefs – *30 r. du Gén.-Leclerc - ✆ 03 88 70 61 08 - fermé oct. ou nov. : se rens. -15 ch. 42/45 € - ☕ 7,50 € - rest. 16/28 €.* Cet établissement du centre-ville propose un hébergement très correct, chaque chambre étant équipée d'une bonne literie et d'une petite salle d'eau. Au restaurant, on a affaire à un chef qui aime son métier : *baeckeofe* traditionnel, foie gras et charcuterie fumée... tout est fait maison.

À proximité de Marmoutier

PREMIER PRIX

Ferme-auberge du Tannenwald – *1 r. de Hengwiller - 67440 Dimbsthal - ✆ 03 88 70 60 34 - ⊭ - 4 ch. 40 € ☕ - repas 8,50/26 €.* Cette exploitation agricole met à votre disposition des chambres simples et bien tenues, toutes équipées de douche et WC, ainsi qu'un gîte (52,50 € la nuit pour deux). Table d'hôte (sur réservation) et auberge en fin de semaine pour déguster une bonne cuisine préparée avec les produits de la ferme. Accueil chaleureux.

POUR SE FAIRE PLAISIR

Au Chasseur – *7 r. de l'Église - 67440 Birkenwald - ✆ 03 88 70 61 32 - fermé fin déc.-déb. janv. (se rens.) - 19 ch. 90/95 € - ☕ 15 € - rest. 15 € (en sem.), 28/65 €.* Dans un charmant village, une auberge chaleureuse, proposant de belles chambres contemporaines (certaines ont vue sur les Vosges). Élégant restaurant, cuisine savoureuse (foie gras au gewutztraminer, spaetzele maison...).

L'Écluse 16 – *67260 Bonnefontaine (à 3,5 km au sud-est d'Altwiller) - ✆ 03 88 00 90 42 - www.ecluse16.com - fermé lun., mar., 2 sem. en mars et 2 sem. en sept. - 18 (en sem.)/29/44 €.* Truite des Vosges et chips au cumin, crumble de mirabelle... belles saveurs et agréable atmosphère dans cet ancien relais de chevaux de halage qui borde le canal des houillères de la Sarre.

5

LIGNE MAGINOT

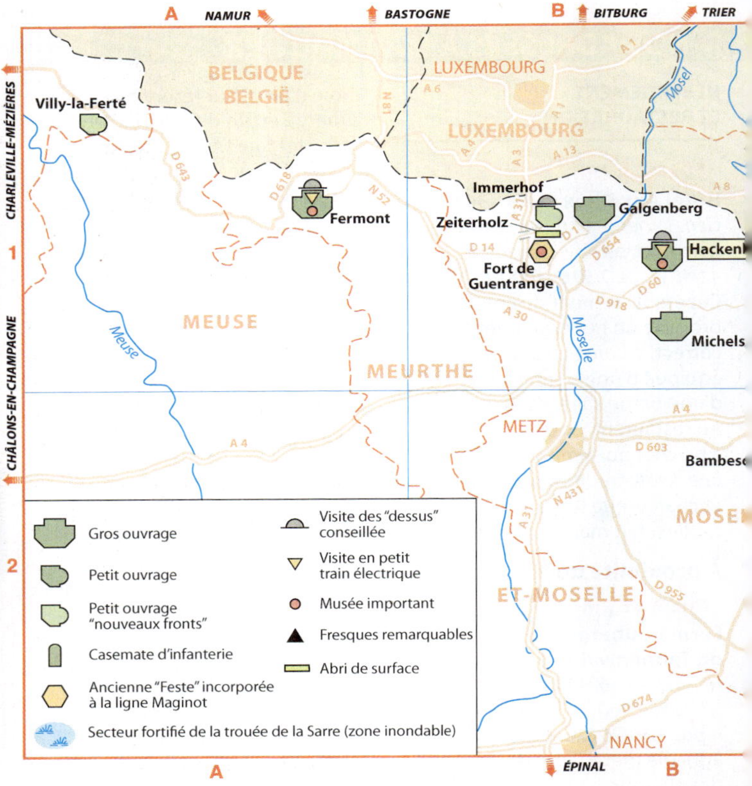

+ d'adresses

Ligne Maginot 6

Cartes Michelin Départements 307 et 315 –
Meuse (55), Meurthe-et-Moselle (54), Moselle (57), Bas-Rhin (67)

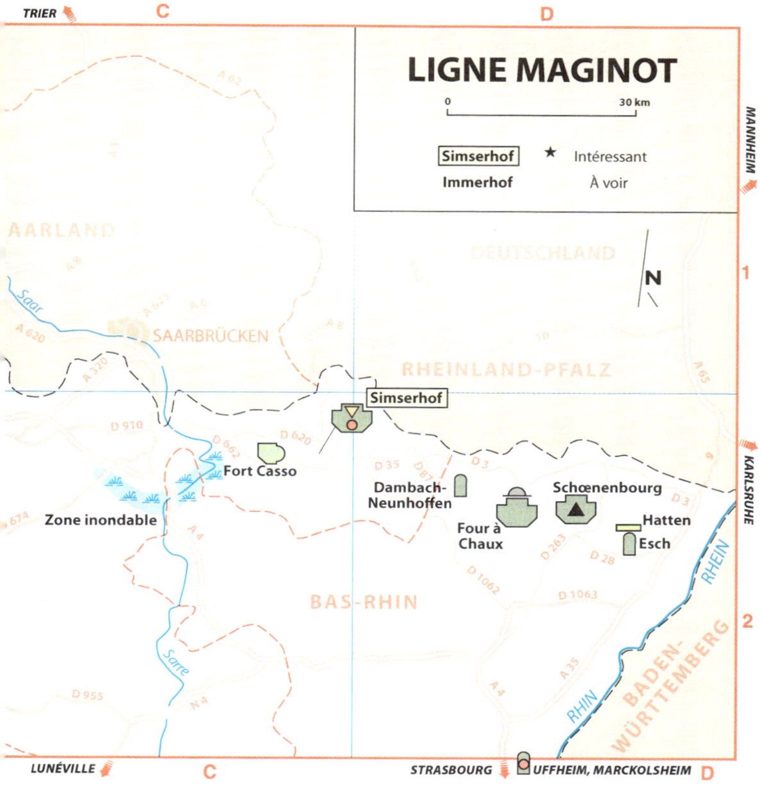

Ligne Maginot

★

Meuse (55), Meurthe-et-Moselle (54), Moselle (57), Bas-Rhin (67)

SE REPÉRER

Carte de microrégion p. 378 – *carte Michelin Départements 307 A/R 1/5, 315 G/M 1/3.* Les ouvrages ouverts au public, indépendants les uns des autres, forment une suite discontinue s'étirant sur plusieurs centaines de kilo-mètres, plus ou moins près des frontières avec la Belgique, le Luxembourg et l'Allemagne.

Pour l'hébergement et la restauration, voir nos adresses à Bitche (p. 363), Niederbronn-les-Bains (p. 360), Wissembourg (p. 369).

À NE PAS MANQUER

Les gros ouvrages du Hackenberg et du Simserhof.

Dans les années 1920, les leçons de la Grande Guerre poussent la France à se doter d'une « muraille » infranchissable sur son flanc Est. Prévu à l'origine pour aller de la mer du Nord jusqu'à la Méditerranée, l'ambitieux projet des ministres Painlevé et Maginot ne sera véritablement réalisé qu'en Alsace et en Lorraine et laisse la frontière belge sans protection. Durant les combats de 1940, la « cuirasse du Nord-Est » ne tient pas ses promesses. Sortie presque intacte de la guerre, elle offre aujourd'hui au visiteur l'un des plus beaux exemples de fortifications contemporaines, soigneusement entretenues par une poignée de passionnés.

Visiter Carte de microrégion

La température à l'intérieur des galeries souterraines est fraîche (13 °C en moyenne) : se munir d'un bon pull. Prévoir aussi des chaussures confortables.

Petit ouvrage de Villy-la-Ferté A1

18 km au nord-ouest de Montmédy par la D 643 et la D 44. ✆ 03 24 22 65 36 - www.ouvragelaferte.fr - visite guidée (1h30) sur demande préalable, juil.-août : 14h-17h - 4 € (-12 ans 2 €).

Il fait partie des ouvrages « nouveaux fronts » construits à partir de 1935 avec des améliorations techniques que la visite permettra de découvrir : entrée en chicane, créneaux de tir à rotule plus protecteurs, cloches d'armes mixtes associant mitrailleuses et canon antichar…

Villy devait être le « pilier ouest » de la ligne Maginot sur la vallée de la Chiers. Mais l'ouvrage se réduisit finalement à deux blocs d'infanterie, réunis par une galerie creusée à plus de 30 m de profondeur et flanqués de deux casemates d'artillerie (l'une d'elles borde la route en face du chemin d'accès).

CONTRE L'OUBLI

Un coup de chapeau aux militaires, bénévoles, retraités et associations qui raniment ces vestiges rouillés et abandonnés, les remettent en état et les entretiennent encore, innovant chaque année pour inciter de plus en plus de touristes du monde entier à venir les voir et, ainsi, à ne pas oublier !

L'histoire de la ligne Maginot

UNE NOUVELLE STRATÉGIE

Pour défendre au mieux la France au lendemain de la guerre de 1914-1918, le concept de régions et de secteurs fortifiés offrant des fronts continus de 20 à plus de 60 km s'impose, en même temps que celui de fortification permanente enterrée, adaptée au combat moderne. Les différents blocs (gros ouvrages mixtes, petits ouvrages d'infanterie ou d'artillerie, chapelets de casemates protégées par des cuvettes inondables, champs de mines, fossés antichars), équipés de tourelles et de créneaux de tir, interdiront tout passage à l'ennemi par des tirs croisés. Dans les intervalles manœuvreront les troupes de soutien.

LES GRANDS TRAVAUX... ET LES FAILLES DE L'OUVRAGE

Les travaux débutent en 1930. En moins de dix ans, 58 ouvrages sont édifiés sur la frontière du Nord et du Nord-Est dont 22 gros ouvrages, 50 dans les Alpes, dispositif complété par 410 casemates et abris pour l'infanterie. 152 tourelles à éclipse, 1 536 cloches fixes hérissent les superstructures en béton armé, les « dessus » qui seuls s'exposent au regard. À cela s'ajoutent 339 pièces d'artillerie et plus de 100 km de galeries souterraines. Pourtant, le nombre des constructions est nettement diminué. Et très souvent, des armes d'infanterie remplacent les organisations d'artillerie initialement prévues. La dispersion de l'effort achève de dénaturer les choix originels. Les blocs de surface sont en béton armé ; l'épaisseur des murs arrière se révélera notoirement insuffisante lorsque l'ennemi prendra certains ouvrages à revers en 1940. Les parties souterraines, au-delà de 20 m de profondeur, sont construites en maçonnerie de pierres de taille, moins coûteuse.

LES HOMMES

Les gros ouvrages étaient reliés à des dépôts de munitions par des voies ferrées électrifiées, empruntées aujourd'hui par les visiteurs pour parcourir de longues distances en galerie. L'importance de la garnison était fonction de celle de l'élément fortifié : elle pouvait aller d'une quinzaine d'hommes dans la casemate de Dambach-Neunhoffen à près de 1 200 au Hackenberg. Ces soldats appartenaient à des unités d'élite créées à partir de 1933, les troupes de forteresse. Les menus servis désignent, comme incontestable vainqueur sur la ligne Maginot, la conserve de bœuf, stockée en quantités astronomiques dans les réserves souterraines des ouvrages...

DANS LA TOURMENTE

Le fait que la ligne Maginot ne couvre pas le nord du pays par suite de considérations politiques et financières, qu'elle ne serve pratiquement pas de base offensive durant la « drôle de guerre », qu'elle ait été privée au moment crucial de ses troupes d'intervalle tenues de se replier, et réduite à sa seule garnison (qui n'excédera jamais 30 000 hommes), rendra vaine la pathétique et glorieuse résistance de mai-juin 1940. Les équipages invaincus devront se plier aux clauses de l'armistice et prendre le chemin de la captivité.

Le 18 mai 1940, le fort, qui n'était plus défendu par les troupes d'intervalle, fut « couronné » par les sapeurs allemands. La totalité de l'équipage (plus de 100 hommes), réfugiée dans la galerie souterraine mal ventilée, périt asphyxiée. À l'extérieur, adossé au champ de rails antichars, un monument rappelle ce sacrifice. Sur les « dessus », les dégâts aux cloches et la tourelle basculée par une charge explosive témoignent des épreuves subies.

Gros ouvrage de Fermont A1

13 km au sud-ouest de Longwy par la D 18. À la sortie de Cutry, prenez la D 17^{A}, puis à gauche la D 174. ✆ 03 82 39 35 34 - visite guidée (2h) juil.-août : 14h et 16h30 ; mai-juin : 15h, w.-end et j. fériés 14h et 15h30 - 8 € (-12 ans 5 €).

Le plus occidental des gros ouvrages de la ligne Maginot comporte deux blocs d'entrée et sept blocs de combat, dont trois à armement d'artillerie. Devant le fort, monument dédié aux troupes de forteresse et, sous un hangar, musée du Matériel lourd exposant des écorchés de tourelles et divers types d'observatoires de campagne affectés aux troupes d'intervalle. Resté pratiquement dans l'état de 1940, l'ouvrage de Fermont forme un ensemble complet avec cuisines, boulangerie, chambre froide, infirmerie, dortoirs, chambres de sous-officiers et officiers, foyer du soldat, etc.

On gagne le bloc 4 en monte-charge à munitions et en petit train électrique. On découvre une imposante casemate d'artillerie couverte d'une dalle de béton épaisse de 3,50 m (protection maximale sur la ligne Maginot) et équipée de canons obusiers de 75 mm. Celle des « dessus » présente les principaux types de superstructures : tourelles à éclipse, cloches GFM (guetteur-fusil-mitrailleur) à vision périscopique, cloches lance-grenades, casemates. Les dégâts causés par les combats de 1940 sont bien visibles : soumis à d'intenses bombardements, puis cible de troupes d'assaut à partir du 21 juin, Fermont, invaincu, dut se livrer six jours plus tard sur ordre supérieur.

Fort de Guentrange A1

2 km au nord-ouest de Thionville. Quittez la ville par l'allée de la Libération, puis tournez à droite vers Guentrange. Chemin du fort - ✆ 03 82 88 12 15 - www.fort-guentrange.com - mai-sept. : merc. et w.-end 15h - 2,50 €.

Ancienne *Feste* (groupe fortifié) allemande construite de 1899 à 1906 et occupée par l'armée française en 1918, le fort de Guentrange fut incorporé à la ligne comme ouvrage de soutien du secteur fortifié de Thionville en 1939-1940. Certaines des solutions techniques dont il avait bénéficié se retrouveront sur la ligne Maginot : machinerie électrique, transmissions téléphoniques, etc. Outre la centrale électrique et ses huit moteurs Diesel en état de marche,

Le fort de Schœnenbourg.
B. Rieger/hemis.fr

l'élément spectaculaire est le casernement central de 140 m de long, réparti sur quatre niveaux, en mesure d'accueillir 1 100 hommes. Particularité de l'armement : les tourelles pour canons de 105 mm sont pivotantes mais non escamotables. Plusieurs salles présentent une documentation sur le fort.

Abri du Zeiterholz A1

14 km au nord de Thionville. Prenez la direction de Longwy, puis tournez à droite sur la D 57. Traversez Entrange ; panneaux indicateurs à partir de la chapelle. ✆ 06 37 06 22 98 - visite guidée (1h30) mai-sept. : dim. 14h30-17h - fermé j. fériés - 3 € (-12 ans 2 €).

Le Zeiterholz, construit en béton armé sur deux niveaux, est un abri de surface, à distinguer de l'abri-caverne hébergeant les hommes dans des locaux souterrains. Ses occupants avaient la garde des blockhaus égrenés entre les ouvrages et casemates. Bien conservés, les locaux du casernement sont progressivement rééquipés et animés de scènes reconstituées avec des mannequins.

Petit ouvrage de l'Immerhof B1

À partir du Zeiterholz, gagnez Hettange-Grande par Entrange-Cité. La D 15 prise à gauche (panneau indicateur) conduit à l'Immerhof. ✆ 03 82 53 09 61 - visite guidée (1h30) avr.-sept. : 2e et 4e dim. du mois et j. fériés 14h-17h - 3,50 € (8-15 ans 1,50 €).

C'est l'un des deux ouvrages de la ligne Maginot – et le seul visitable – qui furent construits à ciel ouvert, à cause de la configuration du terrain, et entièrement bétonnés. Chambres, infirmerie, lavabos, etc. sont en très bon état car l'Immerhof a longtemps compté parmi les postes de commandement de l'Otan. La tourelle à éclipse du bloc d'artillerie, pour mortiers de 81 mm, est actionnée devant les visiteurs, qui verront aussi une tourelle lance-grenades et des tourelles pour jumelages de mitrailleuses. Au cours de la visite des « dessus », remarquez une fausse cloche servant de leurre.

Gros ouvrage du Galgenberg B1

De Thionville, empruntez la D 1 vers Mondorf-les-Bains. Au niveau de Cattenom, tournez à gauche dans la D 56, puis à droite peu après l'usine EDF. ✆ 03 82 55 34 69 - www.forticat.com - visite guidée (45mn-1h30) avr.-oct. : 2e et 4e dim. du mois sur RV - 4 € (enf. gratuit).

Au cœur du bois de Cattenom, l'ouvrage fut surnommé le « gardien de la Moselle ». Défendu par deux tourelles d'artillerie et les ouvrages voisins, le Galgenberg ne subit aucune attaque massive. On visite les galeries (1 400 m), dont les pierres de taille n'ont – chose rare – pas été enduites, qui conduisent de bloc en bloc jusqu'à l'abri du bois de Cattenom. À voir également : l'usine électrique remise en état de fonctionnement, le central téléphonique, les cuisines, la monumentale porte parasouffle. Un sentier fléché dans les bois permet de parcourir l'ensemble du site.

★ Gros ouvrage du Hackenberg B1

20 km à l'est de Thionville. Quittez la ville par la D 918. Panneaux indicateurs à partir de Metzervisse. 61 bis Grand'Rue - 57920 Veckring - ✆ 03 82 82 30 08 - http://maginot-hackenberg.com - ♿ - visite guidée (2h30) de mi-juin à mi-sept. : 14h45 et 15h, w.-end et j. fériés 14h et 15h30 ; de déb. avr. au 11 Nov. : seult merc., w.-end et j. fériés - fermé 1er janv., 1er nov., 25 déc. - 9 € (-16 ans 4 €).

À proximité du village de Veckring, sous 160 ha de forêts, est tapi le plus gros des ouvrages de la Ligne, avec ses 2 blocs d'entrée et ses 17 blocs de combat. Ses installations pouvaient abriter 1 200 hommes, sa centrale électrique était capable d'alimenter en courant une ville de 10 000 habitants et son artillerie de tirer plus de 4 t d'obus à la minute ! Le 4 juillet 1940, l'équipage de l'ouvrage dut se rendre, sur ordre apporté par l'officier de liaison du Gouvernement replié à Bordeaux.

Tout ici est colossal : l'écrasante porte « parasouffle », la gare centrale avec ses hautes voûtes, les kilomètres de galeries vides, la monumentale usine électrique évoquent une Métropolis vaine et délaissée. Après un parcours en petit train électrique et en monte-charge, on découvre le bloc d'artillerie n° 9, équipé de canons lance-bombes de 135 mm.

L'animation qui régnait dans les cuisines, dans l'infirmerie ou dans le PC de tir est reconstituée avec des mannequins. Le **musée** expose toutes sortes d'armes, dont une riche collection de mitrailleuses et fusils-mitrailleurs des deux guerres mondiales, et des uniformes d'unités alignées dans la bataille de France.

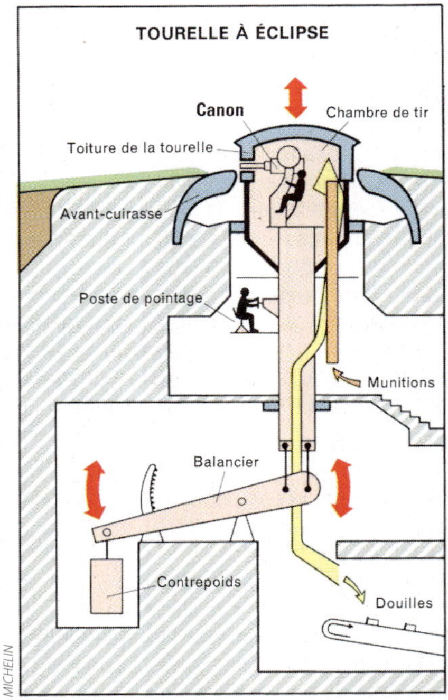

Pour comprendre la valeur stratégique du fort, dont les éléments de défense regardaient à la fois la vallée de la Nied et celle de la Moselle, montez en voiture *(ou à pied par beau temps)* jusqu'à la chapelle du Hackenberg, entourée de pierres tombales anciennes *(2,5 km par la route débutant au fond du parking ; devant l'entrée des hommes, prenez à gauche le chemin revêtu de macadam)*. De ce site très calme de la forêt de Sierck émergent les cloches de tir ou pour périscopes d'artillerie des deux observatoires du Hackenberg. Derrière la chapelle, un sentier conduit à un escarpement maçonné de 700 m de long, dispositif unique défendu par cinq blocs de combat.

Gros ouvrage du Michelsberg B1

22 km à l'est de Thionville par la D 918 (accès à partir du village de Dalstein). Du Hackenberg, dirigez-vous vers Dalstein par la D 60, la D 60^{B}, puis la D 118^{N}.
☎ 03 82 34 66 67 - prévoir des vêtements chauds - visite guidée (1h30) avr.-sept. : dim. 14h-18h - fermé 1er janv., 25 déc - 4 € (enf. 2 €).
Attaqué le 22 juin 1940, le Michelsberg résista grâce à la puissance de son feu et au tir croisé des forts voisins, notamment le Hackenberg, distant de 6 km. L'équipage ne quittera le « Michel » que le 4 juillet, sur ordre du haut commandement français et en recevant les honneurs militaires. Ouvrage de taille intermédiaire, le Michelsberg se décompose en un bloc d'entrée, deux blocs d'infanterie et trois blocs d'artillerie.
Le bloc d'artillerie n° 6 abrite la fameuse tourelle de 135 mm qui brisa l'assaut allemand du 22 juin 1940 ; demeurée en bon état, cette pièce d'un poids de 163,5 t représente le plus gros modèle de canon en service de la ligne Maginot.

Petit ouvrage du Bambesch B2

9 km à l'ouest de St-Avold par la D 603. ☎ 03 87 90 31 95 - http://maginotmoselle.free.fr - visite guidée (1h30) avr.-sept. : 2e et 4e dim. du mois 14h30, 15h30 et 16h30 - prévoir des vêtements chauds - 5 € (6-15 ans 2 €).
Il fournit un bon exemple d'ouvrage que les restrictions de crédits ont progressivement dénaturé : diminution du nombre de blocs, suppression des organisations d'artillerie… Ainsi réduit à trois blocs d'infanterie, le fort est attaqué sur ses arrières à l'arme lourde le 20 juin 1940 ; les cloches sont percées ou descellées. L'équipage, instruit du drame de Villy-la-Ferté, préféra se rendre. Le niveau des galeries, à 30 m sous terre, est atteint par un escalier. On visite le petit casernement et les blocs de combat. Le bloc 2 porte les pathétiques marques de l'assaut de juin 1940.

Zone inondable de la trouée de la Sarre C2

Placé entre les deux grandes régions fortifiées de la ligne Maginot, celle de Metz et celle de la Lauter, le domaine qui s'étend de Barst à Wittring, couvert au nord par le territoire de la Sarre administré par la France, n'était pas défendu par des ouvrages, mais par une zone inondable à partir d'un système d'étangs-réservoirs endigués. Lorsque la Sarre redevint allemande en 1935, ce système fut renforcé par un réseau serré de blockhaus et d'obstacles antichars.
Quittez St-Avold par la D 656. À Barst (8 km), prenez à droite après l'église et deux fois à gauche, dans la rue de la Croix, puis dans le premier chemin.
Celui-ci est bordé d'une douzaine de blockhaus représentatifs, dans leur diversité, du type de fortification en faveur après 1935.
Sortez du chemin et tournez dans le suivant à droite ; garez votre voiture.
À 50 m en contrebas de l'étang, le wagon bétonné est le dernier en place des obstacles antichars de la trouée de la Sarre.
Quittez Barst en direction de l'est.

De la sortie de Cappel à Puttelange-aux-Lacs, la route domine quelques-uns de ces étangs-réservoirs qui servirent à inonder la zone.

Fort Casso C2

À Rohrbach-lès-Bitche, 18 km à l'est de Sarreguemines par la D 662. 1 km avant Rohrbach, prenez à gauche la D 84.

RD 84 - ✆ 03 87 02 70 41 - http://casso.fortiff.be - visite guidée (2h), se rens. pour les horaires - 6 € (-14 ans 3 €), gratuit Journées du patrimoine.

Après le Simserhof, une visite s'impose dans cette forteresse plus « intime » qui présente des particularités intéressantes : locaux crépis, dortoirs à hamacs, tourelle pour armes mixtes et tourelle pour mitrailleuses en état de fonctionnement. Bien conservés, les locaux sont progressivement rééquipés : PC de tir, central téléphonique, etc. Fort Casso fut attaqué le 20 juin 1940 mais, couvert par les canons de l'ouvrage du Simserhof, il ne subit pas le sort de Villy-la-Ferté et dut à un ordre supérieur de se rendre.

★ Gros ouvrage du Simserhof C-D2

4 km à l'ouest de Bitche par la D 35, puis la route militaire en face de l'ancien casernement du Légeret. Stationnez ici et empruntez une navette conduisant au site, ou marchez (10mn). ✆ 03 87 96 39 40 - www.simserhof.fr - ♿ - de mi-mars à mi-nov. : tlj sf lun., 10h-18h - 12 € (6-16 ans 8 €).

De l'extérieur, on ne voit que le bloc d'accès des munitions (et les aménagements touristiques), orienté au sud, avec sa porte blindée de 7 t, ses créneaux de flanquement précédés de fossés « Diamant ». Les cloches de tir ou d'observation qui surmontent les blocs de combat sont disséminées dans un espace de plusieurs kilomètres de façon à dominer la plaine en contrebas *(on voit quelques-unes de ces émergences depuis la D 35^{A}, route de Hottwiller, 1 km au départ de la D 35).*

La partie enterrée du fort se compose de deux secteurs : l'un « arrière », de service, l'autre « avant », de combat, distribués sur un même niveau et reliés par 5 000 m de galeries dont 1 700 m de réseau ferré.

La visite débute par la projection d'un film d'archives qui retrace l'histoire de la ligne Maginot. Elle se poursuit dans un véhicule automatisé par un passionnant voyage à 30 m sous terre. Le récit d'un sous-officier imaginaire reprend plusieurs témoignages très émouvants d'anciens combattants de la ligne Maginot. Les visiteurs revivent à l'aide d'une scénographie bien adaptée l'ambiance de la drôle de guerre, celle des combats et de la défaite à laquelle les équipages des forteresses ont dû se plier. Du 10 mai au 30 juin 1940, le Simserhof s'est illustré par une résistance héroïque mais devenue inutile.

Vous terminerez à pied pour visiter les casernements (chambres, cuisine, infirmerie…), l'occasion d'apercevoir les fresques murales peintes en 1939 qui reprennent le dessin animé *Blanche-Neige et les sept nains* sorti dans les salles en 1937.

Casemate de Dambach-Neunhoffen D2

Entre Neunhoffen et Dambach, 20 km à l'est de Bitche par la D 35, la D 87 et la D 853. ✆ 03 88 09 21 46 - visite guidée (2h) de mi-juin à mi-sept. : 10h, 14h et 16h ; de mi-mars à mi-juin : 15h ; de mi-sept. à fin nov. : w.-end et j. fériés 15h - 2 € (-12 ans 1 €).

Cette casemate du modèle le plus élémentaire, un petit bloc bétonné à un seul niveau, gardait l'un des 12 barrages du système d'inondation de la vallée de la Schwarzbach. Ce type de fortification ne disposant pas de l'électricité, le système de ventilation fonctionnait… à bras (ou à pédales !).

Le Four à Chaux de Lembach D2

15 km à l'ouest de Wissembourg par la D 3, puis la D 27 à la sortie de Lembach. ☎ 03 88 94 48 62 - www.lignemaginot.fr - visite guidée (1h30) du 27 mars au 30 avr. : 14h et 15h ; mai-sept. : 10h30, 14h, 16h - fermé de déb. nov. au 25 mars - 6,50 € (12-18 ans 4,50 €), billet combiné avec le château du Fleckenstein (7,75 €).

Le bombardement massif du Four à Chaux et du petit ouvrage de Lembach, le 19 juin 1940 par 27 stukas, aboutit au cessez-le-feu le 25 juin. Les troupes se rendirent le 1er juillet, l'armistice étant signé. Cet ouvrage d'artillerie de taille intermédiaire (6 blocs de combat et 2 entrées, effectif théorique de 580 hommes) a conservé des locaux en bon état, équipés de leur matériel d'origine : casernement, poste de commandement, central téléphonique, usine électrique, système de chauffage central et d'alimentation en eau chaude, puits artésien, cuisines, dortoir… Originalité : un plan incliné muni d'une crémaillère relie l'entrée des munitions, construite en contrebas, au reste de l'ouvrage. Il servait au transit des wagonnets. À l'extérieur, un fragment de réseau de rails antichars est resté en place. Un musée est installé dans l'ancienne gare de triage de l'entrée des munitions ; il rassemble des vestiges de la dernière guerre.

Ouvrage d'artillerie de Schœnenbourg D2

12 km au sud de Wissembourg par la D 263. Suivez les panneaux indicateurs. ☎ 03 88 80 96 19 - www.lignemaginot.com - ♿ - avr.-oct. : 14h-16h, dim. 9h30-11h, 14h-16h, j. fériés 14h-16h - 7 € (-18 ans 5 €).

Élément important du secteur fortifié de Haguenau, cet ouvrage de la ligne Maginot fut conçu en tenant compte des enseignements acquis à Verdun de 1916 à 1918. À l'époque de l'achèvement du Schœnenbourg en 1935, on considérait qu'aucune arme connue ne pouvait venir à bout d'un tel fort. Après avoir repoussé le 20 juin 1940 l'assaut d'une division allemande, le Schœnenbourg fut pilonné par les bombardiers et les mortiers lourds. Aucun autre ouvrage ne sera soumis à un tel déluge de feu, mais la qualité de ses protections permettra à celui-ci de tenir jusqu'à l'armistice.

La visite fait découvrir une bonne partie des installations souterraines : galeries de liaison (plus de 3 km au total, de 18 à 30 m sous la surface du sol), cuisine, usine électrique, centrale de filtrage de l'air, casernement et poste de commandement. On peut voir aussi un des trois blocs d'artillerie avec sa tourelle à éclipse.

Abri de Hatten D2

22 km au nord-est de Haguenau par la D 263 et la D 28. Depuis le Schœnenbourg (14 km), allez jusqu'à Soultz-sous-Forêts (D 263), puis prenez la D 28. ☎ 03 88 80 14 90 - www.maginot-hatten.com - de mi-juin au 11 Nov. : 10h-18h ; de déb. mars à mi-juin : jeu., vend. et w.-end 10h-18h - possibilité de visite guidée (2h) - fermé du 12 nov. à déb. mars - 3 € (-12 ans 2,50 €).

L'**abri semi-enterré** hébergeait les troupes d'intervalle de la ligne Maginot. Il est resté dans sa configuration d'origine : chambre des hommes de troupe et d'officiers, salle des réserves alimentaires, cuisine ou centrale de filtrage de l'air. Le **musée de l'Abri** retrace quant à lui l'histoire de la Seconde Guerre mondiale. Le grand hall est consacré au souvenir de la bataille de Hatten-Rittershoffen, qui se déroula du 9 au 20 janvier 1945. La salle des « Malgré-Nous » évoque le sort des incorporés de force, et une reconstitution des différents checkpoint à l'intérieur de Berlin aborde le thème de la guerre froide. En plein air sont exposés des engins, dont un char russe T34, un char d'appui américain Sherman, des Jeep et des camions. Dans la salle des maquettes, la ligne Maginot apparaît sous vos yeux en modèle réduit.

Casemate d'infanterie Esch D2

1 km à l'est de Hatten. ✆ 03 88 80 96 19 - www.lignemaginot.com - visite guidée (30mn), mai-sept. : dim. 10h-12h, 13h-18h - 2 € (6-18 ans 1 €).

Elle se trouva, en janvier 1945, au cœur de la bataille de chars qui opposa Allemands et Américains, dévastant Hatten et les villages alentour. La reconstitution d'une chambre de troupe et d'une chambre de tir, l'aménagement de deux autres salles et un petit musée (uniformes, armes, équipements divers…) constituent une évocation très parlante du monde défensif de la Ligne. Une maquette d'un bloc d'artillerie avec tourelle à éclipse permet de comprendre l'économie des grands ouvrages souterrains.

Mémorial-musée de la ligne Maginot du Rhin Carte p. 81 B4

À Marckolsheim, 15 km au sud-est de Sélestat par la D 424 ; sortez de Marckolsheim par la D 10. ✆ 03 88 92 56 98 - www.grandried.fr - ♿ - de mi-juin à mi-sept. : 9h-12h, 14h-18h ; de mi-mars à mi-juin et de mi-sept. à mi-nov. : dim. et j. fériés 9h-12h, 14h-18h - possibilité de visite guidée (1h) sur demande (7 j. av.) - 2,50 € (-15 ans 1,50 €).

Un canon soviétique, un char Sherman, une automitrailleuse et un half-track sont exposés sur l'esplanade. À l'intérieur des huit compartiments *(attention aux seuils métalliques)* de la casemate, armes et objets se rapportant à la lutte du 15 au 17 juin 1940 : la casemate fut défendue par 30 hommes pendant trois jours. Hitler la visita après la bataille.

Casemate de l'Aschenbach Carte p. 226 B2

3 km au sud-ouest de Sierentz, traversez le village d'Uffheim. ✆ 03 89 07 44 32 - www.maginot68.com - ♿ - mai-sept. : dim. 10h-18h - possibilité de visite guidée (1h30) sur demande - 2 € (-12 ans 1 €), gratuit Journées du patrimoine.

Cette petite casemate d'infanterie est la seule du Haut-Rhin à avoir été réhabilitée et ouverte à la visite ; l'armement et l'ambiance de 1940 ont été reconstitués. Comme les 32 autres ouvrages du secteur fortifié d'Altkirch, elle était destinée à écarter tout risque d'invasion par le territoire suisse. Dotée de deux mitrailleuses et de deux canons antichars, elle est couverte d'une cloche d'observation de 17 tonnes. Une noria permettait d'y monter les munitions. Une telle casemate n'abritait pas plus de 20 hommes. À l'extérieur, on peut voir un char allemand de la fin de la guerre type Hetzer. Les rails verticaux dressés devant la casemate servaient à arrêter les chars.

Galerie de circulation dans le fort de Simserhof.
D. Caviglia/hemis.fr

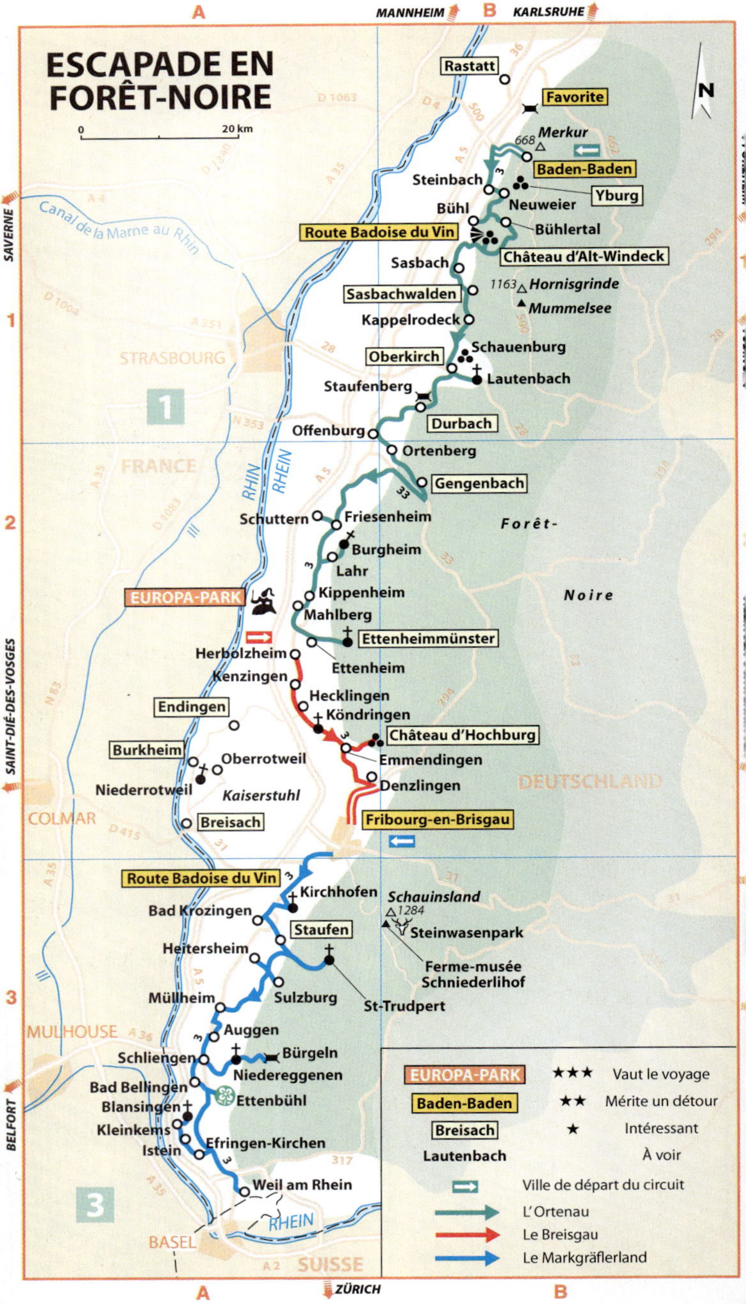
ESCAPADE EN FORÊT-NOIRE
0
20 km
A
B
MANNHEIM
KARLSRUHE
N
Rastatt
Favorite
Merkur
668
Baden-Baden
Steinbach
Neuweier
Ybourg
Bühl
Route Badoise du Vin
Bühlertal
Château d'Alt-Windeck
Sasbach
1163
Hornisgrinde
Sasbachwalden
Mummelsee
Kappelrodeck
Schauenburg
Oberkirch
Lautenbach
Staufenberg
Durbach
Offenburg
Ortenberg
Gengenbach
Schuttern
Friesenheim
Burgheim
Lahr
Forêt-
Noire
EUROPA-PARK
Kippenheim
Mahlberg
Ettenheimmünster
Herbolzheim
Ettenheim
Kenzingen
Hecklingen
Köndringen
Endingen
Château d'Hochburg
Burkheim
Oberrotweil
Emmendingen
Niederrotweil
Kaiserstuhl
Denzlingen
Breisach
Fribourg-en-Brisgau
DEUTSCHLAND
COLMAR
STRASBOURG
FRANCE
Canal de la Marne au Rhin
RHIN
RHEIN
SAVERNE
SAINT-DIÉ-DES-VOSGES
BELFORT
1
2
3
Route Badoise du Vin
Kirchhofen
Schauinsland
1284
Bad Krozingen
Staufen
Steinwasenpark
Heitersheim
Ferme-musée Schniederlihof
Sulzburg
St-Trudpert
Müllheim
MULHOUSE
Auggen
Schliengen
Bürgeln
Niedereggenen
Bad Bellingen
Ettenbühl
Blansingen
Kleinkems
Efringen-Kirchen
Istein
Weil am Rhein
RHEIN
BASEL
SUISSE
ZÜRICH
EUROPA-PARK ★★★ Vaut le voyage
Baden-Baden ★★ Mérite un détour
Breisach ★ Intéressant
Lautenbach À voir
Ville de départ du circuit
L'Ortenau
Le Breisgau
Le Markgräflerland

+ d'adresses

Escapade en Forêt-Noire 7

Carte Michelin 545 – Bade-Wurtemberg (Allemagne)

La route badoise du Vin commence à Baden-Baden et se termine à Weil am Rhein, à 180 km au sud :

À 82 km au sud de Baden-Baden et 40 km au nord de Fribourg :

À 115 km au sud de Baden-Baden :

Le Kaiserstuhl s'étend entre Endingen et Breisach, à l'ouest de Fribourg :

Baden-Baden

★★

53 000 habitants – Bade-Wurtemberg – Voir aussi Le Guide Vert Allemagne

NOS ADRESSES PAGE 397

S'INFORMER

Office du tourisme de Baden-Baden – *Kaiserallee 3 - ✆ (07221) 27 52 00 - www.baden-baden.de - lun.-sam. 10h-17h, dim. et j. fériés 14h-17h.*

Visite guidée – *En allemand, chaque dim. à 14h, dép. de l'office de tourisme de la Trinkhalle (durée : 2h) - 5 €.*

Office du tourisme de Rastatt – *Herrenstraße 18 (Schloss) - ✆ (07222) 972 12 20 - lun.-vend. mat. et apr. midi.*

SE REPÉRER

Carte de microrégion B1 (p. 390) – *carte Michelin n° 545 T 8.* Entre le vignoble badois et la Forêt-Noire, Baden-Baden n'est qu'à 65 km de Strasbourg par l'A 5-E 52. La circulation automobile dans le centre est en partie interdite de 11h à 19h (un tunnel permet de passer sous la ville).

À NE PAS MANQUER

La Lichtentaler Allee (LA promenade de Baden-Baden), l'église collégiale, l'allumage des réverbères chaque soir devant le Kurhaus et, incontournable, le château de la Favorite.

ORGANISER SON TEMPS

Cédez à l'atmosphère du lieu, allez au casino (on n'est pas obligé de jouer), installez-vous dans une des pâtisseries de la ville…

De son passé de ville mondaine fréquentée par tout ce que l'Europe comptait de têtes couronnées et de personnalités en vue, Baden-Baden conserve l'empreinte de la Belle Époque. Palaces et villas au bord de la rivière Oos composent la vitrine de la cité thermale. Le casino attire la vie nocturne, tandis que le parc de la Lichtentaler Allee se transforme en salon vert les après-midi de promenade. Retraités fortunés et nouveaux riches venus de Russie forment la clientèle touristique la plus visible. Mais peu importe que vous ne soyez ni l'un ni l'autre. Le charme de Baden-Baden et les vertus bienfaisantes de ses thermes agissent sur chacun de ses visiteurs.

Se promener Plan de ville

SUR LES BORDS DE L'OOS

6 km AR jusqu'à l'abbaye de Lichtenthal, comptez 2h sans les visites des musées. Le circuit débute à la **buvette d'eau thermale (Trinkhalle)**, *dont la galerie est ornée de peintures murales évoquant les légendes locales et où se trouve l'office de tourisme.*

La Trinkhalle (buvette d'eau thermale) à Baden-Baden.
Kara/Fotolia.com

★ Maison des thermes - Casino (Kurhaus) A2

Visite guidée du casino ttes les 30mn le mat. jusqu'à 12h - 4 €.

Construite dans le style néoclassique entre 1821 et 1824 par Friedrich Weinbrenner, elle était la « maison de conversation », le lieu de rendez-vous de la haute société qui organisait là bals et concerts. Le **casino**, le plus ancien et le plus prestigieux d'Allemagne, en occupe l'aile droite. Les quatre **salles de jeu**★ furent aménagées par Bénazet en 1855 dans l'esprit des salles d'apparat des châteaux royaux français.

En face, le kiosque à musique, puis l'allée dite des « Colonnades », bordée d'arbres et de boutiques de luxe, qui conduit au bord de l'Oos. Prenez à droite devant le théâtre.

VILLE DE CURE ET DE JEU

Les vertus curatives des eaux de Baden-Baden étaient déjà connues à l'époque romaine. Au 12e s., la ville devient la résidence des margraves de Bade de la lignée des Zähringen. Aujourd'hui, deux complexes thermaux proposent soins et relaxation grâce à toutes sortes de bains : de froid à très chaud, à remous, de vapeur, etc. Le **Friedrichsbad** est un palais de style néo-Renaissance construit en 1877, qui a su conserver l'esprit de la Belle Époque. Les **thermes Caracalla**, du nom de l'empereur romain qui ordonna la rénovation des thermes, proposent une installation moderne, orientée vers la détente et la récréation.

L'essor de la ville date du 19e s., avec le lancement du casino conçu par Jacques Bénazet, surnommé « le roi de Bade ». Depuis lors, les joueurs se sont succédé à la roulette ou à l'hippodrome, comme Léon Tolstoï ou Marlene Dietrich.

★★ Lichtentaler Allee A2

Tracée le long de l'Oos, elle constitue la plus belle promenade de Baden-Baden. Sous ses ombrages, on vit passer Napoléon III et Eugénie, la reine Victoria, ainsi que Bismarck ; c'est aussi là qu'eut lieu en 1861 l'attentat contre le roi de Prusse, le futur empereur Guillaume Ier. On y croise les bustes de célébrités de l'époque : Coubertin, Tourgueniev ou Clara Schumann. Plantée d'abord de chênes il y a plus de trois cents ans, elle s'est enrichie d'arbres et d'arbustes ornementaux du monde entier.

Passez d'abord devant le musée Frieder-Burda et la Galerie nationale d'art.

★★ Musée Frieder-Burda (Museum Frieder Burda) A2

Lichtentaler Allee 8b - ✆ (07221) 39 89 80 - www.museum-frieder-burda.de - tlj sf lun. tte la journée - fermé 24, 31 déc. - 10 €.

Les collections d'œuvres d'art de Frieder Burda, l'un des héritiers du groupe de presse allemand, font l'objet de trois expositions par an depuis 2004, année d'inauguration du musée. Des toiles de Picasso, d'artistes américains (Pollock, Rothko, Kooning) ou allemands de l'après-guerre (Georg Baselitz) s'installent dans le lumineux bâtiment conçu par le New-Yorkais Richard Meier. L'architecte a créé ses propres tableaux en ménageant des ouvertures et des perspectives sur la nature. La façade d'aluminium couleur blanc cassé s'intègre avec réussite dans le parc, à côté de la **Galerie nationale d'art** de style néoclassique, elle aussi siège d'expositions de renommée internationale.

Poursuivez sur la Lichtentaler Allee jusqu'au Musée municipal.

★ Musée municipal (Stadtmuseum)

Lichtentaler Allee 10 - ✆ (07221) 93 22 72 - www.stadtmuseum-baden-baden.de - tlj sf lun. tte la journée - 4 €.

Le musée raconte 2000 ans de la ville, des origines romaines à aujourd'hui, en particulier la société mondaine et les cures au 19e s. Antiquités romaines et sculptures gothiques de l'église collégiale dans le pavillon de verre.

Continuez sur la Lichtentaler Allee. Sur la gauche, après la piscine, prenez un pont qui vous amène à un joli jardin de roses, la **Gönneranlage**.

★ Abbaye de Lichtenthal (Abtei Lichtenthal)

Hauptstraße 44 - ✆ (07221) 50 49 10 - www.abtei-lichtenthal.de - visite guidée les merc., sam. et dim. à 15h - 3 €.

Fondée en 1245, cette abbaye abrite depuis plus de 750 ans une communauté de sœurs cisterciennes. On accède librement à la cour du monastère et à l'abbatiale. La chapelle des Princes (Fürstenkapelle) abrite les sépultures des margraves de Bade.

DE GAULLE À BADEN-BADEN

Le 29 mai 1968, après un mois de crise politique et sociale dans toute la France, le général de Gaulle « disparaît » de l'Élysée et se rend à Baden-Baden en hélicoptère avec son épouse. Il y rencontre le général Massu, qui commande les forces françaises d'Allemagne. La version officielle veut qu'il vienne pour s'assurer du soutien de l'armée si les émeutes dégénèrent. La réunion devait initialement se tenir à Strasbourg, mais le besoin de secret et des ennuis météorologiques ont amené de Gaulle à atterrir 60 km plus loin, en République fédérale. Il revient en France le lendemain, dissout l'Assemblée et affirme : « Je me suis mis d'accord avec mes arrière-pensées. » Massu écrira pourtant dans ses mémoires que, ce jour-là, de Gaulle était « dégonflé » et prêt à abdiquer.

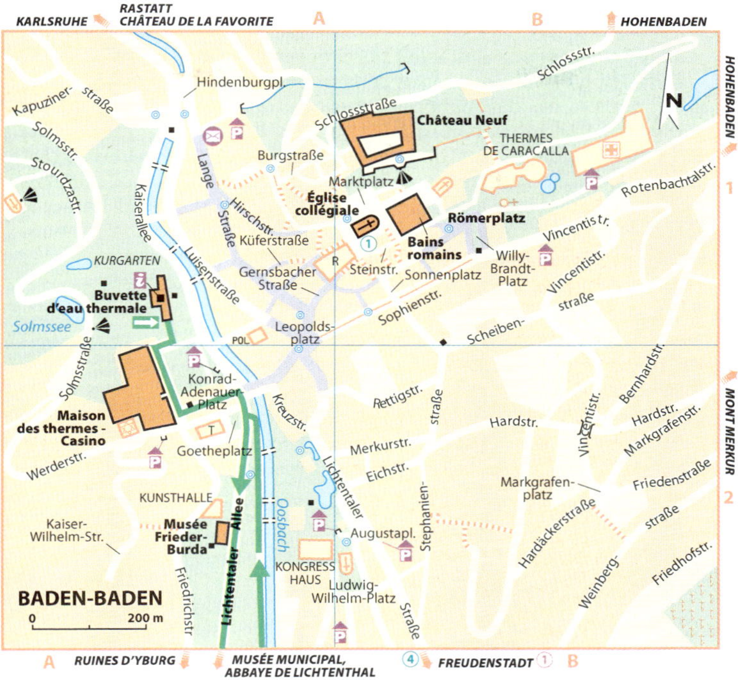

SE LOGER

Am Markt .... ①

Roederhof .... ④

SE RESTAURER

Auerhahn .... ①

Retournez vers le centre par le même chemin.

À voir aussi Plan de ville

LA VIEILLE VILLE

Château Neuf (Neues Schloss) B1

Ancienne résidence des margraves de Bade construite à la Renaissance, le château est privé mais la terrasse offre une très jolie **vue** sur la ville et la collégiale.

Église collégiale (Stiftskirche) B1

Le chœur de la collégiale contient plusieurs monuments funéraires parmi lesquels ceux des margraves Léopold-Guillaume (à gauche, fin du 17e s.) et **Louis le Turc** (à droite, 1753). Dans le chœur, le **crucifix en grès★**, réalisé par Nicolas Gerhaert de Leyde en 1467, constitue un remarquable témoignage de la sculpture de la fin du Moyen Âge et attire aujourd'hui encore les regards vers le chœur. Ne pas manquer le tabernacle tout en filigrane, du gothique tardif, à l'entrée du chœur.

AUX PORTES DE LA FORÊT-NOIRE
Baden-Baden est une véritable « porte ouverte » sur la Forêt-Noire, tout comme Fribourg-en-Brisgau *(voir ce nom)*. Cette forêt mythique, qui trône sur le podium des destinations touristiques en Allemagne, s'étend sur 170 km, de Karlsruhe au nord, à Bâle au sud. Lorsqu'on la découvre, la Forêt-Noire surprend par la diversité de ses paysages. Au nord, les épicéas bordent des routes escarpées ; au centre, les vignes des coteaux cèdent la place aux pâturages et à de superbes fermes-auberges ; au sud, les lacs et les hauts sommets se partagent la vedette. Avec ses milliers de kilomètres de sentiers, la Forêt-Noire séduit particulièrement les marcheurs.

★ Bains romains (Römische Badruinen) B1

Römerplatz 1 - ✆ (07221) 27 59 34 - www.badruinen.de - 16 mars-15 nov. : mat. et apr.- midi ; fermé reste de l'année - audioguide en français - 2,50 € (1 € enf.).
Des fouilles ont dégagé les vestiges de ces bains pour les soldats romains sous l'actuel établissement thermal **Friedrichsbad.** On remarque particulièrement l'hypocauste, système de chauffage par le sol, et les murs très bien conservés. Des animations par ordinateur restituent l'architecture complète d'origine.

À proximité Carte de microrégion

★ Ruines d'Yburg B1

6 km au sud. Sortez par la Friedrichstraße.
Du château construit vers 1200, il ne reste que la tour. Du sommet (110 marches), **vaste panorama★★** sur la plaine du Rhin et le vignoble badois au premier plan.

Mont Merkur B1

2 km à l'est. Sortez par la Markgrafenstraße ou prenez le bus 204 ou 205 de Leopoldsplatz. Funiculaire (Merkurbergbahn) tte la journée - 4 € AR.
Du haut de la tour panoramique, la **vue★** est étendue sur le site de Baden-Baden, à l'ouest sur la vallée du Rhin et les Vosges (par temps clair), à l'est sur la vallée de la Murg.

★ Rastatt B1

À 19 km au nord de Baden-Baden
Le margrave Louis Guillaume de Bade (1655-1707), dit Louis le Turc, fit de Rastatt une petite place-forte et y éleva un château destiné à remplacer sa résidence de Baden-Baden. La ville conserve aujourd'hui des traces de son passé prestigieux. Et tous les deux ans, fin mai, Rastatt s'anime lors d'un des plus importants festivals de théâtre de rue d'Allemagne, Tête-à-Tête.

★ **Le Château (Schloss)** – *✆ (07222) 97 83 85 - visite guidée (45mn) tlj sf lun. (sf si j. férié) tte la journée - fermé 24, 25 et 31 déc. - 6 €.* Cette construction à trois ailes fut érigée entre 1698 et 1707 par l'architecte italien Domenico Egidio Rossi. Après la mort de Louis le Turc en 1707, sa veuve, Sibylla Augusta, chassa l'architecte et lui choisit comme successeur **Michael Ludwig Rohrer**, qui poursuivit la construction du château (1719-1723).

Appartements princiers – Le centre est constitué par la haute et somptueuse **salle des ancêtres** *(Ahnensaal)*. Voir aussi le **cabinet de porcelaines** *(Porzellankabinett)*.

Musée militaire (Wehrgeschichtliches Museum) – *Accès par l'aile latérale sud. ✆ (07222) 342 44 - ♿ tlj sf lun. (sf si j. férié) tte la journée - fermé 24, 25 et 31 déc. - 6 €.* L'exposition illustre l'histoire militaire allemande de 1500 à la fin de la Première Guerre mondiale. Les pièces présentées sont remarquables (masque funéraire de Napoléon Ier), de même que le cadre du musée (plafonds peints, décorations en stuc).

★ **Mémorial de la liberté dans l'histoire allemande (Erinnerungsstätte für die Freiheitsbewegungen in der deutschen Geschichte)** – *Accès par l'aile latérale nord ✆ (07222) 77 13 90 - www.erinnerungsstaette-rastatt.de - ♿ - tlj sf vend. et sam. apr.-midi - fermé 1er janv., 24, 25 et 31 déc. - gratuit.* L'exposition très complète de ce musée est consacrée aux mouvements de libération de l'histoire allemande, du début des Temps modernes à la résistance de l'ex-RDA en 1990.

★★ Château de la Favorite (Schloss Favorite)

À 5 km au sud-est de Rastatt. ✆ (07222) 412 07 - visite guidée (1h) - de mi-mars à mi-nov. : tlj sf lun. tte la journée - 9 €.

Ravissante réalisation baroque, le **château de la Favorite** fut construit entre 1710 et 1712 par **Rohrer** pour la margrave Sibylla Augusta. La façade est recouverte d'un crépi original fait de gravillons et de petits morceaux de granit, caractéristique de l'époque. Le vaste parc paysager à l'anglaise invite à la flânerie.

L'**intérieur**★★ est particulièrement précieux : **sols en scagliola** brillant (stuc imitant le marbre avec incrustations), effets de glaces, chinoiseries. Remarquer particulièrement la **chambre florentine**, décorée de portraits miniatures et de travaux en pierre dure, les appartements de la margrave, le **cabinet des glaces**, la luxueuse cuisine avec collection de faïences (Francfort, Delft, Strasbourg) et enfin les porcelaines (Meißen, Nymphenburg, Chelsea).

NOS ADRESSES À BADEN-BADEN

Pour appeler en Allemagne depuis la France, composez le 00 49 puis le numéro de téléphone sans le 0 initial.

TRANSPORTS

Train – La gare, située dans le quartier de Oos, à 7 km au nord-ouest du centre-ville, est desservie par bus et taxi. Liaisons avec le réseau des transports en commun de Karlsruhe. *Compagnie Baden-Baden-Linie - Beuerner Straße 25 - ✆ (07221) 27 76 38 ou hôtel de ville - ✆ (07221) 27 73 52.*

Aéroport – *✆ (07229) 66 20 00 - www.badenairpark.de.* L'aéroport de Karlsruhe/Baden-Baden (15 km du centre-ville de Baden-Baden, accès par l'A5, sortie Baden-Baden « Baden-Airpark ») propose des vols vers plusieurs villes d'Europe.

VISITES

Train touristique – Grand tour de ville (50mn) avec le City-Bahn (dessert la gare du funiculaire du mont Merkur) - *De mi-mars à fin oct. - 9h30-16h30 - commentaires en français - 5 €.*

HÉBERGEMENT

BUDGET MOYEN

Am Markt – *Marktplatz 18 - ✆ (07221) 2 70 40 - www.hotel-am-markt-baden.de - fermé 14-26 déc. - P - 23 ch. 80/90 € ☕.* Cette vieille maison de ville datant de 1718 abrite aujourd'hui un petit hôtel soigné et propre, tenu par deux sœurs. Certaines chambres individuelles sont dépourvues de salle de bains.

Roederhof – *Im Nußgärtel 2, Neuweier - ✆ (07223) 80 83 790 - www.hotel-roederhof.de -* 🅿 *- 15 ch. 60/75 €* ☕. Au calme, la pension de la famille Schmalz s'est fait un nom surtout parmi les habitués en raison de ses chambres spacieuses et de son atmosphère amicale et intime.

RESTAURATION

POUR SE FAIRE PLAISIR

Auerhahn – *Geroldsauer Str. 160, Geroldsau - ✆ (07221) 74 35 - www.gasthaus-auerhahn.de - 27/39 €.* Cette auberge rustique propose des plats régionaux et quelques chambres *(18 ch. 79/94 € ☕).*

FAIRE UNE PAUSE

Café König – *Lichtentaler Str. 12 - ✆ (07221) 2 35 73 - 9h30 (10h30 le dim.)-18h30.* Établissement incontournable de la ville, fréquenté tant par les locaux que par les touristes, ce café, qui sert aussi des en-cas chauds à midi, doit surtout son succès à ses succulentes pâtisseries maison, dont le fameux *Apfelstrudel* et sa crème vanille…

Capri – *Sophienstr. 1b - ✆ (07221) 2 37 51 - à partir de 8h (9h le w.-end).* Petite pause bienvenue avant de repartir à l'assaut des magasins alentour : ce café situé en plein quartier piétonnier dispose d'une superbe terrasse où vous pourrez déguster une boisson chaude accompagnée d'une des nombreuses pâtisseries maison.

EN SOIRÉE

Depuis quelques années, les concerts classiques, opéras et ballets sont programmés en majorité à la Festspielhaus, qui remplace peu à peu le prestigieux Kurhaus et le théâtre de la ville.

Casino Baden-Baden – *Kaiserallee 1 - ✆ (07221) 3 02 40 - www.casino-baden-baden.de - à partir de 14h - fermé Vend. saint, 1er Nov., Jour de deuil national, Jour de pénitence et de prière, 24-25 déc.* Laissez-vous tenter par le démon du jeu sous toutes ses formes : roulette, poker, black-jack, machines à sous, etc.

ACTIVITÉS

Friedrichsbad – *Römerplatz 1 - ✆ (07221) 27 59 20 - www.roemisch-irisches-bad.de - 9h-22h (dernière entrée 2h av. fermeture) - à partir de 21 €. Les bains se prennent sans maillot, les serviettes sont fournies.* Rebaptisés « temple du bien-être » par les connaisseurs, ces thermes comptent parmi les plus modernes d'Europe. Au programme, bains traditionnels ou vapeur, massages, dans un cadre somptueux (le sous-sol abrite des vestiges d'époque romaine).

Thermes Caracalla – *Römerplatz 1 - ✆ (07221) 27 59 40 - www.caracalla.de - 8h-22h - fermé Vend. saint, 24-25 déc. - à partir de 13 €.* Ces thermes ont conservé leur charme antique. On fait le plein de bien-être dans leurs superbes bassins à eau froide ou chaude (entre 18 °C et 38 °C) incluant bains à remous, saunas romains, finlandais et bains de vapeur classiques.

AGENDA

Courses hippiques – En mai, fin août et fin octobre sur l'hippodrome d'Iffezheim.

Festival de la rose – Chaque année entre juin et juillet.

Route badoise du Vin

★★

Badische Weinstrasse - Bade-Wurtemberg

NOS ADRESSES PAGE 410

S'INFORMER

Office du tourisme de Bad Krozingen – *Herbert-Hellmann- Allee 12 - 79189 Bad Krozingen - ✆ (07633) 40 08 154 - www.bad-krozingen.info - avr.-oct. : 8h30-18h, w.-end et j. fériés 10h-12h ; reste de l'année : tlj sf w.-end et j. fériés 9h-17h.*

Office du tourisme d'Emmendingen – *Bahnhofstraße 8 - 79312 Emmendingen - ✆ (07641) 194 33 - www.emmendingen.de - tlj mat. et apr.-midi, sam. mat. (sf oct.-mars) - fermé dim. et j. fériés.*

Office du tourisme de Lahr – *Kaiserstraße 1 - 77933 Lahr - ✆ (07821) 95 02 10 - www.lahr.de - 10h-16h30, sam. 10h-13h - fermé dim., lun. et j. fériés.*

Office du tourisme de Müllheim – *Wilhelmstraße 14 - 79379 Müllheim - ✆ (07631) 80 15 00 - www.muellheim.de - tlj mat. et apr.-midi, sam. mat. - fermé dim. et j. fériés (nov.-avr. : fermé w.-end. et j. fériés).*

Office du tourisme d'Oberkirch – *Am Marktplatz 2a - 77704 Oberkirch - ✆ (07802) 70 66 85 - www.oberkirch.de - 9h-12h, 13h30-18h (17h nov.-avr.), sam. 9h-12h (fermé nov.-avr.) - fermé dim. et j. fériés.*

Office du tourisme d'Offenburg – *Fischmarkt 2 - 77652 Offenburg - ✆ (0781) 82 20 00 - www.offenburg.de - 8h-18h, sam. 8h-12h - fermé dim.*

Office du tourisme de Weil am Rhein – *Hauptstraße 290/1 - 79576 Weil am Rhein - ✆ (07621) 422 04 40 - www.w-wt.de - 9h30-12h30, 14h-17h, sam. 10h-12 - fermé dim. et j. fériés.*

SE REPÉRER

Carte de microrégion de B1 à A3 (p. 390) – *carte Michelin n° 545*. La route badoise du Vin suit du nord au sud un tracé à peu près parallèle, mais distant, à l'A 5.

À NE PAS MANQUER

Sasbachwalden, Oberkirch, l'église Mariä Himmelfahrt, Durbach, Gengenbach, Ettenheim, l'église St-Landelin, Emmendingen, Staufen et le musée du Design Vitra à Weil.

AVEC LES ENFANTS

Le musée du Carnaval à Kenzingen.

Longue de 180 km, la route badoise du Vin court de Baden-Baden jusqu'à Weil am Rhein, aux portes de Bâle. Si elle permet à l'amateur de découvrir de bons vins, elle offre à tous la beauté et la variété de ses paysages. Pour mieux en profiter, faites plusieurs étapes !

Circuits conseillés Carte de microrégion

L'ORTENAU

Pour visualiser ce circuit, reportez-vous à la carte de microrégion p. 390. Quittez Baden-Baden par la route 3 en direction d'Offenburg.
Les derniers coteaux gréseux de la Forêt-Noire du Nord, au sud de Baden-Baden, permettent aux vignobles et aux vergers de s'épanouir.

Steinbach B1

Charmant village au pied des collines que dominent les ruines d'Yburg. Un monument célèbre la mémoire d'Erwin von Steinbach, l'un des architectes de la cathédrale de Strasbourg.

Neuweier B1

Au pied du château, le vignoble produit un cru réputé, le **mauerwein** (riesling). Les châtelains étant membres de la noblesse française, une autorisation historique spéciale du prince-archevêque de Würzburg permet la mise en bouteille du vin sur place, ainsi qu'à Steinbach, Umweg et Varnhalt. On emploie pour cela des « Bocksbeutel » (bouteilles à col court et à panse ventrue).
Au village d'Altschweier, quittez la route du Vin pour visiter le petit centre de Bühl.

Bühl B1

Cette petite ville commerçante est célèbre pour ses quetsches et le vin d'Affental. La Fête de la quetsche *(Zwetschgenfest)* a lieu chaque mois de septembre (dégustations de tartes). La collégiale néogothique St-Pierre-et-Paul présente dans son chœur de beaux vitraux modernes (1955-1958) d'Albert Burkart.
De retour à Altschweier, poursuivez jusqu'à Bühlertal.

Bühlertal B1

Le vignoble et les forêts forment le cadre romantique de cette petite station climatique appréciée pour la douceur de son climat.
La route s'élève jusqu'à Hof (quartier résidentiel de la commune de Bühlertal). Prenez à droite en direction de Neusatz et son château de Waldsteg du 13e s.

★ Château d'Alt-Windeck B1

Ce vieux château, de plan circulaire, construit en 1200 et tombé en ruine au 16e s., a été transformé en hôtel-restaurant. Subsistent deux beffrois, deux habitations et une enceinte. De ses abords, la **vue★** est bien dégagée sur la plaine du Rhin.

Sasbach B1

15mn à pied AR. Laissez la voiture pour pénétrer dans le parc.
Un obélisque et une stèle aux inscriptions française, allemande et latine marquent l'endroit où, en 1675, un boulet frappa mortellement le maréchal de Turenne, que Louis XIV avait chargé de protéger l'Alsace contre les Impériaux pendant la conquête de la Franche-Comté.
L'église paroissiale, dédiée à sainte Brigitte, est de style baroque, mais conserve quelques parties d'un ancien bâtiment gothique.

★ Sasbachwalden B1

Centre de cure Kneipp, ce village viticole et fleuri s'est taillé une réputation comme vainqueur national du concours « Notre village doit s'embellir ». Son centre ancien aux belles maisons à colombages fait l'objet de soins attentionnés.

Vue sur les vignobles du Bade-Wurtemberg.
A Laule/age fotostock

Des sentiers permettent de gagner le **Mummelsee** et le **Hornisgrinde**.

Kappelrodeck B1

Ce petit village viticole, dans la vallée de l'Acher, aux belles maisons à colombages, est sur le tracé du **chemin de fer touristique** qui relie Achern à Ottenhöfen.

Le **château de Rodeck**, datant du 11e s. et remanié à la Renaissance, constitue l'emblème du village. En contrebas du château croît la « sorcière de Dasenstein », sorte de bourgogne tardif. Le vin rouge de Waldulm connaît également une certaine notoriété.

★ Oberkirch B1

Cette ravissante ville, possession des évêques de Strasbourg de 1303 à 1803, est entourée de vergers, de vignes et de forêts. Elle conserve, le long du Mühlbach, des maisons à colombages, dont les plus anciennes datent du 17e s. La ville détient deux records : celui du plus grand marché de fraises d'Allemagne et celui du nombre de bouilleurs de cru. Rien d'étonnant à ce que l'eau-de-vie soit devenue une spécialité d'Oberkirch. La ville est dominée par les ruines du **Schauenburg**, fondé au 11e s. par les ducs de Zähringen ; du château, vue étendue sur la plaine du Rhin jusqu'à Strasbourg.

L'auberge Zum Silbernen Stern, située à Oberkirch-Gaisbach, vit l'élaboration du fameux *Simplicissimus* par le grand écrivain baroque **Grimmelshausen**, qui la fit construire au 17e s. et en fut le gestionnaire pendant un court laps de temps.

Lautenbach B1

3 km à l'est d'Oberkirch. Lautenbach, qui occupe un site de prairies, de vignobles et de forêts dans la vallée de la Rench, est connue pour ses différentes sortes de fruits à noyau et ses fraises. De nombreux points de vue offrent une vue magnifique sur les vallées de la Rench et du Rhin. L'**église de pèlerinage Mariä Himmelfahrt**, de style gothique tardif, recèle l'un des rares jubés conservés

LE VIGNOBLE BADOIS

D'une superficie d'environ 13 000 ha, il se développe sur les sols très variés des collines qui s'abaissent doucement des sommets de la Forêt-Noire jusqu'à la plaine du Rhin; Ortenau de Baden-Baden à Lahr, Breisgau de Lahr à Fribourg, Markgräfler Land de Fribourg à Weil am Rhein.
Le vignoble badois produit des vins blancs et rouges : riesling, traminer et spätburgunder autour de Baden-Baden, Bühl et Offenburg, gutedel (chasselas) entre Bâle et Fribourg. Le pinot gris donne pour sa part les vins riches et parfumés du Kaiserstuhl. Le pinot donne l'essentiel des cépages rouges.

en Allemagne et un superbe **maître-autel★**, formant l'un des plus beaux triptyques gothiques de la région. Créé à la fin du 15e s., il est attribué à l'école de Strasbourg et représente une symbiose magistrale de la sculpture et de la peinture.

★ Durbach B1

Cette commune pratique la culture de la vigne, et notamment de la variété « traminer » depuis le Moyen Âge. Depuis 1836, on y cultive également du sauvignon à la suite d'un échange avec le propriétaire du Château-Yquem. Grâce à son joli **site★** au milieu des vignes s'étalant à perte de vue sur les vallons et à son centre pittoresque, Durbach, dominé par le **château de Staufenberg** (11e s.), est devenu un village très apprécié des touristes.

Offenburg A1

Fondée en 1148 par les ducs de Zähringen, la ville était déjà habitée par les Romains au tout début de notre ère. Offenburg fut érigée au rang de ville d'Empire en 1240 par l'empereur Frédéric II, mais son développement fut brutalement interrompu en 1689 lorsque les troupes de Louis XIV l'incendièrent pendant la guerre de la Ligue d'Augsbourg. C'est à présent le centre administratif et industriel de la région de l'Ortenau.
La **rue principale (Hauptstraße)** et les ruelles adjacentes *(zone piétonne)* sont jalonnées de maisons intéressantes et de places pittoresques : la pharmacie à la Licorne (Einhornapotheke), édifice baroque de 1720 avec sa façade à volutes sur laquelle trône une licorne; la fontaine de Neptune datant de 1783; le marché aux poissons (Fischmarkt) et la pharmacie au Cerf (Hirschapotheke) de 1698 avec, devant, une fontaine au Lion (Löwenbrunnen) de 1599; la maison Beck (Beck'sches Haus), de style baroque flamboyant, et la maison Jenewein, maison à colombages du 19e s.; la maison Battiany, grande maison bourgeoise décorée de motifs au sgraffite.
L'**église du St-Esprit★ (Heilig-Kreuz-Kirche)**, dans la Pfarrstraße, est un édifice baroque aussi sobre qu'élégant, construit à partir de 1700 sur les bases d'une église du 13e s. détruite lors de l'incendie de 1689. L'intérieur dégage une impression de grande harmonie. Le maître-autel et les autels latéraux sont une œuvre de Franz Lichtenauer de 1740; le tableau de l'autel de Joseph Esperlin (1737). Dans la chapelle St-Joseph se trouve un crucifix Renaissance de 1521. À noter une remarquable chaire néoclassique de Johann Nepomuk Speckert (1795) en marbre et stuc ainsi que la grille rococo de la tribune d'orgue, sculptée avec virtuosité. Une sculpture en pierre représentant Jésus au mont des Oliviers, datant de 1524, se trouve dans un petit parc face à l'église du St-Esprit, réplique du groupe qui se trouve à la cathédrale de Strasbourg.
L'**église baroque Notre-Dame du monastère des Franciscains (Franziskanerkloster)**, érigée en 1702 selon le schéma de l'école du Vorarlberg, détient un autel richement décoré et un orgue Silbermann.

Dans la Spitalstraße, près du marché aux poissons, l'hôpital St-André (Sankt-Andreas-Hospital) est un complexe du 18e s. On peut apercevoir, à l'extérieur de l'église attenante aux bâtiments, une madone gothique du 14e s. L'ancien grenier, dont la volumineuse charpente ne manquera pas d'impressionner, prête son cadre à des expositions et à des manifestations culturelles.
L'hôtel de ville **(Rathaus)**, enfin, séduit par ses belles proportions (1741). Les armes de la ville et le double aigle au-dessus du balcon témoignent du passé de la cité, possession de l'Autriche du milieu du 16e s. jusqu'en 1706 et de 1771 à 1805. Le carillon, constitué de 25 cloches de bronze, dispose d'un répertoire de 100 mélodies.

Ortenberg B2

Le « village du vin, des fleurs et des fontaines » est dominé par le **château d'Ortenberg**. Érigé au 12e s. par les ducs de Zähringen pour condamner l'accès à la vallée de la Kinzig, il fut détruit en 1678 par les Français et « ressuscité » en 1838 par Friedrich Eisenlohr, qui réalisa un édifice néogothique au goût de l'époque.
À présent, le château d'Ortenberg compte parmi les auberges de jeunesse les plus modernes d'Allemagne.
La chapelle **Mariä Ruh (Bühlwegkapelle Mariä Ruh)**, située à Ortenberg-Käferberg, date de 1497 ; elle est renommée pour ses fresques murales (début du 15e s.), remarquable témoignage de la peinture gothique flamboyante.

★ Gengenbach B2

Sise au bord de la Kinzig, au cœur de l'Ortenau, Gengenbach offre le charme d'une cité ancienne à l'architecture préservée. Le médiéval y côtoie avec bonheur le baroque, dont la petite cité se para après les destructions de la guerre de Trente Ans. érigée au rang de ville libre en 1360, elle passa à la Réforme dès 1525. Mais dès 1547, elle embrassa à nouveau la foi catholique à la suite de son entrée sous juridiction autrichienne.
Les rues de **la vieille ville★** sont bordées de maisons à colombages ou à pignons baroques. La porte de la Kinzig et la porte Haute sont deux vestiges des anciennes fortifications. L'hôtel de ville de la fin du 18e s. se dresse sur la place du marché. à côté de la vieille ville, le vaste couvent du 18e s. cache en fait une très ancienne fondation bénédictine, remontant au 8e s. L'**église Ste-Marie** reste le témoin architectural de cette époque. Cette vaste église romane avec un chœur rebâti à l'époque gothique (14e et 15e s.) est surmontée d'une élégante tour baroque que l'on doit à Jakob Rischer. L'intérieur fut remanié dans le style néoroman. Près de cette église conventuelle, on peut entrer dans l'ancien moulin de l'abbaye. Remarquez le bief aérien qui traverse la rue pour l'alimenter.
à voir également, le **musée des Bateliers**, installé dans une ancienne maison de garde-barrière à l'entrée de la ville, et le **musée du Carnaval**, dans la tour de Niggel. La ville est appréciée pour son climat doux et ses ressources sportives (pêche, équitation, randonnée, cyclotourisme…).
À la sortie sud de Gengenbach, rejoignez la route 33 et reprenez la direction d'Offenburg. La route du Vin quitte la route 33 à la hauteur de Zunsweier.

Friesenheim A2

Petit centre aux belles maisons à colombages. Entre Friesenheim et Schuttern se trouvent à découvert les vestiges d'une cité romaine. **Schuttern** *(à 2 km à l'ouest)* abritait au Moyen Âge le très riche monastère d'**Offoniscella** créé en 603. Il a été complètement détruit au 19e s. Seul le presbytère subsiste. Le site a fait l'objet de fouilles qui ont permis de mettre au jour la plus ancienne

mosaïque allemande. Datée du 11e s., elle présente la forme d'un médaillon de plus de 3 m de diamètre (qui recouvrait la tombe du fondateur de l'abbaye, le moine irlando-écossais Offo).

Lahr A2

Ne vous fiez pas seulement aux abords industriels ; cette ville de 42 000 habitants possède un centre historique, où l'on remarquera l'**ancien hôtel de ville (Altes Rathaus)** élevé en 1608 et la **Storchenturm**, vestige du château fort du 13e s.
L'église de **Burgheim** remonte à l'époque carolingienne. Le clocher est roman. Dans la nef, les fresques représentant saint Christophe et la Sainte-Trinité datent de 1463, et les fresques murales dans le chœur, de 1482.

Kippenheim A2

L'église St-Maurice des 16e et 18e s. est coiffée d'une voûte en réseau et l'agencement intérieur est de style gothique tardif. L'hôtel de ville est orné d'un pignon à redans et d'un oriel de style Renaissance. Les deux bâtiments jouxtent de jolies maisons à colombages (du 16e au 19e s.).

Mahlberg A2

Quittez la route du Vin. Détour de 6 km AR.
Cette petite ville abrite un château élevé au 13e s., une chapelle baroque dédiée à sainte Catherine, mais aussi un très intéressant **musée du Tabac (Oberrheinisches Tabakmuseum)**. *☏ (07825) 84 38 12 - mai-sept. : dim. et j. fériés tte la journée - 3,50 € (enf. 1,50 €).*
Regagnez la route 3.

Ettenheim A2

Ettenheim, qui doit son nom au duc d'Alsace Étichon II, fit partie jusqu'en 1803 des domaines de l'évêché de Strasbourg. La cité garde le souvenir du cardinal de Rohan et de l'infortuné duc d'Enghien. La **vieille ville**, séparée du reste de l'agglomération par deux portes du 18e s., se groupe au pied de la grande église paroissiale. En face de l'hôtel de ville s'élève le pignon de l'ancien palais du **cardinal de Rohan**, longue bâtisse où le trop fameux héros de l'affaire du Collier acheva fort dignement, dans l'exil (de 1790 à 1803), son existence mouvementée. Plus haut, à l'endroit où la rampe de Rohanstraße se coude vers l'église, on voit la maison *(armes au-dessus de la porte)* où logeait le duc d'Enghien. C'est là que le prince, fiancé à Charlotte de Rohan, nièce du prince évêque, fut appréhendé dans la nuit du 14 au 15 mars 1804, au cours d'un raid organisé sur l'ordre de Napoléon, en violation de la souveraineté de l'État de Bade. Six nuits plus tard, le duc était exécuté à Vincennes. L'église conserve, sous le chœur, le caveau du cardinal de Rohan.
2h30. Le **sentier des Moulins** court le long de l'Ettenbach, d'Ettenheim à Ettenheimmünster.

★ Ettenheimmünster A2

7 km à l'est. Cette commune, située dans la vallée de Münster, était autrefois le siège d'un monastère de bénédictins sécularisé en 1803, dont il ne reste que l'église de pèlerinage. Bâtie entre 1687 et 1689, l'église **St-Landelin** fut agrandie au 18e s. La tour néogothique a été édifiée au milieu du 19e s. L'intérieur se distingue par des ornements abondants : maître-autel richement décoré, sculptures virtuoses, stucs, fresques de plafond. Au nombre de ses pièces les plus précieuses, le trésor compte le **buste de Landelin★**, travail d'orfèvrerie strasbourgeoise datant de 1506. Il contient une relique crânienne du missionnaire et martyr irlando-écossais, qui fut assassiné ici vers 640, près de la source Landelin.

L'**orgue**★ somptueux, créé en 1769 par **Johann Andreas Silbermann**, passe pour être le mieux conservé sur la rive droite du Rhin *(concerts durant les mois d'été)*.

LE BREISGAU

Pour visualiser ce circuit, reportez-vous à la carte de microrégion p.390.
Le circuit longe la Forêt-Noire centrale par l'ouest.

Herbolzheim A2

Présente un intéressant centre historique avec de nombreuses maisons à colombages et de style baroque. Remarquer l'église baroque St-Alexius, toute blanche, avec son clocher à bulbe et, à l'intérieur, ses stucs rococo.

Kenzingen A2

La fondation de la ville par les seigneurs d'Uesenberg remonte à l'an 1259. À l'instar des villes créées au 12e s. par la dynastie des Zähringen, comme Fribourg ou Villingen, la ville fut construite selon un plan en quadrillage. En 1564, elle revint à l'Autriche, puis en 1806 au grand-duché de Bade. Les fortifications médiévales ont disparu depuis 1700. Seul témoin restant : la **Schwabentor**, avec ses colombages. L'axe nord-sud, l'actuelle rue du Marché, est bordé de vieilles maisons dont les plus anciennes remontent à la fin de la période gothique, d'autres présentant des éléments de décor Renaissance ou rococo. L'**hôtel de ville**★ date du milieu du 16e s. ; il présente, à l'étage supérieur de sa façade, un décor architectural très proche de celui de l'hôtel de ville d'Ensisheim, en Alsace. L'**église St-Laurent** (Laurentiuskirche) était, lors de sa construction en 1275, une basilique à trois nefs. Sa transformation en église-halle au 16e s. n'affecta pas sa façade occidentale, qui reçut en 1734 une statue de la Vierge attribuée à l'artiste fribourgeois **Johann Christian Wentzinger**.
Le **musée du Carnaval (Oberrheinische Narrenschau)** présente près de 300 personnages grandeur nature, parés de leurs habits de fête, rassemblés par la « Fédération des confréries de fous du sud rhénan ». L'exposition permet d'appréhender toute l'année les coutumes du carnaval alémanique. *(07644) 90 01 13 - 14h-18h w.-end et j. fériés - possibilité de visite guidée sur demande préalable (2 sem. av.) - fermé déc. - 3 € (-16 ans gratuit), 15 € pour le guide.*
Depuis la route, on aperçoit sur la gauche **Hecklingen**, dominé par les ruines du Lichteneck, puis on traverse **Köndringen**, avec sa jolie petite église en brique rouge.

Emmendingen A2

Emmendingen, vieille cité des margraves, porte du Kaiserstuhl et de la Forêt-Noire, fut officiellement mentionnée dans les annales dès 1091. En 1418, elle se vit conférer le statut de place de marché, et en 1590, elle devint ville affranchie. Aujourd'hui chef-lieu de circonscription aux ambitions affichées, Emmendingen s'enorgueillit d'un héritage architectural restauré avec goût, mais elle a su, dans le même temps, s'ouvrir aux nouvelles tendances urbanistiques. La **place du Marché (Marktplatz)**, entourée de belles maisons bourgeoises, est, avec sa fontaine jaillissante, le cœur de la ville. Remarquez les maisons aux nos 4, 5, 8 et 10. Côté est de la place, l'**ancien hôtel de ville (Altes Rathaus)**, édifice baroque surmonté d'une tour à horloge, fut élevé en 1729. Le superbe balcon en fer forgé porte les armoiries des margraves de Bade et de Hachberg. L'ancien hôtel de ville abrite aujourd'hui les archives

allemandes des journaux intimes. En empruntant l'idyllique Lammstraße et la rue Westend à l'atmosphère médiévale, on parvient au **nouvel hôtel de ville (Neues Rathaus)**, situé dans la rue des Baillis (Landvogtei). Le bâtiment fonctionnel, inauguré en 1992, tout de verre et de lumière, contraste avec le centre-ville et le parc Goethe. Le hall d'entrée a été aménagé sous la voûte de la maison Stuck (19e s.). À droite, la **Schlosserhaus**, actuelle bibliothèque municipale, fut la résidence de Cornelia Goethe, sœur du poète, de 1774 à sa mort en 1777. Cette bâtisse baroque accueillit les grands esprits de l'époque : Goethe, Herder, Lavater, Heinse, Lenz et le duc Charles-Auguste de Weimar.
Le **château des Margraves (Markgrafenschloss)** a fait partie du monastère cistercien de Tennenbach, avant d'appartenir au margrave Jacques III en 1588. Il fut transformé en somptueux château Renaissance, doté d'une tour octogonale. À l'intérieur, le musée expose la collection des photos Hirsmüller et des œuvres du peintre Fritz Boehle, natif d'Emmendingen. *✆ (07641) 45 23 24 - merc. et dim. apr.-midi - 2 €.* Derrière le château se trouve une maisonnette, baptisée **Lenzhäuschen**.
L'**église St-Boniface (Pfarrkirche St. Bonifatius)**, de style gothique flamboyant, renferme un joyau exceptionnel de la peinture primitive allemande. Le **triptyque★** datant de 1473 est attribué au maître Friedrich Herlin de Nördlingen et relate la Nativité : sont représentés sur le volet gauche la Naissance du Christ, sur le panneau central l'Adoration des Mages et sur le volet droit Jésus au Temple.
Porte monumentale, érigée au début du 17e s., la **Stadttor** est surmontée d'une « tête de démon » destinée à railler l'ennemi lors de l'attaque.

★ Ruines du château d'Hochburg A-B2

3 km à l'est. Ces ruines, qui comptent parmi les plus imposantes du pays de Bade, occupent un promontoire rocheux dominant la plaine rhénane. Le château, construit au Moyen Âge, fut transformé en place forte aux 16e et 17e s., avant d'être détruit par les troupes françaises en 1689.
La route traverse ensuite **Denzlingen**, point de départ de la vallée de la Glotter (Glottertal) le long de laquelle on pourra admirer de belles fermes typiques de la Forêt-Noire.

★★ Fribourg-en-Brisgau *(voir p. 416)* A2

LE MARKGRÄFLERLAND

Pour visualiser ce circuit, reportez-vous à la carte de microrégion p. 390.
La route du Vin quitte Fribourg au sud et se poursuit en direction de Bâle. Le Markgräflerland est surnommé la Toscane d'Allemagne pour son climat doux et ensoleillé. C'est la Forêt-Noire du Sud qui s'incline progressivement vers le cours du Rhin.
Le **Wiiwegli**, le chemin des vignes, permet de parcourir le Markgräflerland à pied. Il conduit à Weil am Rhein à travers vignobles et collines.
Peu avant Bad Krozingen, faites le détour par **Kirchhofen** afin d'admirer la belle église baroque (remarquables stucs et peintures du plafond, beau maître-autel).

Bad Krozingen A3

La localité, fondée à l'époque de la colonisation romaine, est devenue station thermale au début du 20e s. grâce à la découverte de sources chargées en acide carbonique, utilisées pour améliorer la circulation du sang. Le parc thermal couvre une superficie de 4 ha. Le château, construit en 1679 et « baroquisé » au milieu du 18e s., abrite une intéressante collection d'instruments de musique. Surtout, à 2 km au nord-est, près du Glöcklehof à Oberkrozingen, visitez la **chapelle St-Ulrich**, qui renferme les **fresques★** romanes les plus anciennes de la région (9e s.), représentant le Christ dans une mandorle.

★ Staufen A3

La ville est située à la lisière de la Forêt-Noire méridionale, au milieu des vignobles du Markgräflerland, et dominée par les ruines du château de Staufenburg. Le quartier médiéval, aux ruelles tortueuses, est particulièrement pittoresque. La Marktplatz, avec sa fontaine du 17e s., et l'hôtel de ville (1546) en constituent le cœur. Staufen est surnommée la ville de Faust (Fauststadt), car d'après la légende, c'est ici qu'en 1529 le diable enleva le docteur Faust, que les châtelains avaient appelé pour fabriquer de l'or. La scène se serait déroulée dans la chambre n° 5 de l'**hôtel du Lion (Gasthaus zum Löwen)**. Le musée installé dans la Stubenhaus (15e s.) est consacré à l'histoire de la ville. On visite aussi le musée de la Céramique.

45mn de marche AR. On rejoint les ruines du Staufenburg par la Schlossgasse. Elles sont superbement situées au sommet d'une colline couverte de vignes et offrent une magnifique perspective.

En continuant vers l'est, vous pénétrez au cœur de la Forêt-Noire. Le superbe **monastère St-Trudpert**, à Münstertal, a été fondé au 7e s., mais la plupart des bâtiments actuels ont été construits au 18e s. Seul rescapé de la guerre de Trente Ans, le chœur de 1465.

Sulzburg A3

Entre le 10e s. et la guerre de Trente Ans, on exploita le sous-sol riche en argent, plomb, cobalt et antimoine. Jusqu'en 1830, on y a extrait également le sel. C'est de cette activité que la localité tire son nom. Le **musée de la Mine du Bade-Wurtemberg (Bergbaumuseum Baden-Württemberg)**, installé dans l'ancienne église évangélique (1834), comme l'office de tourisme, présente l'histoire de l'extraction du sel et des différents minerais de la région au cours des temps. Très riche collection de minéraux. *℘ (07634) 56 00 40 - mar.-dim. apr.-midi - possibilité de visite guidée - fermé vend. de Pâques, 24 et 31 déc. - 1,50 € (enf. 0,75 €), gratuit le 1er w.-end d'oct.*

Sulzburg regroupait autrefois une très grande partie de la bourgeoisie juive, qui représentait encore un quart de la population au 19e s. En témoignent aujourd'hui encore le cimetière juif qui date du 16e s. *(direction Bad Sulzburg)*, ainsi que la **synagogue** (19e s.; *Gustav-Weil-Str. 20*) de style classique/fin du baroque et qui sert aujourd'hui de salle d'exposition.

L'**église St-Cyriaque (Kirche St. Cyriak)**, fondée en l'an 993, est un témoignage intéressant de l'architecture religieuse de la période ottonienne.

Non loin de l'église St-Cyriaque commence un **sentier de randonnée illustrant l'histoire des mines** *(5 km, guide d'accompagnement spécialisé disponible au musée)* qui mène sur les traces de l'ancienne exploitation minière.

Heitersheim A3

Les chevaliers de Malte résidèrent longtemps dans cette ville de la plaine du Rhin. On peut y découvrir les vestiges d'un château très coloré et un musée dédié à l'ordre.

Müllheim A3

Le centre historique de la petite ville est piéton. Le **musée local (Markgräfler Museum Müllheim)**, installé dans l'ancienne Auberge de la Couronne (« Zur Krone »), belle demeure du début du classicisme, est consacré à la préhistoire, la protohistoire et l'histoire de la ville, ainsi qu'aux habitations des grands bourgeois aux 18e et 19e s. La plus grande partie de l'exposition porte sur la culture et le mode de vie dans les campagnes viticoles de la région. *Wilhelmstraße 7 - ✆ (07631) 154 46 - www.markgraefler-museum.de - mar.-dim. 14h-18h - 2 €.*

Avant d'atteindre Schliengen, on peut faire halte à **Auggen**, dont l'imposant hôtel de ville date de 1870. D'amusantes enseignes en fer forgé surplombent certaines petites rues. Empruntez le sentier qui monte à travers les vignes, depuis l'église, pour une belle vue sur le petit village.

Schliengen A3

Au milieu d'un vaste parc à l'anglaise, le **château d'Entenstein (Wasserschloss Entenstein)** est ceint de douves. Sa construction remonte à l'an 1 000 mais il fut remanié de nombreuses fois par ses propriétaires successifs, dont le prince-évêque de Bâle et les seigneurs d'Andlau. Ce château abrite aujourd'hui la mairie de Schliengen.

Construite en 1753, l'**église paroissiale de St-Leodegar** possède deux autels latéraux remarquables. Celui de droite présente un tableau de saint Sébastien, réalisé par Johann Pfunner en 1760, et deux très belles statues de sainte Catherine et sainte Barbe, dues à Johann Michael Winterhalder.

À 7 km à l'est, le village de **Niedereggenen** possède une église paroissiale protestante dont la tour est de style roman, le chœur et la nef de style gothique. Dans la nef, remarquer les peintures murales du milieu du 15e s. montrant la Rédemption du monde. Dans le chœur, on observe le Couronnement de Marie et l'épisode des vierges sages et des vierges folles. La prédelle de l'autel (1500) représente le Christ au milieu des apôtres (école de Schongauer).

De là, il est facile d'atteindre le beau château de **Bürgeln**, imposante bâtisse baroque dont les grilles de fer forgé et doré sont remarquables.

Bad Bellingen A3

Bad Bellingen est une ville d'eaux récente puisque ce n'est qu'en 1955, à l'occasion d'un forage de recherche pétrolifère, que l'on trouva des eaux minérales et thermales à une profondeur de 629 m. Ces eaux thermales, d'une température de 36 °C, soulagent ceux qui souffrent de douleurs aux articulations, à la colonne vertébrale, aux tendons et aux muscles. À Bamlach, une demeure à pignon crénelé érigée vers 1600 sert de cadre au **Musée thermal du Rhin supérieur (Oberrheinisches Bädermuseum)**, l'unique musée du sud de l'Allemagne consacré à l'histoire du thermalisme sur les rives du cours supérieur du Rhin – pays voisins compris –, de Rome jusqu'à nos jours. Y sont évoqués le monde des thermes au Moyen Âge, tout comme les voyages des curistes au 16e s., ainsi que la vie mondaine dans les stations thermales aux 19e et 20e s. Le sous-sol et les combles abritent le **musée d'Histoire locale (Heimatmuseum)**. Principal attrait du musée : la **forge Berger** de Hertingen. Datant de 1880 et reconstruite fidèlement à l'identique, elle est encore en parfait état de marche. *✆ (07635) 82 21 60 - www.bad-bellingen.de - merc. et dim. 14h-17h - 1,50 € (-15 ans gratuit), 2,50 € visite guidée.*

Les amateurs de jardins apprécieront le jardin anglais d'**Ettenbühl**, au sud de la commune d'Hertingen.

Efringen-Kirchen A3

Le territoire de cette commune regroupe neuf villages disséminés sur les collines de piémont du sud-ouest de la Forêt-Noire, dans une région évoquée par le poète alémanique et chantre local **Johann Peter Hebel** comme le « jardin du paradis ». Il constitue une zone rurale et agricole, principalement marquée par la viticulture. Les vins issus de la **cave viticole du Markgräflerland (Bezirkskellerei Markgräflerland)** à Efringen-Kirchen proviennent des vignobles les plus au sud de toute l'Allemagne. La cave est le plus grand producteur du Markgräflerland, avec une capacité de 9,6 millions de litres. De la cour de l'exploitation part un **sentier de découverte du vignoble** *(3,5 km environ)* qui conduit vers de beaux points de vue. On peut visiter à Efringen-Kirchen un musée de la Vieille École.

Istein, dont le centre est daté des 16e et 17e s., est un ancien village de pêcheurs. Un sentier fléché gagne, à travers les vignes, le sommet du rocher d'Istein (Isteiner Klotz), occupé par l'homme depuis la préhistoire. Ce rocher constitue une avancée des contreforts de la Forêt-Noire dans la plaine du Rhin. Son climat méridional explique la flore et la faune méditerranéennes qui s'y développent. Belles **vues** sur la Forêt-Noire, le Jura suisse et les Vosges.

À proximité de **Kleinkems** se trouvent des grottes de jaspe, exploitées au néolithique par les hommes préhistoriques pour la fabrication d'armes et d'outils.

Les murs de la petite église paroissiale à nef unique plafonnée de **Blansingen** sont couverts de fresques du 15e s.

Weil am Rhein A3

La ville, d'origine romaine et chef-lieu de canton, est plutôt connue comme cité viticole. Les vignobles produisent du bourgogne tardif et du chasselas. Elle conserve quelques bâtiments intéressants comme le Stapflehus, ancien siège du bailli (aujourd'hui galerie municipale).

La physionomie actuelle de la ville a été récemment façonnée par la présence de l'entreprise Vitra, spécialisée dans la réalisation de meubles.

Le **musée du Design Vitra**, **édifice★** de style « déconstructiviste », éclatant de blancheur, est la première œuvre européenne de l'architecte Frank O. Gehry, né à Toronto, qui réalisa le musée Guggenheim à Bilbao. Les diverses expositions de ce musée sont consacrées à l'histoire et aux tendances actuelles du mobilier industriel de style « design ». *✆ (07621) 702 32 00 - www.design-museum.de - ♿ - 10h-18h - possibilité de visite guidée - fermé 1er janv., 24, 25 et 31 déc. - 8 € (-12 ans gratuit).*

Près du musée, un véritable **parc architectural (Architekturpark)** a vu le jour, présentant une exposition d'œuvres réalisées par de célèbres architectes contemporains : l'Irakienne **Zaha Hadid**, établie à Londres, se chargea du poste d'incendie (utilisé entre-temps comme salle d'exposition), le Japonais Tadao Ando réalisa le pavillon des conférences. D'autres bâtiments de bureaux furent conçus par des architectes aussi renommés que Nicholas Grimshaw, Alvaro Sisa et **Frank O. Gehry**.

Le jardin des Trois Pays est un souvenir de l'exposition de jardins du Bade-Wurtemberg, qui se tint à Weil am Rhein en 1999. C'est Zaha Hadid qui se chargea de la réalisation du pavillon d'accueil.

D'autres musées, plus classiques, se visitent également : le musée du Patrimoine local (Dorfstube Ötlingen) présente l'habitat rural au 19e s. ; le Musée agricole (Landwirtschaftsmuseum) permet de découvrir l'outillage et les techniques anciennes ; le musée du Textile, dans le centre culturel du Kesselhaus, met en scène un siècle d'histoire du textile à Weil am Rhein ; enfin, le musée am Lindenplatz permet de revenir aux sources romaines de la ville.

Sentier balisé, le **Weiler Weinweg** permet une promenade dans le vignoble environnant, au départ de la Röhriggasse et en direction du joli village d'Ötlingen.

NOS ADRESSES SUR LA ROUTE BADOISE DU VIN

HÉBERGEMENT

BUDGET MOYEN

Pfauen – *Hauptstr. 78 - 79346 Endingen - (07642) 9 02 30 - www.endingen-pfauen.de - fermé 30 janv.-10 fév. - P - 35 ch. 65/85 €*. Établi dans la vieille ville de la troisième localité viticole du Bade-Wurtemberg, cet hôtel propose des chambres fonctionnelles.

Zur Blume – *Hubstr. 85 - 77815 Bühl - (07223) 2 21 04 - www.blume-rittersbach.de - P - 19 ch. 70/99 € - rest. 15/35 €.* Situé au centre de la localité, ce petit hôtel tenu par une mère et sa fille propose des chambres de style contemporain, aménagées en chêne sombre ou en bois naturel clair.

Landhotel Salmen – *Weinstr. 10 - 77704 Oberkirch - (07802) 44 29 - www.hotelsalmen.de - fermé 18 fév.-4 mars et 2-5 sept. - P - 30 ch. 94/110 € - rest. 17/37 €.* Ses pimpantes rayures jaune clair et ses croisées marron distinguent cette auberge composée d'une maison mère et d'une construction récente. Les chambres de cette dernière sont légèrement plus grandes et confortables.

Sternen – *Hauptstr. 32 - 77815 Bühl - (07223) 9 86 50 - www.sternen-buehl.de - P - 16 ch. 75 € - rest. 12/30 €.* Cette petite auberge simple dirigée en famille se situe dans le centre-ville. Derrière la façade jaune se cachent des chambres soignées et cossues.

Parkhotel Krone – *Brandelweg 1 - 79312 Emmendingen - (07641) 9 30 96 90 - www.kronemaleck.de - P - 25 ch. 90/130 € - rest. 28/55 €.* Les flamants roses dans le jardin sont l'emblème de cette auberge aux abords de la Forêt-Noire. Les chambres varient légèrement de l'une à l'autre; certaines sont très jolies et spacieuses.

Markgraf – *Markgrafenstr. 53 - 79312 Emmendingen - (07641) 93 06 80 - www.hotel-galerie-markgraf.de - fermé 24 déc.-6 janv. - 16 ch. 85/90 €.* Chambres modernes et de bon goût. Dans la salle du petit-déjeuner, profitez de la vue sur le parc et des expositions d'art temporaires.

RESTAURATION

BUDGET MOYEN

Grüner Baum – *Burgheimer Str. 105 - 77933 Lahr - (07821) 2 22 82 - www.gruenerbaum-lahr.de - fermé merc. - 18/44 €.* Cuisine régionale et internationale élaborée essentiellement à partir de produits frais. Terrasse dans la cour. Chambres modernes à la tenue irréprochable *(2 ch. 69/79 €).*

Schieble – *Offenburger Str. 6 - 79341 Kenzingen - (07644) 9 26 99 90 - www.hotel-schieble.de - fermé 2 sem. pdt le carnaval et 2 sem. entre juil. et août - P - 18/39 €.* Dans le triangle formé par la Suisse, l'Alsace et la Forêt-Noire, un hôtel-restaurant confortable et traditionnel. Les chambres sont situées en partie dans le bâtiment principal et en partie dans l'annexe récente *(27 ch. 90 €).*

FAIRE UNE PAUSE

Café Decker – *79219 Staufen im Breisgau - (07633) 53 16 - www.cafe-decker.de - 6h30-18h,* *dim. 13h30-18h.* La réputation de ce salon de thé-pâtisserie au mobilier cossu s'étend à toute la région. On y sert, entre autres douceurs, le Staufener Forest Taler, spécialité maison ressemblant étrangement à la forêt-noire… Succulent.

ACHATS

Durbacher Winzergenossenschaft – *Nachtweide 2 - 77770 Durbach - ✆ (0781) 9 36 60 - www.durbacher.de - 8h-12h, 13h30-18h, w.-end 9h-12h30.* La salle de vente attire le regard avec ses boiseries et ses armoiries régionales, mais les vedettes principales restent bel et bien les bouteilles que l'on y trouve. Quelques superbes cuvées, dont le Kochberg Spätburgunder en rouge et le Steinberg Klingelberger en blanc. Dégustation sur place.

Gut Nägelsförst – *Nagelsförst 1 - 76534 Baden-Baden - ✆ (07221) 55 50 - www.naegelsfoerst.de - tlj sf dim. 9h-18h, sam. 10h-16h.* Dans cet établissement proche du centre-ville, on trouve les vins du domaine Nägelsförst qui figurent parmi les meilleurs d'Allemagne, mais aussi de très bons crémants, des alcools forts, du kirsch, différentes sortes de vinaigres de vin et de l'huile de raisin.

Schladerer – *Alte Schwarzwälder Hausbrennerei GmbH - Alfred-Schladerer-Platz 1 - 79219 Staufen im Breisgau - ✆ (07633) 83 20 - www.schladerer.de - tlj sf dim. 9h30-12h30, 14h-18h, sam. 9h30-13h.* Depuis plus de 150 ans, cette entreprise familiale distille toutes sortes d'eaux-de-vie de fruits. Une des maisons les plus renommées d'Allemagne, où l'on peut trouver, entre autres liqueurs nobles, la fameuse Kirschwasser de la Forêt-Noire ou la Williamsbirne, non moins célèbre poire Williams.

Winzergenossenschaft – *Auf dem Rempart 2 - 79219 Staufen im Breisgau - ✆ (07633) 55 10 - www.winzergenossenschaft-staufen.de - 9h-18h, sam. 9h-14h, dim. (mars-déc.) 10h-15h.* Depuis 75 ans, cette petite coopérative de Markgräferland produit des crus de grande qualité.

ACTIVITÉS

La Laguna de Weil am Rhein – *Laguna Badeland - Dr.-Peter-Willmann-Allee 1 - 79576 Weil am Rhein - ✆ (7621) 95 67 40 - www.laguna-badeland.de.* Piscine avec toboggans et sauna.

AGENDA

Concours international de création de roses – *Mi-juin.*

Europa-Park

★★★

Bade-Wurtemberg

NOS ADRESSES PAGE 415

S'INFORMER

Centre d'information – *Europa-Park-Straße 2 - 77977 Rust - ✆ (07822) 770 - www.europapark.de - ♿ - fermé janv.-mars - 37,50 € (-11 ans 33 €) ; il existe des billets pour une visite de 2 jours ainsi que des cartes annuelles. Boutiques, restaurants et snacks, relais-bébé. Accès aux chiens autorisé si tenus en laisse.*

SE REPÉRER

Carte de microrégion A2 (p. 390) – *carte Michelin n° 545 V7.* Europa-Park se trouve à la lisière de Rust, à 40 km au nord de Fribourg et à 50 km environ au sud de Strasbourg. Depuis Strasbourg, suivez la direction Kuhl, sortie 57b Rust, ou prenez la D 468 et la D 5 (bac à Rhinau). Stationnement payant. Des navettes desservent le parc depuis Strasbourg *(voir Nos adresses à Europa-Park).*

À NE PAS MANQUER

Parmi les grands huit, le plus impressionnant est sans conteste le Silver Star. Pour vous rafraîchir, faites un tour à l'Atlantica ou au Poséidon. Les amateurs de spectacles apprécieront les cascades équestres du numéro de gladiateurs et le show de patinage artistique.

ORGANISER SON TEMPS

Comptez une journée complète, voire plus, en passant la nuit sur place. Le pique-nique est autorisé. Organisez-vous en fonction des horaires des spectacles et animations du jour (dépliant à l'entrée). Attention aux dates d'ouverture : le parc est saisonnier et très fréquenté (un peu moins le vendredi). Pour éviter la foule, visitez le parc en sens inverse, en commençant par l'Espagne. En hiver sont organisées des animations thématiques (Halloween et Noël).

AVEC LES ENFANTS

Les tout-petits n'ont pas été oubliés : spécialement pour eux, les univers des enfants et de l'aventure.

La culture américaine n'a pas le monopole des parcs de loisirs. Europa-Park, qui construit année après année sa réussite autour du thème de l'Europe, en est la meilleure preuve. Plus d'une centaine d'attractions et de spectacles emmènent les visiteurs en voyage à travers treize pays du Vieux Continent. Sans prendre l'avion, vous pouvez vous promener sur une piazza italienne, faire une escale au pays de Shakespeare, puis découvrir quelques instants plus tard des fjords scandinaves. Architecture, végétation, gastronomie : tout y est, dans le moindre détail. Spécialiste des grands huit, ce parc familial offre une variété de sensations adaptées à chaque membre de la famille.

Visiter

Le plan distribué à l'entrée vous sera bien utile pour vous repérer dans le parc, car l'implantation des quartiers thématiques, illustrations de treize pays européens, ne respecte pas la géographie du Vieux Continent : c'est sans sourciller que l'Autriche côtoie l'Espagne. Pour vous faire d'emblée une idée d'ensemble ou pour gagner l'autre bout du parc, vous pourrez emprunter le **train panoramique (Europa-Park-Express)**, dont les principales gares se situent en Allemagne, en Angleterre, en Grèce, en Russie et en Espagne. Le cadre boisé et les différents plans d'eau contribuent beaucoup à l'agrément général du parc. Les files d'attente devant les principales attractions peuvent être longues, mais, grâce à une décoration originale, elles vous plongeront dans l'esprit de l'attraction.

Allemagne

Le pays hôte du parc ouvre le bal des quartiers thématiques ; peut-être y serez-vous accueilli par l'emblématique souris Euromaus. Dans l'Allée allemande, on reconnaît aussitôt l'architecture propre aux différentes régions d'Allemagne, du pays de Saxe à la Bavière. Les alentours du château médiéval Balthasar fournissent l'occasion de profiter de la verdure, dans une agréable roseraie.

France

Pour profiter d'une vue panoramique sur le parc et sur la plaine du Rhin jusqu'à l'orée des Vosges et de la Forêt-Noire, montez à l'**Euro-Tower** (75 m). Avec le **Silver Star★★,** le plus haut (73 m) et le plus rapide des grands huit d'Europe, les émotions sont garanties. Dans une ambiance de course automobile, vous apprécierez la fluidité avec laquelle le bolide vous propulse à 130 km/h sur des pentes à 70°. La grande boule blanche que l'on voit de partout abrite **Eurosat★**, un grand huit dans le noir qui vous invite à la conquête de l'espace. Vous vous demandez quelle peut bien être la quatrième dimension du **Magic cinéma 4D★★** ? Il s'agit de surprenants effets dynamiques, tactiles, sonores ou même olfactifs mis en scène dans un film de 10mn. Pour reposer les pieds sur terre, rien de tel qu'un petit tour parmi les bistrots et les boutiques anciennes du quartier français.

Suisse

Le pays des Helvètes vous permettra d'assister à un spectacle de **patinage artistique sur glace★** vivant et très coloré. Les petits chalets sont d'authentiques cabanons valaisans démontés pour prendre place dans le parc. Faites un tour de **bobsleigh** : la glace a laissé la place à un canal en acier sur lequel le train glisse librement. L'**éclair du Cervin★** met en œuvre une spécialité maison, dans un décor montagnard : la « Wilde Mouse », un enchaînement de virages plats en épingle à cheveux qui donnent l'impression que le wagon va quitter les rails. La montée en ascenseur, au début de l'attraction, est particulièrement originale.

Les petits seront ravis de prendre place dans le **manège de montgolfières**.

Grèce

Dans l'ambiance dépaysante d'une île des Cyclades (c'est Mykonos qui a servi de modèle), venez constater à quel point nos sens peuvent être trompés grâce aux illusions de la **malédiction de Cassandre**, logée dans la réplique d'une église byzantine. Au milieu d'un décor antique (temple grec, palais de Knossos, cheval de Troie), le **Poséidon★** conjugue le mouvement d'un grand huit au plaisir rafraîchissant de la descente d'un torrent. Vous pourrez égale-

CHRONIQUE D'UN SUCCÈS
En 1975, la famille Mack, spécialiste des transports forrains depuis 1780 puis constructeur de manèges pour les plus grands parcs d'attractions du monde dès 1921, se dote d'une prestigieuse vitrine en inaugurant son propre parc d'attractions. Le choix du lieu, le petit village frontalier de Rust, surprend les plus sceptiques. Mais le parc du château Balthasar (1442), avec ses arbres centenaires, offre au constructeur plus de 60 ha de verdure. Dès 1982, les Mack adoptent la thématique européenne, qui fait l'originalité du parc. À raison d'au moins une nouveauté par an, Europa-Park ne cesse de s'étendre et d'accumuler les distinctions en tout genre. Entreprise modèle ? Peut-être… Aujourd'hui, le parc se démarque par son souci de l'environnement (véhicules électriques, panneaux solaires).

ment vous plonger dans l'univers légendaire de l'**Atlantide** en découvrant les dangers des océans.

Russie
Deux options s'offrent à vous pour pénétrer en Russie. Côté tradition, le village d'artisans russes vous invite à percer les secrets de la confection des poupées russes et le tour de main des souffleurs de verre. Depuis l'espace, vous pourrez suivre les aventures aérospatiales de la station **Mir**. Et pour prolonger le voyage, les amateurs de sensations fortes essaieront l'**Euro-Mir**, un grand huit dont les nacelles ne cessent de pivoter sur elles-mêmes, tandis que le train zigzague entre les cinq grandes tours à miroirs. Il faut avoir le cœur bien accroché pour supporter de dos la grande descente finale.

Espagne
À voir absolument dans le quartier : le **tournoi des chevaliers★**, mis en scène par le dresseur français Mario Luraschi. Au milieu d'une arène, des seigneurs à cheval partis à la quête du Graal affrontent à l'aide d'épées et de lances le chevalier noir. Quant au spectacle de **flamenco**, il vous mettra sans retard à l'heure espagnole !

Portugal
Sur le thème des grands explorateurs, l'**Atlantica SuperSplash★★** est la première attraction du dernier-né des quartiers européens. Depuis la gare, une citadelle de défense portugaise du 16e s., votre barque commence son ascension, puis se retourne pour entamer une première descente en marche arrière. Après un parcours mouvementé, l'atterrissage vous promet tous les embruns souhaités.

Islande
Lancé en 2009, ce grand huit est l'un des plus hauts d'Europe avec une boucle à 40 m d'altitude. Il propose une visite décapante des paysages islandais à plus de 100 km/h.

Sachez que les autres pays méritent eux aussi une petite visite : dans une ambiance méditerranéenne, l'**Italie** vous propose son fameux carnaval de Venise ou son château hanté. En **Angleterre**, vous pourrez assister à une représentation du théâtre de Shakespeare. Aux **Pays-Bas**, rien de tel qu'une petite visite de la grotte des pirates. Pour une pause fraîcheur, les **pays scandinaves** et l'**Autriche** rivalisent d'éclaboussures avec le fjord-rafting et la descente des rapides du Tyrol.

L'univers des enfants

Les petits ont ici de quoi s'amuser quelques heures, entre un bateau viking à escalader, des manèges, une plage, un labyrinthe de toboggans géants et de nombreuses animations.
Un peu plus loin, l'**univers de l'aventure** propose d'autres attractions spécialement conçues pour le bonheur des enfants et de ceux qui les accompagnent : calme croisière en radeau dans la jungle ou balade merveilleuse dans l'allée des contes.

NOS ADRESSES À EUROPA-PARK

TRANSPORT

Navette à 8h depuis Strasbourg, gare routière des Halles, retour à 18h depuis Europa-Park *(rens. au ✆ 03 88 23 43 23).*

HÉBERGEMENT

Large choix d'hébergements à l'Europa-Park, dans des thématiques et gammes de prix très variées : 4 hôtels accessibles depuis l'extérieur, des chambres d'hôte au cœur du parc, un camping-caravaning, et même un village de tipis. On trouvera d'autres possibilités d'hébergement plus classiques à Rust.

Le Colosséo – C'est l'un des plus grands hôtels d'Allemagne. Il s'inspire de l'Antiquité romaine pour composer un décor opulent, voire luxueux.

L'El Andaluz et le Castillo Alcazar – Ces hôtels revisitent l'atmosphère andalouse, façon finca pour le premier (un cottage typique du sud de l'Espagne), ou dans un style plus massif pour l'Alcazar, qui évoque les places fortes typiques de la Reconquista.

Circus Rolando – Hébergement convivial et plus abordable dans cet établissement situé au cœur du quartier allemand, à l'intérieur du parc. 23 chambres d'hôte (7 doubles, 16 familiales) à l'entrée du parc, avec piscine et sauna.

Camping – Ambiance western pour ce camping, qui offre 200 emplacements équipés pour caravane et camping-car et une vaste prairie pour les tentes. Espace jeux pour enfants et boutique thématique.

Le Tipidorf – Ce village de tipis constitue une alternative originale, avec 25 tipis chauffés à louer à la nuitée. Succès garanti auprès des enfants, mais prévoir un sac de couchage.

BUDGET MOYEN

Pension Kern – *Franz-Sales-Straße 30 - 77977 Rust - ✆ (07822) 61 278 - www.pensionkern.de - - 7 ch. 70 €* . Bien qu'elle jouxte le parc d'attractions, cette agréable maison fleurie vous séduira par son calme ambiant et le grand confort de ses 7 chambres. Petits-déjeuners servis sous forme de buffet. En fin d'après-midi, on propose chopes de bière et en-cas chauds au *Biergarten*.

RESTAURATION

Le parc propose une vaste gamme de restaurants thématiques, qui reflètent la diversité des cultures culinaires européennes. Inspiration française chez **Marianne**, poisson à la mode scandinave au **Fiskhuset**, tapas à la **Bodega** ou spécialités grecques à la taverne **Mykonos**.

Fribourg-en-Brisgau

★★

Freiburg im Breisgau – 213 000 habitants

NOS ADRESSES PAGE 422

S'INFORMER

Office du tourisme de Fribourg – *Rathausgasse 2-4 - ✆ (0761) 388 18 80 - www.fwtm.freiburg.de - juin-sept. : lun.-vend. 8h-20h, sam. 9h30-17h, dim. et j. fériés 10h-12h, oct.-mai : lun.-vend. 8h-18h, sam. 9h30-14h30, dim. et j. fériés 10h-12h.*

Freiburg-Kultour – Mandaté par l'office de tourisme, cet organisme prévoit des visites guidées de la ville et de la cathédrale et des parcours de découverte.

Historix-Tours – Cette société propose des visites guidées thématiques. *Se rens. à l'office de tourisme.*

SE REPÉRER

Carte de microrégion A2 (p. 390) – *carte Michelin n° 545 V 7.* Au débouché du Höllental (Val d'Enfer) sur la plaine rhénane, entre Bâle et Strasbourg, Fribourg borde l'A 5 qui dessert Karlsruhe *(130 km au nord).* La ville est construite au pied du Schlossberg, à l'est, et du Schauinsland, au sud.

À NE PAS MANQUER

La cathédrale et le riche musée des Augustins, notamment pour sa section consacrée au Moyen Âge.

ORGANISER SON TEMPS

Comptez une demi-journée pour le centre historique de Fribourg.

AVEC LES ENFANTS

Le Schauinsland et ses promenades en calèche ; le Steinwasenpark, ses attractions et ses animaux.

Au pied des collines de la Forêt-Noire, Fribourg dégage une douceur de vivre unique, avec ses airs de village aux ruelles pavées dans le centre ancien. Les guerres successives ont épargné son admirable cathédrale, miraculeusement préservée des bombardements de la Seconde Guerre mondiale. Et la reconstruction minutieuse des bâtiments historiques a rendu à la ville son charme d'autrefois. Capitale de l'écologie, Fribourg s'affiche pionnière en matière d'énergie solaire et d'architecture économe en énergie.

Découvrir Plan de ville

★★ La cathédrale (Münster) B1

Brochure en français disponible à l'entrée.

De la cathédrale romane primitive, commencée vers 1200, subsiste la croisée du transept, flanquée de tours octogonales, les « tours des Coqs », dont le couronnement est gothique. La construction se poursuivit lentement vers l'ouest, en tenant compte de l'évolution de l'art de bâtir à l'époque gothique.

Détail de la Rathausplatz.
J.L. Gallo/MICHELIN

Cette étape s'acheva par l'édification de la splendide tour de façade dont les multiples pans se recoupent en arêtes vives. C'est l'une des rares tours d'Allemagne à avoir été entièrement achevée au Moyen Âge. En 1354 fut ouvert le chantier ambitieux d'un nouveau chœur ; il fallut attendre 1513 pour que soit consacré ce vaste vaisseau à déambulatoire, d'allure purement germanique, avec ses voûtes en réseau propres au style gothique tardif.

Extérieur

Au tympan du **portail nord** du chœur, exécuté vers 1350, est illustré l'épisode du péché originel. L'archivolte (ensembles des arcs sculptés encadrant le portail) montre la création du monde selon la Genèse ; à droite, on remarque la représentation assez rare du Créateur au repos, le septième jour. Le **flanc sud**, particulièrement riche, présente, aux contreforts, de nombreuses statues de rois de l'Ancien Testament et d'apôtres. Le portail sud est abrité par un porche Renaissance. Au-dessus du **portail de façade** (portail ouest), le porche est décoré de statues de la fin du 13e s. Sur la paroi de gauche, on aperçoit une représentation de Satan, sous l'apparence séduisante du « Prince de ce monde » et de sa victime, sommairement vêtue d'une peau de bouc. Des personnages bibliques et les vierges sages leur font suite. Sur la paroi de droite se succèdent les vierges folles au visage amer, les statues des Arts libéraux, celles de sainte Marguerite et de sainte Catherine, patronnes de la sagesse chrétienne. Le portail lui-même, flanqué des statues de l'Église à gauche et de la Synagogue aux yeux bandés à droite, est entièrement consacré au mystère de la Rédemption : détail assez rare, le tympan juxtapose des scènes de la vie terrestre du Christ et un intéressant Jugement dernier. La **tour★★★** est composée d'une souche carrée, très sobre, qui forme le soubassement du clocher octogonal ajouré, autour duquel court une galerie en étoile aux belles gargouilles. Il est possible d'y monter *(accès par l'extérieur, côté sud)*, puis d'atteindre la plate-forme supérieure, coiffée par l'admirable flèche en dentelle de pierre. **Vues★** sur Fribourg, le Schlossberg, et, au loin, sur le Kaiserstuhl et les Vosges. *✆ (0761) 29 28 07 34 - tlj tte la journée, dim. apr.-midi - fermé lun. (nov.-mars) - 1,50 €.*

Le **porche de la tour★★** apparaît dans toute sa splendeur : 418 statues de pierre de la fin du 13e s. Le tympan à trois registres, au-dessus de la porte, raconte la naissance du Christ, la Passion et le Jugement dernier.

Intérieur

La **nef**, modérément élancée, est ornée d'une gracieuse galerie à arcades trilobées courant le long du mur des bas-côtés. Les vitraux des 13e et 14e s. sont absolument remarquables. On reconnaît sur certains les blasons des corporations donatrices : botte des cordonniers, ciseaux des tailleurs, bretzel et miche de pain des boulangers. Le mobilier et la statuaire comprennent en particulier : une Vierge au pilier (fin du 13e s.) vénérée par deux anges **(1)** ; une chaire à motifs rustiques **(2)** du gothique tardif (1560) où le sculpteur s'est représenté dans une lucarne sous l'escalier. La statue du gisant **(3)**, refait au 17e s., est celle de Berthold V, le dernier duc de Zähringen. Derrière une claire-voie gothique, remarquez le saint-sépulcre de 1340 **(4)**. Aux trois fenêtres du croisillon sud **(5)**, les vitraux à médaillons sont les plus anciens de l'édifice (13e s.) ; ils proviennent de l'ancien chœur roman. En **6**, groupe sculpté de l'Adoration des Mages (1505).

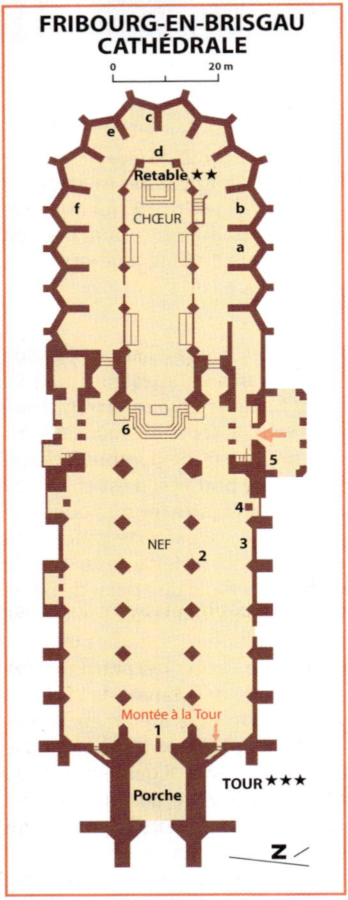

Le **chœur** dévoile la disposition savante des voûtes du déambulatoire, et celles des chapelles latérales largement ouvertes. Dans la chapelle Stürzel **(a)**, les fonts baptismaux rococo ont été dessinés par Wenzinger. La chapelle voisine, celle de l'Université **(b)**, présente un retable d'Oberried (1521). Les deux panneaux (la Nativité et l'Adoration des Mages) sont de Hans Holbein le Jeune. Au revers du grand retable **(d)**, peinture de la Crucifixion. Dans la deuxième chapelle impériale **(c)**, le retable sculpté de Schnewlin, par Hans Wydyz, représente le Repos de la sainte Famille. Les peintures sont de l'atelier de Baldung Grien. Dans la chapelle Böcklin **(e)** se trouve un crucifix Locherer, œuvre romane en argent repoussé. Enfin, la chapelle Locherer **(f)** abrite un retable (1521-1524) de Sixt von Staufen avec une Vierge en manteau protégeant l'humanité. Au maître-autel, admirez le **retable★★** réalisé de 1512 à 1516 par **Hans Baldung Grien**. Le panneau central représente le Couronnement de la Vierge.

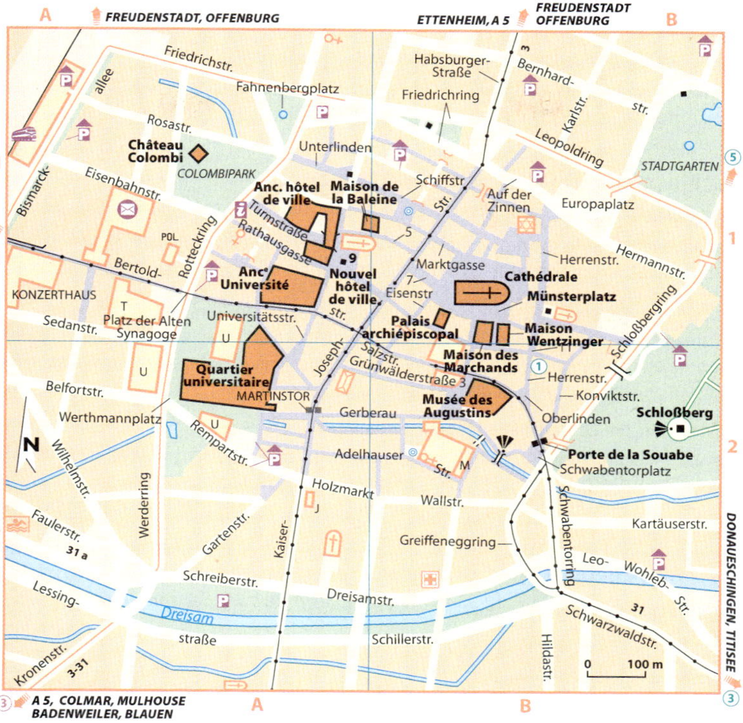

FRIBOURG-EN-BRISGAU

SE LOGER

Schwarzwälder Hof........................ (1)
Zum Kreuz.. (3)
Zur Tanne... (5)

SE RESTAURER

Gasthaus Linde.............................. (3)
Hirschen... (5)

Se promener Plan de ville

Place de la Cathédrale (Münsterplatz) B1

Face au flanc sud de l'église se dressent différents bâtiments ayant servi, par leur pompe, le prestige municipal ou ecclésiastique.

Palais archiépiscopal (Erzbischöfliches Palais) B1 – Construit en 1756 pour accueillir l'ordre de la Chevalerie, ce palais possède un beau balcon de fer forgé.

Maison des Marchands★ (Historisches Kaufhaus) – Centre de la vie commerciale de Fribourg au Moyen Âge, ce bâtiment gothique crépi de rouge, défendu par des échauguettes (guérites placées aux angles) au toit aigu, est couvert de tuiles vernissées et repose sur une galerie à arcades. Les grandes statues des empereurs (1530), au 1er étage, rappellent l'allégeance de la ville aux Habsbourg.

Wentzingerhaus – *Münsterplatz 30 - ✆ (0761) 201 25 15 - www.museen.freiburg.de - mar.-dim.10h-17h - fermé 24 et 31 déc. - 3 € (-7 ans gratuit).* L'hôtel que se fit construire en 1761 le grand peintre et sculpteur fribourgeois Christian Wentzinger complète dignement l'ordonnance de la place. Il abrite le **Musée historique de la ville (Museum für Stadtgeschichte)**. À l'intérieur, admirez l'escalier et le plafond baroques, ainsi que la cour ornée des statues des quatre saisons.

★ Place de l'Hôtel-de-Ville (Rathausplatz) A1 (9)

Cette place avec ses balcons fleuris et son bouquet de marronniers encadre la statue de Berthold Schwarz, moine franciscain qui aurait inventé la poudre à canon vers 1350. À gauche de l'ancien hôtel de ville, peint au badigeon rouge vif, le **nouvel hôtel de ville★ (Neues Rathaus)** est composé de deux maisons bourgeoises du 16e s., noyau de l'ancienne université de Fribourg, qui furent raccordées en 1901 par un corps central à arcades. La fenêtre avancée, ou oriel, qui marque l'angle de la place et de l'Eisenbahnstraße a gardé son décor sculpté, représentant la Dame à la Licorne.

Maison de la Baleine (Haus zum Walfisch) A/B1

Au 3 de la Franziskanerstraße, cette maison (1516) offre un portail richement orné dans le goût de la fin du gothique et surmonté d'un oriel. Elle servit de refuge au philosophe humaniste Érasme lorsqu'il fuyait les foudres de la Réforme.

★★ Musée des Augustins (Augustinermuseum) B2

Gerberau 15 - ✆ (0761) 201 25 21 - www.museen.freiburg.de - mar.-dim. 10h-17h - fermé 24 et 31 déc. - 7 €.

Installé dans l'église de l'ancien couvent des augustins, le musée présente une **section d'art du Moyen Âge★★**. Parmi ses trésors, on compte un volet du retable de Grünewald (miracle de sainte Marie-des-Neiges) (1519), des œuvres de Lucas Cranach et Hans Baldung Grien, ainsi qu'un impressionnant **crucifix★** du 14e s. La statuaire est représentée par des œuvres admirables des 14e et 15e s.

Manoir Colombi (Colombischlössle) A1

Ce manoir de style néogothique anglais situé au cœur du parc du même nom abrite un musée d'archéologie intéressant (pièces de la préhistoire au Moyen Âge).

Porte de la Souabe (Schwabentor) B2

De la **porte de la Souabe**, vestige des fortifications du Moyen Âge, on peut descendre sur les quais bordant le Gewerbekanal : c'est le pittoresque mais pauvre quartier de l'Insel, où se groupaient jadis les pêcheurs et les tanneurs.

★ Schlossberg B2

Des bois remplacent aujourd'hui le château des Zähringen, dont Vauban avait édifié les fortifications, détruit au 18e s. par les Français. La montée, que l'on peut effectuer soit en **télécabine** *(départ du Stadtgarten)*, soit à pied à partir de la porte de la Souabe, fait découvrir la cathédrale. Vue sur Fribourg et sa région du haut de la tour panoramique *(20mn à pied depuis la station supérieure de la télécabine).*

À proximité Carte de microrégion

Schauinsland B3

La route, régulière mais tout en virages, conduit à la station supérieure du téléphérique. On peut accéder à la station inférieure par les transports en commun (tramway par Günterstal, puis bus vers Horben) ; de là, 15mn en téléphérique jusqu'à la station supérieure.

Aujourd'hui îlot d'air frais pendant les chaleurs estivales, de lumière aux heures embrumées de l'automne, le Schauinsland « de Fribourg » (1 294 m) fut, pendant des siècles, précieux pour l'économie de la cité. Les gisements de ses flancs alimentèrent son activité manufacturière, notamment en minerai d'argent. Des visites guidées de la **mine** (Museumsbergwerk), située près de la station supérieure du téléphérique du Schauinsland, sont proposées. *✆ (0761) 264 68 - mai-oct. : merc., sam. et dim.*

Tour-belvédère – *Accès depuis le parking de la station supérieure du téléphérique.* La **vue★** se développe au-delà des forêts et des pâturages sur la région de Fribourg, les rives du Rhin supérieur, les Vosges, les parties centrales et le sud de la Forêt-Noire et, par temps très dégagé, sur les Alpes.

Ferme-musée Schniederlihof – *Dans Oberried-Hofsgrund, suivez les indications. Parking. 20mn à pied AR.* Construite en 1593 et exploitée jusqu'en 1966, cette ferme typique du Schauinsland permet de mieux connaître la vie menée par les paysans de la Forêt-Noire. Les demeures de style Schauinsland présentent trois caractéristiques architecturales majeures : leur faîte est toujours parallèle au versant, les pièces d'habitation, les étables et remises sont regroupées sous un même toit immense, les accès sont toujours orientés vers l'est – d'où vient le beau temps. *Gegendrummweg 3 - ✆ (07602) 448 - juil.-août : mar.-dim. apr.-midi ; mai-juin : w.-end et j. fériés apr.-midi ; sept. : mar., jeu. et w.-end apr.-midi ; oct. : mar. et w.-end apr.-midi - 12 €.*

Situé sur la route qui relie Kirchzarten à Todtnau, à quelques kilomètres au sud-est de la station supérieure du téléphérique *(1h30 à pied)*, le **Steinwasenpark** regroupe animaux et attractions pour le plus grand bonheur des enfants.

NOS ADRESSES À FRIBOURG-EN-BRISGAU

Pour appeler en Allemagne depuis la France composez le 00 49 puis le numéro de téléphone sans le 0 initial.

HÉBERGEMENT

PREMIER PRIX

Zur Tanne – *Altgasse 2 - 79112 Freiburg-Opfingen - ☏ (07664) 18 10 - www.tanne-opfingen.de - fermé 12 janv.-13 fév. et 2 sem. en juin-juil. - 10 ch. 47/89 € ☕ - rest. 21/48 €.* Dans cette auberge badoise datant de 1786 et qui est depuis longtemps propriété familiale, les chambres arrangées avec goût promettent un séjour agréable.

BUDGET MOYEN

Zum Kreuz – *Großtalstr. 28 - 79117 Freiburg-Kappel - ☏ (0761) 62 05 50 - www.gasthaus-kreuz-kappel.de - fermé 2 sem. déb. janv. - P - 15 ch. 79/99 € ☕ - rest. 23/45 €.* Depuis plusieurs générations, l'auberge, datant de 1755, est propriété familiale. Les chambres sont confortablement aménagées, certaines dotées d'un balcon.

POUR SE FAIRE PLAISIR

Schwarzwälder Hof – *Herrenstr. 43 - ☏ (0761) 3 80 30 - www.shof.de - 45 ch. 95/99 € ☕ - rest. 18/29 €.* Cet hôtel occupe un emplacement central sur les hauteurs de la vieille ville. Les chambres, très sobrement aménagées, sont pour la plupart dotées de sols parquetés et en partie meublées de bois clair.

RESTAURATION

BUDGET MOYEN

Hirschen – *Breisgauer Str. 47 - 79110 Freiburg-Lehen - ☏ (0761) 8 97 76 90 - réserv. conseillée - 22/62 €.* Une jolie auberge rustique datant de 1698 et propriété familiale depuis six générations. Les créations du chef satisferont les amateurs de cuisine franco-badoise. L'auberge propose aussi des chambres *(70 ch. 130/181 € ☕).*

Gasthaus Linde – *Basler Landstr. 79 - 79111 Freiburg-St. Georgen - ☏ (0761) 4 70 28 31 - fermé 1er-14 juin, sam. midi, dim. et j. fériés - 18/51 €.* Un restaurant sur deux étages tenu en famille – une partie avec parquet clair, cheminée et lambris de bois, l'autre plus moderne.

AGENDA

Fête du vin – *Début juillet.*

Carnaval – Mélange de carnaval alémanique (1930) et traditionnel du Rhin, fêté depuis la fin du 19e s.

Le Kaiserstuhl

Bade-Wurtemberg

NOS ADRESSES PAGE 426

S'INFORMER

Office du tourisme de Breisach – *Marktplatz 16 - 79206 Breisach - ✆ (07667) 94 01 55 - www.breisach.de - lun.-vend. mat. et apr.-midi, sam. mat. (sf janv.-mars), fermé dim.*

SE REPÉRER

Carte de microrégion A2 (p. 390) – *carte Michelin n° 545 V6*. Breisach se trouve à 20 km à l'ouest de Fribourg.

À NE PAS MANQUER

À Breisach, la cathédrale St-Étienne, notamment pour son décor intérieur et son maître-autel, la place du Château, pour les vues qu'elle offre sur les environs ; les villages typiques de Burkheim et Endigen.

ORGANISER SON TEMPS

Cette opulente région, la plus ensoleillée d'Allemagne, est sillonnée de chemins de randonnée pédestre, mais on peut aussi la découvrir à vélo (pistes cyclables dont un circuit touristique de 64 km), ou en saison, par un parcours en petit train à vapeur au départ de Breisach.

Le Kaiserstuhl, ou « trône de l'Empereur », ainsi nommé en l'honneur d'Othon III, dresse sa silhouette d'ancien volcan (557 m) dans le ciel de la rive droite du Rhin. Véritable Riviera d'Allemagne, c'est la région la plus ensoleillée du pays où poussent des plantes aussi inattendues que les orchidées. Les flancs du massif, où l'altitude fait se succéder vignoble, vergers et landes, promettent en toute saison les plus belles des promenades.

Visiter Carte du Kaiserstuhl

Musée de la Viticulture dans le Kaiserstuhl (Kaiserstühler Weinbaumuseum)

À Achkarren (7 km au nord de Breisach) - ✆ (07662) 94 011 - du dim. des Rameaux au 1er nov. : mar.-vend. apr.-midi, w.-end tte la journée - 2 €.

Il présente l'évolution géologique et viticole de cette région des temps ancestraux jusqu'à aujourd'hui. Outils et appareils spéciaux illustrent le travail dans les vignobles et la transformation du raisin.

Deux sentiers fléchés : l'un viticole (geologischer Weinlehrpfad ; *accessible du bourg*) ; l'autre forestier (Waldlehrpfad ; *dép. à 2 km du bourg sur la route de Niederrotweil*).

★ Breisach

Breisach, que les Français appellent habituellement Vieux-Brisach, par opposition à la ville forte de Neuf-Brisach, construite en 1699 par Vauban sur la rive gauche du Rhin, dresse au-dessus du fleuve son rocher surmonté de la cathédrale. Ce rocher permit aux Romains, vers l'an 260, d'édifier un oppidum afin de défendre leur frontière sur le Rhin contre les incursions des Alamans.

LE VIGNOBLE DU KAISERSTUHL
Un climat chaud et sec, réputé pour ses fortes chaleurs estivales, fait des derniers coteaux du massif un terrain d'élection pour les arbres fruitiers et la vigne. Les sylvaner, riesling et traminer, auxquels s'ajoute le ruländer (pinot gris) plus corsé, sont ici des vins blancs spécialement étoffés. Le pinot rouge (cépage rouge) est souvent vinifié en rosé, le weißherbst, vin plaisant d'une couleur soutenue admirable lorsque l'automne a été particulièrement ensoleillé. Les crus d'Ihringen, Bickensohl, Oberrotweil comptent parmi les plus appréciés. D'avril à octobre, des fêtes du vin animent les bourgs viticoles.

Aux 11e et 12e s., la colline fortifiée, puis le village qui s'y érigea, étaient le fief de l'évêché de Bâle. Les évêques de Bâle furent remplacés en 1200 par les Zähringen. En 1273, Breisach devint ville libre d'Empire et à partir de 1331, un poste avancé de l'Autriche antérieure.

Au 17e s., la ville devint le noyau d'un système de fortifications qui compta parmi les plus redoutables d'Europe. La situation très exposée de la ville, qui, à partir des traités de Westphalie, fut tantôt une tête de pont française, tantôt un avant-poste de l'Empire, valut à la cité d'être souvent un enjeu militaire. En 1793, Breisach fut inopinément ruinée à la suite d'un sévère bombardement, cinq jours durant, par les troupes révolutionnaires françaises. La cité fut de nouveau très endommagée en 1945.

★ **Cathédrale St-Étienne (Münster St. Stephan)** – L'église occupe un **site★** altier. Le monument a gardé d'un sanctuaire roman de plan basilical la nef, le transept et la tour nord ; cette dernière et la tour sud, gothique, flanquent l'abside comme à Fribourg. Peu avant 1300, on érigea un nouveau chœur, de style gothique. Pour racheter la dénivellation du terrain, on construisit, en guise de fondations à ce nouveau chœur, une sorte de crypte aux voûtes puissantes, accessible seulement de l'extérieur.

D'une riche **ornementation intérieure★** subsistent plusieurs belles pièces de sculpture gothique tardive : le jubé (fin 15e s.), le groupe sculpté du saint-sépulcre (1520-1530), le reliquaire en argent des saints Gervais et Protais, dû à un orfèvre strasbourgeois (1496). Le **retable du maître-autel★★** (1526) en bois sculpté, au décor extraordinairement fouillé de feuillages en copeaux, de chevelures et de draperies d'une intense vitalité, est occupé par un panneau central représentant le Couronnement de la Vierge par le Père éternel et le Christ. Les volets sont dédiés à saint Étienne et à saint Laurent *(à gauche)*, à saint Gervais et à saint Protais, patrons de la ville *(à droite)*. L'autel, utilisé dans la célébration des offices, a été consacré en 1996 : reposant sur huit supports en chêne massif, c'est une œuvre de Franz Gutmann.

La première travée ouest a conservé un ensemble de peintures murales de la fin du 15e s., œuvre du Colmarien **Martin Schongauer**, qui vécut à Breisach les dernières années de sa vie.

Place du Château – Elle offre des **vues★** magnifiques. Une table d'orientation permet de reconnaître les sommets de la Forêt-Noire méridionale, les hauteurs du Sundgau et du Lomont, les Vosges (du Grand Ballon au château du Haut-Kœnigsbourg), le Kaiserstuhl tout proche.

Rheintor – Sur la porte monumentale qui gardait l'accès de la ville au nord-ouest figurent encore, témoins de sa construction par Vauban, les armes du royaume de France. Le **musée d'Histoire de la ville (Museum für Stadtgeschichte)** y est installé. Vestiges et objets de l'âge de pierre jusqu'à

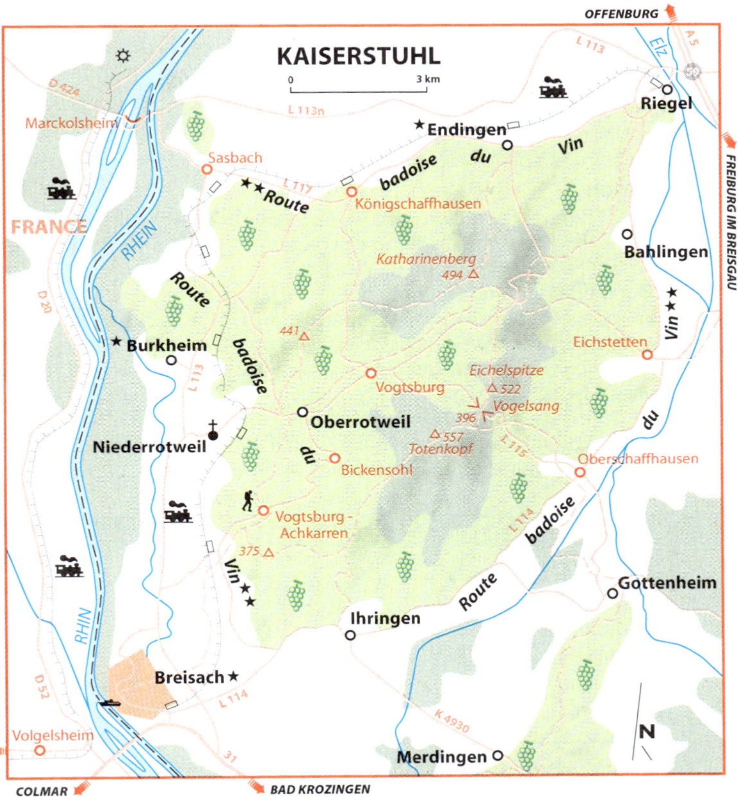

nos jours retracent l'histoire mouvementée de Breisach. *Rheintorplatz 1 - ✆ (07667) 70 89 - www.breisach.de - mar.-vend. 14h-17h, w.-end et j. fériés 11h30-17h - fermé 25 déc. - gratuit.*

Oberrotweil

Chemin d'initiation à la viticulture et aux plantes médicinales qui s'achève par un surprenant dénivelé de 158 m avec un point de vue sur le Mondhalde (370 m). *Point de départ du sentier : Bruckmühlenstrasse, longueur : env. 2 km.*

Niederrotweil

L'église St. Michael, au centre du cimetière, est considérée comme la plus ancienne du Kaiserstuhl. Cette église romane (11e s.) a été transformée dans le style gothique après 1350, lorsqu'elle a été rattachée au monastère de St-Blasien. Elle abrite un **retable sculpté★** représentant le couronnement de Marie. Ce chef-d'œuvre gothique tardif, daté de 1520, serait l'œuvre de l'artiste qui a créé l'autel de Breisach (Maître H. L.). Les fresques dans les voûtains du chœur datent du milieu du 14e s. et représentent le Christ et les symboles des évangélistes. Les autels latéraux et la très belle chaire (1730) sont des ajouts baroques du 18e s.

★ Burkheim

Ce village de vignerons étagé au flanc d'une légère courbe est desservi par trois rues parallèles, à différents niveaux.

La rue inférieure (Marktstraße) a conservé beaucoup de charme avec son hôtel de ville au portail orné de blasons (1604), sa maison rouge à oriels et ses habitations à colombages.

★ Endingen

L'historique Marktplatz, tout en longueur, est entourée de beaux bâtiments : l'ancien hôtel de ville avec son pignon à volutes (16e s.) et l'ancienne halle au blé (Kornhalle, aujourd'hui hôtel de ville), bâtiment allongé avec pignons à redans datant de la même époque, sont tout à fait remarquables. La maison **Krebs**, maison bourgeoise du 18e s. située au nord de la place, possède une élégante façade dont la partie médiane est rehaussée par un portail richement orné et un balcon. L'**Üsenberger Hof** est une ancienne demeure de l'aristocratie reliée à Hauptstraße par le Schwibbogen. Cette construction à colombages abrite le musée de l'Autriche antérieure (Vorderösterreich-Museum).

Autres villages de viticulteurs bien fleuris à visiter dans la région : **Merdingen**, **Ihringen**, **Riegel**, **Bahlingen**, **Gottenheim**, **Teningen**.

NOS ADRESSES DANS LE KAISERTUHL

Pour appeler en Allemagne depuis la France, composez le 00 49 puis le numéro de téléphone sans le 0 initial.

PROMENADE EN TRAIN ET BATEAU

On peut effectuer le parcours entre le port de Neuf-Brisach (Volgelsheim) et Marckolsheim am Rhein à bord d'un train à vapeur de 1900 et se promener sur le Rhin à bord d'un bateau datant de 1933. À la gare de Volgelsheim, un petit musée ramène le visiteur au 19e s. ✆ *03 89 71 51 42 - http://cftr.evolutive.org.*

Croisières fluviales – À Breisach am Rhein, côté allemand, la BFS propose d'agréables croisières fluviales, avec ou sans repas, agrémentées de spectaculaires passages d'écluses. ✆ *(07667) 94 20 10 - www.bfs-info.de.*

HÉBERGEMENT

BUDGET MOYEN

Kreuz-Post – *Landstr. 1 - 79235 Vogtsburg im Kaiserstuhl - ✆ (07662) 9 09 10 - www.kreuz-post.de - P - 35 ch. 58/108 € ☕ - rest. 22/42 €.* Tenu avec beaucoup d'engagement et d'investissement personnel, cet établissement est rénové régulièrement. Chambres arrangées avec goût.

Landgasthof Adler – *Hochstetter Str. 11 - 79206 Breisach-Hochstetten - ✆ (07667) 9 39 30 - www.adler-hochstetten.de - fermé 8 fév.-6 mars - P - 23 ch. 70/80 € ☕ - rest. 18/36 €.* Au pied du Kaiserstuhl et du Tuniberg, établissement accueillant.

Kapuzinergarten – *Kapuzinergasse 26 - 79206 Breisach - ✆ (07667) 9 30 00 - www.kapuzinergarten.de - P - 43 ch. 69/114 € ☕ - rest. 21/58 €.* Vous aurez le choix entre une « chambre monacale » ou une confortable maisonnette. Toutes les chambres offrent une vue superbe sur le Kaiserstuhl ou la Forêt-Noire. En été, les repas sont pris sur la terrasse verdoyante du toit, et en hiver dans la salle autour d'une cheminée.

RESTAURATION

PREMIER PRIX

Winzerhaus Rebstock – *Badbergstr. 22 - 79235 Vogtsburg im Kaiserstuhl - ✆ (07662) 93 30 11 - www.franz-keller.de - fermé 26 janv.-20 fév. - 16/38 €.* Une sympathique et simple auberge de village à l'atmosphère champêtre. Sur des tables en bois nu, on sert une cuisine régionale de terroir.

ACHATS

Badischer Winzerkeller – *Zum Kaiserstuhl 16 - 79206 Breisach - ✆ (07667) 90 00 - www.badischer-winzerkeller.de.* Cette cave coopérative, qui compte parmi les plus vastes d'Europe, rassemble des vignerons originaires de toute la vallée du Rhin, de Bâle jusqu'à Mannheim. Vous pourrez visiter les installations ainsi que la vinothèque où sont conservées des bouteilles vieilles de 50 ans. Dégustation commentée.

Winzergenossenschaft Achkarren – *Schloßbergstraße 2 - 79235 Vogtsburg-Achkarren - ✆ (07662) 930 40 - www.winzergenossenschaft-achkarren.de - tlj sf dim. 8h-12h30, 13h30-17h30, sam. 9h-13h (avr.-déc.).* Cultivées depuis 1283, les vignes de la région bénéficient d'un climat idéal qui confère aux vins un goût fruité et de riches arômes. Parmi les différents crus disponibles dans cette cave, on notera la présence du nouveau Castello, un vin mousseux aux parfums de pêche, mangue et citron.

Winzergenossenschaft Wasenweiler – *79241 Wasenweiler - ✆ (07668) 50 76 - www.wg-wasenweiler.de - 7h30-17h30, sam. 9h-13h, dim. (avr.-oct.) 11h-15h.* La coopérative a été fondée en 1935, mais les vignobles existent depuis 1297, époque où le château de Wasenweiler était la propriété de l'ordre Teutonique. La production (pinot noir en grande partie) est régulièrement récompensée par des prix et des médailles qui confèrent une bonne réputation à l'établissement.

AGENDA

Théâtre de plein air – Capitale touristique du Kaiserstuhl, Breisach organise en été un festival de théâtre en plein air (Festspiele), dont le répertoire comporte toujours une pièce pour les enfants.

VOUS CONNAISSEZ LE GUIDE VERT,
DÉCOUVREZ LE GROUPE MICHELIN
MICHELIN

L'Aventure Michelin

Tout commence avec des balles en caoutchouc ! C'est ce que produit, vers 1880, la petite entreprise clermontoise dont héritent André et Édouard Michelin. Les deux frères saisissent vite le potentiel des nouveaux moyens de transport. L'invention du pneumatique démontable pour la bicyclette est leur première réussite. Mais c'est avec l'automobile qu'ils donnent la pleine mesure de leur créativité. Tout au long du 20e s., Michelin n'a cessé d'innover pour créer des pneumatiques plus fiables et plus performants, du poids lourd à la F 1, en passant par le métro et l'avion.

Très tôt, Michelin propose à ses clients des outils et des services destinés à faciliter leurs déplacements, à les rendre plus agréables... et plus fréquents. Dès 1900, le Guide Michelin fournit aux chauffeurs tous les renseignements utiles pour entretenir leur automobile, trouver où se loger et se restaurer. Il deviendra la référence en matière de gastronomie. Parallèlement, le Bureau des itinéraires offre aux voyageurs conseils et itinéraires personnalisés.

En 1910, la première collection de cartes routières remporte un succès immédiat ! En 1926, un premier guide régional invite à découvrir les plus beaux sites de Bretagne. Bientôt, chaque région de France a son Guide Vert. La collection s'ouvre ensuite à des destinations plus lointaines de New York en 1968... à Taïwan en 2011.

Au 21e s., avec l'essor du numérique, le défi se poursuit pour les cartes et guides Michelin qui continuent d'accompagner le pneumatique. Aujourd'hui comme hier, la mission de Michelin reste l'aide à la mobilité, au service des voyageurs.

MICHELIN AUJOURD'HUI

N°1 MONDIAL DES PNEUMATIQUES

- 69 sites de production dans 18 pays
- 115 000 employés de toutes cultures, sur tous les continents
- 6 000 personnes dans les centres de Recherche & Développement

Avancer
monde où la

Mieux avancer, c'est d'abord innover pour mettre au point des pneus qui freinent plus court et offrent une meilleure adhérence, quel que soit l'état de la route.

LA JUSTE PRESSION

BONNE PRESSION

- Sécurité
- Longévité
- Consommation de carburant optimale

-0,5 bar

- Durée de vie des pneus réduite de 20% (- 8 000 km)

-1 bar

- Risque d'éclatement
- Hausse de la consommation de carburant
- Distance de freinage augmentée sur sol mouillé

ensemble vers un mobilité est plus sûre

C'est aussi aider les automobilistes à prendre soin de leur sécurité et de leurs pneus. Pour cela, Michelin organise partout dans le monde des opérations **"Faites le plein d'air"** pour rappeler à tous que la juste pression est vitale.

L'USURE

COMMENT DETECTER L'USURE ?

Vos pneus MICHELIN sont munis d'indicateurs d'usure : ce sont de petits pains de gomme moulés au fond des sculptures et d'une hauteur de 1,6mm.

Lorsque la profondeur des sculptures est au même niveau que les indicateurs, les pneus sont usés et doivent être remplacés.

Les pneus constituent le seul point de contact entre le véhicule et la route, un pneu usé peut être dangereux sur chaussée mouillée.

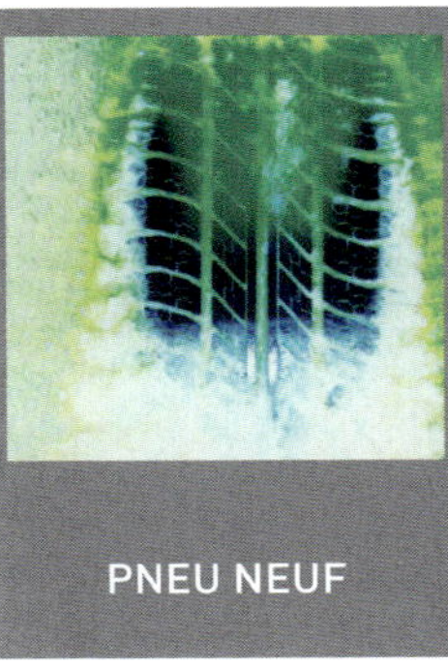

PNEU NEUF

PNEU USÉ
(1,6 mm de sculpture)

Ci-contre, la zone de contact réelle photographiée sur chaussée mouillée.

Mieux avancer,
c'est développer une mobilité durable.

INNOVATION ET ENVIRONNEMENT

Chaque jour, Michelin innove pour réduire la quantité de matières premières utilisée dans la fabrication des pneumatiques, et développe dans ses usines les énergies renouvelables. La conception des pneus MICHELIN permet déjà d'économiser des milliards de litres de carburant, et donc des milliards de tonnes de CO2.

De même, Michelin choisit d'imprimer ses cartes et guides sur des « papiers issus de forêts gérées durablement ». L'obtention de la certification ISO14001 atteste de son plein engagement dans une éco-conception au quotidien.

Un engagement que Michelin confirme en diversifiant ses supports de publication et en proposant des solutions numériques pour trouver plus facilement son chemin, dépenser moins de carburant.... et profiter de ses voyages !

Comme vous, Michelin s'engage dans la préservation de notre planète.

Chattez avec Bibendum

Rendez-vous sur:
www.michelin.com/corporate/fr
Découvrez l'actualité et
l'histoire de Michelin.

QUIZZ

Michelin développe des pneumatiques pour tous les types de véhicules. Amusez-vous à identifier le bon pneu...

Résultat : A-6 / B-4 / C-2 / D-1 / E-3 / F-7 / G-5

INDEX GÉNÉRAL

Strasbourg : villes, curiosités et régions touristiques.
Schweitzer, Albert : noms historiques ou termes faisant l'objet d'une explication.
Les **sites isolés** (châteaux, abbayes, grottes...) sont répertoriés à leur propre nom.
Nous indiquons par son numéro, entre parenthèses, le département auquel appartient chaque ville ou site. Pour rappel :

54 : Meurthe-et-Moselle
55 : Meuse
57 : Moselle
67 : Bas-Rhin
68 : Haut-Rhin
88 : Vosges
BW : Bade-Wurtemberg

A

B

I-J

K

L

M

R

S

CARTES ET PLAN

CARTE GÉNÉRALE

CARTE DES MICRORÉGIONS

PLANS DE VILLE

Forêt Noire

CIRCUITS

CARTES THÉMATIQUES

SITES

LÉGENDE DES CARTES ET PLANS

Curiosités et repères

- Itinéraire décrit, départ de la visite
- Église
- Mosquée
- Synagogue
- Monastère - Phare
- Fontaine
- Point de vue
- Château - Ruine ou site archéologique
- Barrage - Grotte
- Monument mégalithique
- Tour génoise - Moulin
- Temple - Vestiges gréco - romains
- Temple : bouddhique - hindou
- Autre lieu d'intérêt, sommet
- Distillerie
- Palais, villa, habitation
- Cimetière : chrétien - musulman - israélite
- Oliveraie - Orangeraie
- Mangrove
- Auberge de jeunesse
- Gravure rupestre
- Pierre runique
- Église en bois
- Église en bois debout
- Parc ou réserve national
- Bastide

Sports et loisirs

- Piscine : de plein air - couverte
- Plage - Stade
- Port de plaisance - Voile
- Plongée - Surf
- Refuge - Promenade à pied
- Randonnée équestre
- Golf - Base de loisirs
- Parc d'attractions
- Parc animalier, zoo
- Parc floral, arboretum
- Parc ornithologique, réserve d'oiseaux
- Planche à voile, kitesurf
- Pêche en mer ou sportive
- Canyoning, rafting
- Aire de camping - Auberge
- Arènes
- Base de loisirs, base nautique ou canoë-kayak
- Canoë-kayak
- Promenade en bateau

Informations pratiques

- Information touristique
- Parking - Parking - relais
- Gare : ferroviaire - routière
- Voie ferrée
- Ligne de tramway
- Départ de fiacre
- Métro - RER
- Station de métro (Calgary, ...) (Montréal)
- Téléphérique, télécabine
- Funiculaire, voie à crémaillère
- Chemin de fer touristique
- Transport de voitures et passagers
- Transport de passagers
- File d'attente
- Observatoire
- Station service - Magasin
- Poste - Téléphone
- Internet
- H — Hôtel de ville - Banque, bureau de change
- J POL — Palais de justice - Police
- GNR — Gendarmerie
- T U M — Théâtre - Université - Musée
- Musée de plein air
- Hôpital
- Marché couvert
- Aéroport
- Parador, Pousada (Établissement hôtelier géré par l'État)
- A — Chambre d'agriculture
- D — Conseil provincial
- G — Gouvernement du district, Délégation du Gouvernement Police cantonale
- L — Gouvernement provincial (Landhaus)
- Chef lieu de province
- Station thermale
- Source thermale

Axes routiers, voirie

- Autoroute ou assimilée
- Échangeur : complet - partiel
- Route
- Rue piétonne
- Escalier - Sentier, piste

Topographie, limites

- Volcan actif - Récif corallien
- Marais - Désert
- Frontière - Parc naturel

Comprendre les symboles utilisés dans le guide

LES ÉTOILES

★★★ **Vaut le voyage** ★★ **Mérite un détour** ★ **Intéressant**

HÔTELS ET RESTAURANTS

9 ch.	Nombre de chambres
7,5 €	Prix du petit-déjeuner en sus
50 €	Prix de la chambre double, petit-déjeuner compris
bc	Menu boisson comprise
	Air conditionné dans les chambres
	Restaurant dans l'hôtel
	Établissement servant de l'alcool (à l'étranger)
	Piscine
CC	Paiement par cartes de crédit
	Carte de crédit non acceptée
P	Parking réservé à la clientèle
Tram	Station de tramway la plus proche
M	Station de métro la plus proche

SYMBOLES DANS LE TEXTE

	À faire en famille
	Pour aller au-delà
	Promenade à pied
	Randonnée à vélo
	Facilité d'accès pour les handicapés
A2 B	Repère sur le plan

Note au lecteur

Michelin a apporté le plus grand soin à la rédaction de ce guide et à sa vérification. Toutefois, les informations pratiques (formalités administratives, prix, adresses, numéros de téléphone, adresses Internet...) doivent être considérées comme des indications du fait de l'évolution constante de ces données.

Il n'est pas totalement exclu que certaines d'entre elles ne soient plus, à la date de parution du guide, tout à fait exactes ou exhaustives. N'hésitez pas à nous signaler toute omission ou inexactitude que vous pourriez constater, ainsi qu'à nous faire part de vos avis et suggestions sur les adresses contenues dans ce guide.

Avant d'entamer toute démarche, formalités administratives ou douanières notamment, vous êtes invité à vous renseigner auprès des organismes officiels. Ces informations ne sauraient, de ce fait, engager notre responsabilité.

Collection Le Guide Vert sous la responsabilité d'Anne Teffo

Édition
Amaury de Valroger, Camille Bouvet, Archipel studio

Rédaction
Mélanie Cornière, Laurent Gontier, Anath Klipper, Annabelle Lebarbé, Sophie Pothier, Jérôme Saglio, François Sichet, Julie Wood

Cartographie
Stéphane Anton, Michèle Cana, Marie-Christine Defait

Relecture
Capucine Jahan

Remerciements
Didier Broussard, Maria Gaspar, Philippe Orain

Conception graphique
Christelle Le Déan

Régie publicitaire et partenariats
business-solutions@tp.michelin.com
Le contenu des pages de publicité insérées dans ce guide n'engage que la responsabilité des annonceurs.

Contacts
Michelin
Guides Touristiques
27 cours de l'Île Seguin, 92100 Boulogne-Billancourt
Service consommateurs : tourisme@tp.michelin.com
Boutique en ligne : www.michelin-boutique.com

Écrivez-nous

Parution 2013

Michelin Travel Partne

Société par actions simplifiées au capital de 11 629 590 EU
27 Cours de l'Ile Seguin - 92100 Boulogne Billancourt (Franc
R.C.S. Nanterre 433 677 7

Dépôt légal : 01-2013 – ISSN 0293-94
Imprimeur : La Tipografica Varese, Ita
Imprimé en Italie : 12-20
Usine certifiée 140
Sur du papier issu de forêts gérées durablement (100% PEF